JN301341

豊臣氏存続

――豊臣家定とその一族――

早瀬晴夫
Haruo Hayase

今日の話題社

まえがき

『豊臣氏存続』というと、歴史好きな読者なら、前川和彦氏の『戦国秘史・豊臣家存続の謎』や『続・豊臣家存続の謎 天草四郎・島原決起の謎』（ともに日本文芸社）を連想される読者もおられると思う。筆者も、前著『織豊興亡史』（今日の話題社）執筆のおりにはお世話になった。前川氏の著書（私は、これを前川ルポと総称する）は、豊臣秀吉の血脈が、大坂夏の陣で滅亡した後も存続したというものである。旧日出藩主家当主への取材や、大坂・九州各地の取材により情況証拠を収集され紹介したものである。筆者も前著『織豊興亡史』で紹介した。しかし、時間の経過と共に疑問な部分も生じてきた。

木場家の系譜は、前川氏が『続・豊臣家存続の謎』で紹介する以前に、前川氏に資料提供した木場氏が、臨時増刊『歴史と旅』（秋田書店）で発表したものであるが、その後、鹿児島の木場氏の系譜（『「さつま」の姓氏』掲載）を入手したことにより、疑問が深まった。そのことは、本書第二章でも触れる。外にも検討すべき課題もあり、本書執筆に至った。

筆者は数年前に、『織豊興亡史』（今日の話題社）を出版し、その第二章のタイトルを「謎の豊臣一族―豊臣家興亡史」とした。そこでは、秀吉のルーツと、前川和彦氏の『豊臣家存続の謎』を紹介しながら、豊臣家の謎に迫った。そこで得た答えは、**豊臣家は複合混成家系であるというものである。**

豊臣家は、秀吉一代で庶民階層から武将となり、信長に見いだされて大名となり、最後には天下人となった。したがって、信長や家康と異なり、一門譜代というべき存在には恵まれず、百姓をしていた弟を呼び寄せて家臣とし、あるいは、お禰の一族を取り込み、あるいは流浪時代に知り合った連中を召し抱えて、急ごしらえの家臣団を編成した。

弟の小一郎長秀（後の羽柴秀長・豊臣秀長）や、お禰の一族が一門衆となり、蜂須賀小六などが譜代衆となった。これに幼い時から秀吉夫妻に養育された、福島正則や加藤清正らが加わる。秀吉が大名となって長浜を領してからは、旧浅井家家臣や領民がこれに加わっていく。

木下家（長浜時代以降は羽柴家）は、父方の一門との繋がりが気薄で、木下家を支えたのは、秀吉の母方と、お禰の一族であったことは、『織豊興亡史』に記した通りである。

改めて豊臣家を見てみると、意外と私たちは、豊臣家というものを知らないのである。秀吉のことは、多くの研究書・評伝、あるいは小説・物語で紹介され、なんとなく判ったような気になってはいるが、改めて豊臣家について問われると、意外と正確には答えられないのである。筆者もそうである。恐らく読者の方もそうであろうと思う。

司馬遼太郎の小説に『豊臣家の人々』がある。そこでは秀吉以外の人物が紹介されている。殺生関白（秀次）、金吾中納言（小早川秀秋）、宇喜多秀家、北ノ政所、大和大納言（秀長）、駿河御前（旭）、結城秀康、八条宮、淀殿母子、つまり、歴史雑誌などの特集でも紹介される人物である。

そこには、**豊臣家定**は登場しない。歴史雑誌の特集などでは、別の名前で簡単に紹介されている。しかし、この**豊臣家定**という人物は、**豊臣氏**（豊臣家ではない）にとっては、キーマンとも呼べる存在である。本書のタイトルは『豊臣氏存続』であるが、彼の存在がなければ、そして彼の妹の存在がなければ、明治の戸籍制度の導入と現在の戸籍制度が完成するまで豊臣氏は存続できなかったかも知れない。

現在は、この豊臣氏は、戸籍では、家名が法的な「氏」となっているので、歴史の表面からは消滅している。現在豊臣と称する家があっても、それは苗字であって、本来の豊臣氏とは関係はない。豊臣氏末裔を自称する家もあるようだが、系図も公開されなければ、専門家の検証を受けることもなく、本書の対象とはならない。豊臣氏が存続したのは、本姓と家名・通称と諱の併記が許された時代までである。しかし、豊臣氏が近代まで存続したのは、紛れもない事実で、その血脈は、現在も存続するのである。

この家系を、私は、学習研究社の『歴史群像・戦国セレクション』「驀進 豊臣秀吉」(二〇〇二年四月発行)で、豊臣家崩壊への序曲「実子への溺愛が招いた豊臣一門の瓦解」で紹介した略系図において、「第二豊臣家」と示しておいた。

大坂の陣で滅亡したのは、豊臣氏の内、秀吉流羽柴豊臣家(大坂豊臣家)である。京都豊臣家も暫く存続(養子による名跡継承はあるが、家名は二代目の実家の家名、本姓は豊臣)した。また、第二豊臣家(正確には、第二豊臣氏)は、幕府編纂の系譜にも記されている。

本書では、第二豊臣氏のルーツを紹介した後に種明かしをしよう。しかし、そのルーツは一筋縄ではいかない。史実と伝承の混乱もあり複雑怪奇。その点について、いくつか疑問点を指摘し、その後、自分の研究フィールドは「系図」なので、いくつかの系譜を紹介しながらその謎に迫ることにする。『織豊興亡史』執筆の際にも、多くの先達の研究を参考にさせていただいた。今回も前著同様、多くの先達の研究を参考にしながら、私見も交えて本書を執筆した次第である。

本書編纂にあたっては、同様の資料も複数併記したので、類似の系譜を目にすることにもなるでしょうが、目をつむって読み進めていただきたい。比較検証することで、その輪郭が多少なりとも浮上すると信じる次第である。

平成十七年五月二十四日

早瀬晴夫（日本家系図学会理事・扶桑支部長）

豊臣氏存続・目次

第二章　謎々豊臣家　――伝説と史実・豊臣家興亡史……160

豊臣一族の系譜　225

第一章　豊臣家定とその一族

――平姓（平朝臣）杉原氏と豊臣姓（豊臣朝臣）木下氏（第二豊臣家）

豊臣家定とその一族関係メモ

● 木下家定(きのした・いえさだ)(天文12〜慶長13.8.20)
旧姓林孫兵衛。尾張国丹羽郡浅野村生まれ。父は永禄元年(1558)、浮野合戦で橋本一巴と対決討死した林弥七郎。妹が秀吉正室ねゝ(北政所)。妻は杉原家次の女おあこ。木下肥後守、従三位中納言。浮野合戦後、杉原助左衛門定利・朝日夫妻の養子となる。天正15年(1587)9月播磨国で一万三千余石。次いで慶長3年(1598)8月11日養母朝日(康徳院)没す。同6年(1601)、家康より備前足守二万五千石を賜る。次男延俊、豊後国速水郡日出藩主となり三万石を領す。慶長13年(1608)家定、京にて没す。享年66歳(1543〜1608)。墓は東山霊山高台院。家定没後、足守藩は一旦、浅野長晟に与えられるが、元和元年(1615)、家定の嫡男利房が家康から足守藩二万五千石を与えられ、明治に至っている。法号は常光院殿前二位茂叔浄栄。墓所は京建仁寺常光院。(瀧 喜義.執筆)(原典『武功夜話』、他)

● 木下一元(きのした・かずもと)(生没年未詳)
通称は半右衛門、別諱は利久、受領名は美作守、官位は従五位下。出自は不詳だが、秀吉の正室高台院(お禰)の一族と思われる(桑田忠親『太閤家臣団』)。しかし、元は柴田勝家の甥柴田勝豊に仕えており、勝豊病死後の天正11年(1583)、秀吉に仕えた。天正12年(1584)の小牧・長久手の戦いに参加。天正14年(1586)に叙任・任官。文禄元年(1592)の朝鮮出兵の際には秀次に属して京にいた。文禄3年(1594)の頃、石高は二万石であった。慶長5年(1600)の関ヶ原の戦いで豊臣方に属し、戦後、除封となった。(川口素生.執筆)

● 木下勝俊(きのした・かつとし)(永禄12〜慶安2年.6.15)
幼名源作。式部大夫、少将。隠棲後は長嘯子を称す。父は若狭国小浜城主武田元明、母は京極竜子(のちの松の丸)。元明の父武田義統の妻は美濃国明智光継の娘で、元明と明智光秀は従兄弟。本能寺の変後、元明は光秀に与し佐和山城を占拠、丹羽長秀に攻められ、天正10年(1582)7月19日、江州海津の法道院で自害した。勝俊と妹の竜子(母と同名)は家臣が救出、若狭国佐柿城主粟屋越中守に養育された。母の松の丸は、娘竜子を生み、わずか一カ月で秀吉の側室となった。

　関ヶ原合戦、勝俊は伏見城にあったが、寄せ手の大将が義弟の小早川秀秋であり、城を逃れて北政所を頼った。戦後、家康から罪を問われ、小浜八万石(瀧氏の誤記か? 六万二千石)は没収。以後、東山に隠棲、文人墨客の生活を送る。

歌集『挙白集』、『九州道之記』がある。室は森蘭丸の妹うめ女。菩提寺は京東山高台寺。法号は大成院殿前四品雨林天也長嘯大居士。(1569〜1649)(瀧 喜義.執筆)(原典『武功夜話』、他)

● 木下重堅(きのした・しげかた)(生没年未詳)
平太夫、助兵衛。秀吉家臣。杉原家次と共に冠山城城番役を務め、鳥取城干殺しには宮部善祥坊、堀尾茂助、青木勘兵衛と共に城請け取り役にその名がある。ここでは木下平太夫と誌す。この人も杉原一族ではなかろうか。法号・墓所は未詳。(瀧 喜義.執筆)(原典『武功夜話』、他)

● 木下利房(きのした・としふさ)(天正元〜寛永14.6.21)
木下家定・妻おあこ(杉原家次の娘)を父母として家定30歳の初子。宮内少輔。初め秀吉に仕えて若狭国高浜城主、三万石わ領した。慶長5年(1600)の関ヶ原合戦には豊臣方に与し、戦後、所領を没収され、北政所の庇護下にあった。元和の役、徳川家康に通じ、同元年(1615)、父の遺領を与えられ、足守藩二万五千石の領主となる。足守陣屋は足守川に沿い、高松城趾の上流に位置する。足守藩政は、この利房に始まる。

　足守藩木下系譜では、家定の嫡男を木下勝俊、次男利房、三男延俊、四男俊定、五男秀俊(小早川秀秋)としているが、勝俊の生母は誌さず、利房、延俊の生母は杉原家次の娘、おあことしている。勝俊(長嘯子)は京極竜子を母とし、武田元明を父とするので、家定嫡子とするのは当たらない。法号は円徳院殿半湖休鷗大居士。墓所は京高台寺円徳院。(1573〜1637)(瀧 喜義.執筆)(原典『武功夜話』、他)

● 木下智子(きのした・ともこ)(天文3〜寛永2.4.24)(1534〜1625)(92歳)
秀吉の実姉。

● 木下半右衛門⇨木下一元
● 木下半介⇨木下吉隆

● 木下昌利(きのした・まさとし)(生没年不詳)
将監を称す。横山守備の秀吉馬廻衆の一人。天正5年(1577)10月19日、羽柴筑前、播磨発向の陣立、中備え之段に青木勘兵衛、桑山修理、木下将監、宮田喜八郎、生駒甚助の名がある。

　賤ヶ岳の戦いに参陣、長久手で討死した木下勘解由左衛門利匡(杉原定利舎弟)と昌利の両者は常に秀吉、杉原家次と行動を一にしている。秀長家臣杉原一族の可能性が強い。墓所・法号は未詳。(瀧 喜義.執筆)(原典『武功夜話』、他)

● 木下吉隆(きのした・よしたか)(?〜慶長3.3.20)
通称は半介、諱は吉俊・吉種、官職は大膳大夫、官位は従五位下。出自は未詳だが、秀吉の正室高台院(お禰)の一族と思われる(桑田忠親『太閤家臣団』)。秀吉に仕え、馬廻組頭を務めた。文禄元年(1592)の朝鮮出兵の際には肥前名護屋城(佐賀県鎮西町)に駐屯。翌年、豊後(大分県)国内に二万五千石を与えられた。同年10月に叙任・任官。文禄3年(1594)12月10日、吉川広家へ、小早川隆景の養子に秀吉の養子秀俊(のちの秀秋。正室高台院の甥)が入ることを報じる(『吉川家文書』)。秀吉の奏者や奉行として隠然たる勢力を有したという。文禄4年(1595)7月に一万石を加増されたが、8月の秀次の失脚に連座し、島津義弘に預けられる。慶長3年(1598)、義弘の領地薩摩(鹿児島県)で自刃した。(川口素生.執筆)

出典『豊臣秀吉大事典(新人物往来社)』(春日井市立図書館.蔵)

秀吉姻族略系

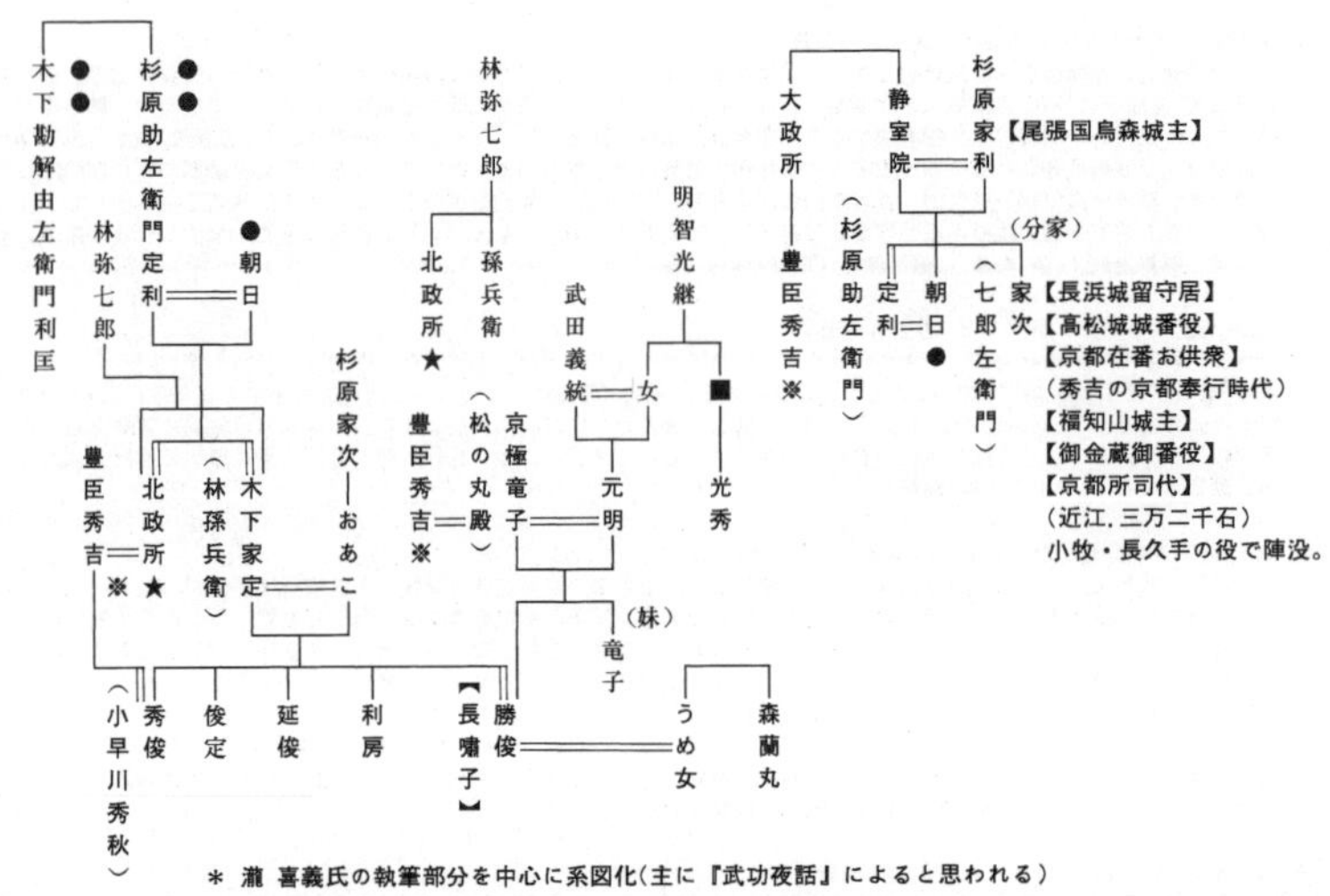
木下●●勘解由左衛門利匡
杉原●●助左衛門定利
朝日●
林弥七郎
林弥七郎
北政所★
孫兵衛
(松の丸殿)
明智光継
武田義統
女
■
光秀
元明
杉原家次
おあこ
豊臣秀吉※
北政所★
(林孫兵衛)
木下家定
豊臣秀吉※
京極竜子
(妹)竜子
(小早川秀秋)秀俊
俊定
延俊
利房
【長嘯子】勝俊
うめ女
森蘭丸
大政所
豊臣秀吉※
静室院
(杉原助左衛門)定利
朝日●
杉原家利【尾張国鳥森城主】
(分家)
(七郎左衛門)家次【長浜城留守居】
【高松城城番役】
【京都在番お供衆】
(秀吉の京都奉行時代)
【福知山城主】
【御金蔵御番役】
【京都所司代】
(近江.三万二千石)
小牧・長久手の役で陣没。

＊ 瀧 喜義氏の執筆部分を中心に系図化(主に『武功夜話』によると思われる)

● 杉原家次(すぎはら・いえつぐ)(?～天正12.9.9)
通称七郎左衛門。尾張国鳥森城主杉原家利と妻静室院(大政所姉)の嫡子。分家して他家を継ぎ、杉原家は、妹の朝日が継いだ。杉原助左衛門定利は朝日の婿。林孫兵衛、ねゝは朝日夫妻の養子。ねゝ・木下家利には義理の叔父(正しくは伯父)。『武功夜話』では横山城守備の秀吉馬廻衆に杉原七郎左衛門、木下昌利(将監)ら十三名をあげている。播州攻めでは長浜城留守役、高松城城番役、秀吉側近として重きをなした。比叡山焼き打ち後、秀吉は京都在番を命ぜられるが、お供衆は浅野長政・杉原家次・前野将右(前野長康)・尾頭知宣の四名とある。丹波福知山攻めに参陣、その功で本能寺の変後、福知山城主。鳥取干殺しには家次、副田甚兵衛が米の買い集めに活躍。大坂築城に当たって御金蔵御番役、同11年(1583)京都所司代となり、近江で三万二千石を領した。翌12年、小牧・長久手の役で陣没。法号は心光院殿養室乗庵大居士。墓所は福知山長安寺。(瀧喜義.執筆)(原典『武功夜話』、他)

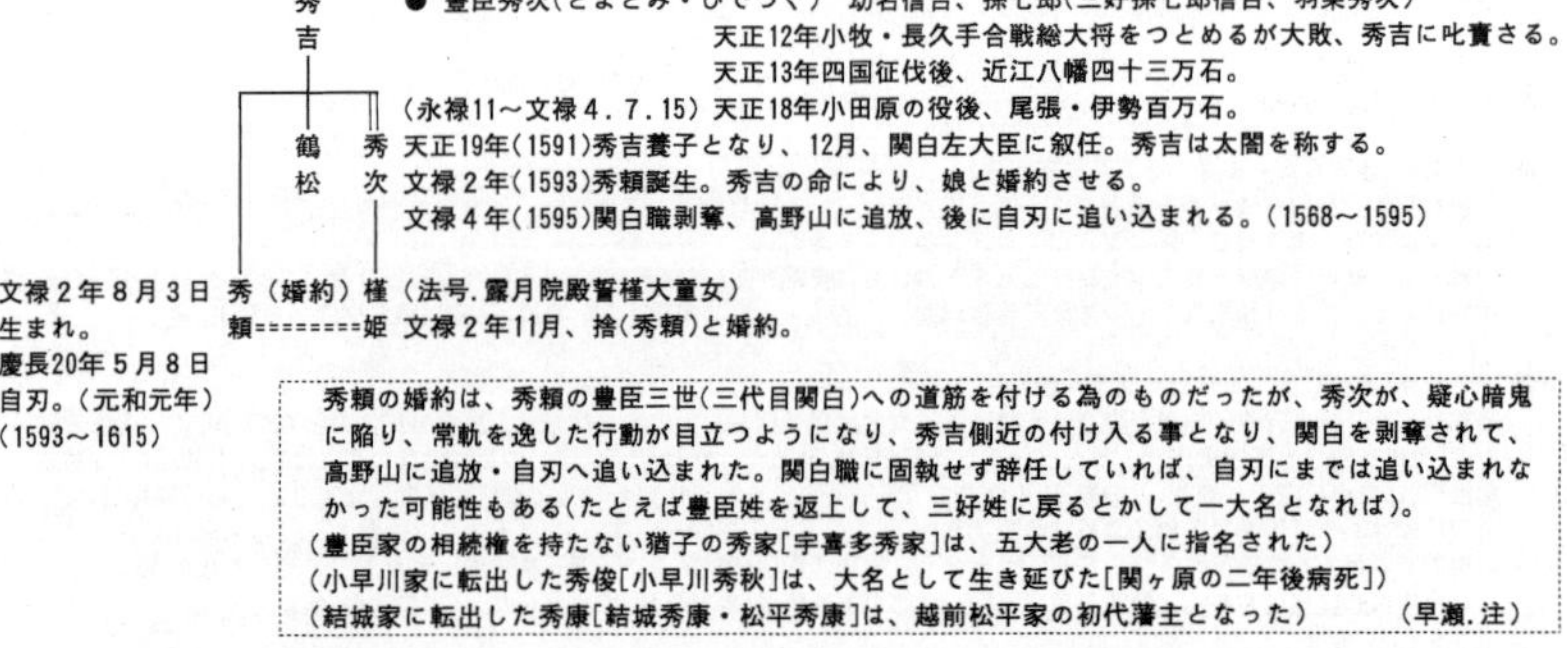
豊臣秀吉
鶴松
秀次
秀頼
槿姫

● 豊臣秀次(とよとみ・ひでつぐ) 幼名信吉、孫七郎(三好孫七郎信吉、羽柴秀次)
天正12年小牧・長久手合戦総大将をつとめるが大敗、秀吉に叱責さる。

天正13年四国征伐後、近江八幡四十三万石。

(永禄11～文禄4.7.15) 天正18年小田原の役後、尾張・伊勢百万石。

天正19年(1591)秀吉養子となり、12月、関白左大臣に叙任。秀吉は太閤を称する。

文禄2年(1593)秀頼誕生。秀吉の命により、娘と婚約させる。

文禄4年(1595)関白職剥奪、高野山に追放、後に自刃に追い込まれる。(1568～1595)

秀頼:文禄2年8月3日生まれ。慶長20年5月8日自刃。(元和元年)(1593～1615)

秀(婚約)槿(法号.露月院殿誓槿大童女)
頼========姫 文禄2年11月、捨(秀頼)と婚約。

秀頼の婚約は、秀頼の豊臣三世(三代目関白)への道筋を付ける為のものだったが、秀次が、疑心暗鬼に陥り、常軌を逸した行動が目立つようになり、秀吉側近の付け入る事となり、関白を剥奪されて、高野山に追放・自刃へ追い込まれた。関白職に固執せず辞任していれば、自刃にまでは追い込まれなかった可能性もある(たとえば豊臣姓を返上して、三好姓に戻るとかして一大名となれば)。

(豊臣家の相続権を持たない猶子の秀家[宇喜多秀家]は、五大老の一人に指名された)

(小早川家に転出した秀俊[小早川秀秋]は、大名として生き延びた[関ヶ原の二年後病死])

(結城家に転出した秀康[結城秀康・松平秀康]は、越前松平家の初代藩主となった) (早瀬.注)

レファレンス協力 扶桑町図書館

出典『豊臣秀吉大事典(新人物往来社)』(春日井市立図書館.蔵)

杉原氏系譜概略

豊臣秀吉の正室の北政所の系譜は、日置昌一氏の『日本系譜綜覧』（名著刊行会）によれば、母方は、桓武平氏杉原光平の末裔とされる。父は、杉原助左衛門道松（諱不詳）で、後に作成される系譜では、定利という諱を与えられる人物である。

太田亮氏編著、丹羽基二氏監修の『新編 姓氏家系辞書』（秋田書店）でも同様に記すが、『日本系譜綜覧』では、杉原時盛（晴盛）から家利の間は中絶であるが、『新編 姓氏家系辞書』では、晴盛―隆泰―家利と繋いでいる。一方父方は、杉原氏末裔としながら、父の助左衛門に至る系譜は不詳である。

名著刊行会の『系圖綜覧 下巻』においては、杉原系図では、時盛から家利の間は中絶と記し、通称・諱（実名）不詳の家利の祖父が尾張に移住した人物と記す。同書の木下系図は、家利以前は不記載である。また、北政所の実父の杉原助左衛門入道道松は、諱不詳で、系譜は紛失で其の先を記すのは不能としている。ここで確認されるのは、杉原氏が桓武平氏の末裔と称していたことだけである。そして、杉原氏という家系は、北政所との繋がりは不詳だが、確かに桓武平氏の系図には、杉原氏は存在する。

インターネットでも、杉原氏の系図は紹介されている。インターネット公開のものは玉石混合で鵜呑みにはできないが、ある程度精査して公開しているものもあり、一応の参考にはなる。

さて、先に紹介した『日本系譜綜覧』などによれば、尾張杉原氏は、杉原氏焼野流の政綱の子孫の晴盛（あるいは時盛）の子孫と称している。それでは、その杉原氏は、いかなる系譜であるか？

基本系図文献の一つ『新訂 増補國史大系・尊卑分脈』（吉川弘文館）によれば、桓武平氏の貞盛の末裔の安濃津三郎貞衡を始祖とする。貞衡より、貞清・清綱・維綱・良平・桓平（あるいは恒平）に至りその子の代に、宗平が三重・大和流の祖となり、光平が杉原流の祖となった。すなわち、杉原伯耆守光平が、杉原氏の直接の始祖ということになる。

杉原氏は、幕府の事務方で六波羅の右筆奉行も輩出した。杉原氏は、所領の関係から、中国地方（とりわけ備後地方）で発展したが、一部は、美濃から尾張に流れ、その流れを組むのが、北政所の実家の杉原氏であるという。備後系統は、杉原貞観（真観）からはじまり、木梨氏・高洲氏・萩藩士椙原氏などが分立した。

その系譜は、『近世防長諸家系図総覧』（防長新聞社、後にマツノ書店が限定復刻）や、『萩藩諸家系譜』（岡部忠男・琵琶書房）により確認される。ただし、これらの系図では杉原氏は、桓武平氏でも平清盛の末裔としている。すなわち、清盛・重盛・維盛・秀衡を記し、先の恒平（桓平）は、清盛曾孫の平秀衡の子とする。この点は、杉原氏の基本系図を掲載する『尊卑分脈』『系図纂要』（名著出版）『群書系図部集』（続群書類従完成会、原典は江戸時代編纂の『正続群書類従』の系譜部）とは説を異にするものである。

ただ、平秀衡なる人物は、基本系図には記載がなく、信憑性が疑われる。地方での伝承過程で、平家本流に系図を仮冒したという可能性が強い。一方、美濃・尾張に繋がると推定される系統は、光平・貞平（員平）・恒清・心光（三位房）・明平・政綱・満盛と続く。ここら辺りまでは基本系図も共通する。その後、賢盛・孝盛・晴盛（あるいは時盛）と続くが、この辺りから、実子と養子、あるいは兄弟関係など系図は混乱する。『系図纂要』の場合、賢盛は、満盛の養子で、実父は持行とされる。また、その後は、『尊卑分脈』は、長恒だが、『系図纂要』は、孝盛である。しかも、孝盛は、賢盛の養子で、実父は政孝なる人物である（系譜不詳）。その子が晴盛で、長恒は、その弟の位置付けである。しかも、市橋長利の父とされている。展望社の『桓武平氏國香流系図』（千葉琢穂編著）では、二人の長恒を掲載している。すなわち、賢盛の子としての長恒と、孝盛兄弟としての長恒である。しかし、その部分は、基本系図集では立証されない。

太田亮氏も、『姓氏家系大辞典』（角川書店）において、『桓武平氏杉原系図』を紹介するが、その系譜は『尊卑分脈』によるものである。『寛政重修諸家譜』（『新訂 寛政重修諸家譜』として続群書類従完成会より復刻）も、杉原氏系図を掲載するが、一つは『日本系譜綜覧』と同様、時盛と家利の間を中絶とし、別系では、家利以前を不記載とする。尾張杉原氏系図については後述する。

江戸時代には、杉原家利とは別系統の杉原氏が旗本にある。こちらは甲州流杉原氏とも呼ぶべきもので、元は武田家に仕えたものである。この家系も系譜不詳ながら、杉原光平の末裔と称している（『寛政重修諸家譜』）。

また、杉原氏と市橋氏を混在した系譜としては、『尾陽雑記』（愛知縣教育會）の杉原系図がある。同様の系図は、『尾張國諸家系図』（加藤國光・展望社）にも掲載されている。しかし、これは『寛政重修諸家譜』の市橋氏の系図とは整合しない。『古代氏族系譜集成』（宝賀寿男編著・古代氏族研究会）においては、市橋氏は杉原氏と姻族関係にある。すなわち、姻族を血族と誤伝・誤記されたものと思われる。

先に、北政所の父方の杉原助左衛門道松の系譜は不詳としたが、『古代氏族系譜集成』では、杉原賢盛の子の杉原治部大夫隆盛（隆泰）の子を二人記し、一人は、北政所の母・朝日の父の杉原七郎兵衛家利とし、もう一人を杉原孫七郎隆利とし、北政所の父杉原助左衛門入道道松の父、すなわち、北政所の祖父としている。

つまり、北政所の父は、杉原氏傍系の出身ということになる。同様の系譜は、『南朝熊沢家と浅井・豊臣の謎』（木村信行・日本歴史研究所）でも、説の一つとして紹介している。同書の場合、この説を含む三説を紹介している。

晴盛（時盛）─盛重─家利

晴盛─盛勝─盛安─家利

賢盛─隆盛（隆泰）─家利

であるが、三番目の説が、『古代氏族系譜集成』と重なる。『杉原一族』（武田光弘・日本家系協会出版部）の系図では、杉原恒清の兄、忠綱の末裔から家利に繋がる系図を紹介している。

忠綱─親綱─時綱─光房（光方）＝貞光（直光）（光房の弟親光の子）─満平─光親─家利

という系譜である。

しかし、『尊卑分脈』『系図纂要』で確認できるのは光親までである。『杉原一族』では、

杉原晴盛─（中絶）─家利、晴盛─隆泰─家利、晴盛─盛勝─盛安─家利

という系図を併記する。

しかし、編著者自身は、連綿とした系図は疑問視している。また、『杉原家の人々・全国版』（杉原尚示編著・私家版、岡山県総合文化センター蔵）では、

賢盛─長恒─孝盛─晴盛─利盛─家長─家利

という系図を掲載している。また、異説として、平清盛末裔秀衡の後裔の家則（他の系図の家利に該当）

という略系を掲載している。

杉原氏と尾張杉原氏を結びつける部分には諸説あり、その正系はいまだ確定されていない。『美濃國諸舊記』では、杉原光平（光衡）の後裔を杉原平太夫家幸とし、

家幸―家盛―家則（他の系図では、家利に比定）―家次

と記す。杉原六郎左衛門家盛は、美濃國大野郡杉原の住人と記す。その二男を杉原七郎兵衛家則とし、この人物が尾張に移ると記す。嫡子は杉原七郎左衛門家次、女子を朝日（杉原助左衛門入道道松妻）と記す。家則は家利ということになり、通説の尾張杉原氏系図に重なる。杉原氏は美濃から尾張に移ったことになる。

尾張杉原氏から分立した杉原道松の孫の木下延俊の旧領である日出町編纂の『日出町誌・史料編』によれば、杉原光平の末裔の杉原治部大輔隆泰が、尾張杉原氏の事実上の初代で、二男子の内、兄の正重が杉原本家となるが、無嗣のため、兄弟の家利の嫡子家次を別家させ養子とした。この家系が、福知山・豊岡藩主の平姓杉原氏である。家利の家系は、娘朝日に、傍系の助左衛門入道道松を入り婿として継承させた。

尾張杉原氏（平姓杉原氏と豊臣姓木下氏）

江戸時代、大名・旗本として存続した家系は、『寛政重修諸家譜』で確認できる。これが江戸時代の公式系図と呼べるものである。それに準ずるのが、断絶した家系を掲載する『断家譜』である。公式系図ではないが『武鑑』でも採り上げられている。現代では各年代の武鑑をまとめた『大武鑑』（橋本編

著・名著刊行会）で確認できる。

『寛政重修諸家譜』で確認できる尾張杉原氏の初代は、杉原家利である。そして、その直系は、福知山・豊岡藩主杉原氏である。傍系は旗本となった。こちらは、平朝臣杉原氏である。家利の娘の朝日は、杉原助左衛門入道道松を婿とした。

この系統は、同書によれば、木下家定を初代とする豊臣朝臣木下氏となる。この末裔、豊後日出藩木下家の家臣の菅沼政常が編纂した『平姓杉原氏御系図附言』（日出町立万里図書館蔵）によれば、杉原光平後裔家利から系を記すが、本文（原典）においては、桓武平氏貞盛六世孫、桑名三郎右衛門尉維綱の三世の末葉、杉原伯耆守光平。光平三世の孫の、三位房心光、その子明平、その七世の後裔の治部大夫隆泰、その子を彦七郎正重とす。杉原七郎左衛門尉家次は、家利の嫡男だが、別家して杉原正重の家督を継承する。家利の家系は、娘の朝日が、杉原助左衛門入道道松を婿として継承した。

また、編者不詳の『木下氏系図附言纂』（佐藤暁復刻編纂、日出藩史料刊行会・麻生書店、国立国会図書館蔵）でも、家利の兄は、杉原正重と記す。また、『木下延俊慶長日記（慶長十八年日次記）』（新人物往来社）に記載の系図でも、家利の父は不記載だが正重と家利を兄弟とし、家利の息子の家次は、正重の養子と記している。そして、家利家は朝日が継承、その婿が杉原助左衛門入道道松で、『木下延俊慶長日記』では、定利と記す（「木下延俊関係略系図」）。

これらの系図と『古代氏族系譜集成』および『南朝熊沢家と浅井・豊臣の謎』掲載系図、『美濃國諸舊記』を勘案すると、尾張杉原氏は、桓武平氏杉原氏末流杉原家幸、その子家盛（隆泰）、その二男家則（家利）。この家則（家利）が尾張へ移り、尾張杉原氏初代となったと推定される。家盛（隆泰）の長男が彦七郎正重で、その名跡は、家則(家利)の長男(嫡男)が、家則(家利)家から別家して継承し、家則(家利)家は、家則(家利)の弟の隆利の息子の助左衛門(入道道松・定利)が、朝日の婿として夫婦継承したと考えれば、一応の答えは出る。

しかし、先に紹介の家利に至る諸説系図の存在、幕府の官吏であった杉原氏との繋がりについて合理的説明ができないのがネックである。現時点では、『寛政重修諸家譜』と、日出藩木下家関係資料により、尾張杉原氏一族は、杉原正重・家利兄弟からとするのが妥当な線かも知れない。朝日の夫の杉原助左衛門についても、杉原氏同族・傍系に位置付けておく。長房の杉原家は、杉原正重から、豊臣家定の家系は、杉原助左衛門から、あるいは、母方として杉原家利からと考えておく。

この二流の杉原氏は、『寛政重修諸家譜』では、扱いが異なる。群書類従完成会の復刻版『新訂 寛政重修諸家譜』は、第八巻に杉原氏を収め、桓武平氏貞衡流とする。一方、杉原助左衛門の系統は、初代助左衛門は、諱(実名)不詳、入道号道松。二代目の家定より、**家号木下、本姓豊臣氏**とし、復刻版の第十八巻に収める。

つまり、助左衛門系統二代目家定の時に、平姓杉原氏一門より分立、豊臣氏一門に組み込まれたのである。すなわち、**杉原流豊臣氏が歴史上に出現した**のである。ではなぜ、血統では家利直系の家次・長房系統は豊臣氏となれなかったのか?

原因は、家次の妹朝日にある。朝日は、秀吉と北政所(当時は、お禰)との結婚に難色を示し、結局、朝日の妹七曲と浅野長勝の計らいで、浅野家の養女という形で秀吉と結婚した。結局、杉原家次は、長浜時代までは秀吉の家老的立場にあったが、家禄は、三万石程度であった。対して、浅野長勝の養子の長吉（後の浅野長政）は、豊臣政権末期には、五奉行の一人に出世している。また、豊臣氏一門となった家定は、家禄は二万五千石程度であったが、位は、晩年には、二位に達している。豊臣政権中枢には参画していないが、五男の秀俊（後の小早川秀秋）が、秀吉の養子の地位から離籍されるまでは、豊臣氏一門として名目的な地位は保っていた。したがって、長男勝俊（六万二千石）、二男利房（二万石）の家禄を併せると十万石余りとなり、中堅大名の立場である。

秀俊が豊臣家を離籍すると、その地位は低下、単に秀吉正室北政所の実兄という立場となる。北政所が、秀吉没後、大坂豊臣家を出て京都豊臣家（後の高台流豊臣家）を正式に創設すると、同家の守護者的立場となり、大坂豊臣家からは独立した第二豊臣家一門が成立することとなる。その点については後述するが、朝日と秀吉の確執が、尾張杉原氏一族を、平姓杉原氏と、豊臣姓木下氏に分けることになったのである。

ところで、尾張杉原氏は、桓武平氏杉原氏末裔と称する一族であるが、秀吉の木下姓の由来として、北政所の母方が、播州龍野の木下家であり、したがって秀吉の木下姓は妻方のものであるという主張がある（桑田忠親、小和田哲男）。静岡大学教授の小和田哲男氏の著書『豊臣秀吉』（中公新書）によれば、お禰と家定の母方の祖父の家利は木下姓、父の定利の父の某を杉原氏と記している。

また、歴史雑誌でも、杉原定利が木下氏に入婿と記すものもあるが、『尊卑分脈』『系図纂要』『群書系図部集』『寛政重修諸家譜』など、ある程度信憑性のある系図文献では、杉原氏一族の系図に龍野木下家は確認されない。

また、参考系図も含め勘案するところによれば、尾張杉原氏は、美濃杉原氏が、尾張へ移住した可能性が高い、播州から移住というのは、何ら立証されないのである。美濃國揖斐郡辺りにいた杉原氏の一部が尾張へ移住したと考えるのが無理のないところである。『市橋・杉原系図』（『尾陽雑記』）や、『美濃國諸舊記』の記述は、その可能性を伺わせるものである。播州龍野の木下氏というのは、木下勝俊が一時播州龍野の領主となったことなどから、安易に想像したのではないか?

また、日出木下家の関係資料（『平姓杉原氏御系図附言』『木下氏系図附言纂』『木下延俊慶長日記』）掲載の系図からも、朝日の実家杉原氏が木下氏とは確認されない。小和田氏らが木下家利とする人物は、杉原七郎兵衛尉家利である。仮に、杉原氏が播州木下氏であるとするなら、どのような系譜で、誰からはじまるのか、その系譜を明らかにし、なおかつ基本系図文献により実証されなければならない。

筆者は、前著『織豊興亡史』刊行から、本書執筆に至るまでの間に、『播州木下系図』なるものには出会ったことがない。手持ちの系譜および、扶桑町図書館の協力を得て入手した史料にもそのようなものはなかった。杉原家利は、木下氏ではなく、杉原氏と認められるのである。また、家利の婿の助左衛門も、杉原氏庶流（傍系）と推定しておく。『平姓杉原氏御系図附言』『木下氏系図附言纂』でもそのように記し、一時林姓を称したことがあるのか、一説林氏と記す。これを曲解して、木下家定や北政所が、林弥七郎の遺児で、杉原氏の養子になったとする説もあるが、『寛政重修諸家譜』などでは、そういう事実は裏付けされない。筆者は、この説は採用せず、木下肥後守豊臣家定も、北政所も、尾張杉原氏の血脈としておく。

二系の尾張杉原氏の内、本流尾張杉原氏（正重系）は、豊臣一門とはならず、秀吉の家老的地位に止められた。一方、助左衛門系は、家定の時に、平姓杉原氏から、豊臣姓木下氏に改められ、五男の秀俊は、秀吉の養子となり、一時は、諸大名からの誓詞受け取りの代理を努め、秀吉の後継者に擬せられたこともある。家定は、今や豊臣一門なのである。

木下家定は、北政所の兄、そして、秀吉の養子の豊臣秀俊の実父として、尾張杉原氏一門から離れ、豊臣家一門となる。大大名には出世しなかったが、官位は暫時昇格して、晩年には従二位となる。また、大坂城留守居役なども努め、名目的な地位は与えられていた。

それでは、尾張杉原家の本家はの人々は、豊臣政権から、江戸幕府初期にかけてどう生きたのであろうか？　杉原家は、朝日が秀吉を嫌ったということで、北政所の一族ではあるが、浅野家と比べても、代官的な役割は与えられるが、所領の禄高は増加していない。一族の割りには冷遇されたという感は否めない。

杉原家の人々

杉原隆泰（治部大夫）―正重（彦太郎）＝家次（七郎左衛門尉）―長房―長重＝重玄〔断絶〕

○杉原正重（まさしげ）◇杉原家次養父。通称は、彦太郎。杉原家利実兄。

○杉原家利（いえとし）◇杉原家次実父。通称は、七郎左衛門。

○杉原家次（いえつぐ）◇北政所の伯父（一説・叔父）。（秀吉の従兄弟）

享禄四年（一五三一）～天正十二年（一五八四）九月九日

実父の杉原家利が、秀吉の伯母（叔母？）（大政所の姉妹）を妻とする。元蓮尺商人（行商人）。

通称は、七郎左衛門。羽柴秀吉に仕え、播州三木・因幡鳥取・備中冠山、近江賤ヶ岳の合戦などで戦功があった。天正八年（一五八〇）に、播磨三木城の城代となる。天正十年の山崎の合戦の時には、備中高松に留まった（毛利家の監視）。同年、浅野長吉（後の浅野長政）と共に京都町奉行（京都所司代）に抜擢され、信長の葬儀の奉行にも就任、翌年、近江国内に三万石余を与えられ、近江坂本城主となる。十一月、家次狂気の風説流れる。一説、秀吉からの拝領物（椀と太刀）を、不足として打ち砕き、秀吉の逆鱗に触れた。丹波福知山城主となり、豊臣家蔵入地の代官を兼ねたが、天正十二年（一五六四）九月九日に福知山で没す（一説、狂気により自刃）。

○杉原某（源七郎）（一説、源七郎義正）◇旗本杉原家祖。（系図参照）

○杉原家利女〔七曲（ななまがり）〕◇浅野又右衛門長勝妻、高台院養母。

慶長八年（一六〇三）四月十八日没。雲亮院寶林妙瑜。

○杉原家利女〔朝日〕◇杉原助左衛門某（入道道松・定利）妻、高台院實母。

慶長三年（一五九八）八月十一日没。康徳寺松屋妙貞。

○杉原長房（ながふさ）◇北政所の従兄弟。（二万五千石）

天正二年（一五七四）～寛永六年（一六二九）二月四日

杉原家次の長男。高台院の従弟に当たる。童名は、お万、通称は弥兵衛。受領名は伯耆守、官位は従五位下。父が早く没したため、一時、一族の浅野長政（義理の従兄弟）に養われる。室は長政の女。文禄元年（一五九二）には、肥前名護屋城に駐屯。近江坂本城主、豊後杵築城主を経て、但馬豊岡城主（二万石余）に就任。播磨三木城城代を兼ねる。近江にも飛び地三千石。摂津・尻池に千石、併せて二万五千石。慶長五年（一六〇〇）、関ヶ原の戦いでは西軍に属す。本戦には参陣せず、丹後田辺城（細川藤孝）を攻撃する。所領没収の危機に直面するも、浅野長政の尽力で回避、所領安堵となる。石高は諸説あり定かではない。本領豊岡は二万石前後。慶長十六年（一六一一）、岳父浅野長政の遺領から、遺言により五千石を加増、二万五千石となる。大坂冬の陣・夏の陣には、徳川方に属し戦功をあげる。寛永六年二月四日没（五十六歳）。号・心達道無花岳院（江戸・三田・林泉寺）。豊岡藩領の戸牧村では、領民が、戸牧神社境内に供養塔建立（華岳院殿心達道無大居士）。室は、浅野彈正少弼長政女。＊天正十七年（一五八九）、従五位下伯耆守に叙任。

○杉原家次女◇木下肥後守家定室。木下利房、木下延俊、小早川秀秋実母。

○杉原重長（しげなが）（但馬豊岡藩二万五千石）

元和二年（一六一六）～正保元年（一六四四）十月二十八日

寛永六年、十四歳で家督相続。寛永十七年十二月二十九日、従五位下伯耆守に叙任。正保元年十月二十八日（一説、二十九日）（二十九歳）。母は、浅野長政女。室は小出伊勢守吉親女。継室は織田出雲守高長女。

○杉原長俊（ながとし）　杉原長房の息子。通称は、長兵衛。〔早世〕（母は、浅野長政女）

○杉原長房女◇北條出羽守氏重室。（母は浅野氏）

○杉原長房女◇浅野彈正少弼長政養女。（母は、浅野氏）（船越伊豫守永景妻）

○杉原長房女◇松平伊賀守忠晴室。（母は、浅野氏）

○杉原長房女◇堀美作守親昌室。（母は、浅野氏）

○杉原長房女◇浅野但馬守長晟養女。（母は、浅野氏）（浅野家臣浅野攝津守高英妻）
○杉原長房女◇竹中越中守重常室・杉原重玄實母。（母は、浅野氏）
○杉原長房女◇青山丹後守幸通室。（母は、浅野氏）
○杉原長房女◇上田主水正重安（浅野家家臣）室。（母は、某氏）
○杉原重玄（しげはる）（但馬国一万石）

寛永十四年（一六三七）～承応二年（一六五三）十月十四日

正保二年（一六四五）閏五月二十六日、一万石を賜り、重長の名跡継承が認められる。竹中越中守重常の三男。重元・帯刀。母は、長房の女。重長の末期養子となるが、当時は、末期養子を認めず、杉原家は一時断絶。重長の女を室として、名跡継承。承応二年十月十四日卒（十七歳）。嗣なく家絶ゆ（無嗣断絶）。除封処分。

○杉原重長の女◇杉原重玄室。（母は、某氏）

杉原重玄夫妻に嗣子がなく、また、重玄に養子もなく、尾張杉原氏本家は断絶した。

この同族に、杉原七郎兵衛家利の二男の源七郎某（一説、源七郎義正）の家系が、存在する。その子の杉原四郎兵衛長氏（一説、正次）が、家康に仕え、但馬国気多（けた）郡の内において、采地千石を賜り、旗本杉原家の家祖となる。この家系からは、杉原長可（杉原四郎左衛門正衡の祖）、杉原正吉（杉原吉太郎正賀の祖）、杉原保勝（杉原四郎兵衛正利の祖）などが分家した。本家の杉原正武は、巡検使として各地を廻った。明和元年（一七六四）八月に浅草川で溺死し、家系は断絶となる。分家はその後も存続した。

○杉原某（助左衛門入道道松）（一説、定利）◇高台院實父。杉原氏麁流（傍系）。

生年不詳～文禄二年（一五九三）二月六日

尾張国朝日村住人。鉄炮張工。父は、杉原孫七郎隆利（『古代氏族系譜集成』）。妻は、織田信長足軽、杉原七郎兵衛家利の女（朝日）。家利の婿となり、別家杉原家（杉原家利家）を継承する。木下祐久と混同されるが、近年では別人とされる。『木下家系図附言纂』『平姓杉原氏御系図附言』の本文は、諱（実名）不詳と記す。

○杉原孫兵衛◇木下肥後守豊臣朝臣家定（木下家定・豊臣家定）杉原道松嫡男。

豊臣氏について

豊臣氏の詳細については、第二章で述べるが、平姓杉原氏から、豊臣姓木下氏が分立したということで、本章でも概略を述べることとする。

豊臣氏とは、信長没後の織田政権の主導権を握った羽柴秀吉が、近衛家の猶子（家督継承権を伴わない準養子）となり藤原秀吉を称し（本姓藤原、家名は羽柴）関白に就任の後、朝廷より「豊臣朝臣」を賜り（実際は秀吉の創氏）、賜姓豊臣氏初代となったことによりはじまる。

源平藤橘に次ぐ新姓であり、近衛、鷹司、九條、二條、一條家に次ぐ六番目の摂関家の創設である。武家でありながら、公卿にもなりうる家系となる。事実、秀吉と秀次は、関白・太政大臣、関白・左大臣に就任している。武家の正当な棟梁となれない羽柴氏は、関白に就任することにより、全国統治の正当性を確保した（征夷大将軍足利義昭は、信長により追放され、室町幕府は消滅したが、解任されておらず、信長も名目上の将軍も擁立しなかったので、形式上は、足利義昭は武家の棟梁)。

羽柴家は、関白豊臣氏となることで、全国を統一し、政権の主となったのである。政権獲得時点で、弟秀長以外の男系一族のいなかった秀吉は、兄弟姉妹およびその子孫、正室北政所の甥や信長の四男、徳川家康の二男や、宇喜多直家の息子などを養子や猶子として、豊臣氏一門を形成した。さらに、北政所の兄の杉原孫兵衛にも、家名の木下を与え、羽柴の公称を許し、本姓豊臣氏とした(木下肥後守豊臣朝臣家定)。さらに有力大名にも、羽柴の苗字と豊臣朝臣の氏姓を与え、豊臣朝臣羽柴某、□□△△豊臣朝臣○○などと名乗らせた(前田利家の場合、羽柴筑前守利家・加賀大納言豊臣朝臣利家)。

豊臣政権後半には、かなりの豊臣氏が存在したのである。秀吉は、一大疑似一門を形成し、その頂点に立つことにより豊臣政権を維持したのである。

豊臣氏は、秀吉を氏の長者として創設された。秀吉を初代とする豊臣宗家(初代関白・太閤家)、秀次を当主とする二代関白家(秀次家)、秀吉弟の秀長を初代とする大和大納言家、これらは、羽柴流豊臣氏(第一豊臣家一門)、つまり普通にいわれるところの豊臣一族である。

次いで、**北政所流豊臣家**(後の京都豊臣家・高台流豊臣家)(秀吉存命中は、第一豊臣家に包括される)、**杉原流豊臣家**(**豊臣姓木下家・第二豊臣家**)、ここまでが拡大豊臣家である。そして、羽柴氏豊臣朝臣姓を与えられた大名による疑似一門豊臣氏、この三大グループが、豊臣氏を構成したのである。

その後、養子は、宇喜多秀家と豪姫の夫妻を除き、順次離籍となり、秀次家(二代関白家)と大納言家(秀長流)は、秀吉により断絶に追い込まれた。

第一豊臣家一門は、秀頼誕生後瓦解した。残るは、北政所一門豊臣氏と、有力大名の疑似一門豊臣氏である。しかし、これらは、秀吉没後、暫時豊臣宗家（秀頼）から距離をとり、家康が覇権を握ると、疑似一門豊臣氏の各大名は、羽柴・豊臣の公称を停止して旧姓に復し、江戸時代初期には、歴史上から消え去った。唯一残ったのが、第二豊臣家の北政所一門である（後述）。

このことは、『大武鑑』でも、『寛政重修諸家譜』でも確認される。豊臣氏（豊臣朝臣）は、大坂夏の陣で、大坂豊臣家（羽柴流豊臣氏）が滅びた後も存続したのである。『豊臣氏存続』は、歴史上の事実であり、謎など存在しない。謎があるとすれば、前川ルポで記されたように、第一豊臣家一門の血統、とりわけ秀吉の男系が存続したかという点である。この点については、本章では深追いはしない。

豊臣家というと、つい我々は、秀吉に目を奪われるが、豊臣家には、もう一人、朝廷から正式に豊臣姓を下賜された人物がいる。その人物の存在こそが、第二豊臣家を近代まで存在せしめたのかもしれない。（豊臣家についての詳細は、第二章に記す）

豊臣氏・木下氏（杉原流）

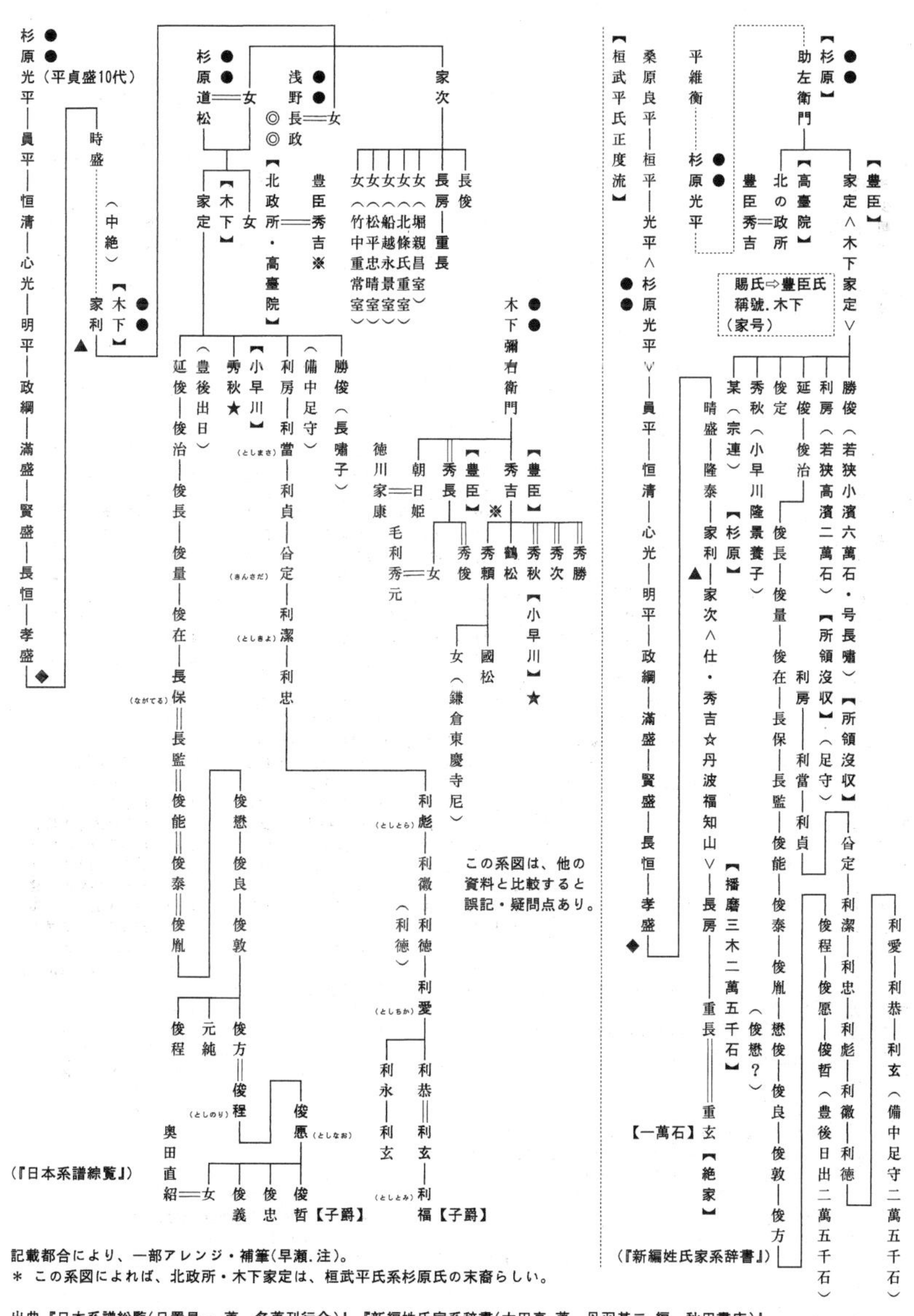

記載都合により、一部アレンジ・補筆(早瀬.注)。
＊ この系図によれば、北政所・木下家定は、桓武平氏系杉原氏の末裔らしい。

出典『日本系譜総覧(日置昌一.著、名著刊行会)』、『新編姓氏家系辞書(太田亮.著、丹羽基二.編、秋田書店)』

杉原氏・木下氏

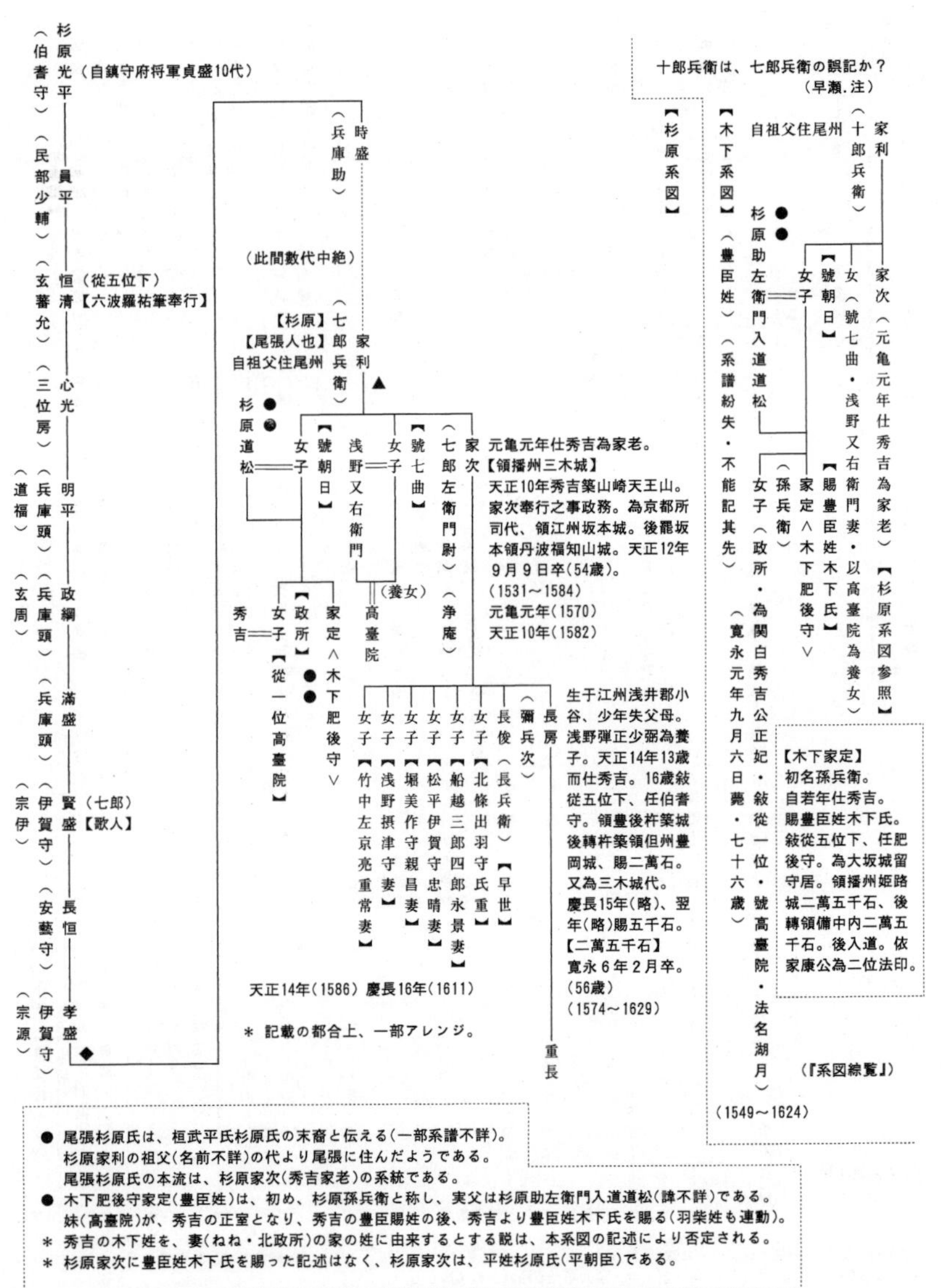

杉原光平（伯耆守）（自鎮守府将軍貞盛10代）
員平（民部少輔）
恒清（玄蕃允）（従五位下）【六波羅祐筆奉行】
心光（三位房）
明平（兵庫頭）（道福）
政綱（兵庫頭）（玄周）
満盛（兵庫頭）
賢盛（伊賀守）（宗伊）（七郎）【歌人】
長恒（安藝守）
孝盛（伊賀守）（宗源）◆
時盛（兵庫助）
（此間数代中絶）
家利（七郎兵衛）▲
【杉原】【尾張人也】自祖父住尾州
杉原道松 ●●
女子
女子【號朝日】
浅野又右衛門
女子【號七曲】
家次（七郎左衛門尉）（浄庵）
元亀元年仕秀吉為家老。【領播州三木城】天正10年秀吉築山崎天王山。家次奉行之事政務。為京都所司代、領江州坂本城。後罷坂本領丹波福知山城。天正12年9月9日卒(54歳)。(1531～1584)
元亀元年(1570)
天正10年(1582)
秀吉
女子【従一位高臺院】
家定＜木下肥後守＞【政所】●●
（養女）高臺院
長房
彌兵次
長俊（長兵衛）【早世】
女子【北條出羽守氏重】
女子【船越三郎四郎永景妻】
女子【松平伊賀守忠晴妻】
女子【堀美作守親昌妻】
女子【浅野摂津守妻】
女子【竹中左京亮重常妻】
生于江州浅井郡小谷、少年失父母。浅野弾正少弼為養子。天正14年13歳而仕秀吉。16歳叙従五位下、任伯耆守。領豊後杵築城後轉杵築領但州豊岡城、賜二萬石。又為三木城代。慶長15年(略)、翌年(略)賜五千石。【二萬五千石】寛永6年2月卒。(56歳)(1574～1629)
天正14年(1586) 慶長16年(1611)
重長
＊ 記載の都合上、一部アレンジ。
十郎兵衛は、七郎兵衛の誤記か？（早瀬.注）
家利（十郎兵衛）自祖父住尾州
家次（元亀元年仕秀吉為家老）【杉原系図参照】
女（號七曲・浅野又右衛門妻・以高臺院為養女）
【號朝日】
女子
杉原助左衛門入道道松 ●●
家定＜木下肥後守＞【賜豊臣姓木下氏】
孫兵衛
女子（政所・為関白秀吉公正妃・叙従一位・號高臺院・法名湖月）（寛永元年九月六日薨・七十六歳）
(1549～1624)
【木下系図】（豊臣姓）（系譜紛失・不能記其先）
【杉原系図】
【木下家定】初名孫兵衛。自若年仕秀吉。賜豊臣姓木下氏。叙従五位下、任肥後守。為大坂城留守居。領播州姫路城二萬五千石、後轉領備中内二萬五千石。後入道。依家康公為二位法印。
（『系図綜覧』）
● 尾張杉原氏は、桓武平氏杉原氏の末裔と伝える（一部系譜不詳）。杉原家利の祖父（名前不詳）の代より尾張に住んだようである。尾張杉原氏の本流は、杉原家次（秀吉家老）の系統である。
● 木下肥後守家定（豊臣姓）は、初め、杉原孫兵衛と称し、実父は杉原助左衛門入道道松（諱不詳）である。妹（高臺院）が、秀吉の正室となり、秀吉の豊臣賜姓の後、秀吉より豊臣姓木下氏を賜る（羽柴姓も連動）。
＊ 秀吉の木下姓を、妻（ねね・北政所）の家の姓に由来するとする説は、本系図の記述により否定される。
＊ 杉原家次に豊臣姓木下氏を賜った記述はなく、杉原家次は、平姓杉原氏（平朝臣）である。

出典『系圖綜覧・下巻（名著刊行会）』

杉原・木下・豊臣氏

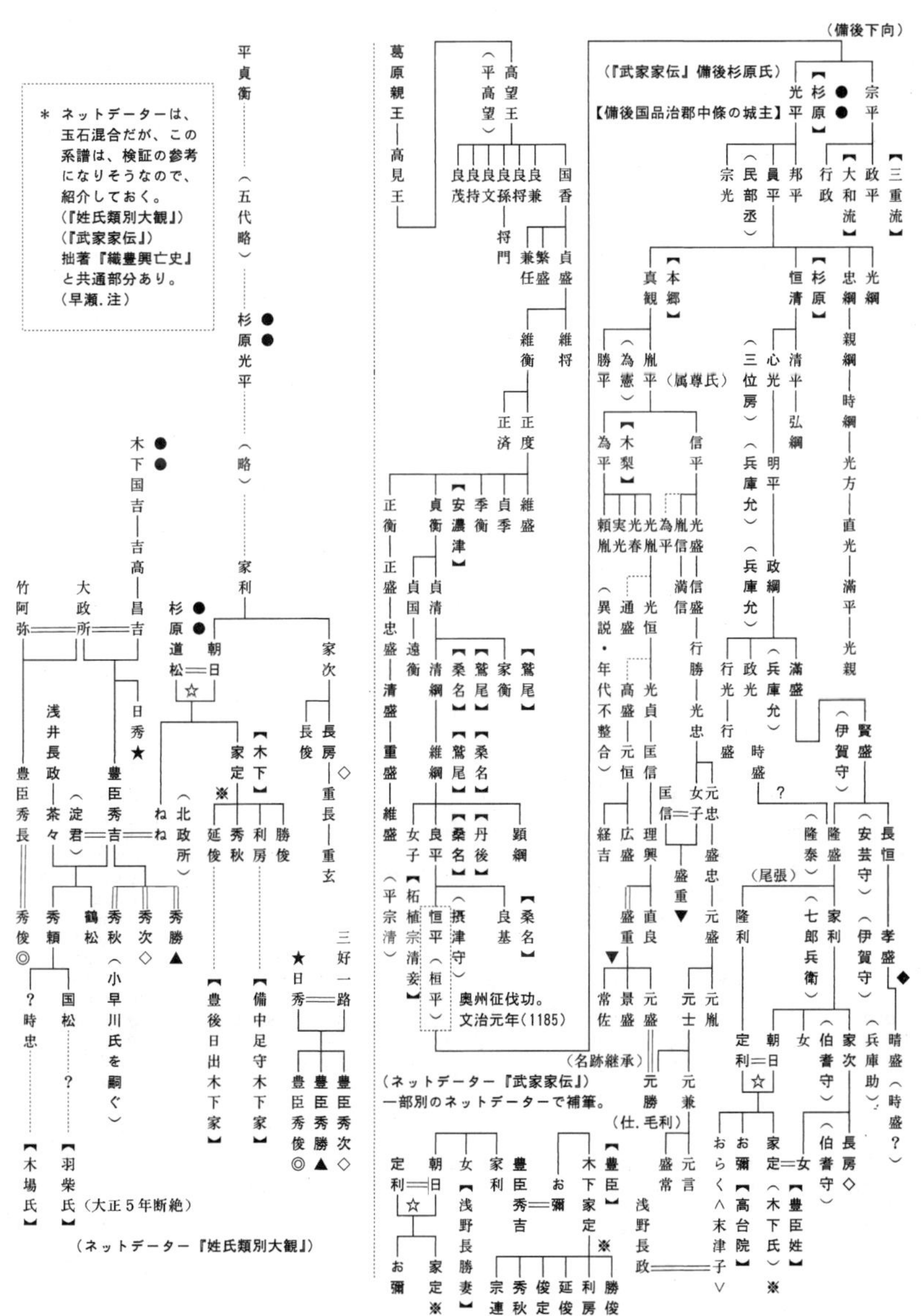

＊ ネットデーターは、玉石混合だが、この系譜は、検証の参考になりそうなので、紹介しておく。
（『姓氏類別大観』）
（『武家家伝』）
拙著『織豊興亡史』と共通部分あり。
（早瀬.注）
（ネットデーター『姓氏類別大観』）
（『武家家伝』備後杉原氏）
【備後国品治郡中條の城主】
（備後下向）
奥州征伐功。文治元年（1185）
（名跡継承）
（ネットデーター『武家家伝』）
一部別のネットデーターで補筆。
（大正５年断絶）

出典 ネットデーター（『姓氏類別大観』、『武家家伝』、他）

杉原氏一族略系図

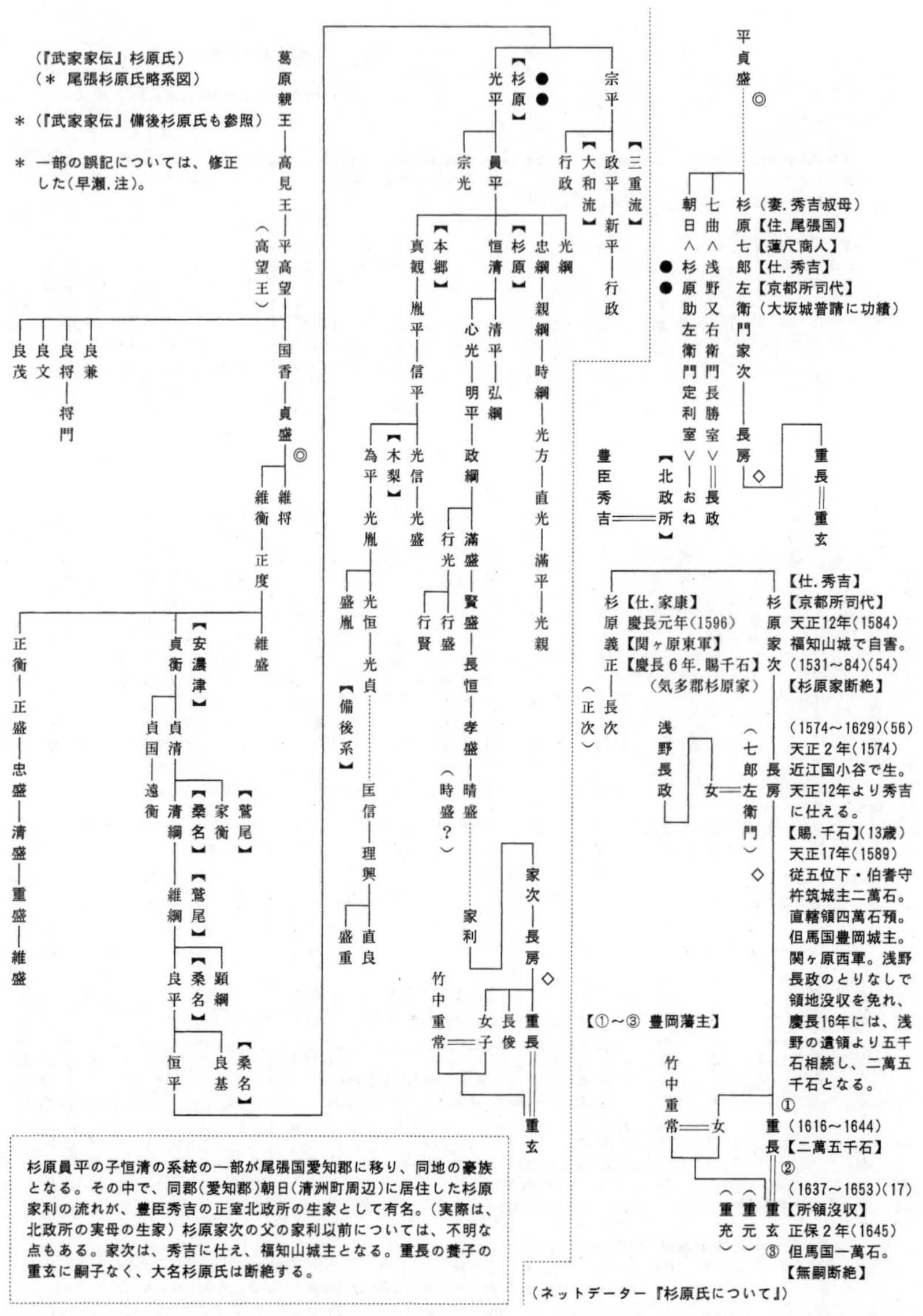

(『武家家伝』杉原氏)
(＊ 尾張杉原氏略系図)
＊(『武家家伝』備後杉原氏も参照)
＊ 一部の誤記については、修正した(早瀬.注)。
葛原親王—高見王—平高望(高望王)—国香—貞盛◎
良兼
良将—将門
良文
良茂
維将
維衡—正度
維盛
貞衡【安濃津】
正衡—正盛—忠盛—清盛—重盛—維盛
貞清
貞国—遠衡
家衡【鷲尾】
清綱【桑名】—維綱【鷲尾】
顕綱
良平【桑名】
良基【桑名】
恒平
宗平
政平【三重流】—新平—行政
行政【大和流】
光平【杉原】●●
宗光
員平
光綱
忠綱—親綱—時綱—光方—直光—満平—光親
恒清【杉原】—清平—弘綱
心光—明平—政綱
満盛—賢盛—長恒—孝盛—晴盛
(時盛?)
行光
行盛
行賢
真観【本郷】—胤平—信平
光信—光盛
為平【木梨】—光胤
光恒—光貞—匡信—理興
【備後系】
直良
盛重
盛胤
家利
家次—長房◇
竹中重常＝女子
長俊
重長‖重玄
平貞盛◎
杉原七郎左衛門家次(妻.秀吉叔母)【住.尾張国】【蓮尺商人】【仕.秀吉】【京都所司代】(大坂城普請に功績)
七曲(浅野又右衛門長勝室)‖長政
おね
朝日(杉原助左衛門定利室)●
豊臣秀吉＝北政所
長房◇
重長‖重玄
杉原義正【仕.家康】慶長元年(1596)【関ヶ原東軍】【慶長6年.賜千石】(気多郡杉原家)
(正次)—長次
杉原家次【仕.秀吉】【京都所司代】天正12年(1584)福知山城で自害。(1531~84)(54)【杉原家断絶】
浅野長政
女＝長房(七郎左衛門)◇
(1574~1629)(56)天正2年(1574)近江国小谷で生。天正12年より秀吉に仕える。【賜.千石】(13歳)天正17年(1589)従五位下・伯耆守杵筑城主二萬石。直轄領四萬石預。但馬国豊岡城主。関ヶ原西軍。浅野長政のとりなしで領地没収を免れ、慶長16年には、浅野の遺領より五千石相続し、二萬五千石となる。
【①~③ 豊岡藩主】
竹中重常＝女
①重長(1616~1644)【二萬五千石】
②(1637~1653)(17)
③重玄【所領没収】正保2年(1645)但馬国一萬石。【無嗣断絶】
(重元)
(重充)
(ネットデーター『杉原氏について』)

杉原員平の子恒清の系統の一部が尾張国愛知郡に移り、同地の豪族となる。その中で、同郡(愛知郡)朝日(清洲町周辺)に居住した杉原家利の流れが、豊臣秀吉の正室北政所の生家として有名。(実際は、北政所の実母の生家)杉原家次の父の家利以前については、不明な点もある。家次は、秀吉に仕え、福知山城主となる。重長の養子の重玄に嗣子なく、大名杉原氏は断絶する。

出典 ネットデーター(『武家家伝』、『杉原氏について』) ＊ 検証の参考になると判断したので紹介した。

杉原氏系図（桓武平氏）

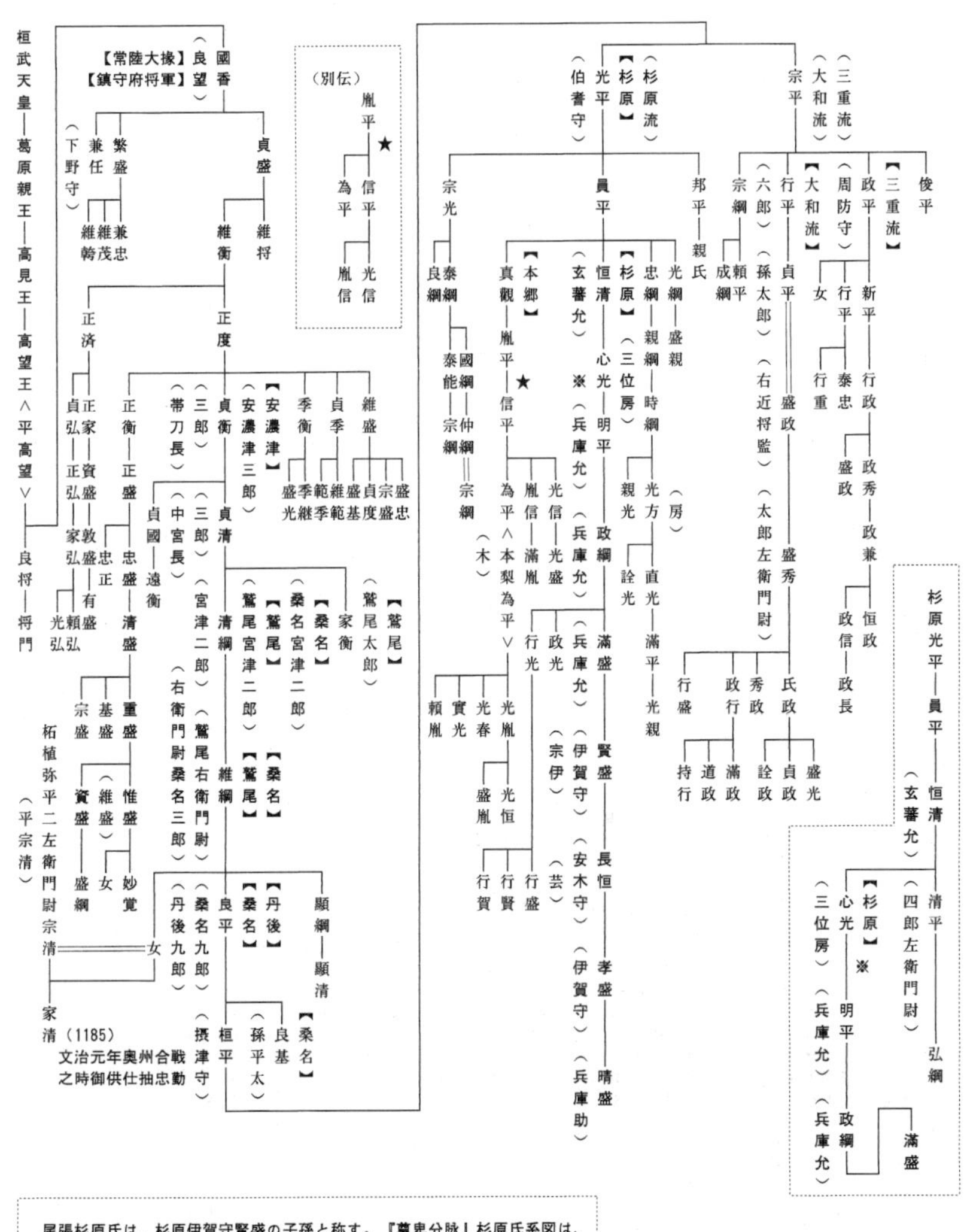

尾張杉原氏は、杉原伊賀守賢盛の子孫と称す。『尊卑分脉』杉原氏系図は、兵庫助晴盛以下は不記載。従って、本系図から尾張杉原氏に至る系譜は、立証されない。杉原氏は、桓武天皇末裔で、鎌倉幕府・室町幕府に仕える。

出典『新訂増補國史大系 尊卑分脉（吉川弘文館）』

杉原氏一族（桓武平氏）（1）

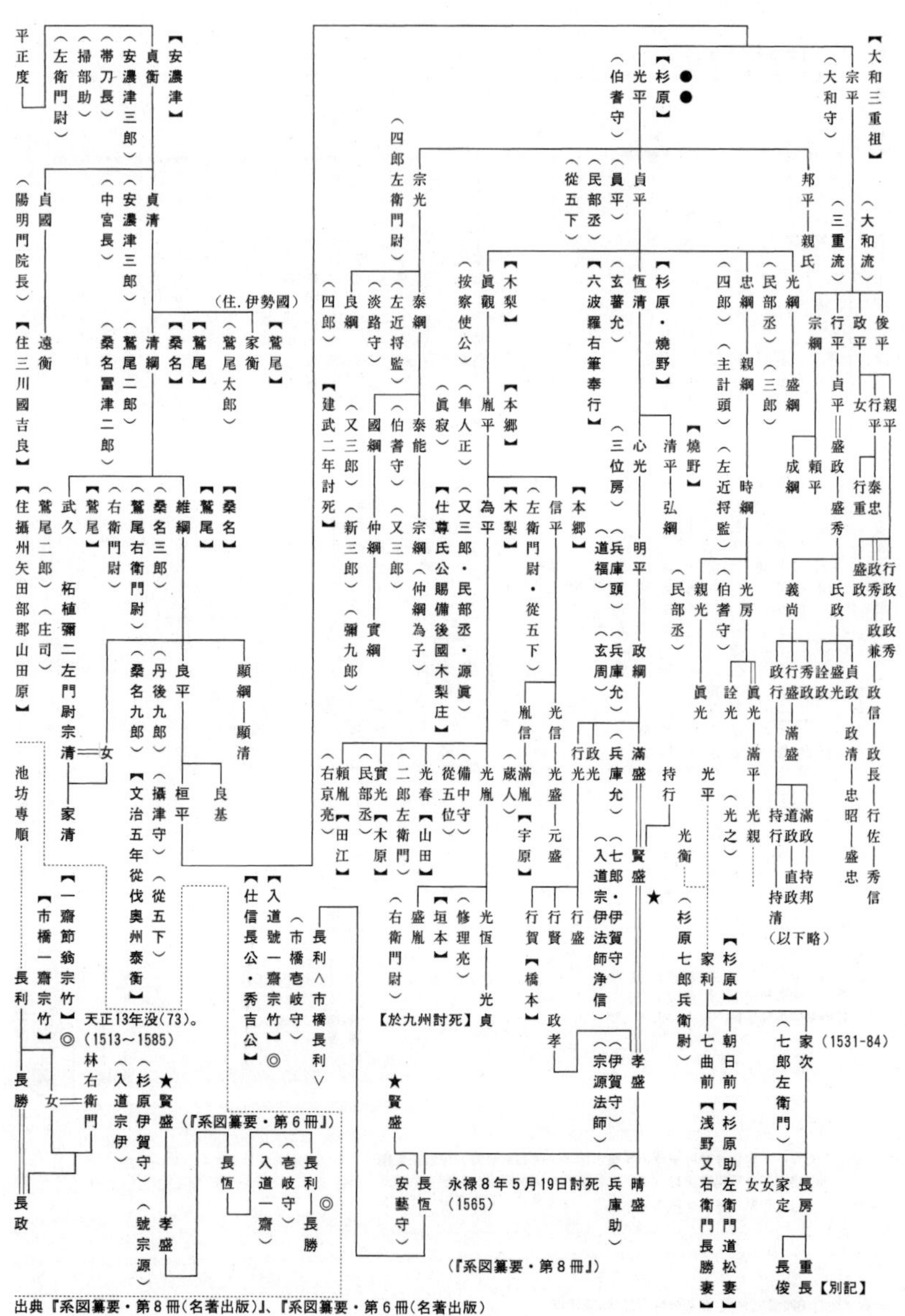
【大和三重祖】
宗平
（大和守）
【杉原】
光平
（伯耆守）
貞平
（員平）
（民部丞）
（従五下）
恒清
【杉原・焼野】
【六波羅右筆奉行】
宗光
（四郎左衛門尉）
【安濃津】
貞衡
（安濃津三郎）
（帯刀長）
（掃部助）
（左衛門尉）
平正度
貞清
（安濃津三郎）
（中宮長）
貞國
（陽明門院長）
遠衡
【住三川國吉良】
（住. 伊勢國）
【鷲尾】
家衡
（鷲尾太郎）
清綱
（鷲尾二郎）
（桑名冨津二郎）
永禄8年5月19日討死（1565）
（『系図纂要・第8冊』）
（『系図纂要・第6冊』）
天正13年没(73)。（1513～1585）
【於九州討死】
（以下略）
【別記】
（1531-84）

出典『系図纂要・第8冊(名著出版)』、『系図纂要・第6冊(名著出版)』

杉原氏一族（桓武平氏）（２）

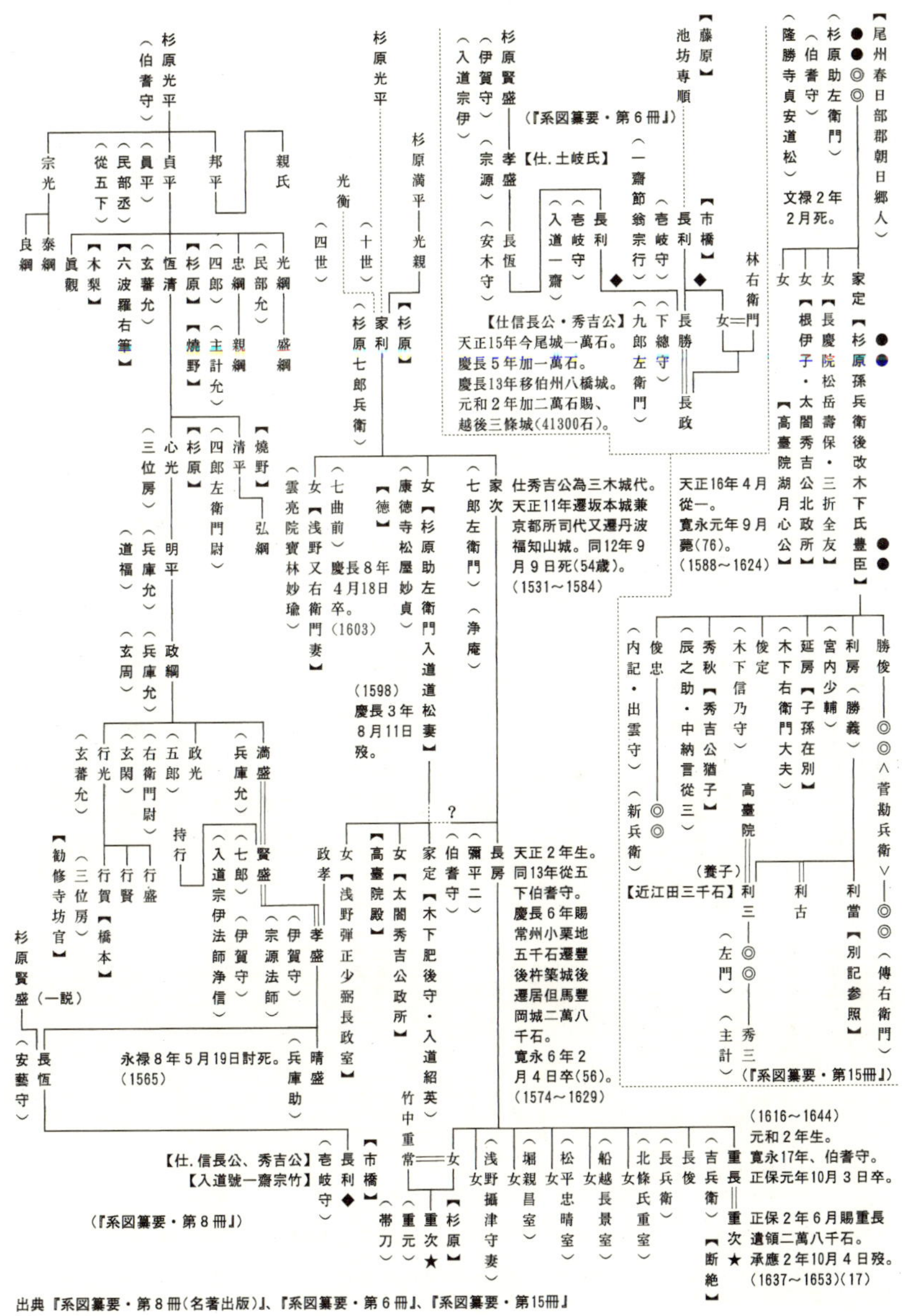
【尾州春日部郡朝日郷人】
●●◎◎
（杉原助左衛門）
（伯耆守）
（隆勝寺貞安道松）
文禄２年２月死。
家定【杉原孫兵衛後改木下氏豊臣】
天正16年４月従一。寛永元年９月薨(76)。(1588～1624)
女【長慶院松岳壽保・三折全友】
女【根伊子・太閤秀吉公北政所】【高臺院湖月心公】
女
勝俊◎◎〈菅勘兵衛〉◎◎（傳右衛門）
利房（勝義）
（宮内少輔）
延房【子孫在別】
木下右衛門大夫
俊定
（木下信乃守）
秀秋【秀吉公猶子】
（辰之助・中納言従三）
俊忠◎◎
（内記・出雲守）（新兵衛）
利當【別記参照】
利古
高臺院
（養子）
利三◎◎
（左門）（主計）
秀三
【近江田三千石】
（『系図纂要・第15冊』）
【藤原】
池坊専順
林右衛門
女
【市橋】
長利◆
（壱岐守）
長勝
（下総守）
（九郎左衛門）
長政
（一齋節翁宗行）
長利◆
（壱岐守）
（入道一齋）
（『系図纂要・第６冊』）
杉原賢盛
（伊賀守）
（入道宗伊）
孝盛【仕.土岐氏】
（宗源）
長恒
（安木守）
【仕信長公・秀吉公】
天正15年今尾城一萬石。
慶長５年加一萬石。
慶長13年移伯州八橋城。
元和２年加二萬石賜、
越後三條城(41300石)。
杉原光平
杉原満平—光親
光衝
（十世）
（四世）
家利【杉原】
（杉原七郎兵衛）
家次
仕秀吉公為三木城代。天正11年遷坂本城兼京都所司代又遷丹波福知山城。同12年９月９日死(54歳)。(1531～1584)
（七郎左衛門）
（浄庵）
女【杉原助左衛門入道道松妻】
(1598)慶長３年８月11日歿。
（康徳寺松屋妙貞）
【徳】
（七曲前）
慶長８年４月18日卒。(1603)
女【浅野又右衛門妻】
（雲亮院寶林妙瑜）
長房
天正２年生。同13年従五下伯耆守。慶長６年賜常州小栗地五千石遷豊後杵築城後遷居但馬豊岡城二萬八千石。寛永６年２月４日卒(56)。(1574～1629)
（彌平二）
（伯耆守）
？
家定【木下肥後守・入道紹英】
女【太閤秀吉公政所】
【高臺院殿】
女【浅野弾正少弼長政室】
政孝
重長＝重次★
(1616～1644)
元和２年生。
寛永17年、伯耆守。
正保元年10月３日卒。
正保２年６月賜重長遺領二萬八千石。
承應２年10月４日歿。
(1637～1653)(17)
（吉兵衛）【断絶】
長俊
（長兵衛）
女（北條氏重室）
女（船越長景室）
女（松平忠晴室）
女（堀親昌室）
女（浅野攝津守妻）
女【杉原】
竹中重常＝女
重次★
重元
帯刀
杉原光平
（伯耆守）
親氏
邦平
貞平
（員平）
（民部丞）
（従五下）
宗光
泰綱
良綱
光綱—盛綱
（民部允）
忠綱—親綱
（四郎）
（主計允）
【杉原】
【焼野】
恒清
（玄蕃允）
【六波羅右筆】
【木梨】
眞観
清平—弘綱
【焼野】
【杉原】
（四郎左衛門尉）
心光
（三位房）
明平
（兵庫允）
（道福）
政綱
（兵庫允）
（玄周）
満盛
（兵庫允）
政光
（五郎）
（右衛門尉）
（玄関）
行光
（玄蕃允）
持行
賢盛
（七郎）
（伊賀守）
（宗源法師）
（入道宗伊法師浄信）
孝盛
（伊賀守）
晴盛
（兵庫助）
永禄８年５月19日討死。(1565)
行盛
行賢
行賀【橋本】
【勧修寺坊官】
（三位房）
杉原賢盛（一説）
長恒
（安藝守）
【市橋】
長利◆
（壱岐守）
【仕.信長公、秀吉公】
【入道號一齋宗竹】
（『系図纂要・第８冊』）

出典『系図纂要・第８冊（名著出版）』、『系図纂要・第６冊』、『系図纂要・第15冊』

寄組高洲家（桓武平氏榾原氏）

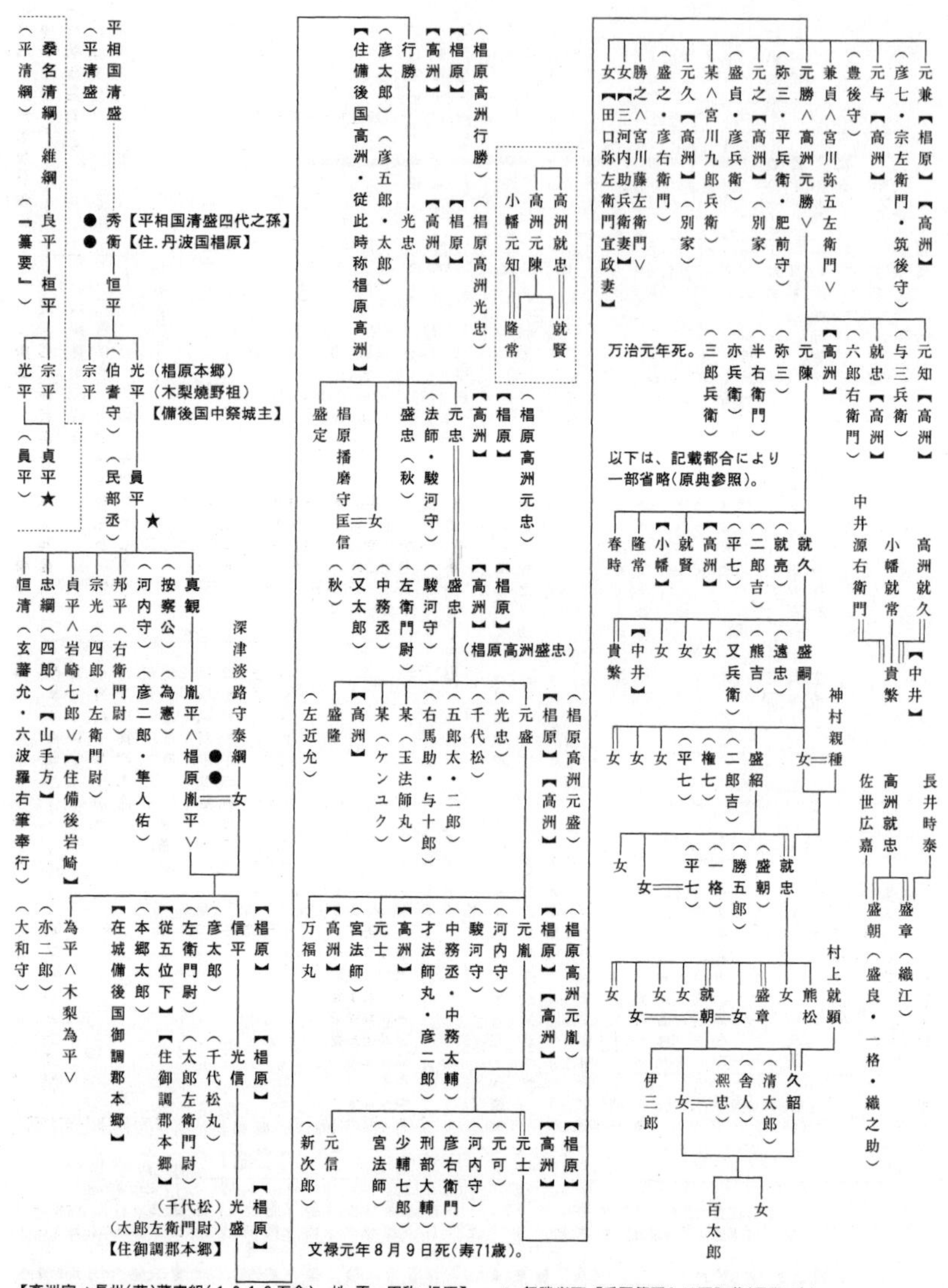

【高洲家⇨長州(萩)藩寄組（１０１９石余）、姓.平、因称.榾原】　＊ 行勝以下『系図纂要』は不記載(早瀬.注)。

出典『近世防長諸家系図綜覧(田村哲夫.編集、マツノ書店)』(昭和55年限定復刻)
【原典『近世防長諸家系図綜覧(防長新聞社山口支社.編集、防長新聞社)』(昭和41年限定出版)】

中国地方の杉原氏（木梨氏・高洲氏）

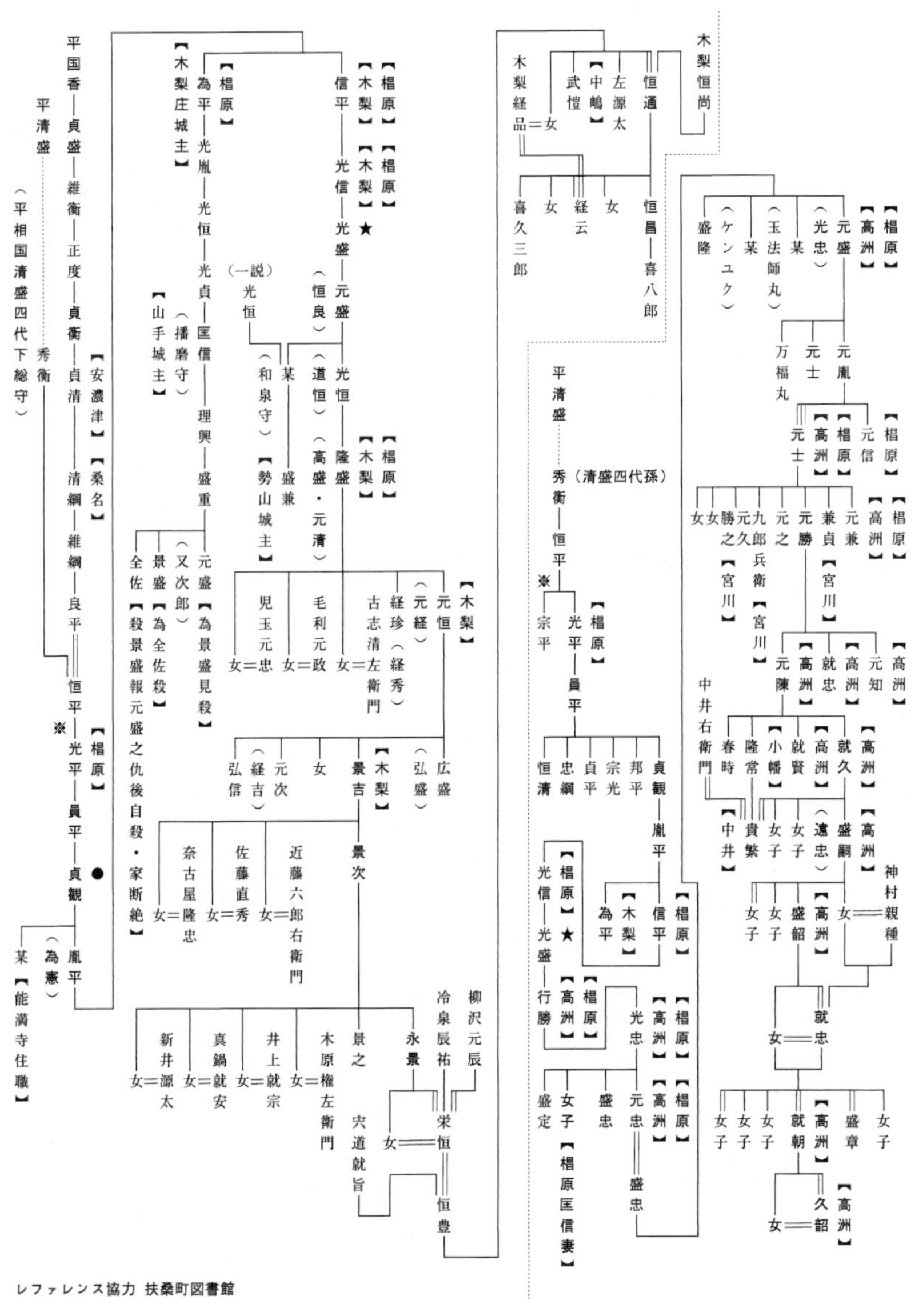

レファレンス協力 扶桑町図書館

出典『萩藩諸家系譜(岡部忠男.編著、琵琶書房)』(愛知県図書館.蔵)

中国地方の杉原氏（椙原氏）

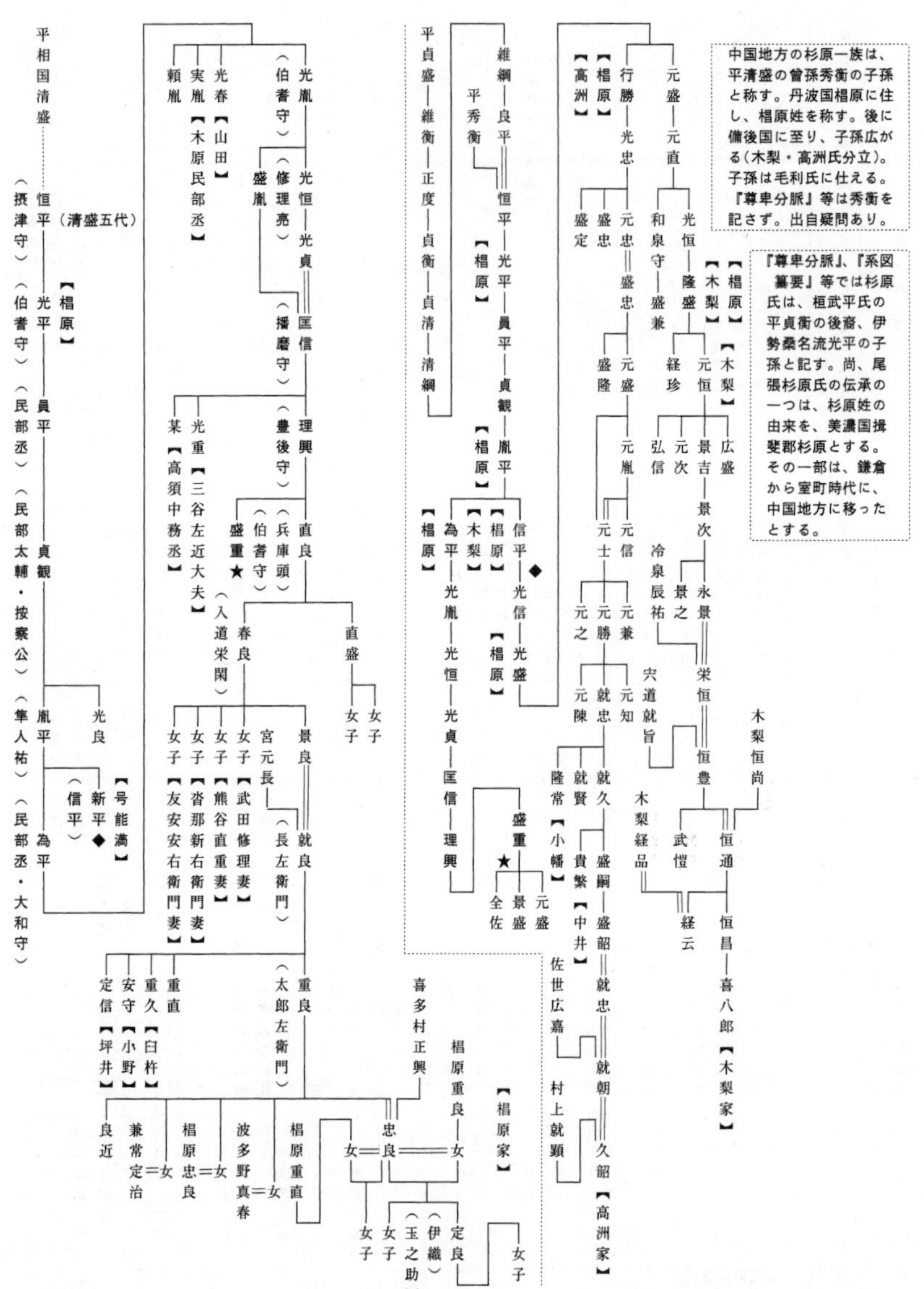

中国地方の杉原一族は、平清盛の曾孫秀衡の子孫と称す。丹波国椙原に住し、椙原姓を称す。後に備後国に至り、子孫広がる（木梨・高洲氏分立）。子孫は毛利氏に仕える。『尊卑分脈』等は秀衡を記さず。出自疑問あり。
『尊卑分脈』、『系図纂要』等では杉原氏は、桓武平氏の平貞衡の後裔、伊勢桑名流光平の子孫と記す。尚、尾張杉原氏の伝承の一つは、杉原姓の由来を、美濃国揖斐郡杉原とする。その一部は、鎌倉から室町時代に、中国地方に移ったとする。

出典『萩藩諸家系譜（岡部忠夫．編著、琵琶書房）』（愛知県図書館．蔵）レファレンス協力 扶桑町図書館

杉原氏（桓武平氏）（萩市高洲家系図）

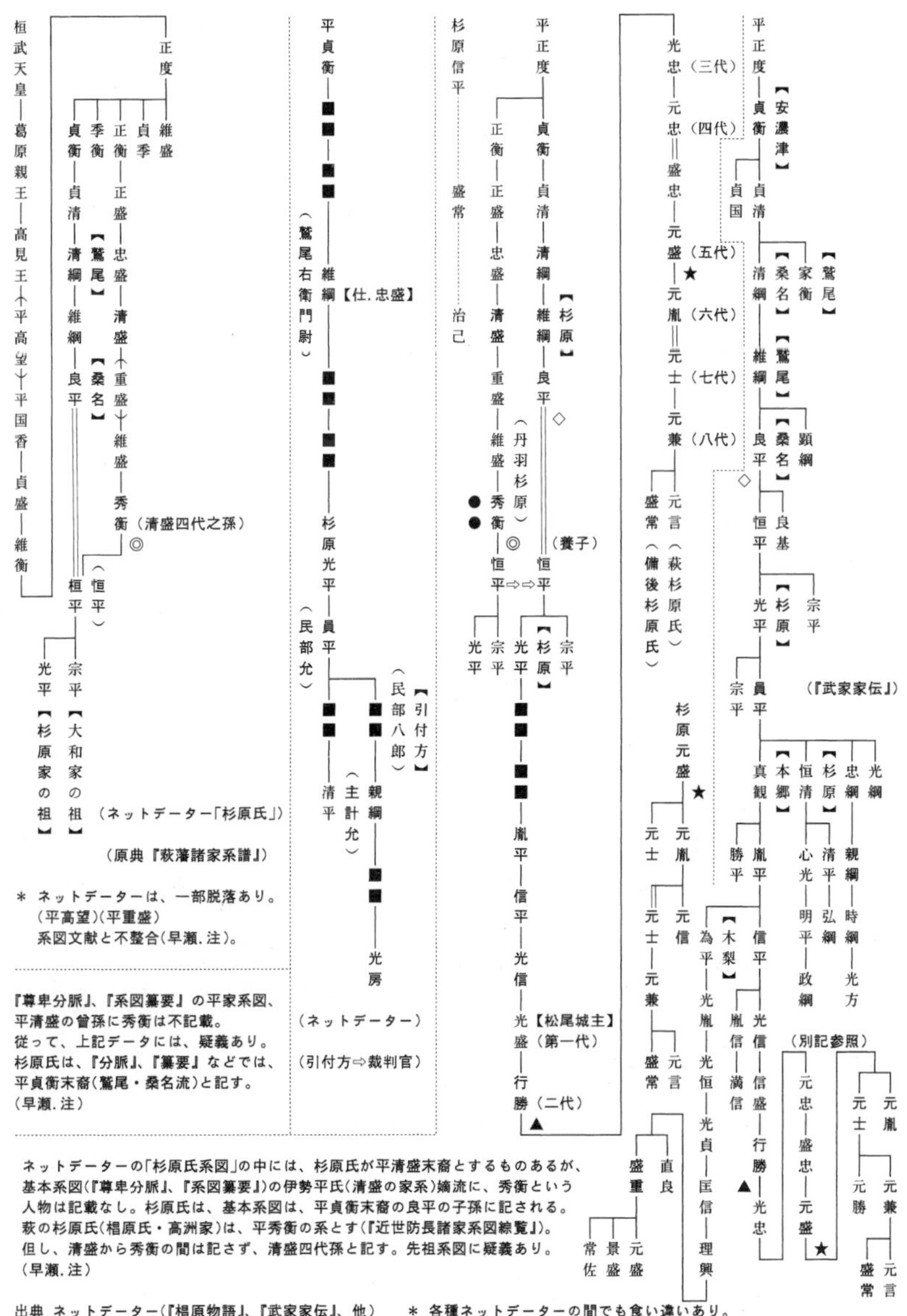
（ネットデーター「杉原氏」）
（原典『萩藩諸家系譜』）
＊ ネットデーターは、一部脱落あり。
（平高望）（平重盛）

系図文献と不整合（早瀬．注）。

『尊卑分脈』、『系図纂要』の平家系図、
平清盛の曾孫に秀衡は未記載。

従って、上記データには、疑義あり。

杉原氏は、『分脈』、『纂要』などでは、
平貞衡末裔（鷲尾・桑名流）と記す。

（早瀬．注）

（ネットデーター）

（引付方⇨裁判官）

（『武家家伝』）

（別記参照）

ネットデーターの「杉原氏系図」の中には、杉原氏が平清盛末裔とするものあるが、
基本系図（『尊卑分脈』、『系図纂要』）の伊勢平氏（清盛の家系）嫡流に、秀衡という
人物は記載なし。杉原氏は、基本系図は、平貞衡末裔の良平の子孫に記される。

萩の杉原氏（椙原氏・高洲家）は、平秀衡の系とす（『近世防長諸家系図綜覧』）。

但し、清盛から秀衡の間は記さず、清盛四代孫と記す。先祖系図に疑義あり。

（早瀬．注）

出典 ネットデーター（『椙原物語』、『武家家伝』、他） ＊ 各種ネットデーターの間でも食い違いあり。

杉原氏諸家・木梨氏・高洲氏

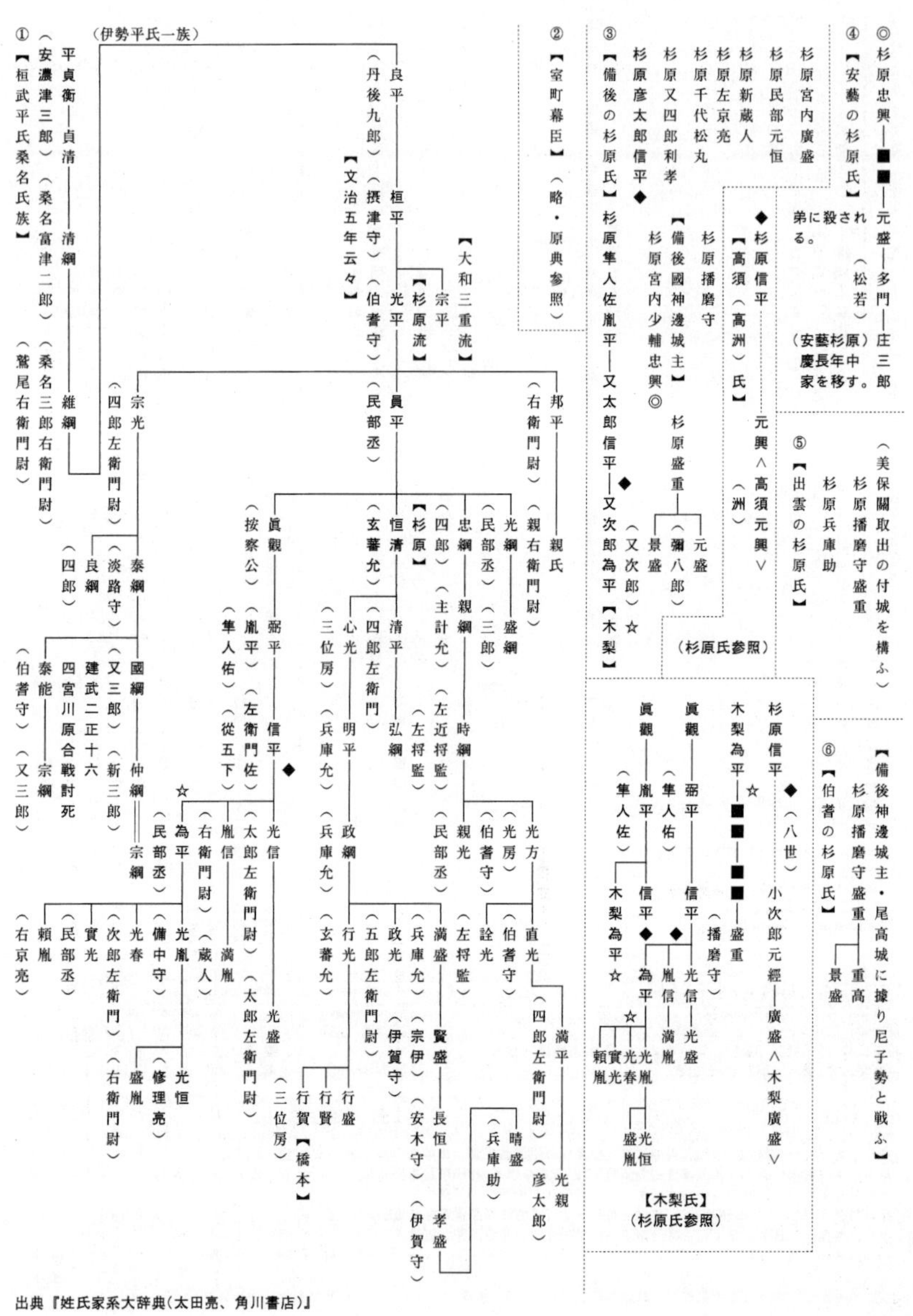

出典『姓氏家系大辞典(太田亮、角川書店)』

杉原氏諸家

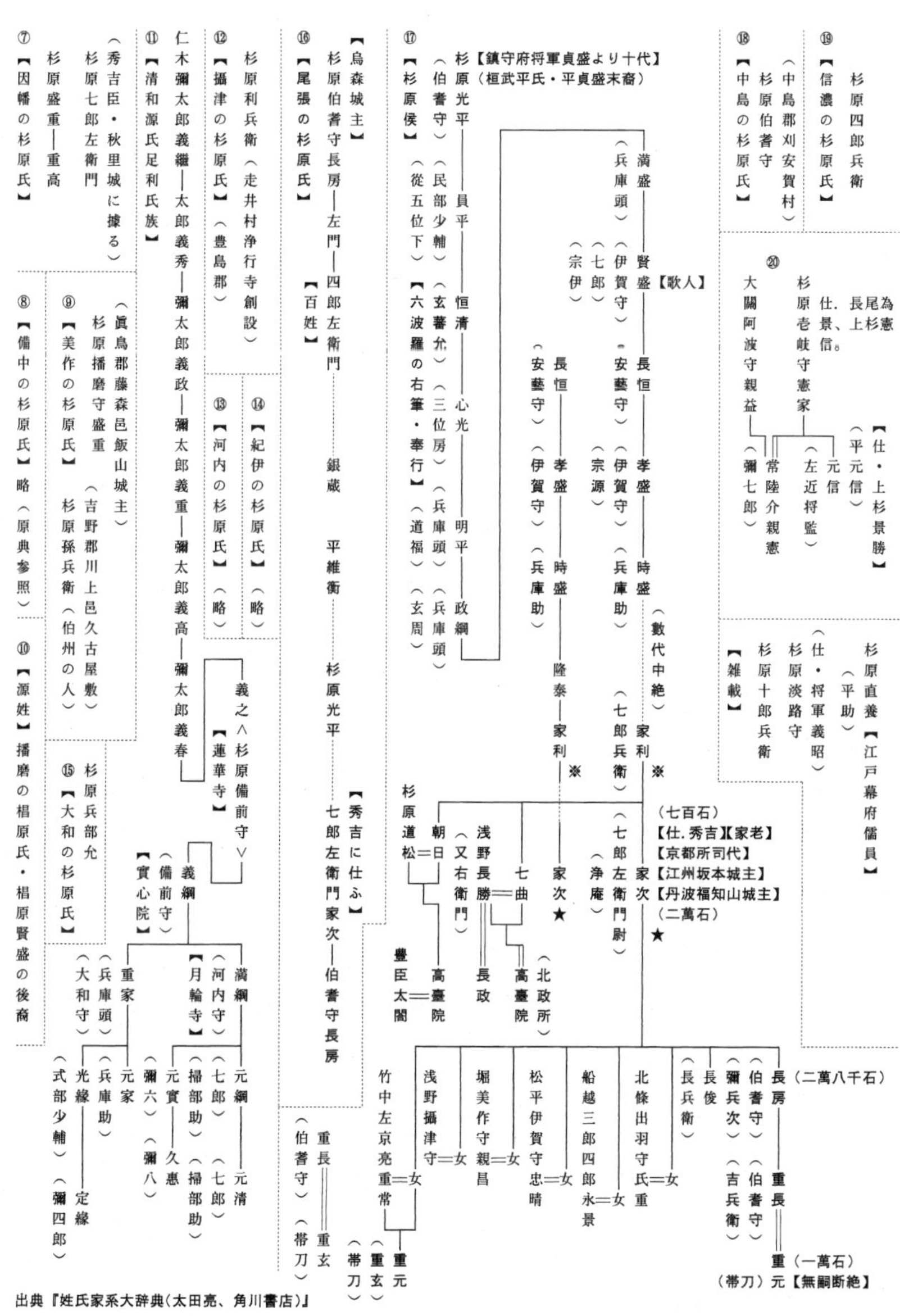

出典『姓氏家系大辞典(太田亮、角川書店)』

杉原氏（大名・幕臣）（桓武平氏貞衡流）

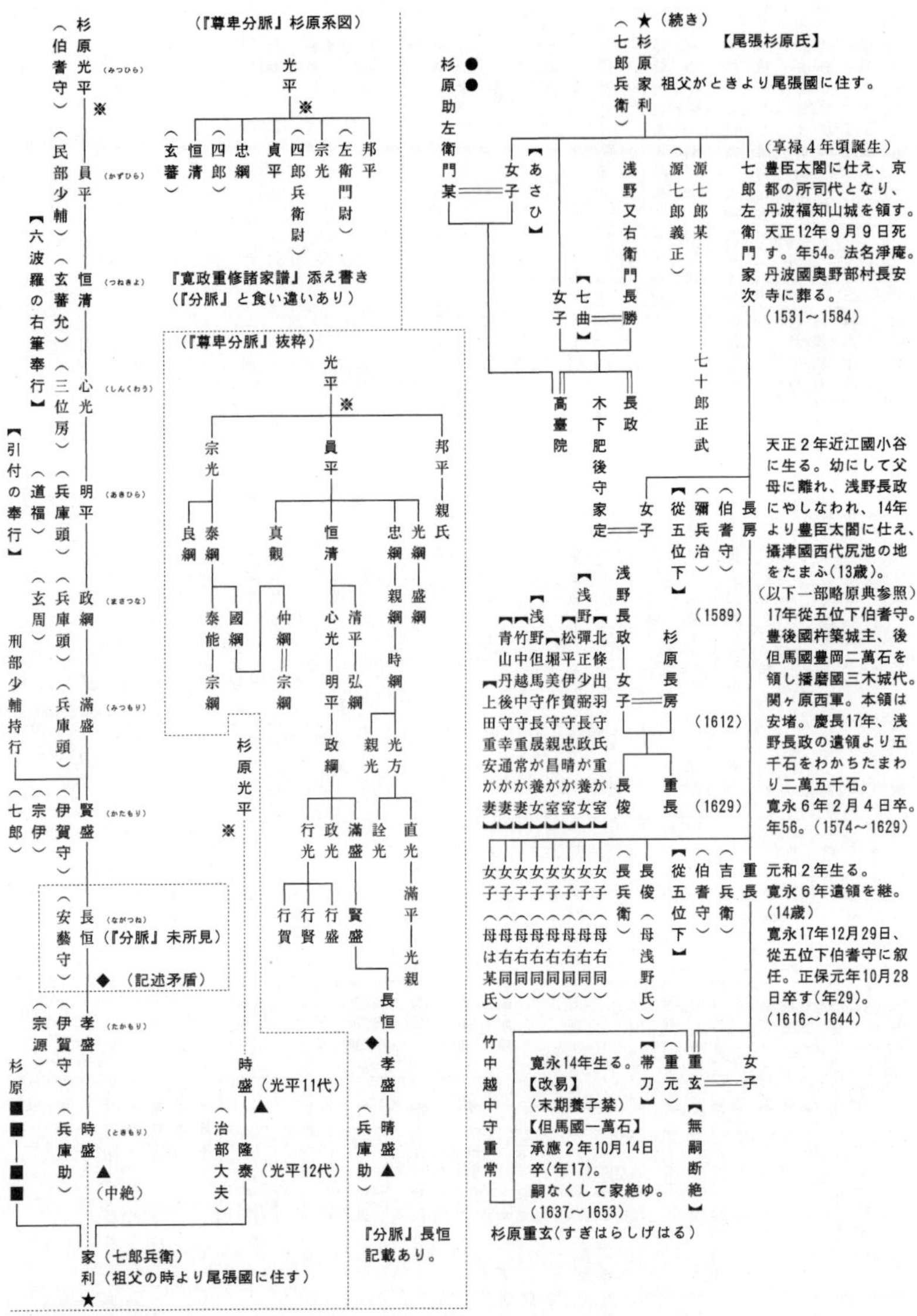

杉原光平（みつひら）（伯耆守）※
員平（かずひら）（民部少輔）
恒清（つねきよ）（玄蕃允）【六波羅の右筆奉行】
心光（しんくわう）（三位房）
明平（あきひら）（道福）（兵庫頭）【引付の奉行】
政綱（まさつな）（玄周）（兵庫頭）
満盛（みつもり）（兵庫頭）
刑部少輔持行
賢盛（かたもり）（伊賀守）（宗伊）（七郎）
長恒（ながつね）（安藝守）（『分脈』未所見）
◆（記述矛盾）
孝盛（たかもり）（伊賀守）（宗源）
時盛（ときもり）（兵庫助）▲（中絶）
杉原■■―■■
家利（七郎兵衛）（祖父の時より尾張國に住す）★
（『尊卑分脈』杉原系図）
光平※
邦平　左衛門尉　宗光　四郎兵衛尉　貞平　忠綱　四郎　恒清　玄蕃
『寛政重修諸家譜』添え書き（『分脈』と食い違いあり）
（『尊卑分脈』抜粋）
光平※
邦平―親氏
員平
宗光
光綱―盛綱
忠綱―親綱―時綱
恒清
真観
泰綱
良綱
清平―弘綱
心光―明平―政綱
泰能―宗綱
國綱
仲綱＝宗綱
光方
親光
直光―満平―光親
詮光
満盛―賢盛
政光
行光
行盛
行賢
行賀
長恒◆―孝盛―晴盛▲（兵庫助）
杉原光平※
時盛（光平11代）▲
隆泰（光平12代）（治部大夫）
『分脈』長恒記載あり。
★（続き）
【尾張杉原氏】
杉原家利（七郎兵衛）祖父がときより尾張國に住す。
杉原助左衛門某●●
女子【あさひ】
浅野又右衛門長勝
源七郎義正
源七郎某
七郎左衛門家次
（享禄4年頃誕生）
豊臣太閤に仕え、京都の所司代となり、丹波福知山城を領す。天正12年9月9日死す。年54。法名浄庵。丹波國奥野部村長安寺に葬る。
（1531～1584）
女子【七曲】
高臺院
木下肥後守家定
長政
七十郎正武
天正2年近江國小谷に生る。幼にして父母に離れ、浅野長政にやしなわれ、14年より豊臣太閤に仕え、攝津國西代尻池の地をたまふ（13歳）。
（以下一部略原典参照）
17年従五位下伯耆守。豊後國杵築城主、後但馬國豊岡二萬石を領し播磨國三木城代。関ヶ原西軍。本領は安堵。慶長17年、浅野長政の遺領より五千石をわかちたまわり二萬五千石。
寛永6年2月4日卒。年56。（1574～1629）
女子
【従五位下】（彌兵治）
（伯耆守）
長房
浅野長政
女子
杉原長房
長俊
重長
（1589）
（1612）
（1629）
【北條出羽守氏重が室】
【彈正少弼長政が室】
【松平伊賀守忠晴が室】
【堀美作守親昌が室】
【浅野但馬守長晟が養女】
【竹中丹後守重常が妻】
【浅野越中守幸通が妻】
【青山上田守重安が妻】
女子女子女子女子女子女子女子女子
（母右同）（母右同）（母右同）（母右同）（母右同）（母右同）（母右同）（母は某氏）
長兵衛
長俊（母浅野氏）
【従五位下】
伯耆守
吉兵衛
重長
元和2年生る。寛永6年遺領を継。（14歳）
寛永17年12月29日、従五位下伯耆守に叙任。正保元年10月28日卒す（年29）。
（1616～1644）
竹中越中守重常
寛永14年生る。
【改易】（末期養子禁）
【但馬國一萬石】
承應2年10月14日卒（年17）。
嗣なくして家絶ゆ。
（1637～1653）
【帯刀】
（重元）
重玄【無嗣断絶】
女子
杉原重玄（すぎはらしげはる）

出典『新訂寛政重修諸家譜・第八（続群書類従完成会）』、『新訂増補國史大系・尊卑分脈（吉川弘文館）』

杉原氏（大名・幕臣）（但馬杉原氏一門）

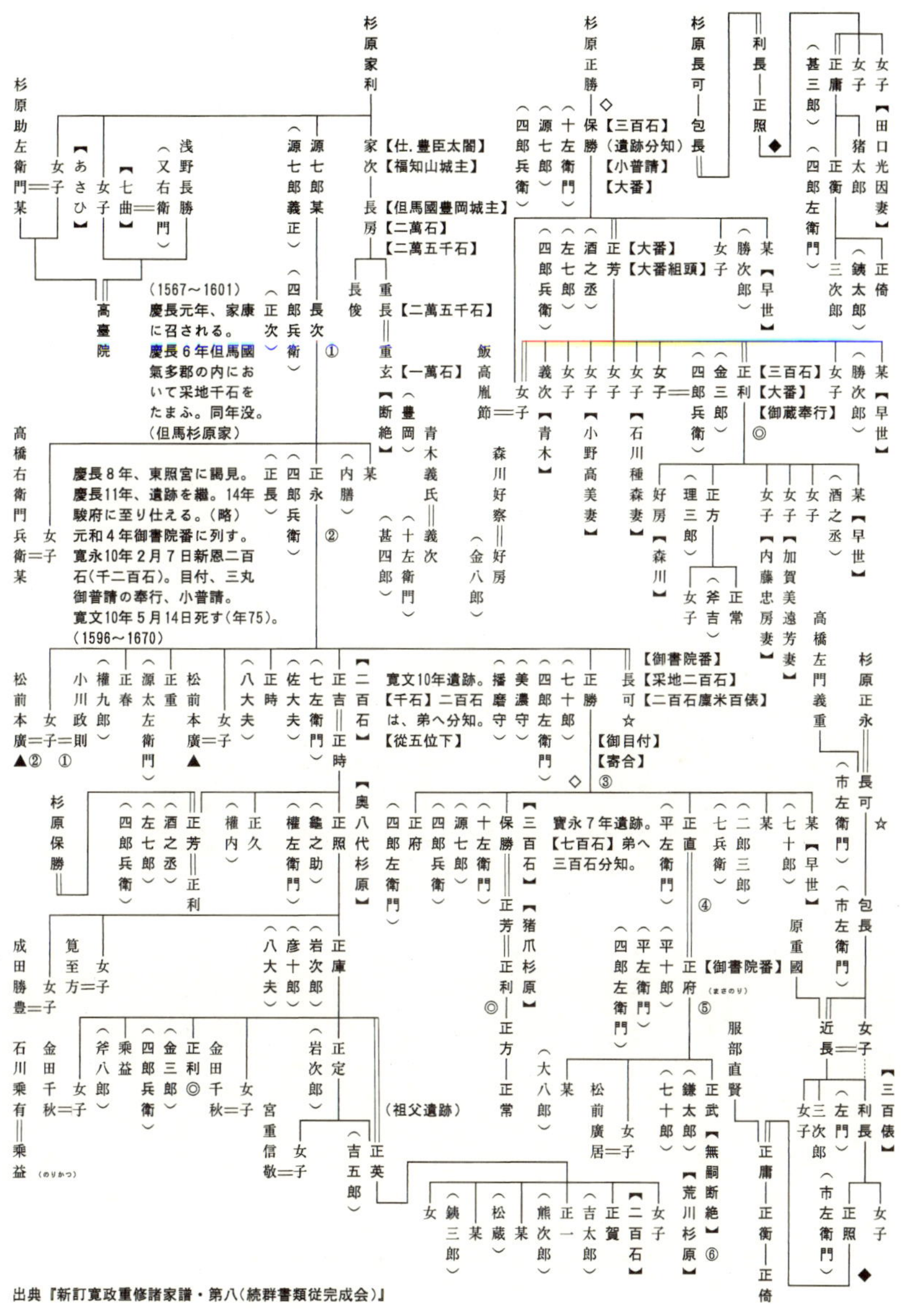
杉原長可—包長
利長—正照◆
女子【田口光因妻】
女子
正庸（甚三郎）
猪太郎
正衛（四郎左衛門）
三次郎
正倚（鎮太郎）
杉原正勝◇—保勝【三百石】（遺跡分知）【小普請】【大番】
十左衛門
源七郎
四郎兵衛
某【早世】
勝次郎
女子
正芳【大番】【大番組頭】
酒之丞
左七郎
四郎兵衛
正利【三百石】【大番】【御蔵奉行】◎
金三郎
女子【石川種森妻】
女子【小野高美妻】
義次【青木】
飯高胤節＝＝女子
女子【加賀美遠芳妻】
女子【内藤忠房妻】
正方
理三郎
好房【森川】
正常
斧吉
杉原家利
家次【仕.豊臣太閤】【福知山城主】
長房【但馬國豊岡城主】【二萬石】【二萬五千石】
重長【二萬五千石】‖重玄【一萬石】【断絶】（豊岡）
長俊
源七郎某—長次①
源七郎義正
正次
青木義氏‖義次
十左衛門
甚四郎
森川好寮‖好房
金八郎
杉原助左衛門某＝＝女子【あさひ】
女子【七曲】＝＝浅野長勝（又右衛門）
高臺院
（1567～1601）
慶長元年、家康に召される。
慶長6年但馬國氣多郡の内において采地千石をたまふ。同年没。
（但馬杉原家）
某
内膳
正永②
正長
高橋右衛門兵衛某＝＝女子
慶長8年、東照宮に謁見。
慶長11年、遺跡を繼。14年駿府に至り仕える。（略）
元和4年御書院番に列す。
寛永10年2月7日新恩二百石（千二百石）。目付、三丸御普請の奉行、小普請。
寛文10年5月14日死す（年75）。
（1596～1670）
長可☆【御書院番】【采地二百石】【二百石廩米百俵】
正勝◇③【御目付】【寄合】
七十郎
四郎左衛門
美濃守
播磨守
寛文10年遺跡。【千石】二百石は、弟へ分知。【従五位下】
正吉‖正時【二百石】
七左衛門
佐大夫
正時
八大夫
松前本廣▲＝＝女子
正重
源太左衛門
正春
権九郎
小川政則①＝＝女子
松前本廣▲②
高橋左門義重
杉原正永‖長可☆
市左衛門
包長
近長＝＝女子
原重國
服部直賢
七兵衛
二郎三郎
正直④
平左衛門
寛永7年遺跡。【七百石】弟へ三百石分知。
三百石【猪爪杉原】
保勝‖正芳‖正利◎—正方—正常
正府
正府（まさのり）⑤【御書院番】
平十郎
正武【無嗣断絶】【荒川杉原】⑥
鎌太郎
松前廣居＝＝女子
大八郎
正照【奥八代杉原】
亀之助
権左衛門
正久
権内
杉原保勝
正庫
岩次郎
彦十郎
寛至方＝＝女子
成田勝豊＝＝女子
正定
金田千秋＝＝女子
乗益
斧八郎
石川乗有‖乗益（のりかつ）
宮重信敬＝＝女子
吉五郎
正英
（祖父遺跡）
女子【二百石】
正賀
吉太郎
正一
熊次郎
松蔵
鎮三郎
左門
利長【三百俵】—正照◆
正庸—正衛—正倚

出典『新訂寛政重修諸家譜・第八（続群書類従完成会）』

杉原氏（幕臣）

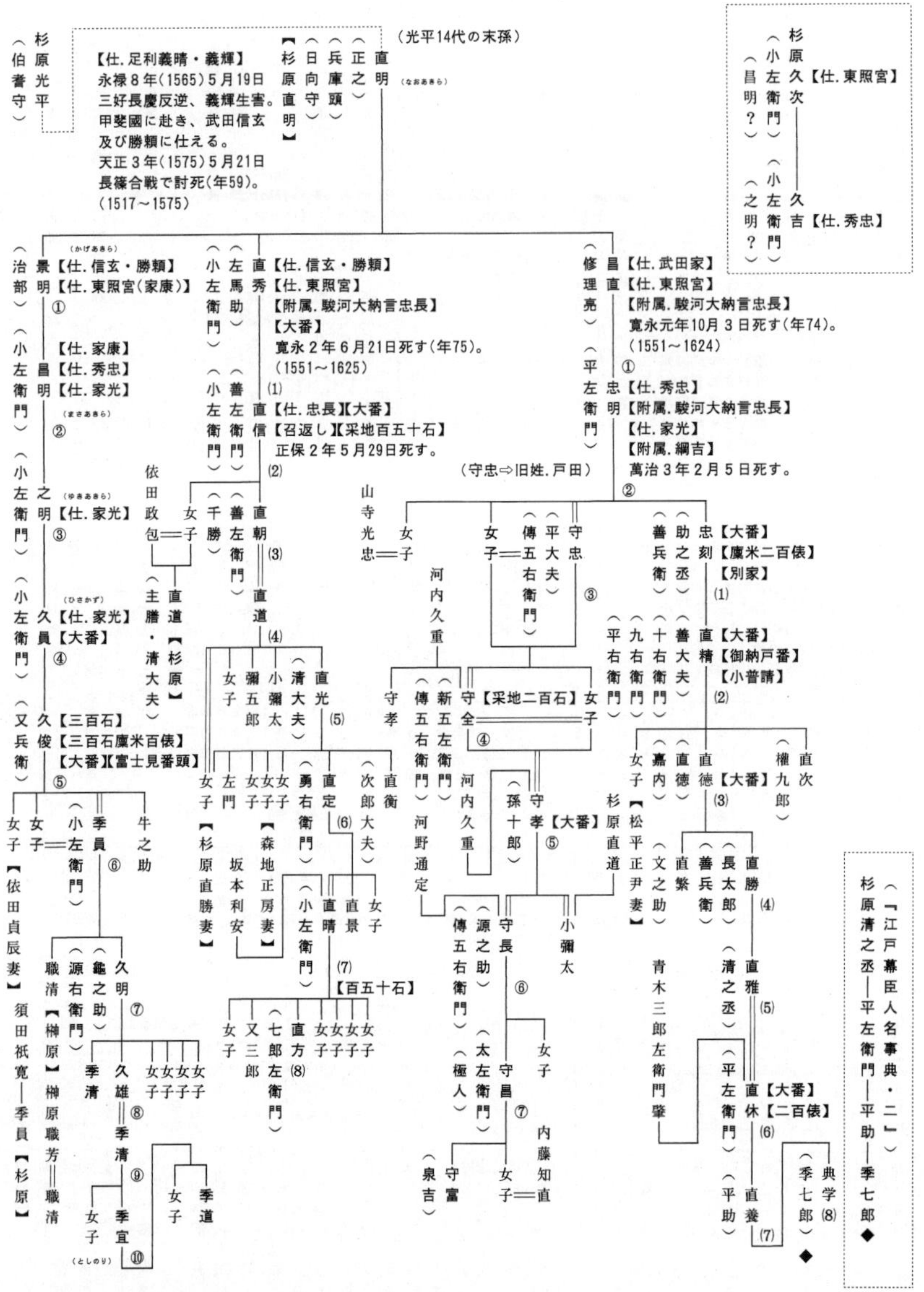

杉原光平（伯耆守）
（光平14代の末孫）
直明（なおあきら）（正之）（兵庫頭）（日向守）【杉原直明】
【仕.足利義晴・義輝】
永禄8年(1565)5月19日
三好長慶反逆、義輝生害。
甲斐國に赴き、武田信玄
及び勝頼に仕える。
天正3年(1575)5月21日
長篠合戦で討死(年59)。
(1517～1575)
杉原久次（小左衛門）（昌明？）【仕.東照宮】
久吉（小左衛門）（之明？）【仕.秀忠】
景明（かげあきら）（治部）【仕.信玄・勝頼】【仕.東照宮(家康)】①
昌明（まさあきら）（小左衛門）【仕.家康】【仕.秀忠】【仕.家光】②
之明（ゆきあきら）（小左衛門）【仕.家光】③
久員（ひさかず）（小左衛門）【仕.家光】【大番】④
久俊（又兵衛）【三百石】【三百石廩米百俵】【大番】【富士見番頭】⑤
女子【依田貞辰妻】
女子＝＝（小左衛門）
季員⑥
牛之助
職清【榊原】
須田祇寛―季員【杉原】
榊原職芳‖職清
（源右衛門）
（鑑之助）
久明⑦
季清
久雄⑧
女子 女子 女子 女子
季清⑨
女子
季宜（としのり）⑩
女子
季道
直秀（左馬助）（小左衛門）【仕.信玄・勝頼】【仕.東照宮】【附属.駿河大納言忠長】【大番】
寛永2年6月21日死す(年75)。(1551～1625)
(1)
直信（善左衛門）（小左衛門）【仕.忠長】【大番】【召返し】【采地百五十石】
正保2年5月29日死す。
(2)
依田政包＝＝女子
直道（主膳・清大夫）【杉原】
（千勝）
直朝（善左衛門）(3)
直道(4)
直光（清大夫）(5)
小彌太
彌五郎
女子
直衛
（次郎大夫）
直定(6)
（勇右衛門）
女子 女子
左門 坂本利安
女子【杉原直勝妻】
女子【森地正房妻】
女子
直景
直晴（小左衛門）(7)【百五十石】
女子 女子 女子 女子
直方(8)
（七郎左衛門）
又三郎
女子
昌直（修理亮）【仕.武田家】【仕.東照宮】【附属.駿河大納言忠長】
寛永元年10月3日死す(年74)。(1551～1624)
①
忠明（平左衛門）【仕.秀忠】【附属.駿河大納言忠長】【仕.家光】【附属.綱吉】
萬治3年2月5日死す。
②
（守忠⇨旧姓.戸田）
山寺光忠＝＝女子
女子＝＝（傳五右衛門）
（平大夫）
守忠③
河内久重
守孝
（傳五右衛門） 河野通定
（新五左衛門） 河内久重
守全【采地二百石】＝＝女子
④
杉原直道
（孫十郎）
守孝【大番】⑤
守長⑥
（源之助）
（傳五右衛門）
小彌太
女子
（太左衛門）
守昌⑦
（極人）
女子＝＝内藤知直
守富（泉吉）
忠刻【大番】【廩米二百俵】【別家】(1)
（助之丞）
（善兵衛）
直精【大番】【御納戸番】【小普請】(2)
（善大夫）
（十右衛門）
（九右衛門）
（平右衛門）
直次（権九郎）
直徳【大番】(3)
（直徳）
（嘉内）
女子【松平正尹妻】
直勝(4)
（長太郎）
（善兵衛）
直繁
（文之助）
直雅（清之丞）(5)
青木三郎左衛門肇
直休（平左衛門）【大番】【二百俵】(6)
直養（平助）(7)
典学(8)
（季七郎）◆
杉原清之丞―平左衛門―平助―季七郎（『江戸幕臣人名事典・二』）◆

出典『新訂寛政重修諸家譜・第八(続群書類従完成会)』、『江戸幕臣人名事典・二(新人物往来社)』、他。

尾張杉原氏（杉原氏・木下氏）

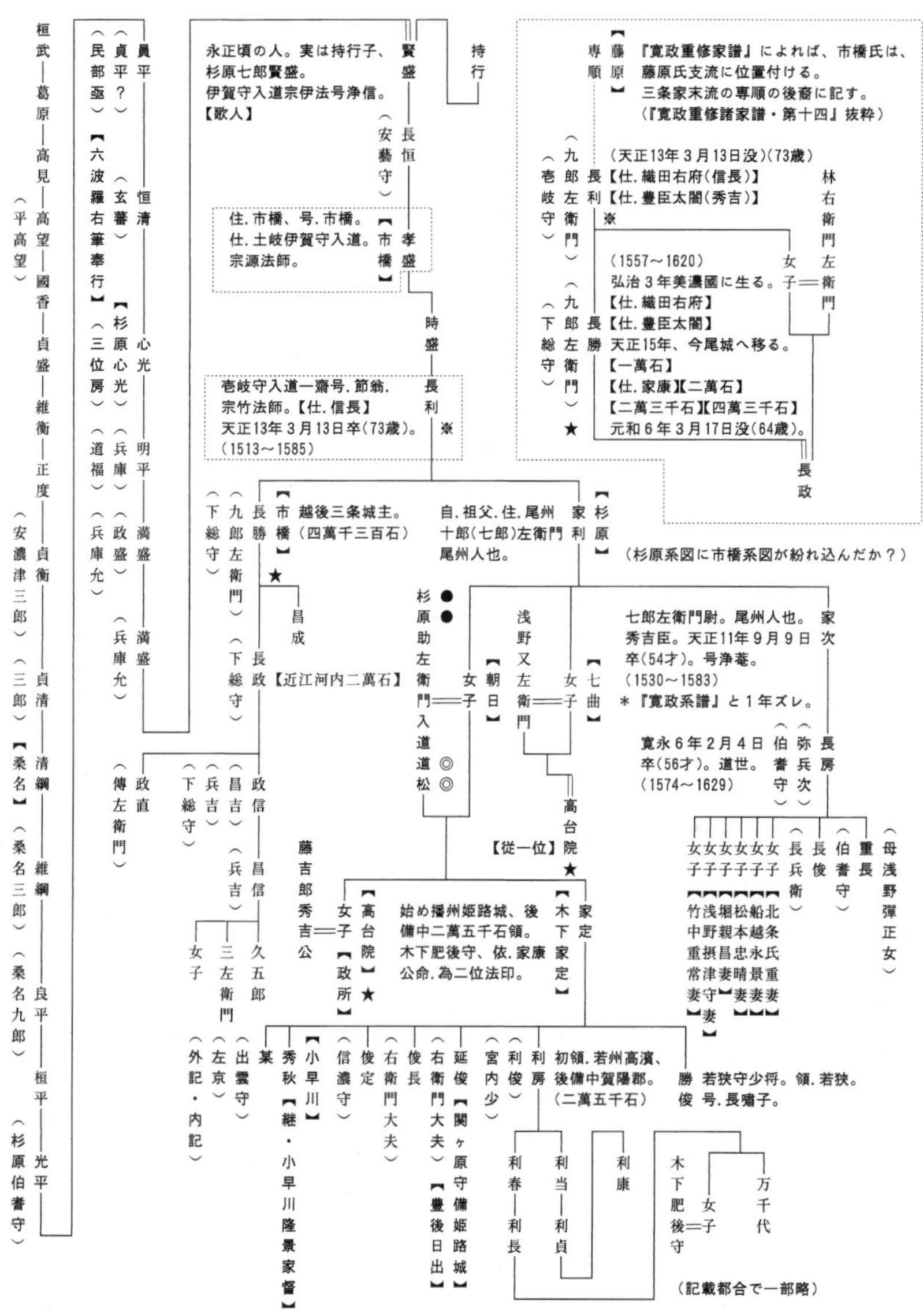

桓武―葛原―高見―高望（平高望）―國香―貞盛―維衡―正度―貞衡（安濃津三郎）―貞清（三郎）―清綱【桑名】―維綱（桑名三郎）―良平（桑名九郎）―桓平―光平（杉原伯耆守）
員平（民部亟）
貞平？
恒清
玄蕃【六波羅右筆奉行】
心光【杉原心光】（三位房）
明平（兵庫）（道福）
満盛（政盛）（兵庫允）
満盛（兵庫允）
持行
賢盛
永正頃の人。実は持行子、杉原七郎賢盛。伊賀守入道宗伊法号浄信。【歌人】
長恒（安藝守）
孝盛【市橋】
住.市橋、号.市橋。仕.土岐伊賀守入道。宗源法師。
時盛
長利 ※
壱岐守入道一齋号.節翁.宗竹法師。【仕.信長】天正13年3月13日卒（73歳）。（1513～1585）
専順【藤原】
『寛政重修家譜』によれば、市橋氏は、藤原氏支流に位置付ける。三条家末流の専順の後裔に記す。（『寛政重修諸家譜・第十四』抜粋）
長利（九郎左衛門）（壱岐守）
（天正13年3月13日没）（73歳）【仕.織田右府（信長）】【仕.豊臣太閤（秀吉）】※
林右衛門左衛門
女子
長勝（九郎左衛門）（下総守）★
（1557～1620）弘治3年美濃國に生る。【仕.織田右府】【仕.豊臣太閤】天正15年、今尾城へ移る。【一萬石】【仕.家康】【二萬石】【二萬三千石】【四萬三千石】元和6年3月17日没（64歳）。
長政
長勝（九郎左衛門）（下総守）【市橋】★
越後三条城主。（四萬三千三百石）
家利【杉原】
自.祖父.住.尾州十郎（七郎）左衛門尾州人也。
（杉原系図に市橋系図が紛れ込んだか？）
昌成
長政（下総守）【近江河内二萬石】
政直（傳左衛門）
政信（下総守）（兵吉）（昌吉）
昌信（兵吉）
女子
三左衛門
久五郎
杉原助左衛門入道道松 ●● ◎◎
女子【朝日】
浅野又左衛門
女子【七曲】
家次
七郎左衛門尉。尾州人也。秀吉臣。天正11年9月9日卒（54才）。号浄菴。（1530～1583）
＊『寛政系譜』と1年ズレ。
長房（弥兵次）（伯耆守）
寛永6年2月4日卒（56才）。道世。（1574～1629）
高台院【従一位】★
藤吉郎秀吉公
女子【高台院】【政所】★
家定【木下家定】
始め播州姫路城、後備中二萬五千石領。木下肥後守、依.家康公命.為二位法印。
女子【北条氏重妻】
女子【船越永景妻】
女子【松本忠晴妻】
女子【堀親昌妻】
女子【浅野摂津守妻】
女子【竹中重常妻】
長兵衛
長俊
伯耆守
重長
（母浅野弾正女）
某（外記・内記）（左京）（出雲守）
秀秋【小早川】【継・小早川隆景家督】
信濃守
俊定
右衛門大夫
俊長
延俊（右衛門大夫）【関ヶ原守備姫路城】【豊後日出】
宮内少
利俊
利房
初領.若州高濱、後備中賀陽郡。（二萬五千石）
勝俊
若狭守少将。領.若狭。号.長嘯子。
利春―利長
利当―利貞
利康
木下肥後守
女子
万千代
（記載都合で一部略）

出典『尾陽雑記（愛知縣教育會.編、愛知縣教育會）』

杉原・木下氏（豊太閤御台所家系）

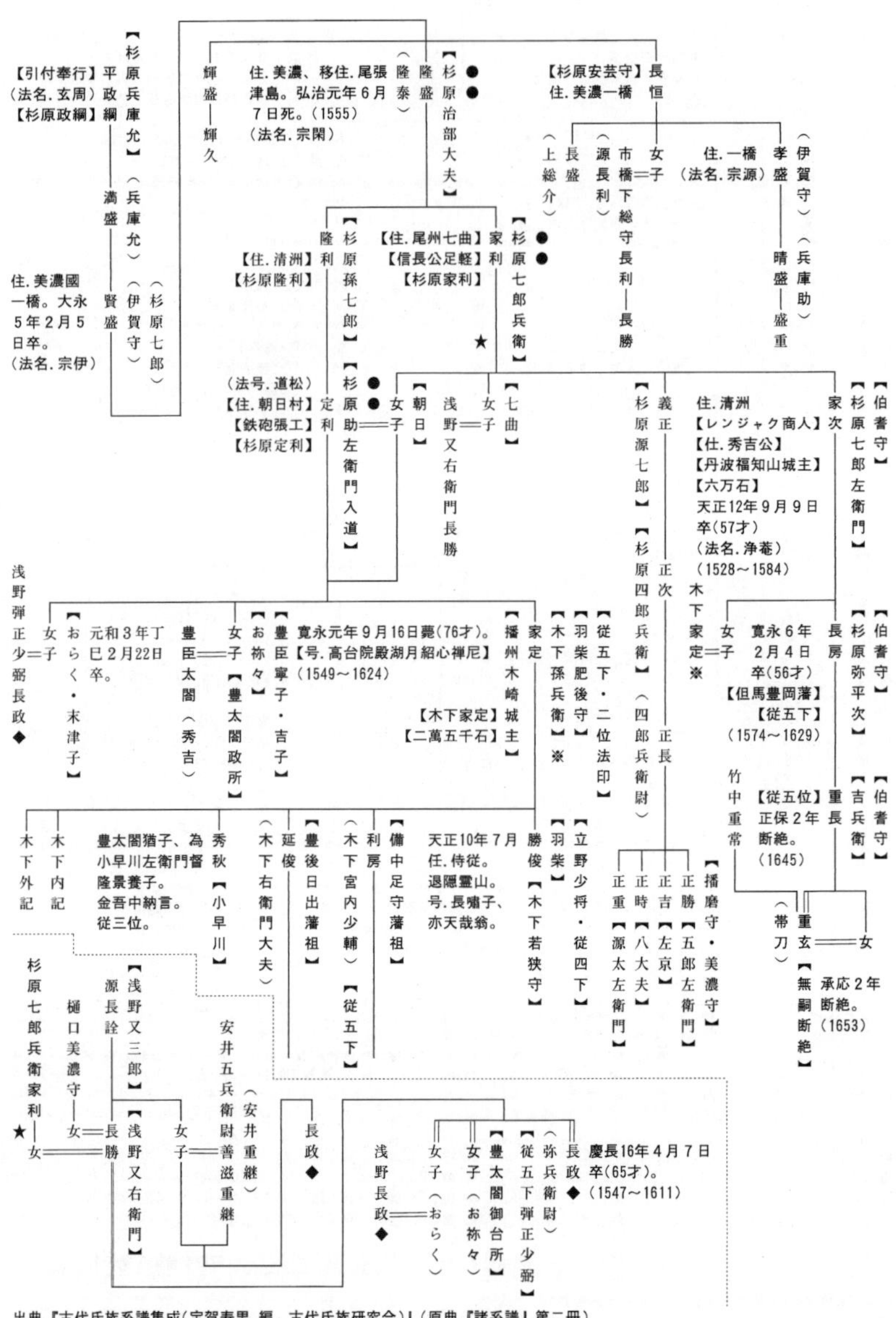

長恒【杉原安芸守】住.美濃一橋
長盛（上総介）
女子＝市橋下総守長利（源長利）―長勝
孝盛（伊賀守）住.一橋（法名.宗源）―晴盛（兵庫助）―盛重
隆盛【杉原治部大夫】●●（隆泰）住.美濃、移住.尾張津島。弘治元年6月7日死。（1555）（法名.宗閑）
輝盛―輝久
平政綱【杉原兵庫允】【引付奉行】（法名.玄周）【杉原政綱】―満盛（兵庫允）―賢盛（伊賀守）（杉原七郎）住.美濃國一橋。大永5年2月5日卒。（法名.宗伊）
隆利【杉原孫七郎】【住.清洲】【杉原隆利】
家利【杉原七郎兵衛】●●【住.尾州七曲】【信長公足軽】【杉原家利】★
定利【杉原助左衛門入道】●●（法号.道松）【住.朝日村】【鉄砲張工】【杉原定利】＝女子【朝日】
女子【七曲】＝浅野又右衛門長勝
義正【杉原源七郎】―正次【杉原四郎兵衛】―正長（四郎兵衛尉）
家次【杉原七郎左衛門】【伯耆守】住.清洲【レンジャク商人】【仕.秀吉公】【丹波福知山城主】【六万石】天正12年9月9日卒（57才）（法名.浄菴）（1528～1584）
浅野弾正少弼長政◆＝女子【おらく・末津子】元和3年丁巳2月22日卒。
豊臣太閤（秀吉）＝女子【豊太閤政所】【お祢々】【豊臣寧子・吉子】寛永元年9月16日薨（76才）。【号.高台院殿湖月紹心禅尼】（1549～1624）
家定【播州木崎城主】【木下家定】【二萬五千石】【木下孫兵衛】※【羽柴肥後守】【従五下・二位法印】
木下家定※＝女子
長房【杉原弥平次】【伯耆守】寛永6年2月4日卒（56才）【但馬豊岡藩】【従五下】（1574～1629）
重長【吉兵衛】【伯耆守】【従五位】正保2年断絶。（1645）
竹中重常
重玄（帯刀）＝女【無嗣断絶】承応2年断絶。（1653）
木下外記
木下内記
秀秋【小早川】豊太閤猶子、為小早川左衛門督隆景養子。金吾中納言。従三位。
延俊（木下右衛門大夫）【豊後日出藩祖】
利房（木下宮内少輔）【従五下】【備中足守藩祖】
勝俊【木下若狭守】天正10年7月任.侍従。退隠靈山。号.長嘯子、亦天哉翁。【羽柴】【立野少将・従四下】
正勝【五郎左衛門】【播磨守・美濃守】
正吉【左京】
正時【八大夫】
正重【源太左衛門】
杉原七郎兵衛家利★―女＝長勝【浅野又右衛門】
樋口美濃守―女＝長勝
源長詮【浅野又三郎】
安井五兵衛尉善滋重継（安井重継）＝女子
長政◆
長政（弥兵衛尉）【従五下弾正少弼】慶長16年4月7日卒（65才）。（1547～1611）
女子【豊太閤御台所】
女子（お祢々）
女子（おらく）＝浅野長政◆

出典『古代氏族系譜集成（宝賀寿男.編、古代氏族研究会）』（原典『諸系譜』第二冊）

杉原氏（桓武平氏）

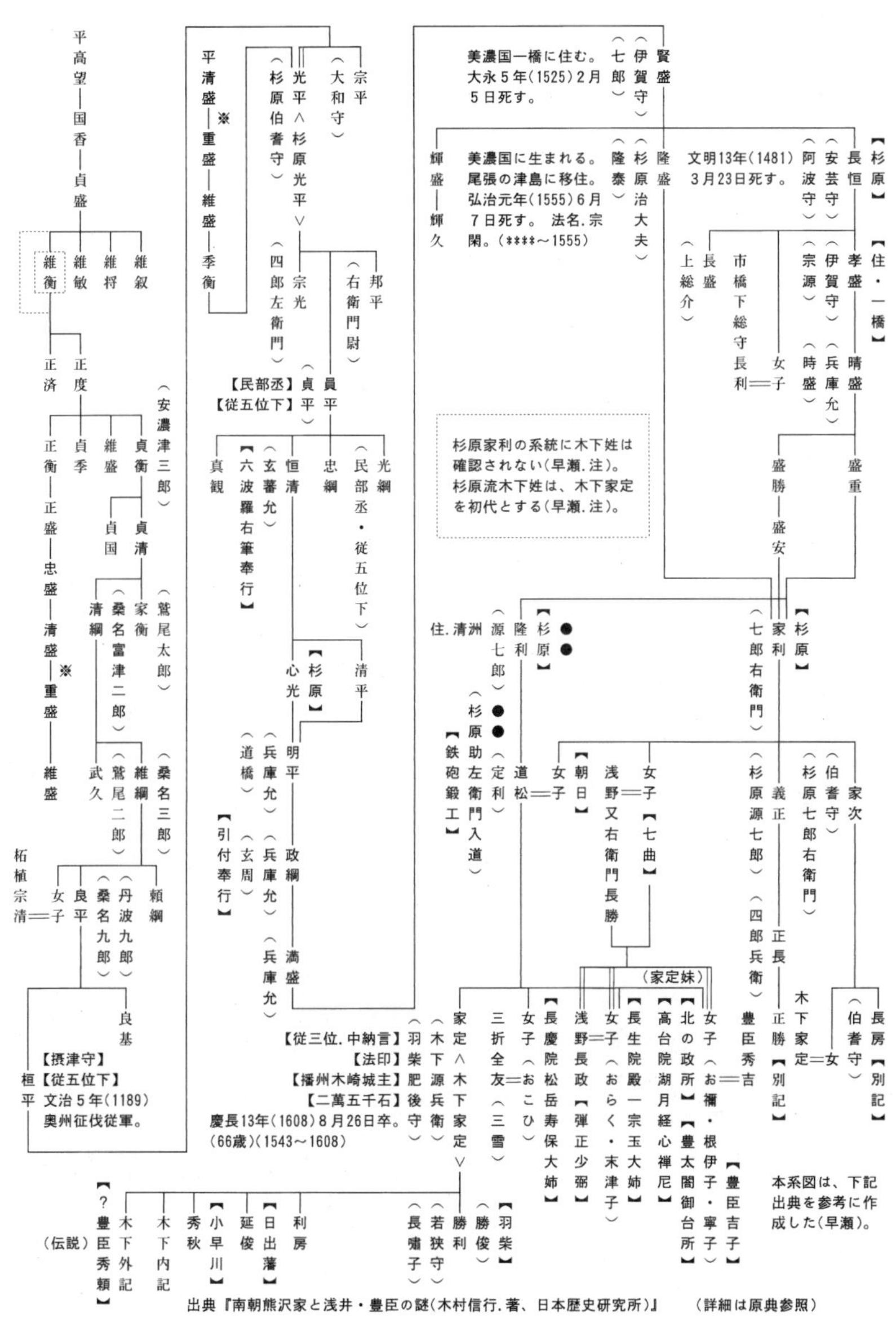

平高望―国香―貞盛
維衡　維敏　維将　維叙
正済　正度
正衡　貞季　維盛　貞衡（安濃津三郎）
正盛―忠盛―清盛※―重盛―維盛
貞国　貞清
清綱　（桑名富津二郎）　家衡（鷲尾太郎）
武久　（鷲尾二郎）　維綱（桑名三郎）
栢植宗清＝女子　良平　（桑名九郎）　（丹波九郎）　頼綱
良基
桓平　【摂津守】【従五位下】文治5年（1189）奥州征伐従軍。
平清盛※―重盛―維盛―季衡
光平（杉原伯耆守）＜杉原光平＞　（大和守）　宗平
（四郎左衛門）　宗光　（右衛門尉）　邦平
【民部丞】【従五位下】　貞平　員平
真観　【六波羅右筆奉行】（玄蕃允）恒清　忠綱　（民部丞・従五位下）光綱
【杉原】心光　清平
（道橋）　（兵庫允）　明平
【引付奉行】（玄周）　（兵庫允）　政綱
（兵庫允）　満盛
賢盛（伊賀守）（七郎）
美濃国一橋に住む。大永5年（1525）2月5日死す。
輝盛―輝久
美濃国に生まれる。尾張の津島に移住。弘治元年（1555）6月7日死す。法名．宗閑。（****～1555）
隆泰　（杉原治大夫）　隆盛
文明13年（1481）3月23日死す。
【杉原】長恒（安芸守）　（阿波守）
【住・一橋】孝盛（伊賀守）　（宗源）
（上総介）　長盛　市橋下総守長利＝女子
晴盛（兵庫允）　（時盛）
杉原家利の系統に木下姓は確認されない（早瀬．注）。杉原流木下姓は、木下家定を初代とする（早瀬．注）。
盛勝―盛安　盛重
住．清洲　（源七郎）　隆利【杉原】
【杉原】家利（七郎右衛門）
（杉原助左衛門入道）【鉄砲鍛工】（定利）　道松＝女子【朝日】
浅野又右衛門長勝＝女子【七曲】
（杉原源七郎）義正（四郎兵衛）　（杉原七郎右衛門）　（伯耆守）家次
正長
（家定妹）
家定＜木下家定＞　（木下源兵衛）　（羽柴肥後守）
【従三位．中納言】【法印】【播州木崎城主】【二萬五千石】
慶長13年（1608）8月26日卒。（66歳）（1543～1608）
三折全友＝女子（おこひ）（三雪）
【長慶院松岳寿保大姉】
浅野長政【弾正少弼】＝女子（おらく・末津子）【長生院殿一宗玉大姉】
【高台院湖月経心禅尼】【北の政所】【豊太閤御台所】
女子（お禰・根伊子・寧子）＝豊臣秀吉【豊臣吉子】
木下正勝【別記】
木下家定＝女（伯耆守）長房【別記】
【？豊臣秀頼】（伝説）　木下外記　木下内記　秀秋【小早川】　延俊【日出藩】　利房　（長嘯子）　（若狭守）勝利　（勝俊）【羽柴】
本系図は、下記出典を参考に作成した（早瀬）。
出典『南朝熊沢家と浅井・豊臣の謎（木村信行．著、日本歴史研究所）』　（詳細は原典参照）

杉原氏・木下氏

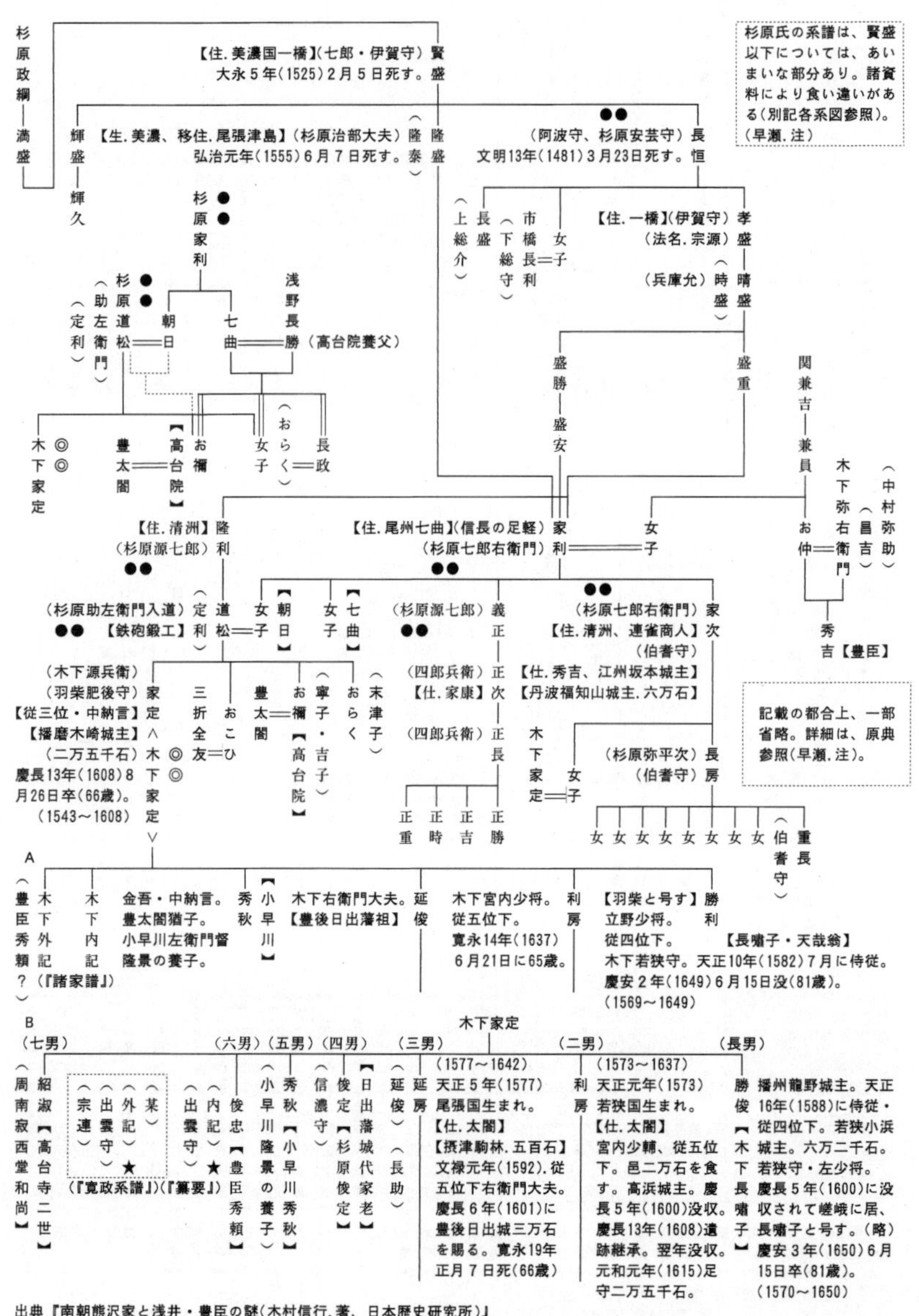
杉原政綱―満盛
【住.美濃国一橋】(七郎・伊賀守)賢盛
大永5年(1525)2月5日死す。
輝盛―輝久
【生.美濃、移住.尾張津島】(杉原治部大夫)隆盛(隆泰)
弘治元年(1555)6月7日死す。
●●
(阿波守、杉原安芸守)長恒
文明13年(1481)3月23日死す。
杉原氏の系譜は、賢盛以下については、あいまいな部分あり。諸資料により食い違いがある(別記各系図参照)。(早瀬.注)
長盛(上総介)
市橋長利(下総守)
女子
【住.一橋】(伊賀守)(法名.宗源)孝盛
(兵庫允)晴盛(時盛)
杉原家利 ●●
杉原道松(助左衛門)(定利)●●
朝日
七曲
浅野長勝(高台院養父)
盛勝―盛安
盛重
関兼吉―兼員
木下家定 ◎◎
豊太閤
お禰【高台院】
女子
長政
(おらく)
木下弥右衛門(昌吉)(中村弥助)
お仲
秀吉【豊臣】
【住.清洲】隆利
(杉原源七郎)●●
【住.尾州七曲】(信長の足軽)家利
(杉原七郎右衛門)●●
女子
(杉原助左衛門入道)●● 【鉄砲鍛工】道松(定利)
女子
朝日
女子
七曲
(杉原源七郎)●● 義正
●●(杉原七郎右衛門)家次
【住.清洲、連雀商人】
(伯耆守)
(四郎兵衛)正次
【仕.家康】
【仕.秀吉、江州坂本城主】
【丹波福知山城主.六万石】
(四郎兵衛)正長
正重 正時 正吉 正勝
(木下源兵衛)
(羽柴肥後守)家定
【従三位・中納言】
【播磨木崎城主】
(二万五千石)
慶長13年(1608)8月26日卒(66歳)。
(1543～1608)
〈木下家定〉
◎◎
三折全友
おこひ
豊太閤
お禰【高台院】
(寧子・吉子)
おらく
(末津子)
記載の都合上、一部省略。詳細は、原典参照(早瀬.注)。
木下家定
女子
(杉原弥平次)長房
(伯耆守)
女 女 女 女 女 女 女 女
(伯耆守)重長
A
(豊臣秀頼?)
木下外記(『諸家譜』)
木下内記
金吾・中納言。豊太閤猶子。小早川左衛門督隆景の養子。
秀秋【小早川】
木下右衛門大夫。【豊後日出藩祖】延俊
木下宮内少将。従五位下。寛永14年(1637)6月21日に65歳。
利房
【羽柴と号す】立野少将。従四位下。
勝利
【長嘯子・天哉翁】木下若狭守。天正10年(1582)7月に侍従。慶安2年(1649)6月15日没(81歳)。
(1569～1649)
B
木下家定
(七男)
周南寂西堂和尚
紹淑【高台寺二世】
(某)
(外記)★
(出雲守)
(宗連)
(『寛政系譜』)(『纂要』)
(内記)★
(出雲守)
(六男)
俊忠【豊臣秀頼】
(五男)
秀秋【小早川秀秋】
(小早川隆景の養子)
(四男)
(信濃守)
俊定【杉原俊定】
日出藩城代家老
(延俊)
(長助)
(三男)
延房
(1577～1642)
天正5年(1577)尾張国生まれ。
【仕.太閤】
【摂津駒林.五百石】
文禄元年(1592).従五位下右衛門大夫。
慶長6年(1601)に豊後日出城三万石を賜る。寛永19年正月7日死(66歳)
(二男)
利房
(1573～1637)
天正元年(1573)若狭国生まれ。
【仕.太閤】
宮内少輔、従五位下。邑二万石を食す。高浜城主。慶長5年(1600)没収。慶長13年(1608)遺跡継承。翌年没収。元和元年(1615)足守二万五千石。
(長男)
勝俊【木下長嘯子】
播州龍野城主。天正16年(1588)に侍従・従四位下。若狭小浜城主。六万二千石。若狭守・左少将。慶長5年(1600)に没収されて嵯峨に居、長嘯子と号す。(略)慶安3年(1650)6月15日卒(81歳)。
(1570～1650)

出典『南朝熊沢家と浅井・豊臣の謎(木村信行.著、日本歴史研究所)』

杉原氏一族（桓武平氏）

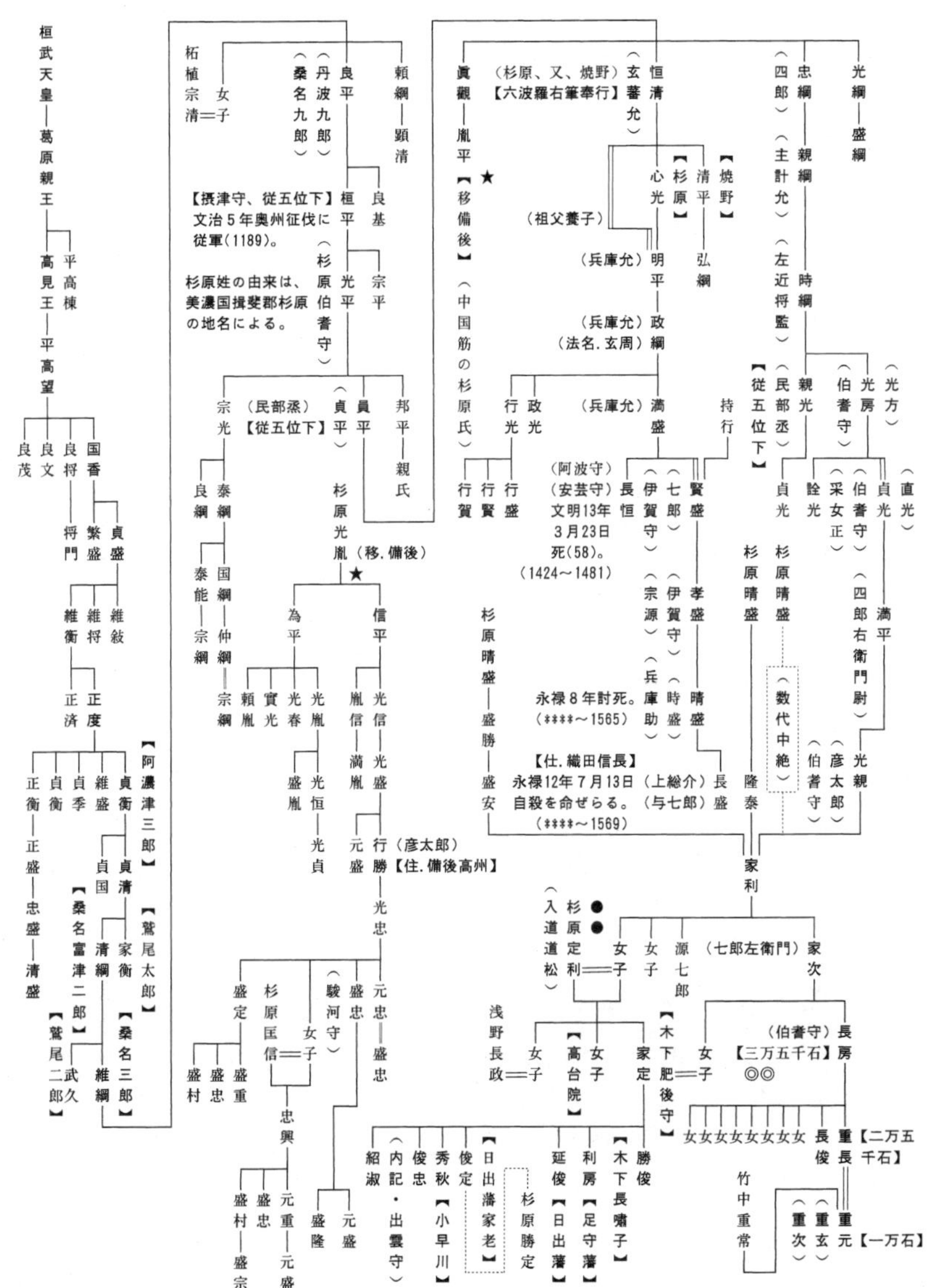
桓武天皇
葛原親王
平高棟
高見王
平高望
良茂
良文
良将
国香
将門
繁盛
貞盛
維衡
維将
維敍
正済
正度
正衡
貞衡
貞季
維盛
貞衡
【阿濃津三郎】
正盛
忠盛
清盛
貞国
貞清
【桑名富津二郎】
清綱
家衡
【鷲尾太郎】
【鷲尾二郎】
武久
維綱
【桑名三郎】
柘植宗清
女子
（丹波九郎）
（桑名九郎）
良平
頼綱
顕清
良基
宗平
【摂津守、従五位下】
文治5年奥州征伐に従軍（1189）。
杉原姓の由来は、美濃国揖斐郡杉原の地名による。
桓平
（杉原伯耆守）
光平
宗光
（民部丞）
【従五位下】
貞平
員平
邦平
親氏
良綱
泰綱
泰能
宗綱
国綱
仲綱
宗綱
杉原光胤（移.備後）
★
為平
信平
頼胤
實光
光春
光胤
盛胤
光恒
光貞
胤信
満胤
光信
光盛
元盛
行勝（彦太郎）【住.備後高州】
光忠
元忠
盛忠
盛定
盛村
盛忠
盛重
杉原国信
女子
（駿河守）
盛忠
忠興
盛村
盛宗
盛忠
元重
元盛
盛隆
元盛
眞觀
胤平
★
【移備後】
（中国筋の杉原氏）
（杉原、又、焼野）【六波羅右筆奉行】
（玄蕃允）
恒清
【杉原】
心光
（祖父養子）
【焼野】
清平
弘綱
（兵庫允）明平
（兵庫允）政綱
（法名.玄周）
行光
政光
行賀
行賢
行盛
（兵庫允）満盛
持行
（阿波守）
（安芸守）長恒
文明13年3月23日死（58）。
（1424～1481）
（伊賀守）
（七郎）
賢盛
（宗源）
（伊賀守）
孝盛
（兵庫助）
（時盛）
晴盛
永禄8年討死。
（****～1565）
杉原晴盛
盛勝
盛安
【仕.織田信長】
永禄12年7月13日自殺を命ぜらる。
（****～1569）
（上総介）
（与七郎）
長盛
（四郎）
忠綱
（主計允）
親綱
（左近将監）
時綱
光綱
盛綱
【従五位下】
（民部丞）
親光
（伯耆守）
光房
（光方）
貞光
詮光
（采女正）
（伯耆守）
貞光
（直光）
杉原晴盛
杉原晴盛
（数代中絶）
（四郎右衛門尉）
満平
（彦太郎）
（伯耆守）
光親
隆泰
家利
（入道道松）
杉原定利
●
●
女子
女子
源七郎
（七郎左衛門）家次
浅野長政
女子
【高台院】
女子
家定
【木下肥後守】
女子
（伯耆守）長房
【三万五千石】
◎◎
紹淑
（内記・出雲守）
俊忠
秀秋
【小早川】
俊定
【日出藩家老】
杉原勝定
延俊
【日出藩】
利房
【足守藩】
【木下長嘯子】
勝俊
女女女女女女女女
長俊
重長
【二万五千石】
竹中重常
（重次）
（重玄）
重元
【一万石】

出典『杉原一族（武田光弘.編、日本家系協会出版部）』（国立国会図書館.蔵）（レファレンス協力.扶桑町図書館）

桓武平氏杉原一族（杉原氏系図）

（『杉原家の人々』の各系図を統合）

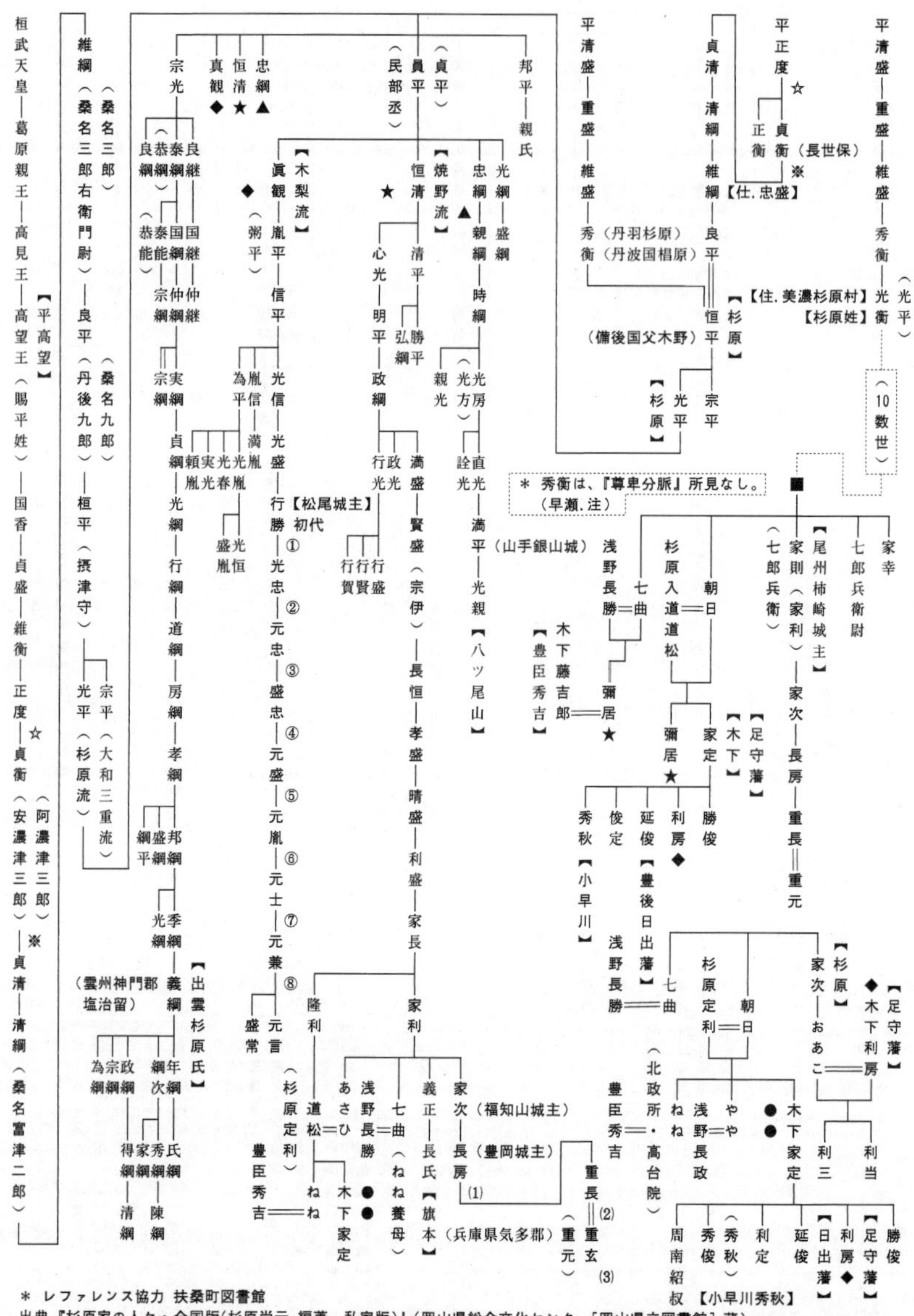

＊ レファレンス協力 扶桑町図書館

出典『杉原家の人々・全国版（杉原尚示.編著、私家版）』（岡山県総合文化センター［岡山県立図書館］.蔵）

尾張杉原氏のルーツ

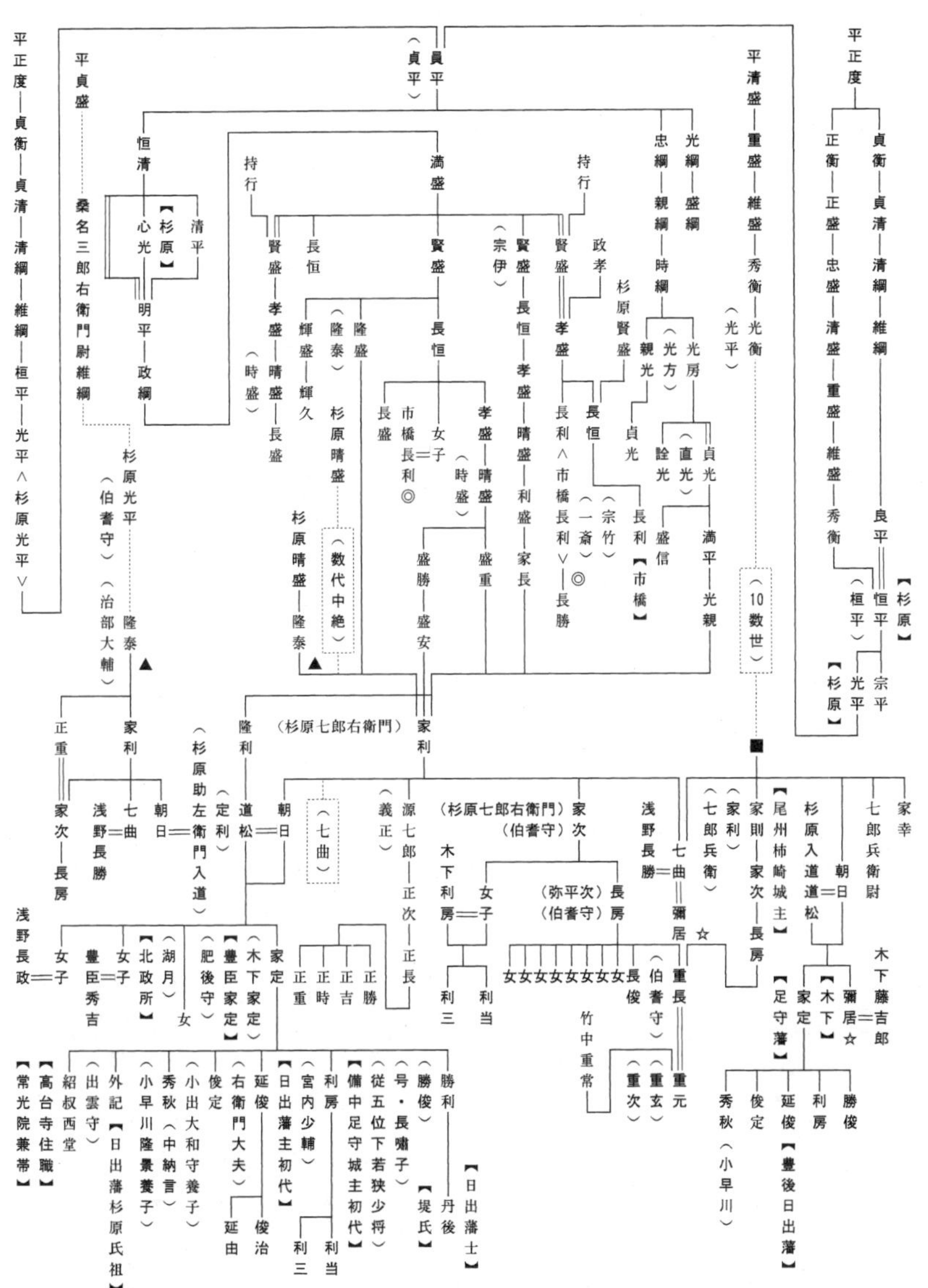

出典『平姓杉原氏御系図附言(菅沼政常)』(大分県日出町萬里図書館.蔵)、『木下氏系図附言纂(佐藤 暁.編、日出藩史料刊行会)』(国立国会図書館.蔵)、『杉原一族(日本家系協会)』(国立国会図書館.蔵)、『杉原家の人々』(岡山県総合文化センター.蔵)、他

尾張杉原氏一族（北政所関係系図）

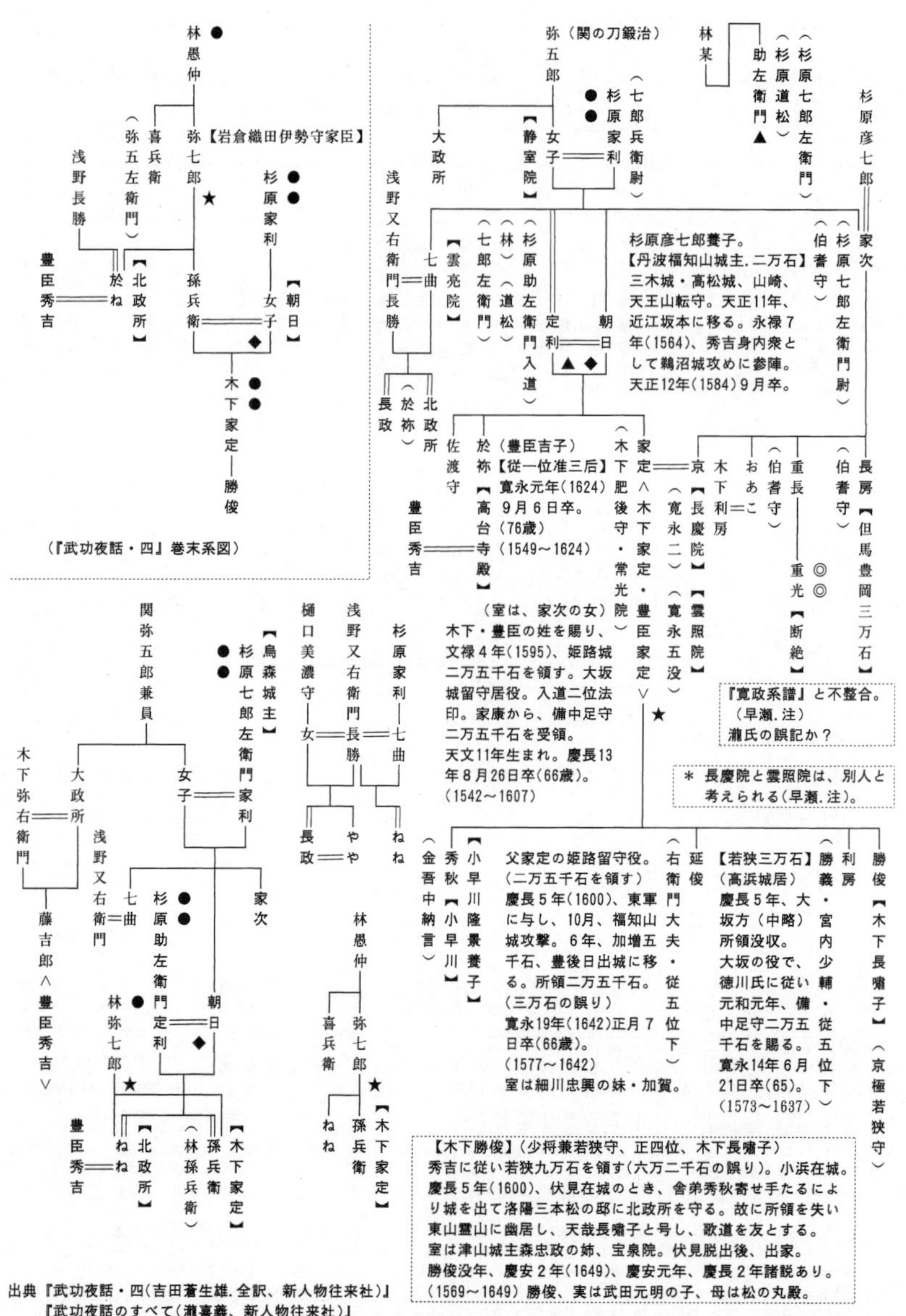

林愚仲●
弥七郎【岩倉織田伊勢守家臣】★
喜兵衛
（弥五左衛門）
浅野長勝
杉原家利●●
於ね【北政所】
豊臣秀吉
孫兵衛
女子【朝日】◆
木下家定●●
勝俊
（『武功夜話・四』巻末系図）
弥五郎（関の刀鍛冶）
杉原家利●●（七郎兵衛尉）
女子【静室院】
大政所
林某
助左衛門▲（杉原道松）
（杉原七郎左衛門）
杉原彦七郎
家次（杉原七郎左衛門尉）
（伯耆守）
浅野又右衛門長勝
七曲【雲亮院】
（七郎左衛門）
（林）（道松）
（杉原助左衛門入道）
定利
朝日
▲◆
杉原彦七郎養子。
【丹波福知山城主.二万石】
三木城・高松城、山崎、天王山転守。天正11年、近江坂本に移る。永禄7年(1564)、秀吉身内衆として鵜沼城攻めに参陣。
天正12年(1584)9月卒。
長政
（於祢）
北政所
佐渡守
於祢（豊臣吉子）【従一位准三后】寛永元年(1624)9月6日卒。(76歳)(1549～1624)
【高台寺殿】
豊臣秀吉
（木下肥後守・常光院）
家定＜木下家定・豊臣家定＞★
京（寛永二）【長慶院】
（寛永五没）【雲照院】
木下利房
おあこ
（伯耆守）
重長
重光◎◎【断絶】
（伯耆守）
長房【但馬豊岡三万石】
（室は、家次の女）
木下・豊臣の姓を賜り、文禄4年(1595)、姫路城二万五千石を領す。大坂城留守居役。入道二位法印。家康から、備中足守二万五千石を受領。
天文11年生まれ。慶長13年8月26日卒(66歳)。
(1542～1607)
『寛政系譜』と不整合。
（早瀬.注）
瀧氏の誤記か？
＊ 長慶院と雲照院は、別人と考えられる（早瀬.注）。
関弥五郎兼員
杉原七郎左衛門家利●●【鳥森城主】
木下弥右衛門
大政所
女子
藤吉郎＜豊臣秀吉＞
浅野又右衛門
七曲
杉原助左衛門定利●●
家次
朝日◆
林弥七郎●★
豊臣秀吉
ねね【北政所】
（林孫兵衛）
孫兵衛
【木下家定】
樋口美濃守
浅野又右衛門長勝
杉原家利
女
七曲
長政
やや
ねね
林愚仲
喜兵衛
弥七郎★
ねね
孫兵衛
【木下家定】
（金吾中納言）
秀秋【小早川隆景養子】【小早川】
父家定の姫路留守役。（二万五千石を領す）
慶長5年(1600)、東軍に与し、10月、福知山城攻撃。6年、加増五千石、豊後日出城に移る。所領二万五千石。
（三万石の誤り）
寛永19年(1642)正月7日卒(66歳)。
(1577～1642)
室は細川忠興の妹・加賀。
（右衛門大夫・従五位下）
延俊
【若狭三万石】
（高浜城居）
慶長5年、大坂方（中略）所領没収。
大坂の役で、徳川氏に従い元和元年、備中足守二万五千石を賜る。
寛永14年6月21日卒(65)。
(1573～1637)
（勝義・宮内少輔・従五位下）
利房
勝俊【木下長嘯子】（京極若狭守）
【木下勝俊】（少将兼若狭守、正四位、木下長嘯子）
秀吉に従い若狭九万石を領す（六万二千石の誤り）。小浜在城。
慶長5年(1600)、伏見在城のとき、舎弟秀秋寄せ手たるにより城を出て洛陽三本松の邸に北政所を守る。故に所領を失い東山霊山に幽居し、天哉長嘯子と号し、歌道を友とする。
室は津山城主森忠政の姉、宝泉院。伏見脱出後、出家。
勝俊没年、慶安2年(1649)、慶安元年、慶長2年諸説あり。
(1569～1649) 勝俊、実は武田元明の子、母は松の丸殿。

出典『武功夜話・四（吉田蒼生雄.全訳、新人物往来社）』
『武功夜話のすべて（瀧喜義、新人物往来社）』

北政所関係系図（木下家定とその一族）（１）

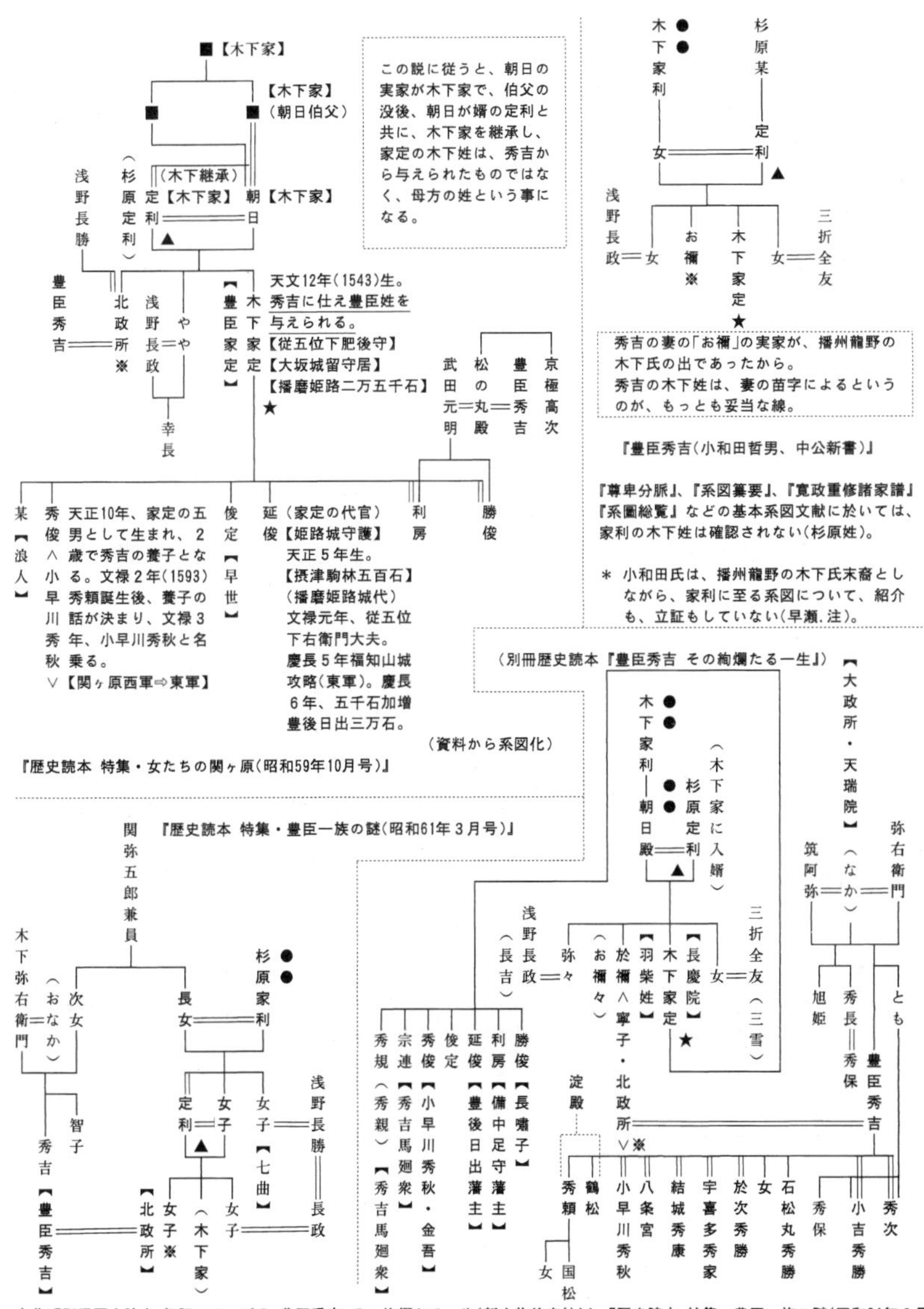

この説に従うと、朝日の実家が木下家で、伯父の没後、朝日が婿の定利と共に、木下家を継承し、家定の木下姓は、秀吉から与えられたものではなく、母方の姓という事になる。

天文12年（1543）生。秀吉に仕え豊臣姓を与えられる。【従五位下肥後守】【大坂城留守居】【播磨姫路二万五千石】

天正10年、家定の五男として生まれ、2歳で秀吉の養子となる。文禄2年（1593）秀頼誕生後、養子の話が決まり、文禄3年、小早川秀秋と名乗る。【関ヶ原西軍⇨東軍】

（家定の代官）【姫路城守護】天正5年生。【摂津駒林五百石】（播磨姫路城代）文禄元年、従五位下右衛門大夫。慶長5年福知山城攻略（東軍）。慶長6年、五千石加増豊後日出三万石。

（資料から系図化）

『歴史読本 特集・女たちの関ヶ原（昭和59年10月号）』

秀吉の妻の「お禰」の実家が、播州龍野の木下氏の出であったから。秀吉の木下姓は、妻の苗字によるというのが、もっとも妥当な線。

『豊臣秀吉（小和田哲男、中公新書）』

『尊卑分脈』、『系図纂要』、『寛政重修諸家譜』『系圖総覧』などの基本系図文献に於いては、家利の木下姓は確認されない（杉原姓）。
＊ 小和田氏は、播州龍野の木下氏末裔としながら、家利に至る系図について、紹介も、立証もしていない（早瀬.注）。
（別冊歴史読本『豊臣秀吉 その絢爛たる一生』）

『歴史読本 特集・豊臣一族の謎（昭和61年3月号）』


出典『別冊歴史読本 伝記シリーズ8．豊臣秀吉 その絢爛たる一生（新人物往来社）』、『歴史読本 特集・豊臣一族の謎（昭和61年3月号）（新人物往来社）』、『中公新書784. 豊臣秀吉（小和田哲男. 著、中央公論社）』

北政所関係系図（木下家定とその一族）（2）

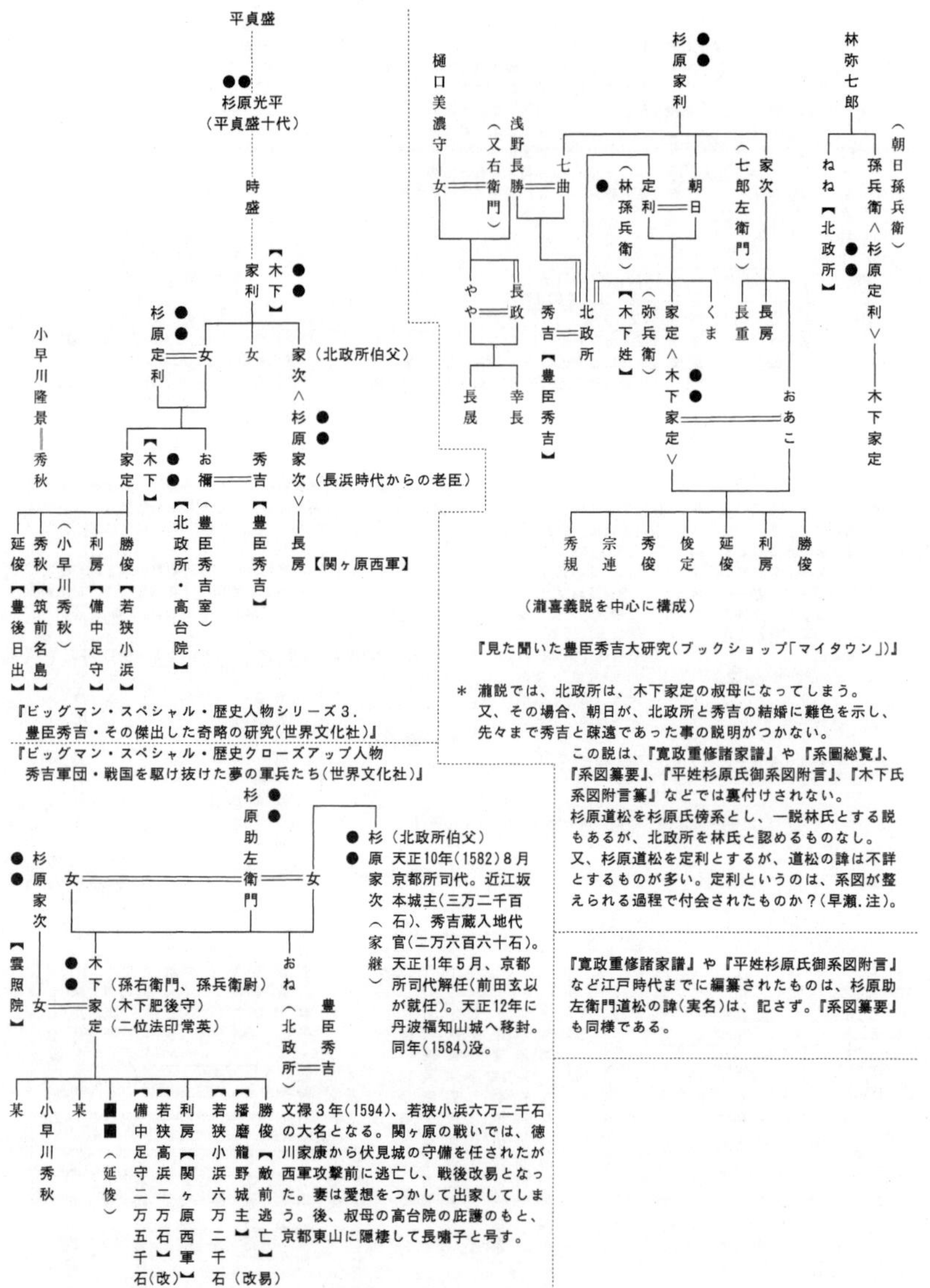

平貞盛
杉原光平（平貞盛十代）
時盛
家利【木下】
杉原定利
女
女
家次（北政所伯父）
杉原家次（長浜時代からの老臣）
長房【関ヶ原西軍】
小早川隆景
秀秋
家定【木下】
お禰（豊臣秀吉室）【北政所・高台院】
秀吉【豊臣秀吉】
延俊【豊後日出】
秀秋（小早川秀秋）【筑前名島】
利房【備中足守】
勝俊【若狭小浜】
『ビッグマン・スペシャル・歴史人物シリーズ3. 豊臣秀吉・その傑出した奇略の研究(世界文化社)』
樋口美濃守
女
浅野長勝（又右衛門）
七曲
杉原家利
定利（林孫兵衛）
朝日
家次（七郎左衛門）
林弥七郎
ねね【北政所】
孫兵衛（朝日孫兵衛）〈杉原定利〉
木下家定
やや
長政
長晟
幸長
秀吉【豊臣秀吉】
北政所
弥兵衛【木下姓】
家定〈木下家定〉
くま
長重
長房
おあこ
秀規
宗連
秀俊
俊定
延俊
利房
勝俊
（瀧喜義説を中心に構成）
『見た聞いた豊臣秀吉大研究(ブックショップ「マイタウン」)』
＊ 瀧説では、北政所は、木下家定の叔母になってしまう。
又、その場合、朝日が、北政所と秀吉の結婚に難色を示し、
先々まで秀吉と疎遠であった事の説明がつかない。
この説は、『寛政重修諸家譜』や『系圖総覧』、
『系図纂要』、『平姓杉原氏御系図附言』、『木下氏系図附言纂』などでは裏付けされない。
杉原道松を杉原氏傍系とし、一説林氏とする説もあるが、北政所を林氏と認めるものなし。
又、杉原道松を定利とするが、道松の諱は不詳とするものが多い。定利というのは、系図が整えられる過程で付会されたものか？(早瀬.注)。
『寛政重修諸家譜』や『平姓杉原氏御系図附言』など江戸時代までに編纂されたものは、杉原助左衛門道松の諱(実名)は、記さず。『系図纂要』も同様である。
『ビッグマン・スペシャル・歴史クローズアップ人物
秀吉軍団・戦国を駆け抜けた夢の軍兵たち(世界文化社)』
杉原助左衛門
杉原家次（家継）（北政所伯父）
天正10年(1582)8月京都所司代。近江坂本城主(三万二千百石)、秀吉蔵入地代官(二万六百六十石)。天正11年5月、京都所司代解任(前田玄以が就任)。天正12年に丹波福知山城へ移封。同年(1584)没。
杉原家次
女
女
【雲照院】
女
木下家定（孫右衛門、孫兵衛尉）（木下肥後守）（二位法印常英）
おね（北政所）
豊臣秀吉
某
小早川秀秋
某
■■（延俊）
【備中足守二万五千石】
【若狭高浜二万石】(改)
利房【関ヶ原西軍】
【若狭小浜六万二千石】
【播磨龍野城主】(改易)
勝俊【敵前逃亡】
文禄3年(1594)、若狭小浜六万二千石の大名となる。関ヶ原の戦いでは、徳川家康から伏見城の守備を任されたが西軍攻撃前に逃亡し、戦後改易となった。妻は愛想をつかして出家してしまう。後、叔母の高台院の庇護のもと、京都東山に隠棲して長嘯子と号す。

出典『歴史読本(新人物往来社)』、『別冊歴史読本(新人物往来社)』、『ビッグマン・スペシャル(世界文化社)』、他。

北政所関係系図（木下家定とその一族）（3）

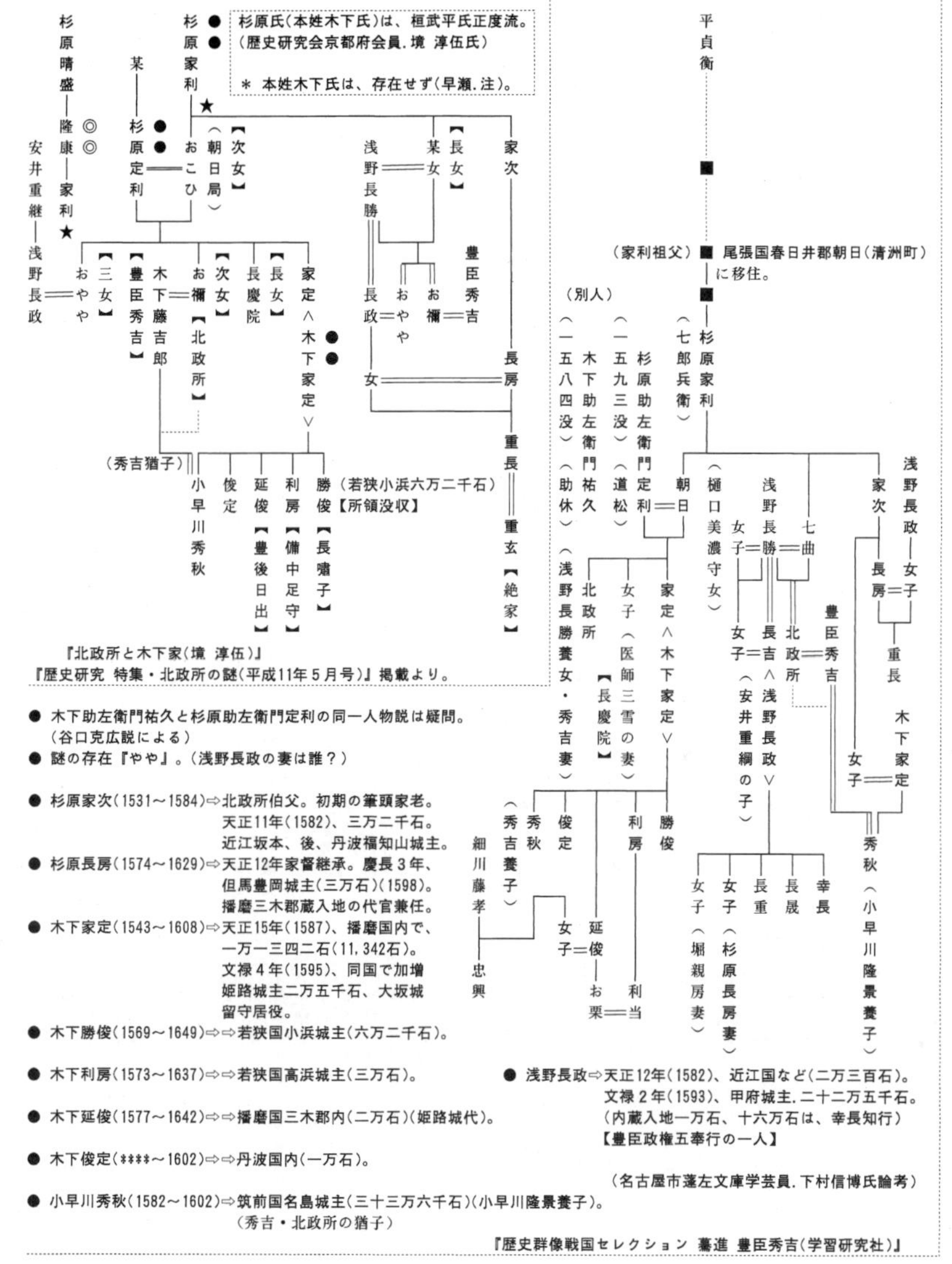
杉原氏（本姓木下氏）は、桓武平氏正度流。
（歴史研究会京都府会員．境 淳伍氏）
＊ 本姓木下氏は、存在せず（早瀬．注）。
（家利祖父）■ 尾張国春日井郡朝日（清洲町）に移住。
（別人）
（秀吉猶子）
（若狭小浜六万二千石）【所領没収】
『北政所と木下家（境 淳伍）』
『歴史研究 特集・北政所の謎（平成11年5月号）』掲載より。
● 木下助左衛門祐久と杉原助左衛門定利の同一人物説は疑問。（谷口克広説による）
● 謎の存在『やや』。（浅野長政の妻は誰？）
● 杉原家次（1531～1584）⇨北政所伯父。初期の筆頭家老。天正11年（1582）、三万二千石。近江坂本、後、丹波福知山城主。
● 杉原長房（1574～1629）⇨天正12年家督継承。慶長3年、但馬豊岡城主（三万石）（1598）。播磨三木郡蔵入地の代官兼任。
● 木下家定（1543～1608）⇨天正15年（1587）、播磨国内で、一万一三四二石（11,342石）。文禄4年（1595）、同国で加増姫路城主二万五千石、大坂城留守居役。
● 木下勝俊（1569～1649）⇨⇨若狭国小浜城主（六万二千石）。
● 木下利房（1573～1637）⇨⇨若狭国高浜城主（三万石）。
● 木下延俊（1577～1642）⇨⇨播磨国三木郡内（二万石）（姫路城代）。
● 木下俊定（＊＊＊＊～1602）⇨⇨丹波国内（一万石）。
● 小早川秀秋（1582～1602）⇨筑前国名島城主（三十三万六千石）（小早川隆景養子）。（秀吉・北政所の猶子）
● 浅野長政⇨天正12年（1582）、近江国など（二万三百石）。文禄2年（1593）、甲府城主．二十二万五千石。（内蔵入地一万石、十六万石は、幸長知行）【豊臣政権五奉行の一人】
（名古屋市蓬左文庫学芸員．下村信博氏論考）
『歴史群像戦国セレクション 驀進 豊臣秀吉（学習研究社）』

出典『歴史研究 特集 北政所［平成11年5月号］（歴史研究会、新人物往来社）』
『歴史群像戦国セレクション 驀進 豊臣秀吉（学習研究社）』

尾張杉原氏（木下氏系図）

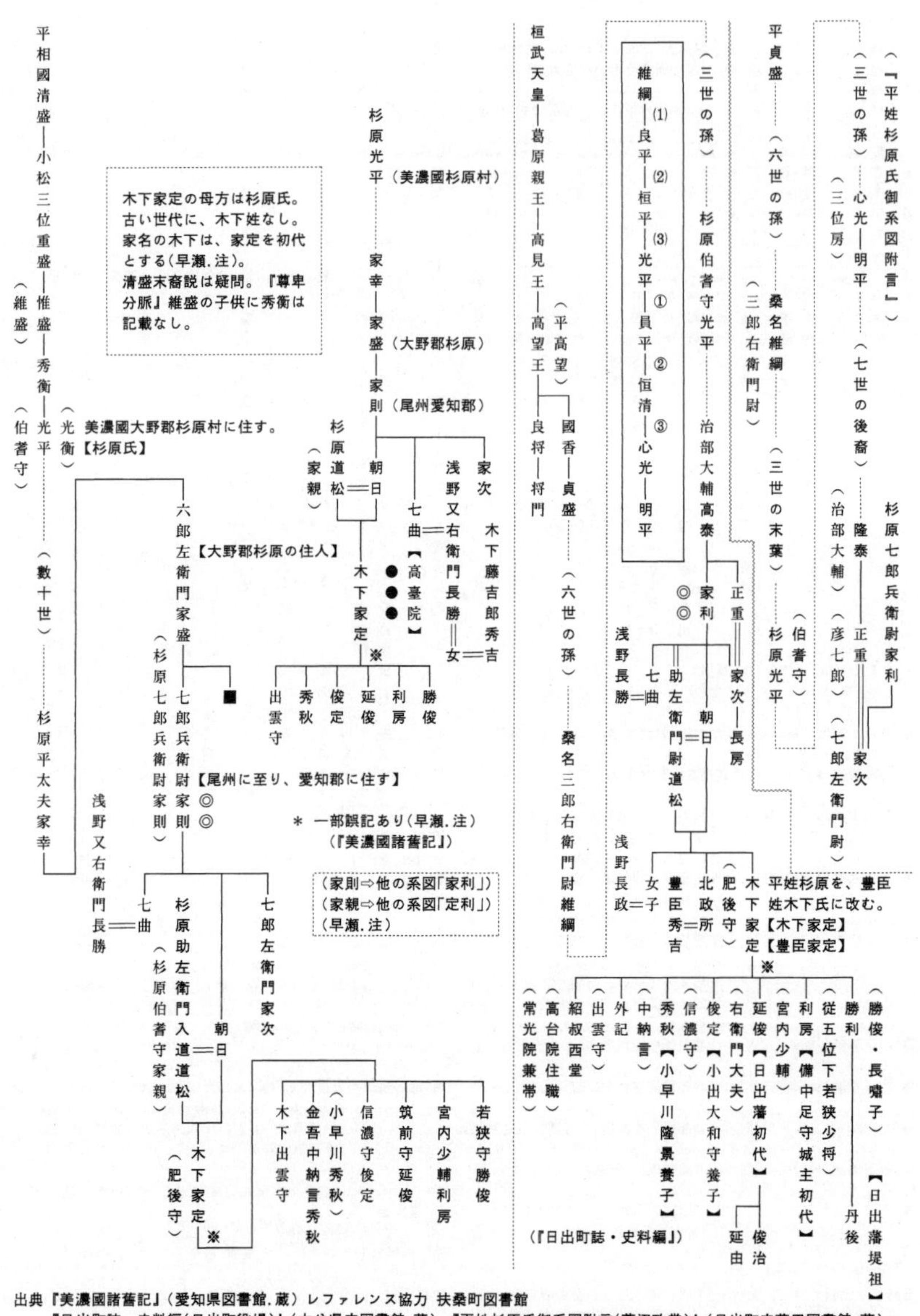

木下家定の母方は杉原氏。古い世代に、木下姓なし。家名の木下は、家定を初代とする(早瀬.注)。清盛末裔説は疑問。『尊卑分脈』維盛の子供に秀衡は記載なし。
平相國清盛―小松三位重盛―惟盛―秀衡―光平
（維盛）
（光衡）美濃國大野郡杉原村に住す。【杉原氏】
（伯耆守）
（数十世）
杉原平太夫家幸
六郎左衛門家盛【大野郡杉原の住人】
七郎兵衛尉家則（杉原七郎兵衛尉家則）【尾州に至り、愛知郡に住す】◎◎
杉原光平（美濃國杉原村）
家幸―家盛（大野郡杉原）―家則（尾州愛知郡）
杉原道松（家親）＝朝日
七曲【高臺院】
浅野又右衛門長勝＝女
家次
木下藤吉郎秀吉
木下家定 ※ ●●●
出雲守 秀秋 俊定 延俊 利房 勝俊
＊一部誤記あり（早瀬.注）（『美濃國諸舊記』）
（家則⇨他の系図「家利」）（家親⇨他の系図「定利」）（早瀬.注）
浅野又右衛門長勝＝七曲
杉原助左衛門入道道松（杉原伯耆守家親）＝朝日
七郎左衛門家次
木下家定（肥後守）※
木下出雲守
金吾中納言秀秋（小早川秀秋）
信濃守俊定
筑前守延俊
宮内少輔利房
若狭守勝俊
桓武天皇―葛原親王―高見王―高望王（平高望）
良将―将門
國香―貞盛（六世の孫）桑名三郎右衛門尉維綱
維綱⑴―良平⑵―桓平⑶―光平①―員平②―恒清③―心光―明平
（三世の孫）杉原伯耆守光平
治部大輔高泰
正重＝家次―長房
◎◎家利
浅野長勝＝七曲
助左衛門尉道松＝朝日
平貞盛（六世の孫）桑名維綱（三郎右衛門尉）（三世の末葉）杉原光平（伯耆守）
（『平姓杉原氏御系図附言』）
（三世の孫）―心光―明平（三位房）（七世の後裔）
隆泰（治部大輔）―正重（彦七郎）＝家次（七郎左衛門尉）
杉原七郎兵衛尉家利
浅野長政＝女子
豊臣秀吉
北政所
木下家定（肥後守）【木下家定】【豊臣家定】※
平姓杉原を、豊臣姓木下氏に改む。
（勝俊・長嘯子）【日出藩堤祖】
勝利 丹後
（従五位下若狭少将）
利房【備中足守城主初代】
（宮内少輔）
延俊【日出藩初代】
俊治 延由
（右衛門大夫）
俊定【小出大和守養子】
（信濃守）
秀秋【小早川隆景養子】
（中納言）
外記
（出雲守）
紹叔西堂
（高台院住職）
（常光院兼帯）
（『日出町誌・史料編』）

出典『美濃國諸舊記』（愛知県図書館.蔵）レファレンス協力 扶桑町図書館
『日出町誌・史料編（日出町役場）』（大分県立図書館.蔵）、『平姓杉原氏御系図附言（菅沼政常）』（日出町立萬里図書館.蔵）

第二豊臣家関係略年表

和暦(西暦)	記録
文明13年(1481)	3月23日、杉原長恒(安芸守・阿波守)没。
大永5年(1525)	2月5日、杉原賢盛(美濃国市橋に住む)(杉原政部大夫隆盛実父?)没。
享禄4年(1531)	この頃、杉原七郎左衛門尉家次(北政所伯父)誕生(『古代氏族系譜集成』は、享禄元年生まれ)。
天文6年(1537)	木下藤吉郎(豊臣秀吉)誕生。
天文12年(1543)	於禰の兄杉原孫兵衛(木下家定・豊臣家定)誕生(母某氏、林弥七郎女か?)。
天文16年(1547)	安井弥兵衛(浅野長政)誕生。
天文17年(1548)	於禰(北政所)誕生(母、杉原家利女・朝日)。
弘治元年(1555)	6月7日、杉原治部大夫隆盛(隆泰)(一説.杉原長恒弟、杉原家利の父?)(美濃国より、尾張国津島に移る)没。
永禄元年(1558)	織田伊勢守信安の弓衆頭、林弥七郎(瀧喜義は、北政所と木下家定の実父とする)、浮野合戦で戦死。
永禄4年(1561)	於禰(北政所)、木下藤吉郎(後の豊臣秀吉)と結婚。
永禄8年(1565)	杉原晴盛(時盛・兵庫助)(杉原孝盛の男)討死。
永禄12年(1569)	杉原巳之助(木下勝俊)誕生。父は杉原(木下)家定、母は側室某。7月13日、杉原長盛(上総介・与七郎)、織田信長より自刃を命ぜられる(杉原晴盛の男?)。
元亀元年(1570)	杉原家次、この頃より、木下藤吉郎に仕える(一説.永禄7年頃より)。
天正元年(1573)	木下利房誕生。父は杉原(木下)家定、母は「おあこ」(杉原家次娘)。 7月、この頃秀吉、羽柴と改姓。
天正2年(1574)	木下延俊誕生。父は木下家定、母は「おあこ」(杉原家次娘)。同年、杉原伯耆守長房誕生。
天正8年(1580)	木下助左衛門、信長の使者として、魚住隼人と共に、柴田勝家の元に赴き、褒美を受ける。
天正10年(1582)	5月7日、秀吉軍、備中高松城を包囲。6月2日、本能寺の変。織田信長没(49歳)。6月13日、山崎の合戦で秀吉軍、明智光秀軍を撃破。8月7日、秀吉、浅野長政・杉原家次を京都奉行に任じる。10月3日、秀吉、従五位下・左近衛権少将に叙任。この年、木下辰之助秀俊(豊臣秀俊、小早川秀秋)誕生。父は、木下家定。
*	6月、浅野長政と杉原家次、京都奉行となる(別冊歴史読本『豊臣一族のすべて』巻末年表)。
天正11年(1583)	4月24日、北ノ庄城落城、柴田勝家、お市自刃。娘の三姉妹は、織田有楽に預けられる。5月22日、秀吉、従四位下・参議に叙任。同月、前田玄以が京都所司代に任ぜられ、杉原家次は解任される。8月、杉原家次、近江国坂本城主となり、志賀・高島・神崎郡三万二千石を与えられる。同時に、秀吉蔵入地二万六百六十石の代官を命ぜられた。8月1日、杉原家次に、羽柴家直轄領の目録を与えられる。12月、杉原家次、丹波福知山城に移封され、その後、家継と改名、その直後死去。12月、秀吉、堀秀政に羽柴の姓を与える。
天正12年(1584)	4月9日、杉原道松(木下定利?)、長久手にて討死。 9月9日、丹波福知山城主杉原家次(元木下・羽柴家家老)没(54歳)。 11月21日、秀吉、従三位・権大納言に叙任。この年、木下辰之助秀俊(小早川秀秋)、秀吉の養子となる。同年、木下勘解由利定(杉原利直の弟)、小牧・長久手の合戦にて戦死。
*	木下助左衛門、4月9日、秀次(三好信吉・羽柴秀次)の部将として出陣し、長久手の合戦で戦死。
天正13年(1585)	3月10日、秀吉、正二位・内大臣に叙任。7月11日、秀吉、近衛(藤原)前久の猶子となり、従一位・関白に叙任、藤原に改姓。於禰は、従三位に叙任、北政所と称される。「なか」は、従一位に叙任、大政所と称される。12月、丹波亀山城主の羽柴秀勝(於次)没す。羽柴秀勝(小吉)(豊臣秀勝)、名跡・遺領継承。
*	閏8月、木下孫右衛門(家定)、和泉に召し置かれる(同年の知行割より)。
※	9月9日、豊臣姓下賜(豊臣家成立)。(関白任官後、奏請・賜姓とする説)(別冊歴史読本・一族シリーズ 『豊臣一族のすべて』)
天正14年(1586)	12月19日、秀吉、太政大臣に任ぜられ、豊臣姓を賜る(豊臣家成立)。杉原長房、この頃より秀吉に仕える。
天正15年(1587)	9月24日、木下家定、播磨の内で一万千三百四拾石を与えられる。11月21日、三好(羽柴)秀次、従三位・権中納言に叙任。木下家定は、この年に姫路城へ入る。
天正16年(1588)	4月14日、北政所、従一位・豊臣吉子の名を賜る(北政所流豊臣氏の誕生)。
天正17年(1589)	杉原長房(北政所従姉弟)、従五位下・伯耆守に叙任。
天正19年(1591)	11月、秀吉、三好(羽柴)秀次を養子とする。11月28日、秀次、権大納言に叙任。12月4日、秀次、正二位・内大臣に叙任。12月28日、秀次、関白に任ぜられ、秀吉、太閤を称する。
文禄元年(1592)	正月5日、文禄の役。秀吉、諸大名に朝鮮出兵を命じる。正月29日、秀次、左大臣に叙任。3月23日、秀吉、北政所領として、摂津国内、一万一石七斗の知行目録を発給。5月17日、秀次、従一位に叙任。この年、大政所(天瑞院)没(76歳)。この頃、木下(豊臣)家定、従五位下・肥後守に叙任(木下肥後守豊臣朝臣家定)。
文禄2年(1593)	8月1日、捨丸(豊臣秀頼)、大坂城で誕生(生母は、淀殿)。10月1日、秀吉、捨丸と秀次の娘との嫁娶を決める(捨丸を豊臣関白家三代目とする為)。
文禄3年(1594)	11月13日、秀吉の養子秀俊(北政所の甥、小早川秀秋)、小早川隆景の嗣子となる。
文禄4年(1595)	正月11日、北政所領、摂津国欠郡一万五千六百七十弐石弐斗六升の知行目録が発給される。7月15日、秀次、秀吉に追放され、高野山で切腹(28歳)。徳川家康以下諸大名、捨丸(豊臣秀頼)に忠誠を誓う。8月2日、秀次の子女・妻妾三十余人、京都三条河原で殺害され、二代関白豊臣秀次家は断絶する。8月17日、木下家定、播磨の内で、二万五千石を与えられる。9月7日、秀吉養女小督(元豊臣秀勝妻)、徳川秀忠と結婚。
慶長元年(1596)	12月17日、捨丸(4歳)、名を秀頼と称する(豊臣秀頼)。
慶長2年(1597)	正月元旦、慶長の役、秀吉、朝鮮再征を命じる。5月10日、伏見城で千姫誕生(父は秀忠、母は小督)。9月28日、秀頼、禁中にて元服し、従四位下・左近衛少将に叙任。12月4日、小早川秀秋、朝鮮より帰国を命ぜられ譴責(総大将が先駆けしたのが理由と云われる)。
慶長3年(1598)	4月、小早川秀秋、越前北ノ庄へ転封を命じられるが、徳川家康の配慮で家臣の一部のみ送り込み、自身は状況の推移を見守る。6月、秀吉発病。7月13日、石田三成、長束正家、増田長盛、浅野長政、前田玄以を五奉行と定める。7月15日、秀吉、諸大名に命じて秀頼に忠誠を誓わせる。8月5日、徳川家康、前田利家、毛利

和暦(西暦)	記録
慶長3年(1598)	輝元、上杉景勝、宇喜多秀家の五大老に、秀吉、自筆の遺言状を与えて秀頼を託す。家康・利家、五奉行と誓詞(誓書)交換。8月11日、朝日(北政所実母・康徳院)没する。8月18日、秀吉、伏見城で没する。8月25日、前田利家・徳川家康、朝鮮の諸将に撤退を命じる。
慶長4年(1599)	正月10日、秀頼・淀殿、大坂城に入る(淀殿、事実上大坂豊臣家を乗っ取る)。同月、北政所、大坂城を出て、京都三本木に移る(大坂豊臣家より分家、京都豊臣家を創設)。8月1日、西軍が伏見城を攻撃、伏見城は陥落するが、木下勝俊は、落城直前に退散。
慶長5年(1600)	9月15日、関ヶ原の戦い。木下(豊臣)家定は北政所を守護する。木下利房は西軍に、木下延俊、小早川秀秋、浅野幸長は東軍に属す。関ヶ原東軍勝利。小早川秀秋、備前・美作国五十一万石を与えられる。10月15日、浅野幸長、紀州和歌山三十七万四千石を与えられる。木下勝俊、若狭国小浜六万二千石没収。木下利房、若狭国高浜二万石没収。
慶長6年(1601)	7月28日、木下(豊臣)家定、播磨国より、備中国賀陽郡・上房郡内の内、二万五千石(足守藩)へ移封される。同年、木下(豊臣)延俊、豊後国速水郡の内、三万石(日出藩)を与えられる。
慶長7年(1602)	10月18日、小早川秀秋(秀詮)没(21歳)。小早川家断絶。
慶長8年(1603)	2月12日、徳川家康、右大臣・征夷大将軍に叙任。この年、豊臣秀頼と家康の孫の千姫、大坂城で結婚する。北政所に高台院の号が勅賜される(京都豊臣家は、高台院流豊臣家となる)。
慶長9年(1604)	3月11日、北政所領代官、小出播磨守没。6月24日、高台院、公家衆を二条城に招いて能楽を興行。7月21日木下家定、二位法印に叙任。8月22日木下(豊臣)家定、徳川家康の命により、北政所所領の代官として、その領地高(一万六千三百四拾六石四斗一升九合)を確かめ、 家康及び、北政所に報告(高台院領として、摂津国欠郡知行目録を作成)。(欠郡＝かけの郡)
慶長10年(1605)	4月12日、豊臣秀頼、右大臣に叙任。4月16日、徳川秀忠、内大臣・征夷大将軍に叙任(徳川家の天下世襲)。
慶長10年(1605)	この年、高台院、京都東山に高台寺を建立し、秀吉の冥福を祈る。
慶長11年(1606)	8月2日、高台院、家康に招かれ、二条城で観能。
慶長13年(1608)	8月26日、木下(豊臣)家定没(66歳)。家康、遺領備中足守藩二万五千石を長男勝俊と二男利房に分賜する事を高台院に命じる(家康、木下宗家の分割を狙う)。木下利房、高台院所領の代官職継承。
慶長14年(1609)	9月、家康、高台院が、家定の遺領を全て勝俊に与えた事に怒り、所領を没収する(足守藩改易処分)。高台院の所領は没収されず(高台院には、おとがめなし)。
慶長15年(1610)	12月、家康、浅野長晟に足守藩領を与える(二万四千石)。
慶長16年(1611)	3月28日、豊臣秀頼、二条城で徳川家康と会見する。加藤清正、浅野幸長が付き従い、高台院も来会。4月、浅野長政、武蔵府中で没する(65歳)。6月、加藤清正没(51歳)。
慶長18年(1613)	8月25日、浅野幸長没(38歳)。弟長晟跡を継ぎ和歌山藩主となり、備中足守藩領は没収される。
慶長19年(1614)	7月21日、方広寺鐘銘事件。11月19日、大坂冬の陣。常高院(淀殿妹、初)、和議の使者に立つ。12月29日、講和成立。
元和元年(1615)	5月3日、大坂夏の陣。千姫、大坂城を脱出する。淀殿(49歳)、秀頼(23歳)自刃し、大坂城落城(5月8日)。大坂豊臣家(羽柴流豊臣家)滅亡。7月27日、木下利房、備中足守藩領二万五千石を与えられる(足守藩木下家復活)。家康、高台院領(摂津国欠郡)の継続領有を了承する(高台院流豊臣家には、おとがめなし)。
元和2年(1616)	4月17日、徳川家康没(75歳)。同年、杉原長房の嫡男、重長(吉兵衛・伯耆守)誕生。
寛永元年(1624)	9月6日、高台院没(76歳)。遺領の内、三千石を近江国に換え、木下(豊臣)利三(高台院養子・木下利房二男)が継承する(近江豊臣姓木下家)。
寛永5年(1628)	雲照院(杉原家次娘、木下家定妻)没。
寛永6年(1629)	2月4日、高台院の従姉弟、但馬国豊岡藩主杉原伯耆守長房没(56歳)。
寛永14年(1637)	6月21日、足守藩主木下利房没(65歳)。遺領は、長男利當が継承。
寛永19年(1642)	正月7日、日出藩主木下(豊臣)延俊没(66歳)。俊治が二代藩主継承。
正保元年(1644)	10月28日、但馬豊岡藩主杉原重長没(一旦、無嗣断絶)。
正保2年(1645)	閏5月26日、幕府、但馬豊岡藩主杉原重長の旧領の二万五千石の内、一万石を竹中重常三男・重玄(重長の外甥)に与える。重玄は、重長の女子を正室に迎え、豊岡藩杉原家を継承。
正保3年(1646)	木下(豊臣)延俊の二男、木下(羽柴)延由(木下縫殿助豊臣延由)、2月26日に立石に入る(立石木下家)。
慶安2年(1649)	6月15日、木下勝俊(長嘯子)、丹後国大原野の幽居地で没す(81歳)。
承応2年(1653)	10月14日、但馬豊岡藩主杉原重玄没。嗣子なく除封(杉原家による豊岡支配終焉)。杉原家は無嗣断絶となる。(尾張流杉原本家断絶、傍系は、旗本家として存続)
	【第二豊臣家】 ● 高台流豊臣家(旗本近江木下家・豊臣氏)(幕末まで確認) ● 家定流豊臣家 ① 備中足守藩木下家・豊臣氏 (旧足守藩主・木下家)(家系現存) ② 豊後日出藩木下家・豊臣氏 (旧日出藩主・木下家)(家系現存) ③ 豊後立石領木下家・羽柴氏(豊臣氏)【大正5年に絶家】 * 外に旗本家があったが、本家継承などにより絶家(『断家譜』、『寛政重修諸家譜』参照)
	【杉原家】(高台院姻族・尾張杉原本家) ● 但馬豊岡藩主杉原家(三代で絶家) ● 旗本杉原家(巡検使などを出す)(豊岡藩主家は継承出来ず) * 旗本杉原家には、甲州流杉原家がある(桓武平氏杉原氏末流と称する)。

第二豊臣家と杉原氏の系譜

第二豊臣家（豊臣朝臣木下家・杉原流木下氏）は、尾張杉原氏の傍系である。本家尾張杉原氏のことは前述したが、この項では、前項を補足しつつ、第二豊臣家の系譜について述べることにする。

第二豊臣家がルーツとするのは、桓武平氏流杉原氏である。しかし、室町幕府に仕えた杉原氏と尾張杉原氏との繋がりには曖昧な点があり、本当に室町幕臣杉原氏の末裔かは、はなはだ疑問である。

『新訂 寛政重修諸家譜 第八』の杉原系図においては、時盛から家利の間を中絶とし、家利から改めて記載している（『寛永系譜』を継承）。また、『新訂 寛政重修諸家譜 第十八』の木下系図では、杉原七郎兵衛家利の女婿の杉原助左衛門（入道號道松）から記載している。助左衛門が婿養子とすると、家利が事実上の初代で、その先は不詳である。室町幕臣杉原氏末裔の杉原時盛（晴盛・兵庫助）の次に治部大夫隆泰を挟み、その子が家利とする説もあるが信憑性には疑問がある。

また、杉原賢盛以下については、諸説あり混乱している。『古代氏族系譜集成』では、隆泰（隆盛）は、賢盛の子供、すなわち、長恒の弟の位置に記されているが、三者の没年からすると微妙なところである。美濃の杉原隆泰の子供が尾張に移り、尾張杉原氏となり、その子供の家利からが確かなところかもしれない。『系圖綜覧』の杉原系図および木下系図も、家利からの記載である。美濃杉原氏が桓武平氏杉原氏の末裔としても、室町幕臣杉原氏の直系末裔というのは疑問であり、仮冒と考えた方が妥当かもしれない。

ネットデーターを含む各種杉原系図によれば、杉原氏は、丹波・備後から中国地方に広まり、その一部は毛利家に仕え、その系譜は、『近世防長諸家系図綜覧』『萩藩諸家系譜』などにより確認される（系図参照)。

杉原氏は、平桓平(恒平)が文治五年(一一八九)に奥州平泉の藤原泰衡に従軍、その子の伯耆守光平が杉原氏の祖となる。子孫の杉原恒清は、六波羅右筆奉行に就任している。この系譜は『尊卑分脈』『系図纂要』などでも確認できる。尾張杉原氏は、この末裔に系図を繋げようとしたのである。

杉原氏の系譜も室町後期には、各種系図も混乱しており、さらには改竄系譜も加わり混沌としている。尾張杉原氏が桓武平氏杉原氏末裔としても傍系の可能性が高く、その正系は定かでない。美濃の杉原治部大夫高泰か、杉原平太夫家幸の子孫で、杉原七郎兵衛家利(家則)あたりから明らかとなる。『美濃國諸舊記』によれば、

杉原家幸—家盛—家則(家利)—家親(助左衛門・道松・定利)—家定(木下家定・豊臣家定)

となり、美濃・尾張杉原氏は、「家」を通字としていたことが確認される。杉原本家を継承した七郎左衛門も家次を名乗っている。ただし、日出藩木下家の家臣が編纂した『平姓杉原氏御系図附言』や『木下氏系図附言纂』などでは、助左衛門入道道松の諱(実名)は不詳としている。『新訂寛政重修諸家譜』の木下系図でも、某(助左衛門、號道松)と記し、実名は不詳である。歴史雑誌などでは、道松入道は定利と記されるが、宝暦元年(一七五一)までの時点では、道松の諱は明らかにされていなかったということである(あるいは意図的に伏せられていたか?)。

尾張杉原氏の系譜は、家利(家則?)の嫡男家次が別家し、杉原本家を継承し、家利の家系は、娘の朝日の婿に、麁流(傍系)の助左衛門(入道道松)を迎え、その子に杉原孫兵衛家定(木下肥後守豊臣朝臣家定)があり、家定妹に長慶院(三折全友室)、お祢(寧子・豊臣秀吉正室北政所・豊臣吉子・高

台院）がある。北政所の母は、朝日であるが、家定の母は別人とする説もあり、そうなると、豊臣家定と北政所は異母兄妹ということになる。

杉原治部大輔隆泰―彦七郎正重＝七郎左衛門尉家次―伯耆守長房―伯耆守重長＝重玄

杉原平太夫家幸―六郎左衛門家盛―七郎兵衛尉家則（家利）＝助左衛門入道道松（伯耆守家親・助左衛門定利）―孫兵衛家定（木下肥後守豊臣朝臣家定）―若狭少將勝俊（木下長嘯子）

杉原孫兵衛は、妹の縁で木下藤吉郎（羽柴秀吉・豊臣秀吉）に仕え、木下姓を許され、秀吉が豊臣家を創始すると、家名羽柴と本姓豊臣の公称を許され、秀吉血縁に次ぐ豊臣一門となる。これは、妹のお祢（寧子）が、秀吉の正室であったことと、家定自身が、秀吉の養子の豊臣秀俊（後の小早川秀秋）の実父であったという二重の関係による。この点が疑似一門となった他の大名と異なる。また、豊臣家定は、賜姓豊臣氏である豊臣秀吉から豊臣姓を許されたが、同時にもう一人の賜姓豊臣氏の、豊臣吉子の血縁一門でもあった。

秀吉の一族は、秀吉が豊臣姓を賜姓（天皇から賜る）されて後、家名は羽柴で、本姓豊臣を冠されるのであるが、北政所（寧子）は、秀吉賜姓により豊臣寧子北政所となるが、その数年後、豊臣吉子の名を賜っている。つまり秀吉連動の豊臣から、賜姓豊臣氏、豊臣吉子となっているのである。したがって、木下家定は、二重に豊臣姓を名乗る根拠を得たのである。家定は、秀吉から豊臣姓を許されて後、杉原家の本姓平朝臣から、豊臣朝臣に本姓を改め、家名は木下を名乗る（羽柴を名乗ることもある）。こうして豊臣朝臣木下家（本姓豊臣氏）が誕生した。

筆者（早瀬）は、高台院流豊臣家および豊臣朝臣木下家を、『織豊興亡史』（今日の話題社）（二〇〇一年・平成十三年）、および『歴史群像・戦国セレクション』「驀進 豊臣秀吉」（学習研究社）（二〇〇二年・平成十四年）の「豊臣家崩壊への序曲・実子への溺愛が招いた豊臣一門の瓦解」掲載系図において、「第二豊臣家」と位置付けた。秀吉一門（第一豊臣家）でもないし、疑似一門（第三の豊臣氏）でもない、第二の賜姓豊臣氏一門にして、豊臣宗家の準一門ということである。

第一豊臣家が賜姓豊臣秀吉一門であり、**第二豊臣家**は、**賜姓豊臣吉子一門**である。その位置付けは、高台院流豊臣家（当時は北政所流豊臣家）が、豊臣宗家から分離、京都豊臣家となって、より鮮明となる。豊臣秀俊が、豊臣宗家の養子から小早川家の養子に出されると、準一門から、第三の豊臣家に近い立場に転落する。しかし、北政所との繋がりが、かろうじて中間的な立場に留めたのである。

第三の豊臣家は、家康が覇権を握ると、暫時豊臣姓羽柴氏の公称を停止し、旧姓・旧家名に戻り、あるいは、家康から松平氏（家名）を与えられた（有力大名）。第一豊臣家たる大坂豊臣家は、慶長二十年・元和元年（一六一五）の大坂城落城により滅亡（ただし、秀頼の娘すなわち後の天秀尼と、秀吉の姉豊臣智子こと日秀尼は、その後も生存）。結局残ったのは、高台院流豊臣家（京都豊臣家）と、その一門の豊臣朝臣木下家（第二豊臣家）のみである。**第二豊臣家**は、大坂豊臣家滅亡後も、平朝臣杉原氏には戻らず、**豊臣朝臣木下氏**を名乗り、徳川幕府もこれを公認した。これが基本系図文献の一つ『寛政重修諸家譜』に、**木下家**が「**豊臣氏**」と明記される所以である。

ちなみに大坂で滅亡した豊臣氏の家名は羽柴である。豊臣朝臣羽柴家と呼ぶのが正しいが、「豊臣氏＝秀吉の家系＝豊臣家」という認識が広がっており、本来なら、「羽柴家対徳川家」とすべきものが「豊臣家対徳川家」という表記が当たり前のようにまかり通っている。

秀吉流豊臣氏（豊臣朝臣羽柴家）が豊臣家（第一豊臣家）であるのに対し、筆者（早瀬）は、杉原流豊臣氏（高台院流豊臣家と木下家定流豊臣氏＝豊臣朝臣木下家）を第二豊臣家（豊臣氏）と位置付けたのである。それに疑似一門豊臣氏（第三の豊臣氏）を加えたものが、一時期、大豊臣家を形成したのである。ごく僅かな期間ではあるが、豊臣家は三十余家存在したのである。

関ヶ原の合戦での東軍勝利、大坂夏の陣の大坂城落城により大部分の豊臣家は、歴史上から姿を消した。しかし、豊臣氏は消滅しなかったのである。生き残った豊臣氏は、秀吉流豊臣氏とは別系である。もう一つの賜姓豊臣氏の一門、すなわち第二豊臣家（豊臣氏）ということである。

豊臣氏は秀吉への賜姓から、戸籍制度の導入、その後の、法律上の姓氏の一元化で豊臣姓が消滅するまで約三百年間、家系は現在も続いているので興亡四百数十年ということになる。天の邪鬼的に述べれば、元和元年（一六一五）に豊臣家が滅びたというのは誤りで、大坂羽柴家が滅亡したとすべきであった。あるいは、豊臣家はなかったということである。

豊臣氏（豊臣朝臣）は存在した。そして法制上も近代まで存続したのである。それは自称豊臣家末裔ではなく、基本系図文献に裏打ちされた「豊臣氏（第二豊臣家）」のことである。数家が法律上は、家名木下に一元化、木下家として存続している。現在、羽柴とか豊臣を家名とする家があるが、旧華族（豊臣朝臣木下家）の木下家とは何の関係もない。単なる明治以降の新姓（名字・苗字）であり、系譜文献による裏付けはない。

筆者は、山口の自称豊臣氏に電話取材の後、書面で問い合わせ（木下の関係系図同封、平成十三年七月十日気付）したが、四年以上経過してもいまだ回答は得ていない。豊後日出藩主木下家の一門の傍系のように主張しているが、誰から分家したかすら回答はない。同家のことについては日本歴史研究所の木村信行氏も、その著『南朝熊沢家と浅井・豊臣の謎』中で触れている（同書一七六頁）が、否定的な見解である。同書では氏名を明らかにしているが、本書では特にこれ以上言及しないので伏せておく。興味のある方は木村氏の著書を一読されたい。また、本書完成後に回答が届いたとしても、共同出版や完全自費出版なら、増刷の可能性は低いので、訂正追加は考えていない。現時点（平成十七年・二〇〇五年八月現在）では、回答を得ていないので、同家を豊臣末裔と認めることはない。豊臣氏末裔とは、現状では、第二豊臣家（豊臣朝臣木下家）の末裔たる木下家一族のみである。

ところで、第二豊臣家家定流は、木下肥前守豊臣朝臣家定（木下家定）を初代とする。数人の息子がいるが、杉原氏時代の通字「家」は用いず、主に「俊」の文字を用いている（勝俊、延俊、俊定、秀俊、俊忠など。次男のみ例外）。次男の足守藩主木下家は、主に「利」を通字として採用している。豊後日出藩主木下家では、主に「俊」を通字として採用している。その分家立石領主家では当初は「延」を用い、後には本家に習い「俊」を通字としている。これは「延」が、日出藩主初代延俊の上の文字であり、本家藩主が下の文字を通字としていることからの遠慮であろう。

前川和彦氏の『豊臣家存続の謎』では、立石初代延由（『寛政重修諸家譜』では延次）は、生き延びた秀頼の子供の国松丸の後身で、延俊からすれば主筋ということで「延」を通字として与え、一万石を分知しようとしたが、三万石の小藩が一万石も分知すれば、幕府から疑惑の目を向けられると判断した家老の機転で、立石領主は五千石の分知となった。初期には「延」を通字としたが、子孫は「俊」を通字とした。日出藩の分家で幕臣となった家（後に本家相続で絶家）では、「長」を通字とし、本藩相続後もそのまま用いた。

ところで、先に、杉原氏時代の通字は「家」と記したが、これは、木下氏美濃出自説（『美濃國諸舊記』）に従った場合の話である。『寛政重修諸家譜』『系圖綜覧』『平姓杉原氏御系図附言』『木下氏系図附言纂』などは、杉原道松（助左衛門）の諱（実名）を不詳としており、明確な答えを得るには至らない。戦国時代の木下家（杉原氏）には、いまだ解けない謎があるということで、それが、木下家定と北政所が林氏の子女で杉原氏の養子になり、北政所は浅野家の養女になったとか、あるいは、木下家定が杉原道松と混同されたりとか、杉原道松が林氏であるとか、異説が登場する温床となっている（瀧喜義説など）。

木下家は、杉原家利の女婿の助左衛門（入道道松）をルーツとし、家定よりはじまった。

豊臣朝臣木下家を第二豊臣家と明記したのは、恐らく筆者（早瀬）が初めてではないか？ 通常の歴史雑誌、書籍においては、杉原流木下家は、秀吉の一係累。秀吉正室北政所の実家であり、秀吉養子の秀俊（後の小早川秀秋）の実家という程度、広義な豊臣一族としては扱われるが、「豊臣氏」という扱いではなく、豊臣姓を許された係累木下家という扱いで、北政所と小早川秀秋以外、豊臣家の特集でも、それほど大きく扱われることはない。豊臣氏は、秀吉の一族ばかりではないのに、豊臣氏＝秀吉＝豊臣家というイメージが強すぎるのであろう。

確かに豊臣氏は、秀吉によりはじまった。秀吉が、豊臣氏の初代「氏の長者」であることも事実である。しかし、豊臣氏は、大政所の血脈と秀吉の養子で構成される羽柴家、北政所と木下家定一家で構成される杉原流木下家、豊臣姓と羽柴の家名の公称を許された有力大名と陪臣などから成る。最初のグループが、通常いわれる豊臣一門（第一豊臣家）、次が、筆者が位置付けた第二豊臣家、次が、疑似一門豊臣家（関ヶ原合戦後、暫時消滅）である。これらは、羽柴・豊臣を公称、本姓を豊臣朝臣と改め、大豊臣家を構成している。しかし、通史では、豊臣氏は大坂夏の陣で滅亡したことになっている。

実際は、豊臣氏の第一グループの没落である。第二グループたる豊臣朝臣木下家は、大名・旗本家として、その後も存続したのである。そこで筆者は、このグループを第二豊臣家としたのである。第三の豊臣氏は暫時消滅したと述べたが、数年前から、歴史雑誌や書籍で、北政所の養女の大館御前の一族が、津軽で杉山家と称し、弘前藩に仕え、密かに豊臣姓を内伝していたことが明らかとなった（『歴史群像』他）。この大館御前は、石田三成の遺児で、杉山家もその血脈であり、幕府には公認されていないが、豊臣姓を密かに伝えたというのである。

豊臣氏は滅亡せずということになる。話が少し逸れたので元へ戻す。我々が学生時代に学んだ豊臣家・豊臣氏というものは、姓氏・系譜学の観点からは、狭義の豊臣家のことであり、それ以外は抜け落ちていたということである。その結果、前川和彦氏の『戦国秘史・豊臣家存続の謎』（日本文芸社、昭和五十六年）が刊行されて以降、自称豊臣家末裔が登場する（木場家、桂家、山口豊臣家など）。このことについては後で触れる（この問題は日本歴史研究所の木村信行氏が、『南朝熊沢家と浅井・豊臣の謎』で批判している）。

豊臣家が秀吉系統のみでないことは、『寛政重修諸家譜』『系図纂要』などにより立証されており、その家系が第二豊臣家たる豊臣朝臣木下家なのである。木下家定の息子は、六人とも七人とも伝えられている。幕府公認の『寛政重修諸家系譜』によると、勝俊・利房・延俊・俊定・秀俊（小早川秀秋）・出雲守（宗連）。日出藩関係資料によれば、これに僧侶の玄周南叔（高台寺二世紹叔西堂）が加わる。資料により多少の食い違いがあるが、概ね六・七人ということである（系図「豊臣家定の息子」参照）。

彼らは、関ヶ原の合戦では微妙な立場に措かれた。ある者は、東軍でありながら戦線を離脱し改易処分となり、ある者は西軍と見なされ改易処分となり、ある者は、中立的な立場から、義兄の協力で本戦不参加ながら西軍方の攻撃に加わり、東軍方として処遇された。ある者は、その時の状況により西軍方となりながら、関ヶ原本戦では東軍方に加担した。しかし、関ヶ原合戦の完全終結まで生き残り、ある者は、父親や高台院の代官となり、ある者は、新たな領地を得た。

一族としては、九万石余を失ったが、五万五千石余りは維持し、高台院流豊臣家の分も加えれば七万一千石余となる。他家の養子となったものまで加えれば、第二豊臣家グループは、六十万石弱の大勢力となるのである（家定二万五千石余・延俊三万石・高台院一万六千石余・秀秋五十一万石余）。これは、大坂豊臣家の六十五万石にも匹敵する。第一豊臣家と第二豊臣家を併せると百二十三万石余。徳川家康が政権を確立する前の状況としては脅威である。

家康に幸いだったのは、大坂豊臣家と第二豊臣家が一体の関係ではなくなっていたことである。関ヶ原の合戦は、形式的には、豊臣家家臣団内部の覇権争いであり、毛利家や石田三成らによる謀叛であった。東軍の主力は徳川家直臣団ではなく、外様である豊臣家家臣の大名である。したがって、家康は覇権確立までの二年余りは、豊臣家大老の立場で政権構築に努めたのである。中立的な立場の第二豊臣家本家と高台院流豊臣家が存続できたのは、関ヶ原が、豊臣家（秀頼）対徳川家（家康）の戦いでなかったことが幸いした。

また、この合戦が、豊臣対徳川なら、秀吉子飼いの大名が家康に加担したかは疑問である。家康といえども直臣団と一部与力大名の協力だけでは、背後に上杉家も控えていたので、豊臣軍を打ち破ることはできなかったであろう。関ヶ原の布陣でも、内応軍が裏切らなければ、あるいは、西軍の全軍がまともに戦っていたら、東軍は敗走の可能性が高いと指摘されている。

秀頼が出陣せず、西軍の大将の毛利輝元も本戦には参加しなかった西軍には求心力もなく、上杉討伐に従軍しなかったので西軍に組み込まれた者もいたので、統一された軍団ではなかったことも家康には幸いとなった。最後は、小早川軍の西軍への攻撃で総崩れとなり東軍が勝利した。結果として、第二豊臣家一門で西軍加担と見做された者も、所領没収にはなったが、切腹とか晒し首とか断罪されることなく生き残った。第二豊臣家の中核たる高台院流豊臣家の存在が、豊臣朝臣木下家一族の存続に繋がったともいえる。

高台院流豊臣家がなければ、豊臣朝臣木下家一族は、東西どちらか旗幟を鮮明にしなければならなかった。敗れた方に加担したら即没落ということになったかもしれない。豊臣対徳川の戦いで家康が勝利し、豊臣朝臣木下家が西軍に加担していたら（豊臣氏がすべて西軍なら）壊滅していたであろう。高台院流豊臣家が大坂豊臣宗家から独立して京都豊臣家を創立し、豊臣朝臣木下家初代の家定が、京都豊臣家の守護者として、関ヶ原の前に大坂方から離れていたことも幸いした。

木下延俊は、徳川に誼みを通じつつ、父の代官として姫路で中立を維持、後、義兄の強力で旧西軍の福知山城を攻撃し東軍側に滑り込み、父から独立、豊後日出藩主となった。第二豊臣家本家たる木下肥後守豊臣朝臣家定は、関ヶ原の後、池田氏が姫路に配され、備中足守に同じ石高（二万五千石）で配置換えになった。勝俊と利房は所領没収となり、父と高台院に庇護され、代官的立場で復活の機会を待った。第二豊臣家初代家定が没した後、家康は、勝俊と利房に分割相続を認めたが、高台院の指示で、勝俊の単独相続となり、家康の怒りを買い、足守木下家は改易処分となり、所領は浅野一族に与えられた。

この後、勝俊は隠棲し長嘯子と号し、歌人として生きる。利房は高台院の所領を管理しながら機会を待ち、大坂の陣で徳川方に加担し、その功績が認められ、備中足守を与えられ、足守木下家を再興した（足守藩三代藩主、再興足守藩初代藩主。＊勝俊の相続を認めず、利房を二代目とする考えもあるが、高台院の意図からすると、勝俊が名目上の二代目と判断される）。こうして、大坂の陣の後、第二豊臣家一門は、高台院が大坂で一万六千石余、利房が備中足守で二万五千石、延俊が豊後で三万石の大名家として存続することとなった。

小早川家は、慶長七年（一六〇二）十月に無嗣絶家となっており、大坂豊臣家も滅亡した後の豊臣氏（第二豊臣家・豊臣朝臣木下家）は、徳川家にとっては脅威ではなかったが、幕府は、高台院没後、養子がいたにもかかわらず相続を認めず、高台院流豊臣家は断絶、祭祀継承は認め、改めて近江で三千石を与え、足守木下家別家として、近江木下家を創立した（豊臣朝臣木下家）。

結局大名家として存続したのは、備中足守藩主木下家と豊後日出藩主木下家の二家のみとなる。豊後日藩からは、次代に、分知により立石領主木下家（五千石）が成立する。この立石木下家（羽柴氏）は、元子爵日出木下家豊臣十八世木下俊熈氏や、前川和彦氏により、豊臣秀吉の孫、豊臣国松丸（羽柴延俊・木下縫殿助）の末裔と主張されている（『豊臣家存続の謎』）。このことは後で触れる。

大名・幕臣となって存続した家系は、『寛政重修諸家譜』『系譜纂要』などにより確認される。両系譜文献共に、木下家を豊臣朝臣（豊臣氏）と明記している。

明治になり戸籍制度ができ、その後、姓と名字、通称と諱（実名）が法制上一元化され、現在我々が用いる氏名の形になるまで、豊臣氏は存続したのである。豊臣氏は家名の「木下」を採用し、法制上の氏名（家名）は、現在は木下氏として続いている。元子爵旧備中足守藩主家も、元子爵旧豊後日出藩主家も、法制上は「木下氏」となっている。それにしても、秀吉の豊臣創姓から、法制上の消滅まで、約三百年間、系譜としては（木下に一元化されたが）四百年以上存続しているわけである。

平姓杉原氏から分離した豊臣朝臣木下氏（第二豊臣家）は、利房系統と延俊系統が、大坂の陣で大坂豊臣家（豊臣朝臣羽柴家本家）が滅亡した後も、大名家として存続し、「豊臣氏」を近代まで維持した。家康が狙ったのは、武家関白・摂関家の豊臣家の抹殺であり、豊臣氏の殲滅ではない。幕府は、大坂の陣の後、豊臣恩顧の加藤家（清正の家系）、福島家（福島正則の家系）などを改易断絶に追い込んでいるので、第二豊臣家たる両木下家も、口実を設けて断絶させることは可能であったろう。しかし、現実には、足守木下家を再興しているのである。家康の目的が、「第一豊臣家」の武家社会からの追放抹殺であったことは間違いない。大坂豊臣家が臣従を拒めば当然の帰結となる。

木下家（第二豊臣家）の人々

杉原道松（助左衛門）―孫兵衛（木下肥後守豊臣朝臣家定）―勝俊（長嘯子）―女（山崎氏室）

浅野長勝＝お祢（豊臣寧子・北政所・豊臣吉子・高台院）＝利次（木下民部・利三）―利稙

木下家定（豊臣家定・肥後守）―利房―利當―利貞―台定（利庸・肥後守）―利潔（種恭）

木下家定（豊臣家定・肥後守）─延俊（右衛門大夫）─俊治─俊長─俊量─俊在＝長保
木下家定（豊臣家定・肥後守）─俊定（信濃守）（二万石・改易）
木下家定（豊臣家定・肥後守）─秀俊（豊臣秀俊・金吾中納言・小早川秀秋）〔無嗣絶家〕
木下家定（豊臣家定・肥後守）─宗連（出雲守・外記・良甫・俊忠）─新兵衛
木下家定（豊臣家定・肥後守）─紹叔〔高台寺二世〕

○杉原某（助左衛門入道道松）（一説、定利・家親）◇高台院實父。杉原氏庶流（傍系）。
生年不詳～文禄二年（一五九三）二月六日
木下肥後守豊臣利直（『尾張群書系図部集』）
＊基本系図集は、この記録なし。木下祐久とは別人（『別冊歴史読本』「豊臣一族のすべて」、『歴史群像戦国セレクション』「驀進 豊臣秀吉」）。（前出「杉原家の人々」項参照）

○杉原孫兵衛◇木下肥後守豊臣朝臣家定（木下家定・豊臣家定）杉原道松嫡男。（杉原家の人々参照）

○木下家定（いえさだ）◇杉原（浅野）寧（北政所）実兄（一説・異母兄）
天文十二年（一五四三）～慶長十三年（一六〇八）八月二十六日（六十六歳）
杉原道松（助左衛門）の子として生まれる。通称は孫兵衛。妹の縁で早くより秀吉に仕え、木下姓を授けられる。永禄七年（一五六四）、秀吉に従い鵜沼城攻めに参加、永禄十年（一五六七）の近江箕作山城攻めに加わり、元亀元年（一五七〇）の金ヶ崎退陣にも秀吉に従う。同年の秀吉上洛には、浅野長政（当時は浅野長吉）と共に従う（『歴史と旅』臨時増刊「秀吉をめぐる88人」）。天正元年（一五七三）、羽柴秀吉が信長より、浅井氏の旧領を与えられ小谷城主となると、羽柴軍団より離れ、お祢の付添並びに、秀吉家の守護留守居役を命じられる。この間、永禄十二年（一五六九）には、側室某との間に巳之助（木下勝俊）が誕生する。天正元年（一五七三）、妻（杉原家次娘「おあこ」）との間に次男（木下利房）誕生（一説、若狭で誕生）。天正二年（一五七四）、秀吉、今浜に築城し、長浜と改める。同年、三男（木下延俊）誕生（母は杉原家次娘）。天正六年（一五七八）に、羽柴秀吉から江州浅井郡長浜で、三千二百石の給地を賜る（『歴史と旅』臨時増刊「秀吉をめぐる88人」）。天正十年（一五八二）、辰之助（豊臣秀俊・小早川秀秋）誕生（母は家次娘）。天正十三年（一五八五）閏八月、和泉に所領を与えられる（世界文化社『ビッグマンスペシャル』「秀吉軍団・戦国を駆け抜けた夢の軍兵たち」）。天正十五年（一五八七）九月二十四日、播磨国内で一万千三百四十二石を与えられ、姫路城に入る（『ビッグマンスペシャル』）。文禄元年（一五九二）頃、従五位下肥後守に叙任。後に従三位中納言に任官、豊臣姓を許される。文禄四年（一五九五）八月十七日、一万三千六百六十石を加増され、二万五千石を領す（軍役対象二万石・無役五千石）。家定は、この間に、大坂城留守居役にも任ぜられている。姫路城は、家定の子の延俊（後の日出藩主）が父に替って城番を勤めた。家定は、慶長五年（一六〇〇）の関ヶ原の戦いでは出兵せず、内裏と北政所の警護に当たる。慶長六年（一六〇一）三月、播磨姫路から備中足守二万五千石に転封された。慶長九年（一六〇四）七月、剃髪して常英と号し、二位法印に叙された。この頃、高台院（北政所・豊臣吉子）の所領、摂津平野庄の一万六千石余の代官となり、管理を任される。慶長十三年（一六〇八）八月二十六日没（没地は京都と伝えられる）。京都東山・建仁寺の常光院に葬られた。木下肥前守豊臣朝臣

家定。妻は、杉原家次の娘（雲照院）（寛永五年・一六二八没）。

○長慶院（ちょうけいいん）◇杉原道松長女。北政所の姉。母は朝日（杉原家利の女）

生没年不詳。医師の三折全友（三雪）（本姓不詳）（尾州人）の妻（一説「おこひ」）。長慶院松岳寿保大姉（長慶院殿寮獄寿保大姉）。

＊長慶院を七曲とするのは誤り（七曲は雲亮院）。（『平姓杉原氏御系図附言』『木下氏系図附言纂』『系図纂要』など）

○高台院（こうだいいん）（お祢）◇杉原道松二女。母は朝日（杉原家利の女）

於祢居・豊臣寧子・北政所・豊臣吉子（勅賜）

天文十七年（一五四八）～寛永元年（一六二四）

織田家弓衆浅野長勝・七曲夫妻の養女。豊臣秀吉正室。永禄四年（一五六一）（一説、永禄六年）、木下藤吉郎（豊臣秀吉）に嫁す（十四歳）。秀吉とは婚礼を待たずに関係を結び（野合）、母朝日の怒りを買い、叔母夫妻の養女として、秀吉に嫁す（『平姓杉原氏御系図附言』）。

天正四年（一五七六）頃、信長のもとに伺候、この時、秀吉の女性問題などを訴える（長浜城主となった秀吉は、密かに側室を置き、庶子石松丸秀勝をもうける）。謁見後、信長より、城主夫人としてのあり方や、容姿についてのこと、あるいは、秀吉に対する訓戒などを綴った手紙を受け取る（年次不詳）。本来私信である手紙に朱印を押し、公文書並として、一大名夫人から「織田家中の公人」とした（宮本義己論考『歴史研究』第四五六号）。

天正五年（一五六八）か、天正六年（一五六九）頃、信長の四男於次丸の養母となる（天正四年に石松丸秀勝が没し、嗣子がなかった秀吉に、信長が与えたとも、秀吉が願い出て養子にしたともいわれる。於次丸は秀勝の名前を継承して、羽柴秀勝となる）。なお、この信長朱印状は、足守藩主豊臣朝臣木下家に伝えられた（慶安二年・一六四九には、木下利当が所有）。また、天正六年より前に、前田利家の娘（豪姫）を養女とする（後に、秀吉猶子の宇喜多秀家の室となる）。天正十二年（一五八四）、この頃、兄家定の五男の辰之助（豊臣秀俊・小早川秀秋）を秀吉の養子とする（実家の杉原流木下家と羽柴家の関係強化）（秀秋は三歳）。

同年、小牧・長久手の合戦後、徳川家康の次男於義丸が秀吉の養子（実態は人質）となり、羽柴三河守秀康と名乗る。お祢は、於次丸秀勝、於義丸秀康、辰之助秀俊の養母となる。

天正十三年（一五八五）七月、夫の秀吉が関白に任官すると、関白正室として北政所に任ぜられた（名前も、お祢から、公家の子女風に改め、豊臣寧子と称す）。

同年十二月十日、養子の於次丸羽柴秀勝が丹波亀山城で病没。天正十四年（一五八六）秀吉の甥、小吉（豊臣秀勝）の養母となる。

天正十六年（一五八八）四月十四日、従一位・**豊臣吉子の名前を賜る**（勅賜豊臣氏）。

文禄元年（一五九二）、摂津で一万一石余の知行を得る（**豊臣宗家内に、北政所流豊臣家成立**）。

文禄三年（一五九四）、北政所の甥の秀俊が豊臣家を除籍となり、小早川隆景の養子となる（小早川秀秋）。文禄四年（一五九五）、北政所の所領が一万五千六百七十二石余となる。慶長四年（一五九九）、大坂城を出て、京都三本木に移り、**京都豊臣家を創家す**（大坂豊臣宗家より分離独立）。慶長八年（一六〇三）、北政所に高台院の号が勅賜される（京都豊臣家は、高台院流豊臣家となる）。慶長九年（一六〇四）八月、家康の命により、豊臣家定（木下家定）が代官となる。所領一万六千三百四十六石余が確認される。元和九年（一六二三）、足守藩主豊臣朝臣木下利房の二男の長橘丸（利次）を養子とする（高台院豊臣吉子の独自養子）。なおこの間、石田三成の遺児の辰子（大館御前）を養女にしたという説あり（『歴史群像』）。

寛永元年（一六二四）九月六日没（享年七十六歳）（一説、七十三歳）。（七十七歳？）

高台院殿従一位湖月浄心大禅定尼（臨時増刊『歴史と旅』「秀吉をめぐる88人」）、高台院殿前従一位湖月紹心大禅定尼（『平姓杉原氏御系図附言』『木下氏系図附言纂』）高臺院湖月心公（『系図纂要』）。

○女（諱不詳）◇杉原道松三女（『系図纂要』）。＊『平姓杉原氏御系図附言』など不記載。

この女を浅野長政室の長生院に擬す説あり。長勝の養女となり、長政室になるとするが、長政室は、浅野長勝の先妻との間の娘とされる（『寛政重修諸家譜』浅野系図）。そうなると、この人物が実在としても、長生院とは別人となる。木下家の関係資料だと、道松の子供は一男二女（『平姓杉原氏御系図附言』）で、この女は含まれない。『系図纂要』では道松の三女に記すが、備考記録は一切記されていない。北政所の義妹（長生院・美津子・「や」）を誤記したものか？

○木下勝俊（かつとし）◇木下肥前守豊臣朝臣家定長男。高台院の甥。

永禄十二年（一五六九）～慶安二年（一六四九）六月十五日

秀吉に仕え、従四位下、侍従、左少将、参議を歴任。天正十四年（一五八六）に播州国龍野城主となる。文禄二年（一五九三）閏九月（一説、文禄三年）、若狭小浜六万二千石の領主となる。

関ヶ原の直前には、徳川家康の命により、伏見城の留守居役の一人として松の丸に入る。家康が上杉景勝討伐のために東下すると、石田三成等西軍が挙兵して、伏見城を包囲する。鳥居元忠ら家康家臣からは、西軍内通を疑われ、退去勧告を受ける。攻撃軍に小早川秀秋が参陣しており、勝俊は、北政所の守護を理由に、部下を残したまま伏見城を脱出する。その後、伏見城は落城し、鳥居元忠、松平家忠らは戦死した。関ヶ原の戦いの終結後、所領を没収され、正室宝泉院（森忠政の姉）は髪を落とす。浪人中は、父の家定や北政所に保護され、代官的な役目を与えられる。父の没後、弟利房と分割して遺領の相続を認められるが、単独で足守藩を相続したので、家康の怒りを買い、再び改易され、足守藩は、浅野一族に与えられた。再び浪人した勝俊は、京都東山に隠棲、長嘯子と号し、歌人として余生を送る。足守藩主の在位は一年ほどである（慶長十四年改易）。歌人としての木下長嘯子は、京都歌壇の衰退に歯止めをかけたといわれる。残した歌や文集は、没後門弟により『挙白集』として編纂された。慶安二年（一六四九）六月十五日に没す（八十一歳）。高台寺に葬られる。母は某氏（本姓・諱不詳）。（『寛政重修諸家譜』一説、武田元明・京極龍子（松の丸殿）の子（『武功夜話のすべて』（瀧喜義・新人物往来社）による）。

○木下利房（としふさ）◇木下肥前守豊臣朝臣家定二男。高台院甥。
天正元年（一五七三）～寛永十四年（一六三七）六月二十一日
秀吉に仕え、宮内少輔、従五位下に叙任。若狭高浜城主（二万石）となる。関ヶ原の戦いでは、西軍に属し、合戦終結後、除封・改易となる。極刑の可能性もあったが、高台院の縁により助命される。その後、父の家定や高台院に庇護され、代官的な役目を与えられる。慶長十三年（一六〇八）に、備中足守藩主の家定が没すると、兄勝俊との分割相続を家康から指示されるが、勝俊が単独相続したので、翌年改易処分となり、利房の相続は幻となった。高台院に庇護され、高台院の所領管理に当たった。大坂の陣がはじまると、徳川方に加わり、大坂の陣終結後、元和元年（一六一五）に備中足守藩主に任ぜられ、足守木下家を再興した（備中足守三代藩主・再興足守藩初代藩主）。寛永十四年（一六三七）六月二十一日没（六十五歳）。高台寺内の圓徳院に葬る。母は、杉原家次の女。（『寛政重修諸家譜』）（若狭国生まれ？）一説、武田元明・京極龍子（松の丸殿）の子（『武功夜話のすべて』）。室は織田上野介信包の女。後離婚。継室は進藤三右衛門正次の女。

○木下延俊（のぶとし）◇木下肥前守豊臣朝臣家定三男。高台院甥。

天正五年（一五七七）～寛永十九年（一六四二）一月七日

秀吉に仕え、右衛門大夫、従五位下に叙任。摂津国駒林で五百石を与えられ、その後播磨国内の領主（播磨国三木郡二万石の知行宛）、姫路城代（家定の代理）を経て、関ヶ原合戦後、細川忠興の協力で西軍方の福知山城を攻撃する。その功績により、慶長六年（一六〇一）に豊後国日出藩主（三万石）となる。一説に、細川忠興からの密書を得て徳川家に使者を送り、東軍方に加わることを伝えていたが、姫路城を守ることを内命され本戦不参加。この間、家康からの密書（東軍方と承認する）を持参帰国途上の家臣が、石田方の監視網に捕まり殺されたので、細川の尽力で福知山城攻撃に加わったともいわれる。前川和彦氏の『豊臣家存続』によれば、この時、東軍勝利の暁には、三十五万石を与えるお墨付きを受け取ったが、伊吹山辺りで暴漢（石田方の探索方？）に襲われ、使者の家臣は殺害され、お墨付きも不明になったという。窮地を救ったのが、義兄の細川忠興で、西軍残党の小野木縫之助の丹波福知山城を攻略させ、幕府に働きかけて、木下延俊の功績を認めさせ、豊後日出三万石の所領を得たという。

慶長十八年（一六一三）一月二日、江戸城に正月参賀のために出仕。二月四日、帰国のため江戸を出立。二月十二日、駿府で家康へのお礼出仕、その後、京都に四カ月滞在し、生母の雲照院（杉原家次の娘）、叔母の高台院（北政所お祢・豊臣吉子）や、兄の利房らと交流。この間、四月十八日には、豊国社と高台寺に参詣。五月二十二日には、大坂城に豊臣秀頼を表敬訪問。六月二十三日には、八条宮（元秀吉猶子・智仁親王）邸と、近衛信尹邸を訪問する。八月二十二日から二十八日までは、別府温泉に滞在して帰国している。

*この時期、浪人中の兄の木下利房は、高台院に近侍していた。大坂の陣では、東軍方（幕府軍）に従軍し、所領を安堵される。

寛永十九年（一六四二）正月七日、江戸で没する（六十六歳）。泉岳寺に葬る。遺領三万石は、二代伊賀守俊治に二万五千石、俊治の弟延次（縫殿助延由）に五千石が分知された。『豊臣家存続』によると、この縫殿助延由が、豊臣国松という。母は、杉原家次女（『寛政重修諸家譜』）（尾張国生まれ）。室は、細川兵部大輔藤孝（幽斎）の女（細川忠興妹）（加賀局）。

○木下俊定（としさだ）◇木下家定四男。小出家養子（小出信濃守俊定）。

生年不詳～慶長七年（一六〇二）十月十五日

秀吉に仕え、信濃守に叙任。丹波国内で一万石を領し、関ヶ原合戦では西軍に属す。大津城攻撃に加わり戦後所領を失う。その後、小早川秀秋の庇護を受け（捨て扶持五千石）、慶長七年（一六〇二）十月十五日に死去する（子孫なし）。（『木下氏系図附言纂』および『平姓杉原氏御系図附言』による）。

＊小出大和守秀政養子（御婿）。『続・豊臣家存続の謎』では、杉原新兵衛俊定。日出藩家老と記す。

＊小早川家に厄介になっていた俊定が、日出藩士になることには無理がある。

＊『平姓杉原氏御系図附言』には、小出俊定が、杉原新兵衛とか、日出藩家老とかいう記述はない。『木下氏系図附言纂』も同様である。

一説、北政所従兄弟（昭和六十一年三月号『歴史読本』「特集・豊臣一族の謎」）。

○木下辰之助（豊臣秀俊・小早川秀秋）◇木下肥前守豊臣朝臣家定五男。高台院甥。

天正十年（一五八二）～慶長七年（一六〇二）

天正十三年（一五八五）、三歳の時（天正十二年か？）、秀吉夫妻の養子となる。天正十六年（一五八八）四月、辰之助七歳の時、聚楽第に後陽成天皇行幸され、その時、伯父の秀吉が、諸大名の前で、辰之助が秀吉の代理人である（誓詞受取人）と宣言した。これにより、辰之助は、豊臣家後継候補者の一人と認められた。

天正十九年（一五九一）には、秀俊と改名（豊臣朝臣羽柴秀俊・豊臣秀俊）し、参議兼右衛門督（左衛門督？）・従四位下に叙せられ、丹波亀山城主（十万石）となる。文禄元年（一五九二）、十一歳の秀俊は、秀吉と共に、肥前名護屋城まで出陣する（秀吉が朝鮮へ出陣したら、名護屋城の留守居役となる予定。実際には、秀吉の渡海は、家康や利家らの諫言で中止された）。この年、秀俊は権中納言に昇進する（従三位）。

文禄二年（一五九三）八月、淀殿に拾丸誕生し、秀俊の立場は微妙になる。文禄三年（一五九四）十一月、十三歳の秀俊は、朝鮮の戦いから帰国した小早川隆景の養子となり豊臣家を離籍となる。

文禄四年（一五九五）、関白秀次事件に連座（『ビッグマンスペシャル』「秀吉軍団」による）し、丹波亀山十万石を収公される。

慶長二年（一五九七）六月十三日、小早川隆景が病死、秀俊（小早川秀秋）が小早川家家督を継承する（筑前三十五万七千石）。六月二十九日に秀秋は、肥前名護屋を出陣し朝鮮に渡り、釜山浦城の守備に当たる。慶長三年（一五九八）正月には、帰国を命じられる（石田三成の讒言による召喚ともいわれる）。帰国後、越前北庄へ減封（十五万石）・転封を命じられる。この命令は家康の尽力で、秀吉没後無効となる（この間、家康の助言で家臣の一部を越前に派遣するが、本隊は旧領に留まり、家康により命令は解除）。

慶長五年（一六〇〇）九月、徳川家康が上杉討伐で東下中に、反家康派が挙兵、関ヶ原の前哨戦が勃発する。秀秋は家康軍には従軍していなかったので、西軍に属することとなり、伏見城攻撃に加わる。その後、関ヶ原では松尾山に陣を構えた。当初は傍観していた（家臣が徳川方に誼みを通じていた）が、合図とともに（通説では、徳川軍からの砲撃で、『豊臣家存続の謎』では、小早川軍から東軍への狼煙の爆音で）、西軍大谷隊へ突入し、西軍壊滅の糸口を作る。本戦終結三日後の九月十八日には、石田三成の居城の佐和山城攻めを志願する。戦後の恩賞として、宇喜多秀家の旧領を含む、備前・美作五十一万石を与えられ岡山城に入城する。岡山城や周辺整備に努力するが、藩内事情は安定せず、家老の稲葉正成（春日局の夫）らが、藩外に退去した。

慶長七年（一六〇二）七月十八日に没す（二十一歳）。嗣子はなく、小早川家は断絶した（義兄弟の小早川秀包は、別家となるが、関ヶ原西軍で改易後毛利家を頼り、その子の元鎮は、毛利輝元の家臣となり、毛利姓に復帰、別家小早川家も消滅する。秀包は、慶長六年三月に没す。元鎮の庶弟の能久が小早川名跡継承するが、息子の喜太郎は早世、寛文六年・一六六六年、能久が没し、無嗣断絶）。行年二十一歳。法名は秀厳日詮瑞雲院。秀秋は、一時、秀詮とも名乗る（慶長六年以降）。

妻は、毛利輝元養女（宍戸隆家の娘）（長寿院）。秀秋没後毛利家へ戻り、興正寺門跡準尊に再嫁す。秀秋の若死は、毛利家による暗殺の疑いもある（長寿院の側近の毛利家家臣が、密命を受けて「遅効性の毒薬」で毒殺したか？）。秀秋正室の毛利家養女（古満姫）も不審を抱いたらしい（『別冊歴史読本』「豊臣家崩壊」による）。

小早川秀秋は、小早川家の菩提寺米山寺（べいざんじ）には葬られず、京都大光山本国寺の塔頭（たっちゅう）瑞雲院に葬られる（村上水軍末裔、村上公一氏論考より）。

*関ヶ原での西軍敗北は、小早川秀秋の東軍寝返りが原因。この結果、一時毛利家は、全領土没収の危機に追い込まれる（古川広家の尽力で、防長三十七万石弱を確保し、毛利家の存続に成功）。秀秋の正室は、出家して菩提も弔わず、小早川家の存続にも尽力せず（別家の小早川秀包の遺児を養子にも迎えず）、小早川家を廃絶して、毛利家に戻った。毛利家としては、恨み骨髄の小早川秀秋には、長

生きしてもらいたくなかったのであろう。輝元養女（古満姫）は、秀秋との間には、子供はもうけず、興正寺門跡準尊昭玄に再嫁後、複数の子供を成す。

＊秀秋が相続した小早川隆景の領地は、筑前名島三十三万石余とする説あり。小早川隆景は、隠居料として三万石を確保して、備後三原に隠退。

○木下出雲守（諱不詳・外記・宗連）◇木下家定六男。

生没年不詳。母は某氏。

『系図纂要』は、俊忠（内記・出雲守）。秀頼没後、豊後に閑居と記す。『平姓杉原氏御系図附言』は、出雲守（外記・宗連子、また、良甫とも称す）。高台院薨去後浪人、御婿溝口式部（細川家家臣）方へ寄食して彼許にて卒去し給ふと記す。『木下氏系図附言纂』の前半は、『平姓杉原氏御系図附言纂』と同様の内容。宇佐郡清水寺に墓があると記す。長子は、新兵衛といい、阿波蜂須賀家に仕えるも浪人、日出藩主延俊公の客分となる。新兵衛、庶子に百介あり。知行百五十石を得て御家人に列し、新兵衛（二代目）と改める。後に家老となる。その末裔は、杉原勝定という。『豊臣家存続の謎』『続・豊臣家存続の謎』によると、木下出雲守（外記・宗連）は、豊臣秀頼の仮の姿。日出藩豊臣朝臣木下家が、秀頼の正体を隠すために、系図上に記した人物。そのために、木下家の系図に、出雲守の諱（実名）は記載していない（『寛政重修諸家譜』『平姓杉原氏御系図附言』『木下氏系図附言纂』）。木下出雲守が真実木下家に実在の人物とすると、内記俊忠を抹消し、外記・宗連として、系図上の、豊臣秀頼の影武者としたものか？　早世としながら受領名（出雲守）を記すのは、はなはだ怪しきことで、隠蔽工作の可能性もある。『別冊歴史読本』「豊

臣秀吉 その絢爛たる一生」では、秀吉の馬廻衆と記す。

○紹叔（紹淑）〔高台寺二世〕・〔常光院住職〕◇木下家定七男（末子）

生没年不詳。母は某氏。

常光院三江紹益長老の弟子。紹叔西堂・周南叔西堂和尚大禅師（『平姓杉原氏御系図附言』および『木下氏系図附言纂』による）。『寛政重修諸家譜』『系図纂要』不記載。

○木下秀規（秀親とも）◇「豊臣秀吉 その絢爛たる一生」では、家定の七男の位置。

生没年不詳。『平姓杉原氏御系図附言』『木下氏系図附言纂』記載なし。

秀吉の馬廻衆。詳細不詳（『歴史読本』「特集・豊臣一族の謎」も同じ）。

『寛政重修諸家譜』『系図纂要』木下系図に秀規（秀親）は記載なし。

○木下利次（としつぐ）（利三）◇豊臣朝臣木下利房二男。

慶長十二年（一六〇七）〜元禄二年（一六八九）正月十三日没（八十三歳）。

幼少より高台院に養われ、元和九年（一六二三）七月、高台院に請われ養子となる。寛永元年（一六二四）九月六日、高台院逝去により、所領は収公される。寛永三年（一六二六）、近江國野洲・栗太両郡内において采地三千石を賜り、豊臣朝臣近江木下家を創家する（高台院流豊臣家二代目継承は認められず、同家は高台院一代で絶家となるが、高台院の遺品や祭祀は継承、秀吉の甲冑は、子孫の利嵩が、将軍吉宗の台覧に供した）。利次は、足守藩木下家と一時絶家となる。利次は高台院流豊臣家公称を許されず、足守木下家別家豊臣氏・近江木下家初代となった。利次は寄合に列す。元禄二年（一六八九）正月十三日に没し、金地院に葬られる。法名は利三。

母は進藤三右衛門正次の女。室は向井將監忠勝が養女。

○木下縫殿助羽柴延由（木下縫殿助豊臣延由）◇豊臣朝臣木下延俊四男。

慶長十五年（一六一〇）～万治元年（一六五八）七月六日（四十九歳）。

立石木下家初代。『豊臣家存続の謎』では、豊臣国松の後身とされる。

豊臣家定のルーツ

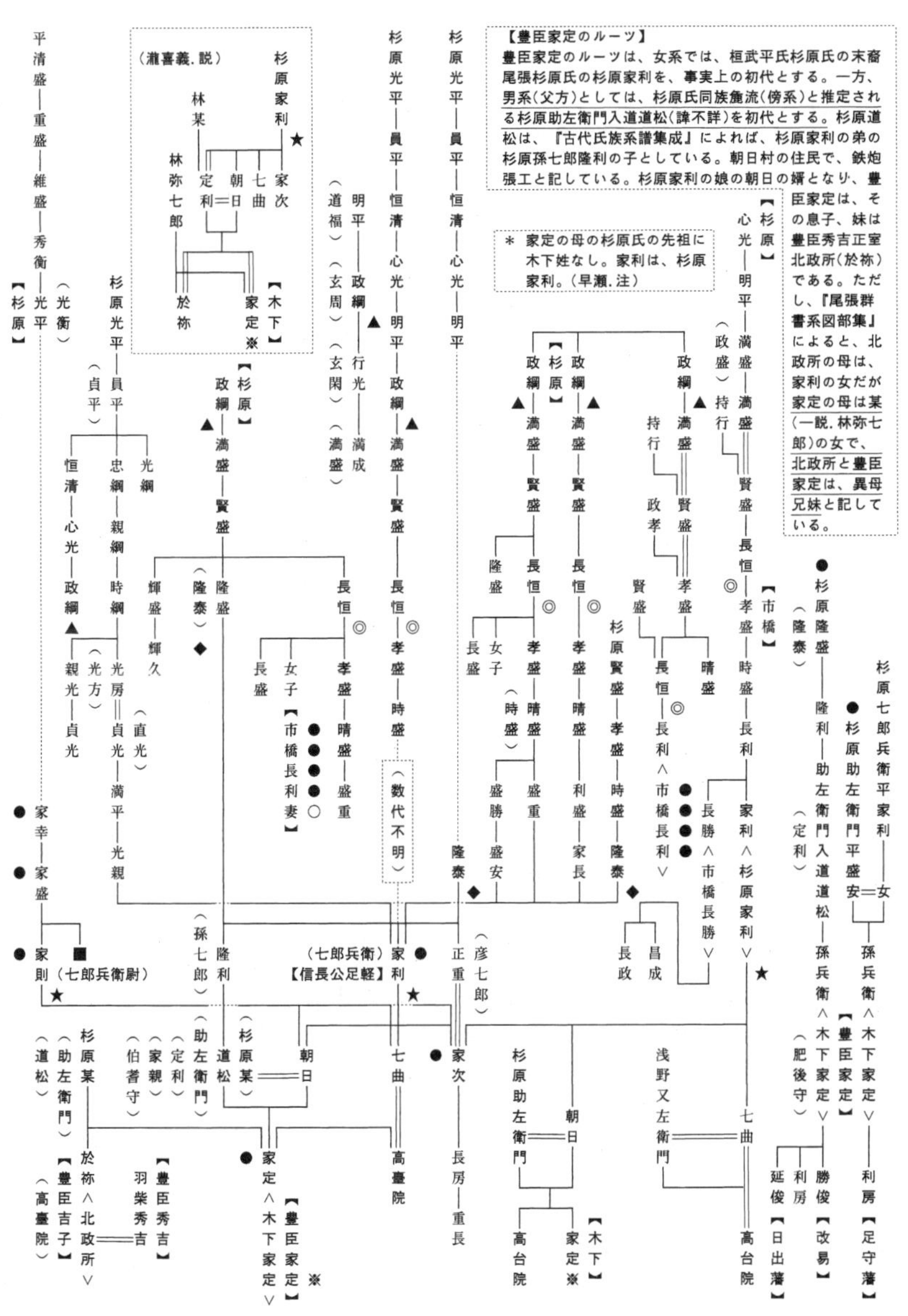

【豊臣家定のルーツ】
豊臣家定のルーツは、女系では、桓武平氏杉原氏の末裔尾張杉原氏の杉原家利を、事実上の初代とする。一方、男系（父方）としては、杉原氏同族傍流（傍系）と推定される杉原助左衛門入道道松（諱不詳）を初代とする。杉原道松は、『古代氏族系譜集成』によれば、杉原家利の弟の杉原孫七郎隆利の子としている。朝日村の住民で、鉄炮張工と記している。杉原家利の娘の朝日の婿となり、豊臣家定は、その息子、妹は豊臣秀吉正室北政所（於祢）である。ただし、『尾張群書系図部集』によると、北政所の母は、家利の女だが家定の母は某（一説，林弥七郎）の女で、北政所と豊臣家定は、異母兄妹と記している。
＊家定の母の杉原氏の先祖に木下姓なし。家利は、杉原家利。（早瀬．注）
（瀧喜義．説）

木下（杉原）氏

【参考.美濃の木下氏⇨木下豊前守家正、木下修理亮利忠。】

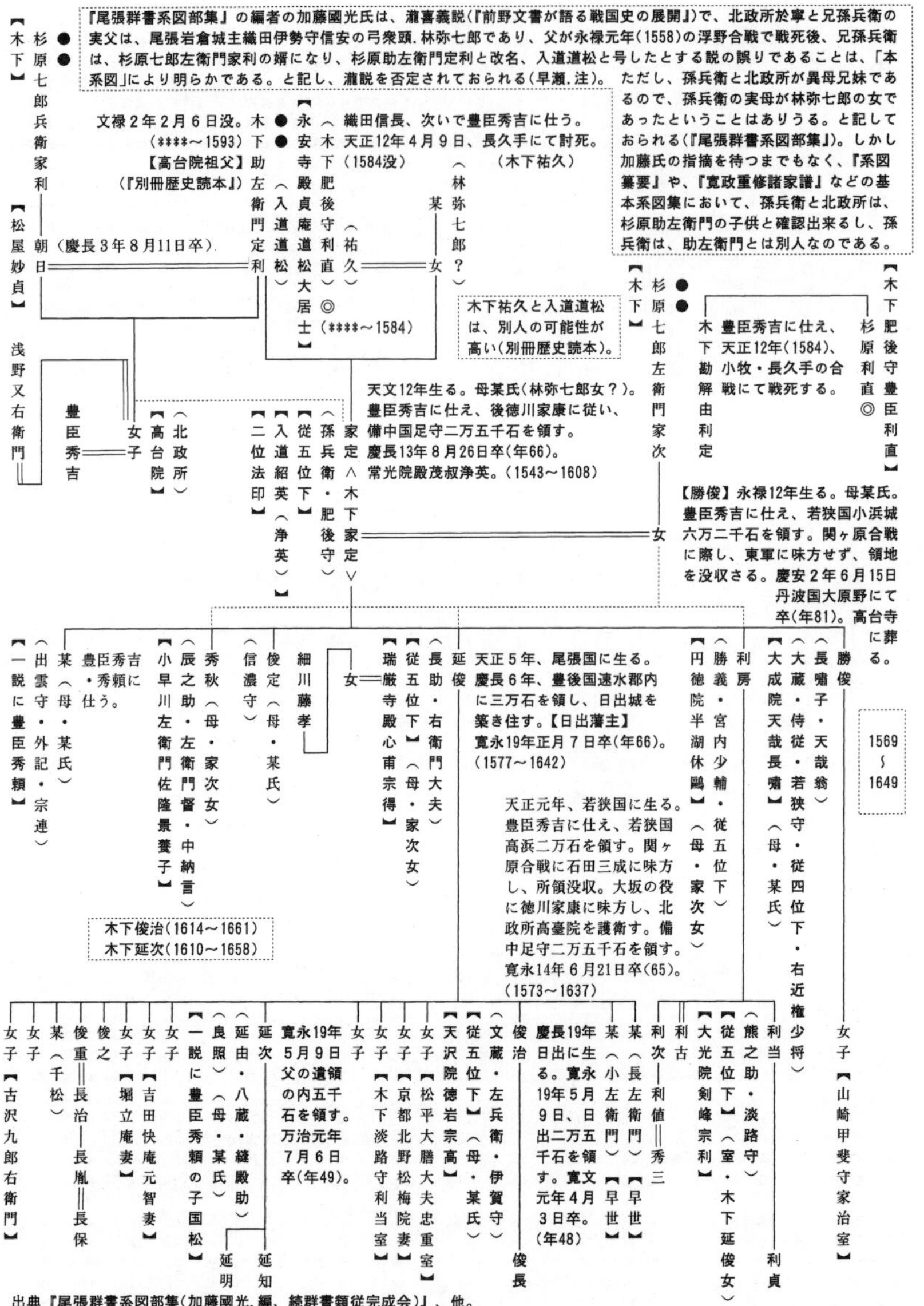

『尾張群書系図部集』の編者の加藤國光氏は、瀧喜義説（『前野文書が語る戦国史の展開』）で、北政所於寧と兄孫兵衛の実父は、尾張岩倉城主織田伊勢守信安の弓衆頭.林弥七郎であり、父が永禄元年（1558）の浮野合戦で戦死後、兄孫兵衛は、杉原七郎左衛門家利の婿になり、杉原助左衛門定利と改名、入道道松と号したとする説の誤りであることは、「本系図」により明らかである。と記し、瀧説を否定されておられる（早瀬.注）。ただし、孫兵衛と北政所が異母兄妹であるので、孫兵衛の実母が林弥七郎の女であったということはありうる。と記しておられる（『尾張群書系図部集』）。しかし加藤氏の指摘を待つまでもなく、『系図纂要』や、『寛政重修諸家譜』などの基本系図集において、孫兵衛と北政所は、杉原助左衛門の子供と確認出来るし、孫兵衛は、助左衛門とは別人なのである。
●●杉原七郎兵衛家利【木下】
朝日【松屋妙貞】（慶長3年8月11日卒）
●●木下助左衛門定利（入道道松）
文禄2年2月6日没。（＊＊＊＊～1593）【高台院祖父】（『別冊歴史読本』）
【永安寺殿貞庵道松大居士】（木下肥後守利直）（祐久）◎（＊＊＊＊～1584）
織田信長、次いで豊臣秀吉に仕う。天正12年4月9日、長久手にて討死。（1584没）（木下祐久）
（林弥七郎？）
某——女
木下祐久と入道道松は、別人の可能性が高い（別冊歴史読本）。
●●杉原七郎左衛門家次【木下】
木下勘解由利定
豊臣秀吉に仕え、天正12年（1584）、小牧・長久手の合戦にて戦死する。
杉原利直◎【木下肥後守豊臣利直】
浅野又右衛門
豊臣秀吉——女子（北政所）【高台院】
家定〈木下家定〉（孫兵衛・肥後守）【従五位下】【入道紹英（浄英）】【二位法印】
天文12年生る。母某氏（林弥七郎女？）。豊臣秀吉に仕え、後徳川家康に従い、備中国足守二万五千石を領す。慶長13年8月26日卒（年66）。常光院殿茂叔浄英。（1543～1608）
女
【勝俊】永禄12年生る。母某氏。豊臣秀吉に仕え、若狭国小浜城六万二千石を領す。関ヶ原合戦に際し、東軍に味方せず、領地を没収さる。慶安2年6月15日丹波国大原野にて卒（年81）。高台寺に葬る。
勝俊（長嘯子・天哉翁）（大蔵・侍従・若狭守・従四位下・右近権少将）【大成院天哉長嘯】（母・某氏）
1569～1649
利房（勝義・宮内少輔・従五位下）【円徳院半湖休鷗】（母・家次女）
天正元年、若狭国に生る。豊臣秀吉に仕え、若狭国高浜二万石を領す。関ヶ原合戦に石田三成に味方し、所領没収。大坂の役に徳川家康に味方し、北政所高臺院を護衛す。備中足守二万五千石を領す。寛永14年6月21日卒（65）。（1573～1637）
延俊（長助・右衛門大夫）【従五位下】（母・家次女）【瑞巌寺殿心甫宗得】
天正5年、尾張国に生る。慶長6年、豊後国速水郡内に三万石を領し、日出城を築き住す。【日出藩主】寛永19年正月7日卒（年66）。（1577～1642）
女——細川藤孝
俊定（母・某氏）
（信濃守）
秀秋（母・家次女）（辰之助・左衛門督・中納言）【小早川左衛門佐隆景養子】
豊臣秀吉・秀頼に仕う。
某（母・某氏）（出雲守・外記・宗連）【一説に豊臣秀頼】
木下俊治（1614～1661）
木下延次（1610～1658）
利当（熊之助・淡路守）【従五位下】（室・木下延俊女）——利貞
利古【大光院剣峰宗利】
利次——利値‖秀三
某（長左衛門）【早世】
某（小左衛門）【早世】
慶長19年日出に生る。寛永19年5月9日、日出二万五千石を領す。寛文元年4月3日卒。（年48）
俊治——俊長
（文蔵・左兵衛・伊賀守）【従五位下】（母・某氏）
【天沢院徳岩宗高】
女子【松平大膳大夫忠重室】
女子【京都北野松梅院妻】
女子【木下淡路守利当室】
女子
寛永19年5月9日父の遺領の内五千石を領す。万治元年7月6日卒（年49）。
延次（延由・八蔵・縫殿助）——延知
（良照）（母・某氏）——延明
【一説に豊臣秀頼の子国松】
女子
女子【吉田快庵元智妻】
女子【堀立庵妻】
俊之
俊重‖長治——長胤‖長保
某（千松）
女子
女子【古沢九郎右衛門】
女子【山崎甲斐守家治室】

出典『尾張群書系図部集（加藤國光.編、続群書類従完成会）』、他。

豊臣朝臣姓木下氏

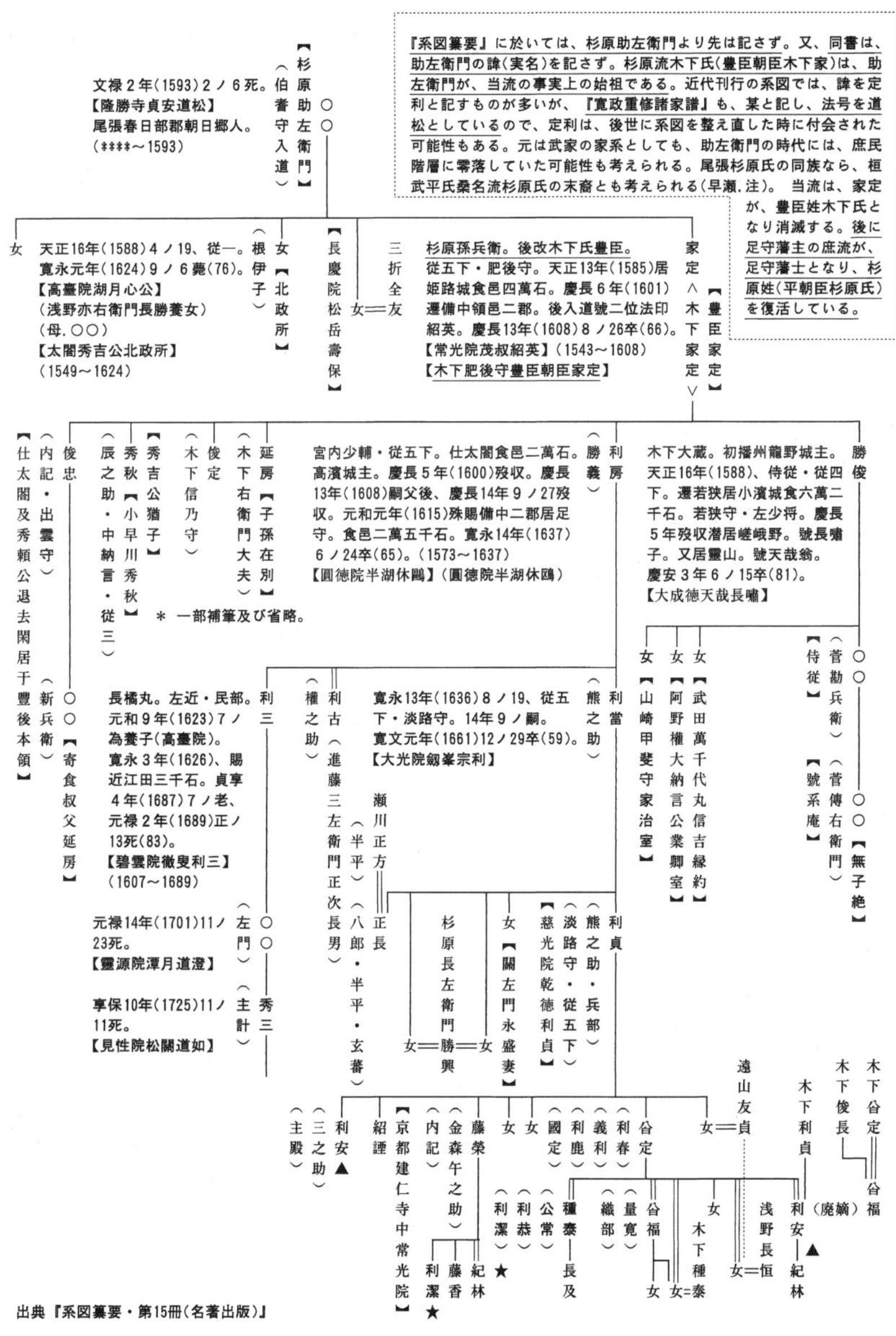

『系図纂要』に於いては、杉原助左衛門より先は記さず。又、同書は、助左衛門の諱(実名)を記さず。杉原流木下氏(豊臣朝臣木下家)は、助左衛門が、当流の事実上の始祖である。近代刊行の系図では、諱を定利と記すものが多いが、『寛政重修諸家譜』も、某と記し、法号を道松としているので、定利は、後世に系図を整え直した時に付会された可能性もある。元は武家の家系としても、助左衛門の時代には、庶民階層に零落していた可能性も考えられる。尾張杉原氏の同族なら、桓武平氏桑名流杉原氏の末裔とも考えられる(早瀬.注)。当流は、家定が、豊臣姓木下氏となり消滅する。後に足守藩主の庶流が、足守藩士となり、杉原姓(平朝臣杉原氏)を復活している。
【杉原助左衛門】(伯耆守入道)○○
文禄2年(1593)2ノ6死。
【隆勝寺貞安道松】
尾張春日部郡朝日郷人。
(****～1593)
家定〈木下家定〉【豊臣家定】
杉原孫兵衛。後改木下氏豊臣。
従五下・肥後守。天正13年(1585)居姫路城食邑四萬石。慶長6年(1601)遷備中領邑二郡。後入道號二位法印紹英。慶長13年(1608)8ノ26卒(66)。
【常光院茂叔紹英】(1543～1608)
【木下肥後守豊臣朝臣家定】
三折全友＝女
【長慶院松岳壽保】
女【北政所】(根伊子)
天正16年(1588)4ノ19、従一。
寛永元年(1624)9ノ6薨(76)。
【高臺院湖月心公】
(浅野亦右衛門長勝養女)
(母.○○)
【太閤秀吉公北政所】
(1549～1624)
女
勝俊
木下大蔵。初播州龍野城主。天正16年(1588)、侍従・従四下。遷若狭居小濱城食六萬二千石。若狭守・左少将。慶長5年殁収潜居嵯峨野。號長嘯子。又居靈山。號天哉翁。
慶安3年6ノ15卒(81)。
【大成徳天哉長嘯】
女【武田萬千代丸信吉縁約】
女【阿野権大納言公業卿室】
女【山崎甲斐守家治室】
○○(菅勘兵衛)【侍従】
○○(菅傳右衛門)【號系庵】【無子絶】
利房
勝義
宮内少輔・従五下。仕太閤食邑二萬石。高濱城主。慶長5年(1600)殁収。慶長13年(1608)嗣父後、慶長14年9ノ27殁収。元和元年(1615)殊賜備中二郡居足守。食邑二萬五千石。寛永14年(1637)6ノ24卒(65)。(1573～1637)
【圓徳院半湖休鷗】(圓徳院半湖休鷗)
延房【子孫在別】(木下右衛門大夫)
俊定(木下信乃守)
秀吉公猶子
秀秋【小早川秀秋】(辰之助・中納言・従三)
＊ 一部補筆及び省略。
俊忠(内記・出雲守)【仕太閤及秀頼公退去閑居于豊後本領】
○○(新兵衛)【寄食叔父延房】
利當(熊之助)
寛永13年(1636)8ノ19、従五下・淡路守。14年9ノ嗣。
寛文元年(1661)12ノ29卒(59)。
【大光院劔峯宗利】
利古(進藤三左衛門正次長男)
瀬川正方
半平(半平)
正長(八郎・半平・玄蕃)
權之助
利三
長橘丸。左近・民部。元和9年(1623)7ノ為養子(高臺院)。
寛永3年(1626)、賜近江田三千石。貞享4年(1687)7ノ老、元禄2年(1689)正ノ13死(83)。
【碧雲院徹叟利三】
(1607～1689)
○○(左門)
元禄14年(1701)11ノ23死。
【靈源院潭月道澄】
秀三(主計)
享保10年(1725)11ノ11死。
【見性院松關道如】
利貞(熊之助・兵部)(淡路守・従五下)【慈光院乾徳利貞】
女【關左門永盛妻】
杉原長左衛門勝興
女＝＝勝興＝＝女
利安▲(三之助)(主殿)
紹謹
【京都建仁寺中常光院】
(内記)
藤榮(金森午之助)
利潔★ 藤香 紀林
女 女
國定 利鹿 義利 利春
俗定
女＝＝遠山友貞
木下俊長 木下俗定
木下利貞
俗福
利安(廢嫡)▲
紀林
浅野長恒＝女
女 木下種泰
女 女＝泰
俗福
量寛 織部
種泰 長及
公常 利恭 利潔★

出典『系図纂要・第15冊(名著出版)』

豊臣朝臣木下姓概略系図

（記載都合で一部省略）

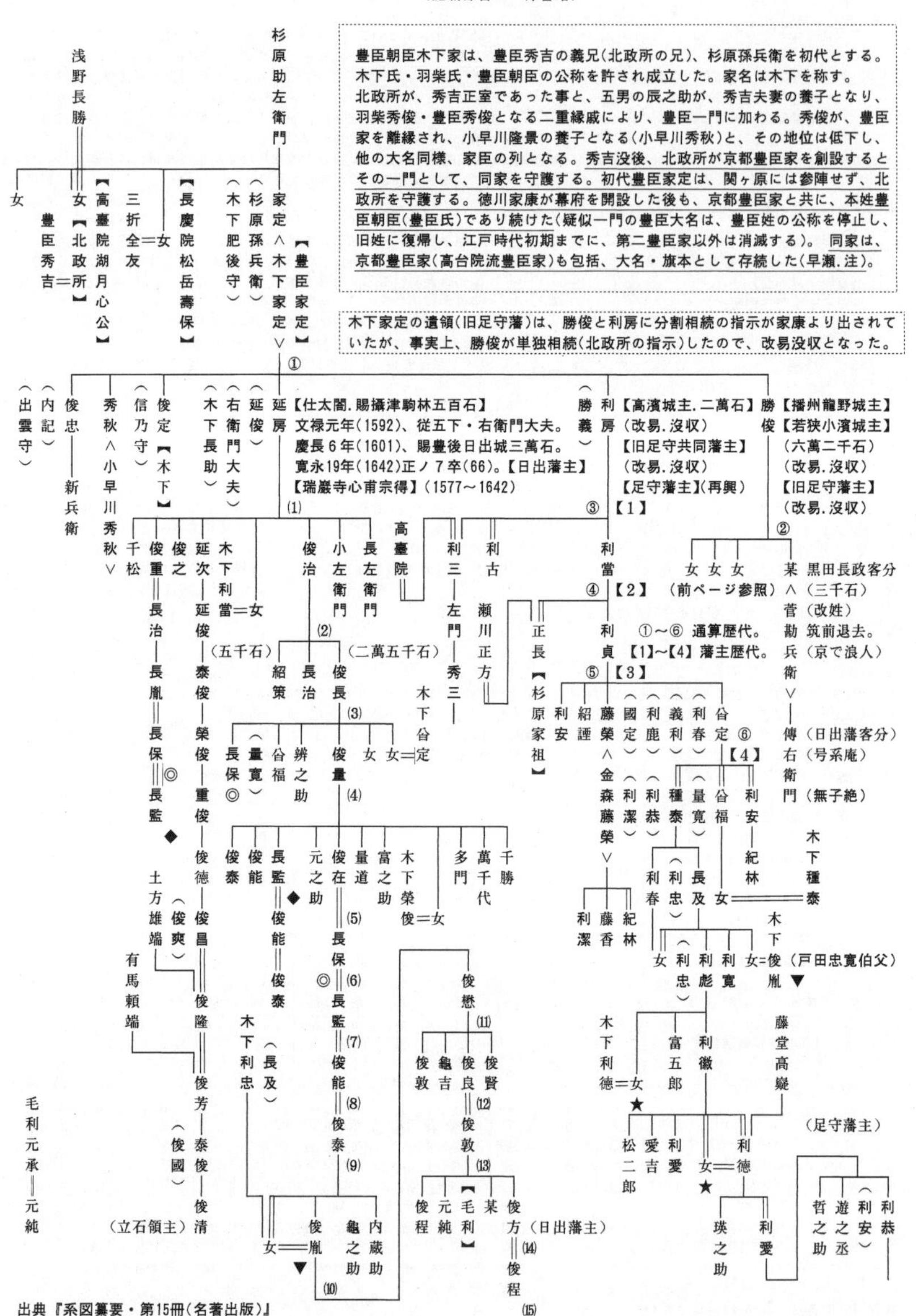
豊臣朝臣木下家は、豊臣秀吉の義兄（北政所の兄）、杉原孫兵衛を初代とする。木下氏・羽柴氏・豊臣朝臣の公称を許され成立した。家名は木下を称す。北政所が、秀吉正室であった事と、五男の辰之助が、秀吉夫妻の養子となり、羽柴秀俊・豊臣秀俊となる二重縁戚により、豊臣一門に加わる。秀俊が、豊臣家を離縁され、小早川隆景の養子となる（小早川秀秋）と、その地位は低下し、他の大名同様、家臣の列となる。秀吉没後、北政所が京都豊臣家を創設するとその一門として、同家を守護する。初代豊臣家定は、関ヶ原には参陣せず、北政所を守護する。徳川家康が幕府を開設した後も、京都豊臣家と共に、本姓豊臣朝臣（豊臣氏）であり続けた（疑似一門の豊臣大名は、豊臣姓の公称を停止し、旧姓に復帰し、江戸時代初期までに、第二豊臣家以外は消滅する）。同家は、京都豊臣家（高台院流豊臣家）も包括、大名・旗本として存続した（早瀬.注）。
木下家定の遺領（旧足守藩）は、勝俊と利房に分割相続の指示が家康より出されていたが、事実上、勝俊が単独相続（北政所の指示）したので、改易没収となった。
①～⑥ 通算歴代。
【1】～【4】藩主歴代。
出典『系図纂要・第15冊（名著出版）』

足守藩主豊臣朝臣木下氏（1）

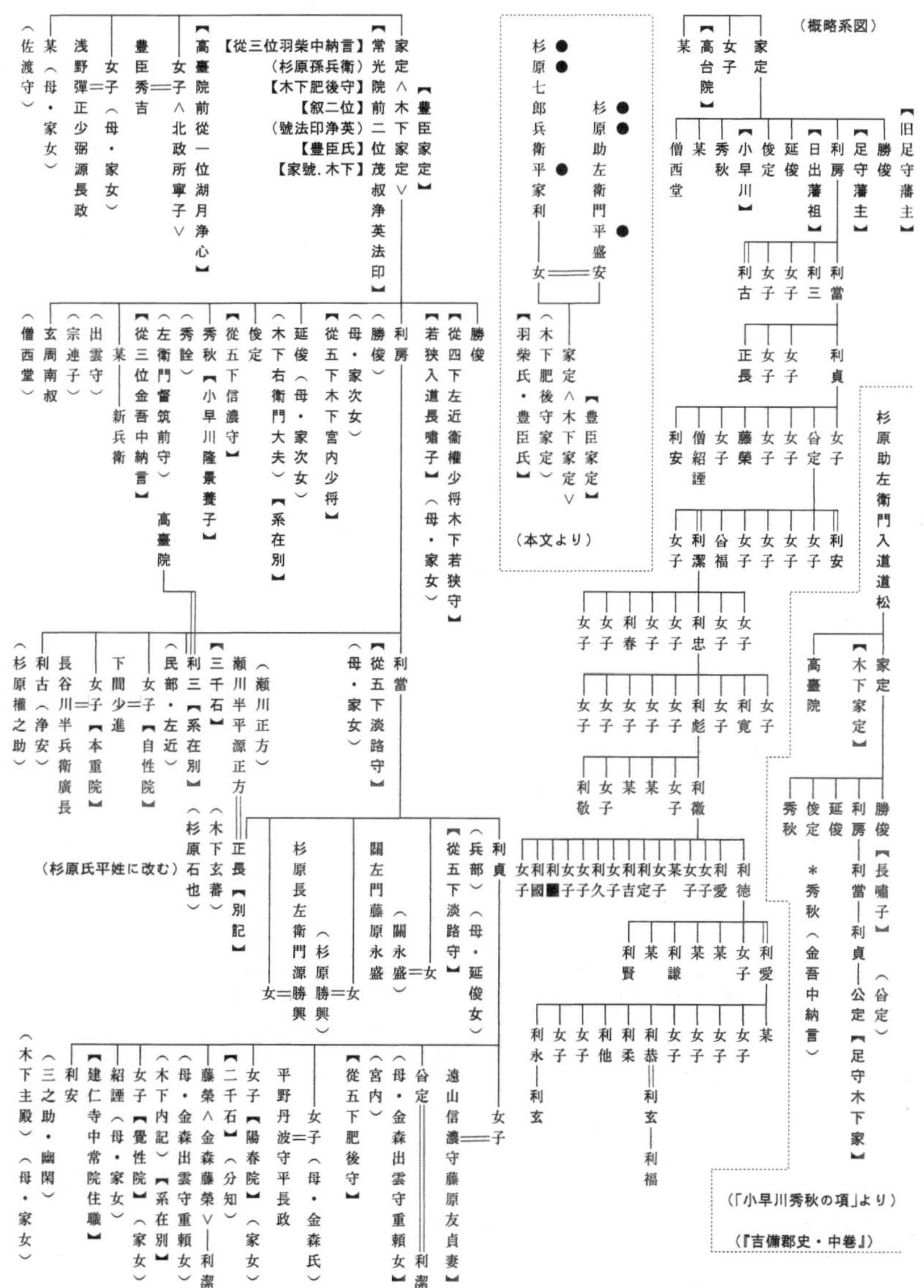

出典『吉備郡史・中巻（永山卯三郎.編著、名著出版）』（原典『木下家系譜・木下家系』）（岡山市立図書館.蔵）

足守藩主豊臣朝臣木下氏（2）

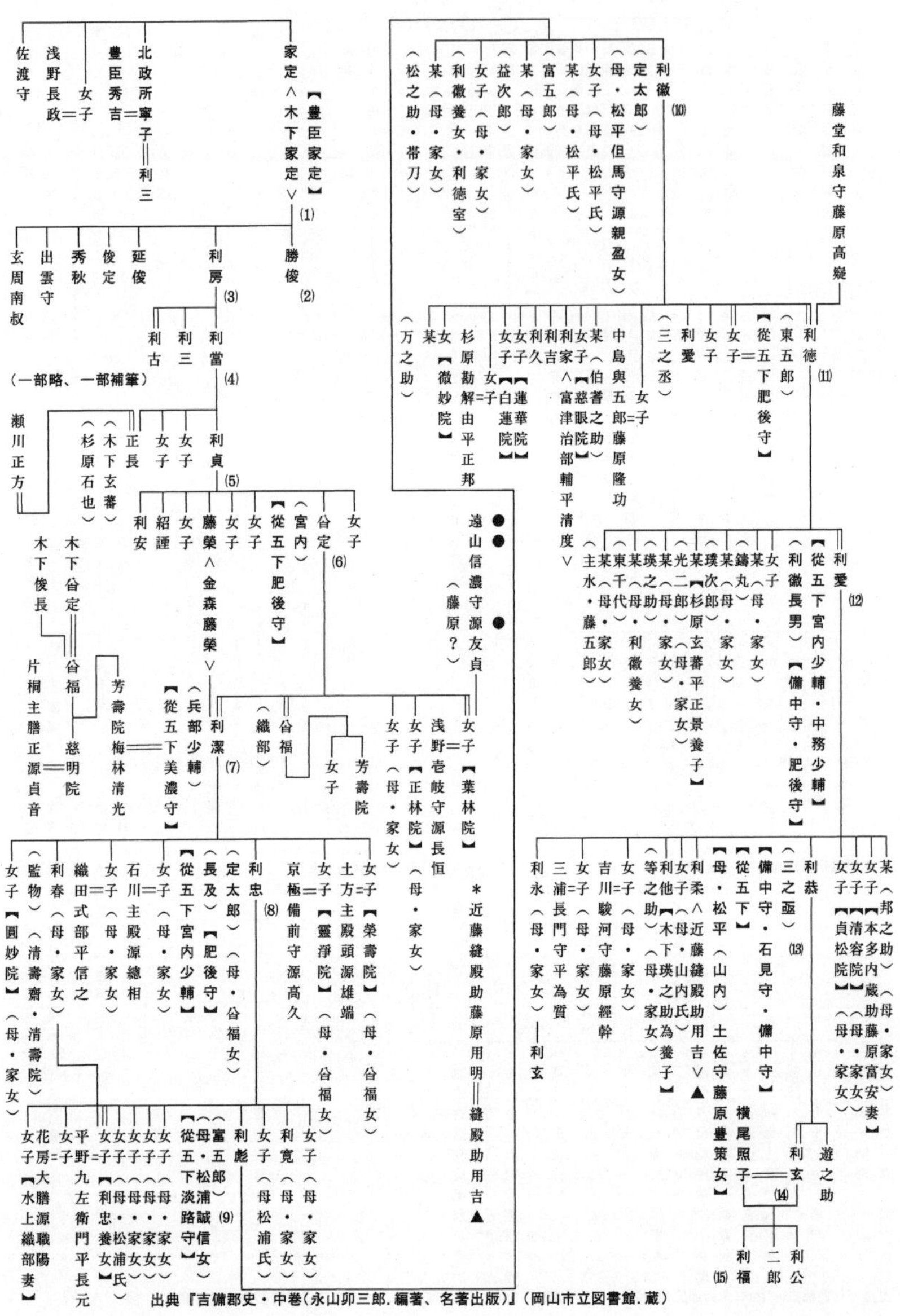
家定〈木下家定〉【豊臣家定】(1)
北政所寧子＝利三
豊臣秀吉
女子
浅野長政
佐渡守
勝俊(2)
利房(3)
延俊
俊定
秀秋
出雲守
玄周南叔
利當(4)
利三
利古
（一部略、一部補筆）
利貞(5)
女子
女子
正長
（木下玄蕃）
（杉原石也）
瀬川正方
利徽(10)
（定太郎）
（母・松平但馬守源親盈女）
女子（母・松平氏）
某（母・松平氏）
（富五郎）
某（母・家女）
（益次郎）
女子（母・家女）
（利徽養女・利徳室）
某（母・家女）
（松之助・帯刀）
藤堂和泉守藤原高嶷
利徳(11)
（東五郎）
【従五下肥後守】
女子＝
女子
利愛
（三之丞）
女子＝藤原隆功
中島與五郎
某（伯耆之助）
女子【慈眼院】
利家〈富津治部輔平清度〉
利吉
利久
女子【蓮華院】
女子【白蓮院】
女子＝杉原勘解由平正邦
女【徽妙院】
某
（万之助）
利愛(12)
【従五下宮内少輔・中務少輔】
（利徽長男）【備中守・肥後守】
女子
某（母・家女）
鑄丸
某（母・家女）
璞次郎（杉原玄蕃平正景養子）
某（母・家女）
光二郎（母・家女）
某（母・利徽養女）
璞之助
某（母・家女）
東千代
某水（母・藤五郎）
女子
谷定(6)
（宮内）
【従五下肥後守】
女子
女子
藤榮〈金森藤榮〉
女子
紹運
利安
木下谷定
木下俊長
谷福
片桐主膳正源貞音＝慈明院
芳壽院梅林清光
●遠山信濃守源友貞（藤原？）
●
●
女子【葉林院】
浅野壱岐守源長恒
女子【正林院】（母・家女）
女子（母・家女）
谷福
（織部）
利潔(7)
（兵部少輔）
【従五下美濃守】
芳壽院
女子
＊近藤縫殿助藤原用明＝縫殿助用吉▲
女子【榮壽院】（母・谷福女）
土方主殿頭源雄端
女子【靈淨院】（母・谷福女）
京極備前守源高久
利忠(8)
（定太郎）（母・谷福女）
（長及）【肥後守】
【従五下宮内少輔】
女子（母・家女）
石川主殿源總相
女子（母・家女）
織田式部平信之
利春（母・家女）
（監物）（清壽齋・清壽院）
女子【圓妙院】（母・家女）
女子（母・家女）
利寛（母・家女）
女子（母・松浦氏）
利彪(9)
（富五郎）
（母・松浦誠信女）
【従五下淡路守】
女子（母・家女）
女子（母・家女）
女子（母・家女）
女子（母・松浦氏）
女子【利忠養女】
女子＝平野九左衛門平長元
女子
花房大膳源職陽
女子【水上織部妻】
某（邦之助）
（母・藤原富安女）
女子【本多内蔵助妻】
女子【清容院】（母・家女）
女子【貞松院】（母・家女）
利恭(13)
（三之亟）
【備中守・石見守・備中守】
【従五下】
【母・松平（山内）土佐守藤原豊策女】
利柔〈近藤縫殿助用吉〉▲
女子【木下（山内氏）】
利他（母・家女）（璞之助為養子）
等之助
女子（母・家女）
吉川駿河守藤原經幹
女子（母・家女）
三浦長門守平為質
利永（母・家女）
利玄
横尾照子＝利玄(14)
遊之助
利公
二郎
利福(15)

出典『吉備郡史・中巻（永山卯三郎．編著、名著出版）』（岡山市立図書館．蔵）

足守藩老臣杉原氏（平朝臣杉原氏）

（豊臣朝臣木下氏一族）（瀬川氏系杉原家）

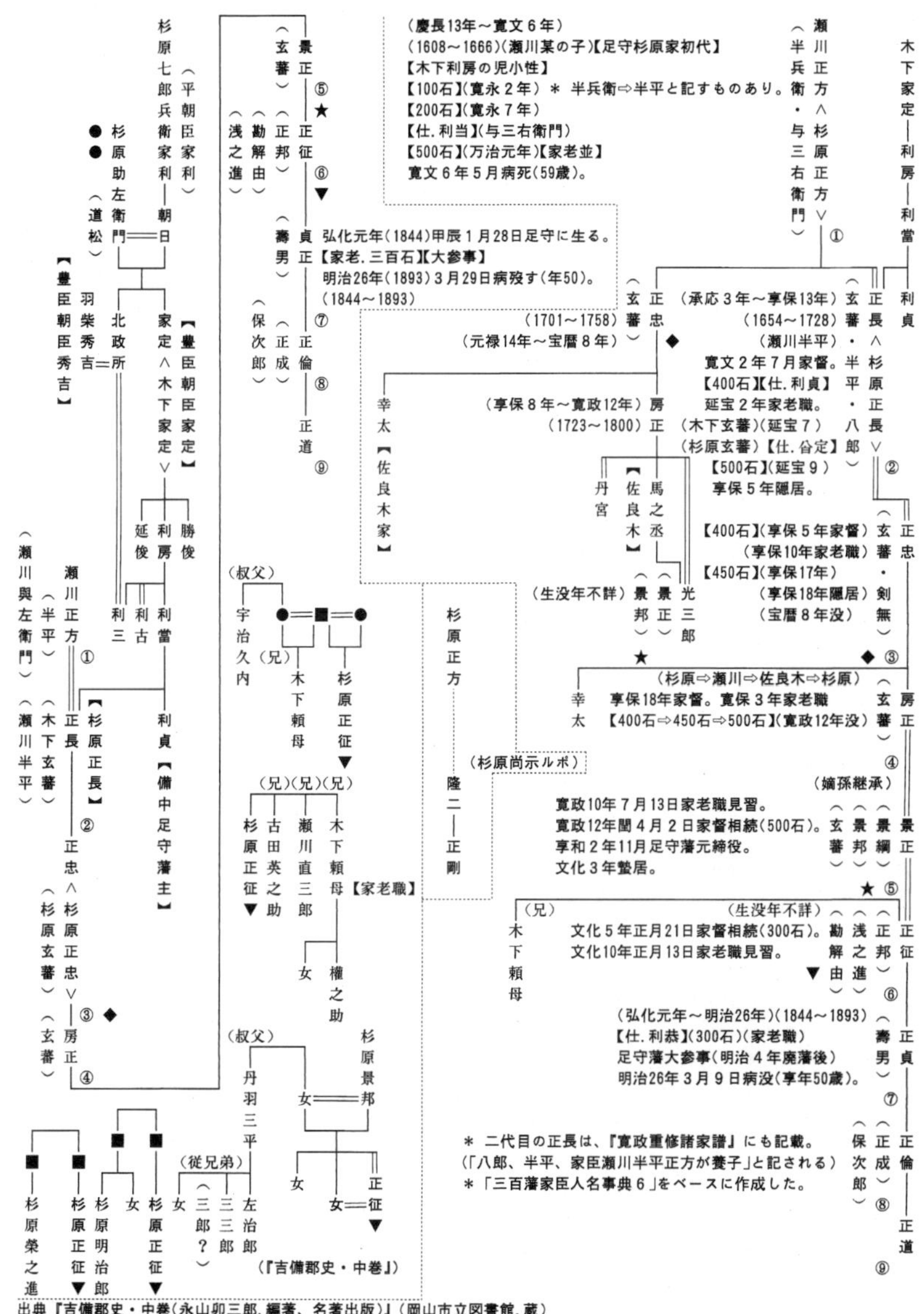

杉原七郎兵衛家利（平朝臣家利）
朝日
杉原助左衛門（道松）
【豊臣朝臣秀吉】
羽柴秀吉
北政所
家定〈木下家定〉【豊臣朝臣家定】
延俊
利房
勝俊
利三
利古
利當
利貞【備中足守藩主】
瀬川正方（半平）（瀬川與左衛門）①
正長【杉原正長】（木下玄蕃）（瀬川半平）②
正忠〈杉原正忠〉（杉原玄蕃）③◆
房正（玄蕃）④
景正（玄蕃）⑤★
正征（正邦）（勘解由）（浅之進）⑥▼
貞正（壽男）
弘化元年(1844)甲辰1月28日足守に生る。
【家老.三百石】【大参事】
明治26年(1893)3月29日病歿す(年50)。
(1844～1893)
正倫（正成）（保次郎）⑦⑧
正道⑨
(叔父)
宇治久内
(兄)
木下頼母
杉原正征▼
(兄)(兄)(兄)
杉原正征▼
古田英之助
瀬川直三郎
木下頼母【家老職】
女
権之助
(叔父)
丹羽三平
杉原景邦
女
女
正
女＝正征▼
(従兄弟)
女
三郎？
三三郎
左治郎
（『吉備郡史・中巻』）
■ 杉原榮之進
■ 杉原正征▼
■ 杉原明治郎
女
■ 杉原正征▼
杉原正方
隆二
正剛
(杉原尚示ルポ)
木下家定—利房—利當
利貞
瀬川正方〈杉原正方〉（半兵衛・与三右衛門）①
(慶長13年～寛文6年)
(1608～1666)(瀬川某の子)【足守杉原家初代】
【木下利房の児小性】
【100石】(寛永2年) ＊ 半兵衛⇨半平と記すものあり。
【200石】(寛永7年)
【仕.利当】(与三右衛門)
【500石】(万治元年)【家老並】
寛文6年5月病死(59歳)。
正長〈杉原正長〉（玄蕃・半平・八郎）②
(承応3年～享保13年)
(1654～1728)
(瀬川半平)
寛文2年7月家督。
【400石】【仕.利貞】
延宝2年家老職。
(木下玄蕃)(延宝7)
(杉原玄蕃)【仕.公定】
【500石】(延宝9)
享保5年隠居。
正忠（玄蕃）◆
(1701～1758)
(元禄14年～宝暦8年)
幸太【佐良木家】
房正
(享保8年～寛政12年)
(1723～1800)
丹宮
馬之丞【佐良木】
光三郎
景正
景邦
(生没年不詳)
★
正忠（玄蕃・剣無）
【400石】(享保5年家督)
(享保10年家老職)
【450石】(享保17年)
(享保18年隠居)
(宝暦8年没)
◆③
幸太
(杉原⇨瀬川⇨佐良木⇨杉原)
享保18年家督。寛保3年家老職
【400石⇨450石⇨500石】(寛政12年没)
房正（玄蕃）④
(嫡孫継承)
寛政10年7月13日家老職見習。
寛政12年閏4月2日家督相続(500石)。
享和2年11月足守藩元締役。
文化3年蟄居。
景正（景綱）（景邦）（玄蕃）★⑤
(兄)
木下頼母
(生没年不詳)
文化5年正月21日家督相続(300石)。
文化10年正月13日家老職見習。
正征（正邦）（浅之進）（勘解由）▼⑥
(弘化元年～明治26年)(1844～1893)
【仕.利恭】(300石)(家老職)
足守藩大参事(明治4年廃藩後)
明治26年3月9日病没(享年50歳)。
正貞（壽男）⑦
正倫（正成）（保次郎）⑧
正道⑨
＊ 二代目の正長は、『寛政重修諸家譜』にも記載。
(「八郎、半平、家臣瀬川半平正方が養子」と記される)
＊「三百藩家臣人名事典6」をベースに作成した。

出典『吉備郡史・中巻(永山卯三郎.編著、名著出版)』(岡山市立図書館.蔵)
『三百藩家臣人名事典6(新人物往来社)』、『新訂寛政重修諸家譜・第十八(続群書類従完成会)』

日出藩主豊臣朝臣木下氏

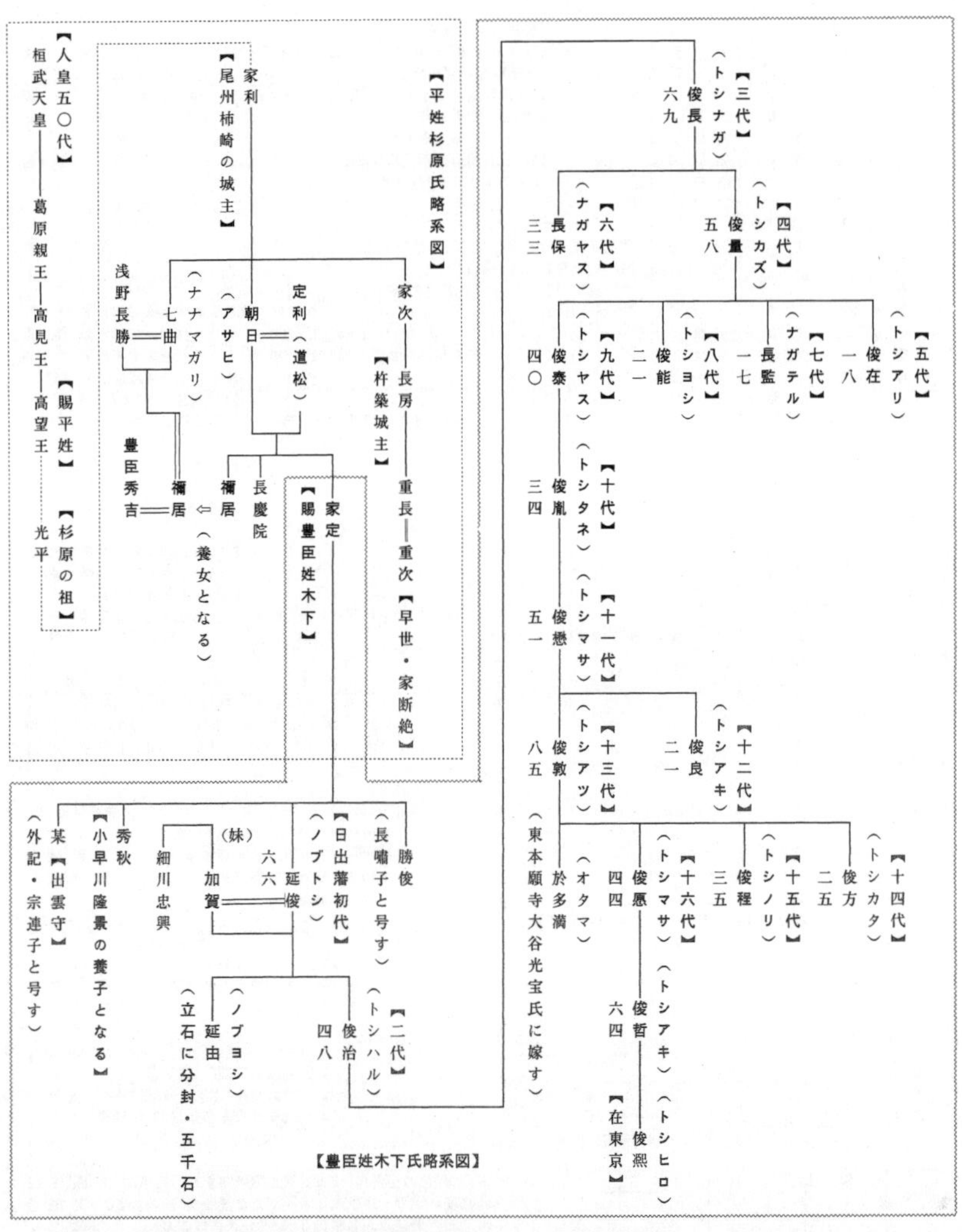

【平姓杉原氏略系図】
【人皇五〇代】
桓武天皇
葛原親王
高見王
高望王
【賜平姓】
光平
【杉原の祖】
家利
【尾州柿崎の城主】
家次
【杵築城主】
長房
重長
重次
【早世・家断絶】
定利（道松）
朝日（アサヒ）
七曲（ナナマガリ）
浅野長勝
長慶院
禰居
⇦（養女となる）
禰居
豊臣秀吉
家定
【賜豊臣姓木下】
【豊臣姓木下氏略系図】
勝俊
（長嘯子と号す）
延俊
【日出藩初代】
（ノブトシ）
六六
（妹）
加賀
細川忠興
秀秋
【小早川隆景の養子となる】
某
【出雲守】
（外記・宗連子と号す）
俊治
【二代】
（トシハル）
四八
延由
（ノブヨシ）
（立石に分封・五千石）
【三代】（トシナガ）俊長 六九
【四代】（トシカズ）俊量 五八
【六代】（ナガヤス）長保 三三
【五代】（トシアリ）俊在 一八
【七代】（ナガテル）長監 一七
【八代】（トシヨシ）俊能 二一
【九代】（トシヤス）俊泰 四〇
【十代】（トシタネ）俊胤 三四
【十一代】（トシマサ）俊懋 五一
【十二代】（トシアキ）俊良 二一
【十三代】（トシアツ）俊敦 八五
【十四代】（トシカタ）俊方 二五
【十五代】（トシノリ）俊程 三五
【十六代】（トシマサ）俊愿 四四
（オタマ）於多満
（東本願寺大谷光宝氏に嫁す）
（トシアキ）俊哲 六四
（トシヒロ）俊煕
【在東京】

＊ 上記系図は、『平姓杉原氏御系図附言』の復刻版に掲載された系図で、本文（原典）を十分に反映したものではない。
原典の内容は、幾つか省略されたものと思われる。又、後世の資料により改竄された可能性もある（復刻編者の誤記の可能性もある）。「平姓杉原氏略系図」の部分については、注意を要す。

杉原助左衛門（道松）は、本文（原典）に於いては、諱（実名）は不詳、勲蹟不詳と記す。定利という名前なし。
＊ 本文に関しては、別のページで、系図化して表記する（早瀬）。

出典『平姓杉原氏御系図附言（菅沼政常．謹撰）（大竹義則．復刻編集）』（日出町立萬里図書館．蔵）

豊臣朝臣木下氏

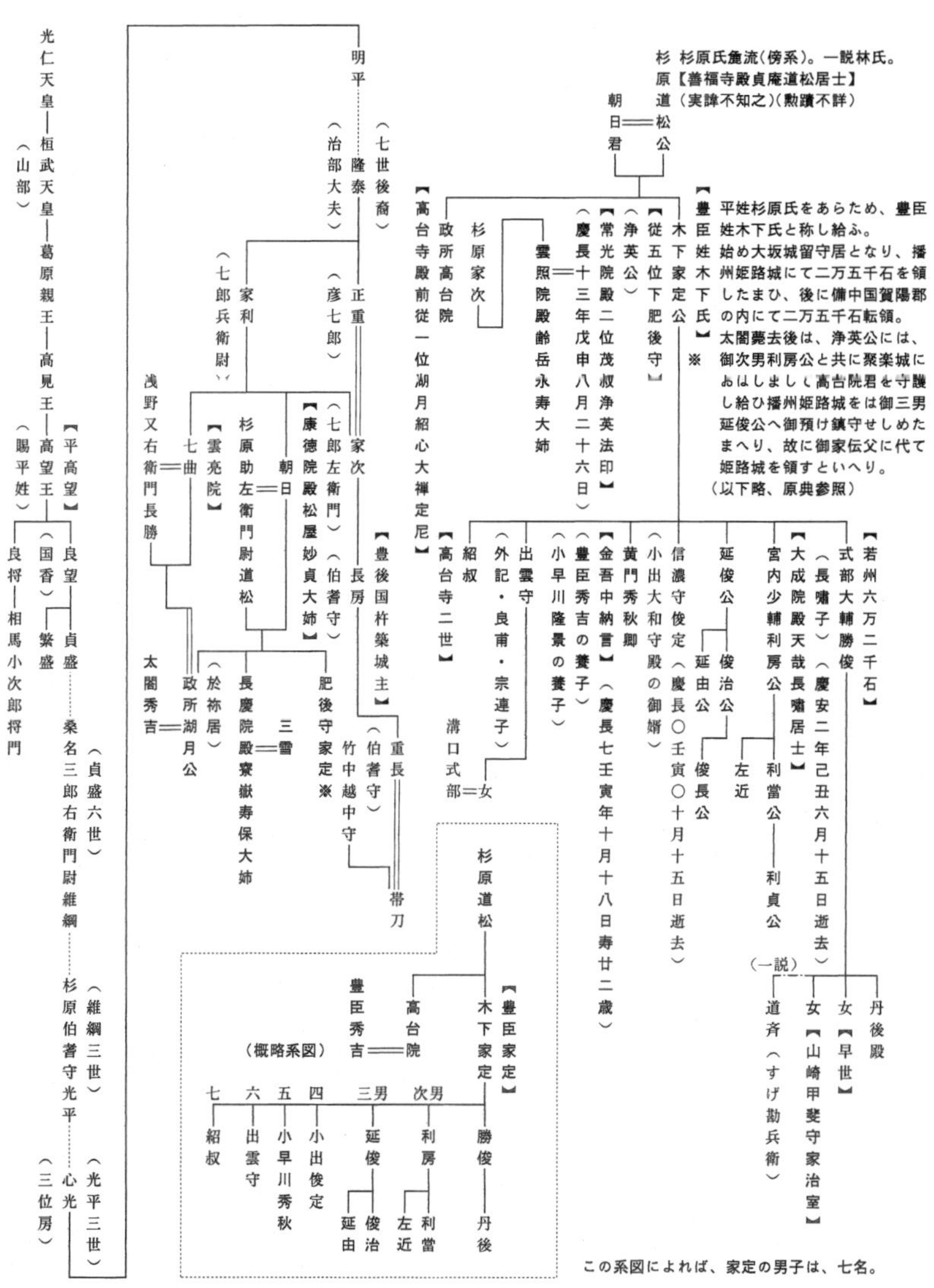

光仁天皇―桓武天皇―葛原親王―高見王―高望王
（山部）
【平高望】
（賜平姓）
良望（国香）―貞盛
繁盛
良将―相馬小次郎将門
桑名三郎右衛門尉維綱（貞盛六世）
杉原伯耆守光平（維綱三世）
心光（光平三世）（三位房）
明平（七世後裔）
隆泰（治部大夫）
正重（彦七郎）
家利（七郎兵衛尉）
家次（七郎左衛門）【康徳院殿松屋妙貞大姉】
長房（伯耆守）【豊後国杵築城主】
重長
竹中越中守（伯耆守）
帯刀
七曲【雲亮院】
浅野又右衛門長勝
朝日
杉原助左衛門尉道松
政所湖月公（於祢居）
太閤秀吉
長慶院殿寮嶽寿保大姉
三雲
肥後守家定※
杉原氏亀流（傍系）。一説林氏。
【善福寺殿貞庵道松居士】
（実諱不知之）（勲蹟不詳）
朝日君
杉原道松公
木下家定公【豊臣姓木下氏】※
【従五位下肥後守】
（浄英公）
【常光院殿二位茂叔浄英法印】
（慶長十三年戊申八月二十六日）
雲照院殿齢岳永寿大姉
杉原家次
政所高台院【高台寺殿前従一位湖月紹心大禅定尼】
平姓杉原氏をあらため、豊臣姓木下氏と称し給ふ。
始め大坂城留守居となり、播州姫路城にて二万五千石を領したまひ、後に備中国賀陽郡の内にて二万五千石転領。
太閤薨去後は、浄英公には、御次男利房公と共に聚楽城におはしまして高台院君を守護し給ひ播州姫路城をは御三男延俊公へ御預け鎮守せしめたまへり、故に御家伝父に代て姫路城を領すといへり。
（以下略、原典参照）
式部大輔勝俊【若州六万二千石】
（長嘯子）（慶安二年己丑六月十五日逝去）
【大成院殿天哉長嘯居士】
宮内少輔利房公
利當公
利貞公
左近
延俊公
俊治公
延由公
俊長公
信濃守俊定（慶長〇壬寅〇十月十五日逝去）
（小出大和守殿の御婿）
黄門秀秋卿
【金吾中納言】
（豊臣秀吉の養子）
（小早川隆景の養子）
（慶長七壬寅年十月十八日寿廿二歳）
出雲守
（外記・良甫・宗連子）
溝口式部＝女
紹叔
【高台寺二世】
丹後殿
女【早世】
女【山崎甲斐守家治室】
（一説）
道斉（すげ勘兵衛）
杉原道松
豊臣秀吉＝高台院
木下家定【豊臣家定】
（概略系図）
七 紹叔
六 出雲守
五 小早川秀秋
四 小出俊定
三男 延俊―延由、俊治
次男 利房―左近、利當
勝俊―丹後
この系図によれば、家定の男子は、七名。

この系図によれば、豊臣朝臣木下氏は、杉原助左衛門道松より男系は明らかとなる。杉原道松は、諱（実名）不詳の人物。少なくとも、この系図の原典が編纂された宝暦元年（1751）時点までは、諱は明らかでなかったという事である（早瀬．注）。

出典『平姓杉原氏御系図附言（菅沼政常．謹撰）』（日出町立萬里図書館．蔵）

日出藩主豊臣朝臣木下氏（1）

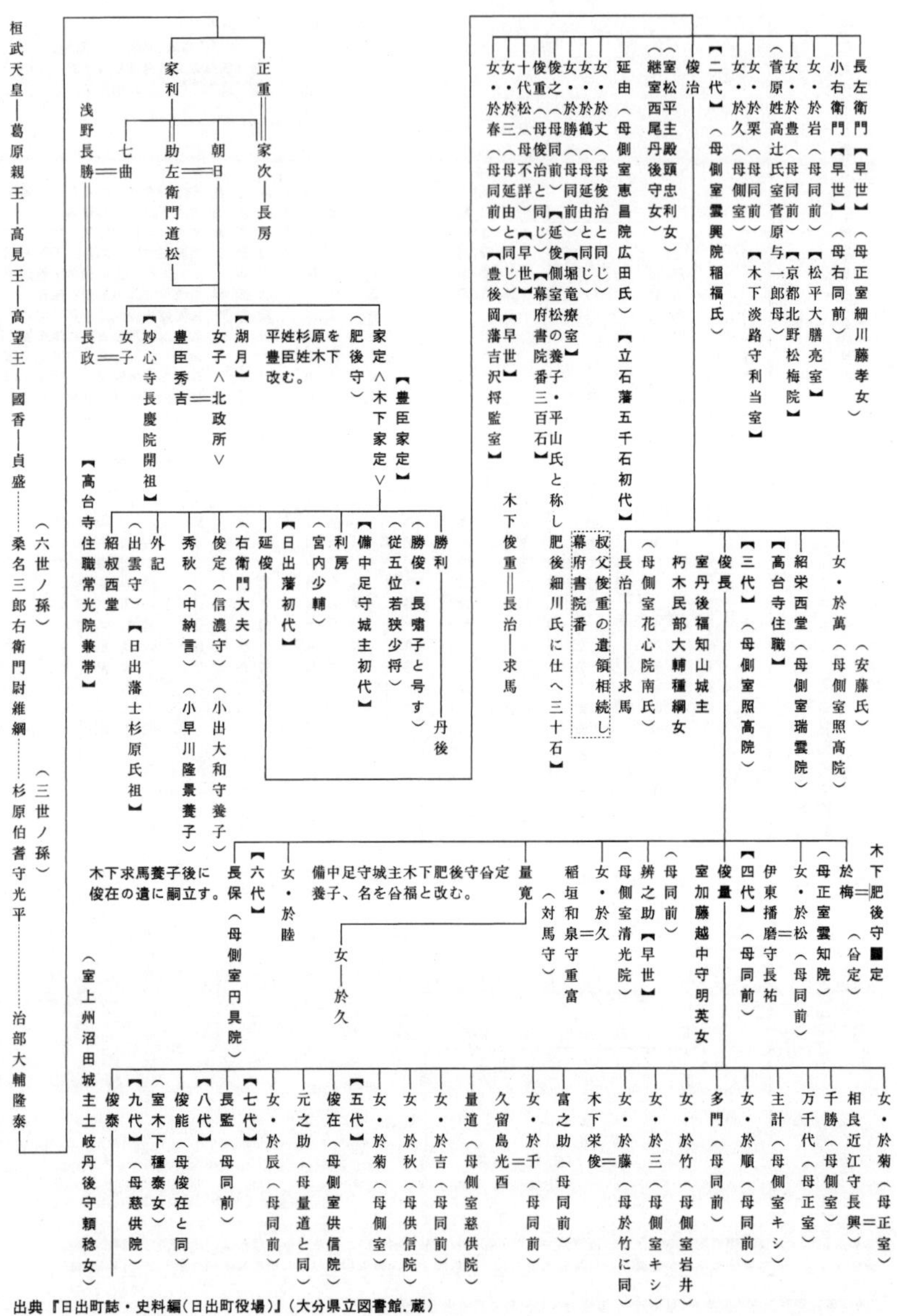

出典『日出町誌・史料編（日出町役場）』（大分県立図書館．蔵）

日出藩主豊臣朝臣木下氏（2）

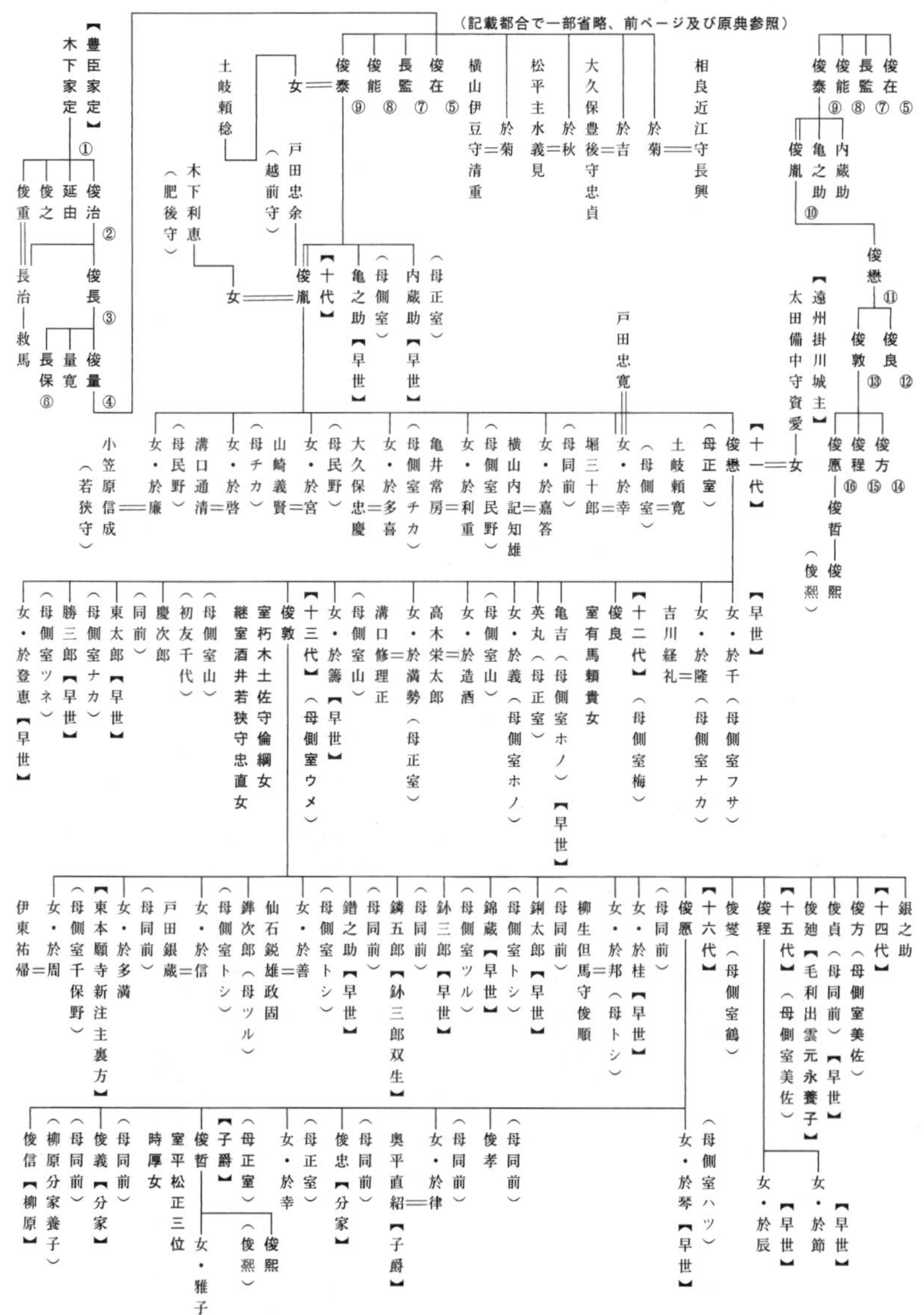

（記載都合で一部省略、前ページ及び原典参照）
【豊臣家定】
木下家定 ①
俊治 ②
延由
俊之
俊重
長治
救馬
俊長 ③
俊量 ④
量寛
長保 ⑥
俊在 ⑤
長監 ⑦
俊能 ⑧
俊泰 ⑨
女＝俊泰
土岐頼稔
相良近江守長興＝於菊
大久保豊後守忠貞＝於吉
松平主水義見＝於秋
横山伊豆守清重＝於菊
戸田忠余（越前守）
木下利恵（肥後守）
女＝俊胤
俊胤【十代】
亀之助（母側室）【早世】
内蔵助（母正室）【早世】
俊胤
亀之助
内蔵助
⑩
俊懋 ⑪
俊良 ⑫
俊敦 ⑬
俊方 ⑭
俊程 ⑮
俊愿 ⑯
俊哲
俊熙
太田備中守資愛【遠州掛川城主】
女
俊懋【十一代】（母正室）
土岐頼寛
女・於幸（母側室）
戸田忠寛
堀三十郎
女・於嘉答（母同前）
横山内記知雄
女・於利重（母側室民野）
亀井常房
女・於多喜（母側室チカ）
大久保忠慶
女・於宮（母民野）
山崎義賢
女・於啓（母チカ）
溝口通清
女・於廉（母民野）
小笠原信成（若狭守）
女・於千（母側室フサ）【早世】
女・於隆（母側室ナカ）
吉川経礼
俊良【十二代】（母側室梅）
室有馬頼貴女
亀吉（母側室ホノ）【早世】
英丸（母正室）
女・於義（母側室ホノ）
女・於造酒（母側室山）
高木栄太郎
女・於満勢（母正室）
溝口修理正
女・於壽【早世】（母側室山）
俊敦【十三代】（母側室ウメ）
室朽木土佐守倫綱女
継室酒井若狭守忠直女
慶次郎（母側室山）
初友千代
東太郎（同前）【早世】
勝三郎（母側室ナカ）【早世】
女・於登恵（母側室ツネ）【早世】
銀之助
俊方【十四代】（母側室美佐）
俊貞（母同前）【早世】
俊廸【毛利出雲元永養子】
俊程【十五代】（母側室美佐）
俊燮（母側室鶴）
俊愿【十六代】
女・於桂（母同前）【早世】
女・於邦（母トシ）
柳生但馬守俊順
銕太郎（母同前）【早世】
錦蔵（母側室トシ）【早世】
鉢三郎（母側室ツル）【早世】
鐐五郎（母同前）【鉢三郎双生】
鐕之助（母同前）【早世】
女・於善（母側室トシ）
仙石鋭雄＝政固
鉾次郎（母ツル）
女・於信（母側室トシ）
戸田銀蔵
女・於多満（母同前）
【東本願寺新注主裏方】
女・於周（母側室千保野）
伊東祐帰
女・於節【早世】
女・於辰【早世】
女・於琴（母側室ハツ）【早世】
俊孝（母同前）
女・於律（母同前）
奥平直紹【子爵】
俊忠（母同前）【分家】
女・於幸（母正室）
俊哲【子爵】（母正室）
俊熙
女・雅子
室平松正三位時厚女
俊義（母同前）【分家】
俊信（母同前）（柳原分家養子）【柳原】

出典『日出町誌・史料編（日出町役場）』（大分県立図書館．蔵）、『木下氏系図附言纂（日出藩史料刊行会）』（国立国会図書館．蔵）

豊臣朝臣木下氏一族・姻族略系図（1）

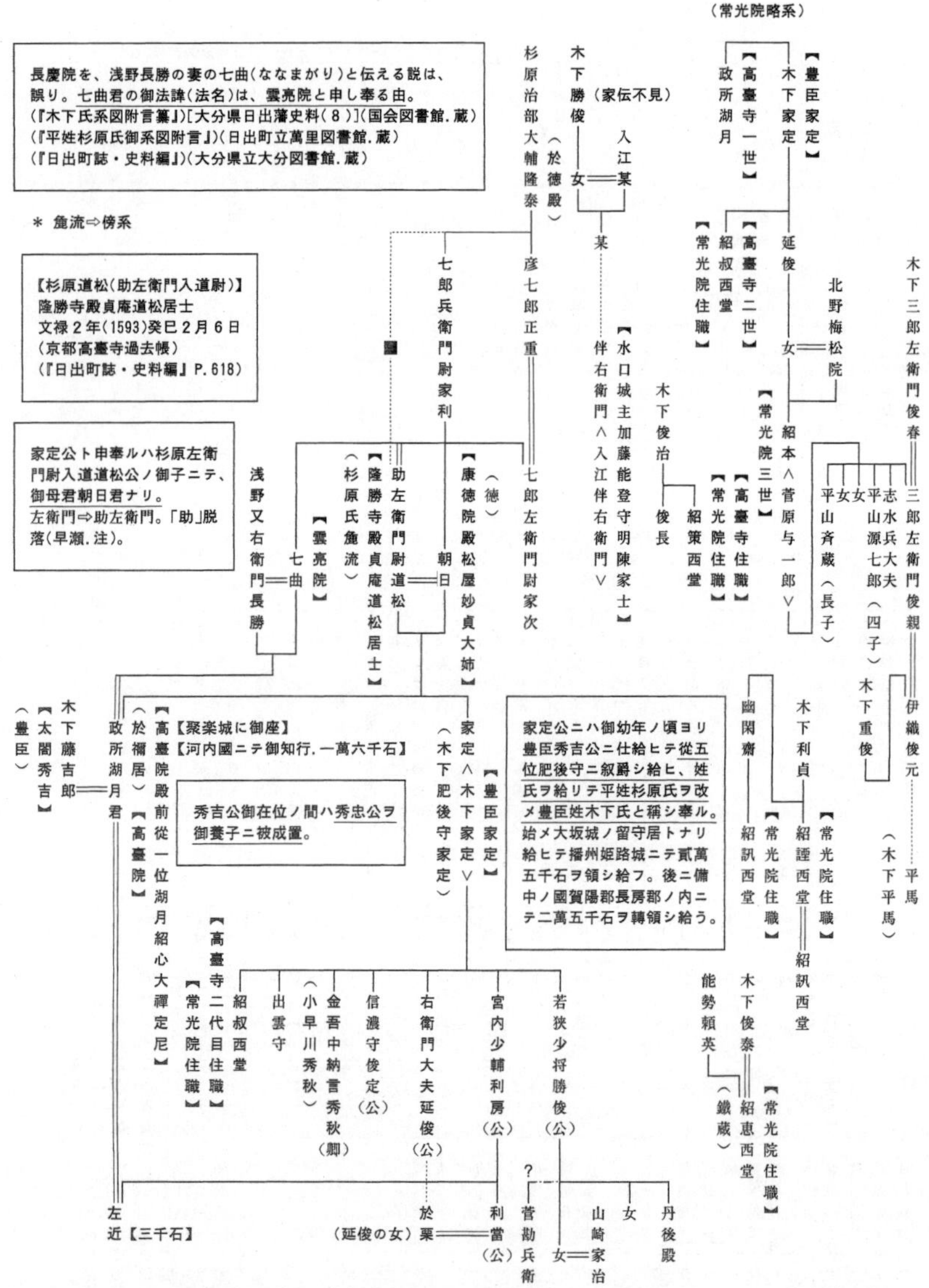

（常光院略系）

長慶院を、浅野長勝の妻の七曲（ななまがり）と伝える説は、誤り。七曲君の御法諱（法名）は、雲亮院と申し奉る由。

（『木下氏系図附言纂』）［大分県日出藩史料（8）］（国会図書館．蔵）

（『平姓杉原氏御系図附言』）（日出町立萬里図書館．蔵）

（『日出町誌・史料編』）（大分県立大分図書館．蔵）
＊ 亀流⇨傍系
【杉原道松（助左衛門入道尉）】

隆勝寺殿貞庵道松居士
文禄2年（1593）癸巳2月6日
（京都高臺寺過去帳）

（『日出町誌・史料編』P.618）

家定公ト申奉ルハ杉原左衛門尉入道道松公ノ御子ニテ、御母君朝日君ナリ。

左衛門⇨助左衛門。「助」脱落（早瀬．注）。

秀吉公御在位ノ間ハ秀忠公ヲ御養子ニ被成置。

家定公ニハ御幼年ノ頃ヨリ豊臣秀吉公ニ仕給ヒテ従五位肥後守ニ叙爵シ給ヒ、姓氏ヲ給リテ平姓杉原氏ヲ改メ豊臣姓木下氏と称シ奉ル。始メ大坂城ノ留守居トナリ給ヒテ播州姫路城ニテ貳萬五千石ヲ領シ給フ。後ニ備中ノ國賀陽郡長房郡ノ内ニテ二萬五千石ヲ轉領シ給う。

【聚楽城に御座】

【河内國ニテ御知行．一萬六千石】

出典『木下氏系図附言纂（佐藤 暁．復刻編纂、日出藩史料刊行会／麻生書店）』（国立国会図書館．蔵）
『日出町誌・史料編（日出町役場）』（大分県立大分図書館．蔵）
『平姓杉原氏御系図附言（菅沼政常．編、大竹義則．復刻編纂）』（日出町立萬里図書館．蔵）

豊臣朝臣木下氏一族・姻族略系図（2）

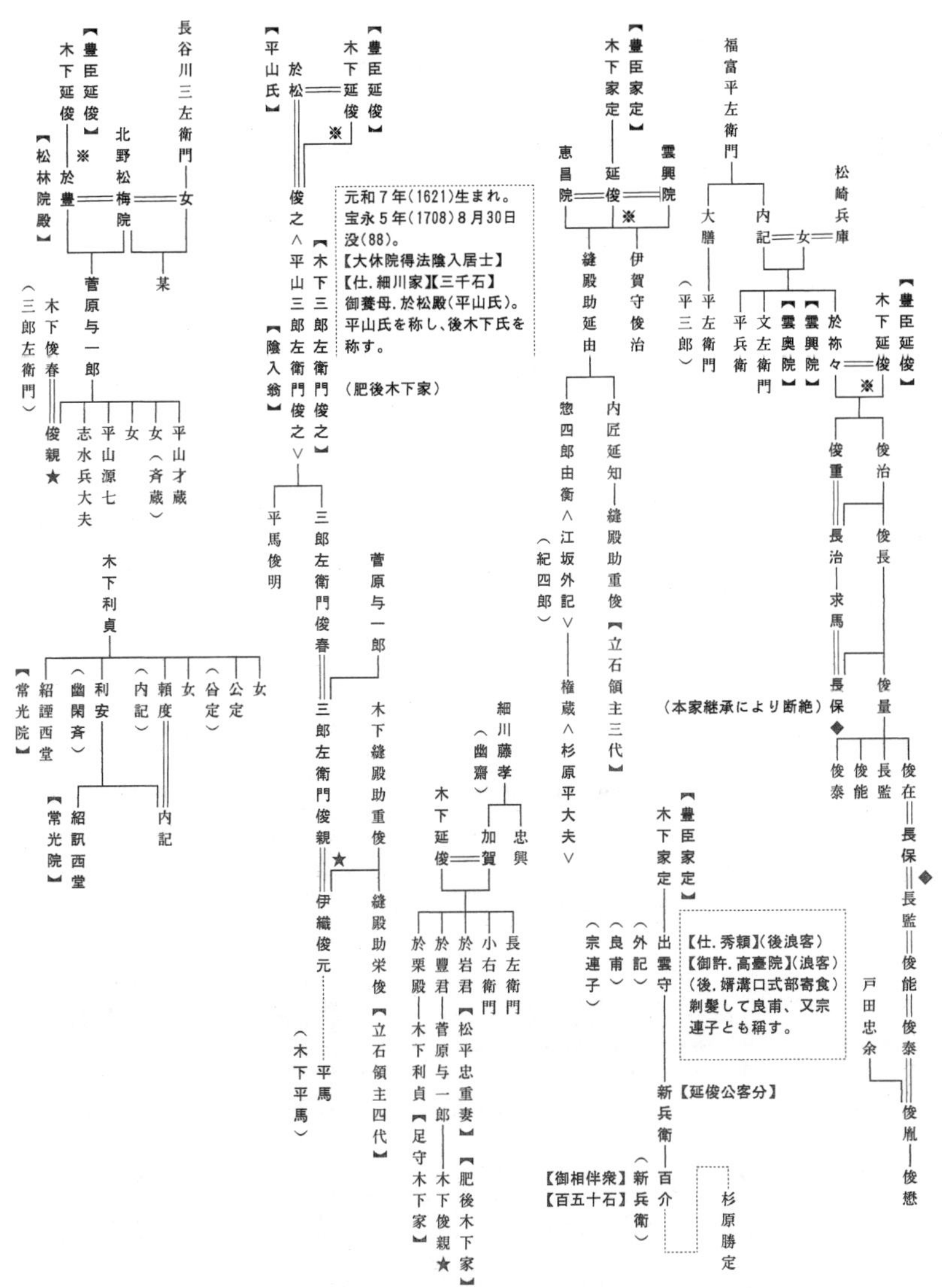
元和７年（1621）生まれ。
宝永５年（1708）８月30日没（88）。
【大休院得法陰入居士】
【仕.細川家】【三千石】
御養母.於松殿（平山氏）。
平山氏を称し、後木下氏を称す。
（肥後木下家）
（本家継承により断絶）
【仕.秀頼】（後浪客）
【御許.高臺院】（浪客）
（後.婿溝口式部寄食）
剃髪して良甫、又宗連子とも稱す。
【延俊公客分】
【御相伴衆】
【百五十石】

出典『日出町誌・史料編（日出町役場.日出町長伊藤政雄）』（大分県立大分図書館.蔵）、『木下延俊慶長日記（新人物往来社）』
『平姓杉原氏御系図附言（菅沼政常謹撰.大竹義則.復刻編集）』（日出町立萬里図書館.蔵）
『木下系図附言纂（佐藤 暁.復刻編纂、日出藩史料刊行会／麻生書店）』（国立国会図書館.蔵）

木下家系（羽柴）（豊臣家定流）

＊ 参考．秀吉一門略系図

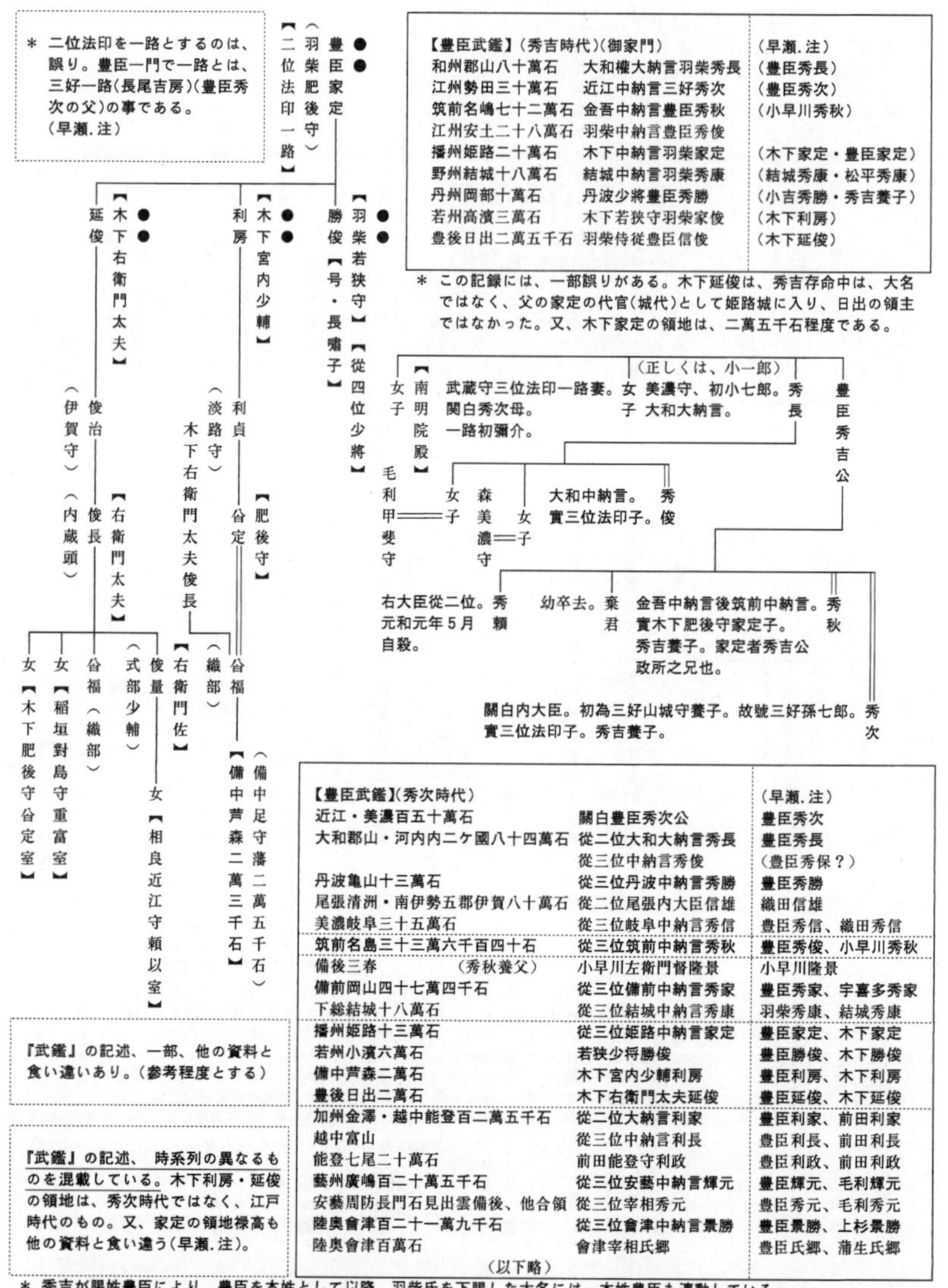

＊ 二位法印を一路とするのは、誤り。豊臣一門で一路とは、三好一路（長尾吉房）（豊臣秀次の父）の事である。（早瀬．注）
●● 豊臣家定（羽柴肥後守）【二位法印一路】
●● 羽柴若狭守 勝俊【号・長嘯子】【従四位少将】
●● 木下宮内少輔 利房
●● 木下右衛門太夫 延俊
俊治（伊賀守）
俊長【右衛門太夫】（内蔵頭）
利貞（淡路守）【肥後守】
木下右衛門太夫俊長
㕣定
俊量（式部少輔）【右衛門佐】
女【相良近江守頼以室】
㕣福（織部）
女【稲垣對島守重富室】
女【木下肥後守㕣定室】
㕣福（織部）【備中芦森二萬三千石】（備中足守藩二萬五千石）

【豊臣武鑑】（秀吉時代）（御家門）		（早瀬．注）
和州郡山八十萬石	大和權大納言羽柴秀長	（豊臣秀長）
江州勢田三十萬石	近江中納言三好秀次	（豊臣秀次）
筑前名嶋七十二萬石	金吾中納言豊臣秀秋	（小早川秀秋）
江州安土二十八萬石	羽柴中納言豊臣秀俊	
播州姫路二十萬石	木下中納言羽柴家定	（木下家定・豊臣家定）
野州結城十八萬石	結城中納言羽柴秀康	（結城秀康・松平秀康）
丹州岡部十萬石	丹波少將豊臣秀勝	（小吉秀勝・秀吉養子）
若州高濱三萬石	木下若狭守羽柴家俊	（木下利房）
豊後日出二萬五千石	羽柴侍従豊臣信俊	（木下延俊）

＊ この記録には、一部誤りがある。木下延俊は、秀吉存命中は、大名ではなく、父の家定の代官（城代）として姫路城に入り、日出の領主ではなかった。又、木下家定の領地は、二萬五千石程度である。

豊臣秀吉公
秀長 美濃守、初小七郎。大和大納言。（正しくは、小一郎）
女子 武蔵守三位法印一路妻。関白秀次母。一路初彌介。
女子【南明院殿】
秀俊 大和中納言。實三位法印子。
女子＝森美濃守
女子＝毛利甲斐守
秀頼 右大臣従二位。元和元年5月自殺。
棄君 幼卒去。
秀秋 金吾中納言後筑前中納言。實木下肥後守家定子。秀吉養子。家定者秀吉公政所之兄也。
秀次 關白内大臣。初為三好山城守養子。故號三好孫七郎。實三位法印子。秀吉養子。

【豊臣武鑑】（秀次時代）		（早瀬．注）
近江・美濃百五十萬石	關白豊臣秀次公	豊臣秀次
大和郡山・河内内二ケ國八十四萬石	従二位大和大納言秀長	豊臣秀長
	従三位中納言秀俊	（豊臣秀保？）
丹波亀山十三萬石	従三位丹波中納言秀勝	豊臣秀勝
尾張清洲・南伊勢五郡伊賀八十萬石	従二位尾張内大臣信雄	織田信雄
美濃岐阜三十五萬石	従三位岐阜中納言秀信	豊臣秀信、織田秀信
筑前名島三十三萬六千百四十石	従三位筑前中納言秀秋	豊臣秀俊、小早川秀秋
備後三春　（秀秋養父）	小早川左衛門督隆景	小早川隆景
備前岡山四十七萬四千石	従三位備前中納言秀家	豊臣秀家、宇喜多秀家
下総結城十八萬石	従三位結城中納言秀康	羽柴秀康、結城秀康
播州姫路十三萬石	従三位姫路中納言家定	豊臣家定、木下家定
若州小濱六萬石	若狭少将勝俊	豊臣勝俊、木下勝俊
備中芦森二萬石	木下宮内少輔利房	豊臣利房、木下利房
豊後日出二萬石	木下右衛門太夫延俊	豊臣延俊、木下延俊
加州金澤・越中能登百二萬五千石	従二位大納言利家	豊臣利家、前田利家
越中富山	従三位中納言利長	豊臣利長、前田利長
能登七尾二十萬石	前田能登守利政	豊臣利政、前田利政
藝州廣嶋百二十萬五千石	従三位安藝中納言輝元	豊臣輝元、毛利輝元
安藝周防長門石見出雲備後、他合領	従三位宰相秀元	豊臣秀元、毛利秀元
陸奥會津百二十一萬九千石	従三位會津中納言景勝	豊臣景勝、上杉景勝
陸奥會津百萬石	會津宰相氏郷	豊臣氏郷、蒲生氏郷

（以下略）

『武鑑』の記述、一部、他の資料と食い違いあり。（参考程度とする）

『武鑑』の記述、時系列の異なるものを混載している。木下利房・延俊の領地は、秀次時代ではなく、江戸時代のもの。又、家定の領地禄高も他の資料と食い違う（早瀬．注）。

＊ 秀吉が賜姓豊臣により、豊臣を本姓として以降、羽柴氏を下賜した大名には、本姓豊臣も連動している。
＊ 木下家定は、『武鑑』では、豊臣家定と明記されている。江戸時代に、木下家が豊臣氏である事は、周知の事実であった。
＊ 上杉家は、蒲生家転封後に、越後から会津に移される。従って、上杉・蒲生両家が同時に会津領主になる事はあり得ない。
出典『改訂増補大武鑑・上巻（橋本博．編、名著刊行会）

豊臣氏（木下家）（第二豊臣氏一門）（１）

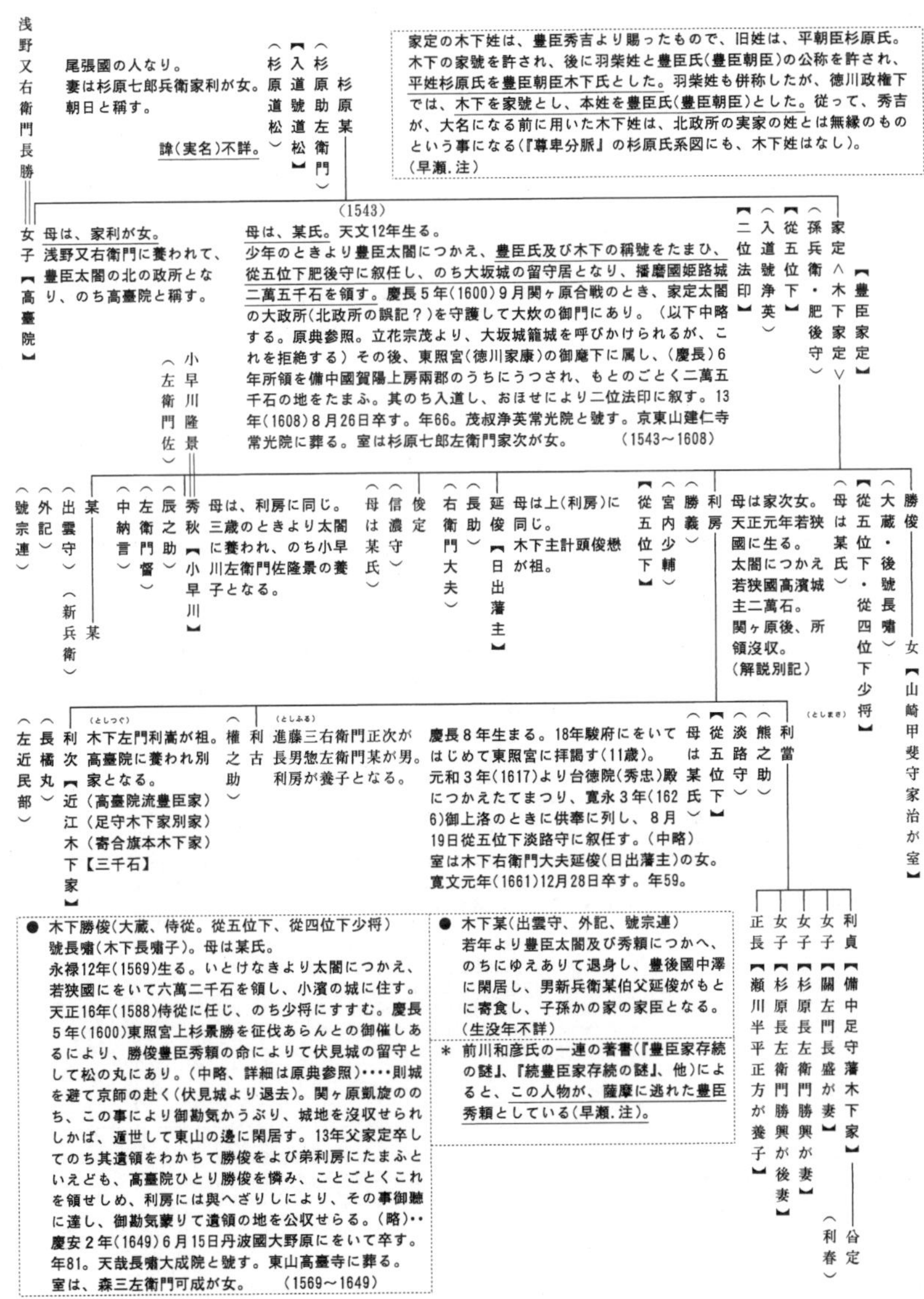

浅野又右衛門長勝
尾張國の人なり。
妻は杉原七郎兵衛家利が女。
朝日と稱す。
諱(実名)不詳。
杉原某
(杉原助左衛門)
【入道號道松】
(杉原道松)
家定の木下姓は、豊臣秀吉より賜ったもので、旧姓は、平朝臣杉原氏。木下の家號を許され、後に羽柴姓と豊臣氏(豊臣朝臣)の公称を許され、平姓杉原氏を豊臣朝臣木下氏とした。羽柴姓も併称したが、徳川政権下では、木下を家號とし、本姓を豊臣氏(豊臣朝臣)とした。従って、秀吉が、大名になる前に用いた木下姓は、北政所の実家の姓とは無縁のものという事になる(『尊卑分脈』の杉原氏系図にも、木下姓はなし)。(早瀬.注)
女子【高臺院】
母は、家利が女。浅野又右衛門に養われて、豊臣太閤の北の政所となり、のち高臺院と稱す。
家定<木下家定>【豊臣家定】
(孫兵衛・肥後守)
【従五位下】
(入道號浄英)
【二位法印】
(1543)
母は、某氏。天文12年生る。少年のときより豊臣太閤につかえ、豊臣氏及び木下の稱號をたまひ、従五位下肥後守に叙任し、のち大坂城の留守居となり、播磨國姫路城二萬五千石を領す。慶長５年(1600)９月関ヶ原合戦のとき、家定太閤の大政所(北政所の誤記？)を守護して大炊の御門にあり。（以下中略する。原典参照。立花宗茂より、大坂城籠城を呼びかけられるが、これを拒絶する）その後、東照宮(徳川家康)の御麾下に属し、(慶長)６年所領を備中國賀陽上房兩郡のうちにうつされ、もとのごとく二萬五千石の地をたまふ。其のち入道し、おほせにより二位法印に叙す。13年(1608)８月26日卒す。年66。茂叔浄英常光院と號す。京東山建仁寺常光院に葬る。室は杉原七郎左衛門家次が女。(1543～1608)
小早川隆景
(左衛門佐)
勝俊
(大蔵・後號長嘯)
【従五位下・従四位下少将】
(母は某氏)
女【山崎甲斐守家治が室】
利房
(勝義)
(宮内少輔)
【従五位下】
母は家次女。天正元年若狭國に生る。太閤につかえ若狭國高濱城主二萬石。関ヶ原後、所領没収。(解説別記)
延俊【日出藩主】
母は上(利房)に同じ。木下主計頭俊懋が祖。
(長助)
(右衛門大夫)
俊定
(信濃守)
(母は某氏)
秀秋【小早川】
母は、利房に同じ。三歳のときより太閤に養われ、のち小早川左衛門佐隆景の養子となる。
(辰之助)
(左衛門督)
(中納言)
某
某(新兵衛)
(出雲守)
(外記)
(號宗連)
(としまさ)
利當
(熊之助)
(淡路守)
【従五位下】
(母は某氏)
慶長８年生まる。18年駿府にをいてはじめて東照宮に拝謁す(11歳)。元和３年(1617)より台徳院(秀忠)殿につかえたてまつり、寛永３年(1626)御上洛のときに供奉に列し、８月19日従五位下淡路守に叙任す。(中略)室は木下右衛門大夫延俊(日出藩主)の女。寛文元年(1661)12月28日卒す。年59。
(としふる)
利古
進藤三右衛門正次が長男惣左衛門某が男。利房が養子となる。
(権之助)
(としつぐ)
利次【近江木下家】
木下左門利嵩が祖。高臺院に養われ別家となる。
(高臺院流豊臣家)
(足守木下家別家)
(寄合旗本木下家)
【三千石】
(長橘丸)
(左近民部)
利貞【備中足守藩木下家】
公定
(利春)
女子【關左門長盛が妻】
女子【杉原長左衛門勝興が妻】
女子【杉原長左衛門勝興が後妻】
正長【瀬川半平正方が養子】
● 木下勝俊(大蔵、侍従。従五位下、従四位下少将)
號長嘯(木下長嘯子)。母は某氏。

永禄12年(1569)生る。いとけなきより太閤につかえ、若狭國にをいて六萬二千石を領し、小濱の城に住す。天正16年(1588)侍従に任じ、のち少将にすすむ。慶長５年(1600)東照宮上杉景勝を征伐あらんとの御催しあるにより、勝俊豊臣秀頼の命によりて伏見城の留守として松の丸にあり。(中略、詳細は原典参照)・・・・則城を避て京師の赴く(伏見城より退去)。関ヶ原凱旋ののち、この事により御勘気かうぶり、城地を没収せられしかば、遁世して東山の邊に閑居す。13年父家定卒してのち其遺領をわかちて勝俊をよび弟利房にたまふといえども、高臺院ひとり勝俊を憐み、ことごとくこれを領せしめ、利房には與へざりしにより、その事御聴に達し、御勘気蒙りて遺領の地を公収せらる。(略)・・慶安２年(1649)６月15日丹波國大野原にをいて卒す。年81。天哉長嘯大成院と號す。東山高臺寺に葬る。室は、森三左衛門可成が女。(1569～1649)
● 木下某(出雲守、外記、號宗連)
若年より豊臣太閤及び秀頼につかへ、のちにゆえありて退身し、豊後國中澤に閑居し、男新兵衛某伯父延俊がもとに寄食し、子孫かの家の家臣となる。(生没年不詳)
＊ 前川和彦氏の一連の著書(『豊臣家存続の謎』、『続豊臣家存続の謎』、他)によると、この人物が、薩摩に逃れた豊臣秀頼としている(早瀬.注)。

出典『新訂寛政重修諸家譜・第18(続群書類従完成会)』、他。

豊臣氏（木下家）（第二豊臣氏一門）（２）

（足守藩主木下家）

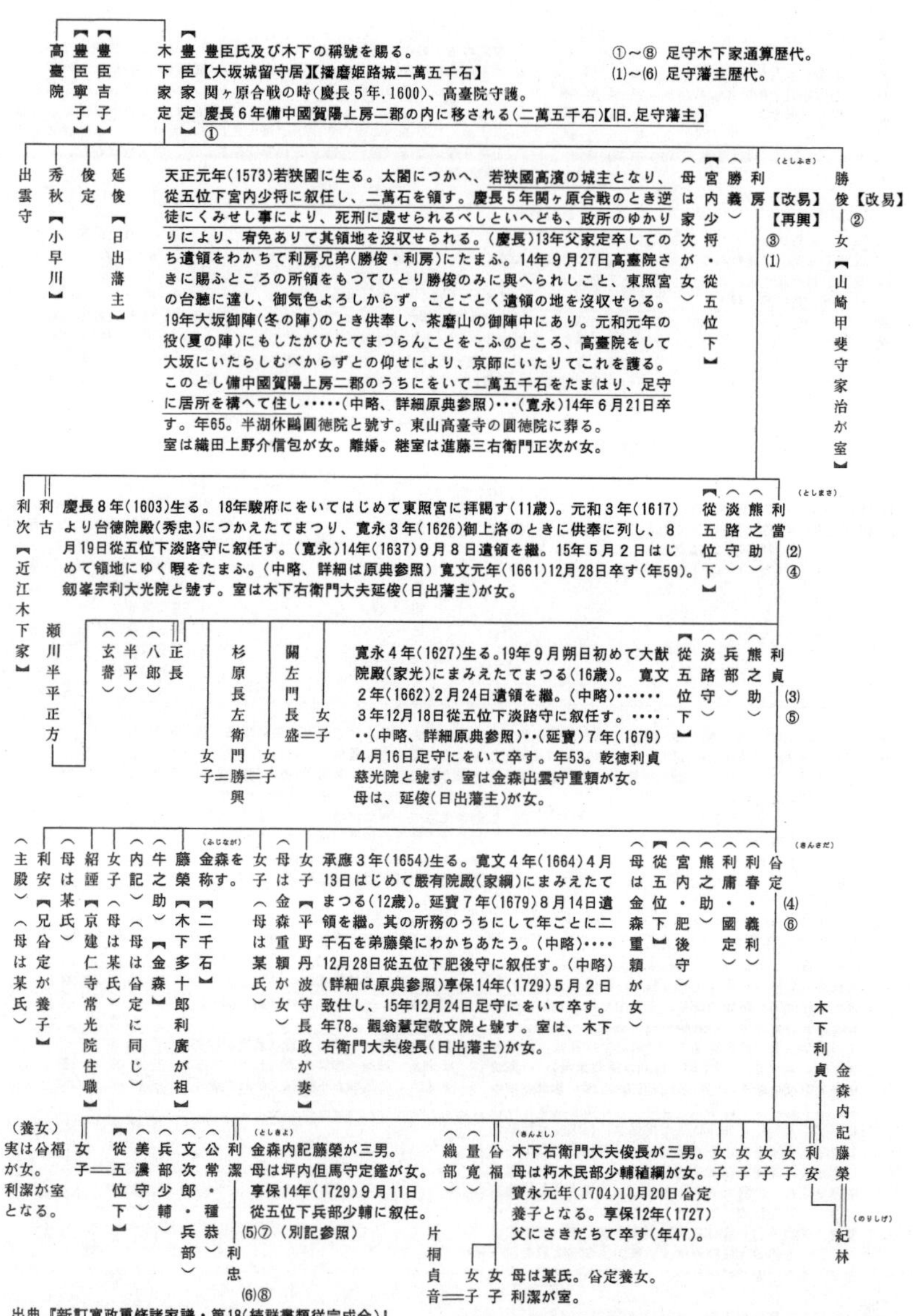

高臺院
【豊臣寧子】
【豊臣吉子】
木下家定
【豊臣家定】
豊臣氏及び木下の稱號を賜る。
【大坂城留守居】【播磨姫路城二萬五千石】
関ヶ原合戦の時(慶長５年.1600)、高臺院守護。
慶長６年備中國賀陽上房二郡の内に移される(二萬五千石)【旧.足守藩主】
①
①～⑧ 足守木下家通算歴代。
(1)～(6) 足守藩主歴代。
勝俊【改易】②
女【山崎甲斐守家治が室】
利房(としふさ)【改易】【再興】③(1)
(勝義)
【宮内少将・従五位下】
(母は家次が女)
天正元年(1573)若狭國に生る。太閤につかへ、若狭國高濱の城主となり、従五位下宮内少将に叙任し、二萬石を領す。慶長５年関ヶ原合戦のとき逆徒にくみせし事により、死刑に處せられるべしといへども、政所のゆかりにより、宥免ありて其領地を没収せられる。(慶長)13年父家定卒してのち遺領をわかちて利房兄弟(勝俊・利房)にたまふ。14年９月27日高臺院さきに賜ふところの所領をもつてひとり勝俊のみに與へられしこと、東照宮の台聴に達し、御気色よろしからず。ことごとく遺領の地を没収せらる。19年大坂御陣(冬の陣)のとき供奉し、茶磨山の御陣中にあり。元和元年の役(夏の陣)にもしたがひたてまつらんことをこふのところ、高臺院をして大坂にいたらしむべからずとの仰せにより、京師にいたりてこれを護る。このとし備中國賀陽上房二郡のうちにをいて二萬五千石をたまはり、足守に居所を構へて住し……(中略、詳細原典参照)…(寛永)14年６月21日卒す。年65。半湖休鷗圓徳院と號す。東山高臺寺の圓徳院に葬る。室は織田上野介信包が女。離婚。継室は進藤三右衛門正次が女。
延俊【日出藩主】
俊定
秀秋【小早川】
出雲守
利當(としまさ)(2)④
(熊之助)
(淡路守)
【従五位下】
慶長８年(1603)生る。18年駿府にをいてはじめて東照宮に拝謁す(11歳)。元和３年(1617)より台徳院殿(秀忠)につかえたてまつり、寛永３年(1626)御上洛のときに供奉に列し、８月19日従五位下淡路守に叙任す。(寛永)14年(1637)９月８日遺領を継。15年５月２日はじめて領地にゆく暇をたまふ。(中略、詳細は原典参照)寛文元年(1661)12月28日卒す(年59)。劔峯宗利大光院と號す。室は木下右衛門大夫延俊(日出藩主)が女。
利古
利次【近江木下家】
利貞(3)⑤
(熊之助)
(兵部)
(淡路守)
【従五位下】
寛永４年(1627)生る。19年９月朔日初めて大猷院殿(家光)にまみえたてまつる(16歳)。寛文２年(1662)２月24日遺領を継。(中略)……３年12月18日従五位下淡路守に叙任す。……(中略、詳細原典参照)‥(延寶)７年(1679)４月16日足守にをいて卒す。年53。乾徳利貞慈光院と號す。室は金森出雲守重頼が女。母は、延俊(日出藩主)が女。
闕左門長盛＝女子
杉原長左衛門勝興
女子＝勝興＝女子
正長
(八郎)
(半平)
(玄蕃)
瀬川半平正方
公定(きんさだ)(4)⑥
(利春・義利)
(利庸・國定)
(熊之助)
(宮内・肥後守)
【従五位下】
(母は金森重頼が女)
承應３年(1654)生る。寛文４年(1664)４月13日はじめて嚴有院殿(家綱)にまみえたてまつる(12歳)。延寶７年(1679)８月14日遺領を継。其の所務のうちにして年ごとに二千石を弟藤榮にわかちあたう。(中略)……12月28日従五位下肥後守に叙任す。(中略)(詳細は原典参照)享保14年(1729)５月２日致仕し、15年12月24日足守にをいて卒す。年78。觀翁慧定敬文院と號す。室は、木下右衛門大夫俊長(日出藩主)が女。
女子【平野丹波守長政が妻】
(母は金森重頼が女)
女子(母は某氏)
金森を称す。【二千石】
藤榮(ふじなが)【木下多十郎利廣が祖】
(牛之助)【金森】
(内記)(母は公定に同じ)
女子(母は某氏)
紹謹【京建仁寺常光院住職】
(母は某氏)
利安【兄公定が養子】
(主殿)(母は某氏)
木下利貞
金森内記藤榮
紀林(のりしげ)
利安
女子
女子
女子
女子
公福(きんよし)
木下右衛門大夫俊長が三男。母は朽木民部少輔稙綱が女。寶永元年(1704)10月20日公定養子となる。享保12年(1727)父にさきだちて卒す(年47)。
(量寛)
(織部)
女子
女子
片桐貞音＝女子
母は某氏。公定養女。利潔が室。
利潔(としきよ)
金森内記藤榮が三男。母は坪内但馬守定鑑が女。享保14年(1729)９月11日従五位下兵部少輔に叙任す。
(5)⑦(別記参照)
利忠
(6)⑧
(公常・種恭)
(文次郎・兵部)
(兵部少輔)
(美濃守)
【従五位下】
女子＝
(養女)実は公福が女。利潔が室となる。

出典『新訂寛政重修諸家譜・第18(続群書類従完成会)』

豊臣氏（木下家）（第二豊臣氏一門）（３）

（足守藩主木下家）

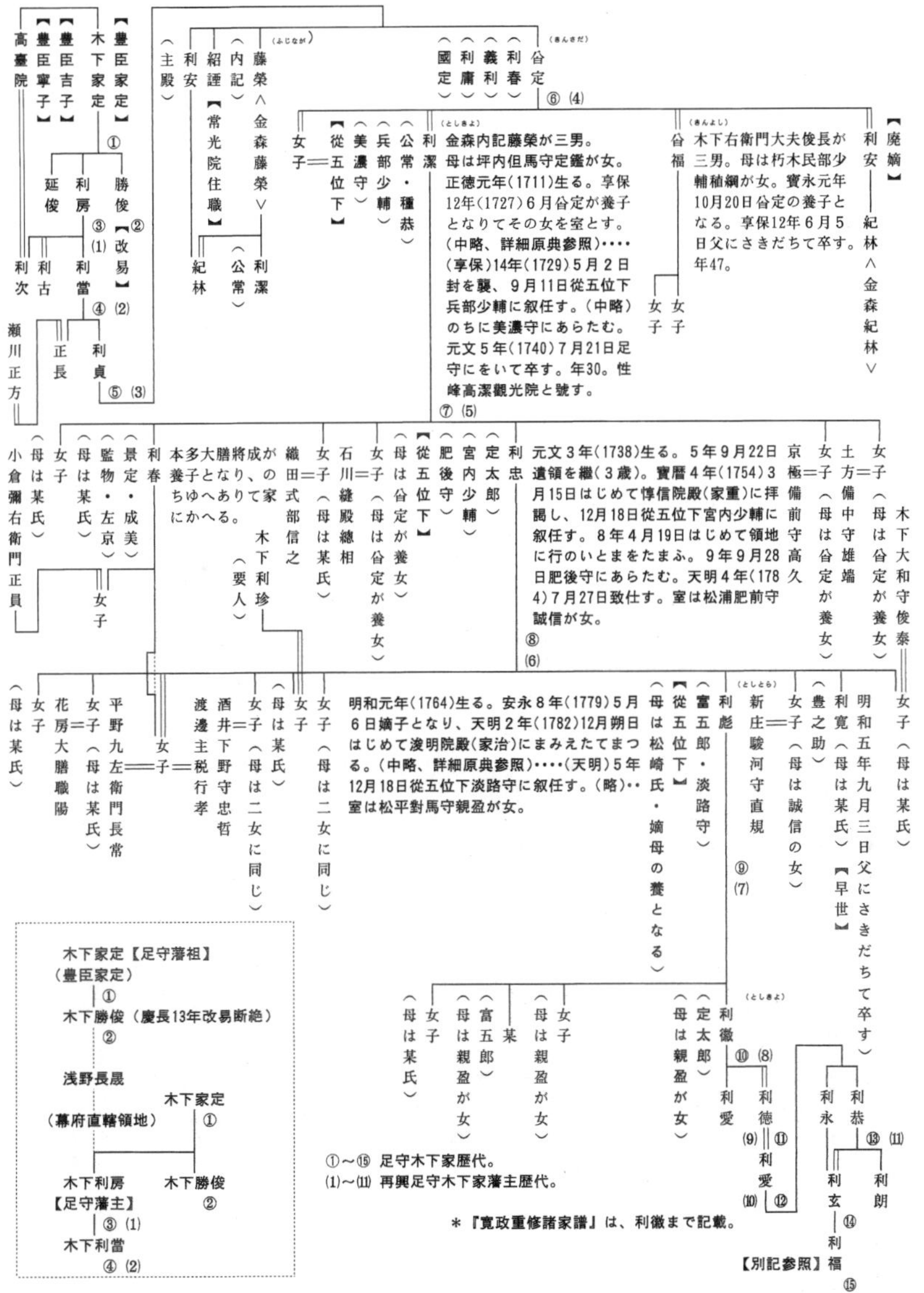
【豊臣家定】
木下家定
①
【豊臣吉子】
【豊臣寧子】
高臺院
勝俊 ②【改易】
利房 ③(1)
延俊
利當 ④(2)
利古
利次
利貞 ⑤(3)
正長
瀬川正方
藤榮（ふじなが）〈金森藤榮〉
（内記）
紹謰【常光院住職】
利安
（主殿）
紀林
（公常）
利潔
㒶定（きんさだ）⑥(4)
利春
義利
利庸
國定
【廃嫡】
利安
紀林〈金森紀林〉
㒶福（きんよし）
木下右衛門大夫俊長が三男。母は朽木民部少輔稙綱が女。寶永元年10月20日㒶定の養子となる。享保12年6月5日父にさきだちて卒す。年47。
女子
女子
利潔（としきよ）
金森内記藤榮が三男。母は坪内但馬守定鑑が女。正徳元年(1711)生る。享保12年(1727)6月㒶定が養子となりてその女を室とす。(中略、詳細原典参照)‥‥(享保)14年(1729)5月2日封を襲、9月11日従五位下兵部少輔に叙任す。(中略)のちに美濃守にあらたむ。元文5年(1740)7月21日足守にをいて卒す。年30。性峰高潔觀光院と號す。
⑦(5)
（公常・種恭）
（兵部少輔）
（美濃守）
【従五位下】
女子
利忠
元文3年(1738)生る。5年9月22日遺領を繼(3歳)。寶暦4年(1754)3月15日はじめて惇信院殿(家重)に拝謁し、12月18日従五位下宮内少輔に叙任す。8年4月19日はじめて領地に行のいとまをたまふ。9年9月28日肥後守にあらたむ。天明4年(1784)7月27日致仕す。室は松浦肥前守誠信が女。
⑧
(6)
（定太郎）
（宮内少輔）
（肥後守）
【従五位下】
（母は㒶定が養女）
女子（母は㒶定が養女）
石川縫殿總相
女子（母は某氏）
織田式部信之
本多大膳將成が養子となり、のちゆへありて家にかへる。
木下利珍（要人）
利春
（景定・成美）
（監物・左京）
（母は某氏）
女子
（母は某氏）
小倉彌右衛門正員
女子
京極備前守高久
女子（母は㒶定が養女）
土方備中守雄端
女子（母は㒶定が養女）
木下大和守俊泰
女子（母は某氏）
明和五年九月三日父にさきだちて卒す
利寛（母は某氏）【早世】
（豊之助）
女子（母は誠信の女）
新庄駿河守直規
利彪（としとら）
明和元年(1764)生る。安永8年(1779)5月6日嫡子となり、天明2年(1782)12月朔日はじめて浚明院殿(家治)にまみえたてまつる。(中略、詳細原典参照)‥‥(天明)5年12月18日従五位下淡路守に叙任す。(略)‥室は松平對馬守親盈が女。
⑨(7)
（富五郎・淡路守）
【従五位下】
（母は松崎氏・嫡母の養となる）
女子（母は二女に同じ）
女子
（母は某氏）
女子（母は二女に同じ）
酒井下野守忠哲
渡邊主税行孝
女子
平野九左衛門長常
女子（母は某氏）
花房大膳職陽
女子
（母は某氏）
利徴（としきよ）⑩(8)
（定太郎）
（母は親盈が女）
女子（母は親盈が女）
某
富五郎（母は親盈が女）
女子（母は某氏）
利徳 ⑪
利愛 (9)
利愛 ⑫(10)
利恭 ⑬(11)
利永
利玄 ⑭
利朗
利福 ⑮
【別記参照】
①～⑮　足守木下家歴代。
(1)～(11)　再興足守木下家藩主歴代。
＊『寛政重修諸家譜』は、利徴まで記載。
木下家定【足守藩祖】
（豊臣家定）
①
木下勝俊（慶長13年改易断絶）
②
浅野長晟
（幕府直轄領地）
木下家定
①
木下利房
【足守藩主】
③(1)
木下勝俊
②
木下利當
④(2)

出典『新訂寛政重修諸家譜・第18(続群書類従完成会)』、『織豊興亡史(早瀬晴夫.著、今日の話題社)』、他。

豊臣氏（木下家）（第二豊臣氏一門）（4）

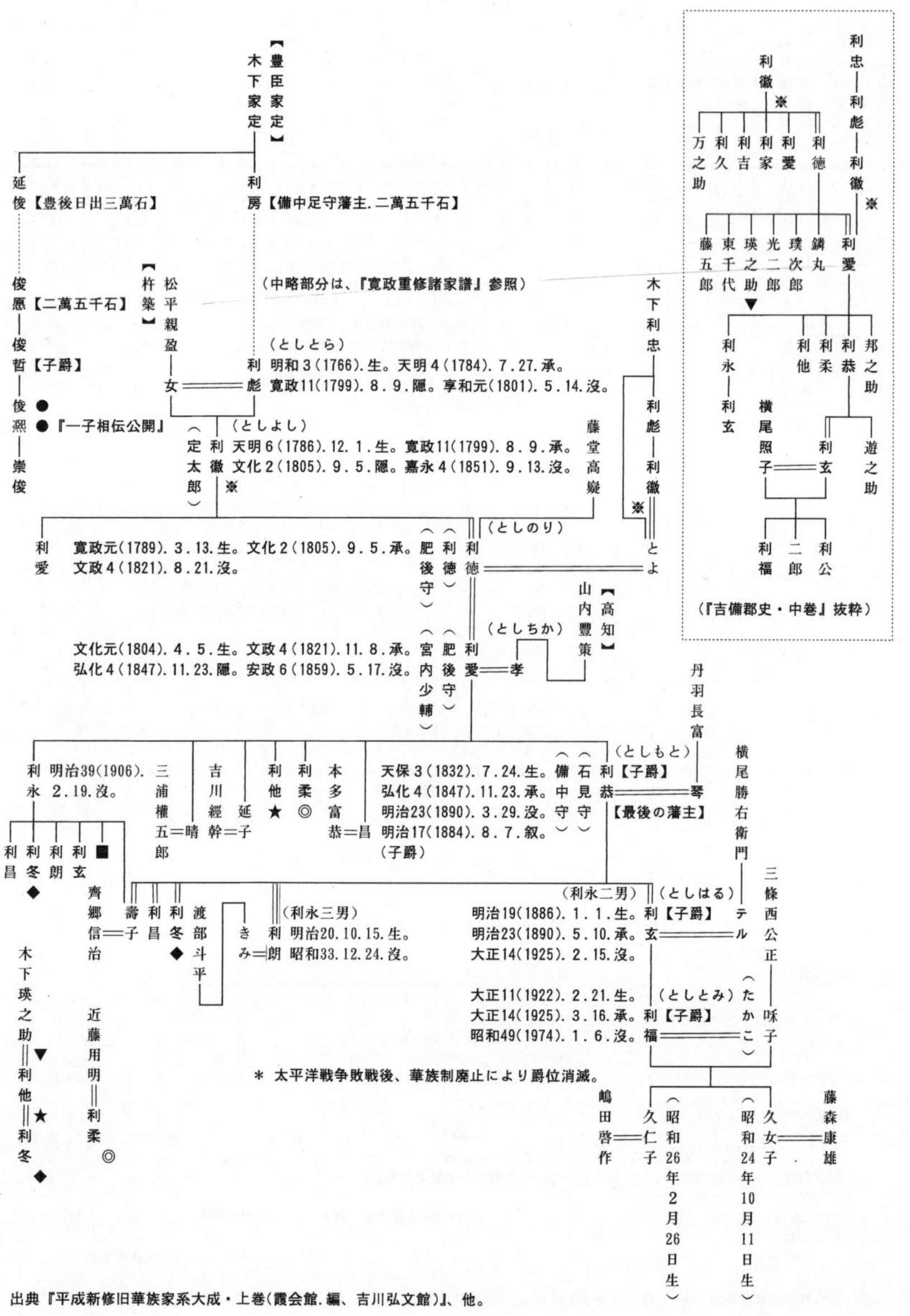

【豊臣家定】木下家定
延俊【豊後日出三萬石】
利房【備中足守藩主.二萬五千石】
俊愿【二萬五千石】
俊哲【子爵】
俊𤋮●
●『一子相伝公開』
崇俊
松平親盈【杵築】
女
（中略部分は、『寛政重修諸家譜』参照）
（としとら）
利彪 明和3（1766）.生。天明4（1784）.7.27.承。寛政11（1799）.8.9.隠。享和元（1801）.5.14.沒。
（としよし）
利徽 天明6（1786）.12.1.生。寛政11（1799）.8.9.承。文化2（1805）.9.5.隠。嘉永4（1851）.9.13.沒。
（定太郎）※
藤堂高嶷
利愛 寛政元（1789）.3.13.生。文化2（1805）.9.5.承。文政4（1821）.8.21.沒。
（としのり）
利徳（利徳）（肥後守）
とよ
木下利忠
利彪
利徽※
【高知】山内豊策
（としちか）
利愛（肥後守）（宮内少輔） 文化元（1804）.4.5.生。文政4（1821）.11.8.承。弘化4（1847）.11.23.隠。安政6（1859）.5.17.沒。
孝
丹羽長富
（としもと）
利恭【子爵】（石見守）（備中守） 天保3（1832）.7.24.生。弘化4（1847）.11.23.承。明治23（1890）.3.29.沒。明治17（1884）.8.7.叙。（子爵）
【最後の藩主】
琴
利永 明治39（1906）.2.19.沒。
三浦權五郎
晴
吉川經幹
延子
利他★
利柔◎
本多富恭
昌
横尾勝右衛門
利昌
利冬◆
利朗
利玄
■
齊鄉信治
壽子
利昌
利冬◆
渡部斗平
きみ
（利永三男）
利朗 明治20.10.15.生。昭和33.12.24.沒。
（利永二男）
（としはる）
利玄【子爵】 明治19（1886）.1.1.生。明治23（1890）.5.10.承。大正14（1925）.2.15.沒。
テル
三條西公正
（としとみ）
利福【子爵】 大正11（1922）.2.21.生。大正14（1925）.3.16.承。昭和49（1974）.1.6.沒。
（たかこ）
咊子
木下瑛之助▼
利他★
利冬◆
近藤用明
利柔◎
＊ 太平洋戦争敗戦後、華族制廃止により爵位消滅。
嶋田啓作
久仁子（昭和26年2月26日生）
久女子（昭和24年10月11日生）
藤森康雄
利忠
利彪
利徽※
利徽※
万之助
利久
利吉
利家
利愛
利徳
藤五郎
東千代
瑛之助▼
光二郎
璞次郎
鑄丸
利愛
利永
利玄
利他
利柔
利恭
邦之助
横尾照子
利玄
遊之助
利福
二郎
利公
（『吉備郡史・中巻』抜粋）

出典『平成新修旧華族家系大成・上巻（霞会館.編、吉川弘文館）』、他。

豊臣氏（木下家）（第二豊臣氏一門）（5）

（備中足守藩木下家分家）

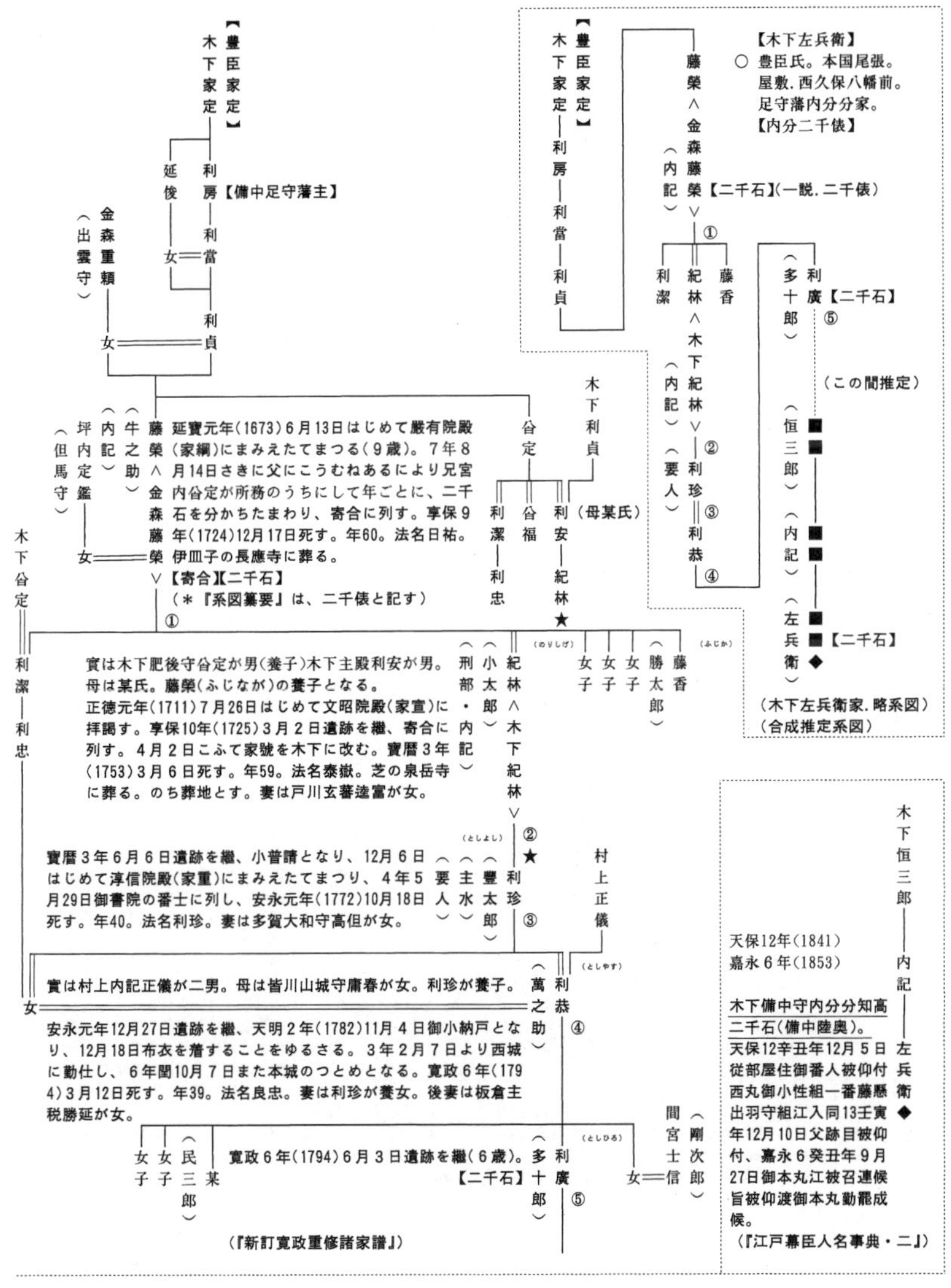

【豊臣家定】
木下家定
延俊
利房【備中足守藩主】
利當
女
利貞
金森重頼
（出雲守）
女
藤榮＜金森藤榮＞
（牛之助）
（内記）
延寶元年（1673）6月13日はじめて厳有院殿（家綱）にまみえたてまつる（9歳）。7年8月14日さきに父にこうむねあるにより兄宮内谷定が所務のうちにして年ごとに、二千石を分かちたまわり、寄合に列す。享保9年（1724）12月17日死す。年60。法名日祐。伊皿子の長應寺に葬る。
【寄合】【二千石】
（＊『系図纂要』は、二千俵と記す）
①
坪内定鑑
（但馬守）
女
谷定
木下利貞
利潔
利忠
谷福
利安（母某氏）
紀林
★
木下谷定
利潔
利忠
實は木下肥後守谷定が男（養子）木下主殿利安が男。母は某氏。藤榮（ふじなが）の養子となる。
正徳元年（1711）7月26日はじめて文昭院殿（家宣）に拝謁す。享保10年（1725）3月2日遺跡を継、寄合に列す。4月2日こふて家號を木下に改む。寶暦3年（1753）3月6日死す。年59。法名泰嶽。芝の泉岳寺に葬る。のち葬地とす。妻は戸川玄蕃逵富が女。
紀林（のりしげ）＜木下紀林＞
（小太郎・内記）
（刑部）
女子
女子
女子
勝太郎
藤香（ふじか）
②
★
寶暦3年6月6日遺跡を継、小普請となり、12月6日はじめて淳信院殿（家重）にまみえたてまつり、4年5月29日御書院の番士に列し、安永元年（1772）10月18日死す。年40。法名利珍。妻は多賀大和守高但が女。

利珍（としよし）

（豊太郎）

（主水）

（要人）
③
村上正儀
實は村上内記正儀が二男。母は皆川山城守庸春が女。利珍が養子。
利恭（としやす）
（萬之助）
④
女
安永元年12月27日遺跡を継、天明2年（1782）11月4日御小納戸となり、12月18日布衣を着することをゆるさる。3年2月7日より西城に勤仕し、6年閏10月7日また本城のつとめとなる。寛政6年（1794）3月12日死す。年39。法名良忠。妻は利珍が養女。後妻は板倉主税勝延が女。
女子
女子
民三郎
某
寛政6年（1794）6月3日遺跡を継（6歳）。
【二千石】
利廣（としひろ）
（多十郎）
⑤
間宮士信
（剛次郎）
女
（『新訂寛政重修諸家譜』）
【豊臣家定】
木下家定―利房―利當―利貞
藤榮＜金森藤榮＞
（内記）
【二千石】（一説．二千俵）
①
利潔
紀林＜木下紀林＞
（内記）
藤香
②
利珍
（要人）
③
利恭
④
【木下左兵衛】
○ 豊臣氏。本国尾張。
屋敷．西久保八幡前。
足守藩内分分家。
【内分二千俵】
利廣【二千石】
（多十郎）
⑤
（この間推定）
■（恒三郎）
■
■（内記）
■
■（左兵衛）
■【二千石】
◆
（木下左兵衛家．略系図）
（合成推定系図）
木下恒三郎
内記
左兵衛◆
天保12年（1841）
嘉永6年（1853）
木下備中守内分分知高二千石（備中陸奥）。
天保12辛丑年12月5日従部屋住御番人被仰付西丸御小性組一番藤懸出羽守組江入同13壬寅年12月10日父跡目被仰付、嘉永6癸丑年9月27日御本丸江被召連候旨被仰渡御本丸勤罷成候。
（『江戸幕臣人名事典・二』）

出典『新訂寛政重修諸家譜・第18（続群書類従完成会）』、『江戸幕臣人名事典・二（新人物往来社）』、他。

豊臣氏（高台院流豊臣家・近江木下家）（第二豊臣氏一門）

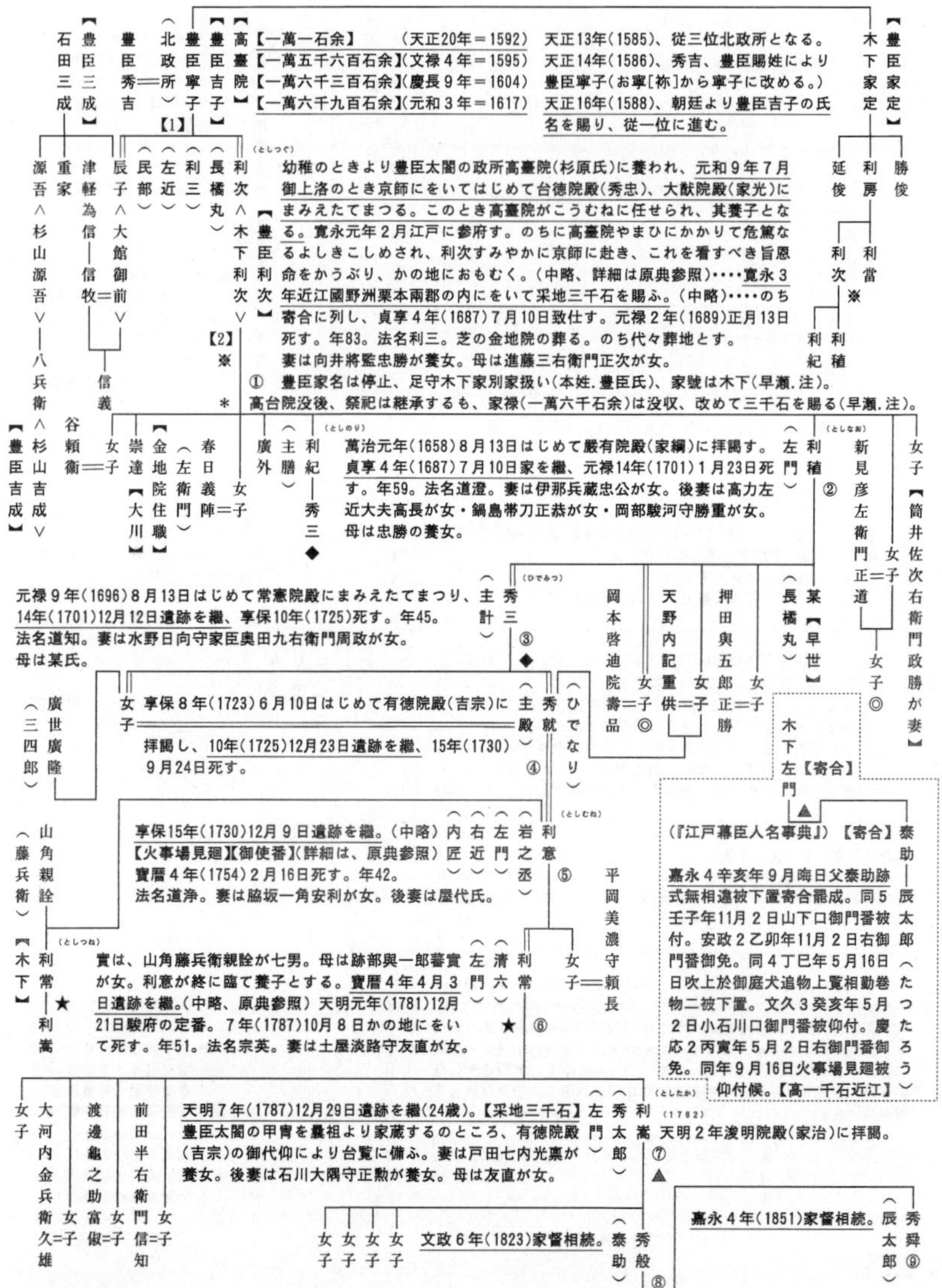

【豊臣家定】木下家定
【高臺院】
【豊臣吉子】
豊臣寧子（北政所）【1】
豊臣秀吉
【豊臣三成】石田三成
【一萬一石余】（天正20年＝1592）
【一萬五千六百石余】（文禄4年＝1595）
【一萬六千三百石余】（慶長9年＝1604）
【一萬六千九百石余】（元和3年＝1617）
天正13年（1585）、従三位北政所となる。
天正14年（1586）、秀吉、豊臣賜姓により豊臣寧子（お寧[祢]から寧子に改める。）
天正16年（1588）、朝廷より豊臣吉子の氏名を賜り、従一位に進む。
勝俊
利房
延俊
利當
利次 ※
利稙
利紀
利次（木下利次）【豊臣利次】【2】※
長橘丸
利三
左近
民部
辰子（大館御前）
津軽為信＝信牧＝前
信義
重家
源吾（杉山源吾）
八兵衛（杉山吉成）
【豊臣吉成】
幼稚のときより豊臣太閤の政所高臺院（杉原氏）に養われ、元和9年7月御上洛のとき京師にをいてはじめて台徳院殿（秀忠）、大猷院殿（家光）にまみえたてまつる。このとき高臺院がこうむねに任せられ、其養子となる。寛永元年2月江戸に参府す。のちに高臺院やまひにかかりて危篤なるよしきこしめされ、利次すみやかに京師に赴き、これを看すべき旨恩命をかうぶり、かの地におもむく。（中略、詳細は原典参照）‥‥寛永3年近江國野洲栗本兩郡の内にをいて采地三千石を賜ふ。（中略）‥‥のち寄合に列し、貞享4年（1687）7月10日致仕す。元禄2年（1689）正月13日死す。年83。法名利三。芝の金地院の葬る。のち代々葬地とす。
妻は向井將監忠勝が養女。母は進藤三右衛門正次が女。
① 豊臣家名は停止、足守木下家別家扱い（本姓.豊臣氏）、家號は木下（早瀬.注）。
高台院没後、祭祀は継承するも、家禄（一萬六千石余）は没収、改めて三千石を賜る（早瀬.注）。
谷頼衛＝女子
崇達【大川】
金地院住職
左衛門
春日義陣＝女子
廣外
主膳
利紀（としのり）
秀三 ◆
萬治元年（1658）8月13日はじめて嚴有院殿（家綱）に拝謁す。貞享4年（1687）7月10日家を繼、元禄14年（1701）1月23日死す。年59。法名道澄。妻は伊那兵蔵忠公が女。後妻は高力左近大夫高長が女・鍋島帯刀正恭が女・岡部駿河守勝重が女。母は忠勝の養女。
左門
利稙（としなお）②
新見彦左衛門正＝道
女子
女子【筒井佐次右衛門政勝が妻】
女子 ◎
元禄9年（1696）8月13日はじめて常憲院殿にまみえたてまつり、14年（1701）12月12日遺跡を繼、享保10年（1725）死す。年45。法名道知。妻は水野日向守家臣奥田九右衛門周政が女。母は某氏。
主計
秀三（ひでみつ）③ ◆
岡本啓迪院壽品＝女子 ◎
天野内記重供＝女子
押田與五郎正勝＝女子
長橘丸
某【早世】
木下左門【寄合】
廣世廣隆（三四郎）
女子
享保8年（1723）6月10日はじめて有徳院殿（吉宗）に拝謁し、10年（1725）12月23日遺跡を繼、15年（1730）9月24日死す。
主殿
秀就（ひでなり）④
山角親詮（藤兵衛）
享保15年（1730）12月9日遺跡を繼。（中略）【火事場見廻】【御使番】（詳細は、原典参照）寶暦4年（1754）2月16日死す。年42。法名道浄。妻は脇坂一角安利が女。後妻は屋代氏。
内匠
右近
左門
岩之丞
利意（としむね）⑤
平岡美濃守頼長
▲
（『江戸幕臣人名事典』）【寄合】泰助
嘉永4辛亥年9月晦日父泰助跡式無相違被下置寄合罷成。同5壬子年11月2日山下口御門番被付。安政2乙卯年11月2日右御門番御免。同4丁巳年5月16日日吹上於御庭犬追物上覧相勤巻物二被下置。文久3癸亥年5月2日小石川口御門番被仰付。慶応2丙寅年5月2日右御門番御免。同年9月16日火事場見廻被仰付候。【高一千石近江】
辰太郎（たつたろう）
【木下】利常（としつね）★
利篤
實は、山角藤兵衛親詮が七男。母は跡部與一郎審實が女。利意が終に臨て養子とする。寶暦4年4月3日遺跡を繼。（中略、原典参照）天明元年（1781）12月21日駿府の定番。7年（1787）10月8日かの地にをいて死す。年51。法名宗英。妻は土屋淡路守友直が女。
左門
清六
利常 ★ ⑥
女子＝平岡美濃守頼長
女子＝大河内金兵衛久雄
女子＝渡邊龜之助富傚
女子＝前田半右衛門信知
天明7年（1787）12月29日遺跡を繼（24歳）。【采地三千石】豊臣太閤の甲冑を曩祖より家蔵するのところ、有徳院殿（吉宗）の御代仰により台覧に備ふ。妻は戸田七内光票が養女。後妻は石川大隅守正勲が養女。母は友直が女。
左門
秀太郎
利篤（としたか）⑦ ▲
（1782）天明2年浚明院殿（家治）に拝謁。
女子 女子 女子 女子
文政6年（1823）家督相続。
泰助
秀殷 ⑧
嘉永4年（1851）家督相続。
辰太郎
秀舜 ⑨

（『寛政重修諸家譜』をベースに作成。木下泰助以下は、『徳川旗本八万騎人物系譜総覧』による）

出典『新訂寛政重修諸家譜・第18（続群書類従完成会）』、『別冊歴史読本.徳川旗本八万騎人物系譜総覧（新人物往来社）』、『江戸幕臣人名事典・二（新人物往来社）』、『ねねと木下家文書（山陽新聞社）』（愛知県図書館.蔵）、他。

高台院流豊臣家・近江木下家（第二豊臣氏一門）

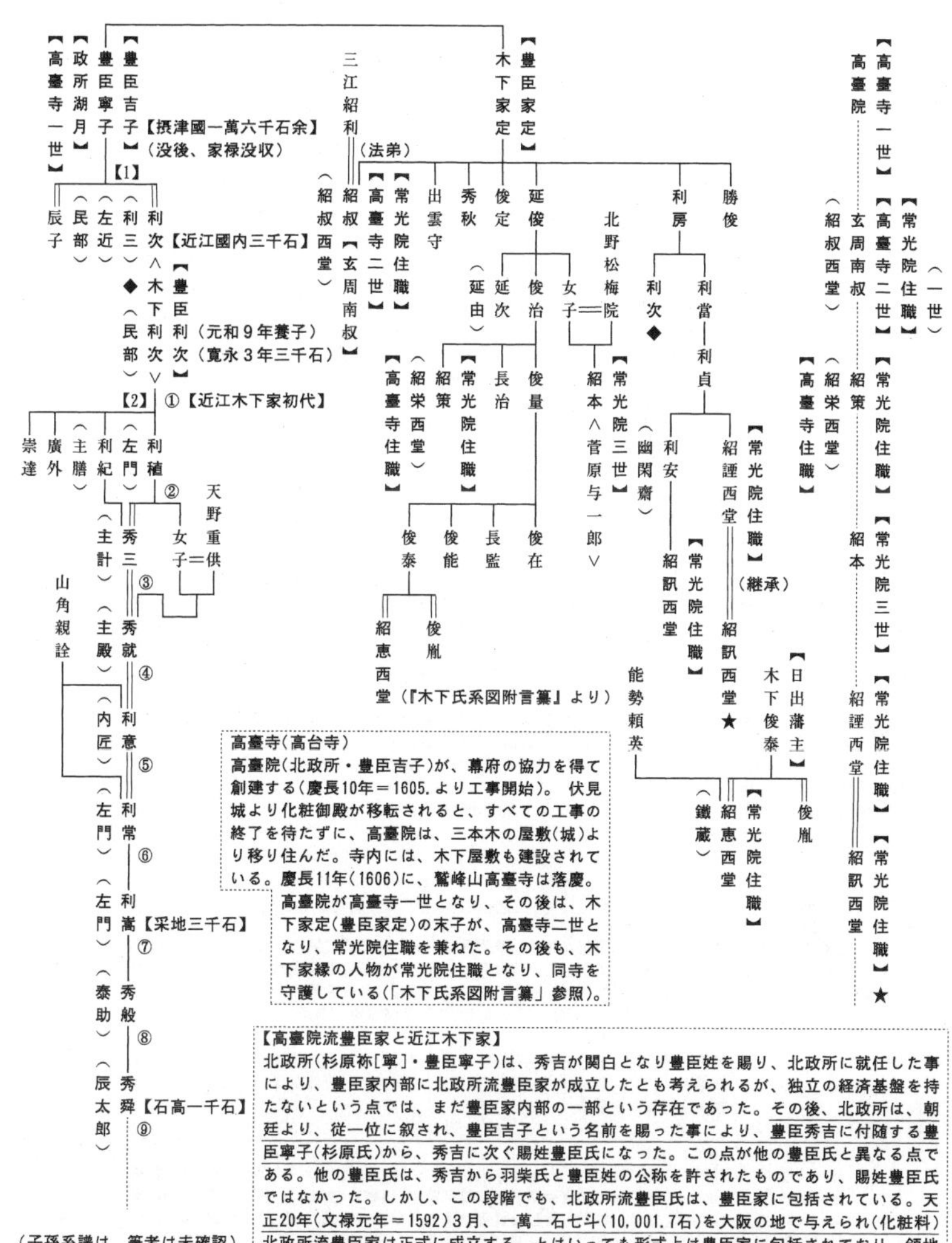

（『木下氏系図附言纂』より）
（子孫系譜は、筆者は未確認）

高臺寺（高台寺）
高臺院（北政所・豊臣吉子）が、幕府の協力を得て創建する（慶長10年＝1605.より工事開始）。伏見城より化粧御殿が移転されると、すべての工事の終了を待たずに、高臺院は、三本木の屋敷（城）より移り住んだ。寺内には、木下屋敷も建設されている。慶長11年（1606）に、鷲峰山高臺寺は落慶。高臺院が高臺寺一世となり、その後は、木下家定（豊臣家定）の末子が、高臺寺二世となり、常光院住職を兼ねた。その後も、木下家縁の人物が常光院住職となり、同寺を守護している（「木下氏系図附言纂」参照）。

【高臺院流豊臣家と近江木下家】
北政所（杉原祢［寧］・豊臣寧子）は、秀吉が関白となり豊臣姓を賜り、北政所に就任した事により、豊臣家内部に北政所流豊臣家が成立したとも考えられるが、独立の経済基盤を持たないという点では、まだ豊臣家内部の一部という存在であった。その後、北政所は、朝廷より、従一位に叙され、豊臣吉子という名前を賜った事により、豊臣秀吉に付随する豊臣寧子（杉原氏）から、秀吉に次ぐ賜姓豊臣氏になった。この点が他の豊臣氏と異なる点である。他の豊臣氏は、秀吉から羽柴氏と豊臣姓の公称を許されたものであり、賜姓豊臣氏ではなかった。しかし、この段階でも、北政所流豊臣氏は、豊臣家に包括されている。天正20年（文禄元年＝1592）3月、一萬一石七斗（10,001.7石）を大阪の地で与えられ（化粧料）北政所流豊臣家は正式に成立する。とはいっても形式上は豊臣家に包括されており、領地も豊臣家蔵入地の内であった。文禄4年（1595）には禄高は一萬五千六百七十二石二斗六升（15,672.26石）となる。秀吉没後、慶長4年（1599）に大坂城を出て京都三本木に移り、正式に北政所流豊臣家を大坂豊臣家より独立創設する（京都豊臣家）。慶長9年（1604）閏8月22日には、一萬六千三百四十六石四斗一升九合（16,346.419石）が、江戸幕府より追認される（孝蔵主の二百石を含む）。元和3年（1617）には、一萬六千九百二十三石七斗三升三合（16,923.733石）となっている。この間、小出播磨守が代官として北政所領を支配したが、慶長9年（1604）3月22日に没し、その後は、家康の命により、木下家定（豊臣家定）が北政所所領の代官となりこれを管理し、慶長13年（1608）8月26日に家定が没して以降は、木下勝俊及び利房兄弟が代官となった。北政所流豊臣家（高臺院流豊臣家・京都豊臣家）は、大坂の陣の後も存続したが、高臺院没後は養子の利次には、所領の継承は認められず没収、その後、近江で三千石が与えられ、近江木下家（豊臣氏）が創立された。

※ 北政所が家康に加担した事により一萬六千石を与えられたというのは誤り。秀吉から与えられた所領を追認されたという事。

豊臣氏（木下家）（第二豊臣氏一門）（6）

（日出藩主木下家）

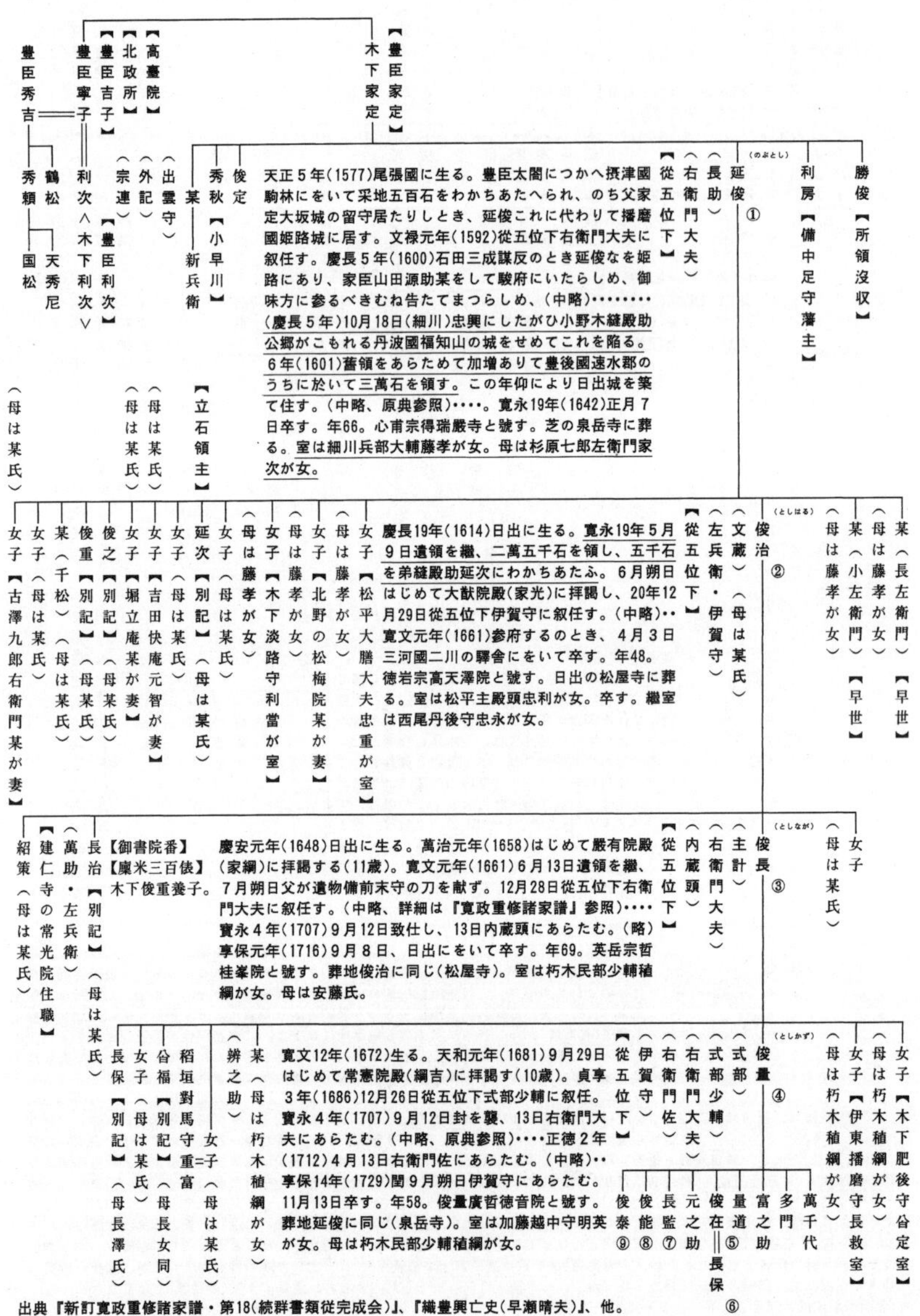
【豊臣家定】
木下家定
【高臺院】
【北政所】
【豊臣吉子】
豊臣寧子
豊臣秀吉
鶴松
秀頼
天秀尼
国松
利次〈木下利次〉
【豊臣利次】
（出雲守）
（外記）
（宗連）
勝俊【所領没収】
利房【備中足守藩主】
（のぶとし）
延俊①
（長助）
（右衛門大夫）
【従五位下】
天正5年(1577)尾張國に生る。豊臣太閤につかへ摂津國駒林にをいて采地五百石をわかちあたへられ、のち父家定大坂城の留守居たりしとき、延俊これに代わりて播磨國姫路城に居す。文禄元年(1592)従五位下右衛門大夫に叙任す。慶長5年(1600)石田三成謀反のとき延俊なを姫路にあり、家臣山田源助某をして駿府にいたらしめ、御味方に参るべきむね告たてまつらしめ、（中略）・・・・・・・・（慶長5年）10月18日（細川）忠興にしたがひ小野木縫殿助公郷がこもれる丹波國福知山の城をせめてこれを陥る。6年(1601)舊領をあらためて加増ありて豊後國速水郡のうちに於いて三萬石を領す。この年仰により日出城を築て住す。（中略、原典参照）・・・・。寛永19年(1642)正月7日卒す。年66。心甫宗得瑞巖寺と號す。芝の泉岳寺に葬る。室は細川兵部大輔藤孝が女。母は杉原七郎左衛門家次が女。
俊定
秀秋【小早川】
某
新兵衛
【立石領主】
（母は某氏）
（母は某氏）
（母は某氏）
某（長左衛門）（母は藤孝が女）【早世】
某（小左衛門）（母は藤孝が女）【早世】
（としはる）
俊治②
（文蔵）（母は某氏）
（左兵衛・伊賀守）
【従五位下】
慶長19年(1614)日出に生る。寛永19年5月9日遺領を繼、二萬五千石を領し、五千石を弟縫殿助延次にわかちあたふ。6月朔日はじめて大猷院殿（家光）に拝謁し、20年12月29日従五位下伊賀守に叙任す。（中略）・・寛文元年(1661)参府するのとき、4月3日三河國二川の驛舎にをいて卒す。年48。徳岩宗高天澤院と號す。日出の松屋寺に葬る。室は松平主殿頭忠利が女。卒す。繼室は西尾丹後守忠永が女。
女子【松平大膳大夫忠重が室】
（母は藤孝が女）
女子【北野の松梅院某が妻】
（母は藤孝が女）
女子【木下淡路守利當が室】
（母は藤孝が女）
女子（母は某氏）
延次【別記】（母は某氏）
女子（母は某氏）
女子【吉田快庵元智が妻】
女子【堀立庵某が妻】（母某氏）
俊之【別記】（母某氏）
俊重【別記】（母は某氏）
某（千松）（母は某氏）
女子（母は某氏）
女子【古澤九郎右衛門某が妻】
女子
（母は某氏）
（としなが）
俊長③
（主計）
（右衛門大夫）
（内蔵頭）
【従五位下】
慶安元年(1648)日出に生る。萬治元年(1658)はじめて厳有院殿（家綱）に拝謁する（11歳）。寛文元年(1661)6月13日遺領を繼、7月朔日父が遺物備前末守の刀を献ず。12月28日従五位下右衛門大夫に叙任す。（中略、詳細は『寛政重修諸家譜』参照）・・・・寶永4年(1707)9月12日致仕し、13日内蔵頭にあらたむ。（略）享保元年(1716)9月8日、日出にをいて卒す。年69。英岳宗哲桂峯院と號す。葬地俊治に同じ（松屋寺）。室は朽木民部少輔稙綱が女。母は安藤氏。
長治【別記】（母は某氏）
【御書院番】
【廩米三百俵】
木下俊重養子。
（萬助・左兵衛）
【建仁寺の常光院住職】
紹策（母は某氏）
女子【木下肥後守谷定室】
（母は朽木稙綱が女）
女子【伊東播磨守長救室】
（母は朽木稙綱が女）
（としかず）
俊量④
（式部）
（式部少輔）
（右衛門大夫）
（右衛門佐）
（伊賀守）
【従五位下】
寛文12年(1672)生る。天和元年(1681)9月29日はじめて常憲院殿（綱吉）に拝謁す（10歳）。貞享3年(1686)12月26日従五位下式部少輔に叙任。寶永4年(1707)9月12日封を襲、13日右衛門大夫にあらたむ。（中略、原典参照）・・・・正徳2年(1712)4月13日右衛門佐にあらたむ。（中略）・・享保14年(1729)閏9月朔日伊賀守にあらたむ。11月13日卒す。年58。俊量廣哲徳音院と號す。葬地延俊に同じ（泉岳寺）。室は加藤越中守明英が女。母は朽木民部少輔稙綱が女。
某（辨之助）（母は朽木稙綱が女）
稲垣對馬守重富＝女子（母は某氏）
谷福【別記】（母長女同）
女子（母は某氏）
長保【別記】（母長澤氏）
萬千代
多門
富之助
量道
俊在⑤‖長保⑥
元之助
長監⑦
俊能⑧
俊泰⑨

出典『新訂寛政重修諸家譜・第18（続群書類従完成会）』、『織豊興亡史（早瀬晴夫）』、他。

豊臣氏（木下家）（第二豊臣氏一門）（７）

（日出藩主木下家）

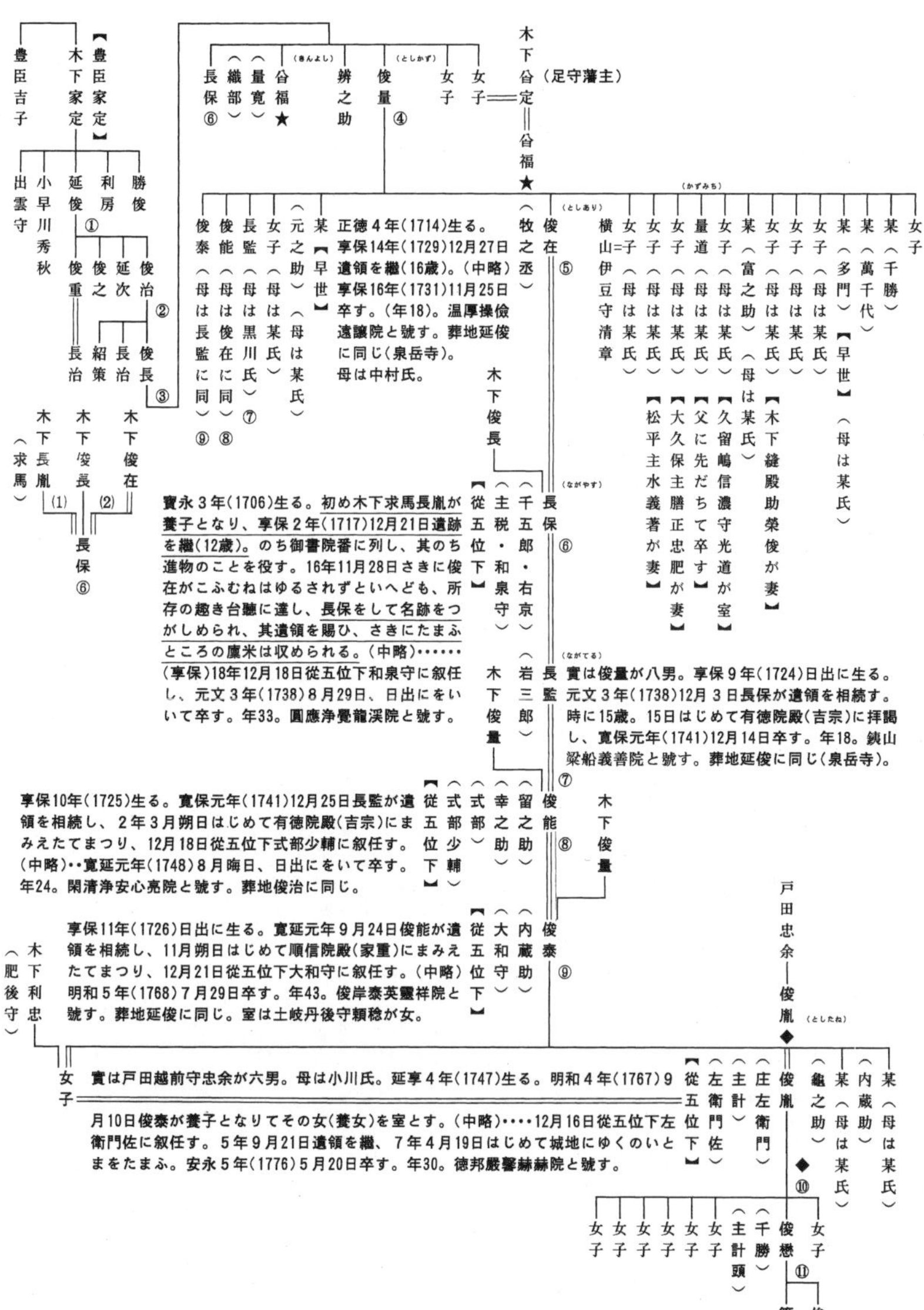

正徳４年(1714)生る。享保14年(1729)12月27日遺領を継(16歳)。(中略)享保16年(1731)11月25日卒す。(年18)。温厚操倹遠譲院と號す。葬地延俊に同じ(泉岳寺)。母は中村氏。

寳永３年(1706)生る。初め木下求馬長胤が養子となり、享保２年(1717)12月21日遺跡を継(12歳)。のち御書院番に列し、其のち進物のことを役す。16年11月28日さきに俊在がこふむねはゆるされずといへども、所存の趣き台聴に達し、長保をして名跡をつがしめられ、其遺領を賜ひ、さきにたまふところの廩米は収められる。(中略)……(享保)18年12月18日従五位下和泉守に叙任し、元文３年(1738)８月29日、日出にをいて卒す。年33。圓應浄覺龍渓院と號す。

實は俊量が八男。享保９年(1724)日出に生る。元文３年(1738)12月３日長保が遺領を相続す。時に15歳。15日はじめて有徳院殿(吉宗)に拝謁し、寛保元年(1741)12月14日卒す。年18。鎮山粲船義善院と號す。葬地延俊に同じ(泉岳寺)。

享保10年(1725)生る。寛保元年(1741)12月25日長監が遺領を相続し、２年３月朔日はじめて有徳院殿(吉宗)にまみえたてまつり、12月18日従五位下式部少輔に叙任す。(中略)‥寛延元年(1748)８月晦日、日出にをいて卒す。年24。閑清浄安心亮院と號す。葬地俊治に同じ。

享保11年(1726)日出に生る。寛延元年９月24日俊能が遺領を相続し、11月朔日はじめて順信院殿(家重)にまみえたてまつり、12月21日従五位下大和守に叙任す。(中略)明和５年(1768)７月29日卒す。年43。俊岸泰英靈祥院と號す。葬地延俊に同じ。室は土岐丹後守頼稔が女。

實は戸田越前守忠余が六男。母は小川氏。延享４年(1747)生る。明和４年(1767)９月10日俊泰が養子となりてその女(養女)を室とす。(中略)‥‥12月16日従五位下左衛門佐に叙任す。５年９月21日遺領を継、７年４月19日はじめて城地にゆくのいとまをたまふ。安永５年(1776)５月20日卒す。年30。徳邦嚴馨赫赫院と號す。


出典『新訂寛政重修諸家譜・第18(続群書類従完成会)』、『織豊興亡史(早瀬晴夫.著、今日の話題社)』、他。

豊臣氏（木下家）（第二豊臣氏一門）（8）

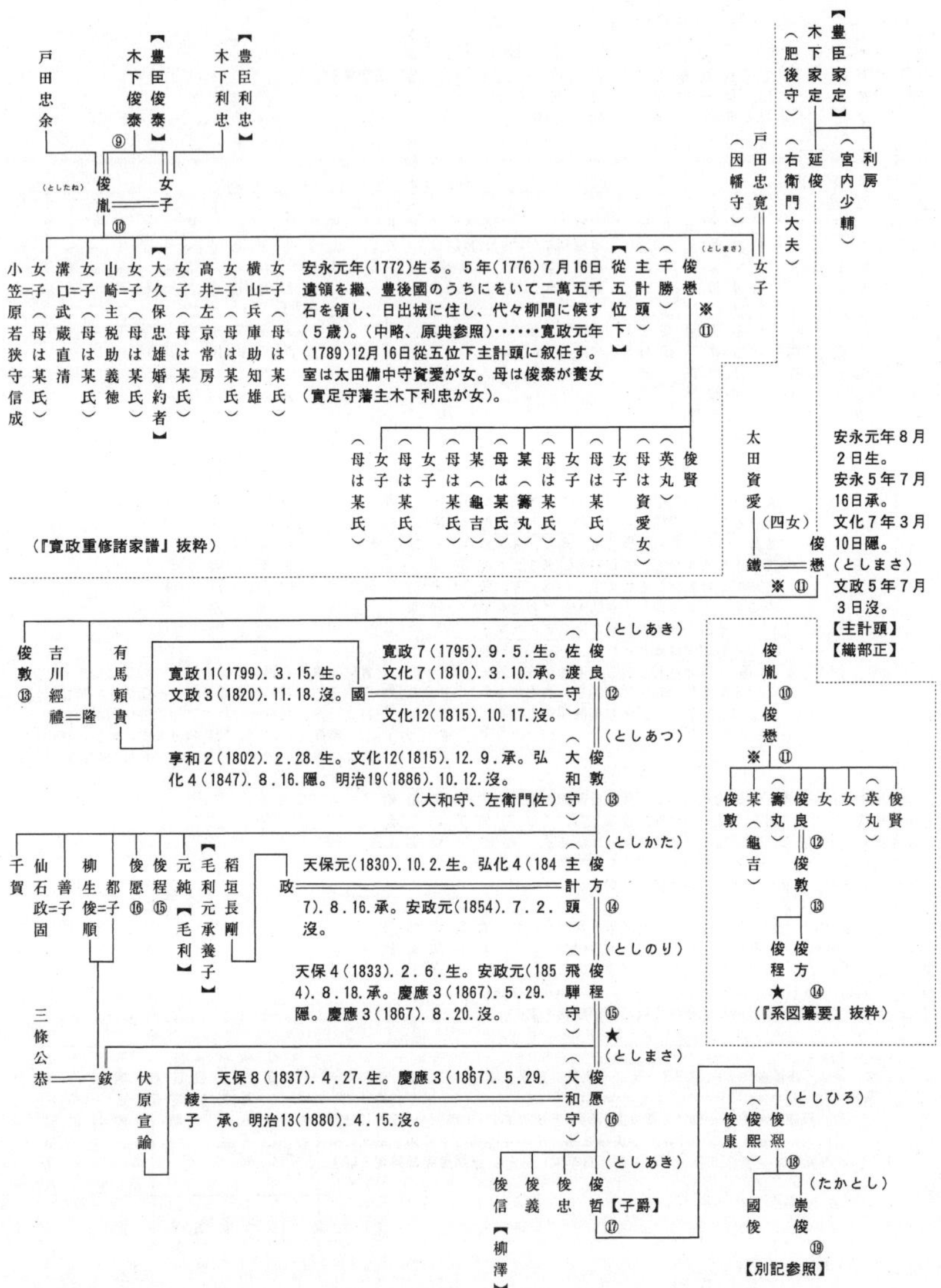
【豊臣家定】
木下家定（肥後守）
利房（宮内少輔）
延俊（右衛門大夫）
戸田忠寛（因幡守）
女子
【豊臣利忠】
木下利忠
【豊臣俊泰】
木下俊泰
⑨
戸田忠余
（としたね）
俊胤
⑩
女子
（としまさ）
俊懋
※⑪
千勝
（主計頭）
【従五位下】
安永元年(1772)生る。5年(1776)7月16日遺領を繼、豊後國のうちにをいて二萬五千石を領し、日出城に住し、代々柳間に候す(5歳)。(中略、原典参照)……寛政元年(1789)12月16日従五位下主計頭に叙任す。室は太田備中守資愛が女。母は俊泰が養女(實足守藩主木下利忠が女)。
女子（母は某氏）
横山兵庫助知雄
女子（母は某氏）
高井左京常房
女子（母は某氏）
【大久保忠雄婚約者】
女子（母は某氏）
山崎主税助義徳
女子（母は某氏）
溝口武蔵直清
女子（母は某氏）
小笠原若狭守信成
俊賢
英丸（母は資愛女）
女子
（母は某氏）
女子
（母は某氏）
某（籌丸）
（母は某氏）
某（龜吉）
（母は某氏）
女子
（母は某氏）
（『寛政重修諸家譜』抜粋）
太田資愛
（四女）
鐵
俊懋
※⑪
安永元年8月2日生。

安永5年7月16日承。

文化7年3月10日隠。

（としまさ）

文政5年7月3日沒。

【主計頭】

【織部正】

（としあき）

俊良（佐渡守）
⑫
寛政7(1795).9.5.生。文化7(1810).3.10.承。
文化12(1815).10.17.沒。
有馬頼貴
寛政11(1799).3.15.生。文政3(1820).11.18.沒。國
吉川經禮＝隆
俊敦
⑬
（としあつ）

俊敦（大和守）
⑬
享和2(1802).2.28.生。文化12(1815).12.9.承。弘化4(1847).8.16.隠。明治19(1886).10.12.沒。

（大和守、左衛門佐）

（としかた）

俊方（主計頭）
⑭
天保元(1830).10.2.生。弘化4(1847).8.16.承。安政元(1854).7.2.沒。
稲垣長剛
政
【毛利元承養子】
元純【毛利】
俊程
⑮
俊愿
⑯
柳生俊順
都子
仙石政固
善子
千賀
（としのり）
俊程（飛騨守）
⑮
★
天保4(1833).2.6.生。安政元(1854).8.18.承。慶應3(1867).5.29.隠。慶應3(1867).8.20.沒。
三條公恭
鉉
伏原宣諭
綾子
（としまさ）
俊愿（大和守）
⑯
天保8(1837).4.27.生。慶應3(1867).5.29.承。明治13(1880).4.15.沒。

（としあき）

俊哲【子爵】
⑰
俊忠
俊義
俊信
【柳澤】
（としひろ）
俊熈
⑱
俊熙（）
俊康
（たかとし）
崇俊
⑲
國俊
【別記参照】
俊胤
⑩
俊懋
※⑪
俊賢
英丸
女
女
俊良
⑫
籌丸
某（龜吉）
俊敦
俊敦
⑬
俊方
⑭
俊程
★
（『系図纂要』抜粋）

出典『新訂寛政重修諸家譜・第18(続群書類従完成会)』、『織豊興亡史(早瀬晴夫.著、今日の話題社)』
『平成新修旧華族家系大成(霞会館.編、吉川弘文館)』、『華族譜要(維新史料編纂会.編、大原新生社)』、他。

豊臣氏（木下家）（第二豊臣氏一門）（９）

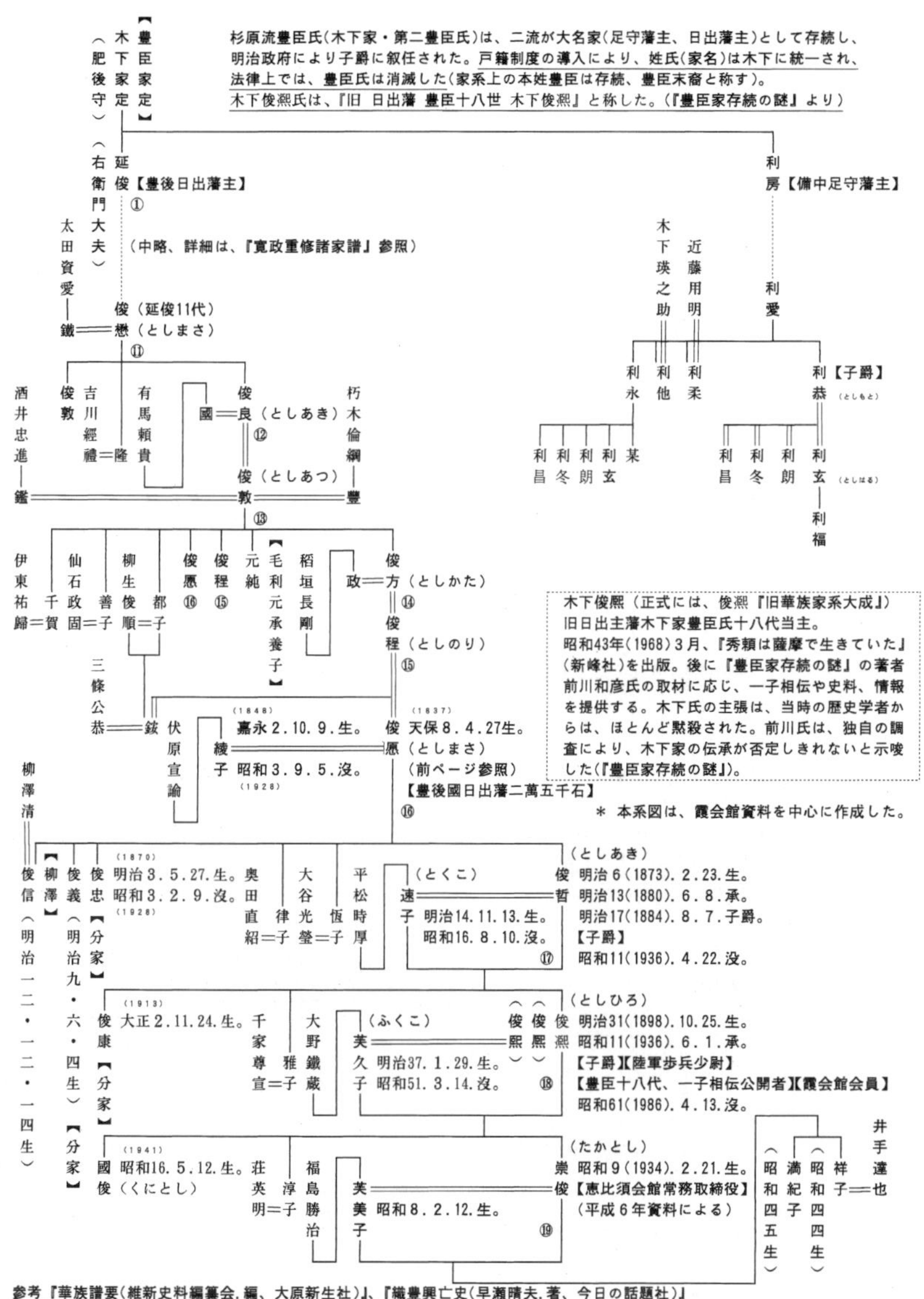

【豊臣家定】
木下家定（肥後守）
杉原流豊臣氏(木下家・第二豊臣氏)は、二流が大名家(足守藩主、日出藩主)として存続し、明治政府により子爵に叙任された。戸籍制度の導入により、姓氏(家名)は木下に統一され、法律上では、豊臣氏は消滅した(家系上の本姓豊臣は存続、豊臣末裔と称す)。
木下俊凞氏は、『旧 日出藩 豊臣十八世 木下俊凞』と称した。(『豊臣家存続の謎』より)
延俊【豊後日出藩主】①（右衛門大夫）
利房【備中足守藩主】
太田資愛
(中略、詳細は、『寛政重修諸家譜』参照)
木下瑛之助
近藤用明
利愛
俊懋（延俊11代）（としまさ）⑪
鐵
利永　利他　利柔　利恭【子爵】（としもと）
利昌　利冬　利朗　利玄　某
利昌　利冬　利朗　利玄（としはる）
利福
酒井忠進
俊敦
吉川經禮
隆
有馬賴貴
國
俊良（としあき）⑫
朽木倫綱
俊敦（としあつ）
鐺
豊
⑬
伊東祐歸
千賀
仙石政固
善子
柳生俊順
都子
俊懕⑯
俊程⑮
元純
【毛利元承養子】
稲垣長剛
政
俊方（としかた）⑭
俊程（としのり）⑮
三條公恭
鉉
伏原宣諭
綾子　(1848)嘉永2.10.9.生。昭和3.9.5.沒。(1928)
俊懕　(1837)天保8.4.27生。（としまさ）（前ページ参照）
【豊後國日出藩二萬五千石】⑯
木下俊凞（正式には、俊凞『旧華族家系大成』）
旧日出主藩木下家豊臣氏十八代当主。
昭和43年(1968)3月、『秀頼は薩摩で生きていた』(新峰社)を出版。後に『豊臣家存続の謎』の著者前川和彦氏の取材に応じ、一子相伝や史料、情報を提供する。木下氏の主張は、当時の歴史学者からは、ほとんど黙殺された。前川氏は、独自の調査により、木下家の伝承が否定しきれないと示唆した(『豊臣家存続の謎』)。
＊ 本系図は、霞会館資料を中心に作成した。
柳澤清
俊信（明治一二・一二・一四生）
【柳澤】
俊義（明治九・六・四生）【分家】
俊忠　(1870)明治3.5.27.生。昭和3.2.9.沒。(1928)【分家】
奥田直紹
律子
大谷光瑩
恆子
平松時厚
速子　明治14.11.13.生。昭和16.8.10.沒。（とくこ）
俊哲（としあき）明治6(1873).2.23.生。明治13(1880).6.8.承。明治17(1884).8.7.子爵。【子爵】昭和11(1936).4.22.沒。⑰
俊康　(1913)大正2.11.24.生。【分家】
千家尊宣
雅子
大野鐵蔵
美久子（ふくこ）明治37.1.29.生。昭和51.3.14.沒。
（俊熙）（俊凞）
俊凞（としひろ）明治31(1898).10.25.生。昭和11(1936).6.1.承。【子爵】【陸軍歩兵少尉】【豊臣十八代、一子相伝公開者】【霞会館会員】昭和61(1986).4.13.沒。⑱
國俊　(1941)昭和16.5.12.生。（くにとし）【分家】
荘英明
淳子
福島勝治
美美子　昭和8.2.12.生。
崇俊（たかとし）昭和9(1934).2.21.生。【恵比須会館常務取締役】（平成6年資料による）⑲
昭和四五生
滿紀子
昭和四四生
祥子
井手達也

参考『華族譜要(維新史料編纂会.編、大原新生社)』、『織豊興亡史(早瀬晴夫.著、今日の話題社)』
出典『平成新修旧華族家系大成(霞会館.編、吉川弘文館)』、『戦国の秘史 豊臣家存続の謎(前川和彦、日本文芸社)』、他。

豊臣氏（木下家）（第二豊臣氏一門）（１０）

（幕臣　俊重系木下家）

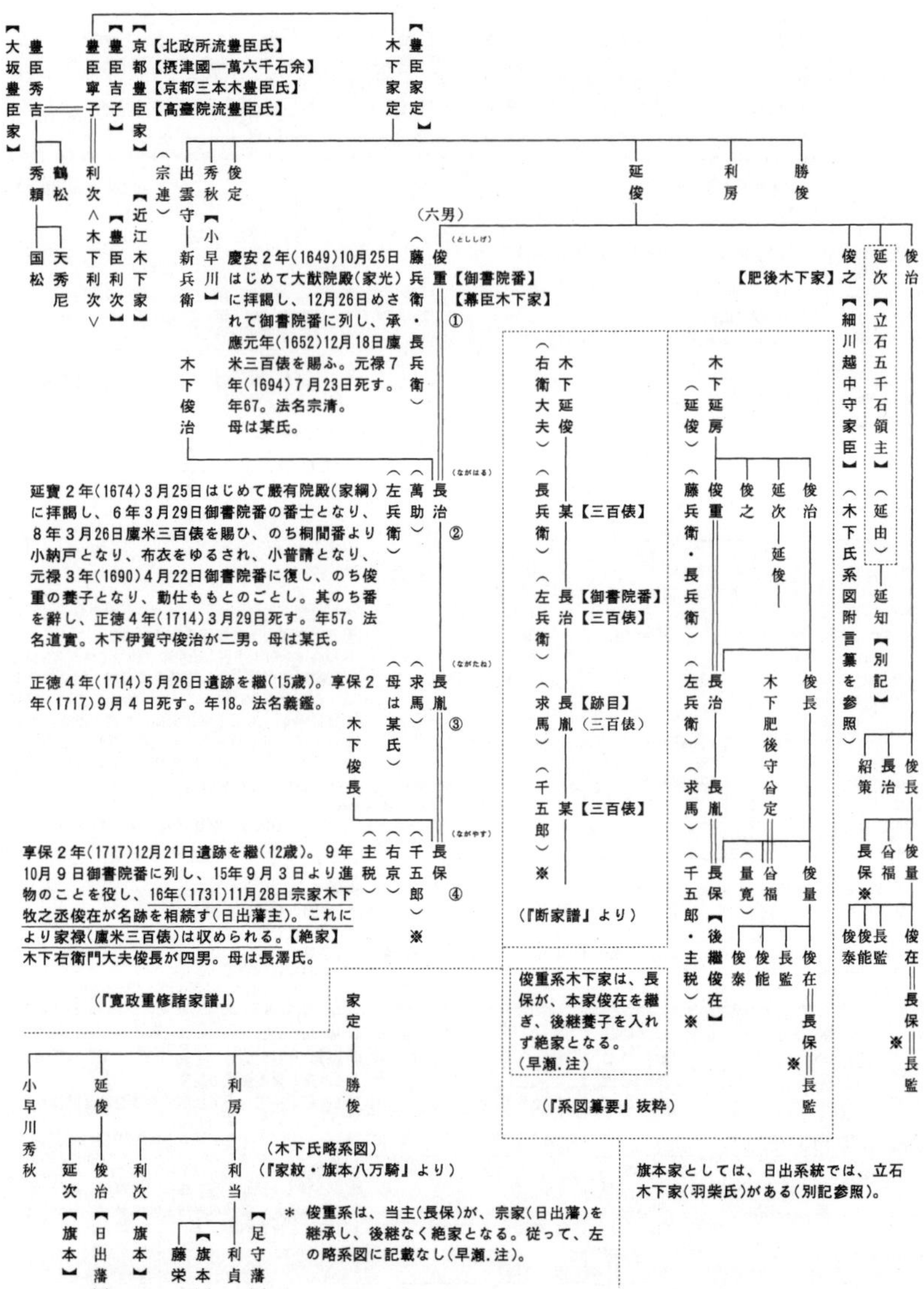

【大坂豊臣家】
豊臣秀吉
鶴松
秀頼
天秀尼
国松
豊臣寧子
利次〈木下利次〉
【豊臣吉子】
【豊臣利次】
【京都豊臣家】
【北政所流豊臣氏】
【摂津國一萬六千石余】
【京都三本木豊臣氏】
【高臺院流豊臣氏】
【近江木下家】
【豊臣家定】
木下家定
（宗連）
出雲守
新兵衛
秀秋
【小早川】
俊定
延俊
利房
勝俊
（六男）
俊重（としげ）
（藤兵衛・長兵衛）
【御書院番】
【幕臣木下家】
①
慶安２年（1649）10月25日はじめて大猷院殿（家光）に拝謁し、12月26日めされて御書院番に列し、承應元年（1652）12月18日廩米三百俵を賜ふ。元禄７年（1694）７月23日死す。年67。法名宗清。母は某氏。
木下俊治
長治（ながはる）
（萬助）
（左兵衛）
②
延寶２年（1674）３月25日はじめて厳有院殿（家綱）に拝謁し、６年３月29日御書院番の番士となり、８年３月26日廩米三百俵を賜ひ、のち桐間番より小納戸となり、布衣をゆるされ、小普請となり、元禄３年（1690）４月22日御書院番に復し、のち俊重の養子となり、勤仕もとのごとし。其のち番を辭し、正徳４年（1714）３月29日死す。年57。法名道實。木下伊賀守俊治が二男。母は某氏。
長胤（ながたね）
（求馬）
（母は某氏）
③
正徳４年（1714）５月26日遺跡を繼（15歳）。享保２年（1717）９月４日死す。年18。法名義鑑。
木下俊長
長保（ながやす）
（千五郎）
（右京）
（主税）
④
※
享保２年（1717）12月21日遺跡を繼（12歳）。９年10月９日御書院番に列し、15年９月３日より進物のことを役し、16年（1731）11月28日宗家木下牧之丞俊在が名跡を相続す（日出藩主）。これにより家禄（廩米三百俵）は収められる。【絶家】
木下右衛門大夫俊長が四男。母は長澤氏。
（『寛政重修諸家譜』）
木下延俊（右衛門大夫）
某【三百俵】（長兵衛）
長治【御書院番】【三百俵】（左兵衛）
長胤【跡目】（三百俵）（求馬）
某【三百俵】（千五郎）
※
（『断家譜』より）
木下延房（延俊）
俊重（藤兵衛・長兵衛）
俊之
延次
延俊
俊治
長治（左兵衛）
長胤（求馬）
長保（千五郎・主税）
【後繼俊在】
※
木下肥後守俗定
（量寛）
俗福
俊長
俊量
俊泰
俊能
長監
俊在
長保
※
長監
【肥後木下家】
俊之【細川越中守家臣】（木下氏系図附言纂を参照）
延次【立石五千石領主】（延由）
延知【別記】
俊治
紹策
長治
俊長
長保
※
俗福
俊量
俊泰
俊能
長監
俊在
長保
※
長監
俊重系木下家は、長保が、本家俊在を繼ぎ、後継養子を入れず絶家となる。（早瀬.注）
（『系図纂要』抜粋）
家定
小早川秀秋
延俊
延次【旗本】
俊治【日出藩】
利房
利次【旗本】
利当
藤栄
【旗本】
利貞
【足守藩】
勝俊
（木下氏略系図）
（『家紋・旗本八万騎』より）
＊ 俊重系は、当主（長保）が、宗家（日出藩）を継承し、後継なく絶家となる。従って、左の略系図に記載なし（早瀬.注）。
旗本家としては、日出系統では、立石木下家（羽柴氏）がある（別記参照）。

出典『新訂寛政重修諸家譜・第18（続群書類従完成会）』、『断家譜・第３（続群書類従完成会）』、『系図纂要・第15冊（名著出版）』『尾張群書系図部集（上）（加藤國光.編、続群書類従完成会）』、『家紋 旗本八万騎（高橋賢一、秋田書店）』、他。

検証・立石木下家（羽柴家）歴代

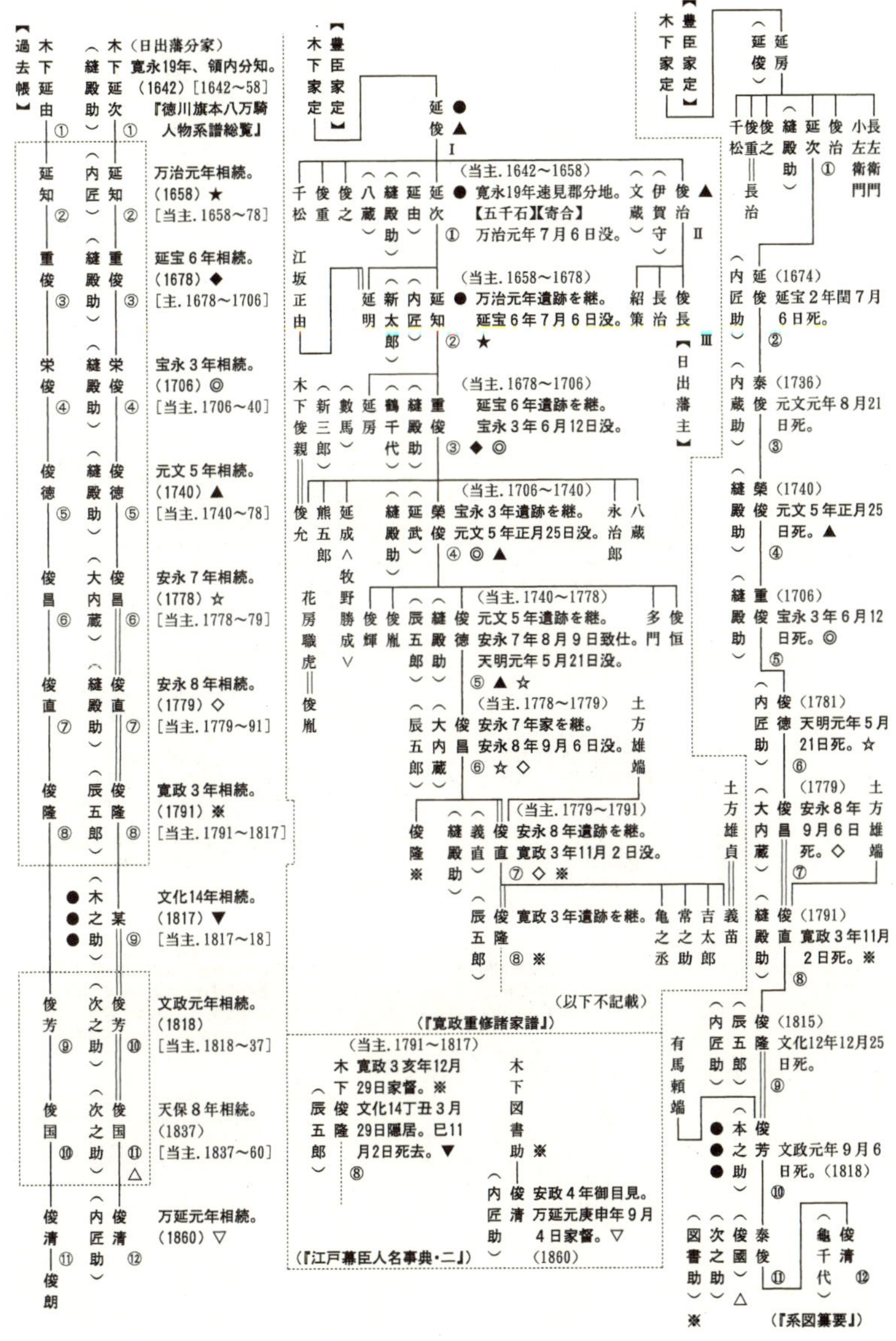

【過去帳】
木下延由 ①
延知 ②
重俊 ③
栄俊 ④
俊徳 ⑤
俊昌 ⑥
俊直 ⑦
俊隆 ⑧
俊芳 ⑨
俊国 ⑩
俊清 ⑪
俊朗
木下延次（縫殿助）①（日出藩分家）寛永19年、領内分知。（1642）[1642～58]
『徳川旗本八万騎人物系譜総覧』
延知（内匠）② 万治元年相続。（1658）★ [当主.1658～78]
重俊（縫殿助）③ 延宝6年相続。（1678）◆ [主.1678～1706]
栄俊（縫殿助）④ 宝永3年相続。（1706）◎ [当主.1706～40]
俊徳（縫殿助）⑤ 元文5年相続。（1740）▲ [当主.1740～78]
俊昌（大内蔵）⑥ 安永7年相続。（1778）☆ [当主.1778～79]
俊直（縫殿助）⑦ 安永8年相続。（1779）◇ [当主.1779～91]
俊隆（辰五郎）⑧ 寛政3年相続。（1791）※ [当主.1791～1817]
某（木之助）⑨ 文化14年相続。（1817）▼ [当主.1817～18]
俊芳（次之助）⑩ 文政元年相続。（1818）[当主.1818～37]
俊国（次之助）⑪ 天保8年相続。（1837）[当主.1837～60]
俊清（内匠助）⑫ 万延元年相続。（1860）▽
【豊臣家定】木下家定
延俊 ●▲ I
千松 俊重 俊之 八蔵 縫殿助 延由
延次 ①（当主.1642～1658）● 寛永19年速見郡分地。【五千石】【寄合】万治元年7月6日没。
文蔵 伊賀守 俊治 ▲ II
紹策 長治 俊長 III【日出藩主】
江坂正由
延明 新太郎 内匠
延知 ②（当主.1658～1678）● 万治元年遺跡を継。延宝6年7月6日没。★
木下俊親 新三郎 数馬 延房 鶴千代 縫殿助
重俊 ③ ◆ ◎（当主.1678～1706）延宝6年遺跡を継。宝永3年6月12日没。
俊允 熊五郎 延成〈牧野勝成〉 縫殿助 延武
栄俊 ④ ◎ ▲（当主.1706～1740）宝永3年遺跡を継。元文5年正月25日没。
永治郎 八蔵
花房職虎 俊胤
俊輝 俊胤 辰五郎 縫殿助
俊徳 ⑤ ▲ ☆（当主.1740～1778）元文5年遺跡を継。安永7年8月9日致仕。天明元年5月21日没。
多門 俊恒
辰五郎 大内蔵
俊昌 ⑥ ☆ ◇（当主.1778～1779）安永7年家を継。安永8年9月6日没。
土方雄端
俊隆 ※ 縫殿助 義直
俊直 ⑦ ◇ ※（当主.1779～1791）安永8年遺跡を継。寛政3年11月2日没。
辰五郎
俊隆 ⑧ ※ 寛政3年遺跡を継。
亀之丞 常之助 吉太郎 義苗
土方雄貞
（以下不記載）
（『寛政重修諸家譜』）
（当主.1791～1817）
木下俊隆 寛政3亥年12月29日家督。※ 文化14丁丑3月29日隠居。巳11月2日死去。▼ ⑧
（辰五郎）
木下図書助 ※
俊清（内匠助）安政4年御目見。万延元庚申年9月4日家督。▽（1860）
（『江戸幕臣人名事典・二』）
【豊臣家定】木下家定
延房（延俊）
千松 俊重 俊之 縫殿助 延次 俊治 ① 小左衛門 長左衛門
長治
延俊（内匠助）（1674）延宝2年閏7月6日死。②
泰俊（内蔵助）（1736）元文元年8月21日死。③
榮俊（縫殿助）（1740）元文5年正月25日死。▲ ④
重俊（縫殿助）（1706）宝永3年6月12日死。◎ ⑤
俊徳（内匠助）（1781）天明元年5月21日死。☆ ⑥
土方雄貞
俊昌（大内蔵）（1779）安永8年9月6日死。◇ ⑦
土方雄端
俊直（縫殿助）（1791）寛政3年11月2日死。※ ⑧
俊隆（辰五郎）（1815）文化12年12月25日死。⑨
内匠助
有馬頼端
俊芳（本之助）●●● 文政元年9月6日死。（1818）⑩
図書助 ※ 次之助 俊國 △ 泰俊 ⑪
亀千代 俊清 ⑫
（『系図纂要』）

立石木下家（羽柴家）

※ 左記の系図は、別紙の比較検証系譜より再構成したものである。

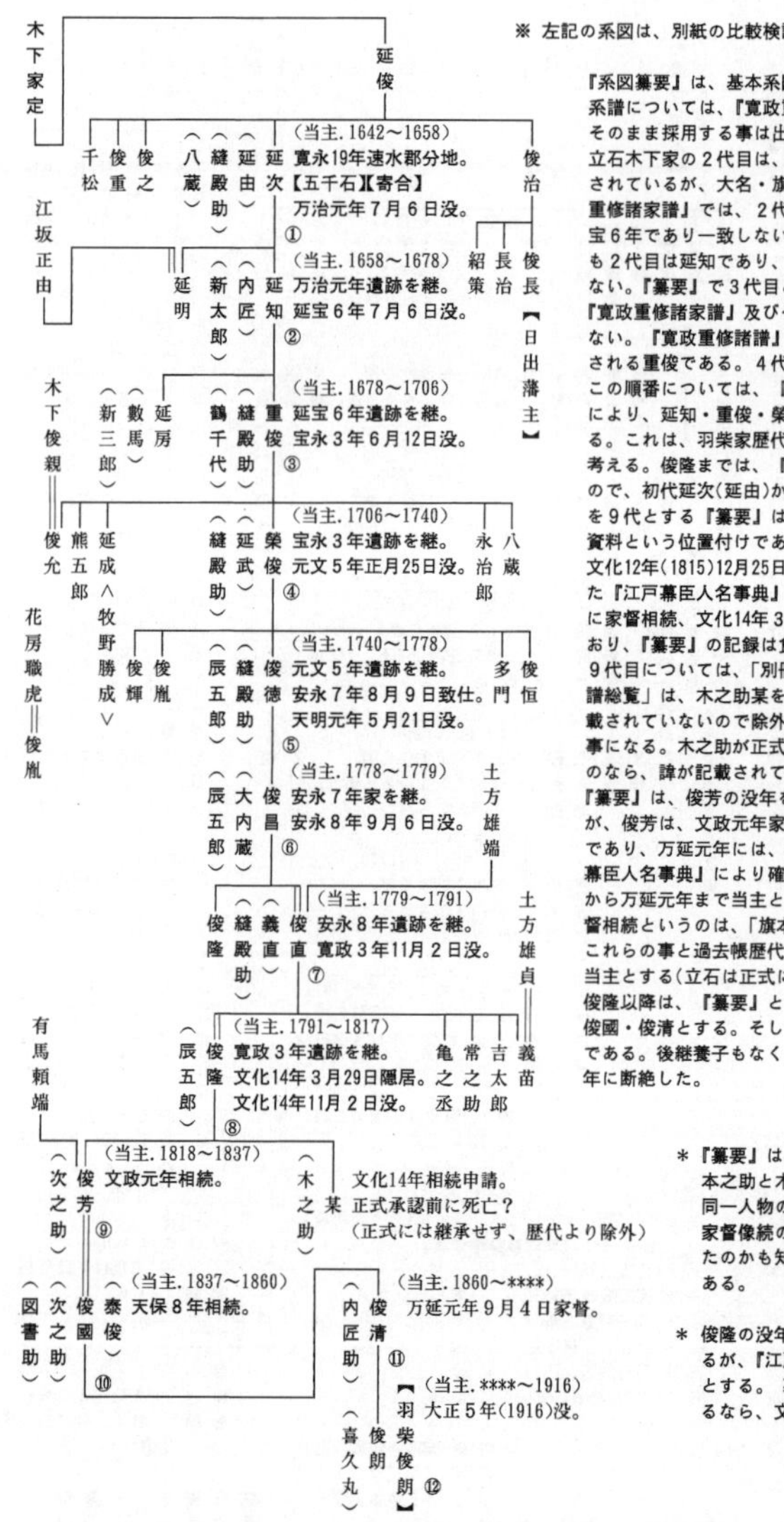

『系図纂要』は、基本系図の一つであるが、立石木下家の系譜については、『寛政重修諸家譜』と不整合な部分ありそのまま採用する事は出来ない。『系図纂要』に於いては立石木下家の２代目は、延俊で没年が延宝２年（1674）とされているが、大名・旗本の公式記録とも云える『寛政重修諸家譜』では、２代目は、延知と記され、没年は延宝６年であり一致しない。又、羽柴家当主歴代過去帳でも２代目は延知であり、延俊とする『纂要』とは一致しない。『纂要』で３代目とされる泰俊（元文元年８月没）は『寛政重修諸家譜』及びその他の手持ち資料では確認されない。『寛政重修諸譜』の３代目は、『纂要』で５代目とされる重俊である。４代目は、両資料共に榮俊である。この順番については、『寛政重修諸譜』、その他資料などにより、延知・重俊・榮俊・俊徳・俊昌・俊直・俊隆とする。これは、羽柴家歴代過去帳にも重なるもので、妥当と考える。俊隆までは、『寛政重修諸家譜18』で確認出来るので、初代延次（延由）から俊隆までは、８代であり、俊隆を９代とする『纂要』は、採用出来ない。比較検証の参考資料という位置付けである。『纂要』は、俊隆の没年を、文化12年（1815）12月25日とするが、幕臣の履歴書を編纂した『江戸幕臣人名事典』によれば、俊隆は寛政３年（1791）に家督相続、文化14年３月隠居、11月２日死去と記されており、『纂要』の記録は食い違う。

９代目については、「別冊歴史読本.徳川旗本八万騎人物系譜総覧」は、木之助某を９代と記すが、歴代過去帳には記載されていないので除外する。従って９代目は俊芳という事になる。木之助が正式に将軍に拝謁して家督承認されたのなら、諱が記載されていないのは不思議である。

『纂要』は、俊芳の没年を文政元年（1818）９月６日とするが、俊芳は、文政元年家督相続、天保８年（1837）まで当主であり、万延元年には、俊清が家督相続した事が、『江戸幕臣人名事典』により確認されるので、俊國は、天保８年から万延元年まで当主という事になる。俊國が天保８年家督相続というのは、「旗本八万騎人物系譜総覧」による。

これらの事と過去帳歴代より勘案して、俊清は立石藩11代当主とする（立石は正式には藩ではないが、藩に準じる）。

俊隆以降は、『纂要』と『過去帳』により、俊隆・俊芳・俊國・俊清とする。そして最後の当主が12代俊朗（喜久丸）である。後継養子もなく、立石木下家（羽柴家）は、大正５年に断絶した。

＊『纂要』は、俊芳を本之助と記す。
本之助と木之助は、極めて似ているので同一人物の可能性も考慮される。或いは家督像続の過程で、何かの工作が成されたのかも知れないが、その真相は不明である。

＊ 俊隆の没年を、『纂要』は、文化12年とするが、『江戸幕臣人名事典』は、文化14年とする。 幕府側の記録を公式なものとするなら、文化14年説の方が有力となる。

＊ 前記の検証系譜より合成編纂。

立石木下家（羽柴家歴代）

系図纂要		寛政重修諸家譜		過去帳	
氏名・通称	戒名　　没年	氏名・通称	法名　没年	法名	名前
木下延次（縫殿助）	江岸寺月州良照（萬治元年）	延次（延由）（縫殿助）	良照（萬治元年）	江岸寺殿月渊良照大居士	延由　①
②　延俊（内匠助）	流長院悟峯宗齋（延寶２年）	延知（内匠）（新太郎）	宗仙（延寶６年）	流長院殿悟峰宗仙大居士	延知　②
③　泰俊（内蔵助）	英香院月巖劫桂（元文元年）	重俊　（縫殿助）	自凉（寶永３年）	清林院殿物外自凉大居士	重俊　③
④　榮俊（縫殿助）	榮選院華岳惠俊（元文５年）	榮俊（延武）（縫殿助）	慈俊（元文５年）	榮選院殿華岳慈俊大居士	榮俊　④
⑤　重俊（縫殿助）	清林院物外自凉（寶永３年）	俊徳　（縫殿助）	顯宗（天明元年）	覺照院殿即心顯宗大居士	俊徳　⑤
⑥　俊徳（内匠助）	覺照院昻心顯宗（天明元年）	俊昌（俊爽）（大内蔵）	義俊（安永８年）	讓雲院殿温恭義俊大居士	俊昌　⑥
⑦　俊昌（大内蔵）	讓雲院温恭義俊（安永８年）	俊直（義直）（縫殿助）	明安（寛政３年）	泰心院殿俊惠明安大居士	俊直　⑦
⑧　俊直（縫殿助）	泰心院俊惠明安（寛政３年）	俊隆　⑧　（辰五郎）	（文化14年）	天明院殿豊山浄錦大居士	俊隆　⑧
⑨　俊隆（辰五郎）	玉峯院秀山孤雲（文化12年）	（その他資料）		本覺院殿寂岩俊照大居士	俊芳　⑨
⑩　俊芳（本之助）	本覺院寂巖俊照（文政元年）	氏名・通称		泰岳院殿竺邦大心大居士	俊國　⑩
⑪　泰俊（次之助）		某　⑨　（木之助）	（文政元年）		俊清　⑪
別．俊國（図書助）		俊芳　⑩　（次之助）			俊朗　⑫
⑫　俊清（亀千代）		俊國　⑪　（次之助）			
		俊清　⑫　（内匠助）			
		俊朗　⑬　（喜久丸）	（大正５年）		

立石木下家（羽柴家）の初代は、木下延次（縫殿助延由）である。法名は、江岸寺殿月渊良照大居士。正式には、江岸寺殿前掖庭月渕良照大居士、即ちこの人物の先代は、宮廷（朝廷）にも威光の及んだ人物（前掖庭月渕良照＝豊臣秀吉・秀頼＝豊臣家）で、この初代は、その遺児（秀吉の孫、秀頼遺児の豊臣国松）である事を示唆している。俗名は、木下縫殿助豊臣延由、明暦４年の７月６日没、45歳（1614～1658）。幕府へ提出の家譜は、萬治元年（1658）７月６日没、49歳（1610～1659）、木下延俊二男延次。過去帳に従えば、大坂城落城（元和元年＝1615）の時に、国松は２歳、木下家譜（木下家一子相伝）では６歳となる。通史に於ける国松は８歳と伝えられているが、正体隠蔽の為の工作が成された可能性が高い。過去帳の法名（最後の二文字）は、７代俊直までは、幕府へ提出の家譜（『寛政重修諸家譜』所収）とも一致する。これらの事から、『系譜纂要』の歴代には、錯誤があるという結論に到達する。『纂要』の２代目に記される泰俊は削除、榮俊と重俊は入れ替える。『纂要』で９代とされる俊隆は、過去帳と『寛政重修諸家譜』に従い８代目とする。以下の歴代は過去帳に従い、俊清は立石木下家（羽柴家）の11代当主とする。立石木下家は、日出藩初代藩主の延俊の遺言により、五千石を分封され（本当の指示は一萬石と云われるが、三萬石の小藩が一萬石も分封すると、延由の正体を疑われるので、家老が独断で、遺言は五千石と主張したと云われている）、立石木下家が成立した（羽柴家）。立石木下家は、俊隆以後は、他家よりの養子により家系が継承された（男系断絶）。11代俊清の時代に維新となり、12代俊朗（羽柴喜久丸豊臣俊朗）が大正５年に没すると、後継養子もなく家系は断絶した。 尚、山口県にこの分流と自称する豊臣家があるが、その系譜を明らかにせず、現時点では豊臣末裔とは容認出来ない。立石木下家（羽柴家）は、大正５年に断絶したとするのが妥当である。立石木下家については、『豊臣家存続の謎（前川和彦、日本文芸社）』を参照されたい。

豊臣家は、大坂城落城（1615）、淀君・秀頼親子自刃、国松の処刑、そして千姫の養女となった天秀尼の死亡により血脈は断絶したとされているが、秀頼遺児とか、その末裔と称する家系がある。しかし、「野史」や口伝というもので、甚だ心もとない。

一子相伝により豊臣家末裔を称する家系としては、木場家（薩摩豊臣家）と羽柴家（立石木下家）が確認される。

木場家の事は、『臨時増刊歴史と旅（秋田書店）』に「太閤の後裔は亡びず（木場貞幹）」が掲載され、その後、『豊臣家存続の謎』の続編（『続・豊臣家存続の謎[天草四郎・島原決起の謎]』）でも紹介された。しかし、この家系は、薩摩藩客分と云いながら、『鹿児島県姓氏家系大辞典』にも、木場家は紹介されているが、自称豊臣家の木場家の記述はない。又、鹿児島県在住の系譜研究家の川崎大十氏の、『「さつま」の姓氏（高城書房）』の三百六ページにも木場家が複数紹介されているが、木場貞幹氏の家系は不記載である。 又、樺山家との関係も示唆しているが、『平成新修旧華族家系大成（霞会館.編、吉川弘文館）』においてそういう関係は立証されない事は、拙著『織豊興亡史（今日の話題社）』で既に指摘したところである。 従って、木場家の系譜の歴代は、木場家の相伝以外確認するものがないのである。 最も、一子相伝の性格上、単なる言い伝えではない特殊性もあるので、傍証資料が確認された時には、再考の対象とはなるであろう。

木下家については、初代延由から８代俊隆までは、『寛政重修諸家譜』で系譜確認もされ、更に過去帳とか、他の資料でも確認できるので、初代の延由が豊臣国松と立証されれば、その系譜は完璧なものになる。 もっとも俊隆の後は、他家から養子が入っているので、家系は存続しても血統は断絶という事になる。その家系も12代の俊朗で断絶消滅した。

豊臣家は、複合家系である事は、『織豊興亡史』に記した。 豊臣家は江戸時代にも存続した事は、『寛政重修諸家譜』が証明している。 大名家として備中足守藩主木下家と、豊後日出藩主木下家が幕末まで続き、豊臣家（豊臣朝臣）と明記されているのである。大坂の陣（冬の陣、夏の陣）で消滅したのは、秀吉流豊臣家である。秀頼が自刃し、国松が殺された事にされて、賜姓豊臣家秀吉流は、史上より消え去った。 しかし、元平姓（杉原流）の第二豊臣家（高台院一族）は、存続し、その中に、秀吉の血脈が溶け込み存続したとするのが、木下家一子相伝であり、前川ルポ（『豊臣家存続の謎』）なのである。 どちらにしても豊臣家は、幕末・明治まで存続。 立石木下家は大正時代断絶したが、日出木下家も足守木下家も、明治時代には華族となり、その家系は現在に至り、豊臣家（豊臣朝臣）は、21世紀に至っているのである。

豊臣氏（木下家）（第二豊臣家一門）

（立石木下家〔羽柴氏〕）

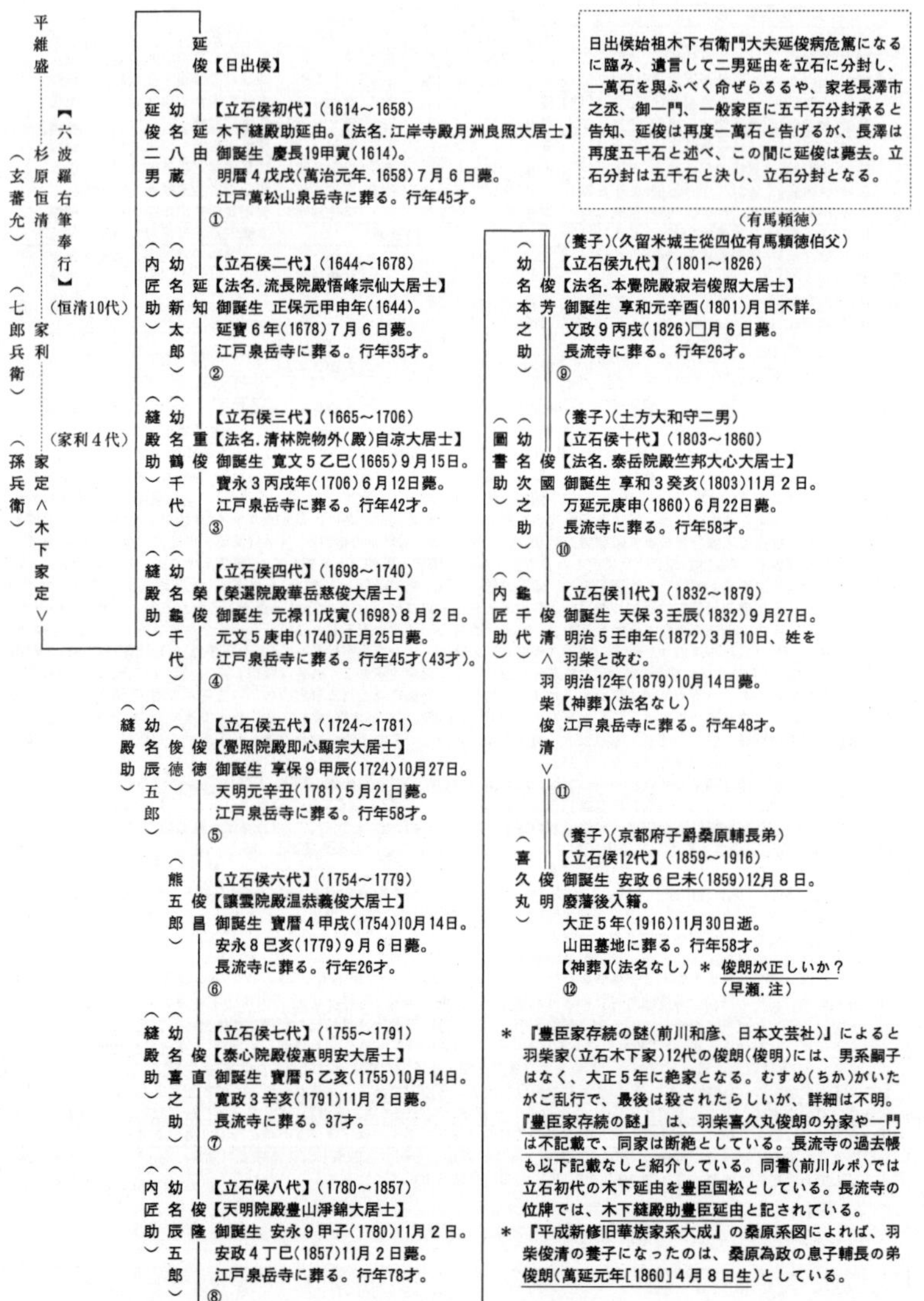

平維盛
杉原恒清（玄蕃允）【六波羅右筆奉行】
（恒清10代）
家利（七郎兵衛）
（家利４代）
家定〈木下家定〉（孫兵衛）
延俊【日出侯】
日出侯始祖木下右衛門大夫延俊病危篤になるに臨み、遺言して二男延由を立石に分封し、一萬石を與ふべく命ぜらるるや、家老長澤市之丞、御一門、一般家臣に五千石分封承ると告知、延俊は再度一萬石と告げるが、長澤は再度五千石と述べ、この間に延俊は薨去。立石分封は五千石と決し、立石分封となる。
延由（幼名八蔵）（延俊二男）
【立石侯初代】（1614～1658）
木下縫殿助延由。【法名.江岸寺殿月洲良照大居士】
御誕生 慶長19甲寅（1614）。
明暦４戊戌（萬治元年.1658）７月６日薨。
江戸萬松山泉岳寺に葬る。行年45才。
①
延知（幼名新太郎）（内匠助）
【立石侯二代】（1644～1678）
【法名.流長院殿悟峰宗仙大居士】
御誕生 正保元甲申年（1644）。
延寶６年（1678）７月６日薨。
江戸泉岳寺に葬る。行年35才。
②
重俊（幼名鶴千代）（縫殿助）
【立石侯三代】（1665～1706）
【法名.清林院物外（殿）自凉大居士】
御誕生 寛文５乙巳（1665）９月15日。
寶永３丙戌年（1706）６月12日薨。
江戸泉岳寺に葬る。行年42才。
③
榮俊（幼名龜千代）（縫殿助）
【立石侯四代】（1698～1740）
【榮選院殿華岳慈俊大居士】
御誕生 元禄11戊寅（1698）８月２日。
元文５庚申（1740）正月25日薨。
江戸泉岳寺に葬る。行年45才（43才）。
④
俊徳（俊徳）（幼名辰五郎）（縫殿助）
【立石侯五代】（1724～1781）
【覺照院殿即心顯宗大居士】
御誕生 享保９甲辰（1724）10月27日。
天明元辛丑（1781）５月21日薨。
江戸泉岳寺に葬る。行年58才。
⑤
俊昌（熊五郎）
【立石侯六代】（1754～1779）
【讓雲院殿温恭義俊大居士】
御誕生 寶暦４甲戌（1754）10月14日。
安永８已亥（1779）９月６日薨。
長流寺に葬る。行年26才。
⑥
俊直（幼名喜之助）（縫殿助）
【立石侯七代】（1755～1791）
【泰心院殿俊恵明安大居士】
御誕生 寶暦５乙亥（1755）10月14日。
寛政３辛亥（1791）11月２日薨。
長流寺に葬る。37才。
⑦
俊隆（幼名辰五郎）（内匠助）
【立石侯八代】（1780～1857）
【天明院殿豊山淨錦大居士】
御誕生 安永９甲子（1780）11月２日。
安政４丁巳（1857）11月２日薨。
江戸泉岳寺に葬る。行年78才。
⑧
（有馬頼徳）
俊芳（幼名本之助）
（養子）（久留米城主従四位有馬頼徳伯父）
【立石侯九代】（1801～1826）
【法名.本覺院殿寂岩俊照大居士】
御誕生 享和元辛酉（1801）月日不詳。
文政９丙戌（1826）□月６日薨。
長流寺に葬る。行年26才。
⑨
俊國（幼名次之助）（圖書助）
（養子）（土方大和守二男）
【立石侯十代】（1803～1860）
【法名.泰岳院殿竺邦大心大居士】
御誕生 享和３癸亥（1803）11月２日。
万延元庚申（1860）６月22日薨。
長流寺に葬る。行年58才。
⑩
俊清〈羽柴俊清〉（龜千代）（内匠助）
【立石侯11代】（1832～1879）
御誕生 天保３壬辰（1832）９月27日。
明治５壬申年（1872）３月10日、姓を羽柴と改む。
明治12年（1879）10月14日薨。
【神葬】（法名なし）
江戸泉岳寺に葬る。行年48才。
⑪
俊明（喜久丸）
（養子）（京都府子爵桑原輔長弟）
【立石侯12代】（1859～1916）
御誕生 安政６已未（1859）12月８日。
廢藩後入籍。
大正５年（1916）11月30日逝。
山田墓地に葬る。行年58才。
【神葬】（法名なし）＊ 俊朗が正しいか？（早瀬.注）
⑫
＊『豊臣家存続の謎（前川和彦、日本文芸社）』によると羽柴家（立石木下家）12代の俊朗（俊明）には、男系嗣子はなく、大正５年に絶家となる。むすめ（ちか）がいたがご乱行で、最後は殺されたらしいが、詳細は不明。『豊臣家存続の謎』は、羽柴喜久丸俊朗の分家や一門は不記載で、同家は断絶としている。長流寺の過去帳も以下記載なしと紹介している。同書（前川ルポ）では立石初代の木下延由を豊臣国松としている。長流寺の位牌では、木下縫殿助豊臣延由と記されている。
＊『平成新修旧華族家系大成』の桑原系図によれば、羽柴俊清の養子になったのは、桑原為政の息子輔長の弟俊朗（萬延元年［1860］４月８日生）としている。

出典『豊後 立石史談（胡麻鶴岩八.著、歴史図書社）』（大分県立大分図書館.蔵）（レファレンス協力.扶桑町図書館）

立石木下家（羽柴氏）総合検証系図（１）（第二豊臣氏一門）

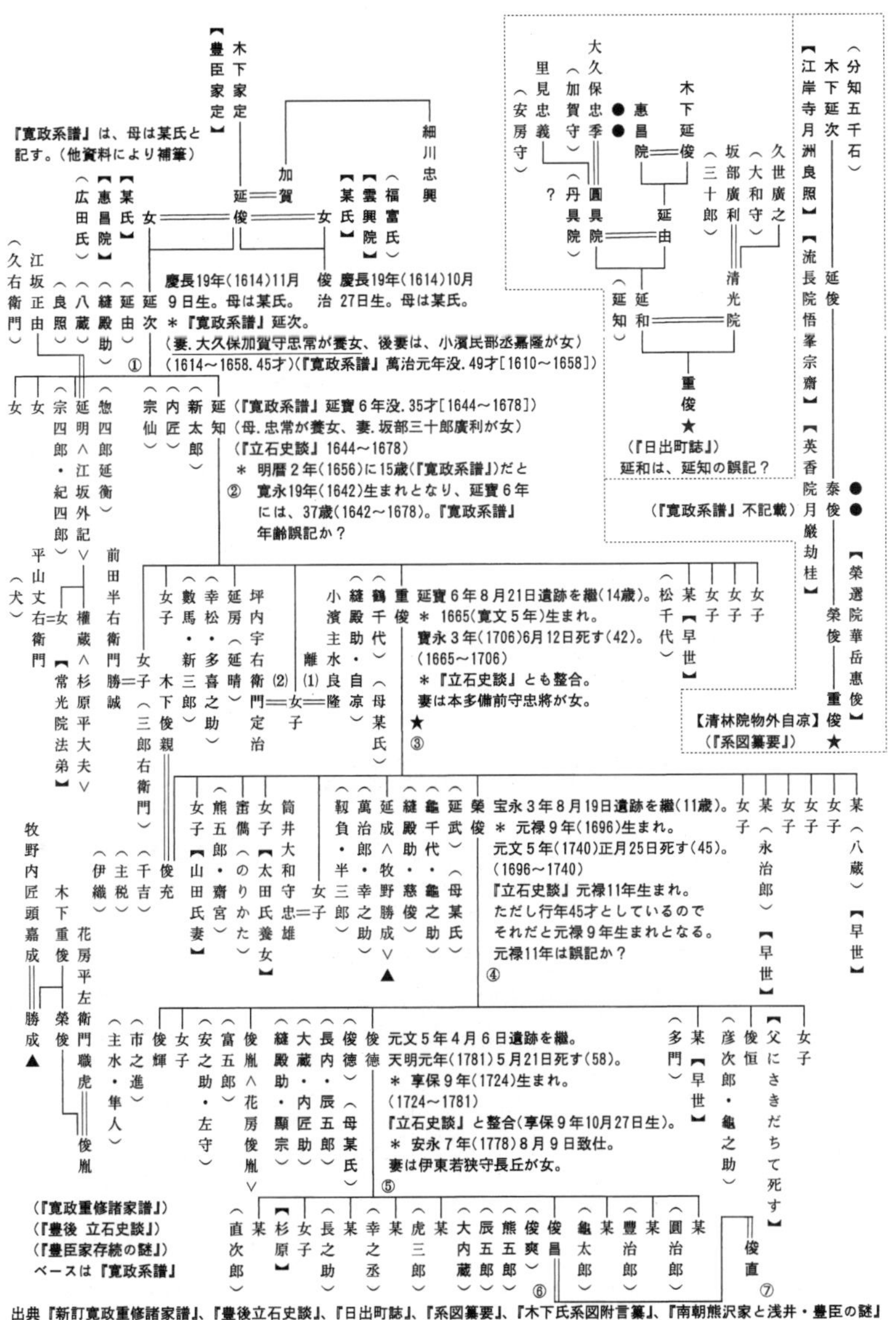
木下家定【豊臣家定】
細川忠興
『寛政系譜』は、母は某氏と記す。（他資料により補筆）
某氏【恵昌院】（広田氏）
女
延俊
加賀
女
（福富氏）【雲興院】【某氏】
俊治
慶長19年(1614)11月9日生。母は某氏。
慶長19年(1614)10月27日生。母は某氏。
＊『寛政系譜』延次。
（妻.大久保加賀守忠常が養女、後妻は、小濱民部丞嘉隆が女）
（1614～1658.45才）（『寛政系譜』萬治元年没.49才[1610～1658]）
延次
①
延由
縫殿助
八蔵
良照
江坂正由（久右衛門）
大久保忠季（加賀守）
里見忠義（安房守）
木下延俊
恵昌院
●●
？
圓具院（丹具院）
延由
久世廣之（大和守）
坂部廣利（三十郎）
清光院
延和（延知）
重俊
★
（『日出町誌』）
延和は、延知の誤記？
（『寛政系譜』不記載）
（分知五千石）
木下延次【江岸寺月洲良照】
延俊【流長院悟峯宗齋】
泰俊●●【英香院月巌劫桂】
榮俊【榮選院華岳恵俊】
重俊★
【清林院物外自凉】
（『系図纂要』）
延知
新太郎
内匠
宗仙
惣四郎延衛
延明〈江坂外記〉
宗四郎・紀四郎
女
女
（『寛政系譜』延寶6年没.35才[1644～1678]）
（母.忠常が養女、妻.坂部三十郎廣利が女）
（『立石史談』1644～1678）
＊明暦2年(1656)に15歳(『寛政系譜』)だと寛永19年(1642)生まれとなり、延寶6年には、37歳(1642～1678)。『寛政系譜』年齢誤記か？
②
平山丈右衛門
（犬）
女【常光院法弟】
権蔵〈杉原平大夫〉
前田半右衛門勝誠
女子
木下俊親（三郎右衛門）
女子
数馬・新三郎
幸松・多喜之助
延房（延晴）
坪内宇右衛門定治
(2)
女子
(1)
離
小濱主水良隆
縫殿助・自凉
鶴千代（母某氏）
重俊
★
③
延寶6年8月21日遺跡を継(14歳)。
＊1665(寛文5年)生まれ。
寶永3年(1706)6月12日死す(42)。
(1665～1706)
＊『立石史談』とも整合。
妻は本多備前守忠將が女。
松千代
某【早世】
女子
女子
女子
俊充
千吉
主税
伊織
女子【山田氏妻】
熊五郎・齋宮
齋僑（のりかた）
女子【太田氏養女】
筒井大和守忠雄
女子
靭負・半三郎
萬治郎・幸之助
延成〈牧野勝成〉
▲
縫殿助・慈俊
亀千代・亀之助
延武（母某氏）
榮俊
宝永3年8月19日遺跡を継(11歳)。
＊元禄9年(1696)生まれ。
元文5年(1740)正月25日死す(45)。
(1696～1740)
『立石史談』元禄11年生まれ。
ただし行年45才としているので
それだと元禄9年生まれとなる。
元禄11年は誤記か？
④
女子
某（永治郎）【早世】
女子
女子
女子
某（八蔵）【早世】
牧野内匠頭嘉成
勝成
▲
木下重俊
花房平左衛門職虎
榮俊
俊胤
主水・隼人
市之進
俊輝
女子
安之助・左守
富五郎
俊胤〈花房俊胤〉
縫殿助・顕宗
大蔵・内匠助
長内・辰五郎
俊徳（母某氏）
俊徳
元文5年4月6日遺跡を継。
天明元年(1781)5月21日死す(58)。
＊享保9年(1724)生まれ。
(1724～1781)
『立石史談』と整合(享保9年10月27日生)。
＊安永7年(1778)8月9日致仕。
妻は伊東若狭守長丘が女。
⑤
多門
某【早世】
彦次郎・亀之助
俊恒
【父にさきだちて死す】
女子
（『寛政重修諸家譜』）
（『豊後 立石史談』）
（『豊臣家存続の謎』）
ベースは『寛政系譜』
直次郎
某
【杉原】
女子
長之助
某
幸之丞
某
虎三郎
某
大内蔵
辰五郎
熊五郎
俊爽
俊昌
⑥
亀太郎
某
豊治郎
某
圓治郎
某
俊直
⑦

出典『新訂寛政重修諸家譜』、『豊後立石史談』、『日出町誌』、『系図纂要』、『木下氏系図附言纂』、『南朝熊沢家と浅井・豊臣の謎』

立石木下家（羽柴氏）総合検証系図（2）（第二豊臣氏一門）

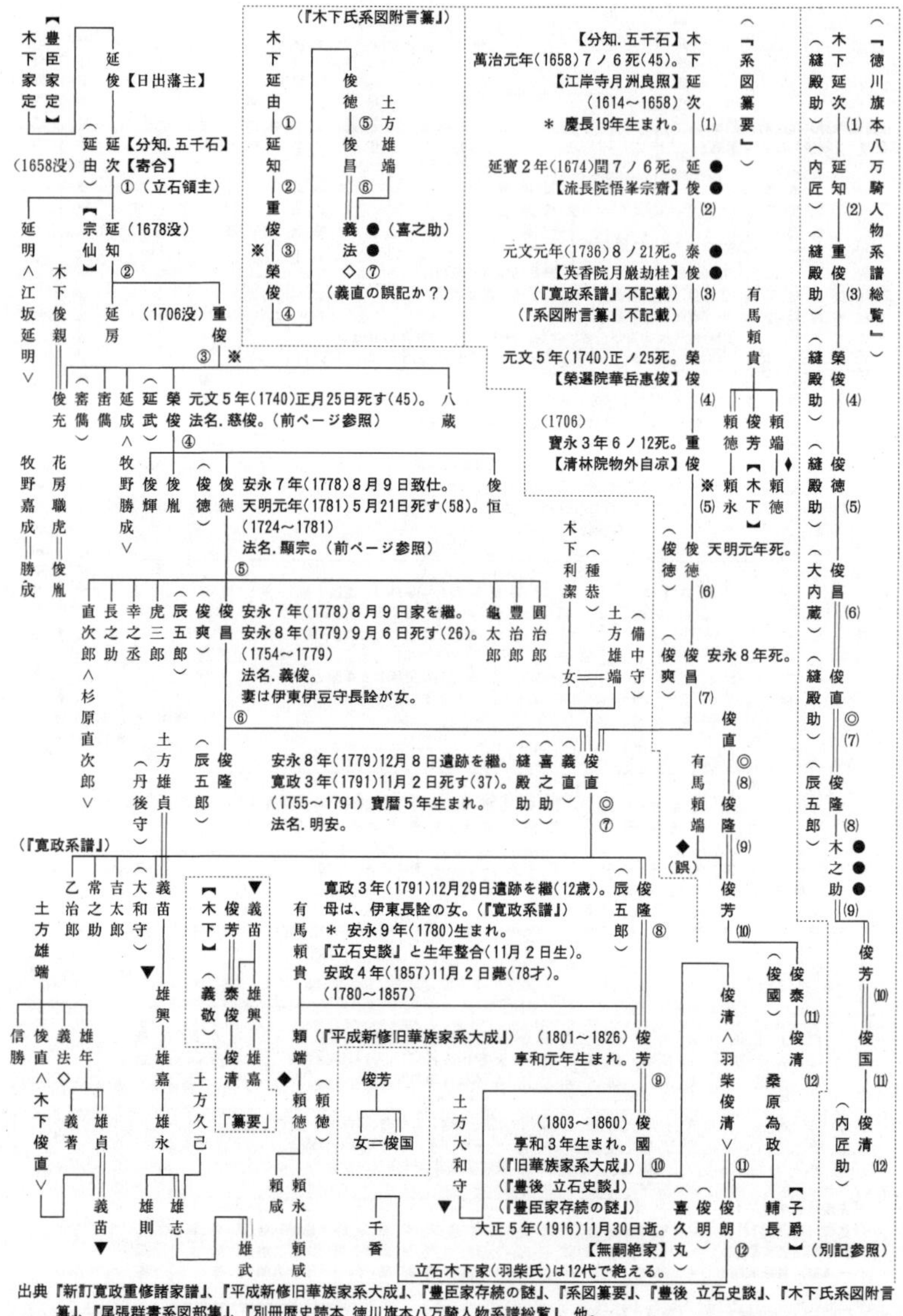

出典『新訂寛政重修諸家譜』、『平成新修旧華族家系大成』、『豊臣家存続の謎』、『系図纂要』、『豊後 立石史談』、『木下氏系図附言纂』、『尾張群書系図部集』、『別冊歴史読本 徳川旗本八万騎人物系譜総覧』、他。

第二豊臣氏（木下家）一門系図

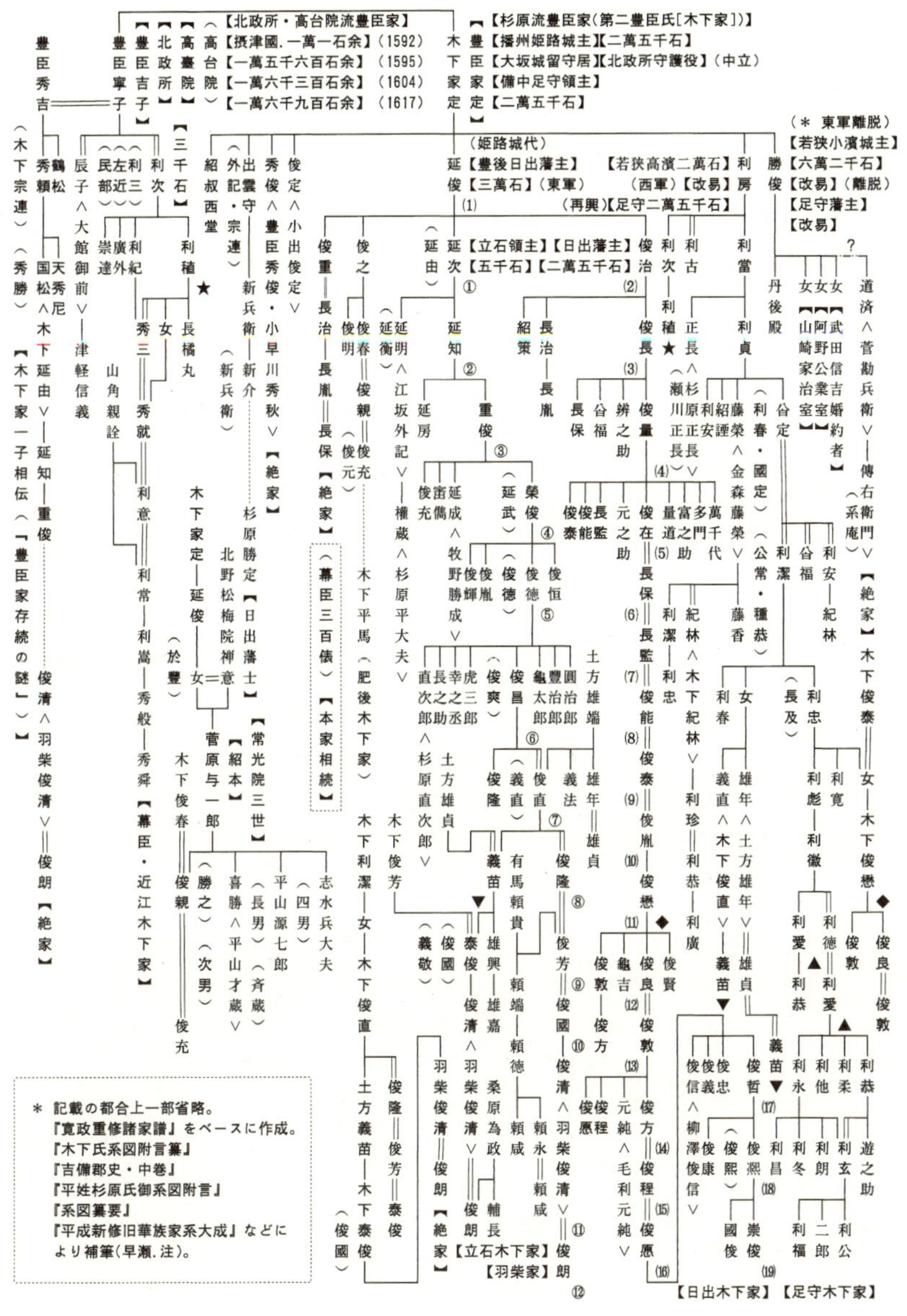
【北政所・高台院流豊臣家】
【摂津國.一萬一石余】（1592）
【一萬五千六百石余】（1595）
【一萬六千三百石余】（1604）
【一萬六千九百石余】（1617）
【杉原流豊臣家（第二豊臣氏［木下家］）】
【播州姫路城主】【二萬五千石】
【大坂城留守居】【北政所守護役】（中立）
【備中足守領主】
【二萬五千石】
豊臣秀吉
豊臣寧子
豊臣吉子
北政所
高臺院
高台院
木下家定
豊臣家定
（＊ 東軍離脱）
【若狭小濱城主】
【六萬二千石】
【改易】（離脱）
【足守藩主】
【改易】
勝俊
（姫路城代）
延俊【豊後日出藩主】【三萬石】（東軍）
【若狭高濱二萬石】（西軍）【改易】
（再興）【足守二萬五千石】
利房
延次【立石領主】【五千石】
【日出藩主】【二萬五千石】
俊治
秀俊（豊臣秀俊・小早川秀秋）【絶家】
【幕臣三百俵】【本家相続】
【日出木下家】
【足守木下家】
【立石木下家】
【羽柴家】
【幕臣・近江木下家】
【木下家一子相伝（「豊臣家存続の謎」）】
【絶家】
＊ 記載の都合上一部省略。
『寛政重修諸家譜』をベースに作成。
『木下氏系図附言纂』
『吉備郡史・中巻』
『平姓杉原氏御系図附言』
『系図纂要』
『平成新修旧華族家系大成』などにより補筆（早瀬．注）。

木下長嘯子系図（1）

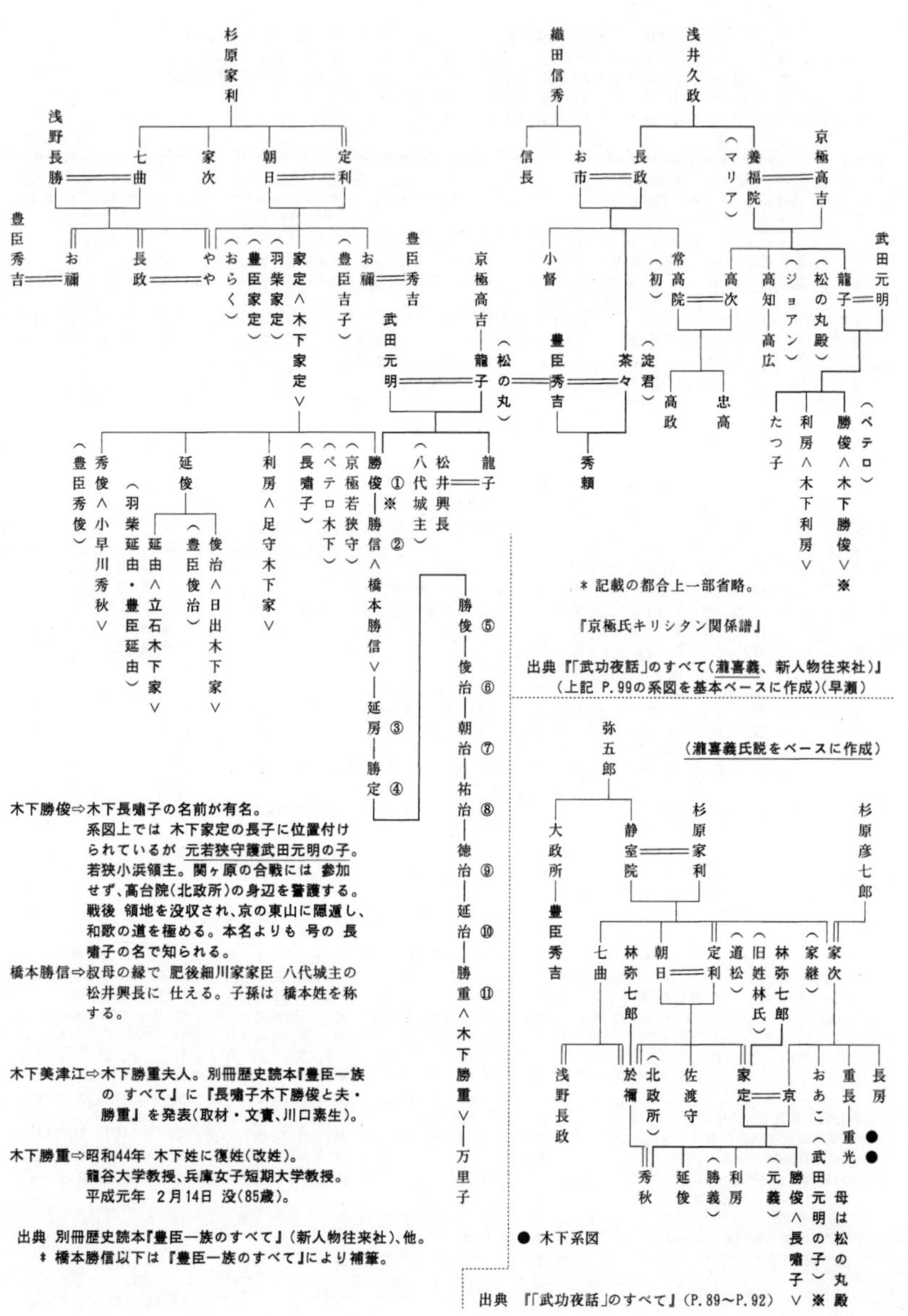

木下勝俊⇒木下長嘯子の名前が有名。
系図上では 木下家定の長子に位置付けられているが 元若狭守護武田元明の子。
若狭小浜領主。関ヶ原の合戦には 参加せず、高台院(北政所)の身辺を警護する。
戦後 領地を没収され、京の東山に隠遁し、和歌の道を極める。本名よりも 号の 長嘯子の名で知られる。
橋本勝信⇒叔母の縁で 肥後細川家家臣 八代城主の松井興長に 仕える。子孫は 橋本姓を称する。
木下美津江⇒木下勝重夫人。別冊歴史読本『豊臣一族の すべて』に『長嘯子木下勝俊と夫・勝重』を発表(取材・文責、川口素生)。
木下勝重⇒昭和44年 木下姓に復姓(改姓)。
龍谷大学教授、兵庫女子短期大学教授。
平成元年 2月14日 没(85歳)。
出典 別冊歴史読本『豊臣一族のすべて』(新人物往来社)、他。
＊ 橋本勝信以下は『豊臣一族のすべて』により補筆。
＊ 記載の都合上一部省略。
『京極氏キリシタン関係譜』
出典『「武功夜話」のすべて(瀧喜義、新人物往来社)』
(上記 P.99の系図を基本ベースに作成)(早瀬)
(瀧喜義氏説をベースに作成)
● 木下系図
出典 『「武功夜話」のすべて』(P.89～P.92)

木下長嘯子系図（2）

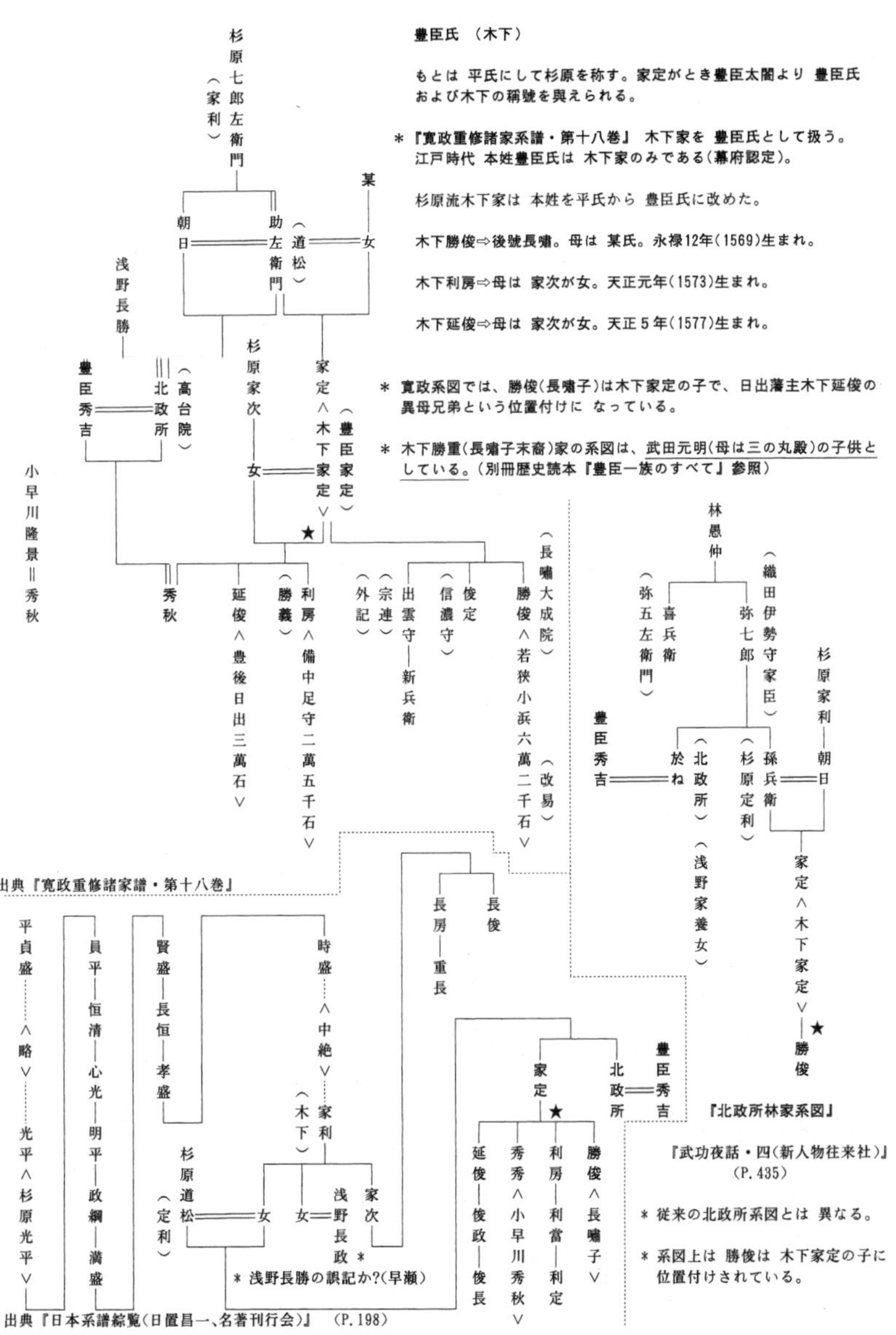

豊臣氏 （木下）
もとは 平氏にして杉原を称す。家定がとき豊臣太閤より 豊臣氏および木下の稱號を與えられる。
＊『寛政重修諸家系譜・第十八巻』 木下家を 豊臣氏として扱う。江戸時代 本姓豊臣氏は 木下家のみである（幕府認定）。
杉原流木下家は 本姓を平氏から 豊臣氏に改めた。
木下勝俊⇨後號長嘯。母は 某氏。永禄12年（1569）生まれ。
木下利房⇨母は 家次が女。天正元年（1573）生まれ。
木下延俊⇨母は 家次が女。天正５年（1577）生まれ。
＊ 寛政系図では、勝俊（長嘯子）は木下家定の子で、日出藩主木下延俊の異母兄弟という位置付けに なっている。
＊ 木下勝重（長嘯子末裔）家の系図は、武田元明（母は三の丸殿）の子供としている。（別冊歴史読本『豊臣一族のすべて』参照）
杉原七郎左衛門（家利）
某
朝日
助左衛門（道松）
女
浅野長勝
豊臣秀吉
北政所（高台院）
杉原家次
家定〈木下家定〉（豊臣家定）
女
小早川隆景＝秀秋
★
秀秋
延俊〈豊後日出三萬石〉
利房〈備中足守二萬五千石〉（勝義）
（外記）
（宗連）
出雲守―新兵衛
俊定（信濃守）
勝俊〈若狭小浜六萬二千石〉（長嘯大成院）（改易）
出典『寛政重修諸家譜・第十八巻』
林愚仲
喜兵衛（弥五左衛門）
弥七郎（織田伊勢守家臣）
豊臣秀吉
於ね（北政所）（浅野家養女）
孫兵衛（杉原定利）
杉原家利―朝日
家定〈木下家定〉
★
勝俊
『北政所林家系図』
長房―重長
長俊
平貞盛……〈略〉……光平〈杉原光平〉
員平―恒清―心光―明平―政綱―満盛
賢盛―長恒―孝盛
時盛……〈中絶〉……家利（木下）
杉原道松（定利）
女
女
浅野長政＊
家次
＊浅野長勝の誤記か?（早瀬）
出典『日本系譜綜覧（日置昌一、名著刊行会）』 （P.198）
豊臣秀吉
北政所
家定
★
延俊―俊政―俊長
秀秀〈小早川秀秋〉
利房―利當―利定
勝俊〈長嘯子〉
『武功夜話・四（新人物往来社）』（P.435）
＊ 従来の北政所系図とは 異なる。
＊ 系図上は 勝俊は 木下家定の子に位置付けされている。

木下長嘯子系図（3）

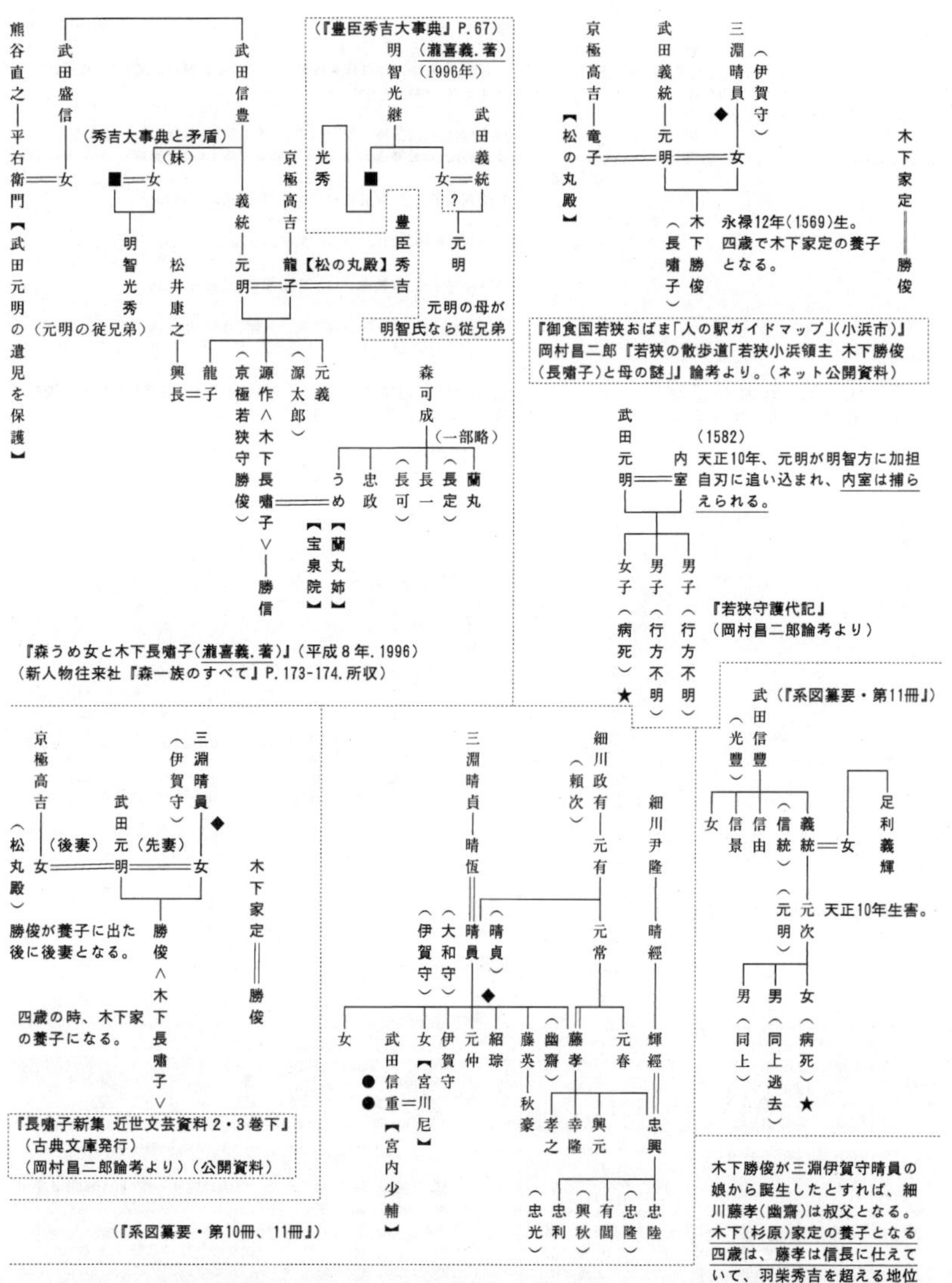

（『豊臣秀吉大事典』P.67）（瀧喜義.著）（1996年）
（秀吉大事典と矛盾）
元明の母が明智氏なら従兄弟
明智光秀（元明の従兄弟）
【武田元明の遺児を保護】
【松の丸殿】
『森うめ女と木下長嘯子（瀧喜義.著）』（平成8年.1996）
（新人物往来社『森一族のすべて』P.173-174.所収）
永禄12年（1569）生。四歳で木下家定の養子となる。
『御食国若狭おばま「人の駅ガイドマップ」（小浜市）』
岡村昌二郎『若狭の散歩道「若狭小浜領主 木下勝俊（長嘯子）と母の謎」』論考より。（ネット公開資料）
（1582）天正10年、元明が明智方に加担自刃に追い込まれ、内室は捕らえられる。
『若狭守護代記』（岡村昌二郎論考より）
（『系図纂要・第11冊』）
天正10年生害。
勝俊が養子に出た後に後妻となる。
四歳の時、木下家の養子になる。
『長嘯子新集 近世文芸資料2・3巻下』（古典文庫発行）（岡村昌二郎論考より）（公開資料）
（『系図纂要・第10冊、11冊』）

木下勝俊が三淵伊賀守晴員の娘から誕生したとすれば、細川藤孝（幽齋）は叔父となる。木下（杉原）家定の養子となる四歳は、藤孝は信長に仕えていて、羽柴秀吉を超える地位にあった。まして、家定が勝俊を養って子とするよりも、藤孝が養うべきが、道筋といえよう。だが、藤孝は勝俊が京に隠棲の後に交流を深め、師弟として詩歌の道に精励している。叔父・甥の間柄であれば当然だが、勝俊が成人するまでの間、まったく交流がなかっただけに、三淵伊賀守の娘を生母とするには、疑問がある。これらの資料を総合して考察するに（中略）木下勝俊の出自は「木下家定の嫡子」であったと、私（岡村）は考察する。（岡村昌二郎氏論考より）　＊ 叔父⇒伯父？

木下長嘯子系図（4）

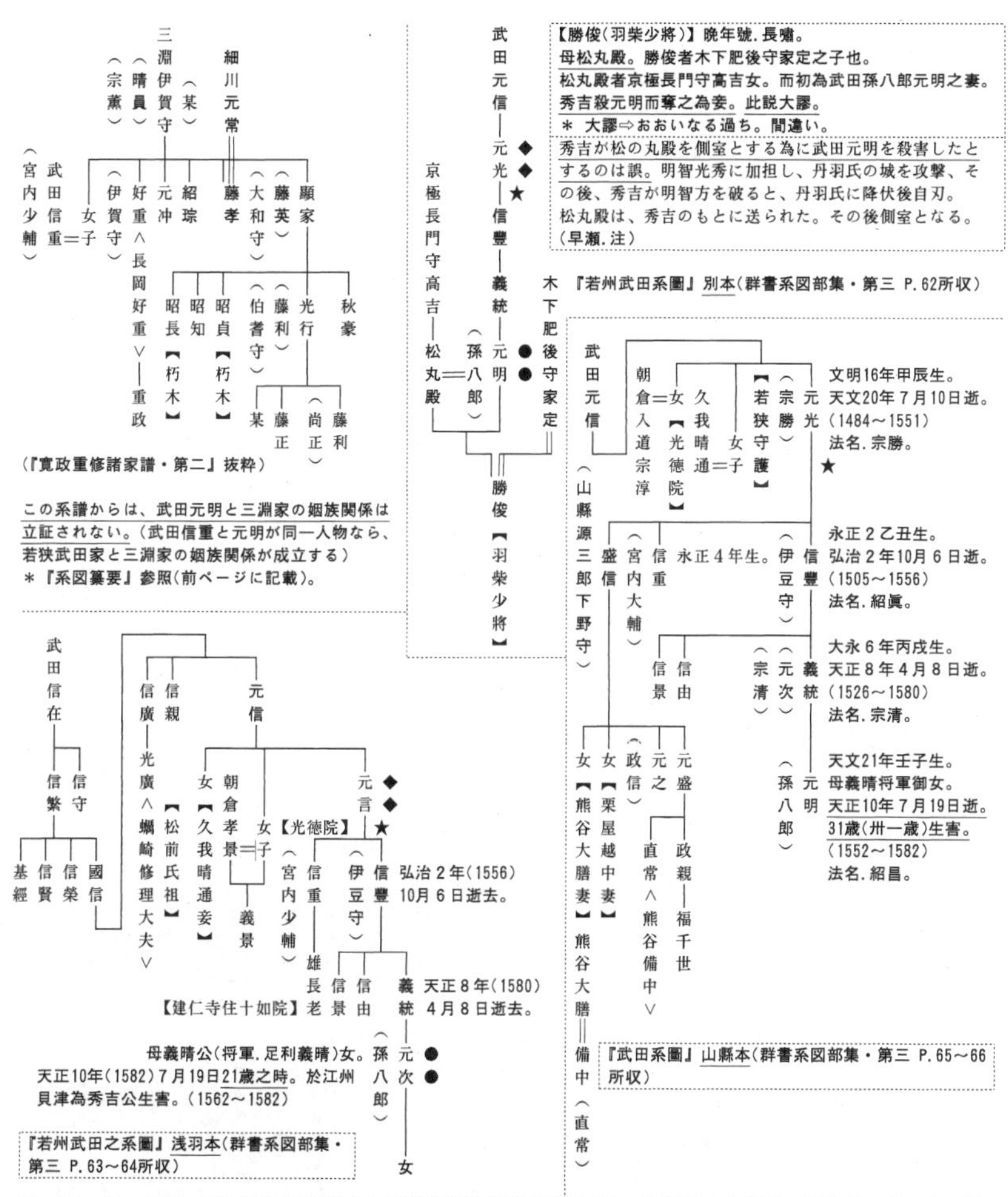

【勝俊（羽柴少将）】晩年號.長嘯。
母松丸殿。勝俊者木下肥後守家定之子也。
松丸殿者京極長門守高吉女。而初為武田孫八郎元明之妻。
秀吉殺元明而奪之為妾。此説大謬。
＊ 大謬⇨おおいなる過ち。間違い。
秀吉が松の丸殿を側室とする為に武田元明を殺害したとするのは誤。明智光秀に加担し、丹羽氏の城を攻撃、その後、秀吉が明智方を破ると、丹羽氏に降伏後自刃。

松丸殿は、秀吉のもとに送られた。その後側室となる。

（早瀬.注）

『若州武田系圖』別本（群書系図部集・第三 P.62所収）

（『寛政重修諸家譜・第二』抜粋）

この系譜からは、武田元明と三淵家の姻族関係は立証されない。（武田信重と元明が同一人物なら、若狭武田家と三淵家の姻族関係が成立する）
＊『系図纂要』参照（前ページに記載）。
文明16年甲辰生。

天文20年７月10日逝。

（1484～1551）

法名.宗勝。

永正２乙丑生。

弘治２年10月６日逝。

（1505～1556）

法名.紹眞。

大永６年丙戌生。

天正８年４月８日逝。

（1526～1580）

法名.宗清。

天文21年壬子生。

母義晴将軍御女。

天正10年７月19日逝。

31歳（卅一歳）生害。

（1552～1582）

法名.紹昌。

弘治２年（1556）

10月６日逝去。

天正８年（1580）

４月８日逝去。

【建仁寺住十如院】

母義晴公（将軍.足利義晴）女。

天正10年（1582）７月19日21歳之時。於江州貝津為秀吉公生害。（1562～1582）

『若州武田之系圖』浅羽本（群書系図部集・第三 P.63～64所収）

『武田系圖』山縣本（群書系図部集・第三 P.65～66所収）

『武田系図』別本（「群書系図部集」所収）以外、木下勝俊を若狭武田家（武田元明）の血脈とする基本系図文献未確認。
同系図は、木下勝俊を松丸殿の子と記すが、『群書系図部集（原典は、「正続群書類従・系譜部」）』編纂者は疑問視している。
『系図纂要』、『群書系図部集』、『寛政重修諸家譜』などに於いては、松の丸殿と木下勝俊の血脈を立証する記述はなし（各文献掲載の『京極氏系図』、『木下家系図』及び『武田氏系図』）。従って、瀧喜義氏が『武功夜話のすべて（新人物往来社）』P.99で掲載した『京極氏キリシタン関係譜』、『森一族のすべて（新人物往来社）』P.173～174執筆掲載の『森うめ女と木下長嘯子』、『豊臣秀吉大事典（新人物往来社）』P.67などで、木下勝俊が、京極龍子（松の丸殿）の実子とした記述は、基本系図文献の裏付けのない論考という事になる。ちなみに瀧氏は、『武功夜話のすべて』P.92では、木下勝俊は、幼名、元義と記し、『森一族のすべて』P.173では、武田元明に三子あり、嫡子元義（源太郎）、次男源作、長女龍子（母同名）と記す。瀧氏は次男源作が木下勝俊（長嘯子）とするが、それでは、『武功夜話のすべて』と整合しない。瀧説は、基本系図文献に立脚した論考でない事が明らかとなった。現在の所、木下勝俊（長嘯子）は、母の出自は不詳、木下家定の嫡男とするのが妥当と考える。（早瀬.注）
出典『群書系図部集（続群書類従完成会）』、『系図纂要（名著出版）』、『新訂寛政重修諸家譜（続群書類従完成会）』、他。

木下長嘯子系図（5）

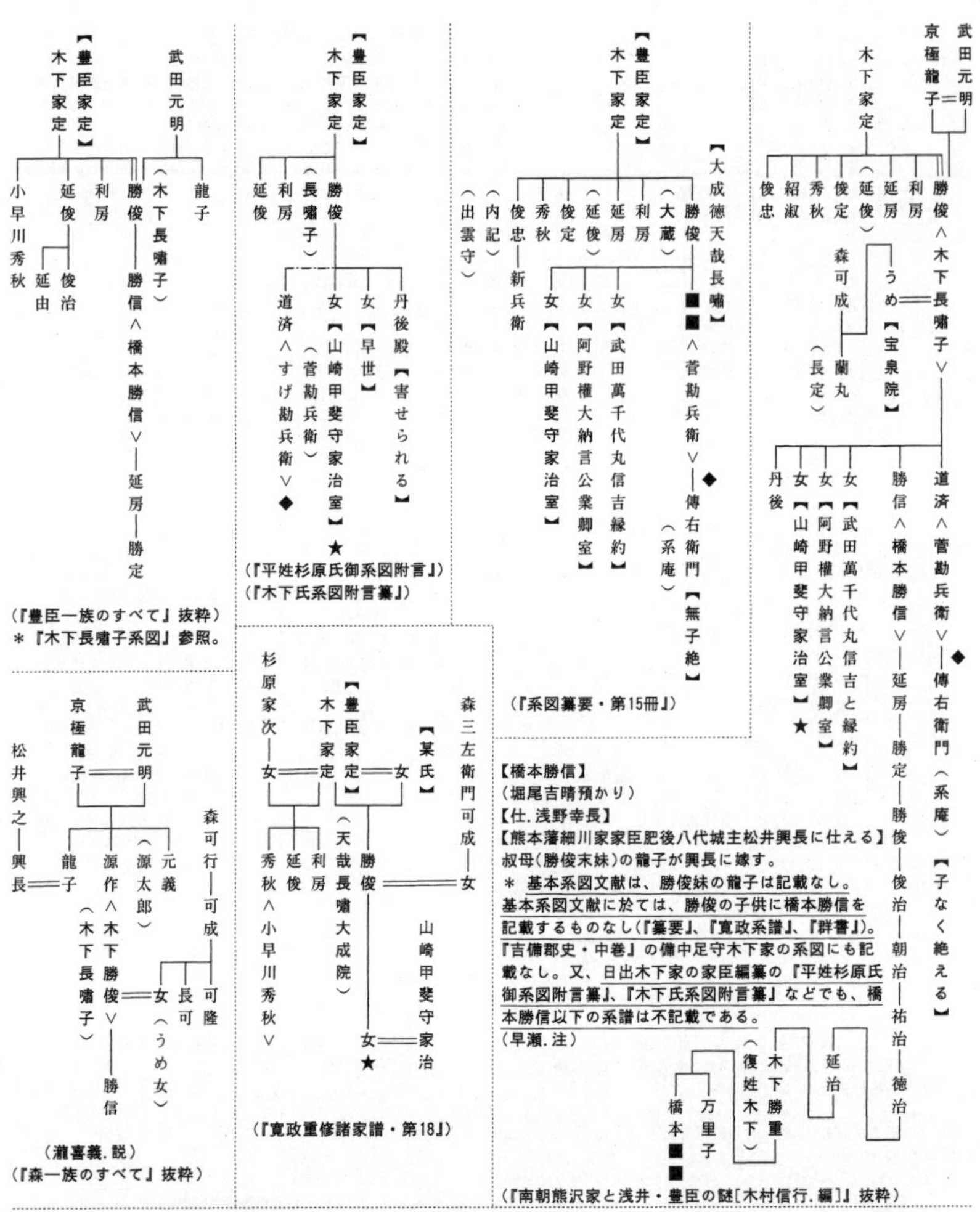
武田元明
京極龍子
木下家定
勝俊〈木下長嘯子〉
利房
延房
（延俊）
俊定
秀秋
紹淑
俊忠
うめ【宝泉院】
森可成
蘭丸
（長定）
道済〈菅勘兵衛〉◆―傳右衛門（系庵）【子なく絶える】
勝信〈橋本勝信〉―延房―勝定―勝俊―俊治―朝治―祐治―徳治
女【武田萬千代丸信吉と縁約】
女【阿野權大納言公業卿室】
女【山崎甲斐守家治室】★
丹後
【豊臣家定】
木下家定
【大成徳天哉長嘯】
勝俊
（大蔵）
利房
延房
（延俊）
俊定
秀秋
俊忠―新兵衛
（内記）
（出雲守）
■■〈菅勘兵衛〉◆―傳右衛門【無子絶】
（系庵）
女【武田萬千代丸信吉縁約】
女【阿野權大納言公業卿室】
女【山崎甲斐守家治室】
（『系図纂要・第15冊』）
【豊臣家定】
木下家定
勝俊
（長嘯子）
利房
延俊
丹後殿【害せられる】
女【早世】
女【山崎甲斐守家治室】
★
道済〈すげ勘兵衛〉◆
（菅勘兵衛）
（『平姓杉原氏御系図附言』）
（『木下氏系図附言纂』）
武田元明
龍子
【豊臣家定】
木下家定
勝俊
（木下長嘯子）
勝信〈橋本勝信〉―延房―勝定
利房
延俊
俊治
延由
小早川秀秋
（『豊臣一族のすべて』抜粋）
＊『木下長嘯子系図』参照。
森三左衛門可成―女
【某氏】
女
【豊臣家定】
木下家定
杉原家次―女
勝俊
（天哉長嘯大成院）
女
★
山崎甲斐守家治
利房
延俊
秀秋〈小早川秀秋〉
（『寛政重修諸家譜・第18』）
武田元明
京極龍子
松井興之―興長
元義
（源太郎）
源作〈木下勝俊〉
（木下長嘯子）
龍子
勝信
森可行―可成
可隆
長可
女（うめ女）
（瀧喜義.説）
（『森一族のすべて』抜粋）
【橋本勝信】
（堀尾吉晴預かり）
【仕.浅野幸長】
【熊本藩細川家家臣肥後八代城主松井興長に仕える】
叔母（勝俊末妹）の龍子が興長に嫁す。
＊ 基本系図文献は、勝俊妹の龍子は記載なし。
基本系図文献に於ては、勝俊の子供に橋本勝信を
記載するものなし（『纂要』、『寛政系譜』、『群書』）。
『吉備郡史・中巻』の備中足守木下家の系図にも記
載なし。又、日出木下家の家臣編纂の『平姓杉原氏
御系図附言纂』、『木下氏系図附言纂』などでも、橋
本勝信以下の系譜は不記載である。
（早瀬.注）
延治
木下勝重
（復姓木下）
万里子
橋本■■
（『南朝熊沢家と浅井・豊臣の謎[木村信行.編]』抜粋）

木下勝俊(長嘯子)の子女の内、確実に確認出来るのは、山崎家治室(『系図纂要』、『寛政重修諸家譜』で確認)と、阿野公業室(『系図纂要』で確認)、及び武田信吉の婚約者たる女(『系図纂要』)のみである。 男子(庶子か？)は、『系図纂要』で菅勘兵衛が確認されるが、その子の傳右衛門で無嗣絶家となっている。 木下勝俊に嫡流男子は確認されず、その男系末裔と称する家系があれば、とりあえず疑ってかかる必要がある。山崎家治の室は、『新訂寛政重修諸家譜・第７』の「山崎氏の系譜」でも記述確認される。又、阿野公業の室は、『系図纂要・第５冊』藤原氏阿野家の系譜の記述に於いて確認される。若狭少将豊臣勝俊朝臣(木下長嘯子)女は、阿野公業の室で、阿野實藤(阿野季信)の実母である。 木下家の系譜と相手方の系譜で確認されたので、この二女子は、木下勝俊の娘と認めても妥当と考える。「橋本氏の系譜」については、扶桑町図書館から熊本図書館にレファレンス依頼したが該当の系譜は確認出来ないとの事である。松井氏は、熊本藩の重役(家老など歴任)の家系で、簡略な系譜のコピーが、当方に届いた(紹介は省略)。

出典『南朝熊沢家と浅井・豊臣の謎(木村信行、日本歴史研究所)』、『新訂寛政重修諸家譜(続群書類従完成会)』、『系図纂要』、他。

木下長嘯子系図（6）

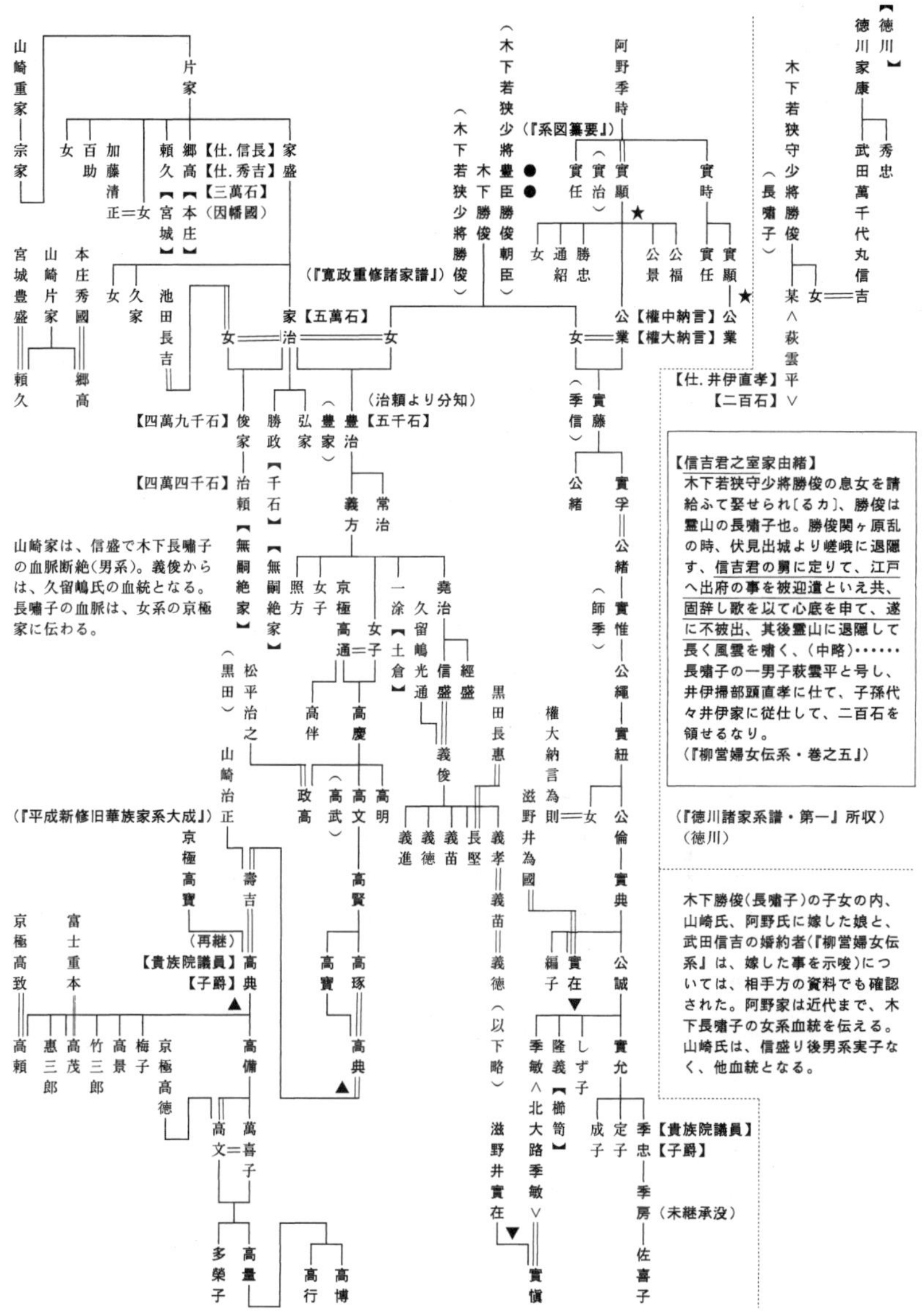
【徳川】
徳川家康
秀忠
武田萬千代丸信吉
木下若狭守少将勝俊（長嘯子）
某〈萩雲平〉
女
【仕.井伊直孝】
【二百石】
（『徳川諸家系譜・第一』所収）
（徳川）
【信吉君之室家由緒】
木下若狭守少將勝俊の息女を請給ふて娶せられ〔るカ〕、勝俊は靈山の長嘯子也。勝俊関ヶ原乱の時、伏見出城より嵯峨に退隠す、信吉君の舅に定りて、江戸へ出府の事を被迎遣といえ共、固辞し歌を以て心底を申て、遂に不被出、其後靈山に退隠して長く風雲を嘯く、（中略）……長嘯子の一男子萩雲平と号し、井伊掃部頭直孝に仕て、子孫代々井伊家に従仕して、二百石を領せるなり。
（『柳営婦女伝系・巻之五』）
木下勝俊（長嘯子）の子女の内、山崎氏、阿野氏に嫁した娘と、武田信吉の婚約者（『柳営婦女伝系』は、嫁した事を示唆）については、相手方の資料でも確認された。阿野家は近代まで、木下長嘯子の女系血統を伝える。山崎氏は、信盛り後男系実子なく、他血統となる。
山崎家は、信盛で木下長嘯子の血脈断絶（男系）。義俊からは、久留嶋氏の血統となる。長嘯子の血脈は、女系の京極家に伝わる。
（『系図纂要』）
阿野季時
實顕 實治 實任 實時
勝忠 通紹 女 公福 公景 實任 實顕
公業【権中納言】【権大納言】
（木下若狭少将豊臣勝俊朝臣）
木下勝俊
（木下若狭少将勝俊）
（『寛政重修諸家譜』）
山崎重家―宗家
片家
家盛 郷高【仕.信長】【仕.秀吉】【三萬石】（因幡國）【本庄】 頼久【宮城】 加藤清正＝女 百助 女
宮城豊盛 山崎片家 本庄秀國 頼久 郷高
池田長吉 久家 女
家治【五萬石】
俊家【四萬九千石】 治頼【四萬四千石】【無嗣絶家】
勝政【千石】【無嗣絶家】 弘家 （豊家） 豊治【五千石】（治頼より分知）
義方 常治
堯治 一涂 女子 京極高通 照方 女子
久留嶋光通【土倉】 信盛 經盛 義俊
義孝 長堅 義苗 義徳 義進
黒田長恵
松平治之（黒田）
山崎治正
（『平成新修旧華族家系大成』）
政高 高武（高武） 高文 高明
高伴 高慶 高賢 高琢 高寶 高典
京極高寶（再継）
壽吉 高典【貴族院議員】【子爵】
京極高致 富士重本
高頼 惠三郎 高茂 竹三郎 高景 梅子 京極高徳
高備 萬喜子 高文
多榮子 高疉 高行 高博
實藤（季信）
公緒 實孚＝公緒 實惟 公縄 實紐 公倫 實典 公誠 實允
（師季）
權大納言為則＝女
滋野井為國
實在 綱子
季敏〈北大路季敏〉 隆義【櫛笥】 しず子
季忠【貴族院議員】【子爵】 定子 成子
季房（未継承没） 佐喜子
義苗 義徳（以下略）
滋野井實在 實愼

出典『系図纂要』、『寛政重修諸家譜』、『平成新修旧華族家系大成』、『徳川諸家系譜・第一（「柳営婦女伝系」）（続群書類従完成会）』

木下長嘯子総合系図

（木下勝俊の出自系譜含む）

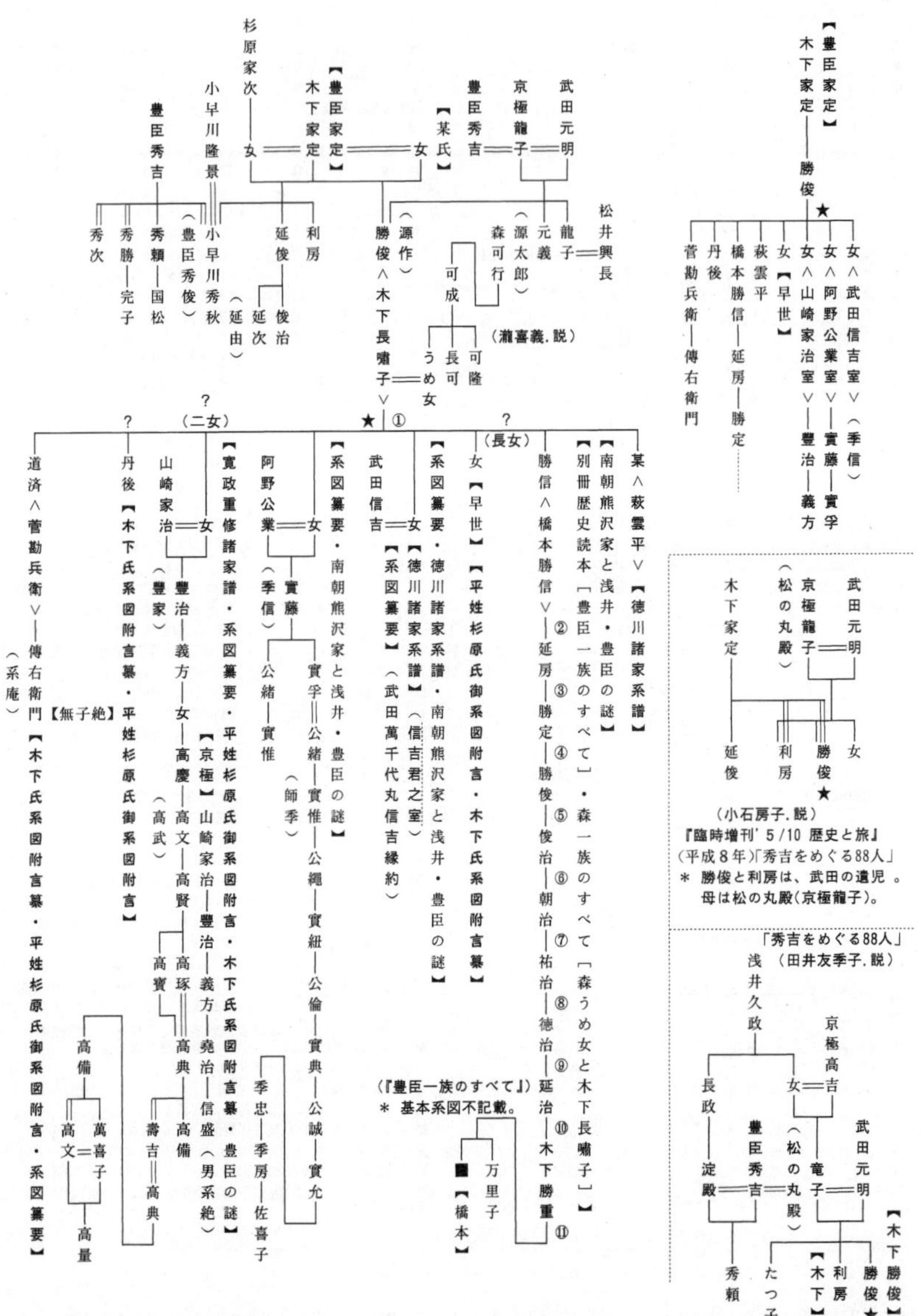

木下長嘯子の系譜（謎の血脈）

木下長嘯子（ちょうしょうし）は、歌人として知られる。本名は、豊臣朝臣木下勝俊である。すなわち、第二豊臣家初代 豊臣朝臣木下家定の長子とされる人物である。

『新訂 寛政重修諸家譜 第十八』（続群書類従完成会）によれば、母は某氏で、勝俊は、木下家定の庶子である。大蔵と称する。秀吉に仕え、侍従・従五位下、後に従四位・少将となり、若狭侍従とか、若狭少將と呼ばれた。永禄十二年（一五六九）に生まれた。秀吉が関白に任官されると、勝俊も暫時出世し、侍従となる。その後、若狭國六万二千石を与えられて小浜城主となり、若狭侍従・若狭少將と呼ばれた。家康が上杉討伐に東下する前に、伏見城の守備を命じられるが、西軍（反家康軍）が、伏見城を総攻撃する前に逃走し、関ヶ原の合戦後、所領没収改易処分となる。浪人中の勝俊は、高台院の庇護を受ける。父の没後家督を継承するが、家康の命令に違反（家康は、勝俊と弟の利房の分割相続を指示）し、再度の改易処分となる。

勝俊は京都東山に隠棲し、長嘯と号（木下長嘯子）す。その後は歌人として生きた。『寛政重修諸家譜』によれば、長嘯子には男子はなく、女子が一名記されるのみ、その女子は、山崎甲斐守家治の室となり、豊治（豊家）（旗本五千石）の母となる。男系は途中で絶える（養子により家系は存続）が、女系は、旧子爵の京極家に伝えられている（系図参照）。『系図纂要』によれば、山崎氏に嫁した女の外に、武田信吉の婚約者（『徳川諸家系譜』では嫁している）や、権大納言阿野公業に嫁した女を記す。子供に實藤（季信）があり、旧子爵の阿野季忠に繋がる（系図参照）。さらには、庶子として菅勘兵衛を記すが、その子の傳右衛門で絶える。

これが基本系図文献で確認できる「木下長嘯子の系譜」である。『平姓杉原氏御系図附言』および『木下氏系図附言纂』では、勝俊の長女は早世。次女が山崎家治の室。男子に丹後という人物を記し、一説として（庶子に）、道済（すげ勘兵衛）を記す。武田信吉婚約者と、阿野公業の室たる女については記載がない。しかし、山崎氏室、阿野氏室、武田信吉婚約者（一説、室）については、相手方の系図で確認できたので、山崎氏の室以外の二女を欠くのは、木下系図の記載漏れということになる。

驚くべきは、瀧喜義氏の論考で、『森一族のすべて』（新人物往来社）の一七三頁掲載の「森うめと木下長嘯子」によれば、木下長嘯子（勝俊）は、若狭守護武田元明と京極龍子（松の丸殿）の次男の源作であると記す。長男は源太郎元義。また、長嘯子の嫡男に勝信を記す。父のの元明は明智光秀の従兄弟と記す。しかし、瀧氏は、『武功夜話のすべて』九九頁の系図では、長子を勝俊、次子を利房、長女をたつ子（龍子、母と同名）としており、記述に矛盾が見られる。また、武田元明と明智光秀の関係も、『豊臣秀吉大事典』六七頁の瀧氏の論考では、元明の母が明智氏の出身とされ、先の『森一族のすべて』では、明智光秀の母が武田氏の出身とされ矛盾している。

『森一族のすべて』では、長嘯子の嫡男勝信の三男木下延房の末裔で、長嘯子末葉十九代目が木下勝重と記す。長嘯子嫡男勝信なる人物は、『寛政重修諸家譜』『系図纂要』はもとより、『平姓杉原氏御系図附言』および『木下氏系図附言纂』にも不記載の人物である。

また、『吉備郡史 中巻』「備中足守藩木下系譜」にも不記載である。この家系は、『別冊歴史読本』「豊臣一族のすべて」の三六頁に「長嘯子木下勝俊と夫・勝重」（木下美津江）という寄稿記事が紹介され、その中に系図が示されている（勝信から橋本姓で、十一代勝重の時に木下氏に復姓）。この論考の発表には、瀧喜義が関係している。この論考の中では、勝俊は、武田元明と正室龍子（松の丸殿）の子供で、木下家定の養子となった。

「このことは系図を用いた近年の研究で裏付けられたそうです」と記すが、いかなる系図文献による裏付けなのか明らかにはしていない。木下勝重氏は長嘯子の十一代目だが、それでは、『森一族のすべて』の瀧氏の論考（十九代末葉）とは矛盾する。橋本家は熊本藩士ということだったので、宮本武蔵の系譜調査に、扶桑町図書館から県立熊本図書館へレファレンスのついでに橋本家・橋本勝信の系譜についても依頼したが、宮本家の系譜は入手したが、橋本家の系譜は入手できなかった。基本系図集の木下系図には、橋本勝信は記載はなく、筆者（早瀬）としては、系図の裏付けはできなかったのである。前著『織豊興亡史』では、参考に紹介したので、今回再挑戦したが、基本系図文献（主要系図集）では確認できなかったということである。

また、勝信が、松井興長（細川家臣）方に身を寄せたのは、叔母にあたる龍子（武田元明の娘・勝俊の妹）が、興長に嫁していたからと記すが、松井興長の正室は、細川忠興の娘の古保（恵妙院）で、興長は、長岡式部少輔と称している（長岡佐渡とも記される）。その後嗣は、細川忠興の子の寄之である。ちなみに、長岡寄之の室は、松井康之の外孫で、三淵晴員の曾孫でもある。細川忠興の娘が、長岡佐渡興長に嫁したことは、『新訂 寛政重修諸家譜 第二』でも確認される。そうなると、勝信の叔母は側室か？ 橋本家の系譜考証については、他の研究者の研究を待ちたい（瀧説には疑義がある）。

話を戻そう。木下勝俊は、本当に京極龍子の実子なのか。手持ちの資料では手詰まりなので、インターネットで「木下長嘯子」に関する情報を検索している時に、ある論考にたどり着いた。岡村昌二郎という人の論考で、その一つは、京極龍子は、武田元明の後妻であり、元明の長子（長嘯子？）は、先妻の三淵伊賀守晴員の女の出生とするものである。永禄十二年に生まれた子供は、四歳で木下家定の養子になるという。

一つは、名前は不詳の武田元明の内室は、天正十年に捕らえられる。子供は三人あり、男子二人は行方不明。女子は病死と記す。同様の系図が『系図纂要』にあり、女は病死、男は逃去と記す。これによれば、木下勝俊の母親を京極龍子とは断定できないのである。その情報の一部は、『系図纂要』とも同様なれば、軽々には京極龍子の実子とは断定できないのである。

『新訂 寛政重修諸家譜 第七』の京極系図でも、木下勝俊の母親を京極龍子とは確認できない。仮に、木下勝俊が武田元明の実子であったとしても、京極龍子（松の丸殿）の子供とするには疑念ありということである。また、三淵晴員の娘を母親とすることにも問題がある。永禄十二年から四年後ということは、元亀三年（一五七二）末から天正元年（一五七二）の初め頃となるが、この時点では、秀吉は長浜城主になる前で、家定の地位も高くない。三淵晴員の娘の子供なら、細川藤孝（幽斎）の甥に当たり、彼の養子あるいは猶子とするのが妥当である。藤孝の方が、室町幕府幕臣から織田信長家臣に転じ、当時は秀吉よりも高い地位にあった。したがって没落したとはいえ、国主大名だった武田氏の息子を、信長から見れば一陪臣の家定の養子にしたというのは疑問である。

また、松の丸殿の所縁により養子にしたとするなら、天正十年（一五八二）以後でないと辻褄が合わない。しかし、この時期には、武田元明の遺児は所在が不明と系図に記されている。いついかなる経緯で木下家定の養子になったのであろうか？「謎」である。木下勝俊・利房兄弟が松の丸殿の子供であるとすると、『寛政重修諸家譜』と不整合となる。同系図では、勝俊と利房は異母兄弟、利房と延俊・小早川秀秋が同母兄弟（母は杉原家次女）としている。先の岡村論考でも、松の丸殿と木下勝俊の親子関係は怪しげなものになっている。先の岡村昌二郎氏も、各資料を検討し、生母を三淵伊賀守晴員の娘とすることにも、木下勝俊が武田元明の子供とすることにも疑問を持たれ、すべてとはいわないが、「木下家定の嫡子」とした方が合理性を見出せると記しておられる。

歌人として、木下長嘯子（勝俊）と細川幽斎（藤孝）には交流があったのは事実だが、長嘯子の幼年期からの交流がない点、武田元明の先妻が三淵晴員の娘と立証されない点。長嘯子と三淵晴員の血縁関係が立証されない点、木下家定が武田元明の息子を養子とする合理的理由が見つからない点など、また、基本系図文献から、木下長嘯子と松井家との関係が立証されない点などからも、岡村氏の論考による答えは「妥当」ではないのか？

仮に橋本勝信（木下勝重の先祖）が、武田元明の逃亡・所在不明の遺児の血縁であるとしても、基本系図文献および、木下家の関係系譜（『平姓杉原氏御系図附言』『木下氏系図附言纂』『吉備郡史 中巻』の足守木下家系譜など）では、武田・木下長嘯子・橋本勝信の関係は立証されないということである。

瀧喜義氏の説明も、各著で食い違いが見られることは前述した。橋本勝信が、木下長嘯子の嫡男なら、『寛政重修諸家譜』はともかく、『系図纂要』や、木下家の関係系譜には、一説としながらも庶子の記録があるので、嫡男たる勝信が記載されないのはおかしい。木下長嘯子の二回目の改易は、幕府への謀叛とかではなく、木下家定の遺領相続が幕府の命令違反（分割相続が単独相続）で改易されたもので、切腹命令もなく、その後は歌人として生きた。一回目の改易は、伏見城逃亡の罪によるが、死罪にはならず木下家定・北政所の庇護を受けていた。

瀧喜義氏は、『森一族のすべて』一七三頁において、勝信が長嘯子の嫡男と記す。次頁では、寛永六年（一六二九）正月、松の丸殿（七十五歳）、長嘯子（六十一歳）、勝信（二十九歳）の親子孫三代が水入らずで過ごしたと記す。

寛永六年に、長嘯子嫡男勝信（と瀧氏は記す）が二十九歳とすると、慶長六年（一六〇一）頃の生まれとなる。するとここで一つ疑問が生じる。この時点なら、長嘯子は、罪一等を減じられ、家定・北政所の庇護を受けていたはずである。勝信が嫡男として誕生したなら、なぜ、父の家定か北政所に預けなかったのか。嫡男なら、長嘯子が将来大名に復帰した場合には、嗣子となるべき存在である。あるいは、幕府に届けていれば、嫡孫継承で家定の遺領の継承も可能となる。また、北政所の養子にしてもらっていれば、高台院流豊臣家の後継者になる可能性もある。

しかし、長嘯子が嫡男勝信の存在を木下氏一門に明かした痕跡は確認されない。『平姓杉原氏御系図附言』、および『木下氏系図附言纂』に、橋本勝信に関する記述がないことが、その事実を物語っている。筆者（早瀬）は、勝信を長嘯子の嫡男とする瀧氏の説をとりあえず排除する。当然、木下長嘯子と松の丸殿（京極龍子）との関係についても、疑義ありということである。

武田元明と京極龍子の関係は、系譜文献からも確認されるが、武田元明と木下長嘯子の関係、京極龍子と木下長嘯子の関係は確認されない。『群書系図部集』の若狭武田系図の別本系図に、木下勝俊を武田元明の子に記す系図があることを根拠に、武田血脈説を主張する説もあるが、付注までよく読むと判るが、編纂者は、この系図に疑義を示唆している。複数の若狭武田系図を掲載しているが、他の系図には、木下勝俊は未記載である。

筆者（早瀬）は、手元の基本系図集や、レファレンスにより入手した木下家関係系譜により、木下勝俊を武田元明の遺児とするのは疑問であり、松の丸殿の子供とする説には、現状では賛成しかねるという結論に達した。また、橋本勝信を木下勝俊（長嘯子）の嫡男という説に対しては、これを否定する。

庶子である可能性については、勝俊も大名の時期があるので、側室がいた可能性もあるのでなんともいえない。しかし、木下家の関係系譜に記述がない点では、疑問は残る。庶子の可能性のある人物でも、『木下氏系図附言纂』『平姓杉原氏御系図附言』などは記載している（菅勘兵衛や丹後殿）が、橋本勝信については、不記載ということは、やはり疑問ありということである。

木下勝俊（長嘯子）は、武田元明の子供か否か。武田元明の子供として、松の丸殿（京極龍子）の実子か継子か。あるいは、木下家定の実子か。考えさせられる問題ではある。併せて、瀧喜義氏の『武功夜話のすべて』九九頁の系図では、木下利房も、武田元明と松の丸殿の子供と記している点についても注目すべきであろう。瀧氏の論考は、著書により食い違いがあるが、本件に関しては、同一著書内でも食い違いがある。

「稚狭考発心寺系図」により、武田元明の子供、長男元義、二男源作、三女たつ（龍子）ありと記すが、同書の九一頁からの記述では、利房は勝俊弟源作としながら、利房は家定嫡子とすべきであると記している。しかし、『森一族のすべて』一七三頁では、源作は、後の木下長嘯であると明記している。

木下利房が武田元明の息子なら、源作が利房ということになるが、この食い違いはなんであろう。

確かに木下利房の出自に関しては、若狭出生説もあり、『寛政重修諸家譜　第十八』の木下系図の利房の添え書きには、天正元年若狭國に生る。一方、勝俊には、生國の記載はない。武田元明は、永禄十一年（一五六八）、越前の朝倉軍が若狭へ進攻、保護の名目で越前に拉致され、武田家の館には、祖父信豊と、元明夫人の龍子が残されたという。織田家の越前進攻の後、天正元年（一五七三）、朝倉氏滅亡後若狭へ帰国した。しかし、若狭は織田方の支配下にあり、神宮寺へ蟄居、後に三千石が与えられる。

織田軍の越前進攻には、当然織田家の有力家臣が従軍しており、元亀三年（一五七二）九月には、虎御前山の砦に秀吉軍を守備隊として常駐させる。信長は近江横山城に戻り、ここから越前朝倉家を牽制する。十一月三日には、近江宮部で、朝倉義景は羽柴秀吉ら織田軍に敗れる。秀吉が長浜城主となるまでは、木下家定（杉原孫兵衛）は身内衆として従軍していたので、この間に利房をもうけたのかもしれない。その子を、正室の杉原家次の実子としたものか？

この間、武田元明と松の丸殿は別居状態ともいわれているので、利房が二人の実子とは考えにくい。武田元明の帰国は、天正元年といわれるので、同年の生まれと伝えられる利房を、武田元明の実子とするのは無理がある。木下利房が天正元年（一五七三）の生まれで、生国若狭であるとしても、武田元明と松の丸殿の実子とする証拠はないのである。また、木下勝俊と利房を武田元明と松の丸殿の実子であると認めても大名になる以前の秀吉の家臣である家定が、没落したとしても旧国主（守護大名家）の子供を、養子にするなど、常識ではあり得ない話である（勝俊が四歳、利房が生まれた直後に木下家定の養子になったとするのは、無理があるのではないか?）。

武田元明は、本能寺の変に便乗して、丹羽長秀の佐和山城を攻め落とした。山崎合戦に秀吉軍が勝利すると、丹羽長秀に追い込まれている（天正十年・一五八二）。この時、二人の息子は逃亡し、所在不明とも、殺されたともいわれる。松の丸殿は捕らえられて秀吉の許に送られた。やがてその美貌で秀吉の側室になった。

これには、実家の京極家を存続させるという目的もあった。実際、若狭武田家は滅亡したが、京極家は生き残った。結局松の丸殿が秀吉の側室になったのは、京極家のためということになる。秀吉は、複数の養子や猶子を迎えている。徳川家康の息子も実際は人質としても、他の人質と区別し養子としている。過去に織田家と対立したこともある宇喜多直家の息子も、養女の婿、自身の猶子としている。したがって、勝俊と利房が松の丸殿の実子なら、家定の養子ではなく、秀吉の養子か猶子にすればいい。天下を手中にした後なら、誰への遠慮も不要である。あるいは、松の丸殿実家の京極家の養子にしてもいい。だが現実は、木下家定の長男・木下勝俊であり、次男・木下利房である。

木下勝俊（長嘯子）は、基本系図に従い木下家定の長子とするのが妥当であろう。

豊臣家定基礎データー（木下肥後守豊臣朝臣家定）

	寛政重修諸家系譜	系譜纂要	平姓杉原氏御系図附言	木下氏系図附言纂	その他、備考
外祖父	杉原七郎兵衛家利		杉原七郎兵衛尉家利	杉原七郎兵衛門尉家利	杉原家利
外祖母					
父	杉原助左衛門入道道松	杉原助左衛門伯耆守入道	杉原助左衛門尉道松 杉原亀流。一説林氏。	杉原助左衛門尉入道道松 杉原亀流。一説林氏。	杉原定利
義母	杉原家利女[朝日]				朝日（家利女）
母	某氏女		杉原家利女[朝日]	杉原家利女[朝日]	某氏女
本人	木下肥後守豊臣家定	木下肥後守豊臣朝臣家定	豊臣姓木下肥後守家定	豊臣姓木下肥後守家定	木下肥後守家定
前名	杉原孫兵衛家定	杉原孫兵衛家定	杉原家定	杉原家定	杉原家定
旧家名	杉原	杉原	杉原	杉原	杉原
旧本姓	平朝臣	平朝臣	平朝臣	平朝臣	平姓
家名	木下（羽柴も併称）	木下	木下	木下	木下
本姓	豊臣朝臣（豊臣家定）	豊臣朝臣（豊臣家定）	豊臣姓（豊臣家定）	豊臣姓（豊臣家定）	豊臣姓
生年	天文12年（1543）	不記載。	不記載。		
没年	慶長13年（1608）8.26	慶長13年（1608）8.26	慶長13年戊申8.26	慶長13戊申8.26	
生没年	1543～1608（66歳）	1543～1608（66歳）	****～1608	****～1608	
経歴等	太閤に仕える。 大坂城留守居 播磨國姫路二萬五千石 関ヶ原不参加、北政所 守護。属.東照宮。 備中國内二萬五千石。 （旧足守藩主）（1601） 二位法印に叙される。	天正13年（1585）居姫路城 食邑四萬石。 慶長6年（1601）遷備中領 邑二郡。 後入道號二位法印紹英。	豊臣秀吉公に仕える。 大坂城留守居。播州姫 路城二萬五千石。後に 備中国内二萬五千石に 転領。太閤薨去後は、 利房公と聚楽城に高台 院君を守護。 二位法印に任。	豊臣秀吉公に仕える。 大坂城留守居。播州姫路 城貳萬五千石。後に備中 国内二萬五千石に轉領。 太閤秀吉薨去後は、利房 公と聚楽城に政所高台院 君を守護。 二位法印に任。	
妹（長）	不記載。	三州全友（尾州人）妻 長慶院松岳壽保。	長慶院（医師三雪に嫁） 長慶院殿寮獄寿保大姉	長慶院（医師三雪に嫁す） 長慶院殿寮岳寿保大姉	
妹（次）	高台院（母は朝日） 豊臣太閤北政所寧子。 浅野長勝養女。 湖月心公高臺院	根伊子・太閤秀吉公北政 所。浅野長勝養女。 高臺院湖月心公。	政所湖月公（於祢居）。 秀吉公に嫁す（野合）。 浅野長勝御夫妻養女。 高台院君（高台寺殿前 一位湖月紹心大禅定尼	政所湖月君（於祢居君） 河内国御知行一万六千石 太閤薨去の後、高台院と 称奉る。高台院殿前従一 位湖月紹心大禅尼	北政所・高台院 従三位豊臣寧子 従一位豊臣吉子
生年	不記載（浅野・木下）	不記載（1549＝天文18）	不記載。	不記載。	
没年	寛永元年（1624）9．6	寛永元年（1624）9．6	寛永元年甲子9．6	寛永元甲子年9．6	寛永元年9．6
生没年	1542～1624（83歳）寛政	1549～1624（76歳）	1549～1624（76歳）	1549～1624（76歳）	
異説	1549～1624（76歳）寛永		1552～1624（73歳）		
妹（参）	不記載	諱不詳。記録不記載。	不記載。	不記載。	
妻	杉原七郎左衛門家次女	不記載	杉原家次女	杉原七郎左衛門尉家次女	杉原家次女
長男	勝俊（母某氏）	勝俊	勝俊	式部少輔勝俊（若狭少輔）	木下長嘯子
次男	利房（母は家次女）	利房（勝義）	利房	宮内少輔利房	木下利房
三男	延俊（母は家次女）	延房（延俊）	延俊	右衛門大夫延俊	木下延俊
四男	俊定（母は某氏）	俊定	俊定	信濃守俊定（小出俊定）	小出俊定
五男	秀秋（母は家次女）	秀秋	黄門秀秋（小早川）	金吾中納言秀秋	小早川秀秋
六男	出雲守（母は某氏）	出雲守俊忠（内記）	出雲守（外記）（宗連）	出雲守（外記）（宗連）	木下宗連（外記）
七男	****（不記載）	****（不記載）	紹叔（周南叔西堂和尚）	紹叔西堂	高台寺二世紹叔

（その他）　　＊ 瀧⇨瀧喜義、加来⇨加来耕三

	武功夜話のすべて（瀧）	武功夜話・秀吉編（加来）	系圖綜覧		美濃國諸舊記	参考
父	林弥七	林弥七（杉原定利・道松） 木下祐久とも。	杉原助左衛門入道道松		杉原助左衛門入道道松 杉原伯耆守家親	杉原道松
養父	林助左衛門（杉原定利） 木下祐久（杉原道松）					
本人	林孫兵衛（木下家定） 杉原孫兵衛	林孫兵衛（木下家定） 杉原孫兵衛、お禰の兄。	杉原孫兵衛 豊臣姓木下肥後守家定		木下肥後守家定	木下家定
養長子	木下勝俊（武田元義）			長男	木下若狭守勝俊	木下勝俊
養父母	木下家定・杉原家次女					
父母	武田元明・京極龍子					
養次子	木下利房（武田源作）			次男	木下宮内少輔利房	木下利房
養父母	木下家定・杉原家次女					
父母	武田元明・京極龍子					
三男	木下延俊			三男	木下筑前守延俊	木下延俊
四男	小出俊定			四男	木下信濃守俊定	小出俊定
五男	小早川秀秋			五男	金吾中納言秀秋	小早川秀秋
六男	木下宗連（出雲守）			六男	木下出雲守	木下出雲守

＊ 木下道松と木下祐久を同一人物とする説もあるが、別人説あり（別冊歴史読本『豊臣一族のすべて』P.138～139.）

木下家定の息子（1）

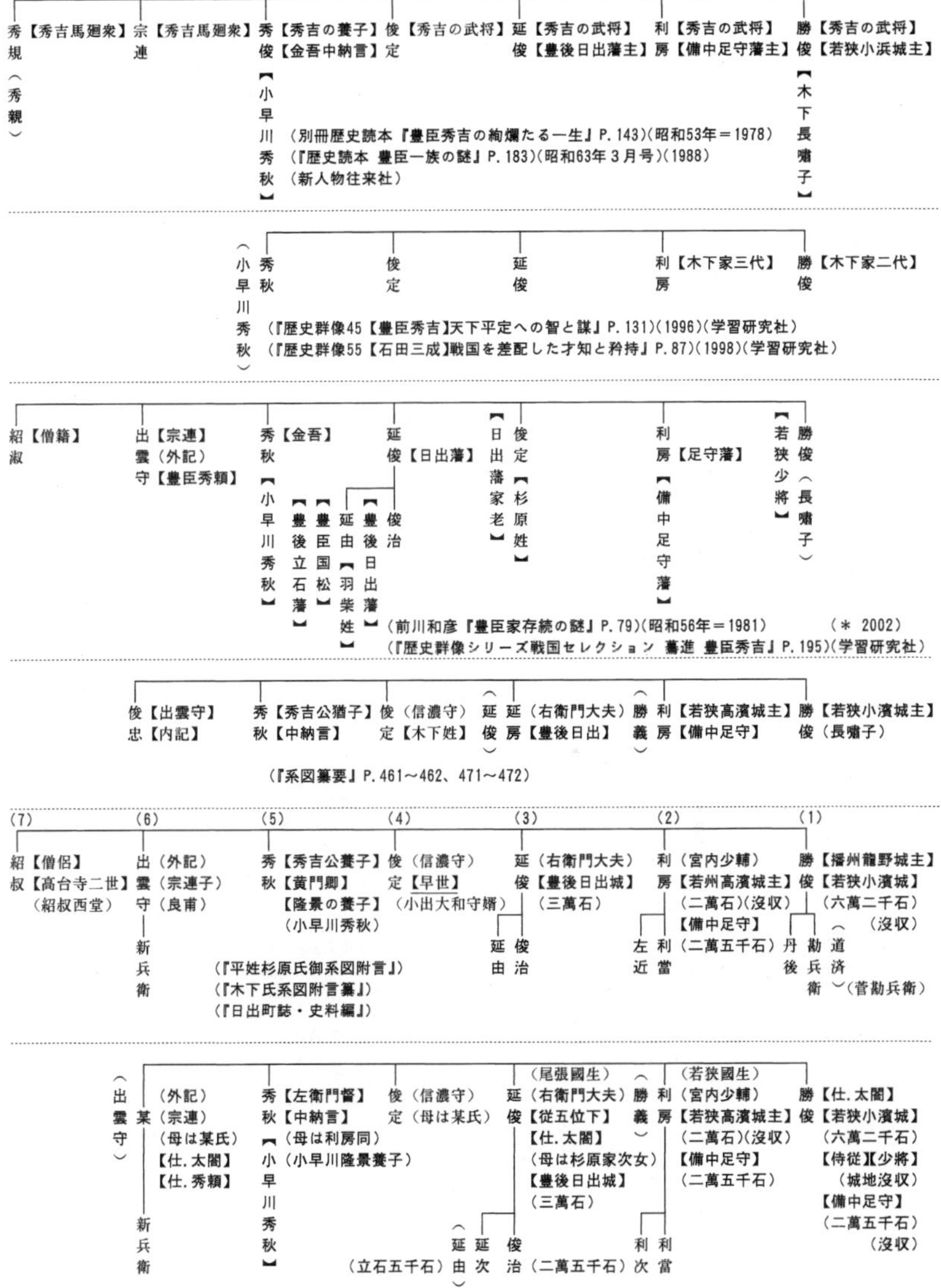

秀規【秀吉馬廻衆】（秀親）
宗連【秀吉馬廻衆】
秀俊【秀吉の養子】【金吾中納言】【小早川秀秋】
俊定【秀吉の武将】
延俊【秀吉の武将】【豊後日出藩主】
利房【秀吉の武将】【備中足守藩主】
勝俊【秀吉の武将】【若狭小浜城主】【木下長嘯子】
（別冊歴史読本『豊臣秀吉の絢爛たる一生』P. 143）（昭和53年＝1978）
（『歴史読本 豊臣一族の謎』P. 183）（昭和63年３月号）（1988）
（新人物往来社）
秀秋（小早川秀秋）
俊定
延俊
利房【木下家三代】
勝俊【木下家二代】
（『歴史群像45【豊臣秀吉】天下平定への智と謀』P. 131）（1996）（学習研究社）
（『歴史群像55【石田三成】戦国を差配した才知と矜持』P. 87）（1998）（学習研究社）
紹淑【僧籍】
出雲守【宗連】（外記）【豊臣秀頼】
秀秋【金吾】【小早川秀秋】
延俊【日出藩】
【豊後立石藩】
【豊臣国松】
延由【羽柴姓】
【豊後日出藩】
俊治
【日出藩家老】
俊定【杉原姓】
利房【足守藩】【備中足守藩】
【若狭少将】
勝俊（長嘯子）
（前川和彦『豊臣家存続の謎』P. 79）（昭和56年＝1981）
（＊ 2002）
（『歴史群像シリーズ戦国セレクション 驀進 豊臣秀吉』P. 195）（学習研究社）
俊忠【出雲守】【内記】
秀秋【秀吉公猶子】【中納言】
俊定（信濃守）【木下姓】
（延俊）
延房（右衛門大夫）【豊後日出】
（勝義）
利房【若狭高濱城主】【備中足守】
勝俊【若狭小濱城主】（長嘯子）
（『系図纂要』P. 461～462、471～472）
(7) 紹叔【僧侶】【高台寺二世】（紹叔西堂）
(6) 出雲守（外記）（宗連子）（良甫）
新兵衛
(5) 秀秋【秀吉公養子】【黄門卿】【隆景の養子】（小早川秀秋）
(4) 俊定（信濃守）【早世】（小出大和守婿）
(3) 延俊（右衛門大夫）【豊後日出城】（三萬石）
延由
俊治
(2) 利房（宮内少輔）【若州高濱城主】（二萬石）（没収）【備中足守】（二萬五千石）
左近
利當
(1) 勝俊【播州龍野城主】【若狭小濱城】（六萬二千石）（没収）
丹後
勘兵衛
（道済）（菅勘兵衛）
（『平姓杉原氏御系図附言』）
（『木下氏系図附言纂』）
（『日出町誌・史料編』）
（出雲守）
某（外記）（宗連）（母は某氏）【仕. 太閤】【仕. 秀頼】
新兵衛
秀秋【左衛門督】【中納言】（母は利房同）（小早川隆景養子）【小早川秀秋】
俊定（信濃守）（母は某氏）
延俊（尾張國生）（右衛門大夫）【従五位下】【仕. 太閤】（母は杉原家次女）【豊後日出城】（三萬石）
（立石五千石）延由
延次
俊治（二萬五千石）
（勝義）
利房（若狭國生）（宮内少輔）【若狭高濱城主】（二萬石）（没収）【備中足守】（二萬五千石）
利次
利當
勝俊【仕. 太閤】【若狭小濱城】（六萬二千石）【侍従】【少將】（城地没収）【備中足守】（二萬五千石）（没収）
（『新訂寛政重修諸家譜・第18』P. 137～139、144）

第二豊臣氏（木下家）推定先祖系譜

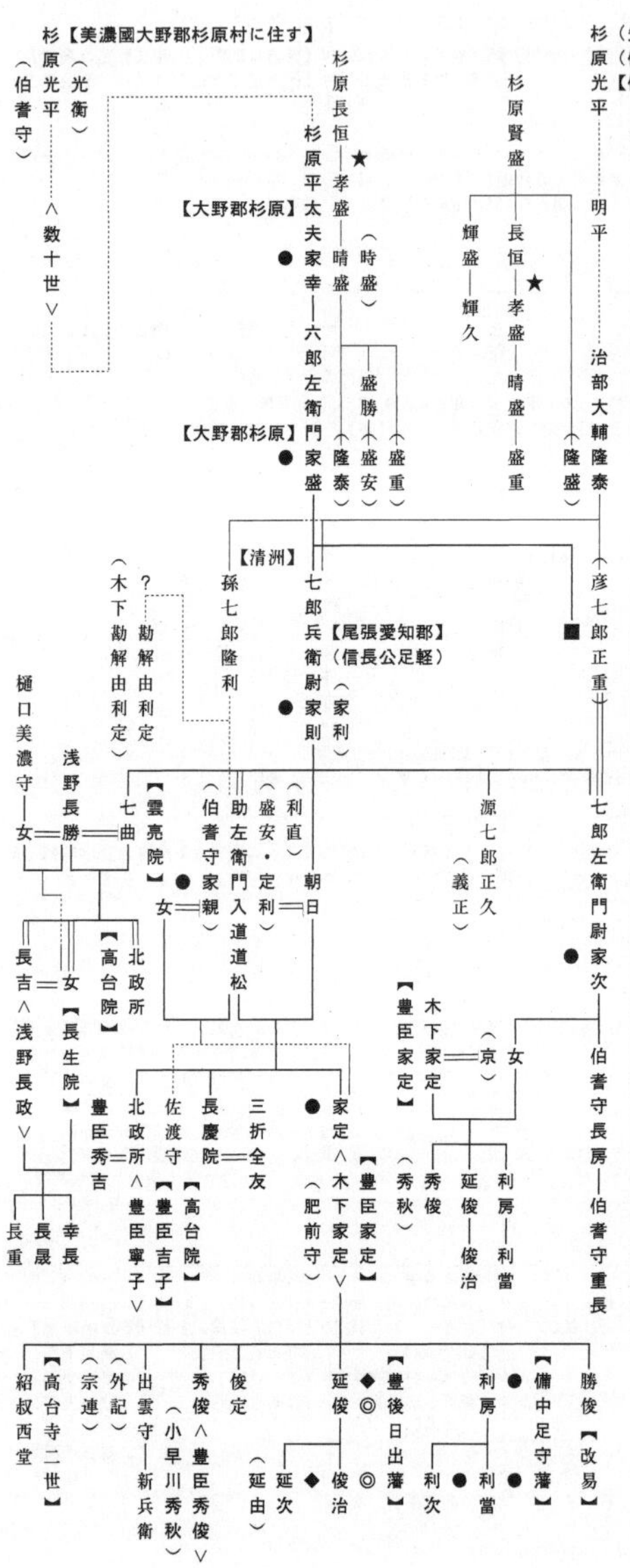

杉原光平【美濃國大野郡杉原村に住す】
（光衡）
（伯耆守）
〈数十世〉
杉原長恒
杉原平太夫家幸
【大野郡杉原】
★孝盛
晴盛
（時盛）
盛勝
（隆泰）
（盛安）
（盛重）
六郎左衛門家盛
【大野郡杉原】
杉原賢盛
輝盛
輝久
長恒
★孝盛
晴盛
盛重
（隆盛）
杉原光平（先祖は丹波國椙原に住す）
（備後國父野木に住む）
【備後國中祭城主】
明平
治部大輔隆泰
【清洲】
孫七郎隆利
七郎兵衛尉家則
【尾張愛知郡】
（信長公足軽）
（家利）
彦七郎正重
？
勘解由利定
（木下勘解由利定）
樋口美濃守
女
浅野長勝
七曲
【雲亮院】
女
（伯耆守家親）
助左衛門入道道松
（盛安・定利）
（利直）
朝日
源七郎正久
（義正）
七郎左衛門尉家次
長吉〈浅野長政〉
女【長生院】
【高台院】
北政所
長重
長晟
幸長
豊臣秀吉
北政所〈豊臣寧子〉
佐渡守
【豊臣吉子】
【高台院】
長慶院
三折全友
家定〈木下家定〉
（肥前守）
【豊臣家定】
木下家定
【豊臣家定】
京
女
伯耆守長房
伯耆守重長
秀俊
延俊
俊治
利房
利當
（秀秋）
紹叔西堂【高台寺二世】
（宗連）
（外記）
出雲守
新兵衛
秀俊〈豊臣秀俊〉
（小早川秀秋）
俊定
延俊
延次
（延由）
俊治
【豊後日出藩】
利房
利次
利當
【備中足守藩】
勝俊
【改易】

＊ 萩藩士の椙原氏（高洲家）系図によれば、椙原氏は、丹波國椙原を発祥の地とし、備後に移り、後、長州藩士（寄組高洲家）となる。

杉原氏は、先に示した各種系図によれば、桓武平氏平貞衡の流れを汲む。後に、平清盛末裔に系図改竄した家系も出現した。しかし、この説は、『尊卑分脈』、や『系図纂要』で裏付けられず、平清盛末裔説は、仮冒として退ける。杉原氏本流は、平貞衡の末裔という事になる。杉原氏は、丹波、或いは備後が発祥地と推定される。尾張杉原氏一族は、播州龍野から、尾張へ移るとする説があるが、具体的な証明は成されていない。龍野の木下氏とするのも同様である（中公新書『豊臣秀吉[小和田哲男]』P.100に秀吉の妻になったお禰の実家が、播州龍野の木下家の出であったからというのが妥当な線････と記す）。

＊ 小和田氏は、家利を木下氏、定利の父の某を、杉原氏と記す（同書 P.99.略系図）。

尾張杉原氏は、美濃より移ったと考えるのが妥当な線ではないのか？　美濃國の大野郡か揖斐郡の杉原氏の一部が尾張へ移り、家利（家則）の時、娘の朝日の婿に傍系の助左衛門道松（通説は定利。「美濃國諸舊記」では、伯耆守家親。基本系図では、諱不詳）を迎え、その娘が、浅野家の養女となり秀吉に嫁したお祢（豊臣寧子・豊臣吉子・北政所・高台院）であった。その兄（異母兄とも云われる）の杉原孫兵衛は、秀吉に仕え、木下姓を与えられ、その後、羽柴の家名と豊臣姓の公称を許され、豊臣朝臣木下氏を称した（木下肥前守豊臣朝臣家定）。

尾張杉原氏は、織田家・羽柴家家臣を経て大名となるが、その過程で、鎌倉幕府・室町幕府幕臣の杉原氏に系譜を繋げたものと思われる。家利以前は、極めて曖昧で、その事は、前に記した『尾張杉原氏のルーツ』でも明らかである。諸説あり、その系譜は混乱している。ここに記した系図は、その中から絞り込んだものである。尾張杉原氏は、杉原治部大輔隆泰（隆盛）か、杉原平太夫家幸が、事実上の始祖と推定される。家幸の息子の六郎左衛門家盛が、治部大輔隆泰と同一人物なら、尾張杉原氏の系譜は、七郎兵衛尉家則（通史は家利）の祖父まで溯る事になるが、その事を基本系図文献で立証する事は不可能である。基本系図文献では、杉原家利が、尾張杉原氏の事実上の初代である。 しかし、『美濃國諸舊記』の系譜が認められると、尾張杉原氏の通字は、『家』を継承した事になる。家幸・家盛・家則（家利）・家親（定利）・家定（豊臣姓木下氏に改姓）と続く事になる。従来説とは異なるが、注目すべき点であろう。

高台院流豊臣家関係年表

（一部「第二豊臣家関係略年表」と重複）

和暦（西暦）	記録
天正13年（1585）	3月10日、平朝臣羽柴秀吉（羽柴秀吉・平秀吉）、正二位・内大臣に叙任。7月11日、秀吉、近衛（藤原）前久の猶子となり、従一位・関白に叙任、藤原姓に改姓（藤原朝臣羽柴秀吉・藤原秀吉）。於禰（お祢・寧）は、従三位に叙任され、北政所となる。9月9日、秀吉に豊臣姓下賜（関白任官後、奏請・賜姓とする説）。
天正14年（1586）	12月19日、藤原朝臣羽柴秀吉（内伝豊臣朝臣羽柴秀吉）、太政大臣に任ぜられ、豊臣姓を賜る（豊臣家成立）。
天正15年（1587）	9月24日、木下家定、播磨国内で一萬千三百四拾石を与えられる（大名杉原流木下家成立）（姫路城主）。
天正16年（1588）	4月14日、北政所（豊臣寧子）、従一位・豊臣吉子の名を賜る（北政所流豊臣氏成立・賜姓豊臣氏）。
天正20年（1592）	3月23日、秀吉、北政所領として、摂津国内一萬一石七斗の知行目録を発給（名実共に北政所流豊臣家成立）。
（文禄元年）	この頃、木下家定、従五位下・肥後守に叙任（木下肥後守豊臣朝臣家定・豊臣朝臣木下家定）。
文禄2年（1593）	捨丸（豊臣秀頼）誕生。
文禄3年（1594）	11月13日、北政所甥（秀吉養子）の豊臣朝臣羽柴秀俊、小早川隆景の養子となる（小早川秀秋）。
文禄4年（1595）	正月11日、北政所領、摂津国欠郡一萬五千六百七十弐石弐斗六升の知行目録が発給される。7月15日、関白豊臣秀次、太閤秀吉により関白職剥奪、高野山に追放、切腹。8月2日、秀次の子女・妻・妾、三条河原で処刑。 8月17日、豊臣朝臣木下家定、加増され、播磨国内で二萬五千石の領主となる。
慶長3年（1598）	4月、 小早川秀秋、筑前三十三萬石余から筑前北ノ庄十五萬石へ転封を命じられる（家康の助言で一部の家臣を送り込み、自身は状況の推移を見守る）。 8月18日、秀吉、伏見城で没する。この頃、石田三成の娘（3歳）、北政所の養女となる（辰子・大館御前、『梵舜日記』のお客人か？）（北政所の単独養子。大坂豊臣家とは無関係）。
慶長4年（1599）	正月10日、秀頼・淀殿、大坂城に入る（淀殿、事実上大坂豊臣家を乗っ取る）。同月、北政所、大坂城を出て、京都三本木に移る（大坂豊臣家より分家、京都豊臣家を創設）。 ＊ 一説、9月26日に三本木に移住。この日付は、一旦大坂城西の丸に戻っていた北政所が正式に退去した日。その後、同月28日に、家康が、秀頼後見を名目に、西の丸に移り、10月2日に、家康暗殺未遂の容疑で、大野治長、土方雄久、浅野長政の三人を処分した（大野治長は下総の結城秀康のもとに、土方雄久は常陸太田の佐竹義宣のもとに預けられる。浅野長政は本領甲斐での蟄居を命ぜられるが、実際は武蔵府中での謹慎となった）（長政が北政所の義弟である事を考慮し、二人より軽い処分としたか？）。又、同じ嫌疑を受けた前田利長は、母の芳春院が江戸に下る（前田家には謀叛の嫌疑も）。又、細川忠興も三男忠利を人質として江戸へ差し出す（事件が事実か否かより、五大老・五奉行体制の切り崩しが目的で、これは、秀吉が織田政権を横領する前に、四頭体制を切り崩したのと同じ狙いがあった）。 この間、北政所は、9月28日に豊国社に参詣。10月1日には、用人の東殿を代参させ、10月18日には、北政所本人が参詣している（豊国社の月例祭）。 ＊ 家康は、4月19日、秀頼の名代として豊国社に参詣。8月19日、家康は、秋の大祭日にも豊国社を参拝する。9月7日に伏見城より大坂城に入る。9月26日北政所退去後の西の丸に本丸並の天守閣を築き、大坂城内の拠点とする。浅野長政の大坂城追放は、家康が北政所と蜜月状態ではなく、又、浅野幸長と浅野家を、豊臣家並びに北政所の呪縛から解き放つ家康の高等戦略。長政に対する処分は、北政所に配慮して、軽いものにしている。狙いは、豊臣一門からの浅野氏一族の切り離しである。その狙いは成功、浅野長政は、関ヶ原合戦には、秀忠の徳川本軍に従軍して、中山道より関ヶ原に向かう（本戦不参加）。息子の浅野幸長は、家康配下で東軍に参戦、関ヶ原の合戦終結後、加増されて、紀州和歌山城主三十七萬六千五百石を領す。豊臣縁戚の武断派大名は、北政所の意志に関係なく東軍に加担、関ヶ原前後数年、北政所と没交渉。
慶長5年（1600）	正月1日、北政所は早朝に豊国社に参詣。正月4日、木下勝俊が秀頼の名代で豊国社に参詣。正月5日、豊国社別当の梵舜が、三本木の北政所を訪問。同月8日、梵舜は、大坂城に赴き、秀頼と徳川家康に太刀・折紙などを献じ、年賀の挨拶を行う（この時期、家康は、伏見城を出て、大坂城西の丸にいた）。4月18日、阿弥陀ヶ峰の豊国社で、勅使日野輝資を迎えて例大祭が行われ、秀頼の名代京極高次が参列、この時、家康も前日に大坂を立ち参列（家康最後の豊国社参詣）す。6月6日、豊国社別当梵舜が大坂城の家康を訪ね、上杉景勝討伐必勝祈願の将軍祓いを贈る。6月18日、北政所は豊国社の月例祭に参列。この日、徳川家康が上杉討伐の為、伏見城を発す。7月5日、宇喜多秀家が豊国社に参詣、神馬立ての祈願神事を行う。7月7日には、豪姫ら秀家女房衆が湯立神楽を奉納す。7月15日、梵舜の許にも三成ら反家康勢力挙兵の情報が届く。前田玄以、長束正家、増田長盛ら三奉行、五大老の一人毛利輝元に出馬要請。7月17日、毛利輝元は反家康派（西軍）総帥として大坂城西の丸に入ると、木下家定（大坂城留守居）は、北政所の警護を理由に大坂城を退去し、三本木の北政所屋敷（聚楽城）へ入る。家定の長男の木下勝俊は伏見城を守備、三男延俊は、父家定の名代として姫路城を守備、若狭高浜城の利房と俊定は、西軍に取り込まれる。小早川秀秋も、上杉討伐軍には不参加で西軍に組み込まれる。7月18日の豊国社月例祭には、北政所は参列せず。この日、豊国社では、毛利輝元夫人の要請で、西軍必勝祈願の湯立神事が行われる。この日、毛利輝元は、伏見城の鳥居元忠（家康家臣）に城の明け渡しを要求し、鳥居はこれを拒絶する。7月19日より、西軍は総力をあげて伏見城を攻撃する。7月23日に宇喜多秀家が再び豊国社に参詣し、必勝祈願を行い、宇喜多隊も伏見城攻撃に合流する。この日、北政所も豊国社に祈祷の依頼を要請。小早川秀秋も西軍として伏見城攻撃に参加する。この間、伏見城の守備隊に加わっていた木下勝俊が戦線を離脱して、北政所の警護にあたっていた父の木下家定の許に逃亡する。この結果、手薄になった伏見城は、8月1日に落城、鳥居元忠以下の守備隊は、自刃・討ち死にす。8月2日、豊国社では、毛利輝元の要請で、勝利祝いの里神楽が奉納される。同じ日に北政所が豊国社を参詣、湯立神楽を奉納。翌日の8月3日、豊国社では、秀頼祈願の湯立ての神事が行われるが、神事の最中に釜が破れるという凶事が起こる（『梵舜日記』）。翌日（8月4日）、再度湯立て神事を行い、無事終了。8月6日、秀頼よりの要請で再度湯立の神事を行うと、再び釜が破れた（凶事の前兆か？）。この間、伏見城攻略後、小早川秀秋は、三本木に北政所を訪問す。この後、秀秋の家臣の稲葉正成と平岡頼勝が、関東の家康を訪問す（東軍提携の内約）。 ＊ 通説・野史などでは、北政所が秀秋を叱責し、内府（家康）への寝返り（内応）を命じた事になっている。 8月16日、京極高次が参詣。8月17日湯立神楽。8月18日、豊国社例大祭に勅使烏丸光宣が参詣、神前に奉幣を行う。同日、早朝より北政所も参詣、湯立神楽を奉納する。9月9日、北政所豊国社参詣。この間、京極高次が

＊ この年表は、『北政所 秀吉歿後の波瀾の半生（津田三郎、中央公論社）』と『歴史群像 石田三成（学習研究社）』をベースに編纂。

（『高台院流豊臣家関係年表』）

和暦（西暦）	記録
慶長５年（1600）	西軍より東軍に転じ、９月８日から、立花宗茂らの軍勢に包囲され総攻撃を受ける。 北政所は、高次夫人初（常高院）や松の丸殿（高次妹、元秀吉の側室）救出の為、使者（孝蔵主）を派遣し、大津城開城の説得に当たらせる。 大津城は、９月14日に開城する。９月15日、関ヶ原の合戦。午前中は一進一退だったが、昼近くに、小早川秀秋隊が、西軍の大谷吉継隊を襲撃し、この結果、西軍は総崩れとなる。９月18日、豊国社では、毛利輝元夫人の要請で、湯立神事が行われる（大坂城では、西軍壊滅を把握していなかったか？）。この日、北政所は、三本木の屋敷から、秀吉の形見や、自身の愛用品を唐櫃に収め豊国社へ運び込む（通史では、西軍残党が、隠れ東軍の北政所を襲撃する事を恐れてと云われるが、この時点で、西軍は近江・京都の支配権を喪失しており、隠れ西軍と疑われて、東軍より襲撃されるのを恐れたから）。10月11日にも、豊国社宝物殿に荷物を運び込んでいる。（９月19日には、東軍の先方が京都近郊に布陣完了、10月１日に、西軍首謀者の三成ら処刑、10月11日には、畿内は東軍に完全掌握される。通説を当てはめると不可解） ＊ 北政所は、反家康の宇喜多秀家を支持していた可能性が高い（宇喜多夫人らの必勝祈願の神楽奉納に、側近の東殿局を代参派遣。 又、宇喜多秀家は、三成挙兵より早く出陣式を行うが、これを止めようとか、東軍への加担を要請した痕跡がない）。 ９月27日、徳川家康が大阪城西の丸に戻り、戦後処理に着手。11月22日、島津義弘が降伏して、全国に拡大していた東西対決は、東軍方の勝利で完全終結。この論功行賞により、西軍大名の改易・減封のどさくさで、直轄領も削減され、大阪豊臣家二百萬石は、六十五萬石となる。豊臣遠縁の福島正則は、尾張清洲二十萬石から、安芸広島四十九萬八千三百石、加藤清正は、肥後熊本二十五萬石から、旧小西行長領などを併せて、五十一萬五千石となり、浅野家は、幸長の戦功により、甲斐府中二十二萬五千石から、紀州和歌山三十七萬六千石余に加増・転封される。一方第二豊臣家たる木下家一門は、姫路城主木下家定（木下肥後守豊臣朝臣家定）は、禄高は二萬五千石で、備中足守に移封される（関ヶ原不参戦は罪に問われず）。姫路城には、家康女婿の池田輝政が五十二萬石で三河吉田より移封される（後に息子の分も併せ八十七萬石、実録百萬石）。 姫路城代だった木下延俊（播磨内二萬石支配）は、細川忠興らの支援で、豊後日出三萬石に移封となり、足守木下家より分家独立。 小早川秀秋は、筑前名島三十五萬七千石から、備前岡山五十一萬石に加増・移封となる。北政所は、一萬六千石弱の所領をそのまま追認安堵される（北政所流豊臣家存続）。これらの所領は、慶長５年秋口から慶長６年半ばまでに確定する。一方、伏見城より逃亡した木下勝俊は、若狭小浜六萬二千石を没収され、父の木下家定や北政所の庇護を受ける。家定次男の利房も、若狭高浜二萬石を没収された。＊ 北政所の所領から、二百石は孝蔵主に与えられる。 11月19日、徳川秀忠が、弟の松平忠吉とともに豊国社に参詣。 12月21日、北政所、豊国社に参詣。 この年の10月晦日、秀吉に討伐された根来衆の残党が、家康より豊国社山内に、根来寺の再興を許され、この地に智積院（後に、秀吉廟・豊国社跡を私的に破壊する）を開く。
慶長６年（1601）	正月４日、北政所、豊国社に参詣、銀子百五十目を奉納。社人にも種々贈り物をする。同日、大坂から秀頼の名代（羽柴侍従？）が参詣。３月12日、北政所、豊国社で社人らと花見を行う。４月17日、北政所、豊国社に参詣。 ４月18日、秀頼の名代として、片桐且元（豊臣家家老）が豊国社に参詣。これまで代参していた京極高次は、大津城開城後、高野山に蟄居していたが、関ヶ原合戦後、家康に召喚され、大津六萬石から、八萬五千石に加増されて、若狭小浜に移封され、豊臣配下より離脱（名目上は、家康も豊臣家大老なので豊臣家臣だが）、徳川方の大名となる。 ＊ 関ヶ原合戦の後、加藤清正、福島正則、浅野長政らは豊臣家からは独立の大名となり、石田三成や小西行長らは討たれ、豊臣家に残った大名格は、片桐且元（秀吉の旧臣としては）のみで、家康により家老に任ぜられていた。この日、勅使広橋兼勝も豊国社に参詣。７月７日、北政所の名代として、孝蔵主が豊国社に参詣。 ７月25日、家康は、豊国社に対して、社領一萬石を安堵（不安を抱く北政所・豊国社に対する政治工作の一環）。 ８月９日、八条宮智仁親王（元秀吉猶子）が豊国社に参詣。８月の例大祭には、秀頼の名代として小出秀政が参詣する。前田利長や大野治長も参詣。同月19日には、細川幽斎が女房衆らと参詣。又、智仁親王も再度参詣。
慶長７年（1602）	1月８日、大谷吉継（関ヶ原西軍）の母が、豊国社に梵舜を訪ね、料紙三束を献上。 １月28日、八条宮智仁親王、豊国社に参詣。８月17日、八条宮智仁親王、豊国社に参詣。この年、小出秀政・片桐貞隆・結城秀康（家康次男、元秀吉養子）・前田利長・加藤清正らが豊国社参詣。 ４月、北政所が、木下家定・木下延俊（豊後日出藩主）を伴い、豊国社に参詣。４月20日、北政所、小早川秀秋から金子五十枚（五百両相当）の借金を申し込まれる。５月23日、於大の方（徳川家康生母）が豊国社に参詣。九十貫奉納し、人にも金子など贈答（『梵舜日記』）。６月11日、家康は、豊国社の極楽門を琵琶湖の竹生島観音に寄進する。その後、秀頼より、新しい神門建立命令が、梵舜に届く。７月24日、家康より社領一萬石の内の社殿修理料一千石の中から、二百石を智積院（根来衆の寺）に渡すよう命ず。８月17日、八条宮・北政所が豊国社に参詣。翌日の８月18日には、勅使正親町季秀や、秀頼名代の小出秀政が参詣。８月29日、於大の方、伏見城で急逝。北政所、９月18日の豊国社参詣を中止し喪に服す。10月18日、備前岡山藩主金吾殿（小早川秀秋）が死去。同月に、兄弟（秀秋の）三人病死。梵舜は、この件については、不思議と日記（『梵舜日記』）に書き留める（謀殺か？）。小早川家は無嗣断絶となる。秀秋の正室は毛利家に戻る。＊兄弟とは、秀秋に寄食していた木下俊定（家定四男）と木下某（家定六男）。北政所は、11月18日の豊国社参詣を中止する（かつての養子の喪に服したか？）。12月24日、方広寺大仏殿炎上。この頃より、北政所用人に「客人」登場。
慶長８年（1603）	正月２日、福島正則が豊国社に参詣（北政所は、正月の参詣を行わず）。１月９日、北政所、兄の木下家定や侍女（おこちゃ）らを伴い参詣。この時、「願主サナダ」から委託されて、湯立神楽と銀子五枚を奉納する。２月２日、八条宮智仁親王、豊国社に参詣。同日、秀頼名代の小出秀政が参詣。この日、福島正則・藤堂高虎・浅野幸長が参詣。翌日、浅野長政・長谷川守知が参詣。２月12日、徳川家康は右大臣・征夷大将軍となり（将軍宣下）、正式に幕府を開設、江戸幕府初代将軍となる。３月、加藤主計頭清正、肥後守となる（加藤肥後守清正）。４月11日、北政所、豊国社参詣。４月17日、北政所、木下家定を伴い豊国社参詣。４月18日、北政治の養母七曲が病没す。 ７月18日、加藤清正・福島正則が、豊国社の月例祭に訪れるが、北政所は、体調不良（重腹）により、豊国社訪問を取りやめる。白川亨氏は、この間、北政所は、武断派の加藤清正・福島正則らを避けていると指摘。津田三郎氏は、政所養母七曲の死を伝え聞き、二人で上洛して三本木の北政所を見舞い、７月18日には、北政所に代わって揃って豊国社に社参と記し（中央公論社、中公新書『北政所』P.87）、白川氏の見解とは食い違う。 ７月28日、

（『高台院流豊臣家関係年表』）

和暦（西暦）	記録
慶長８年（1603）	徳川家康の孫（秀忠の娘）の千姫が、秀頼に嫁す。11月３日、北政所に『高台院』の院号が勅許され、北政所流豊臣家は、高台院流豊臣家となる。この間、８月16日、八条宮智仁親王が、豊国社に参詣。８月18日、北政所は阿弥陀峰の秀吉廟に参詣し、豊国社には孝蔵主を代参させる。　＊『願主サナダ』は、九度山の真田親子（昌幸・信繁）か？（真田信繁は、俗説では真田幸村）
慶長９年（1604）	２月３日、八条宮智仁親王、豊国社に参詣。７月、豊臣朝臣木下家定剃髪し常英と号し、二位法印に叙される。この頃、高台院豊臣家の所領摂津平野庄一萬六千石余の代官となる。　４月18日、福島正則、本多忠勝（徳川家重臣）に同道して、例大祭の豊国社を訪問するが、北政所は、豊国社を訪問せず。　４月の例大祭には、加藤清正も参詣。５月18日には、浅野長政が上洛して、豊国社に参詣。８月２日、北政所は、松の丸殿や木下家定・姉の長慶院・養女辰姫（石田三成の娘・大館御前）らと豊国社を参詣、盛大な湯立神楽を奉納する。この日、加藤清正や福島正則らは参詣せず。８月18日、夏の例大祭（秀吉七回忌）に、福島正則・加藤清正・浅野長政・浅野幸長・京極高次・京極高知・織田有楽斎・鍋島直茂ら大名衆が参詣、片桐貞隆も秀頼名代として参詣するが、北政所は参加せず。　＊ 北政所は、８月15日の風流踊りを桟敷席より見物。８月19日、臨時例大祭（秀吉七回忌）が終了。伏見城に滞在中の徳川家康は、この期間中、一度も豊国社に参詣せず。12月19日、北政所、豊国社に参詣。 ＊ 三成研究家の白川亨氏は、この間の経過を踏まえ、北政所は、武断派（加藤・福島・浅野）との接触を意識的に避けていると指摘されている（各種白川論文・著述による）。和解は、高台寺建立の前後か？ 閏８月22日、高台院の所領は、一萬六千三百四十六石四斗一升九合と確認される（孝蔵主の二百石含む）。
慶長10年（1605）	正月３日、北政所、豊国社を参詣。この年、北政所（高台院）、高台寺建立を発願、準備に取り掛かる。その事を知った家康は、酒井忠世・土井利勝を高台寺造営御用掛、京都所司代板倉勝重を普請奉行、堀監物（直政）を普請掛に任じ、加藤清正や福島正則、浅野長政ら旧豊臣系の大名（武断派）も動員して早期建立に努めた。この間、４月７日、家康は将軍職を秀忠に譲り、大御所となる。４月18日には、福島正則・加藤清正・浅野長政、普請掛の堀長政が、豊国社に参詣。６月28日、伏見城から化粧御殿と前庭（円徳院）が移転すると、京都の屋敷から移り住む。　高台寺は、翌年（慶長11年）に、鷲峰山高台寺として正式に落慶する。　母の朝日の菩提寺康徳寺も移転、塔頭玉雲院となる。この年、８月14日、八条宮智仁親王、豊国社に参詣。９月１日、家康は、康徳寺の寺領百石を新たに高台寺の寺領として認め、寺内の諸役を免除する安堵状を発給する。この間。８月17日、北政所は、孝蔵主を伴い、豊国社参詣。９月18日にも参詣。10月２日、北政所、孝蔵主とともに大坂に向かう。10月20日、北政所、孝蔵主とともに大坂より帰京。翌日、孝蔵主を大坂へ派遣。
慶長11年（1606）	この年、高台寺落慶す。２月４日、八条宮智仁親王、豊国社に参詣。８月８日、大御所家康、土産を持参して、高台寺を訪問、北政所（高台院）と面会。８月15日、八条宮智仁親王、豊国社に参詣す。８月18日、加藤清正、豊国社り例大祭に社参の後、領国肥後熊本へ帰国。８月29日、浅野長政、豊国社に社参、高台院に挨拶後、関東に下向する。落慶した高台寺の山号は、旧領主鷲尾家に因み『鷲峰山』。総称は、鷲峰山高台寺。北政所の住房の隣には、木下屋敷が建てられ、兄の木下家定（木下肥後守豊臣朝臣家定・二位法印）が住んだ。
慶長12年（1607）	２月14日、八条宮智仁親王、豊国社に参詣。８月16日、八条宮智仁親王、豊国社に参詣。
慶長13年（1608）	２月13日、八条宮智仁親王、豊国社に参詣。８月、豊臣朝臣木下利房（家定次男）、父の後を継いで、高台院豊臣家の代官となる。父の遺領の足守藩二萬五千石は、兄の勝俊が継承するが、家康の命令（分割相続）に違反し、所領没収となる（翌年の９月）。将軍秀忠は承認するが、大御所家康が認めず。
慶長15年（1610）	１月28日、八条宮智仁親王、豊国社に参詣。８月13日、八条宮智仁親王、豊国社に参詣。この年、北政所側近の孝蔵主が、高台院の許より退去、江戸へ向かう。孝蔵主は、江戸で家康側室於茶阿付の老女となる。高台院養女辰姫（大館御前・石田三成の娘）、津軽藩分領の上州大館に入る。辰姫、津軽信牧の室となる。この年、高台院北政所の周辺から、「お客人」が消える。＊「お客人」は、大館御前？
慶長16年（1611）	３月17日、駿府より家康が上洛（後水尾天皇の即位式に参列）、二条城に到着。家康は、大坂の豊臣秀頼に対し、対面を申し入れる。淀殿は抵抗するが、加藤清正らの説得で同意する。３月28日、秀頼は船に乗って上洛。この時、家康は、子の義直と頼宣の二人を鳥羽まで派遣し出迎えている。片桐且元の京屋敷に入った後、加藤清正と浅野幸長の介添えで二条城に入り、家康・秀忠と会見。この時、北政所（高台院）も同席する。この後、秀頼は、加藤清正、浅野幸長と豊国社に参詣（『当代記』）（最初で最後の参詣）。＊『梵舜日記』慶長16年分が欠落。 ４月７日、塩原温泉で湯治中の浅野長政（北政所義弟）が病没（65歳）。５月26日、大坂より熊本に戻った加藤清正が発病、６月24日病没す（50歳）。この年、家康は豊臣家が完全臣従を拒否した場合、存続から討伐へ方針転換。
慶長17年（1612）	正月元旦、高台院（北政所）、豊国社に参詣。同月５日にも参詣。翌日の６日、梵舜が年賀と返礼の為に高台寺を訪問する。梵舜はその後も毎々訪問する（６月22日、閏10月28日）。８月13日、八条宮智仁親王、豊国社に参詣。９月29日、福島正則が、上洛途中、豊国社に参詣する。11月28日、黒田長政（黒田官兵衛如水の息子）・忠之が豊国社に参詣、神楽料十二貫文を奉納。この後、黒田父子は、高台院も訪問。この間、５月に家康より、高台寺領百石に、あらたに四百石を加増し、都合五百石とする旨のお墨付きが下された。
慶長18年（1613）	正月元旦、高台院は豊国社に参詣す。同月４日、秀頼名代片桐且元が参詣。２月２日、大坂城二の丸が消失す。梵舜と萩原兼従がその日の夜半大坂に見舞いに駆けつける。翌日、淀殿・秀頼母子に面会す。２月11日、八条宮智仁親王、豊国社に参詣。２月19日、梵舜は、高台院の手紙を携えて大坂に向かう。片桐且元と会談の後、豊国社の大坂城内への分社建立が決定する。２月27日、新社殿で神事を行い、遷宮分社完了。３月１日、梵舜と兼従・兼治の三人が揃って高台寺を訪問、高台院（北政所）に次第の詳細を報告、会食して労をねぎらう。４月17日、高台院が日出藩主木下延俊を伴って豊国社に社参。同月18日には、勅使飛鳥井雅庸と秀頼名代片桐且元が社参。８月15日、八条宮智仁親王、豊国社に参詣。８月17日、大坂城よりの帰路、高台院が参詣、湯立神楽を見物後、高台寺へ戻る。８月25日、浅野長政の嫡男幸長が病没（38歳）。９月15日、梵舜が高台寺に高台院を訪ねるが、浅野幸長の喪に服していた為、面会せず。９月19日、淀殿発病。10月25日、駿府より戻った片桐且元より、浅野家の遺領問題の経過（家康裁断）を聞く（幸長の遺領三十七萬六千石は、弟の長晟が継承す。　足守二萬五千石は、幕府が収公、天領となる。大坂の陣後に、木下利房に与えられる）。12月18日、高台院、豊国社参詣再開。

(『高台院流豊臣家関係年表)

和暦(西暦)	記録
慶長19年(1614)	1月、紀州和歌山藩主となった浅野長晟は、備中足守を出発し、途中、京都に立ち寄り、高台院に挨拶、同月19日、豊国社を訪問、喪中の為、楼門前で参拝の後、駿府へ向かう。3月17日、八条宮智仁親王、豊国社に参詣。8月16日、八条宮智仁親王、豊国社に参詣。8月17日、高台院(北政所)、豊国社に社参、湯立神楽(五釜)奉納。この日、大坂より大蔵卿の局が上洛参詣。8月18日、秀頼名代片桐貞隆と千姫名代江原与右衛門が社参、奉納。 ＊ この年は、方広寺大仏開眼・落慶と、秀吉の十七回忌臨時祭の予定であったが、鐘銘事件が勃発し、開眼延期、豊国社の臨時祭も、家康に配慮し例大祭に変更された(秀吉人気の復活を恐れた家康の謀略)。 9月17日、片桐且元が駿府より京に戻る。その後大坂に戻るが、淀殿や大野治長ら城内強行派により、徳川内通と決めつけられ、大坂城より放逐する(且元が、家康の内意として、大坂城からの退去国替えに応じるか、人質として、淀殿か秀頼が江戸に赴くかを伝えるが、家康に籠絡された大蔵卿の局の報告を信じて、且元を追放)。 10月1日、片桐且元と弟の貞隆が、家臣四千名と共に、大坂片桐屋敷から、居城の摂津茨木城へ移る。この日、家康は、近江・伊勢・美濃・尾張の諸大名に出陣を命じる。10月2日、秀頼も豊臣恩顧の大名に檄文を送り、籠城の準備にとりかかる。 高台院も大坂へ向かうが、鳥羽から引き返す(一説、家康に配慮した木下利房により阻止されたとも云われる。利房は、家康が出陣すると、徳川軍に参陣)。 10月23日、家康が二条城へ入る。11月23日、家康が二条城より、秀忠が伏見城より出陣し大坂に向かう。11月19日、新家方面で武力衝突、大坂冬の陣。その後、家康側室阿茶の局と常高院(淀殿妹)の間で講和交渉を進め、12月22日に起請文(誓書)の交換が成り、大坂冬の陣は終結する。12月23日から、幕府軍は外堀・濠の埋め立てを開始する。
慶長20年(1615)	1月30日、秀頼の名代細川興秋(細川家を出奔して、大坂方に加担)が豊国社に社参(秀頼名代最後の社参)。2月1日、高台院が、豊国社に最後の社参。3月、家康は、秀頼の大坂城退去、新規の浪人の大坂城追放などを要求し、大坂方は拒否する。4月6日、東海の諸大名に出陣を命じ、4月7日には、西国大名にも出陣命令を出す。4月17日の例大祭の湯立の儀が中止となる。翌日の18日は、勅使正親町三条実有が社参し、神事だけは執り行われるが、高台院ら豊臣一門は社参せず、この例大祭が、豊国社最後の例大祭となる。5月5日、家康が二条城より出陣し大坂に向かう。この時、木下利房に対し、京に留まり、北政所の大坂行の阻止と警護を命じる。5月7日正午頃、大坂夏の陣勃発。夕方、大坂城炎上。5月8日巳刻(午前10時)に至り、秀頼・淀殿ら自刃、大坂城落城し、大坂豊臣家滅亡。幕府軍は引き続き残党狩りを続行。 5月23日、豊臣秀頼の遺児の国松(8歳)(一説影武者)が、京都六条河原で処刑。秀頼の娘は鎌倉東慶寺へ預けられる。 7月9日、家康は、豊国社の破却を決定する。福島正則、大坂豊臣家滅亡後、羽柴名字(豊臣朝臣)を廃して福島名字に復する(福島正則)(元和元年)。
元和元年(1615)	7月27日、木下利房、大坂の陣の功により、備中足守二萬五千石を与えられ、足守藩木下家再興。家康は、高台院領平野庄代官に末吉吉康を任命する。木下勝俊は、完全に遁世し、京都東山に閑居。
元和3年(1615)	3月26日、平野庄代官の末吉吉康が没し、木下利房が、高台院(北政所)知行地の代官を兼ねる。この頃の高台院の知行高は、一萬六千九百二十三石七斗三升三合と確認される(6月頃の時点)。(内田論文による)
元和9年(1623)	7月、豊臣朝臣木下利房の次男の利次(左近・民部、利三)、高台院豊臣吉子の養子となる(正式に)。
寛永元年(1624)	9月6日、高台院(北政所豊臣吉子)没。所領は、養子の利三(利次)には相続されず没収となる。葬儀は、木下利房が取り仕切る(高台院流豊臣家消滅、系譜・遺品・祭祀は、近江木下家が継承)。
寛永3年(1626)	高台院養子の豊臣朝臣木下利次(利三)、近江に於いて、采地三千石を賜り、近江木下家を創始。
寛永14年(1637)	6月21日、備中足守藩主豊臣朝臣木下利房没。
寛永19年(1642)	1月7日、豊後日出藩主豊臣朝臣木下延俊没。
慶安2年(1649)	6月15日、木下長嘯子(豊臣朝臣木下勝俊)、丹波子に大原野の幽居地で没す。

● 高台院流豊臣家の姓(豊臣)は、秀吉が賜姓豊臣氏となった事に連動するが、北政所豊臣寧子自身も、後に賜姓豊臣氏、諱の吉子を賜る事による。豊臣氏の内部にもう一つの賜姓豊臣氏が誕生。(天正20年・1592・文禄元年、一萬石余の所領を得る)

＊ 天正20年、北政所流豊臣家が、豊臣家内部に創始される。
京都豊臣家創設(大坂豊臣家より分家)時には、一萬六千石弱.
杉原流豊臣氏(木下家)と共に、第二豊臣家一門を形成。

● 北政所は、関ヶ原の合戦の時、家康とは蜜月状態ではなく緊張関係にあった(独立路線を採りながら、密かに西軍も支持)。

＊ 宇喜多秀家の出陣(三成の挙兵前)を黙認。**寝返り工作の痕跡なし(家康支持なら、秀家にも説得工作をするはず)。**

木下家定の息子（2）

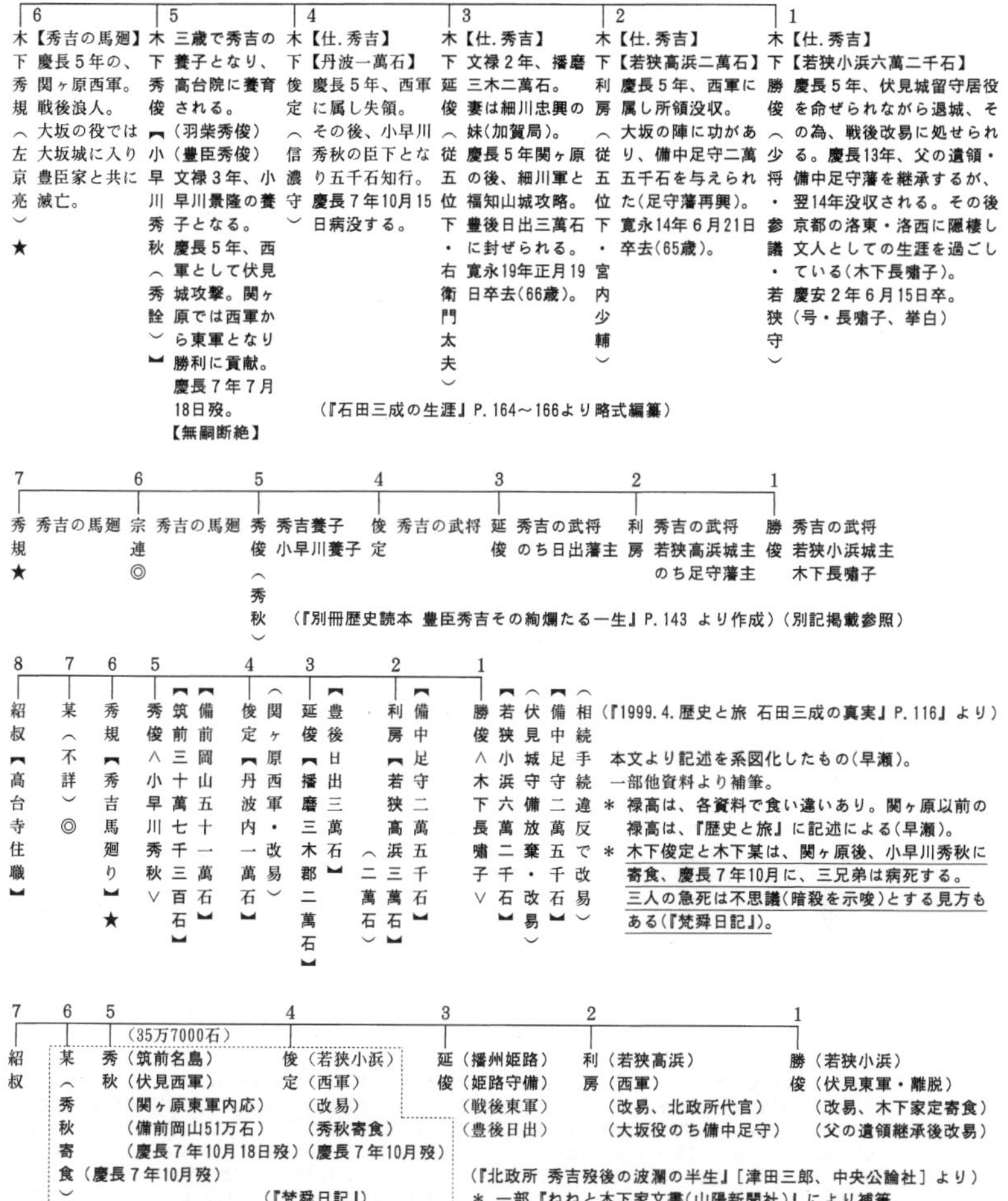

1 木下勝俊（少将・参議・若狭守）【仕.秀吉】【若狭小浜六萬二千石】慶長5年、伏見城留守居役を命ぜられながら退城、その為、戦後改易に処せられる。慶長13年、父の遺領・備中足守藩を継承するが、翌14年没収される。その後京都の洛東・洛西に隠棲し文人としての生涯を過ごしている（木下長嘯子）。慶安2年6月15日卒。（号・長嘯子、挙白）
2 木下利房（従五位下・宮内少輔）【仕.秀吉】【若狭高浜二萬石】慶長5年、西軍に属し所領没収。大坂の陣に功があり、備中足守二萬五千石を与えられた（足守藩再興）。寛永14年6月21日卒去（65歳）。
3 木下延俊（従五位下・右衛門太夫）【仕.秀吉】文禄2年、播磨三木二萬石。妻は細川忠興の妹（加賀局）。慶長5年関ヶ原の後、細川軍と福知山城攻略。豊後日出三萬石に封ぜられる。寛永19年正月19日卒去（66歳）。
4 木下俊定（信濃守）【仕.秀吉】【丹波一萬石】慶長5年、西軍に属し失領。その後、小早川秀秋の臣下となり五千石知行。慶長7年10月15日病没する。
5 木下秀俊【小早川秀秋（秀詮）】三歳で秀吉の養子となり、高台院に養育される。（羽柴秀俊）（豊臣秀俊）文禄3年、小早川景隆の養子となる。慶長5年、西軍として伏見城攻撃。関ヶ原では西軍から東軍となり勝利に貢献。慶長7年7月18日歿。【無嗣断絶】
6 木下秀規（左京亮）★【秀吉の馬廻】慶長5年の、関ヶ原西軍。戦後浪人。大坂の役では大坂城に入り豊臣家と共に滅亡。
（『石田三成の生涯』P. 164～166より略式編纂）
1 勝俊 秀吉の武将 若狭小浜城主 木下長嘯子
2 利房 秀吉の武将 若狭高浜城主 のち足守藩主
3 延俊 秀吉の武将 のち日出藩主
4 俊定 秀吉の武将
5 秀俊（秀秋） 秀吉養子 小早川養子
6 宗連 ◎ 秀吉の馬廻
7 秀規 ★ 秀吉の馬廻
（『別冊歴史読本 豊臣秀吉その絢爛たる一生』P. 143 より作成）（別記掲載参照）
1 勝俊〈木下長嘯子〉【若狭小浜六萬二千石】（伏見城守備放棄・改易）【備中足守二萬五千石】（相続手続違反で改易）
2 利房【若狭高浜三萬石】（二萬石）【備中足守二萬五千石】
3 延俊【播磨三木郡二萬石】【豊後日出三萬石】
4 俊定【丹波内一萬石】（関ヶ原西軍・改易）
5 秀俊〈小早川秀秋〉【筑前三十萬七千三百石】【備前岡山五十一萬石】
6 秀規【秀吉馬廻り】★
7 某（不詳）◎
8 紹叔【高台寺住職】
（『1999.4.歴史と旅 石田三成の真実』P. 116』より）
本文より記述を系図化したもの（早瀬）。
一部他資料より補筆。
＊ 禄高は、各資料で食い違いあり。関ヶ原以前の禄高は、『歴史と旅』に記述による（早瀬）。
＊ 木下俊定と木下某は、関ヶ原後、小早川秀秋に寄食、慶長7年10月に、三兄弟は病死する。三人の急死は不思議（暗殺を示唆）とする見方もある（『梵舜日記』）。
1 勝俊（若狭小浜）（伏見東軍・離脱）（改易、木下家定寄食）（父の遺領継承後改易）
2 利房（若狭高浜）（西軍）（改易、北政所代官）（大坂役のち備中足守）
3 延俊（播州姫路）（姫路守備）（戦後東軍）（豊後日出）
4 俊定（若狭小浜）（西軍）（改易）（秀秋寄食）（慶長7年10月歿）
5 秀秋（35万7000石）（筑前名島）（伏見西軍）（関ヶ原東軍内応）（備前岡山51万石）（慶長7年10月18日歿）
6 某（秀秋寄食）（慶長7年10月歿）
7 紹叔
（『梵舜日記』）
（『北政所 秀吉歿後の波瀾の半生』［津田三郎、中央公論社］より）
＊ 一部『ねねと木下家文書（山陽新聞社）』により補筆。

＊ 木下家定の息子は7人とも8人とも云われるが、不明な点がある。 勝俊から小早川秀秋までは、各系図共通（若干細部の食違いはあるが･･･）その後については、食い違いが見られる。例えば木下秀規という人物は、足守木下系図や日出藩士が編纂した木下系図には、不記載の人物である。又、日出藩の関係系譜によれば、木下某は、出雲守・外記・宗連と記され、前川和彦氏の『豊臣家存続の謎』によれば、豊臣秀頼の化身であり、45歳で病死したという。前川氏に情報提供した木下俊凞氏の系図によれば、家定の息子、即ち藩祖延俊の兄弟は7人（勝俊・利房・延俊・俊定・秀秋・出雲守・紹淑）であると云う。紹淑は紹叔とも記す。『系図纂要』では、出雲守は、内記・俊忠と記す。 内記は外記を誤記したかも知れない。諱が俊忠と云うなら、利房と僧の紹叔以外の兄弟とは、『俊』という文字が共通（兄弟通字）する。 出雲守を諱不明としたり、早世としたのは、何らかの作為があった可能性もある。木下氏や前川氏によれば、それは薩摩に亡命した豊臣秀頼を木下家に紛れ込ませる為の系図操作であり、その為に、六男俊忠の諱を不詳にして、系譜上では、秀頼・宗連の影武者の出雲守・外記・宗連とした可能性が浮上する。日出藩士編纂の木下系図では、出雲守（俊忠）の孫の百介（二代目新兵衛）まで記しているので、諱不詳は、秀頼保護の為の改竄か？

羽柴・豊臣氏略年表

和暦(西暦)	記録
天正元年(1573)(羽柴秀吉)	7月、この頃、木下藤吉郎は姓を羽柴と改める(本姓不詳)。8月28日、信長、秀吉に近北三郡(浅井氏旧領)を与える(秀吉十二萬石の大名となる)。＊ 秀吉の兄弟姉妹も木下より羽柴に暫時改姓。 この頃、杉原孫兵衛は木下姓に改姓(木下家定)。この頃、木下家定、秀吉の家臣団より離れ、羽柴家の家宰的地位に就任、お祢と秀吉の家族を守護する(長浜時代の木下家定の家禄は三千石と伝えられる)。
天正2年(1574)	この年、秀吉、筑前守を名乗る(羽柴筑前守秀吉)。
天正4年(1576)	10月14日、秀吉の子の羽柴秀勝(石松丸)歿。＊ 初代秀勝。
天正5年(1577)	1月、八条宮智仁親王(幼名.古佐麻呂・六の宮。父.誠仁親王・母.勧修寺晴子、秀吉の猶子)誕生。
天正6年(1578)	この頃、信長の四男の於次丸、羽柴秀吉の養子となる(羽柴秀勝)。＊二代目秀勝。
天正9年(1581)	池田藤三郎(池田信輝＝恆興の子供、輝政弟)、秀吉の養子となり羽柴を称す(平朝臣羽柴長吉)(『系図纂要』)。
天正10年(1582)	1月21日、織田信長、宇喜多八郎(後に秀吉猶子。 羽柴八郎秀家＝宇喜多秀家、後に備前中納言豊臣朝臣羽柴秀家)に直家の家督を継承させる(秀吉が根回し)。 6月2日、本能寺の変。木下家定ら、秀吉の家族を長浜城から脱出させる。6月13日、備中高松城から大返しの秀吉軍と織田旧臣連合軍(神戸信孝、丹羽長秀、堀秀政ら)、山崎で明智軍を撃破。 6月27日、清洲会議で、織田家の後継者を三法師(織田秀信)に決定(羽柴秀吉・丹羽長秀・池田恒興連合が、柴田勝家の主張を退ける)。 8月7日、秀吉、浅野長吉(後の浅野長政)と杉原家次を京都奉行に任ずる。9月12日、羽柴秀勝(幼名.於次丸)、信長の百日忌法会を京都大徳寺で行う(実際の主催者は、羽柴秀吉)。 10月3日、正親町天皇、秀吉に綸旨を与え、従五位下・左近衛権少将に叙任。10月15日、秀吉、大徳寺で信長の葬儀を行う(秀吉、信長の実質的後継者である事をアピール)。
天正11年(1583)	4月21日 、賤ヶ岳で柴田勝家の配下の佐久間盛政軍を撃破。4月21日、北ノ庄城落城(柴田勝家・お市自刃)。12月、秀吉、堀秀政に羽柴の姓を与える(平朝臣羽柴氏)。(『多門院日記』)(羽柴授姓の始まり)
天正12年(1583)	4月、この頃、三好信吉(秀吉甥)羽柴姓を許される。11月12日、織田信雄・徳川家康と講和。11月22日、秀吉、従三位・権大納言に叙任(平朝臣羽柴秀吉)。12月26日、羽柴秀勝、毛利輝元の養女を娶る。この頃、徳川家康の次男の於義丸(羽柴秀康・豊臣秀康・結城秀康)が秀吉の養子となる。
天正13年(1584)	3月10日、秀吉、正二位・内大臣に叙任。7月11日、近衛前久の猶子となり、従一位・関白に叙任し、姓を「平」(平朝臣羽柴秀吉)から「藤原」に改める(藤原朝臣羽柴秀吉)。 閏8月、羽柴秀次(前名.三好信吉)を近江四十三萬石を、羽柴秀政(堀秀政)に越前北ノ荘(北ノ庄)二十九萬石を与える。 ＊ 9月、秀吉は、朝廷に対し「豊臣姓」の下賜を奉請。この直後に賜姓との説あり(「押小路文書」)。10月6日、羽柴秀家(宇喜多秀家)、秀吉と共に参内して、従五位下・侍従に叙任した御礼に太刀を献上する。 12月10日、羽柴秀勝(幼名.織田於次丸)歿。この年、秀吉の養子の羽柴長吉(池田長吉)、従五位備中守に叙任(『系図纂要』、『寛政重修諸家譜』)。一萬石を領す(『寛政重修諸家譜』)。＊ 長吉は後に池田姓に復する(時期は未確認だが、鶴松誕生時点までには、羽柴家離籍？)。 この年の7月、福島正則、秀吉の関白就任に伴い諸大夫となり、従五位下・左衛門大夫に叙任。閏8月、長谷川秀一は、越前東郷十五萬石を与えられる。この頃侍従に任官、羽柴姓を与えられ、羽柴東郷侍従と通称された。＊ 後年、羽柴家名に連動し豊臣姓を許される(羽柴東郷侍従豊臣朝臣秀一＝東郷侍従豊臣朝臣羽柴秀一)。
天正14年(1585)	1月14日、秀吉、宮中に参内、祝賀会で黄金の茶室を持参し茶会を催す。この時、六の宮(八条宮)と初対面。 秀吉、妹(旭姫)を徳川家康に嫁す。10月26日、家康大坂へ入る。翌日大坂城で秀吉に謁見。12月16日、秀吉の養女前子(近衛前久娘)、女御に入内。 12月19日、秀吉、太政大臣に任ぜられ、豊臣の姓を賜る(豊臣朝臣羽柴秀吉・賜姓豊臣氏初代)(「公卿補任」)。 名実共に『豊臣氏』及び『大坂豊臣家』が成立する。この年、八条宮は、秀吉の猶子となる。この頃、秀吉の養子の於義丸、元服して秀康を名乗る(豊臣朝臣羽柴秀康)。この年の正月、越前北ノ庄城主羽柴秀政(堀秀政)、従四位下・侍従に叙任。 羽柴北ノ庄侍従と通称された(北ノ庄侍従豊臣朝臣羽柴秀政)。
天正15年(1586)	3月1日、秀吉、島津氏征伐の為大坂城を出陣。大坂城留守居に羽柴秀次、京都守護に前田利家を置く。5月3日、島津義久、正式に秀吉に降伏を申し入れ、5月8日、義久は剃髪して秀吉に謁見し、罪を謝し、旧領地の内薩摩を安堵する。10月1日、北野で大茶会を開催。11月22日、羽柴秀次、従三位・石見守に叙任。この年、九州平定後、豊臣朝臣木下家定(羽柴家定)は、播磨国内で一萬千三百四十二石を与えられる。この年、九州征伐凱旋後、池田輝政に羽柴の称号が与えられる(羽柴輝政)。 ＊ 九州征伐には、養子の豊臣朝臣羽柴秀康も従軍。九州征伐から凱旋後、侍従羽柴秀家(宇喜多秀家)は、8月に従四位下参議兼左近衛権中将に叙任され、備前宰相と通称された(備前宰相羽柴秀家)。この年若しくは翌年頃、秀吉養女の豪姫(前田利家の娘)と結婚(豊臣朝臣秀家)。
天正16年(1587)	正月8日、豊臣朝臣羽柴秀長、甥の秀保(三好秀保・羽柴秀次実弟)を養子とする。4月14日、後陽成天皇、聚楽第に御幸。 この時、羽柴輝政(池田輝政)、豊臣氏(豊臣朝臣姓)を与えられ、従四位下侍従に叙任(豊臣朝臣羽柴輝政)。 この行幸の前に、秀康は、従四位下・左近衛権少将に叙任。行幸には、羽柴三河少将豊臣秀康として供奉する。10月19日、秀吉、宇喜多秀家の姉を養女として吉川広家に嫁がせる。この年の4月の聚楽第行幸の時、蒲生氏郷(天正14年、従四位下侍従に叙任)は、松島侍従豊臣氏郷と起請文に署名する。
天正17年(1589)	5月27日、棄丸(豊臣朝臣羽柴鶴松＝豊臣鶴松)誕生。 10月8日、秀吉、豊臣朝臣羽柴秀勝(幼名.小吉)の所領、丹波亀山を没収。 蜂屋頼隆(羽柴敦賀侍従豊臣朝臣頼隆)の遺領越前五萬石を宛てがわれる(7月、秀吉に加増要求し、逆に減封処分)。
天正18年(1590)	1月14日、京都に滞在中の旭姫(秀吉妹・家康正室)、聚楽第で病没。1月21日、秀吉養女(織田信雄女)と徳川家康の嗣子秀忠の婚儀が聚楽第で執り行われる。4月6日、豊臣軍、小田原城を包囲。7月5日、北条氏直、織田信雄の陣所に投降(北条家降伏)。7月13日、秀吉、徳川家康を関東ら転封、織田信雄に三河転封を命ずるが拒否し、尾張・北伊勢の所領没収、羽柴秀次に与える(清洲城主・百萬石)。この年、智仁親王八条宮家創設(豊臣家より離籍)。秀吉は、宮の為に宮殿を建て、領地三千石を贈る。 この年の9月、豊臣朝臣羽柴輝政(池田輝政)、岐阜より三河国吉田に移され、十五萬二千石を領す(吉田侍従豊臣朝臣羽柴輝政)。 ＊ この年の8月、下総の結城晴朝の願いにより、秀康は豊臣家を離籍し、結城家の養子となり十一萬石を継承(結城秀康)。この年、小田原征

和暦(西暦)	記録
天正18年(1590)	伐に出陣中に病没し、家督は嫡男の秀治が継いだ(豊臣朝臣羽柴秀治)。
天正19年(1591)	1月22日、大和大納言豊臣朝臣羽柴秀長(豊臣秀長)歿。8月5日、豊臣鶴松歿(3歳)。12月20日、羽柴秀次、正式に秀吉の嗣子となる(豊臣秀次)。12月27日、秀次、関白左大臣に任ぜられる(豊臣氏二代目氏の長者)。秀吉、太閤を称す(豊臣家は、二代関白家と太閤家が並立)。
文禄元年(1592)	正月5日、太閤秀吉、諸大名に朝鮮出兵を命じる。3月20日、豊臣朝臣羽柴秀勝、丹波に所領を与えられる。6月2日、徳川家康・前田利家の諫言により、秀吉自身の渡海は中止される。7月22日、大政所(天瑞院)歿(76)。9月9日、豊臣朝臣羽柴秀勝(小吉)、朝鮮唐島(巨済島)に没す。
文禄2年(1593)	8月3日、拾丸(豊臣朝臣羽柴秀頼=豊臣秀頼)誕生。10月1日、拾丸と秀次の娘との婚約を決める。 この年、東郷侍従豊臣朝臣羽柴秀一(長谷川秀一)、朝鮮で病死。この年、北政所の父、杉原助左衛門道松(定利)(天正12年没の木下助左衛門祐久・助休とは別人)没。
文禄3年(1594)	9月、毛利輝元(安芸中納言豊臣朝臣羽柴輝元)の養子秀元(安芸宰相豊臣朝臣羽柴秀元)を朝鮮から召喚し、故秀長(大和大納言豊臣朝臣羽柴秀長)の娘を秀元に嫁がせる。10月、備前宰相豊臣朝臣羽柴秀家(宇喜多秀家)、権中納言の昇り、備前中納言と通称された。 11月13日、秀吉の養子秀俊(豊臣朝臣羽柴秀俊)を小早川隆景(筑前宰相豊臣朝臣羽柴隆景)の嗣子となす(小早川秀秋)。12月27日、徳川家康(武蔵大納言豊臣朝臣羽柴家康)の娘(元北条氏直の室・督姫)を池田照政(池田輝政・吉田侍従豊臣朝臣羽柴輝政)に嫁がせる。
文禄4年(1595)	2月7日、蒲生氏郷(松島侍従豊臣朝臣羽柴氏郷)歿。4月16日、大和権中納言豊臣朝臣羽柴秀保(豊臣秀長養子)大和十津川に没す(病死、横死・暗殺?)。藤堂高吉(元豊臣秀長養子・羽柴高吉)の家督相続は秀吉が拒否し、大和豊臣家は断絶する。6月8日、増田長盛が大和郡山城主となる(近江水口より移封)。7月3日、豊臣秀次、朝廷に銀五千枚を献上(秀次謀叛のうわさ流布)。秀吉、石田三成・増田長盛らを聚楽第に派遣し行状を詰問。7月8日、秀吉、秀次より左大臣・関白の官職を奪い、高野山に追放す。7月15日、福島正則らを高野山に派遣し、秀次に切腹を命じる(秀次自刃)。7月20日、前田利家(加賀中納言豊臣朝臣羽柴利家)を拾丸(豊臣朝臣羽柴秀頼)の傅役とす。同月、家康(羽柴武蔵大納言家康)・輝元(羽柴安芸中納言輝元)・隆景(羽柴筑前宰相隆景)連署して秀吉・拾丸(秀頼)に忠誠を誓う。 8月2日、秀次の子女・妻妾三十余人を京都三条河原で処刑(二代目関白豊臣家断絶)。 同月、聚楽第を破却し、秀次の痕跡を抹殺する。8月17日、豊臣朝臣木下家定、二萬五千石に加増され、姫路城主となる。家定は、大坂城留守居役を勤めていたので、三男の延俊(豊臣朝臣木下延俊)を姫路城代とする。 9月17日、故浅井長政の娘で秀吉の養女(達子・淀殿妹・元豊臣秀勝室)を徳川秀忠(江戸中納言豊臣朝臣羽柴秀忠)に嫁す。 10月20日、秀吉養女(前田利家の娘)で宇喜多秀家(備前参議・備前宰相豊臣朝臣羽柴秀家)室(豪姫)の病により、山城稲荷社に祈祷を命ず。12月、小早川隆景隠居し、養子の秀俊が、筑前・筑後の領国を継承する。* 秀俊は、関白秀次事件に連座し、豊臣家俊時代の領国の丹波亀山十萬石を没収される。 この年の前後頃、豊臣朝臣木下勝俊(木下長嘯子)、若狭国小浜城主(六萬二千石)。 豊臣朝臣木下利房、若狭国高浜城主(二萬石、後三萬石とも‥)。豊臣朝臣木下延俊、播磨国三木郡内二萬石・姫路城代 。豊臣朝臣木下信濃守俊定、丹波国内一萬石(慶長7年・1602没)の大名或いは大名格に取り立てられる。
慶長元年(1596)	この年、加藤清正は、小西行長の和議工作の妨害や、豊臣姓の僭称などを理由に召喚される。その後、朝鮮との和議成立。9月1日、明の使節が大坂城を訪問、先の講和が偽りであめる事が露見。秀吉、朝鮮再出兵を決意。
慶長2年(1597)	9月28日、秀吉、秀頼と共に参内、秀頼禁中で元服し、従四位下・左近衛権少将に叙任。12月4日、小早川秀秋を朝鮮より召喚。この年、小早川隆景(羽柴筑前宰相豊臣朝臣隆景=筑前宰相豊臣朝臣羽柴隆景)没。養子の秀俊は、実名を秀秋(小早川秀秋)に改める。 * この年の7月、宇喜多秀家、五大老に列す。7月26日、福島正則は侍従に任じられ、そのお礼の為に参内した。以後、羽柴清洲侍従と通称される(清洲侍従豊臣朝臣羽柴正則)。
慶長3年(1598)	8月18日、豊臣朝臣羽柴秀吉(豊臣秀吉)、京都伏見城で没す(62歳)。
慶長5年(1600)	関ヶ原の合戦で、小早川秀秋(元秀吉養子・豊臣朝臣羽柴秀俊)、西軍を攻撃し、東軍勝利に貢献する。結城秀康は、宇都宮に在陣し、上杉景勝(元越後中納言豊臣朝臣景勝)を牽制する。戦後、越前北ノ庄城主七十五萬石に移封。この頃、結城姓を改め松平姓(源朝臣)に復する(越前松平家初代)。小早川秀秋は、戦後、宇喜多秀家の旧領備前・美作五十萬石余(或いは五十一萬石)に移封。名前を秀詮に改める。宇喜多秀家は、関ヶ原西軍の中枢として東軍と戦うが敗戦後、薩摩に逃亡、島津家に匿われた。* 関ヶ原の合戦では、福島正則は東軍先鋒となる。
慶長6年(1601)	豊臣朝臣木下延俊、豊後国速水郡三萬石を与えられ、日出に城を築いて城主となる(日出藩初代藩主)。
慶長7年(1602)	小早川秀秋病死(狂死)(一説暗殺)。小早川家断絶する。この年の5月時点でも、福島正則は、豊臣朝臣正則。 * 関ヶ原合戦後、清洲から安芸広島に転封した時点でも、福島正則は、本姓豊臣朝臣を称していた。 関ヶ原合戦で東軍が勝利、徳川家康が覇権を握っても、疑似一門豊臣氏の各大名が、直ちに本姓豊臣朝臣・家名羽柴の公称を停止したわけではなく、木下家以外にも豊臣家は暫く存続したのである。その後は、暫時公称を停止した。
慶長9年(1604)	7月、豊臣朝臣木下家定、剃髪して常英と号し、朝廷から二位法印に叙される。 同じ頃、高台院(北政所豊臣吉子)の所領の摂津平野庄一萬六千石余の代官となり、その管理を任される。
慶長10年(1605)	高台院、高台寺建立を発願。家康の支援と豊臣恩顧の大名の強力で建造(翌年落慶)。高台院流豊臣家年表参照。
慶長11年(1606)	4月、宇喜多秀家とその息子、八丈島へ流罪となる。この年、高台寺落慶。
慶長12年(1607)	この頃、京都豊臣家名跡二代・近江木下家初代豊臣朝臣利次(長橘丸・利三)が、豊臣朝臣木下利房の二男として誕生する(母は、進藤三右衛門正次の女)。
慶長13年(1608)	8月26日、豊臣朝臣木下家定(第二豊臣家本家初代・京都豊臣家後見人・備中足守藩主)没(66歳)。家督は、元若狭小浜藩主の豊臣朝臣木下勝俊(木下長嘯子)が継承(翌年没収)。
慶長14年(1609)	9月、備中足守藩主豊臣朝臣木下勝俊、家督相続に際し、家康の命令に違反したとして改易処分。弟の豊臣朝臣木下利房も継承権を没収され浪人、高台院の庇護を受ける。 備中足守領は、高台院の義理甥の浅野長晟(後に、兄の浅野幸長の後を受けて、紀州和歌山藩主に就任)に与えられる。
慶長19年(1614)	大坂冬の陣の時、豊臣朝臣木下利房は徳川方に従う。大坂冬の陣で和睦成立後、徳川方は、大坂城の外堀を埋めた後、内堀も埋め(和睦条件を無視)、大坂城は、事実上、本丸のみの裸城となる。

和暦(西暦)	記録
慶長20年(1615)	3月16日、京都所司代の板倉勝重が駿府にかけつけ、大坂方の戦闘準備を家康に報告。3月24日、大坂方の大野治長の弁明の使者が駿府に到着。家康は、大坂からの転封か、大坂城内の浪人の追放を迫る。4月5日、大坂方はこれを拒否する。翌日、家康は、諸大名に出陣を命じる。4月10日、家康は名古屋城に立ち寄り、5日程滞在し、この間に、浅野幸長(浅野長政の息子)の娘と、九男の義直との婚儀を済ませ、18日に、二条城に到着する。 4月29日、和泉で前哨戦が勃発する(浅野長晟の軍勢と大野治長らの籠城軍が交戦)。5月、大坂夏の陣主力戦勃発。5月6日、羽柴秀以(青木秀以)の孫の青木久矩、大坂方に属し討死。5月7日、真田軍壊滅、大坂城炎上する。5月8日、豊臣秀頼、大坂夏の陣で敗北し自刃と伝えられる(大坂豊臣家滅亡)。戦後年号を元和と改元す。 この時、豊臣朝臣木下利房は、徳川方に属す。 高台院(豊臣吉子)を守護しながら、その動きを牽制した(家康の内命を受け、高台院の大坂城行きを牽制・阻止する)。＊ 家康は、高台院が大坂城に入り籠城に巻き込まれる事を恐れた。又、籠城して豊臣恩顧の大名に働きかけたり、秀頼の助命交渉されると都合が悪かった。 5月21日、伏見に潜伏中の豊臣国松と乳母捕らえられる。 5月23日、豊臣国松処刑(8歳)(大坂豊臣家男系断絶する)(異説では、九州に逃れ、日出藩主豊臣氏[木下家]に匿われたとされる)。
元和元年(1615)	7月27日、豊臣朝臣木下利房、将軍徳川秀忠より、備中国賀陽・上房二郡の内二萬五千石を与えられ、足守藩を再興する(備中足守木下家三代目、再興足守藩木下家初代藩主)(陣屋大名)。＊ 第二豊臣家本家三代目。 同年、小出吉政(秀吉縁者)女婿の松平忠明、大坂藩主となる。
元和2年(1616)	2月22日、浅野長政室(高台院義妹)・長政院没。
元和3年(1617)	6月、福島正則、従三位参議に叙任(11月辞任)。
元和5年(1619)	この年、大坂藩主松平忠明、大和郡山に転封。大坂は幕府の管轄となり、大坂城代が置かれる。
元和9年(1623)	豊臣朝臣木下利次(長橘丸・利三)、正式に高台院豊臣吉子の養子となり、京都豊臣家二代目継承者となる。
寛永元年(1624)	9月6日、高台院(豊臣吉子・京都豊臣家初代・第二豊臣家宗家)没(77歳)。没後、所領一萬六千石は没収。
寛永2年(1625)	4月2日、瑞龍院日秀(豊臣智子・豊臣家二代関白豊臣秀次の母)没(92歳)。
寛永3年(1626)	京都豊臣家二代名跡豊臣朝臣木下利次(高台院養子)、近江国野洲・栗本郡内において三千石を賜り、近江木下家(足守木下家別家扱い)初代当主となる(家名は木下家・本姓豊臣氏)。＊ 京都豊臣家は高台院一代で断絶。
寛永5年(1628)	雲照院(杉原家次の娘・豊臣朝臣木下家定夫人)没。
寛永6年(1629)	元秀吉猶子の八条宮智仁親王没(51歳)。
寛永14年(1637)	備中足守藩主豊臣朝臣木下利房(家定次男)没(65歳)。家督は利当が相続。この年の秋頃、豊臣朝臣木下出雲守宗連(一説、豊臣朝臣羽柴秀頼＝豊臣秀頼)没(45歳)(学習研究社『歴史群像シリーズ戦国セレクション 驀進 豊臣秀吉[日本一の出世人]』掲載の前川和彦説、『豊臣家存続の謎』、『続・豊臣家存続の謎』)。
寛永19年(1642)	正月7日、豊後日出藩主豊臣朝臣木下延俊が江戸で没す(66歳)。遺領三萬石は、二代俊治(伊賀守)が二萬五千石を相続し、残りの五千石は、弟延次(羽柴姓豊臣朝臣木下延由)に分与された。後に幕府に正式に承認され、旗本となる。この家系が豊後立石領主家(旗本)となる(異説では、初代領主延由は、豊臣秀頼の遺児国松)。 豊臣氏は、備中足守藩主木下家、寄合近江木下家、豊後日出藩主木下家、豊後立石領主木下家が幕府公認家系。
正保2年(1645)	2月7日、天秀尼(鎌倉東慶寺二十世住職、豊臣秀頼の娘)没(37歳)(大坂豊臣家直系の血脈断絶)。
明暦元年(1655)	豊臣秀吉の猶子にして養女(豪姫)の婿の宇喜多秀家、八丈島で没(84歳)。
万治元年(1658)	豊臣秀勝(小吉、秀吉の甥にして養子)の娘の豊臣完子(九条忠栄の室)(秀吉系豊臣家最後の人物)没。 7月6日、木下縫殿助豊臣延由没(1614.11.9～1658.7.6)(木下家一子相伝)。
寛文5年(1665)	6月10日、木下宗連(宇佐の宗連)没(83歳)(1583～1665)(『続・豊臣家存続の謎 天草四郎・島原決起の謎』)。
寛文10年(1670)	7月16日、伊賀名張領主藤堂高吉(豊臣秀長元養子羽柴高吉・藤堂高虎養子)没(90歳)。
元禄元年(1688)	求厭上人(秀頼二男？)没(80歳)(1609～1688)。
元禄2年(1689)	1月13日、京都豊臣家名跡二代・近江木下家(三千石寄合旗本)初代豊臣朝臣木下利次(利三)没(83歳)。
	第一豊臣氏は、歴史上から消滅しているが、第二豊臣氏は、木下家一門として江戸時代も存続した。但し、羽柴家名や羽柴姓は、江戸時代には公称されず、幕府公認の豊臣氏は、木下家名を称した(足守・日出・旗本家)。 江戸時代末期に、日出藩分家立石領主木下家(羽柴家名内伝)は、羽柴家名を復活するが、大正5年(1916)に無嗣断絶となり、豊臣一門の羽柴家名は消滅する。又、豊臣姓木下家も、明治の戸籍制度の導入と整備に伴い、本姓・家名統一(新家名制定)の時、氏(家名)は、豊臣ではなく木下を採用し、法制上、豊臣氏は消滅した(歴史上の本姓豊臣氏は内伝、将来、正当な理由があり、改姓が認められれば、豊臣氏の復活は可能)。 現在、羽柴や豊臣を名乗る家があっても、単なる名字(苗字・家名)であって、豊臣一門(第二豊臣家)宗家が認めた一族ではない。 立石羽柴家は、公の資料では、分家も確認されず、従って、立石羽柴一族から家督継承者も指名されず、後継者もなく断絶した。『平成新修旧華族家系大成(霞会館.編)』で確認される旧豊臣氏は、旧備中足守藩主木下家と、旧豊後日出藩主木下家のみである。他に、幕臣や細川家(熊本藩)家臣となった流れもあるが、詳細は不詳。筆者の手元には、系譜資料はなく、これ以上は言及しない。興味ある読者は追求して下さい。尚、青森県の郷土史家などの研究によると、津軽藩には、幕府非公認の豊臣氏(杉山家)が存在したようである(『歴史群像』)。同家は、高台院流豊臣家初代豊臣吉子(高台院)の養女の大館御前の縁者で、石田三成の末裔と伝えられている。同家も、戸籍制度の導入、本姓・家名統一の時、豊臣姓ではなく、杉山の家名を採用している。従って、前述したが、現在、豊臣を名乗る家系は、これら豊臣一門・縁者とは無関係という事になる。山口県の豊臣氏は、現時点では、単なる私称(自称豊臣)というのが、筆者の見解である。
	●『豊後立石史談』 (大分県立大分図書館) ●『日出町誌・史料編』 (大分県立大分図書館) ●『大分県日出藩史料(8)「木下氏系図附言纂」』(国立国会図書館) ●『平姓杉原氏御系図附言纂』 (日出町立萬里図書館) ●『新訂寛政重修諸家譜』 ●『系図纂要』 ●『豊臣家存続の謎(前川和彦)』 ●『続・豊臣家存続の謎(前川和彦)』 山口県の豊臣氏については、これら資料からは、立石羽柴家との関係は、立証されない(前川氏は、長流寺も取材している)。

木下長嘯子関係系図

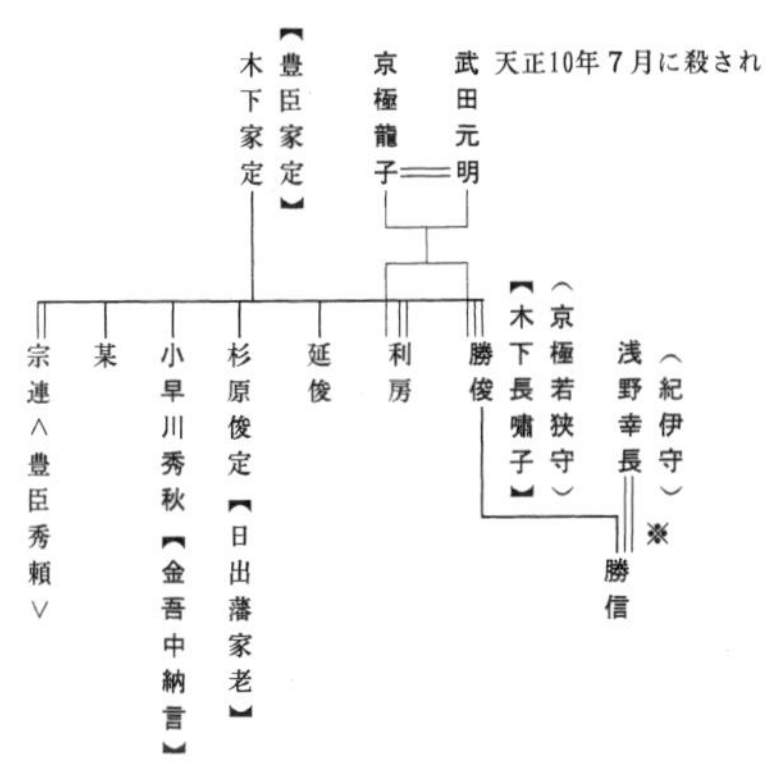
【豊臣家定】
木下家定
京極龍子
武田元明
天正10年7月に殺される。
宗連〈豊臣秀頼〉
某
小早川秀秋
【金吾中納言】
杉原俊定
【日出藩家老】
延俊
利房
勝俊
【木下長嘯子】
（京極若狭守）
浅野幸長
（紀伊守）
※
勝信

（『続・豊臣家存続の謎』P.40～43 より系図化）

木下勝俊・利房を、武田元明の実子で、木下家定の養子。母を京極龍子(松の丸殿)とするのは、明和4年(1767)、板屋一助が書いた『稚狭考(わかさこう)』による。武田元明は、天正10年7月、秀吉により殺され後、龍子は秀吉の側室になり、「松の丸殿」と呼ばれた。(『続・豊臣家存続の謎』P.40～41)

＊ 武田元明を自刃に追い詰めたのは丹羽長秀。松の丸殿は捕らえられ、その後秀吉の側室となる。
＊ 武田元明の実子は、逃亡して所在不明(岡村昌二郎氏)。
＊ 武田元明の遺児は、先妻或いは側室の子供で松の丸殿の実子ではない。

浅野長継　浅野長勝　【杉原】助左衛門
長政＝女　寧子【高台院】＝豊臣秀吉
女　女　長重　女　女　女　長晟　幸長
※
尾張忠直（徳川義直）＝女　女　長晟
女　光晟　長治
長照　長尚　綱晟　長照　長尚

＊ 慶長7年(1602)10月15日、杉原俊定没。
慶長7年(1602)10月18日、小早川秀秋没。
慶長7年(1602)10月　　　木下某没。
三兄弟は岡山で病死(変死)。

＊ 杉原俊定が日出家老というのは疑問。関ヶ原西軍で改易後、秀秋の庇護を受けるが、秀秋病死の数日前に病死(変死か？)。
＊ 日出藩に仕えることが出来たとしても、西軍の武将を親族とは云え、家老には据えれない。
＊ 日出藩の関係資料では、木下氏或いは小出氏を称す。小出氏女婿、或いは婿養子。

＊ 浅野氏系図に勝信は不記載。
(『寛政重修諸家譜・第五』)

木下勝信(橋本勝信)
● 浅野幸長の養子(二男格)⇨『続・豊臣家存続の謎』
● 浅野幸長に仕え、後に、細川家家臣肥後社城主の松井興長に仕える⇨別冊歴読『豊臣一族のすべて』叔母の龍子(勝俊妹)が松井興長に嫁す。
● 浅野幸長の二男に勝信は不記載⇨『寛政重修諸家譜』
● 浅野幸長の二男に勝信は不記載⇨『系図纂要』

木下勝俊(長嘯子)を、武田元明の遺児とする説があり一考を要するが、松の丸殿の実子とする点については、はなはだ疑問である。武田元明の遺児は、武田元明が丹羽長秀に自刃に追い込まれた時点で逃亡しており、しかも、「母の実家」の京極家に匿われた形跡もない。又、木下家定(当時は杉原孫兵衛)と、松の丸殿(当時は、武田元明夫人京極龍子)の間には何も接点がない。当然、若狭国主の武田家と、元織田家軽輩で、今は木下藤吉郎の義兄弟で家臣となった杉原孫兵衛との間に養子縁組が成立する動機もない。又、秀吉側室となった松の丸殿が、木下勝俊と密かに交流したという事もない。実子のなかった於祢が、木下家定の子供を可愛がった事は、事実だが、松の丸殿と木下勝俊の間に、交流があったとしても「親子としての交流」は確認されない。『群書系図部集』の別本系図は木下勝俊を武田元明の子供と記すが、編者も疑問視している。又、勝俊が四歳で杉原孫兵衛(木下家定)の養子になるというのは、常識的には考えられない。 ＊ 永禄12年(1569)生まれという事は、元亀3年(1572)から天正元年(1573)の間に養子に入った事になるがこの時点では、主の藤吉郎は、まだ大名にもなっていない。信長も健在。そんな中で、武田家の嫡男が、織田家陪臣の養子になる事などあり得ない。そういう所伝があるとするなら、後世、何らかの事情で情報操作された結果ではないのか。北政所が、家康の命令を無視してまで、勝俊に家定の遺領を相続させた(結果として再度の改易)のも、血縁の甥でなければ考えられない。その後、長嘯子となった勝俊が、利房や延俊らと、距離を取った事を理由に、木下氏と非血縁との主張もあるが、嫡男であるのに二度も家を潰しては、一族に顔向け出来ないという思いがあったのではないかと想像する。又、木下勝俊が京極龍子の実子なら、秀吉側室となり、実家の京極家が大名に復帰した時、養子にして、京極一門として、密かに武田の血脈を残せばいい。そういう動きがない点からも、実子説は疑問と考える次第である。又、北政所も側室の縁者を、兄の嫡男にはしないであろう(男子がいるのに)。

第二豊臣氏謎の系譜

第一章「豊臣家定とその一族――平姓（平朝臣）杉原氏と豊臣姓（豊臣朝臣）木下氏」も、いよいよ終わりに近づいてきた。

第二豊臣氏は、秀吉に次ぐ、第二の賜姓豊臣氏（豊臣吉子）とその一門（木下家）により構成される。賜姓豊臣氏は、羽柴秀吉が始めであり、その縁により秀吉一族と正室の於祢が豊臣氏を公称することを許された。於祢は、秀吉が関白に就任すると、正室として北政所に任ぜられ、秀吉の一夫人から、関白家の家政長（奥方の最高責任者）となり、従三位に叙任される。この時点では、豊臣氏は第一豊臣氏のみである。

その後、秀吉は有力家臣にも、羽柴授姓（豊臣朝臣も連動）を行い、第三の豊臣氏（疑似一門）を誕生させる。木下家定も、秀吉の義兄弟として、豊臣姓・羽柴家名を許されることとなる。秀吉の関白就任の数年後、秀吉正室北政所・豊臣寧子は、朝廷より豊臣姓と諱の吉子を賜り（豊臣吉子）、従一位に叙される。ここに第二の賜姓豊臣氏が誕生した。

この時点では、第二豊臣氏は、第一豊臣氏に包括される存在だったが、豊臣家直轄領内に所領を与えられ、将来の独立基盤を確保した。その後、豊臣家定（木下家定）の五男の秀俊（金吾中納言）が、秀吉の実子誕生により、豊臣家（第一豊臣氏）を離籍され、小早川家の養子となると、木下家は、豊臣一門から準一門となり、豊臣家での位置は低下する。

この頃からは、第二豊臣氏の一門として、豊臣家と繋がる関係であり、留守居など名目的な立場でしかない。秀吉が没し、北政所が大坂豊臣家から独立して京都豊臣家を創設すると、必然的に木下家も第二豊臣家一門の第二豊臣氏木下家となる。この第二豊臣氏のルーツは、美濃から尾張に流れた杉原氏(自称平氏)の傍系と推定される。この後、杉原本家は、室町幕臣であった桓武平氏杉原氏に系図を繋げその末裔と称す。しかし、途中不明な点もあり、諸系図があり、正系は確定されてはいない。杉原本家は、秀吉政権下でも豊臣氏には組み込まれず、平姓杉原家のままであった。

秀吉が大名になった頃には、家老的な立場ではあったが、家禄は、浅野家に比べて低く押さえられていて、小大名の位置を脱することはできなかった。第二豊臣氏(木下家)も小大名だったが、秀吉の晩年には、親子の禄高合計では、十万石余で、なんとか下位の中大名並という程度となっていた(一説・十三万石前後)。

豊臣家定は、大坂城留守居として、北政所を守護する立場を与えられていたが、豊臣政権からは弾き出されていた。その豊臣家定には複数の息子がいるが、その数については、諸説があり定かでない。六人とも、七人とも、八人ともいわれる。日出藩の関係系譜では、末弟の僧侶も含め七人ということになるが断定はできない(『梵舜日記』などと噛み合わなくなる)。また、長男の勝俊と二男の利房については異説(武田元明遺児説)もあり、謎に包まれている。しかし、これは基本系図文献では立証されず定説とするには至らない。何より、豊臣家定(木下家定・当時は杉原孫兵衛)に、武田元明の遺児二人を養子に迎える必然性がない。やはり、勝俊・利房は、家定の実子と考えるのが妥当であろう。

次の延俊は、細川忠興の義兄弟に当たり、第二豊臣氏存続の中心的人物である。関ヶ原の合戦には参戦していないが、忠興とは連絡を取りながら徳川家に誼みを通じ、細川家と協力して西軍残党の籠もる福知山城を攻略し、父の家定から独立し、豊後日出藩三万石初代藩主となる。北政所は当初、延俊を養子に迎えようとしたが、話が煮え切らず、その後に辰之助（豊臣秀俊・小早川秀秋）が誕生したので、木下家に残り、兄が若狭小浜領主、若狭高浜領主となり独立後も、父と行動し、父の代わりに姫路城を守護した。関ヶ原合戦後、細川家の尽力もあり、豊後日出藩主となったことは、前述した。

前川和彦氏の『豊臣家存続の謎』によると、木下右衛門太夫豊臣延俊は、徳川家に誼みを通じる密使を送った時に、三十五万石のお墨付きを得たが、密使が東海道を通り尾張・美濃から近江に抜ける伊吹山辺りで暴漢（石田方、実は徳川の隠密）に襲われ殺害され、お墨付きは不明となる。その窮地を救うために、細川忠興が、石田方の残党の小野木縫殿助の福知山城攻撃を援助し、東軍方であると証明し、三万石をもぎ取ったということである。

内実は不明だが、徳川家への使者が、帰路に襲われたのは事実のようで、結果、福知山城攻撃で、東軍方であることをアピールせざるを得なかった（何もしなければ、傍観者ということで改易の危機に陥る）。お墨付きが事実なら、延俊が姫路で三十五万石、秀秋が備前で五十一万石、第二豊臣氏一門で九十万石ほどになり、いくら徳川に加担したとしても両家がこのままでは、脅威となる。大坂豊臣家と連携すれば、六十五万石と九十万石で百五十五万石で、家康にとっては都合が悪いことになるのである。この時点では、豊臣恩顧の武断派大名も健在であったから、家康も豊臣家大老という立場で、政権確立のための布石を打つのである。結果、豊臣家は六十五万石の大名として存続を許される。

一方、第二豊臣家も、家定、延俊が木下家として、備中足守と豊後日出で大名家として存続、北政所も京都豊臣家一万六千石として、小早川秀秋は、備前・美作五十一万石の大大名として存続した。兄二人は、関ヶ原合戦の後に改易、延俊の弟の俊定も、一万石を改易され、弟の秀秋に五千石を与えられ庇護される。弟の某も、秀秋の庇護を受けるが、慶長七年（一六〇二）十月、秀秋の病死（暗殺？）の前後に死亡する。小早川家は改易断絶となり、第二豊臣氏一門は弱小勢力に転落する。

秀秋の弟の出雲守（諱不詳。一説、俊忠）は、秀頼に仕えるというが詳細は不明。末弟は僧侶となる。

勝俊と利房は、大名の地位を失い、この時点では、北政所と、豊臣家定の庇護下にあった。秀秋死亡の翌年の慶長八年（一六〇三）、徳川家康は征夷大将軍に任ぜられ、豊臣大老の地位から離脱、天下人・江戸幕府初代将軍となる。

第二豊臣氏一門は、幕府体制下の弱小大名として存続することとなる。大坂豊臣家は、越前松平家と並び「制外の家」として存続を許された。いきなり徳川の臣下とするのは難しかったということである。朝廷・豊臣家・徳川家、あるいは、豊臣家・徳川家・毛利家のトライアングルを、一気に破壊することができなかったということである。

毛利家には、関ヶ原合戦の前からの謀略工作により、相当なダメージを与えた。家康にとっては、朝廷・豊臣家・徳川家のトライアングルを、徳川家を頂点とする形に改める必要に迫られていた。これから、大坂豊臣家を滅ぼすまでの間、家康は諸々の手を打ち、朝廷と大名連中を縛り上げて行くのである。

その間、第二豊臣氏一門、とりわけ京都豊臣家（北政所）に対しては、色々配慮し、対立関係にならないよう配慮している。また、大坂豊臣家に対しても、千姫を嫁がせ、秀吉との約束も果たしているが、淀殿とその側近は、家康の軍門に下ることはなかった。

息子の秀忠の政権を盤石にするためには、「制外の家」は邪魔な存在となる。越前松平家は、次代の忠直の時に改易される。全面服従しない大坂豊臣家も、断絶に追い込まれる方向に向かっていたのである。一大名なら、二代将軍女婿ということで、準親藩大名の道もあったかも知れない。しかし、家康の要求を拒絶する大坂豊臣家には滅亡の道しかなかった。

そして慶長二十年（豊臣家滅亡後、元和元年・一六一五）、大坂豊臣家は滅亡する。しかし、この時、第二豊臣氏木下家は、系譜の中に大変なカラクリを用意する。これが、前川氏らの主張のカギとなる（『豊臣家存続の謎』）。第二豊臣氏木下家は、大いなる謎を秘めたまま江戸時代を生き抜いたのである。

第二章　謎々　豊臣家

——伝説と史実・豊臣家興亡史

謎々 豊臣家序論

筆者は数年前に『織豊興亡史』を出版し、その第二章のタイトルを「謎の豊臣一族——豊臣家興亡史」とした。そこでは、秀吉のルーツと、前川和彦氏の『豊臣家存続の謎』を紹介しながら、豊臣家の謎に迫った。

そこで得た答えは、豊臣家は複合混成家系であるというものである。豊臣家は、秀吉一代で庶民階層から武将となり、信長に見いだされて大名となり、最後には天下人となった。したがって、信長や家康と異なり、一門譜代というべき存在には恵まれず、百姓をしていた弟を呼び寄せて家臣とし、あるいは、お禰の一族を取り込み、あるいは流浪時代に知り合った連中を召し抱えて、急ごしらえの家臣団を編成した。弟の小一郎長秀（後の羽柴秀長・豊臣秀長）や、お禰の一族が一門衆となり、蜂須賀小六などが譜代衆となった。これに幼い時から秀吉夫妻に養育された、福島正則や加藤清正らが加わる。秀吉が大名となって長浜を領してからは、旧浅井家家臣や領民がこれに加わって行く。木下家（長浜時代以降は羽柴家）は、父方の一門との繋がりが気薄で、木下家を支えたのは、秀吉の母方と、お禰の一族であったことは、『織豊興亡史』に記した通りである。

改めて豊臣家を見てみると、意外と私たちは、豊臣家というものを知らないのである。秀吉のことは、多くの研究書・評伝、あるいは小説・物語で紹介され、なんとなく判ったような気になってはいるが、改めて豊臣家について問われると、意外と正確には答えられないのである。筆者もそうである。恐らく読者の方もそうであろうと思う。

その点について、いくつか疑問点を指摘し、その後、自分の研究フィールドは「系図」なので、いくつかの系譜を紹介しながら、その謎に迫ることにする。『織豊興亡史』執筆の際にも、多くの先達の研究を参考にさせていただいた。今回も前著同様、多くの先達の研究を参考にしながら、私見も交えて本書を執筆した次第である。

本書編纂にあたっては、同様の資料も複数併記したので、類似の系譜を目にすることにもなるでしょうが、目をつむって読み進めていただきたい。

『織豊興亡史』を出版し、なぜ再び「豊臣家」に挑戦したかと言えば、平成十六年春、東京の日本歴史研究所から奇妙な系図と関連資料が送られてきたからである。その系譜によれば、越州沙門良寛が、豊臣家の末裔というのである。前著『織豊興亡史』執筆時点では未見であり、何だろうと思った。通史においては、豊臣家は、大坂の陣で滅亡。前川ルポでは、国松が日出藩主に匿われ、初代藩主の次男とされ、また、同ルポの続編では、秀頼も薩摩で匿われ、数人の子を成した。そのことについては、前著でも紹介した。しかし、豊臣家の末裔が越後にいたというのは、前川ルポに登場しない話である。それも含めて、豊臣伝説の見直しが必要と感じ、ルーツと末裔伝承に再挑戦することにしたのである。疑惑が解明できるか玉砕するか、筆者も楽しみである。

研究編に入る前に、入門編として、簡単に豊臣家の謎に触れてみたい。本論に入る前に次頁において、前川ルポも含み、入手した豊臣系譜を紹介しておく。当然伝説と史実が混在しているので、読者の方々は、本書が何を追求しようとしているか、まず次頁の系図を見て考えて下さい。

本書には資料の重複もあるかもしれないが、検証の一手段ということで了解願いたい。

伝説と史実の豊臣家系図

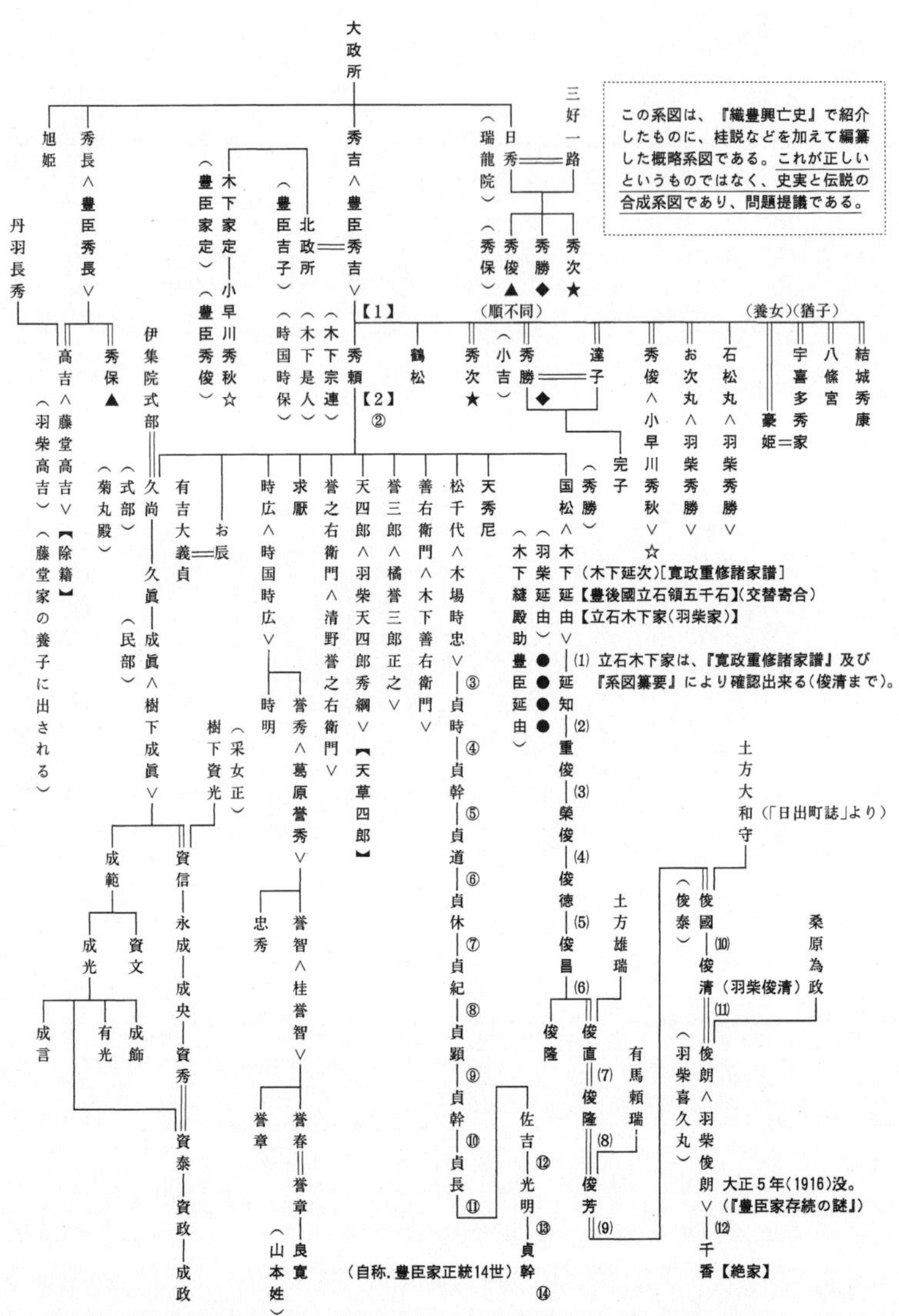
この系図は、『織豊興亡史』で紹介したものに、桂説などを加えて編纂した概略系図である。これが正しいというものではなく、史実と伝説の合成系図であり、問題提議である。
大政所
旭姫
秀長〈豊臣秀長〉
秀吉〈豊臣秀吉〉
日秀（瑞龍院）
三好一路
北政所（豊臣吉子）
木下家定（豊臣家定）
小早川秀秋☆（豊臣秀俊）
秀次★
秀勝◆
秀俊▲（秀保）
丹羽長秀
（順不同）
（養女）（猶子）
秀頼【2】
鶴松
豪姫
宇喜多秀家
八條宮
結城秀康
(1) 立石木下家は、『寛政重修諸家譜』及び『系図纂要』により確認出来る（俊清まで）。
(木下延次)[寛政重修諸家譜]
【豊後國立石領五千石】(交替寄合)
【立石木下家(羽柴家)】
(「日出町誌」より)
大正5年(1916)没。
(『豊臣家存続の謎』)
(自称.豊臣家正統14世)
【絶家】
【天草四郎】
【除籍】

出典『織豊興亡史(早瀬晴夫、今日の話題社)』、『良寛 悟りの道(武田鏡村、国書刊行会)』、『復刻版.皇胤志(木村信行.編、日本歴史研究所)』、『豊臣秀吉の子孫 良寛と桂家(桂尚樹、新人物往来社)』(資料提供.日本歴史研究所)、他。

第一部〈入門編〉――謎々 豊臣家

秀吉で知られる豊臣家。しかし、私達は、この豊臣家について、知っているようで意外と知らないのである。豊臣家とはどういう家かと尋ねられれば、本能寺の変の後、山崎の合戦で、羽柴秀吉が明智光秀を破り、清洲会議で主導権を握り、賤ヶ岳の合戦で柴田勝家軍を破り、名実共に織田政権の後継者となり、近衛家の猶子となり、藤原氏となり関白に就任、朝廷より豊臣姓を賜り（実際は、秀吉の創姓）、豊臣秀吉となり、豊臣家が興ったというのが、大体の答えではないだろうか？

しかし、それは、豊臣家の誕生の過程について答えたに過ぎない。詳細は第二部の〈研究編〉（伝説と史実・豊臣家興亡史）に譲るとして、豊臣家の謎に迫ってみたい。

豊臣家に一門は存在したか？

『広辞苑』によれば、一門とは「一家族または同家系の一族」。一族とは「『同じ血統』または同じ氏の者」。つまり、一家族または同一家系の、同じ血統または同じ氏の者ということになる。家族とは、「血縁によって結ばれ生活を共にする人々の仲間で、婚姻に基づいて成立する社会構成の一単位」という。血統とは血のつながり、血筋（先祖代々の血統）ということになるが、家系・血統は、日本の場合男系が基本になるので、厳密に言えば、秀吉の家族のみとなり、一門は存在せずということになる。

信長の場合、織田一門が存在したし、徳川家にも松平一門が存在したが、豊臣家の場合、秀吉から、しかも男系血族となると、秀吉が豊臣家を興した時点では存在せずということになる。弟の秀長が同腹なら、辛うじて一門と呼べるかもしれないが、異母弟説もあり、その場合、豊臣家とは、秀吉とお禰夫婦の家庭のみを示すことになり、二人の間には実子もなかったので、「一門不在」ということになる。そのために、豊臣家の前身木下・羽柴家の時代から「疑似一門の形成」に努めている。

前田利家の娘を養女とし、織田信長の四男のお次丸を養子にし、早世にした実子の秀勝の名前を継承させて羽柴秀勝とし、宇喜多秀家を猶子とし（後に養女の婿とす）、お次秀勝が亡くなると、甥の小吉に秀勝の名前を継承させて羽柴秀勝（後に豊臣秀勝）とし、母の大政所を家祖として、弟長秀（後の豊臣秀長）に、木下、後に羽柴姓を名乗らせて一門とし、秀吉が豊臣姓になると、秀長にも豊臣と名乗らせた。秀吉は、丹羽長秀の息子を、秀長の養子にして、羽柴姓を名乗らせたが、秀長の後継は、甥の秀俊（後に豊臣秀保）として、丹羽長秀の息子は、藤堂高虎の養子とした。豊臣秀保の死後、豊臣秀長家（豊臣分家）の家督相続の動きもあったが、これを認めず、豊臣分家は断絶した。

豊臣家には、秀吉の父親（実父彌右衛門、養父筑阿弥）の影がないといっても過言ではない。信長の場合、織田家の傍流なので、先祖については疑問の点があるにせよ、曾祖父あたりまでは確認でき、祖父からは、複数の系図文献も一致している。したがって、祖父以下の織田の男系は、信長の一族一門となる（信長に従うか、敵対するかは別問題）。

しかし、秀吉の場合、基本系図文献（『尊卑分脈』『系図纂要』『寛政重修諸家譜』）では、『系図纂要』

のみに掲載されているが、父の彌右衛門は、諱（実名）不明で、弟秀長は、異父弟とされ、養子・猶子も加えた系図で、これをもって（木下・羽柴時代の関係も含めて）疑似一族豊臣家の系譜としているのである。江戸時代の系譜研究家には、そう認識されていたのである。

祖父の名前は記載されず、豊臣家はその前身時代を含めても、彌右衛門からの家系で、家系の基本は男系血族という基本概念を無視しないと成立しないものである。したがって、基本概念にこだわると豊臣家は、成立時点で一門はないということになってしまう。

広義な解釈でみれば、この場合、大政所を家祖と位置づけて拡大解釈、つまり男系という基本条件を除外し、大政所の血脈および、秀吉の正室の一族（後の第二豊臣家）、秀吉の実子と秀吉夫婦の養子・猶子を含めたものが木下・羽柴・豊臣一門ということになる。その上で、豊臣姓を冠したものが、正式には豊臣一門となる。しかし、それだけでは貧弱であり、臣従した大名などにも、豊臣姓を与えて、疑似一門に見せかけている。それが見せかけであることは、徳川政権の成立で露呈される。

豊臣家の家名は何？

豊臣家の家名は、羽柴である。

秀吉は、近江の大名になる以前は、木下を名乗り、大名となってからは、「羽柴」を称したが、この羽柴の本姓は、当初は無姓であった。後に平氏を僭称し、天下取りを意識してからは、足利義昭の養子となり、源姓になろうとしたが、義昭に拒絶され断念した。この時点で武家の棟梁となり武家政権を発足させる道は消滅した。

平姓を僭称した時代の秀吉は、羽柴筑前守平朝臣秀吉（羽柴筑前守平秀吉）である。平氏を僭称したのは、信長が平姓を僭称していた（織田家の本姓は、忌部氏か？）ので、その後継者として平氏を称したのである。その後、源平交替思想の影響で源氏を狙ったが失敗した。そこで、秀吉は、藤原一門の菊亭大納言の協力を得て、摂関家近衛家（藤原宗家）の近衛前久の猶子となり、藤原姓となり、関白となる。羽柴関白藤原朝臣秀吉（藤原秀吉）である。しかし、卑賤の出の秀吉が藤原姓というのは、居心地が悪かったのか、朝廷に要請して、豊臣姓を賜っている。羽柴関白豊臣朝臣秀吉（豊臣秀吉）、賜姓関白豊臣家初代豊臣秀吉の誕生である。

秀吉は豊臣氏（豊臣朝臣）初代であり、氏がそのまま家名のように扱われ、豊臣家・豊臣秀吉として広く世間に知られているのである。織田家は平朝臣（正しくは、忌部氏？）、徳川家は源朝臣（正しくは、加茂朝臣あるいは、在原朝臣？）ということに習えば、羽柴家が正しいことになるが、秀吉が初代豊臣氏ということが浸透して、豊臣家と称されているのが現状である。

豊臣家は、分家の秀長家、豊臣宗家の秀吉流（関白・太閤家）、二代関白秀次家、連枝の秀勝家、秀俊家（小早川秀秋家）、北政所流豊臣家（高台院流豊臣家）、杉原流木下家（第二豊臣家）などが一門を形成、さらに猶子を加え、有力大名らにも豊臣を名乗らせ、疑似一門を形成したのである。これらの家系の多くは、豊臣氏の前に、羽柴姓を名乗っている。

秀吉は、羽柴姓にはこだわりがあったのか、多くの武将に与えている。豊臣家の裾野を広げる狙いがあったのかも知れない。豊臣家の正式な養子になる前の秀次も羽柴姓を名乗り、弟秀長の養子にも羽柴姓を与えている（後の藤堂高吉）。結城秀康も、人質であったが羽柴姓を与えられて養子となる。秀吉は、親友の前田利家には、自分が名乗った羽柴筑前守をそのまま与えている。

とにかく疑似一門の形成に羽柴の家名はフルに利用したのである。羽柴氏豊臣朝臣は、大きなキーワードとなる。本書の読者は、これを念頭に、本書を読み進めていただきたい。豊臣氏は、羽柴秀吉の本姓として創氏されたものであり、この一族の家名は、あくまで羽柴であるが、創氏の初期ということで、豊臣が家名と錯覚されて現在に至るということである。それは、初代豊臣秀吉のインパクトが大きかったということに起因する。豊臣は、あくまで本姓である。豊臣家ではなく豊臣氏（豊臣朝臣）である。

豊臣氏って何？

豊臣氏は、源・平・藤（藤原）・橘の四姓（氏）に匹敵する第五の新姓である。また、近衛・鷹司・九条・一条・二条の五摂家（摂政・関白たる家柄）に次ぐ第六の摂関家である。

豊臣氏は、戦国後期、安土桃山時代の武将の羽柴秀吉が関白となり政権を把握し、朝廷より、豊臣朝臣という氏姓を賜り（実際は、羽柴秀吉が創始）、賜姓関白豊臣氏となったことによりはじまる。西暦一五八六年・天正十四年のことである。この時、太政大臣にも就任している。ここで本姓は、藤原朝臣から豊臣朝臣に改められる。羽柴から豊臣への改姓というのは誤りである（関白就任時点の本姓は、藤原氏）。豊臣氏は、公卿の姓である。秀吉は武将であったので、武家関白となるが、豊臣氏の宗家は、第六の摂関家として創始されたものであって、武家の棟梁家ではない。

秀吉は、関白（副天皇）の地位に就いたことで、辛うじて、政権の正当性を確保したもので、本来の武家政権ではないのである。このことは後に重要な意味を持ち、戦国の大名の中に流れる、天下は持ち回り（最強の実力者が継承する）という思いとも絡み合い、豊臣政権崩壊へと繋がるのである。逆にこの点を、秀吉の遺族や重臣が理解していれば、豊臣関白家は、二代で終わらずに、近代まで続いたかもしれないが、歴史に「かも」は禁句なので、この辺でやめておく（研究編でも若干触れるので……）。

豊臣氏は、名字（織田、徳川、毛利、島津などは名字）ではない。豊臣氏とは、羽柴秀吉とその一門の本姓である。氏族としての豊臣氏は、秀吉の母親、兄弟姉妹および彼らの子孫やその養子などである。そして秀吉の正室北政所（高台院・豊臣吉子）とその実家の杉原流木下家（第二豊臣家）である。そして疑似一門として、豊臣氏と羽柴の家名を与えられた大名が加わるが、実質は、秀吉の血脈で豊臣姓の者と、北政所の血族のうち、豊臣姓を許された者が、豊臣氏族となる。すなわち、豊臣氏である。

弟の秀長は、大和国郡山城主百万石、美濃守、後に従二位大納言となり、大和大納言と称された。甥の秀次は、近江国八幡城主四十三万石、お次丸羽柴秀勝の名前を継承した小吉秀勝（秀吉の甥）を、丹波国亀山城主に取り立て、豊臣家の養子とした。側室淀殿の嫡男鶴松は豊臣家の相続人候補とされたが、天正十八年（一五九〇）に天下統一した後、翌年から文禄四年（一五九五）の間に、秀長、鶴松、秀勝、そして秀長の後継者の秀保が相次いで亡くなり、豊臣家はやせ細ってゆく。

鶴松の死後は、甥の秀次を正式な養子・後継者と定め、天正十九年（一五九一）に関白職を秀次に譲り、二代関白豊臣家が誕生した。秀吉は太閤と称し、豊臣家の財務権（直轄領の支配権）と軍事権を把握し続けたので、二重政権の矛盾が露呈する。その軋轢から疑心暗鬼となり、その対立は深まる。

さらに、文禄二年（一五九三）に実子の秀頼が誕生すると、政権の一元化のために、秀次は関白職を追われ、後に高野山で切腹となる（文禄四年）。その後、秀次の子女らは捕らえられ、処刑され、二代豊臣関白家は消滅した。

豊臣政権は一元化したが、関白職は豊臣家を離れ、豊臣政権の正当性は失われた。辛うじて、前の関白・現太閤秀吉の威厳のみで政権を継続していたというのが実情である。この時点では、秀頼にも将来関白になり得る可能性があった。また、関ヶ原の合戦の結果いかんでは、豊臣連枝で小早川家の養子になった秀秋が、石田三成のバックアップで関白に就任する可能性は、ゼロではなかった。もっともこれは石田の空手形で、大名各家の承認が得られるかは怪しいものであった。仮に関白に就任しても、大名の支持承認がなければ、武家関白豊臣家はその地位を失う。豊臣氏は、極めて特殊なポジションで成立していたということである。

豊臣氏は、政権から転がり落ちても、大坂の一大名家として存続した。通史では、元和元年（一六一五）の大坂夏の陣で、幕府軍（徳川軍）に敗れ、大坂城は炎上陥落した。淀殿母子と側近は自刃し、ここに秀吉の興した豊臣氏は滅亡したとされている。

豊臣氏はいつ滅びたのか？

豊臣氏は、江戸時代も存続した。つまり滅亡していないのである。豊臣家存続というのは、前川和彦氏の著書（『豊臣家存続の謎』『続・豊臣家存続の謎』『秀頼脱出』）が有名だが、そういうことではない。前に豊臣氏というものについて簡単に紹介したが、そこにヒントがある。「豊臣氏はいつ滅びたのか？」という質問である。賢明な読者は気づかれたことであろう。まだ気が付かれない方は、ゆっくり考えて下さい。＊この問いの答えは、後に明らかになります。

豊臣氏には、二大潮流が存在した？

秀吉の時代、複数の豊臣氏が存在し、誕生（創始）と消滅（除籍・断絶）を繰り返した（前項参照）。分家や連枝家は順次消え去り、最後は、旧太閤家（豊臣秀頼家）が、大坂夏の陣に敗れ、元和元年（一六一五）に歴史の舞台から消え去った。これは、第一豊臣氏（一般に理解されている豊臣家）のことである。

豊臣氏には、高台院流豊臣氏とその一門である第二豊臣氏が存在したのである。高台院流豊臣氏は、秀吉生前には、第一豊臣氏の中に存在し、秀吉没後は、第一豊臣氏とは徐々に乖離、第二豊臣氏も高台院豊臣氏との繋がりで、豊臣家から距離を取りはじめた。小早川秀秋が、関ヶ原の合戦で、西軍にありながら東軍に内応（西軍を裏切り東軍に加担）したとされるが、これは、小早川家が毛利両川の家系で、毛利の宗家が西軍の大将に擁立されていたことで、西軍に属さざるを得なかったことが原因で、小早川秀秋が積極的に西軍に加担したわけではない。

もともと、小早川秀秋は、第二豊臣氏の出身で高台院（秀吉の正室お禰）に実子が生まれず、秀吉・お禰夫妻の養子になった者で、羽柴秀俊・豊臣秀俊と呼ばれ、かわいがられた。秀吉の名代となったこともある。秀吉に実子が誕生すると、毛利家乗っ取りのために、毛利の養子となる所を毛利一族の小早川隆景が養子としたもので、秀吉や秀吉側近により、第一豊臣氏を体裁よく放逐された人物なのだ。

関ヶ原の時点では、既に、かつての養母（高台院）も、第一豊臣氏と一体ではなくなっており、第一豊臣氏に義理立てする理由はなかったのである。高台院に繋がる第二豊臣家は関ヶ原でも微妙な動きをし、積極的には西軍には加担しなかった。第二豊臣家だけでなく秀吉の縁者の、福島正則、加藤清正や

郵便はがき

料金受取人払

大崎局承認

4836

差出有効期間
平成19年6月
12日まで
（切手不要）

141-8790

11

東京都品川区上大崎2－13－35
ニューフジビル2階

今日の話題社 行

■読者の皆さまへ

ご購入ありがとうございます。誠にお手数ですが裏面の各欄にご記入の上、ご投函ください。
今後の企画の参考とさせていただきます。

お名前	男 女	才
ご住所　〒		
ご職業	学校名・会社名	

今日の話題社・愛読者カード

ご購入図書名

ご購入書店名

本書を何でお知りになりましたか。
店頭で（店名　　　　　　　　　　）
新聞・雑誌等の広告を見て
（　　　　　　　　　　）
書評・紹介記事を見て
（　　　　　　　　　　）
友人・知人の推薦
小社出版目録を見て
その他（　　　　　　　　　　）

書について
（大変良い　良い　普通　悪い）
イン（大変良い　良い　普通　悪い）
（高い　普通　安い）

書についてのご感想（お買い求めの動機）

後小社より出版をご希望のジャンル・著者・企画がございましたら
かせ下さい。

版したい原稿をお持ちの方は、弊社出版企画部までご連絡下さい。

浅野家なども西軍には組していない。関ヶ原の合戦前後の豊臣家の実態を如実に表しているのである。

第一豊臣家と第二豊臣家を繋ぐ高台院流豊臣氏が大坂を離れた時点で、豊臣氏は先細りとなり、第一豊臣氏は歴史の表舞台から転落する運命だったのである。第一豊臣家が天下人の地位を失ったとしても、家名存続の道は残されていたが、世間知らずの淀殿が、北政所を押しのけて事実上の第一豊臣家当主となったことが、悲劇のはじまりである。関ヶ原の合戦が、明確に豊臣と徳川の争いなら、家康が、豊臣恩顧の大名を自軍に組み込めたかは疑問である。秀頼あるいは、石田三成が、二つの豊臣氏を一つにまとめ上げていれば、関ヶ原合戦はなかったか、あったとしても少し遅れたであろう。また、違った展開になっていたかも知れない。豊臣氏が混成家系で二大潮流（秀吉一門と、北政所一門）であったことは、意外と知られていないのである。

豊臣一門と関ヶ原（豊臣氏はどう関ヶ原とかかわったか？）

豊臣秀頼（豊臣二世）
大坂城で高見の見物（関ヶ原へは参陣せず）。

淀殿
大坂城で高見の見物（毛利輝元が守護）。

京極高次（淀殿義弟）
西軍に属し北国口を守備するが、後に大津に戻り、東軍に内応して籠城、西軍の猛攻撃を受け開城。

京極高知（高次・松の丸殿の兄弟）
上杉征伐に従軍。岐阜城攻撃。本戦に参加（東軍）。

徳川秀忠（淀殿義弟）
中山道より関ヶ原に向かう。途中、上田城攻撃す。本戦には間に合わず、家康の叱責を受ける（東方）。

徳川家康（秀吉義弟）　上杉征伐の途中で軍を反転、関ヶ原で西軍と戦う。

結城秀康（家康子・元秀吉養子）　下野国宇都宮に在城。上杉を牽制する。

小早川秀秋（北政所甥、元秀吉養子）　伏見城攻撃。本戦では、東軍に内応、大谷軍を攻撃、西軍敗走に貢献。

宇喜多秀家（秀吉の義理婿、養子）　伏見城攻撃の大将。本戦では西軍の副総帥。

加藤清正（秀吉縁者）　九州に在国、柳川城など西軍方を攻撃（東軍加担）。

福島正則（秀吉縁者）　上杉征伐に従軍。岐阜城攻撃。本戦に参加（東軍）。

青木秀以（秀吉縁者）（青木一矩）　西軍に属し北国口を守備するが、前田利長に降伏。

小出秀政（秀吉縁者）　大坂在城か？

小出吉政（秀政息子）　大坂平野新堀を守備。田辺城攻撃に参加（西方）。

小出秀家（秀政息子）　上杉征伐に従軍。本戦に参加（東軍）。

浅野長政（秀吉相婿）　徳川秀忠に従軍（本戦には間に合わず）（東方）。

浅野幸長（長政息子）　上杉征伐に従軍。岐阜城攻撃。本戦に参加（東軍）。

藤堂高吉（元豊臣秀長養子）　上杉征伐に従軍。岐阜城攻撃。本戦に参加（東軍）。

杉原長房（北政所の従兄弟）　西軍に属し田辺城攻撃に参加。

高台院（北政所）（京に隠棲）　秀吉正室。中立的立場（隠れ東軍）。

木下家定（北政所の実兄）（姫路支配）　高台院（北政所）を守護。中立的立場（隠れ東軍）。

木下勝俊（北政所甥）（若狭小浜領主）　伏見城松丸の守備を放棄、西軍に属し北国口守備。

木下利房（北政所甥）（若狭高浜領主）西軍に属し北国口守備。
木下延俊（北政所甥）（播磨の内領主）姫路に在城。後に福知山城攻撃（東軍加担）。
木下俊定（北政所甥）（丹波の内領主）西軍に属し大津城攻撃に参加。

*毛利輝元は西軍総大将だが、大坂在城、本戦不参加。
*徳川家康は東軍総大将。本戦で東軍を指揮。
*関ヶ原合戦の東西武将については、『別冊歴史読本』「決断運命の関ヶ原」参照

関ヶ原の合戦は、形式的には豊臣家内部の争い。俗に武断派（尾張派）と文治派（近江派）の争いといわれる。草創期よりの武将と、政権官僚との戦いとも言える。三成の挙兵は、秀吉子飼いの武将にとっては、母とも慕う北政所を大坂城の主の座から放逐し、武功もない連中が豊臣家乗っ取りのために西国大名を巻き込んで凶行に及んだと取られたのである。

上杉征伐遠征軍の武将の妻子を人質に取ろうとしたことも反感を招いた。東軍は、元来豊臣家に謀叛の疑いのある上杉家討伐のために、五大老筆頭の家康を総大将に編成されたものである。したがって関ヶ原西軍の豊臣一門は、宇喜多を除き積極的には動いていない。宇喜多も三成に加担というより、秀頼守護の思いが強かったのではないか？

擬制集団（疑似一門）豊臣家

羽柴関白豊臣朝臣秀吉（豊臣秀吉）（初代豊臣関白・太閤）（関ヶ原前没）
羽柴大和権大納言豊臣朝臣秀長（豊臣秀長）（分家豊臣家初代）（関ヶ原前没）

羽柴近江権中納言豊臣朝臣秀次（豊臣秀次）　（二代豊臣関白）　（関ヶ原前没）
羽柴備前参議豊臣朝臣秀家（宇喜多秀家）　（秀吉養子・義理婿）　（関ヶ原西軍）
羽柴加賀大納言豊臣朝臣利家（前田利家）　（五大老次席）　（関ヶ原前没）
羽柴三河少将豊臣朝臣秀康（結城秀康）　（秀吉養子・家康息子）　（関ヶ原東軍）
羽柴丹波少将豊臣朝臣秀勝（豊臣秀勝）　（秀吉養子・秀吉甥）　（関ヶ原前没）
羽柴瀧野侍従豊臣朝臣勝俊（木下勝俊）　（北政所甥）　（関ヶ原西軍）
羽柴播磨大守豊臣朝臣輝政（池田輝政）　（旧織田家家臣）　（関ヶ原東軍）
羽柴源五侍従豊臣朝臣長益（織田長益・有楽）　（信長の弟）　（関ヶ原東軍）
羽柴三吉侍従豊臣朝臣秀信（織田秀信）　（信長の孫）　（関ヶ原西軍）
羽柴京極侍従豊臣朝臣高次（京極高次）　（淀殿義弟）　（関ヶ原東軍内応）
羽柴金山侍従豊臣朝臣忠政（美作大守森忠政）　（旧織田家家臣）　（関ヶ原秀忠従軍）
羽柴伊賀侍従豊臣朝臣定次（筒井定次）　（筒井順慶の息子）　（関ヶ原東軍）
羽柴豊後侍従豊臣朝臣義統（大友義統）　（大友宗麟の息子）　（在国西軍方）
羽柴曽禰侍従豊臣朝臣貞通（稲葉貞通）　（当初西軍方）
羽柴松任侍従豊臣朝臣長重（丹羽長重）　（丹羽長秀の息子）　（在国西軍方）
羽柴敦賀侍従豊臣朝臣頼隆（蜂屋頼隆）
羽柴丹後侍従豊臣朝臣忠興（細川忠興）　（細川幽斎の息子）　（関ヶ原東軍）
羽柴松島侍従豊臣朝臣氏郷（蒲生氏郷）　（信長の婿）　（関ヶ原前没）

羽柴北庄侍従豊臣朝臣秀政（堀秀政）　＊青木一矩（秀政、羽柴北庄侍従秀以）の誤記？
羽柴東郷侍従豊臣朝臣秀一（長谷川秀一）　（関ヶ原前没）
羽柴左衛門侍従豊臣朝臣義康（里見義康）　（安房館山の大名）　（佐竹氏牽制）
＊『系図研究の基礎知識』などによる。
羽柴宮内少将豊臣朝臣勝義（木下利房）　（北政所甥）　（在国、西軍方）
羽柴右衛門大夫豊臣朝臣延俊（木下延俊）　（北政所甥）　（在国、東軍方）
羽柴於禰豊臣朝臣吉子（豊臣吉子）　（北政所）　（京都に隠遁）
羽柴金吾中納言豊臣朝臣秀俊（小早川秀秋）　（北政所甥）　（関ヶ原東軍内応）
羽柴大和権中納言秀保（豊臣秀保）　（秀長養子）　（関ヶ原前没）
羽柴肥前守豊臣朝臣家定（木下家定）　（北政所の兄妹）　（北政所守護）
羽柴摂津守豊臣朝臣秀頼（豊臣秀頼）　（秀吉の息子）　（大坂城で傍観）
羽柴石松丸秀勝　（秀吉の息子）
羽柴於次丸秀勝　（信長四男、秀吉養子）
羽柴国松丸豊臣朝臣秀勝（豊臣国松丸）
羽柴北庄侍従秀以（羽柴秀以・羽柴秀政・青木一矩）　（関ヶ原西軍）
羽柴宮内少輔高吉（藤堂高吉）　（秀長の養子）　（関ヶ原東軍）
＊『豊臣一族のすべて』、他。　＊櫻井成廣氏によると、国松丸は四人目の秀勝。

＊今まで紹介した羽柴・豊臣朝臣姓は年次が定かでないので正確さに欠ける部分もあるので、文禄四年七

月時点の羽柴姓の大名を紹介する。

羽柴姓の大名達（広がる羽柴・豊臣疑似一門）

小早川隆景（羽柴筑前宰相）（豊臣朝臣隆景）
毛利輝元（羽柴安芸中納言）（豊臣朝臣輝元）
徳川家康（羽柴武蔵大納言）　　＊家康には豊臣朝臣は授けていないとする説もある。
前田利家（羽柴加賀中納言）（豊臣朝臣利家）　＊後に羽柴加賀大納言豊臣朝臣利家。
宇喜多秀家（羽柴備前中納言）（豊臣朝臣秀家）　＊秀吉養子、秀吉養女豪姫の夫。
長谷川秀一（羽柴東郷侍従）（豊臣朝臣秀一）
京極高知（羽柴伊奈侍従）（豊臣朝臣高知）
前田利政（羽柴能登侍従）（豊臣朝臣利政）
最上義光（羽柴出羽侍従）（豊臣朝臣義光）
長宗我部元親（羽柴土佐侍従）（豊臣朝臣元親）
島津忠恒（羽柴薩摩侍従）（豊臣朝臣忠恒）
立花宗茂（羽柴左近侍従）（豊臣朝臣宗茂）
森忠政（羽柴金山侍従）（豊臣朝臣忠政）
筒井定次（羽柴伊賀侍従）（豊臣朝臣定次）
稲葉貞通（羽柴郡上侍従）（豊臣朝臣貞通）

堀秀治（羽柴北庄侍従）（豊臣朝臣秀治）＊父は羽柴北庄侍従秀政（堀秀政）。
丹羽長重（羽柴松任侍従）（豊臣朝臣長重）
池田輝政（羽柴吉田侍従）（豊臣朝臣輝政）
京極高次（羽柴京極侍従）（豊臣朝臣高次）＊北政所の甥。
木下勝俊（羽柴若狭侍従）（豊臣朝臣勝俊）
佐竹義宣（羽柴常陸侍従）（豊臣朝臣義宣）
里見義康（羽柴安房侍従）（豊臣朝臣義康）
結城秀康（羽柴結城少将）（豊臣朝臣秀康）＊元秀吉の養子。
前田利長（羽柴越中少将）（豊臣朝臣利長）
長岡忠興（羽柴丹後少将）（豊臣朝臣忠興）＊細川忠興。
毛利秀元（羽柴安芸宰相）（豊臣朝臣秀元）
織田秀信（羽柴岐阜中納言）（豊臣朝臣秀信）＊信長の孫・三法師。
上杉景勝（羽柴越後中納言）（豊臣朝臣景勝）
徳川秀忠（羽柴江戸中納言）（豊臣朝臣秀忠）＊秀吉養女達子の夫（女婿）。
小早川秀俊（羽柴筑前中納言）（豊臣朝臣秀俊）＊元秀吉養子・小早川秀秋。
織田秀雄（羽柴大野宰相）（豊臣朝臣秀雄）

＊文禄四年七月の秀頼への忠誠を誓う起請文の署名より。

＊羽柴姓は、国持ちクラスの大名に授与された。羽柴授姓は、本姓豊臣氏の授与も連動し、羽柴姓の大名

は、豊臣朝臣を称した（秀吉が豊臣姓を賜った後の授姓）（『歴史群像シリーズ・戦国セレクション』「驀進 豊臣秀吉」より）。

＊羽柴姓は、一門姻族・養子（秀長、秀次、秀勝）などにも授与され、秀吉が豊臣朝臣を賜ってからは、家名は羽柴、本姓豊臣朝臣という形で授与された（豊臣秀長、秀次）。

＊北政所は、朝廷から、豊臣吉子の名前を賜っている（第一豊臣氏であり、なおかつ、高台院流豊臣氏の家祖でもある）。高台院は、秀吉没後、独自の養子を迎えている。

各種資料により、豊臣政権下で、羽柴姓（豊臣朝臣）を授与され、疑似一門とされた主な大名・武将が確認された。秀吉の授姓は、江戸時代の松平授姓と異なり、本姓も改めさせるもの（豊臣朝臣）で、江戸幕府の疑似一門化政策より強固なものであった。しかし、それは秀吉一代限りのもので、家康が覇権を握り、幕府を開設すると、旧姓に復し、第一豊臣氏と第二豊臣氏を残し、疑似一門豊臣氏は消滅した。あるいは関ヶ原合戦を境に絶家に追い込まれている。

疑似一門豊臣氏は、第一豊臣氏一門の瓦解、豊臣政権の事実上の崩壊により瓦解した。豊臣秀頼には、秀吉ほどの求心力はなく、連合体・複合混成家系の豊臣氏の瓦解をくい止めることはできなかった。疑似一門豊臣家とは、所詮、秀吉・お禰夫妻一代のものに過ぎなかったというわけである。

豊臣氏一門の瓦解（歴史舞台降番の前触れ）

関ヶ原合戦直前の豊臣氏は、既に一門の体を成していなかった。豊臣秀家（五大老の一人、宇喜多秀家）は、豊臣の政治中枢に関与できず（文治派奉行が支配）、豊臣秀俊は、小早川家の養子に出され

（小早川秀秋）、秀長、秀次、秀保は既に亡く、秀勝は朝鮮の役の時に遠征先で没し、残されたのは秀頼のみである。秀吉没後、北政所は、大坂城を出て京に隠棲、その一族の木下家も、一大名に過ぎず、豊臣一門という扱いではなかった。大坂城からは、尾張派（草創期の一族・譜代、武断派）は事実上放逐され、近江派が主導権を握った。北政所が大坂城を退去した時点で、本来の豊臣家は、終わったといっても過言ではない。その源は、弟の大和大納言秀長を失ったことであろう。

豊臣家は、ここから急激に崩壊への道を走りだすのである。千利休を自刃に追い込み、秀次を追放後自殺させ、その妻子は虐殺し、分家の豊臣秀長家は、二代で断絶させ（三代目の候補がいたが拒否）、秀俊は、小早川家の養子として、豊臣家を放逐（小早川秀秋）、豊臣宗家を守るべき一門を、秀吉自らがつぶしていった。このことは、『歴史群像・戦国セレクション』「驀進 豊臣秀吉」の「豊臣家崩壊への序曲」で、変遷系図により指摘したところである。養子・猶子政策により一門を形成しながら、実子への溺愛のみで状況判断を誤り瓦解させたことが、天下人としての豊臣家消滅へと繋がるのである。

対照的に、織田家の場合、直系嫡流が断絶しても、傍系が引き継ぎ、江戸時代も大名・旗本として存続した。徳川家は、いうに及ばずである。戦国時代、一門の存在は両刃の剣ではあるが、結束していればこれほど強固な集団もない。好例としては、地頭クラスから中国の覇者となった毛利家の例が挙げられることは、広く知られるところである（三本の矢）。

豊臣家の場合、秀吉の求心力が強かったが淀君に子供ができてからは、秀吉の目も曇りがちで、目先の子供のことのみで大局を見誤ったということであろう。秀次の関白職剥奪は、余りに拙速であったし、秀俊を養子に出したことも誤りであった。毛利との提携を強化するなら、養子か猶子を取ればいい。養子を送って毛利家を乗っ取るなら、北政所の甥で、木下家に残っている人物を一旦豊臣家の養子にして、改めて送り込めばいいのである。幼き時より実子同然に育てた秀俊を出すなど、ボケたとしかいいようがないのである。若い時のような鋭さが、この頃の秀吉には欠けていたということである。

実子が生まれる可能性が残っていたのに、信長の四男を養子に迎えて、大名羽柴家の後継者とした時のような鋭さ、洞察力が消えうせていたということは明白で、秀吉の力の衰えが、そのまま豊臣家の没落へのカウントダウンであった。秀吉の死亡は、その流れを加速した。北政所の大阪城退去は、一門壊滅への最後の一押しであった。

石田三成も豊臣氏?

秀吉政権下で、一門と国持ち大名などが、羽柴姓豊臣氏（豊臣朝臣）を授姓され、疑似一門を形成したことは、先に触れたが、意外な人物が豊臣氏であることが、一九九四年六月発行の『歴史群像』六月号（学習研究社）の掲載記事で判明した（『織豊興亡史』でも紹介）。

あの石田三成が、豊臣氏で、子孫の杉山氏の墓石にも豊臣姓が記されているという記事である。郷土史家の田澤正氏による『石田三成の子孫は生きていた』という論考である。

石田三成の子孫は、弘前藩津軽家に庇護され、杉山氏を名乗り、後に津軽藩の重臣となる。三成の娘の辰子は、北政所の養女として、津軽信枚に嫁し（側室）、大館御前と呼ばれた。白川亨氏の『奥州・津軽一族』（新人物往来社）にも、大館御前が北政所養女の身分で津軽信枚の後妻として、慶長十五年末頃嫁し、分領の上州大館に住んだと記している。

大館御前は、元和五年（一六一九）正月、平蔵信吉（後の津軽三代目・土佐守信義）を生んでいるが、振姫が津軽家に嫁したという情報を掴んだ家康は、牽制策として、翌年の慶長十六年（一六一一）、家康養女満天姫（福島正之前妻）を、津軽家に押し付けてきた。振姫は元和九年（一六二三）七月二十五日に没したが、満天姫存命中は、津軽の地に葬られることは許されなかった。

なお、弘前大学国史研究会編纂、名著出版刊行の『津軽史事典』（青森県立図書館蔵）によれば、大館御前は、杉山源吾女「曾野」と記されているが、杉山源吾は、石田三成の遺児と伝えられる人物である。曽野は、津軽信義の生母と記されている。また、青森県立図書館編纂の『津軽史（『解題書目 第12集』）』によれば、津軽越中守信枚の側室に、杉山八兵衛の女（諱不記載）、信義公生母とあり、別に、杉山三姉妹の一人、太閤（秀吉）の政所（北政所・高台院）の養女、大館御前と記されている。杉山源吾は、石田三成の子、杉山八兵衛吉成は、源吾の息子、室は津軽信枚女と記されている。『津軽史事典』にも、津軽信枚の女（子々）が、杉山吉成の室と記されている。

話を戻すと、田澤氏の論考によると杉山源吾の妹（辰子）が大館御前で、豊太閤政所の養女として、津軽三代信枚の側室となり信義の生母となった。妹二人は、山田隼人、岡半兵衛に嫁した。杉山八兵衛吉成は、源吾の息子で、田澤氏によれば、その墓石には「杉山氏八兵衛豊臣姓吉成」とあるとのことである。そうなると、石田三成は、秀吉より豊臣姓を賜り、子孫に伝えたということになる。

疑似一門豊臣氏のリストからなぜ漏れていたかは定かでないが、それが事実なら、石田三成末裔と伝えられる杉山家も隠れた豊臣氏ということになる。しかし、系図基本文献である『系図纂要』『群書系図部集』などには不記載なので、公の姓とは認めかねる。現時点では、僭称豊臣氏ということである。

三成については、正式な資料で確認されていれば、疑似一門豊臣氏の一人と認められることになるであろう。

ところで、大館御前は、どうして北政所の養女になれたのか？　田澤氏によれば、津軽為信の息子の信建が、秀吉の面前で三成を烏帽子親として加冠元服、三成の側近として仕えることとなる。関ヶ原合戦では、信建の父の為信は、東軍に加担し、戦後家康より上州大館に領地二千石を与えられている。

一方の信建は、源吾は、三成の娘を高台院の養女とすることに成功、自身は、源吾一行と敦賀に潜伏後、海路津軽に入り、源吾は、信建の密命を受けた神丹波に庇護され、深味の地に隠棲した。土地の者には、近衛家縁の者で療養中と告げられていた。こうして杉山家（石田家）は津軽に逃れ、信義の代より、弘前藩津軽家に仕え、重職を歴任するのである。

多くの先達の研究により、津軽杉山家が石田三成の末裔であったことが明らかとなり、子孫の墓石に豊臣姓が記されているということで、闇に埋もれた豊臣氏が出現した。豊臣氏はいまだ滅びずである。こう書くと、読者からお叱りを受けるかもしれない。豊臣家は、元和元年の大坂夏の陣で滅亡したのではないか？　通史ではそういう書き方をされている。しかしである、賢明な読者なら気づかれているであろう。私は、「豊臣家」という表現は極力避けて、豊臣氏と述べている。「豊臣氏」これが、私の論考のキーワードである。

高台院豊臣家（北政所）は、東軍か西軍か？

北政所は、秀吉没後の豊臣政権には、大きな期待は抱いていない。北政所は、秀吉と共に戦国を生きた女性である。一大名家としての豊臣家なら存続は望んだであろう。しかし天下人としての豊臣家は、秀吉死去で終わったと考えていたのではないか?

秀吉の朝鮮出兵や、その延長線上にある唐入りが無謀なことは、誰の目にも明らかで、それよりも、豊臣政権永続のためには、体制固めが必要であった。晩年に五大老・五奉行という形ができたが、豊臣政権の官僚機構は、徳川幕府の体制に比べれば脆弱なものであった。秀吉に従う大名、とりわけ大大名は、家康を除き、秀吉臣従以前からの領国を支配した。

島津は、秀吉の九州征伐で戦い、降伏したが薩摩・大隅などを継続支配、毛利は、本能寺の変直後、秀吉と和睦してからは、安芸国以西を支配し、秀吉とは、小早川隆景を介して、事実上の連合政権を形成していた。上杉家にしても、秀吉とは、賤ヶ岳の戦い当時から連絡を取り合い、ある意味では、秀吉が織田政権の後継者となる側面援助をした形で、越後の支配を継続し、後に奥州への押さえとして、米沢から会津をまでの領地を与えられ転封となったが、それまで越後領主の地位を保った。前田家は、賤ヶ岳の戦い後、秀吉と和睦、その後北庄の戦いで柴田家が滅んでからは、北陸の太守となり、以後、北陸支配を継続した。

宇喜多家は、豊臣家の身内同様である。徳川家は秀吉と戦ったが、軍事的には敗北せず(局地戦では、お互いに勝ったり、負けたりだが、大局では敗北せず)、結局、秀吉の政治工作により和解したということで、秀吉でも勝てなかった武将と世間に知らしめた。徳川家、前田家、宇喜多家、上杉家、毛利・小早川家という大大名の中で、軍事力でも政治力でも抜きん出ていたのが徳川家康であったのは、誰もが認めるところである。

天下は持ち回りという風潮は、秀吉が没した時にも、まだ払拭されていなかった。豊臣政権が秀吉一代限りのものという思いは、有力大名の中にはあったであろう。秀吉の政治にも介入することがあったといわれる北政所が、そういう空気、流れを読めないはずがない。しかし、北政所が、家康と秘密同盟を結んだというような事実は確認されていない。

東軍に付いた豊臣恩顧の武将にとっては、北政所は、隠れ東軍であってほしいと思いはあるであろう。小早川秀秋の弁護をするなら、関ヶ原は、豊臣対徳川ではなく、三成派対反三成派の戦いであり、東海以東の武将は、領地の関係もあり、上杉征伐軍に従軍し、形式上は家康指揮下に入った。逆に西国の武将は、遠征軍から漏れたものは、三成軍に参加することになる。在国中の西日本の大名は、独自の判断で動いた（家康は、途中で軍を反転したが、その直後から、工作を開始し、加藤清正は、在国していたが、関ヶ原合戦当時は、九州の西国大名の城を攻撃している）。したがって、小早川は積極的に西軍に参加したわけではなく、そうせざるを得なかったということである。また、小早川秀秋は、秀吉の怒りをかって減封されそうになったが、家康に救われており、また、秀吉の実子誕生で、豊臣連枝の地位を失ったことも、含む所があったのであろう。少なくとも三成に親近感を抱いていないことは間違いなかろう。

三成を正義の人、忠義の人という人々にとっては、北政所は、西軍支持で、三成とも誼みを通じているといいたいのであろう。北政所が三成の娘を養女にして津軽家に嫁がせたという点から、そう主張する向きもあるが、そこまでは、我田引水であろう。

北政所は、どちらからも一定の距離を保っていた。大坂城を出た時点から、北政所は、豊臣の家名存続を考えていた。豊臣家は、秀吉と北政所が創始したもので、北政所自身も、朝廷より豊臣吉子の名前を賜っている。秀吉生前は夫婦一体の豊臣家である。しかし、秀吉没後は、秀吉の豊臣家は、秀頼とその生母の淀殿のものとなり、北政所の手を離れたのである。

そこで考えたのは、新たな豊臣家の創始である。当時の北政所は、小さな大名並の領地を持っていた。北政所は、独自の養子や養女を得て、豊臣家の家名を残そうとした。結論からいえば、養子には、豊臣家名と遺領の相続は認められず、木下の家名と三千石の領地が与えられ、備中足守藩分家格の旗本家として家名を伝えた。ただし、家名は木下だが、本姓は豊臣朝臣、すなわち豊臣氏である。豊臣家名の存続はならなかったが、豊臣氏は存続したのである。

家康や秀忠は、北政所には、気を使っているが、表面的な友好関係とは裏腹に緊張感を内在したものであった。家康が、関ヶ原合戦で勝利後も、すぐに豊臣家を断絶させなかったのは、形式的には、家康が豊臣家大老の一人という地位にあったからである。

北政所の一族の何人かは西軍に加担したが、断絶させず、大名家として存続させたのも、北政所への計算と配慮の結果である。石田三成が、真に忠臣なら、関ヶ原で挙兵せず、家康を大老の地位に止めておくべきであるし、暫定的に北政所を豊臣家の当主とするか、北政所を後見人として、小早川秀秋を豊臣家に戻して三代目の関白とすべきであった。また、上杉家に対しては、大老連署で上洛を促し、家康の大義名分をすべて奪うべきであった。

北政所・三成提携説には賛成しかねる。北政所は独立派と考えたい。

豊臣家の通字は？

豊臣家（第一豊臣家一門）の通字は、「秀」である。

豊臣家の前身の木下家（秀吉のルーツ）は、「吉」を通字としたが、秀吉一門の豊臣家は、「秀」を通字とした。「秀」の通字は、豊臣家初代秀吉（羽柴秀吉）よりはじまる。

豊臣秀吉（羽柴秀吉）（豊臣家第一世）（豊臣家初代関白・太閤）
羽柴秀勝（石松丸）（秀吉実子）（初代秀勝）
羽柴秀勝（於次丸）（信長四男、秀吉養子）（二代秀勝）
豊臣秀勝（小吉）（秀吉甥、秀次弟）（三代秀勝）
豊臣秀次（豊臣家二代関白）（秀吉甥）
豊臣秀俊（小早川秀秋）（北政所甥）（初め秀吉養子）
豊臣秀康（結城秀康）（家康の次男、秀吉養子）
豊臣秀家（宇喜多秀家）（秀吉義女婿、秀吉猶子）
豊臣秀頼（大坂豊臣家二世）
豊臣国松（豊臣秀勝）（秀頼子）＊櫻井成廣説によると、国松も秀勝。
豊臣秀長（豊臣分家初代）（秀吉弟）
豊臣秀保（豊臣分家二代）（秀吉甥）（秀次実弟）

＊第二豊臣家は、主に、「俊」「利」が通字となる（後述の系譜参照）。
＊豊臣秀俊（後の小早川秀秋）は、第一豊臣家と第二豊臣家、双方の通字を継承するが、小早川家を継承

後は、第一豊臣家の通字のみ、改名後の名前に組み込んだ。

豊臣家（羽柴家）は、複合混成家系？

豊臣家（羽柴家）は養子・猶子を含む複数の家系で構成されていた。

（1）豊臣本家（秀吉流）　木下流羽柴豊臣家（木下弥右衛門系）（秀頼・国松で断絶）
（2）二代目関白家（秀次流）三好流羽柴豊臣家（三輪・長尾系）（妻子処刑）
（3）豊臣分家（秀長流）　水野流羽柴豊臣家（築阿弥系）（二代目秀保没後断絶）
　＊秀長は、秀吉の異父弟でなく同母弟とする説もある（その場合は、木下流）。
（4）豊臣分家（秀勝流）　三好流羽柴豊臣家（三輪・長尾系）（男系は一代で断絶）
（5）豊臣分家（秀俊流）　杉原流木下羽柴豊臣家（木下家定系）（小早川家相続、秀秋）
（6）豊臣分家（吉子流）　杉原家（北政所豊臣吉子系）（一代のみ）（養子は木下家名）
（7）豊臣分家格（秀家流）宇喜多流羽柴豊臣家（秀吉養女の婿で猶子）（八丈島流罪）
（8）豊臣分家格（秀康流）徳川流羽柴豊臣家（秀吉養子）（結城家相続、越前松平家祖）
　＊結城家相続後は、事実上徳川家一門に復帰（家康の支配下）。
（9）豊臣分家（秀保流）　秀長家二代目（三好流羽柴豊臣家）（秀次弟）（無嗣断絶）。
（10）（豊臣一門格（家定流）　杉原流木下羽柴豊臣家（杉原道松系）（北政所一門）
（11）羽柴秀勝（石松丸）　木下流羽柴家（秀吉実子、早世）
（12）羽柴秀勝（於次丸）　織田流羽柴家（羽柴家二代目候補、若死）

(13) 羽柴高吉(秀長養子)　丹羽流羽柴家(丹羽長秀系)(藤堂家へ転出)(藤堂高虎養子)

*高吉は、豊臣秀長家の相続を認められず、藤堂高虎の養子となる。

*関ヶ原合戦の時点で存続していたのは、豊臣本家、北政所流豊臣家、家定流豊臣家(杉原流木下家)、宇喜多流羽柴豊臣家(宇喜多秀家)のみである(他は、転出・断絶)。

豊臣家のルーツは?(ご先祖様は近江の人?)

豊臣家は複数あるので、そのルーツは多様である。ここでいう豊臣家とは、秀吉の家系である。羽柴豊臣家の前身は、木下家である。秀吉が尾張(愛知県西部)の出身であることは広く知られているが、そのルーツとなると、通常は、木下弥右衛門からである。しかし、秀吉の先祖は、実際には、数代前まで確認され、江戸時代に書かれた『塩尻』にも、その系譜が紹介されている。この系譜は、系譜学の大家、太田亮氏の『姓氏家系大辞典』にも紹介されている。昌盛法師からはじまる系譜で、確認される出身地は、近江である。

昌盛法師(木下国吉)―吉高(彌助、彌右衛門)―昌吉(中村彌助)―秀吉(豊臣秀吉)

宝賀寿男氏の『古代氏族系譜集成』によると、さらに詳しく紹介されている。同書によると、昌盛法師は、近江浅井氏の一族で、木下越中守高泰の女婿となり、木下長左衛門国吉を名乗ったと記している。このことは、拙著『織豊興亡史』(今日の話題社)でも紹介した。

宝賀氏の『古代氏族系譜集成』に従えば、秀吉と淀殿は遠い親戚ということになる。

秀吉が当初木下を称したのは、先祖の家名を復活したということになる。もっとも、彌右衛門の時代に木下を名乗ったかは定かでない。零落していたようなので、地名に従い、中村彌助あるいは、中村彌右衛門と名乗った可能性もある。秀吉が木下を名乗ったのは、妻の於禰の実家の姓を名乗ったとの説もあるが、於禰の実家は杉原一族で、元は備前辺りの出身らしい。桓武平氏杉原氏末裔を称するが、その系譜には、木下姓は明記されていない。於禰の父の助左衛門（杉原道松）は、杉原氏傍系とも、林姓とも、あるいは木下氏とも言われるが、正確なところは判らない。杉原氏朝日の婿となり杉原を称したともいわれている。『塩尻』などの系譜を信じるなら、埋もれていた先祖の姓を復活したことになる。

北政所と木下一門は、東軍か西軍か？（高台院豊臣家は、東軍か西軍か？ 2）

北政所は、東軍か西軍かという問題について、通説は、家康と誼みを通じ、小早川秀秋の裏切りも、北政所の働きかけによるものといわれ、豊臣恩顧の武断派武将が家康に加担したのも、少なからず影響ありと説明している。それに対し、白川亨（しらかわとおる）氏は、北政所は、武断派武将とも距離をとっており、心情は、三成支持であった。宇喜多秀家が、三成の挙兵決意より早く出陣しているのは、北政所の働きかけによる。関ヶ原での西軍敗北後、北政所の周辺がバタバタしていたのは、西軍に誼みを通じていたため、東軍の来攻を恐れてのこと、また、三成の娘を養女として匿っていたのも、西軍派であるからとしているが、果たしてそうなのか？

前川ルポにおける木下末裔の主張によれば、小早川は、最初から東軍で、西軍を装った。木下兄弟の長兄勝俊は、伏見城に入れた（籠城戦になった時、鳥居らの籠城拒否・退去勧告により退去）。三男の延俊には、姫路城を堅持させ、秀秋には、家康に恩義があるので東軍加担を支持したという。通史では、次男の利房は北国口を守備して西軍に加担したとされるが、『木下氏系図附言纂』および『平姓杉原氏御系図附言』によると、父の木下家定と共に、聚楽城（豊臣家京都屋敷・北政所居城）を守備していたと記している。そうなると、木下家定は、中立派とみなされているので、利房も中立派ということになる。

木下俊定は、西軍として大津城を攻撃したとされるが、各種系図、名前は記されているので、木下一族とは確認できるが、事歴不記載で、詳細は不詳である。後に小早川秀秋に寄食、慶長七年に没とされるが、前川ルポの木下系図では、日出藩家老となっている。いくら身内でも、幕府の戦犯とされる人物は家老にはしないであろう。『木下系図附言纂』は小出秀政婿、『平姓杉原氏御系図附言』は小出大和守婿と記すが、『系図纂要』および『寛政重修諸家譜』の小出系図では小出秀政（播磨守）および、吉政（信濃守、大和守、播磨守）の婿および養子に、俊定は記されず。基本系図において、俊定を西軍とは確認できない。

小早川秀秋については、通説東軍内応とされるが、『寛政重修諸家譜』『系図纂要』に事歴不記載。北政所が西軍で、秀秋に西軍への加担を支持していたのなら、関ヶ原では西軍が優勢であり、また、三成も、秀秋に関白を約束していたともいわれているので、裏切り者呼ばわりされてまで東軍に寝返る必要はない。この点からも北政所の本心は不明だが、西軍派とは考えられず、北政所は独自の立場を取ったと考えられる。

また、東軍派というなら、宇喜多秀家も東軍派に寝返させればいいが（豪姫の実家の前田家は、この時、既に東軍派）、そういう行動の痕跡は、手持ちの資料の範疇では確認されない。ただ西軍にも多少のシンパシーは感じていたのであろう。関ヶ原以降も旧西軍関係者との接触が、研究の先達により明らかにされている。これは、北政所が豊臣家正夫人として、超越的というか、中間派というか、独自の立場に立っていた証しではないだろうか?

木下秀規という人物については、基本系図でも、前川ルポの木下系図でも、『木下氏系図附言纂』でも、『平姓杉原氏御系図附言』でも確認されない。西軍とされるが、大坂城近郊の警備をしていたということで、秀頼が西軍に加担していなければ西軍とするのが妥当かどうか疑問が残る。つまり、北政所と木下一門は、基本的には中立派で、成り行き上、置かれた状況により、ある者は東軍、ある者は西軍に組み込まれたということであるが、結果として、北政所と木下一門は、家系存続に成功した。

勝俊は、伏見城放棄により改易されたが、処刑されることなく、一時は家康も大名としての復権も考えていたが、遺領相続で家康の意に反することがあり、再度改易されるが、自由・隠遁の生活を許されている。利房も遺領相続で改易されるが、大坂の陣の後、旧領(備中足守)に復帰している。その傍系は、「高台院豊臣家」の遺跡を継承している(遺領相続は認められなかったが、三千石を給され旗本として家系を残す)。延俊は、関ヶ原後、豊後日出三万石を与えられ、次代には、分知して立石領五千石羽柴家(立石藩と記す書もある)を創設している。この家系が、前川ルポ(木下伝承)による、隠れ豊臣家(豊臣国松の末裔)である。

こうして、北政所は、豊臣氏(豊臣朝臣)の存続に成功するのである。豊臣の家名は、大坂城落城と、北政所自身の死で消滅(養子がいたが、認められず)したが、第二豊臣家(本姓豊臣朝臣、家名木下家)は生き残ったのである。さらに、日出木下家の一子相伝が事実なら、第一豊臣家もその陰で存続したことになる。北政所は、西軍でもなく、東軍でもない独自の立場、北政所流豊臣家当主として行動したと考えれば、秀吉没後から、家康・秀頼会見、さらには、実現しなかったが、大坂の陣における大坂豊臣家に対する降伏勧告（家康の内命を受けた木下家により、鳥羽近郊で阻止された）の行動も理解できる。

豊臣政権は放棄しても、豊臣家を残すというのが、基本スタンスであったと考えられる。北政所は、秀吉と共に豊臣家を興した。信長に仕え、近江の大名となり、織田家の後継者争いに勝ち抜き天下人となった秀吉の夫人として、戦国の風潮、すなわち、天下は持ち回り、最も実力のあるものが天下を収める。単に武力だけでなく、外交力・政治力も要求される。秀吉亡き後の豊臣家に秀吉に並ぶ人材はなし。見渡せば、諸大名の中で、徳川家康が一頭抜きん出ていることは、承知していたのであろう。大坂城西の丸も明け渡し、京都に移り住んだ。その後、独自の立場で豊臣家存続の道を模索した。秀頼側近や、故秀吉の側近は、権力の維持に汲々とし、あげくは謀叛を企てたということである。内ゲバに加担する気持ちにはなれなかったのではないだろうか?

関ヶ原が、真に豊臣家対徳川家の争いなら、北政所は、違った動きをしただろう。秀頼が動いていたら、状況は全然違うものになっていた。関ヶ原の実態は、豊臣家臣団同士の争いで、東軍も過半数は、徳川家にとっては外様、すなわち、豊臣系統の大名である。徳川の主力は秀忠に率いられ、関ヶ原の合戦には参加していない。結果、東軍に参加した豊臣系の主力大名に、大幅に加増せざるをえなかったのである。秀頼が西軍に参加していなかったことにより、豊臣家は滅亡を免れたが、直轄領が、大老家康の支配下に入り、豊臣家は、六十五万石の大名となったが、今暫くは天下家の地位を維持した。

家康も、条件が整えば、ある段階までは「豊臣家存続」を考えていた。一大名として幕府の支配下に入るか、武門豊臣家を廃業して六摂関家の一つ「豊臣家」、すなわち、公卿として生きるなら存続の道は残されていたのである。それは、北政所も考えていたから、家康の要求にも答えて融和を図ろうとしたのである。しかし、秀頼周辺の人物は、家名存続を図る北政所の意向にも答えず、天下人豊臣家の復権を追い求めたのである。それがいかに時代と乖離していたか。

結局、豊臣家は、幕府との戦いに追い詰められて行くのである。大坂の陣で豊臣家の参陣要求に答えた大名は一家もない。大名にとっては家を残すのが本義で、関ヶ原でも、親子や兄弟、一族が、東西に属した。しかし、いざ合戦になると傍観者となった者もある。戦功によっては、敵方に回った身内の助命嘆願が認められることもある。戦国を生き残った大名はしたたかで、「豊臣家の恩義」など関係ない。勝つ方に、勝つ可能性の高い方に与力するというのが基本スタンスである。一万六千石の領地を持つ、女大名北政所としては、自家と血縁一門の生き残りこそ急務である。また、豊臣秀吉正室としての立場からも、両面作戦、独立中間派を目指したということであろう。

北政所は東軍か西軍か？（1）

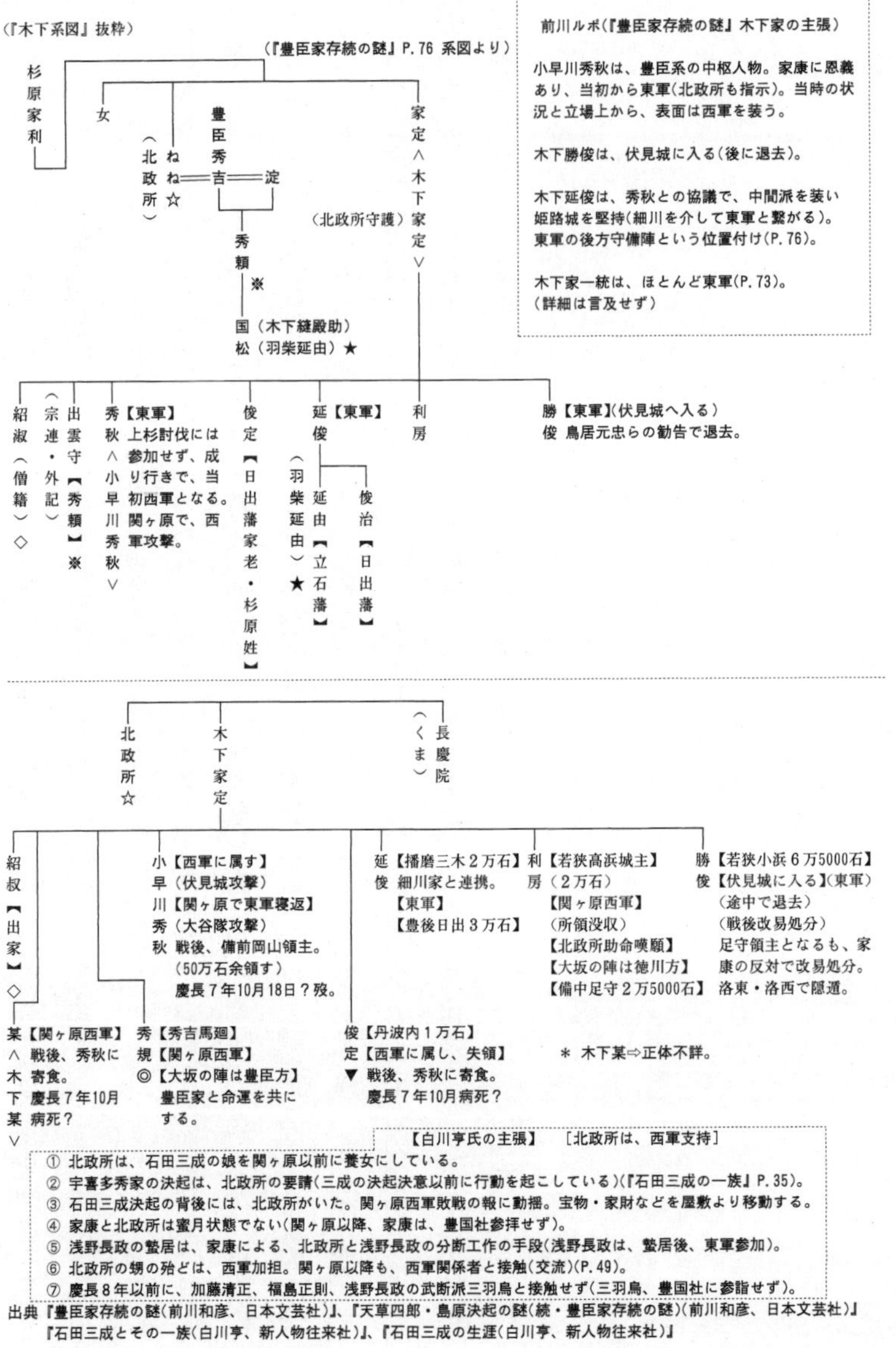

（『木下系図』抜粋）
（『豊臣家存続の謎』P.76 系図より）
杉原家利
女
ねね（北政所）☆
豊臣秀吉
淀
秀頼※
国松（木下縫殿助）（羽柴延由）★
家定〈木下家定〉
（北政所守護）
紹淑（僧籍）◇
出雲守（宗連・外記）【秀頼】※
秀秋〈小早川秀秋〉【東軍】上杉討伐には参加せず、成り行きで、当初西軍となる。関ヶ原で、西軍攻撃。
俊定【日出藩家老・杉原姓】
延俊【東軍】
延由（羽柴延由）★【立石藩】
俊治【日出藩】
利房
勝俊【東軍】（伏見城へ入る）鳥居元忠らの勧告で退去。
前川ルポ（『豊臣家存続の謎』木下家の主張）
小早川秀秋は、豊臣系の中枢人物。家康に恩義あり、当初から東軍（北政所も指示）。当時の状況と立場上から、表面は西軍を装う。
木下勝俊は、伏見城に入る（後に退去）。
木下延俊は、秀秋との協議で、中間派を装い姫路城を堅持（細川を介して東軍と繋がる）。東軍の後方守備陣という位置付け（P.76）。
木下家一統は、ほとんど東軍（P.73）。
（詳細は言及せず）
北政所☆
木下家定
長慶院（くま）
紹叔【出家】◇
某〈木下某〉【関ヶ原西軍】戦後、秀秋に寄食。慶長7年10月病死？
秀規◎【秀吉馬廻】【関ヶ原西軍】【大坂の陣は豊臣方】豊臣家と命運を共にする。
小早川秀秋【西軍に属す】（伏見城攻撃）【関ヶ原で東軍寝返】（大谷隊攻撃）戦後、備前岡山領主。（50万石余領す）慶長7年10月18日？歿。
俊定▼【丹波内1万石】【西軍に属し、失領】戦後、秀秋に寄食。慶長7年10月病死？
延俊【播磨三木2万石】細川家と連携。【東軍】【豊後日出3万石】
利房【若狭高浜城主】（2万石）【関ヶ原西軍】（所領没収）【北政所助命嘆願】【大坂の陣は徳川方】【備中足守2万5000石】
勝俊【若狭小浜6万5000石】【伏見城に入る】（東軍）（途中で退去）（戦後改易処分）足守領主となるも、家康の反対で改易処分。洛東・洛西で隠遁。
＊ 木下某⇨正体不詳。
【白川亨氏の主張】 ［北政所は、西軍支持］
① 北政所は、石田三成の娘を関ヶ原以前に養女にしている。
② 宇喜多秀家の決起は、北政所の要請（三成の決起決意以前に行動を起こしている）（『石田三成の一族』P.35）。
③ 石田三成決起の背後には、北政所がいた。関ヶ原西軍敗戦の報に動揺。宝物・家財などを屋敷より移動する。
④ 家康と北政所は蜜月状態でない（関ヶ原以降、家康は、豊国社参拝せず）。
⑤ 浅野長政の蟄居は、家康による、北政所と浅野長政の分断工作の手段（浅野長政は、蟄居後、東軍参加）。
⑥ 北政所の甥の殆どは、西軍加担。関ヶ原以降も、西軍関係者と接触（交流）（P.49）。
⑦ 慶長8年以前に、加藤清正、福島正則、浅野長政の武断派三羽烏と接触せず（三羽烏、豊国社に参詣せず）。
出典『豊臣家存続の謎（前川和彦、日本文芸社）』、『天草四郎・島原決起の謎（続・豊臣家存続の謎）（前川和彦、日本文芸社）』
『石田三成とその一族（白川亨、新人物往来社）』、『石田三成の生涯（白川亨、新人物往来社）』

北政所は東軍か西軍か？（2）

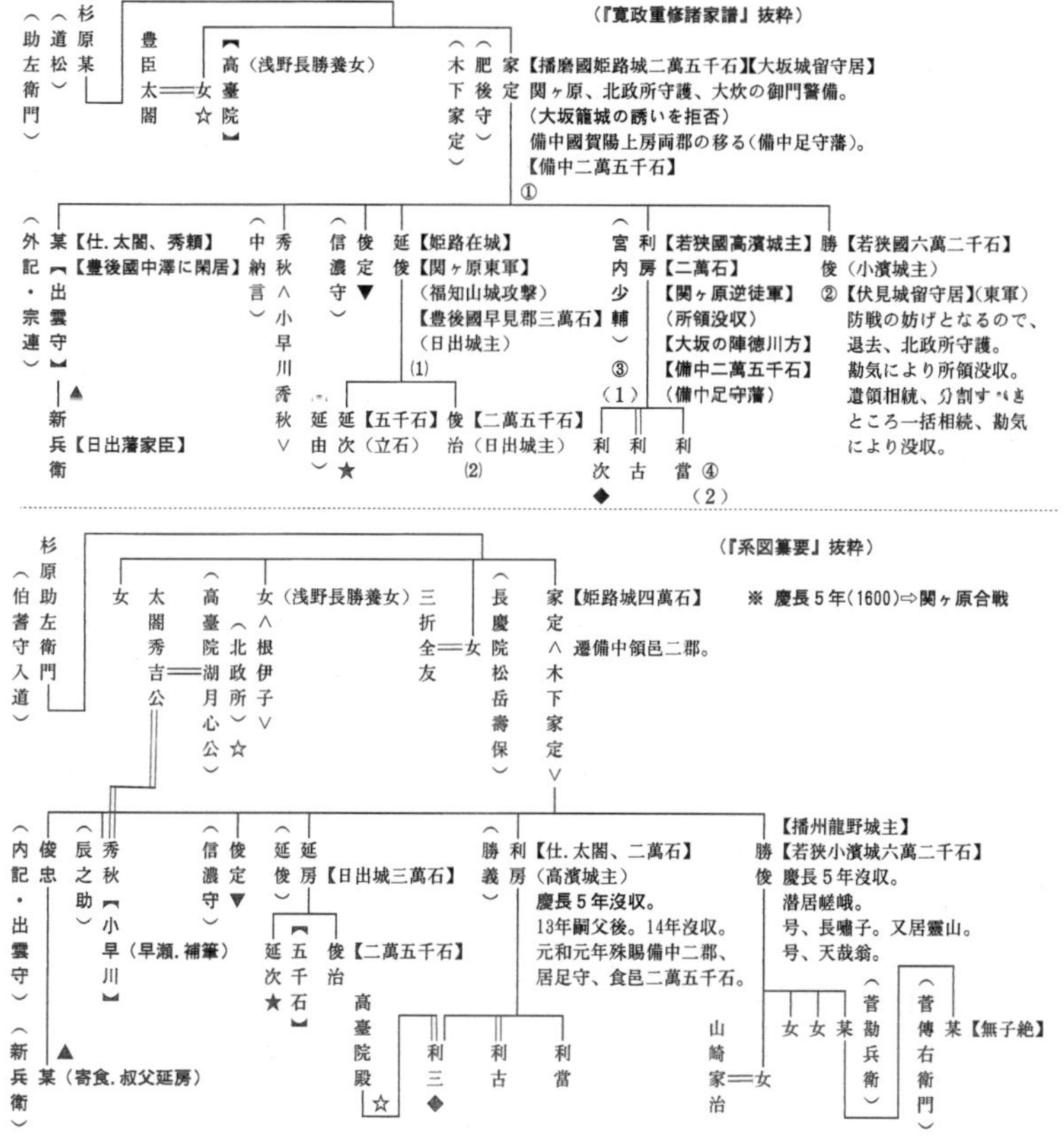

（『寛政重修諸家譜』抜粋）
杉原某（道松）
（助左衛門）
豊臣太閤
女☆【高臺院】（浅野長勝養女）
家定（肥後守）（木下家定）【播磨國姫路城二萬五千石】【大坂城留守居】
関ヶ原、北政所守護、大炊の御門警備。
（大坂籠城の誘いを拒否）
備中國賀陽上房両郡の移る（備中足守藩）。
【備中二萬五千石】
①
某【仕. 太閤、秀頼】【豊後國中澤に閑居】【出雲守】（外記・宗連）▲
新兵衛【日出藩家臣】
秀秋（中納言）（小早川秀秋）
俊定（信濃守）▼
延俊【姫路在城】【関ヶ原東軍】（福知山城攻撃）【豊後國早見郡三萬石】（日出城主）
(1)
延由
延次★【五千石】（立石）
俊治【二萬五千石】（日出城主）
(2)
利房（宮内少輔）【若狭國高濱城主】【二萬石】【関ヶ原逆徒軍】（所領没収）【大坂の陣徳川方】【備中二萬五千石】（備中足守藩）
③
（1）
利次◆
利古
利當④
（2）
勝俊【若狭國六萬二千石】（小濱城主）
②【伏見城留守居】（東軍）
防戦の妨げとなるので、退去、北政所守護。
勘気により所領没収。
遺領相続、分割すべきところ一括相続、勘気により没収。
（『系図纂要』抜粋）
杉原助左衛門（伯耆守入道）
女
太閤秀吉公
高臺院湖月心公（北政所）☆
女（浅野長勝養女）（根伊子）
三折全友
女
長慶院松岳壽保
家定（木下家定）【姫路城四萬石】
遷備中領邑二郡。
※ 慶長5年（1600）⇨関ヶ原合戦
俊忠（内記・出雲守）
（新兵衛）▲
某（寄食. 叔父延房）
辰之助
秀秋【小早川】（早瀬. 補筆）
俊定（信濃守）▼
延俊
延房【日出城三萬石】
延次★
五千石
俊治【二萬五千石】
高臺院殿☆
勝義
利房【仕. 太閤、二萬石】（高濱城主）
慶長5年沒収。
13年嗣父後。14年沒収。
元和元年殊賜備中二郡、居足守、食邑二萬五千石。
利三◆
利古
利當
勝俊【播州龍野城主】【若狭小濱城六萬二千石】
慶長5年沒収。
潜居嵯峨。
号、長嘯子。又居靈山。
号、天哉翁。
山崎家治
女
女
女
某
（菅勘兵衛）
（菅傳右衛門）
某【無子絶】

* 木下出雲守⇨他の系図(『寛政重修諸家譜』、『木下系図』)、外記・宗連。内記は、外記の誤記か？
* 木下勝俊⇨⇨家康より伏見城の守護を命ぜられたが、落城前に退去、家康の勘気をこうむり所領没収(守備放棄の科)。
* 木下利房⇨⇨関ヶ原西軍、所領没収。兄と共に父の遺領を継承するも、名義が兄のみの為、家康の怒りを買い没収。
  大坂の陣に徳川方となり、終結後、父の旧領を回復(備中足守二萬五千石)。
* 小早川秀秋⇨西軍として伏見城攻撃、関ヶ原では、西軍に属すも、西軍を攻撃(東軍内応)、東軍の勝利に貢献。
* 木下延房⇨⇨関ヶ原東軍。戦後、日出三萬石。
* 木下俊定⇨⇨詳細不記載。(他の資料によると関ヶ原西軍)

※ 木下兄弟(北政所の甥)の人数、資料により異なる。

* 高臺院⇨⇨⇨北政所。豊臣秀吉正室。小早川秀秋養母。

★ 基本系図に於いて、明確に西軍と確認出来るのは、木下利房のみ。小早川秀秋は、当初西軍に属すが、本当に西軍かは疑問である。単純に裏切ったのか、隠れ東軍なのか(結果としては、最終は東軍)？　木下家定と延俊(延房)は、中間派的な立場(北政所守護)から、最終は東軍。木下一門は両面作戦か？(高台院流豊臣家と木下一門の存続を狙ったか？)

★ 北政所の狙いは、豊臣家名の存続(高台流豊臣家・第二豊臣家の創設)。(北政所は独立派？)

出典『系図纂要(名著出版)』、『新訂寛政重修諸家譜(続群書類従完成会)』

北政所は東軍か西軍か？（3）（木下一族の動向）

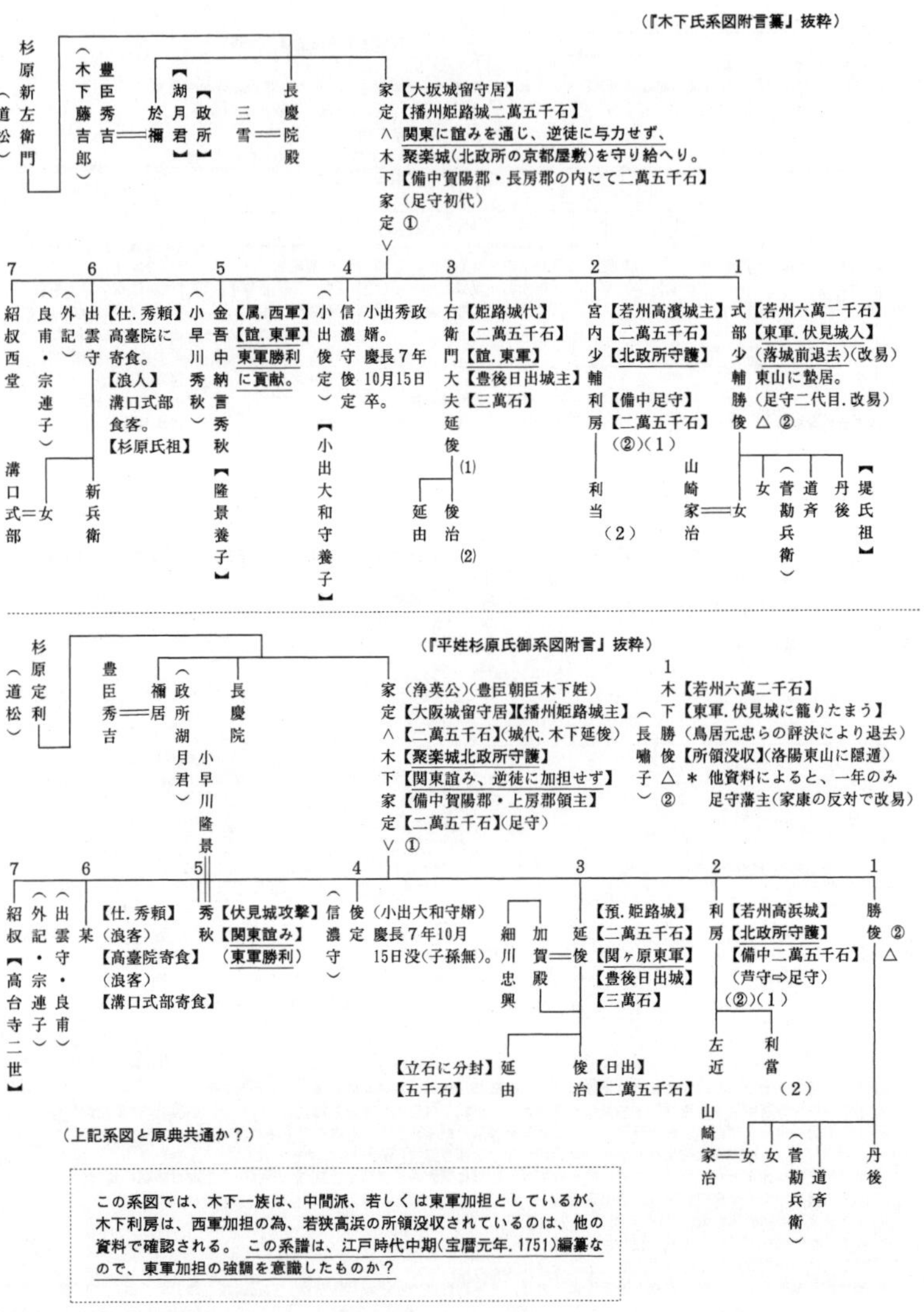

（『木下氏系図附言纂』抜粋）
杉原新左衛門（道松）
豊臣秀吉（木下藤吉郎）
於禰【湖月君】【政所】
三雪
長慶院殿
家定（木下家定）①
【大坂城留守居】【播州姫路城二萬五千石】
関東に誼みを通じ、逆徒に与力せず、聚楽城（北政所の京都屋敷）を守り給へり。
【備中賀陽郡・長房郡の内にて二萬五千石】（足守初代）
1 式部少輔勝俊 △ ②
【若州六萬二千石】【東軍.伏見城入】（落城前退去）（改易）東山に蟄居。（足守二代目.改易）
2 宮内少輔利房
【若州高濱城主】【二萬五千石】【北政所守護】【備中足守】【二萬五千石】（②）（1）
3 右衛門大夫延俊
【姫路城代】【二萬五千石】【誼.東軍】【豊後日出城主】【三萬石】
4 信濃守俊定
小出秀政婿。慶長7年10月15日卒。
（小出俊定）【小出大和守養子】
5 金吾中納言秀秋（小早川秀秋）
【属.西軍】【誼.東軍】東軍勝利に貢献。【隆景養子】
6 出雲守（外記）（良甫・宗連子）
【仕.秀頼】高臺院に寄食。【浪人】溝口式部食客。【杉原氏祖】
7 紹叔西堂
溝口式部＝女
新兵衛
延由
俊治 (1) (2)
利当（2）
山崎家治＝女
女
（菅勘兵衛）
道斉
丹後
【堤氏祖】
（『平姓杉原氏御系図附言』抜粋）
杉原定利（道松）
豊臣秀吉＝禰居（政所湖月君）
小早川隆景
長慶院
家定（木下家定）①
（浄英公）（豊臣朝臣木下姓）
【大阪城留守居】【播州姫路城主】
【二萬五千石】（城代.木下延俊）
【聚楽城北政所守護】
【関東誼み、逆徒に加担せず】
【備中賀陽郡・上房郡領主】
【二萬五千石】（足守）
1 木下勝俊△②（長嘯子）
【若州六萬二千石】
【東軍.伏見城に籠りたまう】
（鳥居元忠らの評決により退去）
【所領没収】（洛陽東山に隠遁）
＊ 他資料によると、一年のみ足守藩主（家康の反対で改易）
1 勝俊 ② △
2 利房
【若州高浜城】【北政所守護】【備中二萬五千石】（芦守⇨足守）（②）（1）
左近
利當（2）
3 延俊
【預.姫路城】【二萬五千石】【関ヶ原東軍】【豊後日出城】【三萬石】
細川忠興
加賀殿
【立石に分封】【五千石】延由
俊治【日出】【二萬五千石】
4 俊定（小出大和守婿）慶長7年10月15日没（子孫無）。
（信濃守）
5 秀秋【伏見城攻撃】【関東誼み】（東軍勝利）
6 某【仕.秀頼】（浪客）【高臺院寄食】（浪客）【溝口式部寄食】
（出雲守・良甫）
（外記・宗連子）
7 紹叔【高台寺二世】
山崎家治＝女
女
（菅勘兵衛）
道斉
丹後
（上記系図と原典共通か？）
この系図では、木下一族は、中間派、若しくは東軍加担としているが、木下利房は、西軍加担の為、若狭高浜の所領没収されているのは、他の資料で確認される。この系譜は、江戸時代中期（宝暦元年.1751）編纂なので、東軍加担の強調を意識したものか？

出典『木下氏系図附言纂（佐藤暁.編、日出史料刊行会）』（国立国会図書館.蔵）（レファレンス協力.日本歴史研究所、他）
『平姓杉原氏御系図附言（菅沼政常.編）（写本.大竹義則、日出町立萬里図書館）』（レファレンス協力.扶桑町図書館）

関ヶ原合戦における豊臣一族

○（東軍） △（中立、不明）×（西軍）

氏名	別冊歴史読本'81 決断 運命の関ヶ原		石田三成の一族(白川説)	豊臣家存続の謎(前川説)	寛政重修諸家譜	系図纂要	木下氏系図附言纂	平姓杉原氏御系図附言
豊臣秀頼	大坂城で傍観。	△	△	△	△	△	△	△
宇喜多秀家	伏見城攻略。関ヶ原西軍。	×	×	×	不記載			
結城秀康	宇都宮在城、上杉に備える(東)	○						
北政所	中立。	△	×	○			住.聚楽城	住.聚楽城
木下家定（肥後守）	中立。高台院を守護。	△	×	?	△（北政所守護）	?	聚楽城の高台院を守護。	聚楽城の高台院を守護。
木下勝俊（長嘯子）	伏見城守備放棄北国口守備(西)	×	×（伏見城放棄）	○退去となる。	△伏見城放棄。（北政所守護）	△伏見城放棄	○伏見城籠城。退去となる。	○伏見城籠城。退去となる。
木下利房（勝義）	北国口守備(西)改易後、足守	×	×	不記載	×改易後、足守	×没収、足守	聚楽城の高台院を守護。	聚楽城の高台院を守護。
木下延俊（延房）	姫路在城、東軍福知山城攻撃。	○	○	○	○東軍、後日出	○東軍、日出	○東軍、日出	○東軍、日出
木下俊定（信濃守）	大津城攻撃参加後、秀秋に寄食。慶長７年10月没。	×	×（丹波内領主）失領。寄食。	?杉原俊定。日出藩家老。	?（表記なし）	?（表記なし）	小出俊定。小出秀政婿。慶長７年10月没	信濃守俊定。小出大和守婿没年左記同じ
小早川秀秋（豊臣秀俊）	伏見城攻略(西)。関ヶ原西軍攻撃	○	○（東軍へ寝返）	○（東軍へ寝返）	内容表記なし（東軍へ寝返）	内容表記なし	○東軍に通じる	○東軍に通じる
木下秀規	西方、大坂城天王寺近郊守備。	×	×	不記載	不記載	不記載	不記載	不記載
木下某		?	×	不記載	不記載	不記載	不記載	不記載
木下出雲守（外記.宗連）		?		△（豊臣秀頼）	?（表記なし）	不記載	高台院浪客。仕.秀頼	高台院浪客。仕.秀頼
木下出雲守（内記.俊忠）		?		不記載	不記載	内容表記なし	不記載	不記載
紹叔		△	紹叔(△)	紹淑(△)	不記載	不記載	紹叔(△)	紹叔(△)

（参考）	別冊歴史読本	
杉原長房	田辺城攻撃参加	×
浅野長政	奉行罷免蟄居後家康に同心(東)。	○
浅野幸長	上杉討伐従軍関ヶ原東軍	○
青木一矩	西軍方。北国で前田軍に降伏。	×
小出秀政	西軍、大坂城在城か？	×
小出吉政	西軍、田辺城攻撃参加。	×
小出秀家	関ヶ原東軍	○
福島正則	上杉討伐従軍関ヶ原東軍	○
加藤清正	肥後在国、東方柳河城攻略。	○

前川説⇨関ヶ原合戦では、木下一族は、ほとんど東軍。
（木下説）小早川秀秋は、初めから東軍。伏見城攻撃に参加、西軍を装う。
北政所は、徳川家康と誼み(小早川秀秋の東軍参加は、北政所の示唆とされる)。

白川説⇨関ヶ原合戦では、木下一族は、ほとんど西軍。
北政所は、隠れ西軍(宇喜多秀家の挙兵に関与。三成の挙兵も支持)。
小早川秀秋の東軍参加は、寝返り行為。
＊ 木下秀規と木下某を西軍とするが、基本系図並びに木下関係系図(「木下氏系図附言纂」、「平姓杉原氏御系図附言」)に記載なし(早瀬.注)。
木下関係系図によると、西軍は逆徒(謀叛)と記している。

何故西軍が逆徒か？
① 豊臣家は、西軍に軍資金などの支援を行わず(上杉家討伐軍には、軍資金など提供)。
② 西軍挙兵は、反徳川勢力によるクーデター。
③ 豊臣秀頼が、西軍からの出馬要請拒否。毛利輝元も出馬せず。

北政所と木下一族は、東軍か西軍か？
東西両軍から適度な距離を保っていたが、その目的は、北政所流豊臣家の守護と、木下一門の存続、いわば中立、独立派であった。北政所の居城を守護したりしていたが、一部は、守備の状況から西軍に組み込まれた。「木下氏系図附言纂」、「平姓杉原氏御系図附言」などでは、従来西軍とされていた木下利房も、聚楽城で、北政所を守護していた様に記されている。東軍との距離を保つことにも注意を払い、伏見城の留守居の一人として、木下勝俊が入っているが、攻撃側が、小早川秀秋や宇喜多秀家などの部隊であったので、伏見城の守将の鳥居元忠らに、疑念を持たれ、それら守将の協議により、退城を勧告。勝俊は、守備を放棄して退去する。木下延俊は、父の本領(姫路城とその領地)を守り、更に細川家と連携して、東方となる。小早川秀秋は、当初西軍に属すも(成り行き上)、家康には恩義もあり、逆に三成には含むところもあったので、最終的には、東軍に加担し、東軍勝利の切っ掛けを作った。北政所は、豪姫との関係から、宇喜多秀家とも通じていた可能性があるが、秀家は、豊臣家の養子といっても、猶子に近く、豊臣家の後継者争いの埒外であり、三成と対立する関係ではなかったので、豊臣連枝として、西軍に参加。 毛利輝元は、大坂城を動かず、事実上の総大将となった(陰の大将は三成でも、現場で指揮するには、禄高の点からも重みに欠けた)。 秀家は、三成が挙兵を表明する以前に行動を起こしており、これは、北政所の支持であるとして、北政所を西軍支持とする見方(白川説)もある。これは(北政所の)両面作戦の一環であろう。

豊臣政権盛衰崩壊の真実

豊臣政権は、秀吉が、関白に叙任されて、正式に発足した。それまでの羽柴政権は、秀吉を中心とする、旧織田家重臣の連合政権であったが、参議となり、朝廷との関係が構築されつつある時点から、一歩抜きん出た存在となっていった。天正十二年(一五八四)秋には、権大納言となり、養子の於次秀勝の嫁に毛利家の娘を迎え、同盟関係を強化した。天正十三年(一五八五)春には、内大臣となり、七月には、近衛前久の猶子となり、藤原姓を称し関白となることに成功、豊臣姓を創始し、朝廷より賜り、賜姓関白豊臣家初代当主となる。この辺りから官僚制度が整備され、石田三成らが台頭する。

徳川家康も政治力で臣従させ(姻族関係による同盟関係も成立)、豊臣・徳川・毛利の連合政権を完成し、天下統一のための土台を固めた。天正十六年(一五八八)には、後陽成天皇が聚楽第に行幸、諸大名が誓紙を提出し、秀吉は、武家関白豊臣政権の正当化に成功する。天正十八年(一五九〇)に小田原征伐、さらには奥州仕置きを行い、天下を統一する。豊臣家は、一大名から天下一家となったのである。

私的な家宰や側近による支配から、官僚制による公儀の体制への移行が豊臣政権の崩壊のはじまりでもある。戦がなくなれば、武将の仕事は領国統治へと移行するが、政権中枢からは遠ざかることとなる。政権の中核を占めるのは、財務に明るく、機構運営や管理能力のある奉行衆である。ここで国内統治の機構整備に力を入れていれば、豊臣政権は強固な政権になっていたかも知れないが、秀吉は、信長から引き継いだ唐入構想を現実のものにすることを考えはじめる。と同時に、武断派武将の要求(武功による領地獲得)に答える手段としても必要な構想であった。しかし、行動に移すには拙速であった。

国内は統一したといっても、統治という点では、中央政権にとっても、大名にとっても時間が必要だった。廃絶大名の家臣が、一揆勢と結び付いたりして、安定しているとは言い難いものであった。何より長い戦国時代は、国力を疲弊させていた。

秀吉の弟の秀長は、武断派の武将が領地を欲するなら、自分の領地を削っても分けよと言ったと伝えられている。しかし、その秀長が、天正十九年（一五九一）に没すると、同年に、千利休も切腹に追い込まれた。公儀のことは秀長に、内々のことは利休にと言わしめた最大の側近が、秀吉の元から消え去ったのである。利休の件については、色々いわれるが、官僚機構が整備されると、旧来の側近は、機構運営の障害になるということも一因ではないだろうか？

豊臣政権は、近代社会の軍隊か警察に置き換えるなら、制服組が中心だった草創期から、政権の誕生により背広組が支配する体制へと移管した近代国家にも似ている部分がある。短期決戦から、長期戦に変われば、食料・武器・弾薬の補充も必要となる。こういう裏方の任務を遂行したのが、石田三成ら奉行衆であるが、いきおい前線での武功からは遠ざかる。必然的に武功一本槍の連中とは齟齬が生じ、家臣団の分裂に繋がる。徳川政権の初期にも、武断派と文治派の対立は生じたが、家康が、豊臣家を滅ぼすまでに、機構の整備にも努め、秀忠も十分な年齢になっていたので、対立は最小限にとどまった。

しかし、豊臣政権は、初代秀吉がもうろくし、二代目秀頼が若年ということで、家臣団の対立を押さえ込むことができなかった。大名となった武断派は、中央から遠ざけられ、不満が鬱積していくのである。家臣団分裂も政権崩壊の要因ではあったが、豊臣家の場合、苦労して形成した疑似一門を、秀吉自らが、瓦解させたということも挙げられる。そのいくつかには、奉行衆も係わっている。それらは通史では、石田三成のせいとされているが、中には三成の関与しないものもあり、言い掛かりといえるものもある。

例えば、小早川秀秋の養子縁組は、黒田孝高が秀吉に進言したともいわれている（当初は毛利宗家への養子縁組であったが、毛利の血統保持のため、小早川家をその身代わりとした）。その前年には、豊臣秀俊（小早川秀秋）は、秀吉の名代として、諸大名からの誓紙を受け取っていた。その後、鶴松が生まれたことと、毛利家との提携強化（実は乗っ取り）のために、秀俊を養子に出すことを内定したのである。これは余りに拙速であった。鶴松が成長するという保証は、いかにもなかったにも係わらず秀俊の養子縁組を内定したのである。

その後、鶴松が死去すると、秀吉の養子の豊臣秀勝の実兄の羽柴秀次を養子とし、家督を譲り関白とし、秀吉は太閤になる。秀頼が誕生すると、秀俊は、文禄三年（一五九四）に正式に、小早川隆景の養子となる。翌年、蒲生の遺領問題で、秀吉と秀次の間に軋轢が生じる。

秀次が、秀吉の操り人形から、独自の権力形成に動くと、奉行衆は、全力で阻止に動き、関白左大臣の剥奪・高野山追放を画策する（決定したのは秀吉）。そしてついには、切腹に追い込み、秀次の妻子・妾・女中を惨殺した。この間に、豊臣分家も秀保の没後、故大納言秀長の養子だった羽柴高吉（藤堂高吉）の相続を拒否して断絶に追い込み、豊臣秀勝家も既に男系断絶、娘があるが、養子も入れずに絶家としている。

これらにより、豊臣家は秀頼を除くと、養女の婿で猶子である秀家（宇喜多秀家）のみとなり、疑似一門は瓦解した。秀次を蟄居程度に止めておけば、復権の可能性もあるが、それは、秀吉や奉行衆の望む所ではなかった。秀次を生かしておけば、秀吉没後に権力を確立し、秀頼への相続が断たれる可能性を恐れたことと、己ら奉行衆の失脚も恐れてのことである。奉行の権威と権力は、秀吉あってのもので、秀次政権ができたら、基盤を失うのは必定であった。

しかし、秀吉と三成らは、大きなミスを犯した。秀次の関白を剥奪した後、次の関白に就任できる人材が豊臣家にないということは、豊臣家の権威の失墜に繋がり、豊臣家の権力基盤は、財力と太閤の威光のみということになる。武家関白家の資格を喪失すれば、各大名は、豊臣政権からの離脱、独自の武家政権の創設も可能となるのである。上杉家謀叛の嫌疑で、家康が上杉討伐軍を編成して東上した時、三成らが挙兵せず、伏見城も攻撃せず、家康が上杉を討伐するまで静観していたら、家康は動きに窮したことだろう。三成らの挙兵なしに、大坂を攻めたら、家康の謀叛となり、豊臣家に勝利しても、すんなりとは、天下は取れなかったかもしれない。

これらのことから考えて、豊臣政権を崩壊させたのは、秀吉と三成という結論になる。しかし、東西対決の仕掛け人は三成ではない。宇喜多秀家（その陰に北政所）と、毛利輝元（暗躍したのは安国寺恵瓊）、そして、家康弾劾状を発布した三奉行（増田長盛、前田玄以、長束正家）である。

宇喜多秀家が、三成と大谷吉継との話が正式にまとまる前に行動を起こしていること。安国寺恵瓊も加えた会談の後、三奉行らが、形式上、毛利輝元を西軍総大将に擁立したこと。この陰で暗躍していたのが、安国寺恵瓊であること。これらの行為は、毛利の家訓に背き、毛利王国に危険をもたらすものであった（吉川広家らは、阻止に動いたが、裏をかかれた）。さらに、豊臣家が、大坂豊臣家と京都豊臣家に分裂したことが挙げられる。大坂豊臣家は、西軍には、資金提供をした形跡がなく、さらには、戦後、豊臣本家は西軍と無関係と主張している。

豊臣政権の崩壊は、一大名から天下一家に成り上がったことでの、家内の制度転換および、それに伴う家臣団内部の軋轢、事実上の奉行筆頭であった石田三成の人望のなさ（秀吉の補佐役だった豊臣秀長に比べれば数段劣る。三成に人望がないことは、盟友の大谷吉継も指摘している）、秀吉による一門切り捨て（実子への溺愛が過ぎ、状況展望を誤った）、そして、家康封じ込めの失敗（三成の大チョンボ）、豊臣本家の分裂が挙げられる。

豊臣政権盛衰崩壊の真実

西暦	和暦年号	事件概要	秀吉	三成	北政所(於禰)
1537	天文6年	秀吉誕生。			
1561	永禄4年	秀吉、浅野長勝養女おね(於禰)と結婚。	於禰と結婚。		秀吉と結婚。
1573	天正元年	秀吉、木下姓より、羽柴姓に改める。	大名になる。		
1574	天正2年	秀吉、長浜城築城。一説.この頃、信長四男於次丸を養子とする(久保三千雄説『歴史群像戦国セレクション 驀進 豊臣秀吉』所収)。			
1576	天正4年	10月14日?、石松丸羽柴秀勝没。			
1578	天正6年	この頃、信長四男於次丸(秀勝)、秀吉養子となる。	織田家縁戚。		
1582	天正10年	正月、秀吉、信長に、宇喜多秀家の家督相続を申請。	秀家養育。		
1582	天正10年	6月13日、秀吉、山崎の合戦で明智軍撃破。10月3日、従五位下・左近衛権少将に叙任(公卿補任)。			
1583	天正11年	4月21日、賤ヶ岳で柴田軍(佐久間盛政)を撃破、4月24日、北庄城で、柴田勝家自刃。5月7日、朝廷勅使を長浜城へ派遣、戦勝を祝す。			
		秀吉、従四位下・参議に叙される。			
1584	天正12年	秀俊(小早川秀秋)、秀吉夫妻の養子となる。(一説.天正13年、幼名辰之助)(H6.臨増「歴史と旅」)			
		11月22日、秀吉、従三位・権大納言に叙任。	朝廷に参与。		
		12月26日、於次秀勝と毛利輝元の娘が結婚。	毛利と同盟。		
1585	天正13年	2月12日、二条昭実、関白に就任。7月11日辞任。			
1585	天正13年	3月10日、秀吉、正二位・内大臣に叙任。7月11日、近衛前久の猶子となり、従一位・関白に叙任。姓を藤原に改める(藤原朝臣秀吉)。	関白に就任。	この頃、従五位下治部少輔に任官。	政所と呼ばれる。(北政所)
		7月、羽柴秀勝、従三位左近衛少将に叙される。その後、正三位権中納言に叙される。			
		秀吉、新姓を創出、朝廷に下賜を奏請(関白任官記)。			
		9月9日、朝廷、秀吉に豊臣姓下賜(押小路文書)。	豊臣家成立。		
		10月4日、秀長、従三位・参議に叙任。			
		12月10日、於次秀勝(羽柴秀勝)(二代秀勝)没。			
1586	天正14年	秀次、従四位下・参議に任ぜられる。		堺奉行に就任。	
1586	天正14年	小吉秀勝(秀次弟)、秀吉の養子となる(三代秀勝)。			
		10月27日、家康、大坂城にて秀吉に謁見。	徳川と同盟。		
		12月16日、秀吉養女前子(近衛前久女)女御に入内。	皇室の外戚。		
		12月19日、太政大臣に任ぜられ、豊臣の姓を賜る。	(豊臣家成立)		
		* この説は「公卿補任」による(78年.別冊歴史読本)。別説は、豊臣姓は天正13年に賜姓。この日付は、太政大臣の任官日(89年.別冊歴史読本)。	太政大臣就任。		
		この頃、八条宮(後の智仁親王)、秀吉の猶子となる。* 一説.天正15年に猶子。	皇室連携強化。		
1587	天正15年	秀長、従二位・権大納言に叙任(大和大納言)。			
		秀次、従三位・権中納言に任ぜられる。			
		宇喜多秀家、従三位・参議となる(備前宰相)。			
1588	天正16年	1月8日、豊臣秀長、羽柴秀保(甥)を養子にする。			従一位、准三后。「豊臣吉子」の名前賜る。
1588	天正16年	4月14日、後陽成天皇、聚楽亭に行幸。この儀式の期間中に、諸大名に秀吉への誓書を提出させる。	武家関白豊臣政権を正当化		
		辰之助(秀俊)、秀吉の名代となる。			
		10月19日、宇喜多秀家の姉を養女として、吉川広家に嫁す(毛利一門との同盟強化)。			
1589	天正17年	5月27日、淀殿、棄(鶴松)を出産。			
		宇喜多秀家、秀吉養女豪姫と結婚(準豊臣一門)。	疑似一門形成		
1589	天正17年	秀吉、黒田孝高を通じ、毛利家に秀俊(後の小早川秀秋)の養子工作を行う。毛利家は拒否し、小早川隆景の養子となる事が内定。	毛利家簒奪計画(豊臣一門組入れを狙う)	直接関与せず。	
1589	天正17年	7月、秀吉、養子小吉秀勝の所領の丹波亀山を没収す。10月、蜂屋頼隆の遺領越前5万石を、小吉秀勝に与える。			
1590	天正18年	7月5日、小田原北條氏(北條氏直)降伏。8月9日会津にて奥州仕置き。秀吉、天下を統一する。	天下統一	忍城攻撃。	
		秀次、近江・尾張・伊勢130万石(清洲城主)領主。	秀康、結城へ		
		八条宮皇籍復帰(智仁親王)、秀吉、3000石提供。	八条宮家創立。		

※ 聚楽亭⇨聚楽第(聚楽第と表記するものが多い)

『豊臣政権盛衰崩壊の真実』　　※ 聚楽亭⇨聚楽第　　※ 利休は、側近政治から官僚政治への移行で邪魔な存在。

西暦	和暦年号	事件概要	秀吉	三成	北政所
1591	天正19年	1月22日、豊臣秀長死去。2月28日、千利休切腹。 8月5日、豊臣鶴松没(3歳)。朝鮮出兵準備。 11月、秀俊(のちに秀秋)、参議となる(岐阜宰相)。	政権崩壊の始まり。	利休失脚に関与。 (官僚制に邪魔)※	
1591	天正19年	11月、秀次、秀吉の養子となる。12月4日、内大臣宣下。12月28日、秀次は正二位関白に叙任。聚楽亭継承(豊臣関白家二代目)。	太閤となる。		
1591 1592 1592 1593 1593 1594	天正19年 文禄元年 文禄元年 文禄2年 文禄2年 文禄3年	秀俊(後の小早川秀秋)、従四位下・参議となる。 1月、秀次、左大臣兼任(関白左大臣)(一説.天正19年.公卿補任)。1月26日、天皇、聚楽亭行幸。3月20日、小吉秀勝(秀次弟)に丹波に所領を宛行う。 7月22日、大政所死去。9月9日、小吉秀勝、朝鮮唐島(巨済島)に没す(豊臣秀勝家男系断絶)。 秀俊、従三位・権中納言に叙される(金吾中納言)。 1月、蒲生氏郷、肥前名護屋滞陣中、吐血・下血。(石田三成による暗殺未遂説)(或いは、秀吉未遂説) 8月3日、秀頼誕生。この頃より、秀次の悪行風聞。 秀吉、10月1日に秀頼と秀次の娘の婚約を整える。 大隅・薩摩・日向、関東検地。 9月、毛利輝元の養子秀元を朝鮮から召喚、故豊臣秀長の女を嫁がせる(毛利一門との同盟強化)。 ＊ 4月、この頃、蒲生氏郷病気再発。	(秀勝家断絶) 名護屋滞陣。 11月、蒲生邸に、曲直瀬道三ら派遣。	名護屋で渡海準備 4月、朝鮮出兵に従軍。 1月、朝鮮滞在中 2月、明軍と講和 検地を指揮する。	
1594 ＊	文禄3年	11月、秀俊、小早川隆景の養子となり、毛利輝元の養女と結婚(小早川秀秋)(毛利家一門との同盟強化)。 秀家(宇喜多秀家)、権中納言となる(備前中納言)。	(秀秋排斥) 軍功評価。		
1595	文禄4年	2月7日、蒲生氏郷、伏見の邸宅で没す。 2月、蒲生氏郷の遺領問題で秀次と秀吉と対立。 春、秀次は、毛利輝元に忠誠の連判を要求。 4月16日、豊臣秀保(秀長養子)横死(病死or殺害？)。	秀次と対立。	6月、謀叛の連判状入手。秀次の権力形成阻止に動く増田長盛らと共に詰問する。	
1595	文禄4年	6月、秀次は、蒲生家に対する秀吉の決定を関白の権限で押し止どめる(秀吉の朱印状の発行停止)。 7月3日、関白秀次、謀叛の疑いで詰問。関白・左大臣の官職剥奪、高野山へ追放される(7月8日)。 7月15日、秀次切腹。(伝達使、福島正則ら) 浅野幸長、能登配流。最上義光、伏見幽閉。 8月、秀次の妻妾ら惨殺される(秀次家絶家処分)。	権力を秀次に奪われかける。詰問使として、五奉行派遣。切腹命令。		年時は不詳だが、化粧料1万6000石(後の養老料)を秀吉より賜る。
1596 ＊ 1597 ＊ 1598	慶長元年 慶長2年 慶長3年	5月13日、秀頼が、初めて参内(従四位下を受く)。 ＊ この年、拾から秀頼に改める。 加藤清正召喚事件(秀吉より、朝鮮からの帰国命令)。 6月、小早川隆景没。秀秋家督相続。9月、朝鮮出兵に参加(総帥役)。12月、秀吉より帰国命令。 この年、秀吉、禁裏の東南に屋敷建設(聚楽新城)。 正月、蒲生家転封。上杉家が会津領主となる。 4月18日、秀吉、秀頼と参内。秀頼に中納言任官の推挙。(秀吉最後の参内)	家臣団対立。 目付に監視命令(出兵軍の)。	二条城での軍議に参加(再出兵の件) 三成の復命による 転封処理に協力。	
		6月、秀秋、秀吉より譴責され筑前・筑後より、減封の上、越前北庄へ移封される。8月18日、秀吉没。 8月、石田三成、筑前・筑後の代官となる。	伏見城で没。 秀秋の旧領を蔵入地へ編入。	2月より会津と越後へ出向く(4月まで上杉家転封)。 6月、博多入。	
	＊	7月、宇喜多秀家、大老に就任(五奉行統括)。			
1599	慶長4年 ＊ ＊ ＊	正月、淀殿・秀頼、大坂城本丸へ入る。 2月、秀秋、家康らの計らいで旧領へ復帰。9月24日、北政所、大坂城より立ち退く。26日、三本木に移る(豊臣家京都屋敷＝聚楽城)。西の丸には、家康が入る(9月25日、或いは28日)。 閏3月3日、前田利家病没。加藤清正、福島正則、池田輝政、黒田長政、細川忠興、浅野幸長、加藤嘉明ら七武将、三成襲撃計画(宇喜多邸に避難する)。 翌日、佐竹義宣らの保護を受け、伏見の徳川邸に避難し、襲撃は未遂に終わる。三成、佐和山に隠居。 この頃、三成の娘(振姫)、北政所の養女となる。 4月18日、豊国社正遷宮祭。吉田家一門神職となる。 9月28日、家康、伏見城から大坂城西の丸へ移る。	豊臣家分裂。	佐和山に隠居(閏3月7日)	西の丸へ移る。 京都に移る。 (北政所流豊臣家) (所領1万6000石)

＊ 北政所が大坂城を出た事で、豊臣本家は、秀頼流豊臣家と、北政所豊臣家(1万6000石)に分裂した。

『豊臣政権盛衰崩壊の真実』 ＊ 別冊「歴読」⇨別冊歴史読本(81.冬)「決断！運命の関ヶ原」

西暦	和暦年号	事件概要	秀頼	石田三成	北政所
1600	慶長５年	６月、家康、豊臣軍を指揮し、会津遠征(上杉家の討伐)を挙行(秀頼、軍資金などを与える)。６月16日に家康と討伐軍、伏見城へ入る。18日に伏見城出発。	軍資金等支援。		
		７月２日、家康、江戸城に入る。			
		７月５日、石田三成、大谷吉継に、家康討伐の決意表明(佐和山城にて)(一説．７月２日．別冊「歴読」)。＊	支援せず。	家康討伐決意。	
		同日、宇喜多秀家、豊国社で出陣式(家康討伐の為)。	関与せず。		挙兵指示か？
		７月７日、大谷吉継、協力拒否、佐和山退去。		決行に至らず。	
		同日、秀家妻豪姫(秀吉養女)ら、豊国社に必勝祈願。「湯立神楽」奉納、北政所、東殿局を代参として派遣。			代参を派遣。７月７日、奉納
1600	慶長５年	７月11日、大谷吉継、佐和山城訪問、協力約す。		協議継続。	
		７月17日、毛利輝元、大坂城西の丸に入り、秀頼を擁立して、西軍の総大将となる(一説．７月16日)。	西軍に擁立される。		
		７月17日、前田玄以、長束正家、増田長盛の三奉行、家康に13ケ条の違背状を送り，諸大名に檄文送付。			
		７月18日、奉行衆、伏見城明け渡しを要求するが、鳥居元忠、これを拒否する(木下勝俊ら在城)。			
		７月19日、西軍、伏見城を攻撃する。			
		７月21日、家康、会津征伐の為、江戸城出発。			
		７月23日、伏見城攻略中の宇喜多秀家、豊国社を参詣に訪れ、金一枚奉納。			豊国社に祈祷を依頼(秀家の戦勝)。
		７月24日、家康、下野小山に着陣。29日、会津征伐中止、西上を公布(謀叛軍討伐宣言)。三成、佐和山より伏見に入る。			
		８月１日、西軍、伏見城を攻略、陥落させる。			
		＊ 木下勝俊は、それ以前に退去(守備放棄)。			(勝俊らが守護)
		８月５日、三成、大垣城に入城。			
		８月６日、家康、江戸城へ戻る。			
		８月９日、三成、6000の兵を率い、美濃垂井に入る。			
		８月11日、三成、大垣城へ入る。14日、東軍先鋒の福島正則、加藤嘉明、黒田長政ら、尾張清洲へ入る。			
		９月１日、家康、３万の兵を率いて江戸を進発。			
1600	慶長５年	９月15日、東西両軍激突、関ヶ原の役(合戦)。家康(東軍)、西軍に勝利。石田三成ら、敗走後捕縛。			
	＊	９月18日、佐和山城(三成の拠点、一族が守護)落城。			太刀や装束を移動する(豊国社へ)。
		９月19日、東軍先軍、京都近郊に布陣。			
	＊	豊臣家、摂津・河内・和泉65万石余(60万石？)の大名に転落(豊臣家、事実上天下人の地位を失う)。		10月1日、京都で処刑。	10月11日、琴や唐団扇など移動。
		10月11日、東軍、畿内完全掌握。西軍残党排除。			
		12月19日、九条兼孝関白となる(～1604.11.10まで)。			
西暦	和暦年号	事件概要	秀頼	徳川家康	北政所
1601	慶長６年	秀頼、権大納言に叙任。			
1602	慶長７年	秀頼、正二位に叙任。			
	＊	１月８日、大谷吉継の母、豊国社に料紙三束献上。			
1603	慶長８年	１月２日、福島正則、豊国社参詣。			正月参詣せず。
1603	慶長８年	１月９日、北政所、木下家定や侍女を伴い豊国社に参拝する(武断派武将同道せず)。			真田委託の銀子、湯立神楽奉納。
1603	慶長８年	２月12日、徳川家康、征夷大将軍に任ぜられる。 ＊ ２月８日までは、豊臣家大老として伺候。		二重公儀体制が、正式発足。	後陽成天皇より、「高台院」の号を、勅賜される。
		４月22日、秀頼、内大臣となる。７月28日家康の孫千姫と結婚。	内大臣叙任。千姫と結婚。		
		７月18日、加藤清正、福島正則、豊国社参詣(月例祭)			豊国社参詣せず。
1604	慶長９年	４月18日、福島正則、本多忠勝、春の例大祭参詣。			参詣に訪れず。
		８月２日、北政所、松の丸殿、豪姫、木下家定、長慶院(姉)、振姫らと、湯立神楽を奉納。武断派武将参加せず。			豊国社参詣、奉納
1604	慶長９年	８月14日、家康は、秀頼ともども豊国社の臨時大祭を催す(故秀吉七回忌)。	故秀吉七回忌。		
		８月18日、秋の例大祭、七回忌臨時大祭、福島正則、加藤清正、京極高次ら参詣。片桐貞隆、秀頼代参で参詣する。			例大祭不参加。

『豊臣政権盛衰崩壊の真実』

西暦	和暦年号	事件概要	秀頼	家康	高台院(北政所)
1605	慶長10年	4月秀頼、右大臣となる。徳川秀忠、将軍職を継承し、従三位権大納言から、正二位内大臣に昇格兼任し、世襲の徳川政権確立。 7月23日、近衛信尹関白となる(～1606.11.11まで)。	右大臣叙任。	酒井忠世、土井利勝を造営御用掛、所司代板倉勝重を普請奉行に任ず。	高台所建立計画。伏見城より、化粧御殿など移築。
1606	慶長11年	高台院、東山霊山に、高台寺(高台聖寿禅寺)建立。 宇喜多秀家、八丈島へ配流。		500石の朱印状。養老料追認。	高台寺建立落慶。所領1万6000石。
 1607 1608	 慶長12年 慶長13年	11月11日、鷹司信房関白となる(～1608.12.26まで) 1月、秀頼、右大臣を罷免される。九条忠栄が右大臣に任じられる(秀頼の関白就任は絶望)。 12月26日、九条忠栄関白となる(～1612.7.25まで)。	右大臣罷免。	二重公儀体制の解消の布石。	
1611 1612	慶長16年 慶長17年	3月28日家康、二条城で秀頼と会見。 4月7日、浅野長政(北政所義弟)死去。6月7日、堀尾吉晴(元豊臣家三中老)死去。6月24日、加藤清正(秀吉子飼い)死去。 7月25日、鷹司信尚関白となる(～1615.7.27まで)。		提携の終焉。	秀頼を説得。
1614	慶長19年	8月、方広寺鐘銘事件勃発。		二重公儀体制解消	
1614	慶長19年	大坂冬の陣。			鳥羽まで出向く。
1615	慶長20年	大坂夏の陣。淀殿母子自刃。豊臣家滅亡(5月8日)。 5月21日、豊臣国松丸、伏見で捕らえられる(後に、六条河原で斬首、豊臣家男子直系断絶)。			
  1615	(元和元年) 元和元年	7月9日、家康、豊国社破却命令を下す。 高台院の懇願により内苑部分の破却命令は撤回、「崩れ次第」とする。しかし、神として祭ることは禁止、神道祭祀の道具類、調度類は処分される。 7月28日、二条昭実関白となる(～1619.7.14まで)。		全面的破却命令。 外苑破却に変更。	破却命令撤回を懇願す。
1619 1624 1645 1658	元和5年 寛永元年 正保2年 万治元年	6月、妙法院が、強引に豊国社社殿を解体する。 9月14日、九条忠栄関白となる(～1623.閏8.16)。 高台院(北政所・豊臣吉子)没。 東慶寺尼(天秀尼)没(豊臣家正統直系断絶)。 豊臣完子(豊臣秀勝娘、九条関白北政所)没。			高台院没。
1868	慶応4年	閏4月6日、明治天皇、豊国社再興を沙汰する。 樹下茂国(じゅげしげくに)、六人部是愛(おとべよしちか)、谷森種松の建策による。			

① 豊臣家政権を崩壊させたのは、秀吉と三成。

秀吉⇨養子縁組などにより形成した疑似一門を自らの手で破壊(分家秀長家の断絶、二代関白秀次家の断絶、秀俊の豊臣家からの排斥、分家豊臣秀勝家の消滅放置、羽柴秀康の豊臣家よりの除籍、八条宮との猶子関係の解除)。

三成⇨秀次処分への関与。豊臣系の武将との対立(秀吉への情報操作)、家康討伐の為の軍事行動(最も重要な罪)。

＊ 三成が軍事行動を起こさなかったら、家康は上杉討伐を中止出来ず、討伐に成功しても、戦力は一時的に低下する。

＊ 西軍蜂起がなくて、豊臣家に対する軍事行動を起こしたら、大義名分がなく、家康が謀叛人となる。家康が軍事行動を起こさなければ、家康との対決は数年先延ばしになり、豊臣家が秀頼を擁立し武家関白に復帰したかもしれず、豊臣系の大名の去就は違った可能性もあり、その間に、家康死亡の可能性もある。家康が征夷大将軍に就任できなければ、武家の棟梁としての軍事指揮権は確保出来ず、豊臣家の大老のままで終わる可能性がある。

② 北政所は、武断派と提携せず。

白川亨(しらかわ・とおる)氏の研究により、慶長10年頃まで、北政所が、福島正則や加藤清正らとの接触を避けている形跡あり。北政所は、隠れ西軍(宇喜多秀家の出陣は、北政所の極秘指令か?)の可能性浮上(石田三成と提携)。

＊ 北政所が、豊臣恩顧の東軍武将と距離を取ったのは事実だが、西軍というよりは、独立派(北政所流豊臣家創立)と考えられる。北政所の目的は、豊臣家名の存続と、秀吉追悼であり、豊臣政権の永続ではなかった(養子政策の瓦解以後、更には、大坂城退去後は、徳川に天下が流れることは見通していたので、家名存続を第一に考えていた)。
宇喜多秀家の妻豪姫らの戦勝祈願に代参を派遣したのは、北政所にとって子供同然、準一門であったから特別。

＊ 木下家定が直接東西両軍に属さなかったのは、北政所が、豊臣家名存続の為、北政所流豊臣家(高台流)を創立した為。

③ 豊臣家、三成を支援せず。(前田家も、本戦は不参加、北陸で西軍と戦う)

三成の挙兵は、謀叛であり、豊臣家は、軍資金や米の供給支援をせず(家康の上杉討伐には軍資金など支援)。
秀頼は、西軍の要請にも、出馬せず(戦後、秀頼は無関係と釈明)。毛利輝元も関ヶ原へは、出陣せず

＊ 関ヶ原(東北、北陸、九州も含む)は、二大老(筆頭徳川家康、次席前田利長)・一奉行(浅野長政)と、三大老(毛利輝元、上杉景勝、宇喜多秀家)・四奉行(増田長盛、長束正家、前田玄以、石田三成)の保身・権力闘争最大の戦い(実質は、家康VS三成)。

豊臣政権盛衰崩壊関係系図（1）

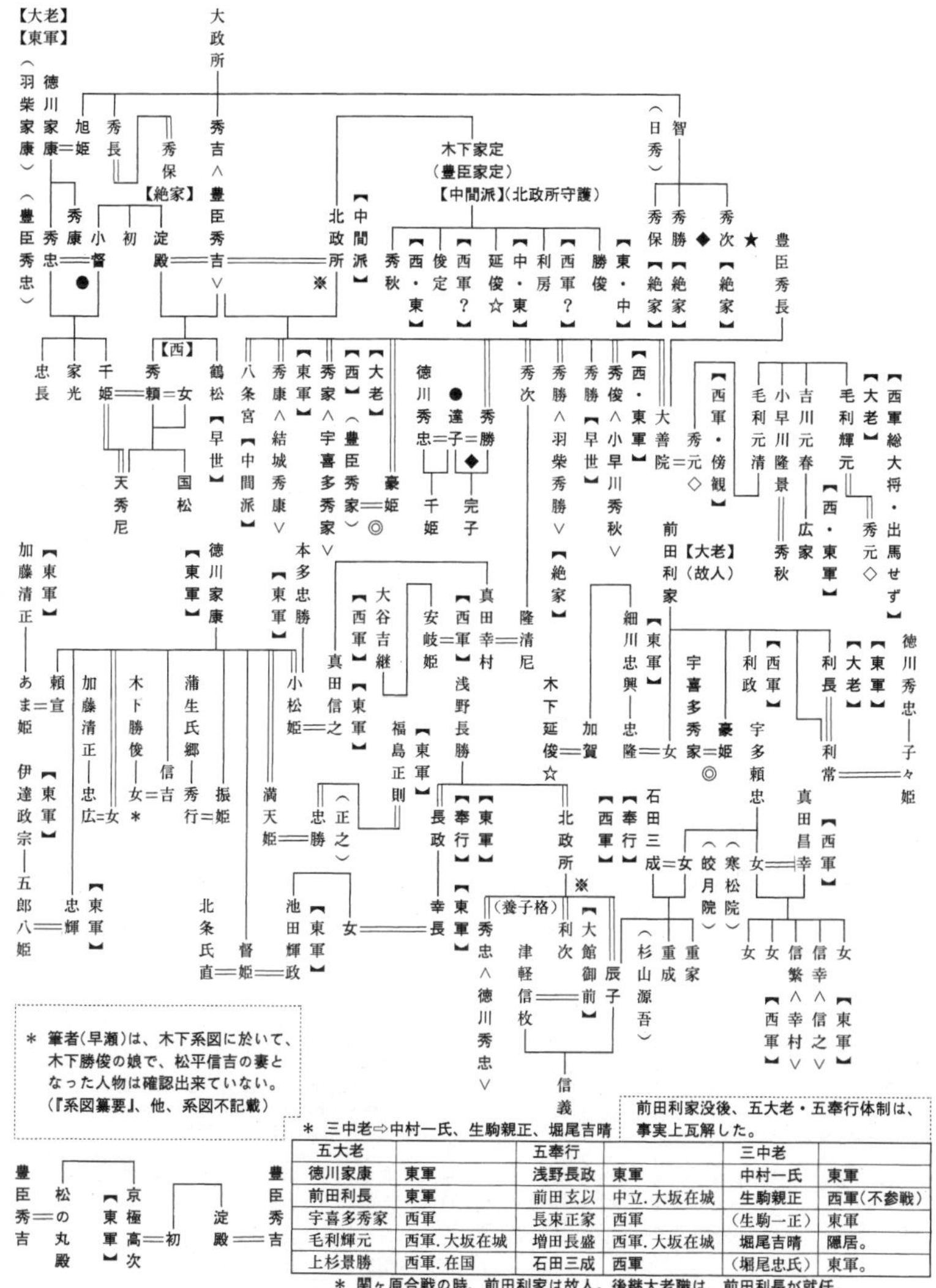

【大老】【東軍】徳川家康（羽柴家康）
大政所
智（日秀）
旭姫
秀長
秀保
【絶家】
秀吉（豊臣秀吉）
木下家定（豊臣家定）
【中間派】（北政所守護）
北政所
【中間派】
秀康
秀忠（豊臣秀忠）
小督
初
淀殿
秀秋
俊定【西・東】
延俊【西軍？】☆
利房【中・東】
勝俊【西軍？】
【東・中】
秀保【絶家】
秀勝【絶家】
秀次【絶家】
豊臣秀長
忠長
家光
千姫
秀頼
女
鶴松【早世】
八条宮【中間派】
秀康（結城秀康）
【東軍】
秀家（宇喜多秀家）【西】【大老】
豪姫◎
徳川秀忠
達子
秀勝
千姫
完子
秀次
秀勝（羽柴秀勝）【絶家】
秀勝【早世】
秀俊（小早川秀秋）【西・東軍】
大善院
秀元◇
【西軍・傍観】
毛利元清
小早川隆景
吉川元春
広家
秀秋
毛利輝元【大老】【西軍総大将・出馬せず】【西・東軍】
秀元◇
天秀尼
国松
加藤清正【東軍】
徳川家康【東軍】
本多忠勝【東軍】
大谷吉継【西軍】
安岐姫
真田幸村【西軍】
隆清尼
前田利家【大老】（故人）
細川忠興【東軍】
【東軍】徳川秀忠
あま姫
頼宣
加藤清正
忠広
女
木下勝俊
女
信吉
＊
蒲生氏郷
秀行
振姫
満天姫
小松姫
真田信之【東軍】
福島正則【東軍】
浅野長勝
忠勝（正之）
長政【奉行】【東軍】
幸長【東軍】
木下延俊☆
加賀
宇喜多秀家
豪姫◎
利政【西軍】
利長【大老】【東軍】
利常
子々姫
宇多頼忠
真田昌幸【西軍】
伊達政宗【東軍】
五郎八姫
忠輝【東軍】
北条氏直
督姫
池田輝政【東軍】
女
北政所
※
石田三成【奉行】【西軍】
女
皎月院
寒松院
（養子格）
秀忠（徳川秀忠）
利次
大館御前
辰子
津軽信枚
信義
重成
重家
杉山源吾
女
女
信繁（幸村）【西軍】
信幸（信之）【東軍】
女

＊ 筆者（早瀬）は、木下系図に於いて、木下勝俊の娘で、松平信吉の妻となった人物は確認出来ていない。（『系図纂要』、他、系図不記載）

前田利家没後、五大老・五奉行体制は、事実上瓦解した。

＊ 三中老⇨中村一氏、生駒親正、堀尾吉晴

豊臣秀吉＝松の丸殿　京極高次【東軍】＝初　淀殿＝豊臣秀吉

五大老		五奉行		三中老	
徳川家康	東軍	浅野長政	東軍	中村一氏	東軍
前田利長	東軍	前田玄以	中立.大坂在城	生駒親正	西軍（不参戦）
宇喜多秀家	西軍	長束正家	西軍	（生駒一正）	東軍
毛利輝元	西軍.大坂在城	増田長盛	西軍.大坂在城	堀尾吉晴	隠居。
上杉景勝	西軍.在国	石田三成	西軍	（堀尾忠氏）	東軍。

＊ 関ヶ原合戦の時、前田利家は故人。後継大老職は、前田利長が就任。

＊ 増田長盛は、家康に西軍の情報を漏らしていたと伝えられる。

参考『石田三成の生涯（白川亨、新人物往来社）』、『石田三成とその一族（白川亨、新人物往来社）』

出典『歴史群像55.石田三成 戦国を差配した才知と矜持（学習研究社）』

『別冊歴史読本 伝記シリーズ21.決断！運命の関ヶ原（新人物往来社）』

豊臣政権盛衰崩壊関係系図（2）

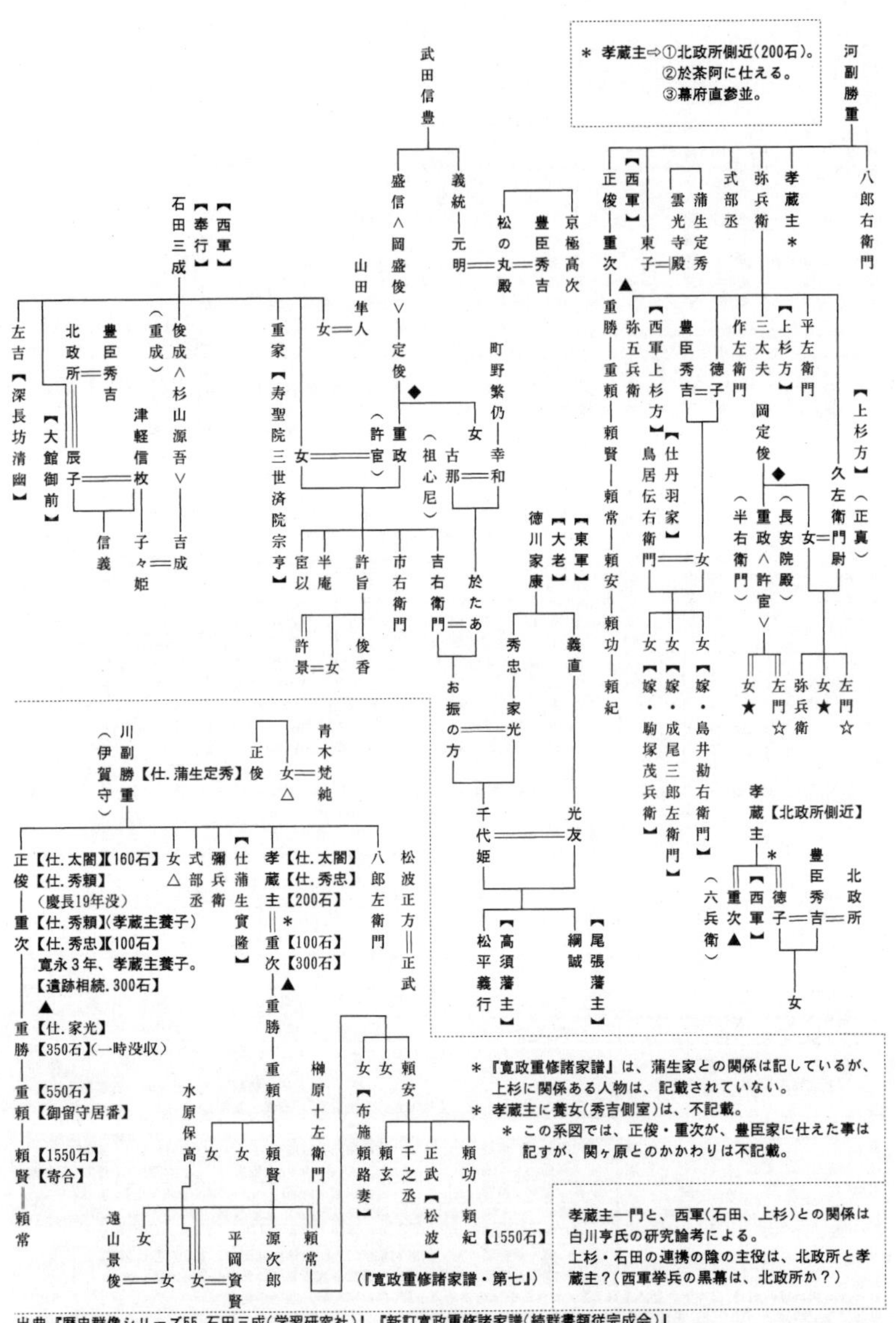

＊ 孝蔵主⇨①北政所側近（200石）。
②於茶阿に仕える。
③幕府直参並。
＊『寛政重修諸家譜』は、蒲生家との関係は記しているが、上杉に関係ある人物は、記載されていない。
＊ 孝蔵主に養女（秀吉側室）は、不記載。
＊ この系図では、正俊・重次が、豊臣家に仕えた事は記すが、関ヶ原とのかかわりは不記載。
（『寛政重修諸家譜・第七』）
孝蔵主一門と、西軍（石田、上杉）との関係は白川亨氏の研究論考による。
上杉・石田の連携の陰の主役は、北政所と孝蔵主？（西軍挙兵の黒幕は、北政所か？）

出典『歴史群像シリーズ55. 石田三成（学習研究社）』、『新訂寛政重修諸家譜（続群書類従完成会）』
『石田三成の生涯（白川亨、新人物往来社）』、『石田三成とその一族（白川亨、新人物往来社）』、他。

豊臣政権崩壊と関ヶ原

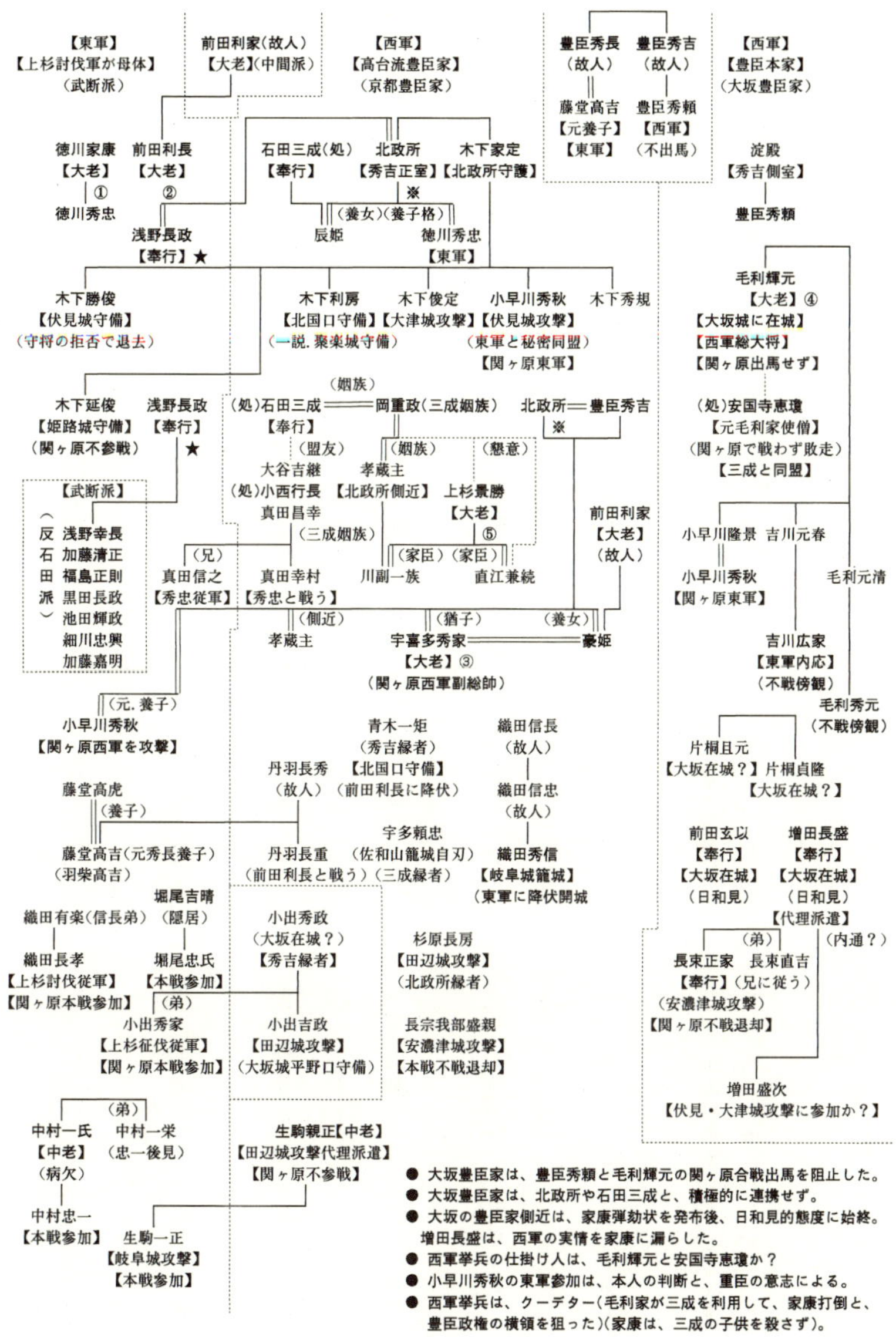
【東軍】
【上杉討伐軍が母体】
（武断派）
前田利家（故人）
【大老】（中間派）
【西軍】
【高台流豊臣家】
（京都豊臣家）
豊臣秀長
（故人）
豊臣秀吉
（故人）
藤堂高吉
【元養子】
【東軍】
豊臣秀頼
【西軍】
（不出馬）
【西軍】
【豊臣本家】
（大坂豊臣家）
徳川家康
【大老】
①
徳川秀忠
前田利長
【大老】
②
石田三成（処）
【奉行】
北政所
【秀吉正室】
※
木下家定
【北政所守護】
淀殿
【秀吉側室】
豊臣秀頼
浅野長政
【奉行】★
（養女）（養子格）
辰姫
徳川秀忠
【東軍】
木下勝俊
【伏見城守備】
（守将の拒否で退去）
木下利房
【北国口守備】
（一説. 聚楽城守備）
木下俊定
【大津城攻撃】
小早川秀秋
【伏見城攻撃】
（東軍と秘密同盟）
【関ヶ原東軍】
木下秀規
毛利輝元
【大老】④
【大坂城に在城】
【西軍総大将】
【関ヶ原出馬せず】
木下延俊
【姫路城守備】
（関ヶ原不参戦）
浅野長政
【奉行】
★
（姻族）
（処）石田三成
【奉行】
岡重政（三成姻族）
北政所
豊臣秀吉
※
（処）安国寺恵瓊
【元毛利家使僧】
（関ヶ原で戦わず敗走）
【三成と同盟】
（盟友）
大谷吉継
（処）小西行長
真田昌幸
（三成姻族）
（姻族）
孝蔵主
【北政所側近】
（懇意）
上杉景勝
【大老】
⑤
前田利家
【大老】
（故人）
【武断派】
（反石田派）
浅野幸長
加藤清正
福島正則
黒田長政
池田輝政
細川忠興
加藤嘉明
（兄）
真田信之
【秀忠従軍】
真田幸村
【秀忠と戦う】
川副一族
（家臣）（家臣）
直江兼続
小早川隆景
吉川元春
小早川秀秋
【関ヶ原東軍】
毛利元清
（側近）
孝蔵主
（猶子）
宇喜多秀家
【大老】③
（関ヶ原西軍副総帥）
（養女）
豪姫
吉川広家
【東軍内応】
（不戦傍観）
毛利秀元
（不戦傍観）
（元. 養子）
小早川秀秋
【関ヶ原西軍を攻撃】
青木一矩
（秀吉縁者）
【北国口守備】
（前田利長に降伏）
織田信長
（故人）
織田信忠
（故人）
織田秀信
【岐阜城籠城】
（東軍に降伏開城
丹羽長秀
（故人）
片桐且元
【大坂在城？】
片桐貞隆
【大坂在城？】
藤堂高虎
（養子）
藤堂高吉（元秀長養子）
（羽柴高吉）
宇多頼忠
（佐和山籠城自刃）（三成縁者）
丹羽長重
（前田利長と戦う）
前田玄以
【奉行】
【大坂在城】
（日和見）
増田長盛
【奉行】
【大坂在城】
（日和見）
【代理派遣】
（内通？）
堀尾吉晴
（隠居）
堀尾忠氏
【本戦参加】
織田有楽（信長弟）
織田長孝
【上杉討伐従軍】
【関ヶ原本戦参加】
小出秀政
（大坂在城？）
【秀吉縁者】
杉原長房
【田辺城攻撃】
（北政所縁者）
（弟）
長束正家
【奉行】（兄に従う）
（安濃津城攻撃）
【関ヶ原不戦退却】
長束直吉
（弟）
小出秀家
【上杉征伐従軍】
【関ヶ原本戦参加】
小出吉政
【田辺城攻撃】
（大坂城平野口守備）
長宗我部盛親
【安濃津城攻撃】
【本戦不戦退却】
増田盛次
【伏見・大津城攻撃に参加か？】
（弟）
中村一氏
【中老】
（病欠）
中村一栄
（忠一後見）
中村忠一
【本戦参加】
生駒親正【中老】
【田辺城攻撃代理派遣】
【関ヶ原不参戦】
生駒一正
【岐阜城攻撃】
【本戦参加】

- 大坂豊臣家は、豊臣秀頼と毛利輝元の関ヶ原合戦出馬を阻止した。
- 大坂豊臣家は、北政所や石田三成と、積極的に連携せず。
- 大坂の豊臣家側近は、家康弾劾状を発布後、日和見的態度に始終。増田長盛は、西軍の実情を家康に漏らした。
- 西軍挙兵の仕掛け人は、毛利輝元と安国寺恵瓊か？
- 小早川秀秋の東軍参加は、本人の判断と、重臣の意志による。
- 西軍挙兵は、クーデター（毛利家が三成を利用して、家康打倒と、豊臣政権の横領を狙った）（家康は、三成の子供を殺さず）。

西軍挙兵は、反家康派によるクーデターか？

その可能性が高い。『平姓杉原氏御系図附言』および『木下氏系図附言纂』によれば、三成謀叛と記している。両資料は、北政所一門日出木下家に関係する資料である。毛利輝元の野心を察した安国寺恵瓊が三成らと会談し、家康討伐の謀議がなり、宇喜多秀家も、本来の意図とは別に巻き込まれたとも考えられる。

三奉行（浅野長政は、甲斐に蟄居）（前田玄以、増田長盛、長束正家）が、毛利輝元を西軍総大将に擁立して、大坂城へ入るように要請した。この時点での木下一門は、大坂豊臣家から独立して、京都豊臣家一門として、小じんまりと存続することを考えていた。したがって、西軍とも東軍とも適度な距離を取っていた。

最終的には、その大部分は、中立か、東軍へ加担することとなる。宇喜多秀家が三成軍に取り込まれ、事実上関ヶ原西軍総帥となったこと（総帥の毛利輝元は、三成を裏切り、大坂城から動かず）、小早川秀秋が、関ヶ原以前に東軍参加を決断（重臣は東軍加担主張）したことで、西軍に多少のシンパシーはあっても、東軍か中立を装い家名存続を図ったのである。

家康は、戦後、石田三成、小西行長、安国寺恵瓊を処刑したが、石田と小西は、武断派武将に配慮したものであり、安国寺恵瓊は、西軍挙兵の黒幕の一人として処刑した。毛利輝元が黒幕と承知していた家康は、毛利家の全領地（百二十万石相当）を没収した。

代わりに、輝元や恵瓊の野心を危険視して阻止に動いた吉川広家には、防長三十六万石余を与えようとしたが、毛利家の存続を望んだ吉川広家の意向も考慮しこれを認めた。広家は、毛利家から六万石を与えられ、岩国領主となった（大名ではない）。仕置き発表の時点では減封処理で防長二カ国とすると発表された。これは、家康に立ち向かった上杉景勝が、公式に百二十万石を公収された後、米沢など三十万石高を与えられたの同じような待遇であるが、毛利一門が内応に応じたからといって、西軍挙兵の黒幕の毛利輝元を全面的に許しはしないという家康の意志であった。

結果的に、吉川広家らは騙された形になるが、家康にとっては、先々障害とならないように、また、再度家康に対して、反旗を翻さないための当然の処置であった。関ヶ原において、毛利隊が動かなかったのは、毛利輝元からの指示ではなく、吉川広家の牽制によるところが大で、家康はその点を承知していたから、吉川広家を、独立の大名にしようとしたのである。

ところで、黒幕である毛利輝元が、なぜ秀頼を擁立して出陣しなかったかという点であるが、これは豊臣本家（大坂豊臣家）が、家康の上杉討伐は、豊臣家による制裁であると認め、軍資金などの一部を提供していたこととも無関係でなかろう。巷でいわれるほど、淀殿やその側近と三成は一体でなかったことの現れではないか？

秀頼が出馬すれば、東軍に参加している豊臣恩顧の大名の士気も低下したかもしれないが、万一西軍が敗れれば、豊臣家そのものが消滅するという危機意識があったのかもしれない。豊臣家臣団内部の勢力争いが、豊臣対徳川の形になれば、西軍はそのまま優位を保ち、東軍を破ったかもしれないが、淀殿と側近は、秀頼の出馬を拒絶した。

輝元が大坂城を動かなかったのは、東軍が大坂まで攻めて来た場合、籠城も考えていたかもしれない。家康が野戦の名手であることは知られていたから、秀頼を人質に籠城すれば、豊臣家大老の地位にある限り家康も攻められないと考えたからかも知れない。ところで、関ヶ原の合戦で、毛利本隊が動かなかったのは、吉川広家の牽制だけでなく、毛利家内部における毛利秀元の立場もあった。

毛利秀元は、毛利輝元の養子となり、後嗣となるべき人物であった。しかし、実子の秀就が誕生し、世嗣の資格を剥奪、別家とされたが、領地が定まらず、宙ぶらりんであった。この時、安国寺恵瓊に圧力をかけ、毛利領内の内、防長二十万石を分与させたのは、家康であった（『別冊歴史読本』「豊臣家崩壊」より）。この出来事も微妙に作用したかもしれない。一門総帥の毛利輝元が出馬しない以上、積極的に戦う理由はなかったのである。

毛利家にしても、秀頼擁立ができなければ、挙兵を正当化することはできない。なぜなら、家康の上杉家討伐は、名目上は豊臣家を守るためのものであったからである。

関ヶ原で東軍に属しても、加藤清正や福島正則ら秀吉子飼いは、豊臣家家臣であった。西軍が秀頼出馬に失敗したのは、大坂豊臣家に豊臣対徳川の戦いという意識が欠如していたこと、西軍挙兵について、計画段階において大坂豊臣家が参加していなかった、つまり三成や恵瓊よるクーデターで、当初直接表に出られなかった三成が、三奉行と二大老（毛利輝元と宇喜多秀家）を巻き込み（実は輝元が、野心を隠すために、擁立される形をとった）、西軍連合を形成した（もちろん、上杉景勝とも連絡は取っていたことは、西軍に加担した真田親子への手紙からも間違いない）。

ところで、家康の戦後処理を見ると、西軍副総帥の宇喜多秀家は、幽閉後、八丈島へ流されたが、息子と近臣も同道し、天寿をまっとうしている。前田利長は、加賀百万石の基礎を築き、前田家は、江戸時代最大の大名家となる。小早川秀秋には、加増の上、宇喜多秀家の旧領を与え、旧豊臣一門最大の大名として遇している（その後、無嗣断絶）。島津家は、特に咎めはなく、減封もされなかった。長束正家は、戦後自刃し、所領は没収された。増田長盛は、所領没収・他家お預けとなった。前田玄以は、所領安堵。木下家定は、備中足守に移封となったが、領地石高は同程度であった。木下利房は、所領は没収されたが助命され、後に、父家定の遺領を継承する。杉原長房も田辺城攻撃に参加しながら許され、所領も安堵されている。

また、三成自身は処刑され、所領も没収だが、嫡男は助命され出家、他の兄弟も生き延びている。三成は処刑せざるを得なかったが、家康もその立場は理解していたのではないか？　直接戦闘に加わらなかった毛利一門の所領を一時的にせよ、全領地没収したことを考えると、三成も、毛利に躍らされていたと承知していたとしか考えられない。

毛利が、単に大坂城の秀頼を守護しただけであるなら、家康もこれほど強硬な処理はできなかったであろう。なぜなら、京都豊臣家（北政所）を守護し、東軍に加担しなかった木下家定には、何の咎めがないことでも明らかである。

もっとも、京都豊臣家は、内心は冷や汗ものであった。西軍にはシンパシーを感じ誼みも通じていたのは、両面作戦の上から当然であるし、宇喜多の挙兵は、京都豊臣家の守護が、当初の目的（三成の挙兵協議の前に出陣）、その後、三成と連携する過程で、西軍副総帥に祭り上げられた（この頃には、三奉行・毛利家を中心に、家康討伐計画が進められていた）。

関ヶ原で西軍が敗北すると、京都豊臣家は、かなりの動揺をみせている。結果的には、特に問題はなく（すぐに豊臣家を断絶させるつもりもないし、豊臣恩顧の大名も健在なので、西軍との繋がりについても言及を避けた）、京都豊臣家は、秀吉より与えられた一万六千石を、家康からも追認された。俗説では、家康と誼みを通じ、子飼いの武将を家康に味方せしめたので、与えられたとする見方もあるが、足守木下家の資料などから、秀吉生前に与えられたことが、研究の先達により明らかにされている。

つまり、京都豊臣家は、豊臣本家や西軍を裏切ってはいなかったということである。と同時に、豊臣家の家名存続を考えていたことは事実である。それも駄目なら、京都豊臣家と杉原流木下家による第二豊臣家創設も考えられていたと思われる。事実、京都豊臣家は、木下家から養子を迎えているが、豊臣家名と遺領の相続は認められず、木下別家寄合旗本三千石として存続した。

江戸時代中期以降、石田三成奸臣説が台頭しているが、関ヶ原の合戦、その前哨戦となる伏見城攻撃などの西軍挙兵は、野心家の毛利輝元によるクーデター（暗躍したのは安国寺恵瓊、上杉と連携するためのジョインターが三成、京都豊臣家女官長の孝蔵主、陰の盟主が北政所）であった（関係系図参照）。

西軍挙兵は、反家康派によるクーデターかと問われれば、答えはイエスということになるが、それは、石田・大谷・安国寺・宇喜多ら中核部隊の話で、後は、大坂に滞在していたか、近郊の大名が巻き込まれてのものであった。したがって積極的に西軍に加担しなかった大名は、軽度な処分（中には西軍なのに所領安堵されたものもある）で済ませられている。

関ヶ原の敗因は、小早川秀秋の西軍攻撃にあることは否定しないが、最大の敗因は、黒幕の一人毛利輝元が、秀頼を擁立して関ヶ原に出陣しなかったことにある。それと、外様はともかく、三成が、豊臣家恩顧の大名に人望がなく、誤解も含めて恨まれていたことが大きな要因であった。小早川秀秋に、西軍勝利の後に関白を約束したといわれるが、それなら、その時点で豊臣家に復帰させ関白に叙任するべきであった。

しかし、三成の力では、失った関白の位を豊臣家に戻すことは難しいであろう。関ヶ原に勝利したとしても、徳川家の殲滅に失敗したら朝廷は三成の要求には応じないであろう。徳川一門が存続する限り、再度の決戦は避けられないからである。徳川本隊は秀忠が率いて中山道にあり、関東には、結城秀康がいた。この状況で、三成が武断派大名と徳川一門を殲滅することは、不可能である。逆に東西決戦が長引けば、黒田如水が北九州から防長に進攻する可能性もあった。九州で西軍方を攻撃していた加藤清正が、三成の軍門に降ることなど考えられず、黒田と連携することも充分ありうる。

どのみち有力大名による天下取りへ逆戻りということになるだろう。家康を豊臣政権に封じ込めることに失敗した時点で、政権崩壊は決定的となったのだ。

参考　西国連合と上杉氏

石田三成と直江兼続の連携・共謀説は、後から作られた話と思われ俄には信じがたい。確かに、蒲生家の処理と、それ続く上杉家の越後から会津への転封での諸々の処理で二人が協力したことは事実だが、直江兼続は陪臣であるが、秀吉が豊臣姓を許した人物である。そんな人物に上杉家をダシにするような話を持ちかけることは考えられない。上杉景勝は、領国経営のために会津に戻ったが、家康討伐や、豊臣家に対する謀叛のための軍事行動を起こしたわけでもない。

また、共謀説を実行すると、上杉景勝は謀叛人の汚名を被ることになるが、賢明な直江兼続が承知するるか。事前の話としてはあり得ないことである。五大老に任ぜられたほどの上杉景勝である。それなりに世の中の動向には目配りしていたであろう。自分から家康に仕掛ける気持ちなどなかったのではないか。もっとも売られた喧嘩は、戦国大名の生き残りなので、買う気概は持っていたであろう。

石田三成としては、挙兵した以上、家康を葬り去らねば、クーデターは成功しない。毛利輝元は、西軍総帥に擁立されるべく、安国寺恵瓊を三成の元に派遣、クーデターの謀議を進め、奉行衆(浅野長政を除く)の連署により擁立される。西国連合の中核部分形成した三成は、上杉討伐従軍中の真田一族に密書を送り協力を要請している。当然、討伐軍を足止めしてもらうために上杉家に書状を送るのは当然のことである。

家康を逆に討ち取れば、一気に関東攻略を要請するつもりであったのではないか。家康を討ち取れば、毛利・上杉の二大老の許で政権中枢を握るという三成の構想は成就する(毛利にとっても、家康に代わり豊臣家筆頭大老・後見人として天下を動かせる)。こういう時に陰で暗躍するのに喜びを感じるのが、安国寺恵瓊というわけである。

＊三成は直江兼続と音信を通じて上杉に積極的に抗戦を求め、また信濃の真田親子にも密書を送って、上杉への協力を呼びかけている(二木謙一『歴史群像シリーズ55 石田三成』学習研究社)。また、三成は三奉行の名前で家康弾劾文を各大名に送る。また、7月と8月、真田氏に書状を送る(『石田三成』小和田哲男、PHP新書)。吉継(大谷刑部)との関係を重んじる三成が、七月晦日付の書状で昌幸・幸村父子に対し、隠密裡の決起を謝罪し、加勢の条件として信州(深志・川中島・小諸)から甲州に至るまでの領有を安堵した(宮本義己『歴史群像シリーズ55 石田三成』)。

三成は、大谷吉継との繋がりから、真田親子に協力を要請。家康の天敵の真田家が西軍に味方するよう要請した（反転した東軍の内、東山道を通った徳川秀忠の軍を一時足止めする。結果として秀忠は関ヶ原本戦には間に合わず）。東軍牽制で上杉軍の間接支援を狙った。

＊三成の失策は、毛利家が、輝元と安国寺恵瓊以外、家康との対立を避ける考えであったこと。すなわち、一門の大部分は、クーデターには賛成していないこと（中には、石田三成に対する私怨からの消極姿勢も……）。

豊臣一族のふるさと

豊国神社（名古屋市中村区）

豊公誕生之地

境内にある
「豊公誕生之地」の碑

木下長嘯子邸址（中村公園）

豊太閤像
名古屋市中村区の常泉寺にある

第二部〈研究編〉——伝説と史実・豊臣家興亡史（豊臣一族の系譜）

本章では、豊臣家興亡史について追跡していく。とは言っても、豊臣家誕生から滅亡までは、既に知られているところである。本書では、系譜の追跡により、史実と伝説を明らかにすべく努力したい。既に、桂尚樹氏が、越州沙門良寛は、豊臣秀吉の末裔であるとする書籍を刊行し、系図も紹介している。また、作家の前川和彦氏は、その著書において、豊臣の血脈は、九州で存続していると紹介している（『豊臣家存続の謎』）。

木場貞幹氏は、臨時増刊『歴史と旅』において、薩摩藩客分木場家こそ豊臣家正統末裔と主張、系図を発表している。木場家の家伝については、前川ルポの続編でも紹介されている。大坂城で滅亡したはずの豊臣家の末裔が存在するというのは不思議な話であるが、秀頼や子供が九州に逃れたとの伝説もあり、無視はできない。また、豊臣家のルーツに関しては、拙著『織豊興亡史』において紹介済みだが、日本歴史研究所より送られた資料によれば、さらに溯ることができるという。これらも含めて再検討する。本書の読者のために、『織豊興亡史』で紹介した系図を紹介し、その上で再検討する。

『織豊興亡史』でも指摘したが、豊臣氏は、複合混成家系である。したがってそのルーツも一つではない。秀吉との血縁および養子により形成された第一豊臣氏、すなわち、通常理解されている羽柴豊臣家。北政所（高台院流豊臣家）に連なる第二豊臣氏、すなわち、杉原流豊臣家・木下家一門の二大家系に分けられる。第一豊臣氏は、木下羽柴豊臣家と三輪・長尾流（三好流）豊臣家（秀次系）、さらに、秀吉と秀長が異母兄弟の場合、秀長系は、水野流豊臣家となる。第一豊臣氏は、大政所をジョインターとして形成されている。秀吉は、混成家系を形成することで一門を作ったのである。

本書が取り上げるのは、豊臣氏とその一門である。より厳密に言えば、豊臣朝臣一族である。豊臣氏は、秀吉を初代とする羽柴豊臣氏が本家、すなわち豊臣宗家である。秀吉の直系嫡流が継承する。秀吉の実子および養子が豊臣連枝となる。豊臣の分家は、この豊臣直系連枝と、秀吉の弟の秀長の家系から創設された。次に創設されたのが二代関白家（秀次系）である。これは、豊臣本家と豊臣関白家が二代目に分立した結果であった。しかし、これら豊臣氏は、関ヶ原の合戦時点では、豊臣本家しか残らなかった。後は、秀吉の猶子宇喜多豊臣家のみである。秀吉没後に残ったのは、第一豊臣家から分立した京都豊臣家（後の高台院流豊臣家）、そしてその一門となる第二豊臣家（杉原流豊臣朝臣木下家）のみである。

豊臣家というと通史では、秀吉・秀長・日秀・朝日の兄弟姉妹、鶴松・秀頼、石松丸秀勝・お次秀勝（信長四男）・小吉秀勝、豊臣秀次、結城秀康、宇喜多秀家、豊臣秀俊（小早川秀秋）、八条宮の実子・養子・猶子、国松・天秀尼（秀吉孫）、豊臣秀保（秀長養子）などが挙げられるが、実は、北政所とその一門が第二豊臣家として存在した。さらには、秀吉が羽柴氏豊臣朝臣姓を与えた大名もあり、多くの疑似一門も存在した。しかし、これらは、関ヶ原で西軍が敗北し、徳川家が幕府を開設すると、羽柴豊臣姓を捨て本姓に復し、さらには、松平姓を与えられるものもあった。結局、幕府開設後も存在したのは、豊臣本家と第二豊臣家ということなる。さらに、大坂の陣（夏の陣）で、豊臣本家は通史上では、消滅したことになっている（前川ルポは、九州への逃亡存続を主張）。

後に残ったのは、第二豊臣家のみである。闇に隠れた豊臣家は伝説となる。しかし、その内のいくつかは、単なる伝説で終わるものであるが、そうとも言えないものが混在している。これが、『謎々豊臣家』最大の謎である。何が出るか、何が史実なのか、系図を中心に追跡してみることにする。

豊臣一族の系譜

豊臣一族の系譜の再検証の前に、『織豊興亡史』で紹介した系図を再掲する。

豊臣氏のルーツは、豊臣宗家たる秀吉の系譜追跡からはじめた。従来の歴史書や、学生などが使用する年表や辞典の付属系図では、秀吉のルーツは、父の弥右衛門から記し、その前を記すものはなかった。しかし、秀吉のルーツは、太田亮の『姓氏家系大辞典』において、数代前までは明らかであった。しかし、系図は二次資料、あるいは所詮偽物が多く価値がないとする史学会の大勢に流され無視されてきた。学問としての系譜学が確立されていない現状では仕方がないことではあるが……。

近年は、太田の研究を土台として、多くの姓氏家系関係図書を出版され、系譜学の確立に努めておられる日本家系図学会会長の丹羽基二氏や、明治時代の系図研究家の鈴木真年や中田憲信の収集した系譜の研究から、埋もれていた系図を発掘されて、『古代氏族系譜集成』という大著を刊行された古代氏族研究会の宝賀寿男氏、同じく、鈴木・中田の系譜研究からアプローチされている日本歴史研究所所長の木村信行氏らの著書により、知られざる秀吉のルーツの探求が可能になった。

拙著『織豊興亡史』執筆過程では、『古代氏族系譜集成』には随分助けらた。断定することはできないにしても、複合混成家系豊臣氏のルーツについて、かなり明らかになった。もちろん既刊の資料で照合できるものもあれば、筆者の力不足で照合できないものもあるが、輪郭を掴むことができた。それらについて順次紹介する。

秀吉のルーツについては、『姓氏家系大辞典』『尾陽雑記』さらには、それらの原典と思われる『塩尻』により、秀吉の数代前までが確認される。その初代が、近江出身の昌盛法師である。『古代氏族系譜集成』においては、この昌盛法師は、近江浅井氏の一族で、木下高泰の女婿となり木下と称したという。浅井氏は、諸説あるものの、正親町三条家の流れを汲む家系と、歴史雑誌などでは紹介されている。そうなると秀吉のルーツは藤原氏となる。秀吉も木下藤吉郎と称しているので、多少は意識していたか？苗字の由来かと思われるが、木下高泰については、私は、『織豊興亡史』執筆時点では、何者か知らなかった。木下高泰については、検討課題として残った。

次に問題なのが、豊臣家存続伝承である。豊臣家は通史では、大坂の陣で滅亡したとされている。それに異を唱えたのが、北政所の兄弟の末裔の木下氏であり、分かりやすい形で紹介したのが、作家の前川和彦氏である。『戦国秘史・豊臣家存続の謎』（日本文芸社）『続・豊臣家存続の謎 天草四郎・島原決起の謎』（日本文芸社）『秀頼脱出 豊臣秀頼は九州で生存した』（国書刊行会）など、いわゆる前川ルポである。これについては、子孫の章で触れることにする。

豊臣家は、織田家や徳川家（松平家）と異なり、男系一門が存在しない。弟の秀長についても、異父弟説があり、そうなるとその本姓が異なることとなる。その場合、父は筑阿弥とされるが、そのルーツは不詳であった。『古代氏族系譜集成』においては、そのルーツは桓武平氏末裔水野氏としている。水野氏というと家康の母方、清和源氏水野氏が知られているが、この辺の関係は謎である（源でもなく、平でもなく、古代氏族の末裔の可能性も考えられるが、そこまでは、私の力では言及できない）。

豊臣秀長家は、秀長の後、養子の秀保で断絶したが、幻の末裔が存在する。一時秀長の養子であった羽柴高吉の末裔の名張藤堂家がその末裔である。秀吉が秀長家三代目相続を認めていたら、分家豊臣家が存続したかもしれない。二代目関白豊臣家の秀次は養子である。実父は長尾吉房、あるいは三好一路と呼ばれた。三好姓は、秀次が孫七郎信吉と呼ばれた時代、三好康長の養子となっていたことによる。

秀次の実父は、三輪氏の末裔（高宮系図）ともいわれる。秀次の家系は、秀次切腹の後、妻子・妾・女官まで虐殺され断絶した。しかし、奇跡的に生き延びた者がいた。そのことは後に触れる。秀次の弟の秀勝は、秀吉の養子となり、三代目の秀勝となるが男子なく断絶した。しかし、この家系は、女系が存続し、その血脈は、昭和天皇に至るといわれる（九条家・二条家に現代まで血縁関係が継続していれば、九条家を介して、その血脈は、天皇家に繋がる）。

秀次・秀勝は、姉の子供であるので、長尾氏（三輪氏）ということになる。秀吉家・秀長家・秀次家・秀勝家が、複合混成家系豊臣一門を形成したが、さらにもう一家、豊臣秀俊（小早川秀秋）の実家であり、北政所の兄弟の、豊臣家定の杉原流木下家である。それに、ピーク時には、八条宮、結城秀康、宇喜多秀家、そして数名の養女が加わった。

杉原氏の系譜は、従来の系譜は、桓武平氏杉原氏の末裔としながら、途中が欠如、杉原家利から再掲されている。詳細については後で検討するが、宝賀氏は欠落部分を補い、系図を完成させている（『古

代氏族系譜集成 下巻』参照)。家定の系統は、平朝臣杉原氏から、豊臣朝臣木下氏に改姓している。大名家としては、備中足守藩主家・豊後日出藩主家として現代まで家系を存続させている。また、分家は、旗本家(陪臣旗本)となり家系を残した。

豊臣家存続を主張し、前川氏に情報提供したのは、日出藩木下家の当主である。日出藩分家立石木下家(羽柴氏)が、豊臣国松の末裔であるという。そして、臨時増刊『歴史と旅』に寄稿して、豊臣国松の異母弟の子孫と主張したのが、元教諭の木場貞幹氏である。秀頼を初代とする薩摩豊臣家十三代、秀吉を初代とする豊臣家正統十四世と自称する。どちらも、一子相伝を主張の根拠とし、後に前川ルポの続編にも掲載されている。

杉原流の豊臣朝臣木下家の系図には、謎めいた部分がある。木下家定の長子の木下勝俊は、秀吉側室松の丸殿の実子で、実父は若狭の武田元明という。事実確認はできないが子孫は、勝俊が武田の血脈で、一時京極若狭守を名乗ったと、『別冊歴史読本』「豊臣一族のすべて」に記している。木下出雲守は、外記・宗連と記され、木下家の伝承によれば、豊臣秀頼であるという。さらに、出雲守の甥の延俊の次男延由(一説延次)は、縫殿助と呼ばれるが、木下家の伝承では、豊臣国松であるという。これは、木下系図最大の謎である。

秀吉の養子秀勝の家系は、男系は存在しないが、女系が現代まで血統を伝えている(豊臣秀勝家系図参照)。九条家・二条家を経て現代に至る。豊臣家はかすかな血脈を残したのである(豊臣家は、藤原摂関家と再合体して女系として存続した)。

第一豊臣家および豊臣政権が崩壊したのは、豊臣秀次家一族抹殺が大きな要因となっている。その前後に、分家秀長家が、秀保の没後断絶、秀勝家も朝鮮で没し、男系が断絶し、豊臣秀俊は、正式に小早川家の養子となり離籍、豊臣一門はどんどん痩せ細っていった。

豊臣朝臣木下家も、秀俊の転出で、一門から家臣の地位に降格し、北政所豊臣家一門として、かろうじて繋がっているという感じである。後は準一門の宇喜多豊臣家（宇喜多秀家と、秀吉養女豪姫の夫婦一家）のみ、この状態で、豊臣家は関ヶ原の合戦に突入したのである。折角苦労して、養子縁組や婚姻により構築した豊臣一門も、子供ボケした秀吉が、自らの手で瓦解させたのである。秀吉のルーツは、闇の世界の住人の末裔かとも思わせるが、表の世界では、本当の一門を持てなかった弱みを露呈した。一門は、離反すると厄介だが、団結すれば強力な戦力となる。徳川家が天下を手に入れ、長期政権となったのは、一門の存在とも無縁ではなかろう。もちろん、強力なリーダーシップは必要であるが……。

豊臣氏一族系図（1）

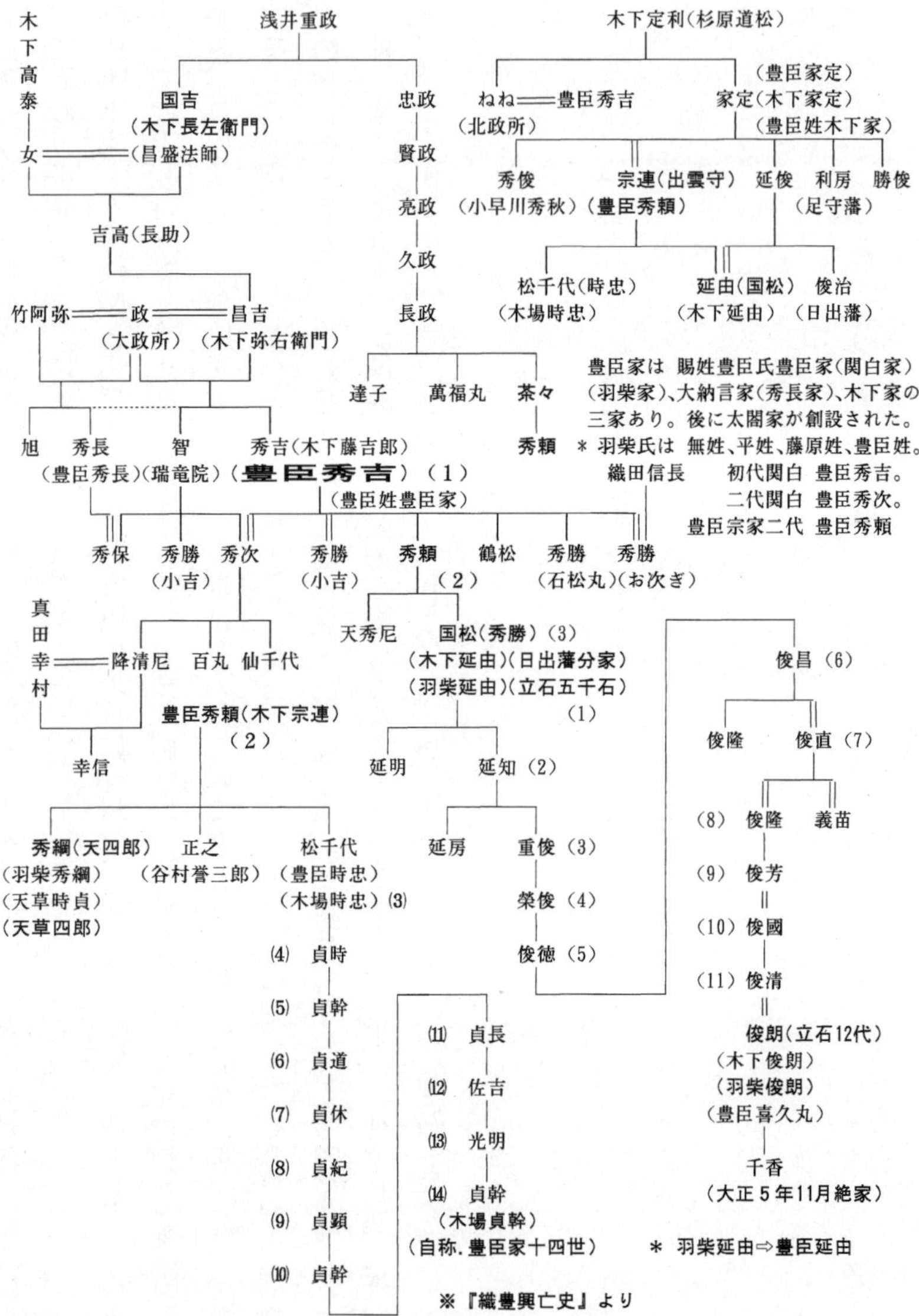
木下高泰
浅井重政
木下定利（杉原道松）
国吉
（木下長左衛門）
（昌盛法師）
忠政
ねね
（北政所）
豊臣秀吉
（豊臣家定）
家定（木下家定）
（豊臣姓木下家）
女
賢政
秀俊
（小早川秀秋）
宗連（出雲守）
（豊臣秀頼）
延俊
利房
（足守藩）
勝俊
亮政
吉高（長助）
久政
松千代（時忠）
（木場時忠）
延由（国松）
（木下延由）
俊治
（日出藩）
竹阿弥
政
（大政所）
昌吉
（木下弥右衛門）
長政
豊臣家は 賜姓豊臣氏豊臣家（関白家）（羽柴家）、大納言家（秀長家）、木下家の三家あり。後に太閤家が創設された。
達子
萬福丸
茶々
旭
秀長
（豊臣秀長）
智
（瑞竜院）
秀吉（木下藤吉郎）
（豊臣秀吉）（1）
（豊臣姓豊臣家）
秀頼
＊ 羽柴氏は 無姓、平姓、藤原姓、豊臣姓。
織田信長
初代関白 豊臣秀吉。
二代関白 豊臣秀次。
豊臣宗家二代 豊臣秀頼
秀保
秀勝
（小吉）
秀次
秀勝
（小吉）
秀頼
（2）
鶴松
秀勝
（石松丸）
秀勝
（お次ぎ）
真田幸村
降清尼
百丸
仙千代
天秀尼
国松（秀勝）（3）
（木下延由）（日出藩分家）
（羽柴延由）（立石五千石）
（1）
俊昌（6）
豊臣秀頼（木下宗連）
（2）
幸信
延明
延知（2）
俊隆
俊直（7）
（8）俊隆
義苗
秀綱（天四郎）
（羽柴秀綱）
（天草時貞）
（天草四郎）
正之
（谷村誉三郎）
松千代
（豊臣時忠）
（木場時忠）(3)
延房
重俊（3）
栄俊（4）
俊徳（5）
（9）俊芳
（10）俊國
（11）俊清
(4) 貞時
(5) 貞幹
(6) 貞道
(7) 貞休
(8) 貞紀
(9) 貞顕
(10) 貞幹
(11) 貞長
(12) 佐吉
(13) 光明
(14) 貞幹
（木場貞幹）
（自称．豊臣家十四世）
俊朗（立石12代）
（木下俊朗）
（羽柴俊朗）
（豊臣喜久丸）
千香
（大正５年11月絶家）
＊ 羽柴延由⇨豊臣延由
※『織豊興亡史』より

出典『豊臣家存続の謎』、『古代氏族系譜集成』、『歴史と旅』、『寛成重修諸家譜』、その他資料各種。

豊臣氏興亡史

（『織豊興亡史』より）

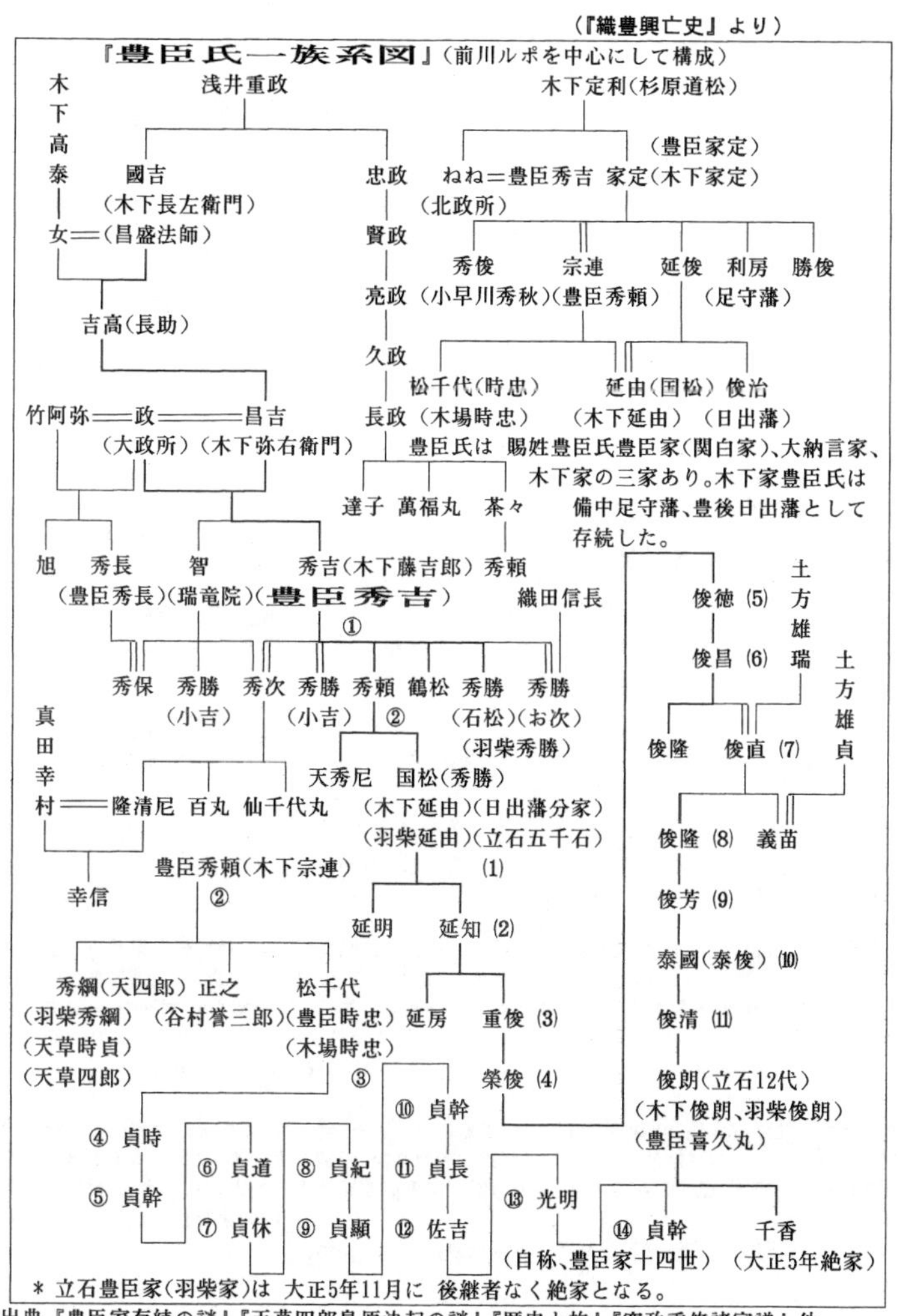

『豊臣氏一族系図』（前川ルポを中心にして構成）
木下高泰
浅井重政
木下定利（杉原道松）
（豊臣家定）
國吉
（木下長左衛門）
忠政
ねね＝豊臣秀吉
（北政所）
家定（木下家定）
女＝（昌盛法師）
賢政
秀俊
（小早川秀秋）
宗連
（豊臣秀頼）
延俊
利房
（足守藩）
勝俊
亮政
吉高（長助）
久政
松千代（時忠）
（木場時忠）
延由（国松）
（木下延由）
俊治
（日出藩）
竹阿弥＝政＝昌吉
長政
（大政所）（木下弥右衛門）
豊臣氏は 賜姓豊臣氏豊臣家（関白家）、大納言家、木下家の三家あり。木下家豊臣氏は備中足守藩、豊後日出藩として存続した。
達子 萬福丸 茶々
旭
秀長
（豊臣秀長）
智
（瑞竜院）
秀吉（木下藤吉郎）
（豊臣秀吉）
①
秀頼
織田信長
俊徳 (5)
土方雄瑞
俊昌 (6)
土方雄貞
秀保
秀勝
（小吉）
秀次
秀勝
（小吉）
秀頼
②
鶴松
秀勝
（石松）
秀勝
（お次）
（羽柴秀勝）
俊隆
俊直 (7)
真田幸村
天秀尼
国松（秀勝）
（木下延由）（日出藩分家）
（羽柴延由）（立石五千石）
(1)
隆清尼 百丸 仙千代丸
俊隆 (8)
義苗
豊臣秀頼（木下宗連）
②
幸信
俊芳 (9)
延明
延知 (2)
泰國（泰俊）(10)
秀綱（天四郎）
（羽柴秀綱）
（天草時貞）
（天草四郎）
正之
（谷村誉三郎）
松千代
（豊臣時忠）
（木場時忠）
延房
重俊 (3)
俊清 (11)
③
榮俊 (4)
俊朗（立石12代）
（木下俊朗、羽柴俊朗）
（豊臣喜久丸）
⑩ 貞幹
④ 貞時
⑤ 貞幹
⑥ 貞道
⑦ 貞休
⑧ 貞紀
⑨ 貞顯
⑪ 貞長
⑫ 佐吉
⑬ 光明
⑭ 貞幹
（自称、豊臣家十四世）
千香
（大正5年絶家）
＊ 立石豊臣家（羽柴家）は 大正5年11月に 後継者なく絶家となる。

出典『豊臣家存続の謎』、『天草四郎島原決起の謎』、『歴史と旅』、『寛政重修諸家譜』、他。

豊臣秀吉系図

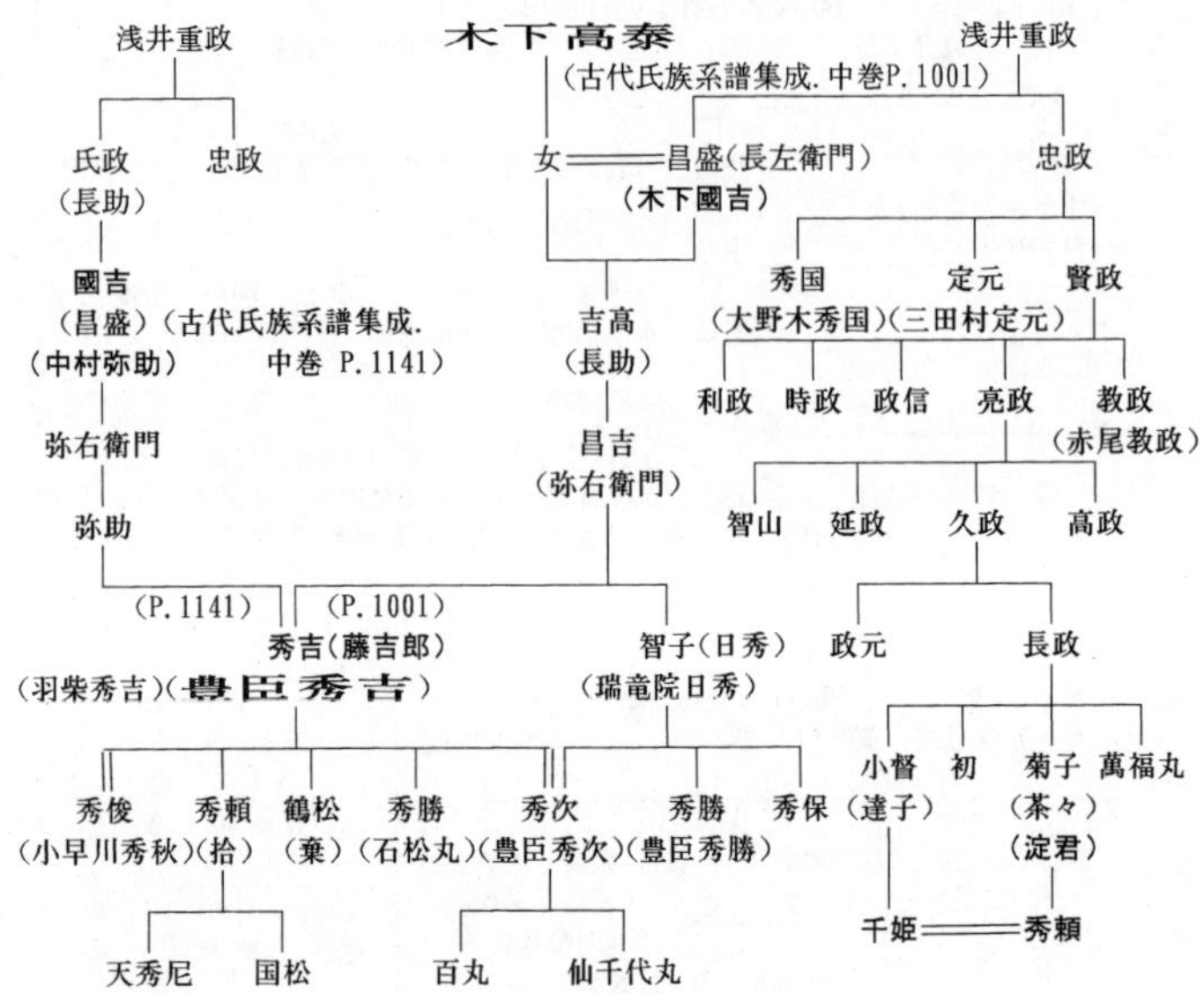

浅井重政
木下高泰
（古代氏族系譜集成. 中巻P. 1001）
浅井重政
氏政
（長助）
忠政
女
昌盛（長左衛門）
（木下國吉）
忠政
國吉
（昌盛）（古代氏族系譜集成.
（中村弥助）　中巻 P. 1141）
吉高
（長助）
秀国
（大野木秀国）
定元
（三田村定元）
賢政
利政
時政
政信
亮政
教政
（赤尾教政）
弥右衛門
昌吉
（弥右衛門）
弥助
智山
延政
久政
高政
（P. 1141）
（P. 1001）
秀吉（藤吉郎）
（羽柴秀吉）（豊臣秀吉）
智子（日秀）
（瑞竜院日秀）
政元
長政
小督
（達子）
初
菊子
（茶々）
（淀君）
萬福丸
秀俊
（小早川秀秋）
秀頼
（拾）
鶴松
（棄）
秀勝
（石松丸）
秀次
（豊臣秀次）
秀勝
（豊臣秀勝）
秀保
天秀尼
国松
百丸
仙千代丸
千姫
秀頼

木下國吉（昌盛）　文明 4年（1472）出家（8歳）、延徳元年（1489）還俗。
木下吉高（長助）　天文 9年（1540）11月 6日 没す（50歳）。
木下昌吉（弥右衛門）天文12年（1543） 4月18日 没す（31歳）。

豊臣秀吉の出自については 諸説あるが 通説では 元織田家の足軽、百姓 弥右衛門の子供として生まれた事になっている。公家の落胤、天皇の落胤（両説とも秀吉の 捏造）、野合の子説、小作農・貧農の子、村長の子とする説などが有る。実父 弥右衛門は 木下の 名跡を継いだ仲（関氏）の入り婿、継父 筑阿弥（竹阿弥）も 弥右衛門没後（或いは 離縁後）仲の元に 入り婿、しかし二人の父を秀吉は 疎んじ、その生涯は 不詳と言わざるを得ない。

秀吉の木下姓は 母（仲）の名跡家名に由来するという説と 妻 於ねの家名に由来するという説がある。しかし 母（仲）の家系と妻（於ね）の家系は 姻戚とする説もあり、木下家は女系を軸とした複合、混成家系であり、後の豊臣家が混成家系である要因になったと 想像される。
（『織豊興亡史』より）

出典『古代氏族系譜集成（宝賀寿男、古代氏族研究会）』、他。

豊臣秀長系図（1）

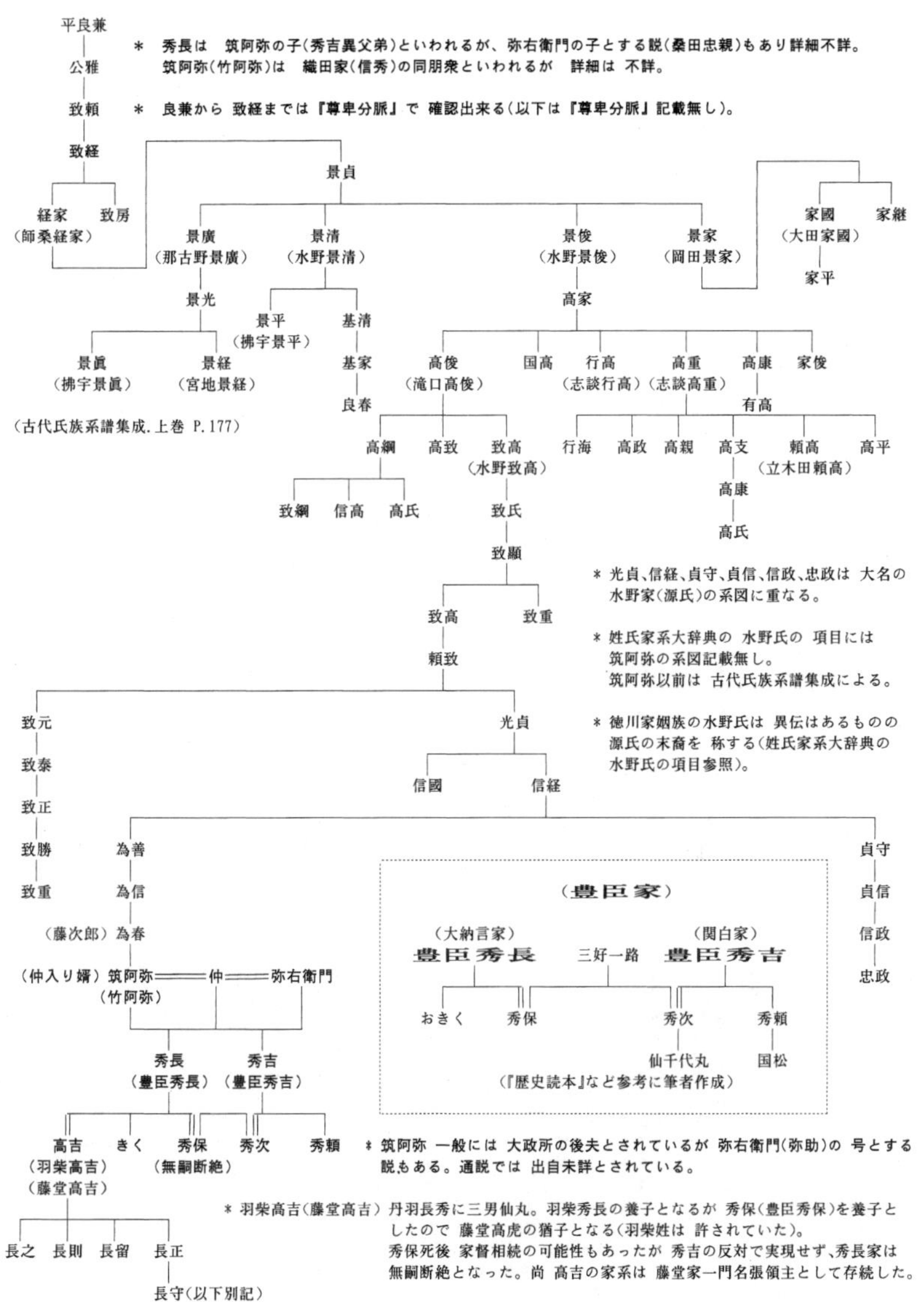
平良兼
公雅
致頼
致経
＊ 秀長は 筑阿弥の子（秀吉異父弟）といわれるが、弥右衛門の子とする説（桑田忠親）もあり詳細不詳。
筑阿弥（竹阿弥）は 織田家（信秀）の同朋衆といわれるが 詳細は 不詳。
＊ 良兼から 致経までは『尊卑分脈』で 確認出来る（以下は『尊卑分脈』記載無し）。
経家
（師桑経家）
致房
景貞
景廣
（那古野景廣）
景清
（水野景清）
景俊
（水野景俊）
景家
（岡田景家）
家國
（大田家國）
家継
家平
景光
景平
（拂宇景平）
基清
基家
良春
景眞
（拂宇景眞）
景経
（宮地景経）
（古代氏族系譜集成．上巻 P.177）
高家
高俊
（滝口高俊）
国高
行高
（志談行高）
高重
（志談高重）
高康
家俊
有高
高綱
高致
致高
（水野致高）
致綱
信高
高氏
致氏
致顯
行海
高政
高親
高支
高康
高氏
頼高
（立木田頼高）
高平
＊ 光貞、信経、貞守、貞信、信政、忠政は 大名の水野家（源氏）の系図に重なる。
＊ 姓氏家系大辞典の 水野氏の 項目には筑阿弥の系図記載無し。
筑阿弥以前は 古代氏族系譜集成による。
＊ 徳川家姻族の水野氏は 異伝はあるものの源氏の末裔を 称する（姓氏家系大辞典の水野氏の項目参照）。
致高
致重
頼致
致元
致泰
致正
致勝
致重
光貞
信國
信経
為善
為信
（藤次郎）為春
（仲入り婿）筑阿弥
（竹阿弥）
仲
弥右衛門
貞守
貞信
信政
忠政
（豊臣家）
（大納言家）
豊臣秀長
三好一路
（関白家）
豊臣秀吉
おきく
秀保
秀次
秀頼
仙千代丸
国松
（『歴史読本』など参考に筆者作成）
秀長
（豊臣秀長）
秀吉
（豊臣秀吉）
高吉
（羽柴高吉）
（藤堂高吉）
きく
秀保
（無嗣断絶）
秀次
秀頼
＊ 筑阿弥 一般には 大政所の後夫とされているが 弥右衛門（弥助）の 号とする説もある。通説では 出自未詳とされている。
＊ 羽柴高吉（藤堂高吉） 丹羽長秀に三男仙丸。羽柴秀長の養子となるが 秀保（豊臣秀保）を養子としたので 藤堂高虎の猶子となる（羽柴姓は 許されていた）。
秀保死後 家督相続の可能性もあったが 秀吉の反対で実現せず、秀長家は無嗣断絶となった。尚 高吉の家系は 藤堂家一門名張領主として存続した。
長之
長則
長留
長正
長守（以下別記）

出典『古代氏族系譜集成・上巻（宝賀寿男．著、古代氏族研究会）』、『別冊歴史読本．豊臣一族のすべて』、『豊臣秀長のすべて』、他。

豊臣秀長系図（2）

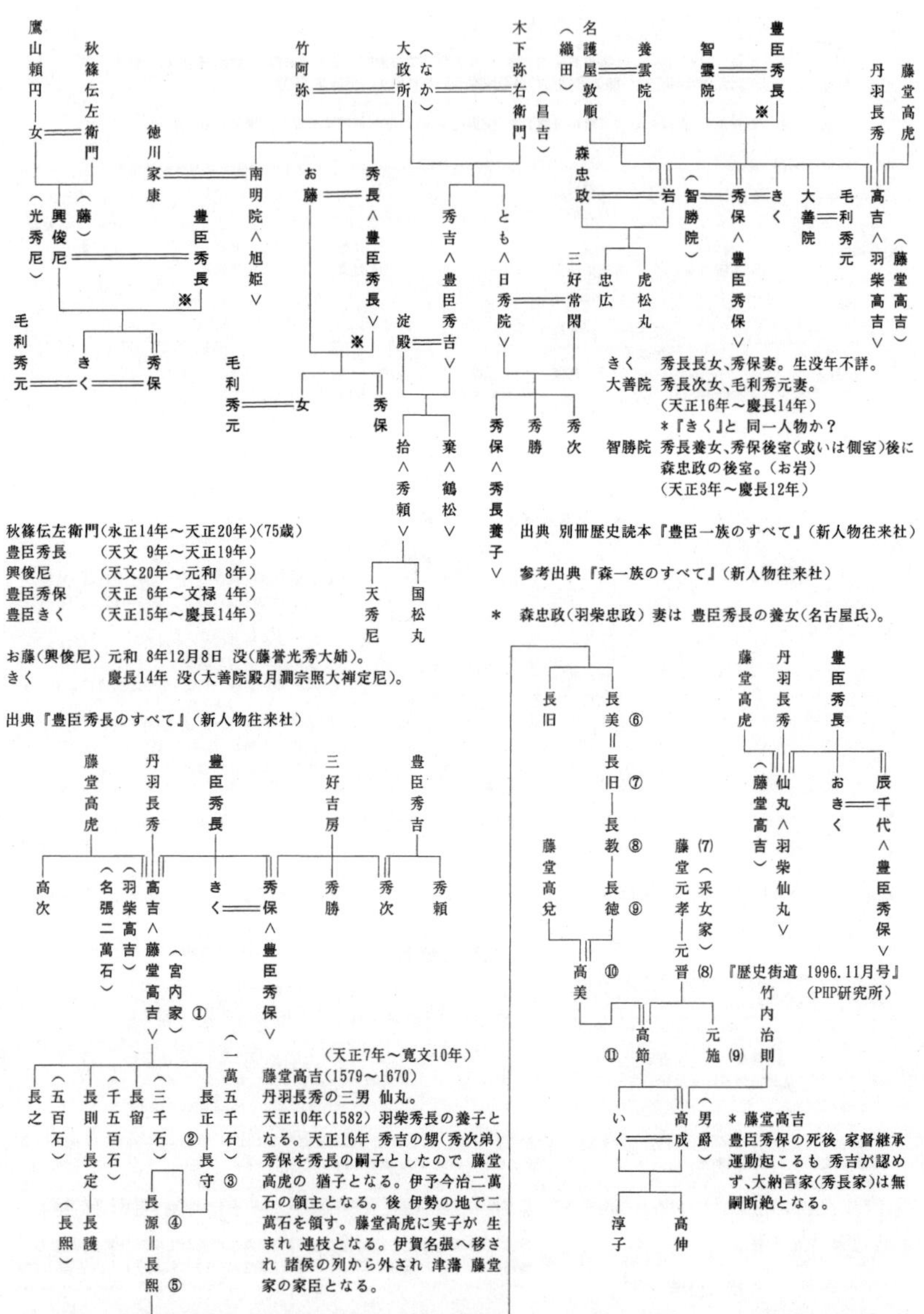

鷹山頼円
秋篠伝左衛門
竹阿弥
大政所（なか）
木下弥右衛門（昌吉）
名護屋敦順（織田）
養雲院
智雲院
豊臣秀長※
丹羽長秀
藤堂高虎
徳川家康
南明院〈旭姫〉
お藤
秀長〈豊臣秀長〉※
秀吉〈豊臣秀吉〉
とも〈日秀院〉
森忠政
岩
智勝院
秀保〈豊臣秀保〉
きく
大善院
毛利秀元
高吉〈羽柴高吉〉（藤堂高吉）
興俊尼（藤）
光秀尼
豊臣秀長※
三好常閑
忠広
虎松丸
淀殿
毛利秀元
きく
秀保
毛利秀元
女
秀保
秀保〈秀長養子〉
秀勝
秀次
拾〈秀頼〉
棄〈鶴松〉
天秀尼
国松丸
きく　秀長長女、秀保妻。生没年不詳。
大善院　秀長次女、毛利秀元妻。（天正16年～慶長14年）
＊『きく』と 同一人物か？
智勝院　秀長養女、秀保後室（或いは側室）後に森忠政の後室。（お岩）（天正3年～慶長12年）
出典 別冊歴史読本『豊臣一族のすべて』（新人物往来社）
参考出典『森一族のすべて』（新人物往来社）
＊　森忠政（羽柴忠政）妻は 豊臣秀長の養女（名古屋氏）。
秋篠伝左衛門（永正14年～天正20年）（75歳）
豊臣秀長　（天文 9年～天正19年）
興俊尼　（天文20年～元和 8年）
豊臣秀保　（天正 6年～文禄 4年）
豊臣きく　（天正15年～慶長14年）
お藤（興俊尼）元和 8年12月8日 没（藤誉光秀大姉）。
きく　慶長14年 没（大善院殿月澗宗照大禅定尼）。
出典『豊臣秀長のすべて』（新人物往来社）
藤堂高虎
丹羽長秀
豊臣秀長
三好吉房
豊臣秀吉
高次
（名張二萬石）
（羽柴高吉）
高吉〈藤堂高吉〉
（宮内家）①
きく
秀保〈豊臣秀保〉
秀勝
秀次
秀頼
長之
（五百石）
長則
長定
長護
（長照）
（千五百石）
長留
（三千石）
長源④
長照⑤
長正②
長守③
（一萬五千石）
（天正7年～寛文10年）
藤堂高吉（1579～1670）
丹羽長秀の三男 仙丸。
天正10年（1582）羽柴秀長の養子となる。天正16年 秀吉の甥（秀次弟）秀保を秀長の嗣子としたので 藤堂高虎の 猶子となる。伊予今治二萬石の領主となる。後 伊勢の地で二萬石を領す。藤堂高虎に実子が 生まれ 連枝となる。伊賀名張へ移され 諸侯の列から外され 津藩 藤堂家の家臣となる。
長旧
長美⑥
長旧⑦
長教⑧
長徳⑨
藤堂高兊
高美⑩
藤堂元孝（7）（采女家）
元晋（8）
高節⑪
元施（9）
竹内治則
いく
高成
（男爵）
淳子
高伸
藤堂高虎
丹羽長秀
豊臣秀長
（藤堂高吉）
仙丸〈羽柴仙丸〉
おきく
辰千代〈豊臣秀保〉
『歴史街道 1996.11月号』（PHP研究所）
＊藤堂高吉
豊臣秀保の死後 家督継承運動起こるも 秀吉が認めず、大納言家（秀長家）は無嗣断絶となる。

＊高吉以下『三百藩家臣人名事典・5（新人物往来社）』、高美以下『華族譜要（大原新生社）』、『系図研究の基礎知識（近藤出版社）』

豊臣氏一族系図（2）

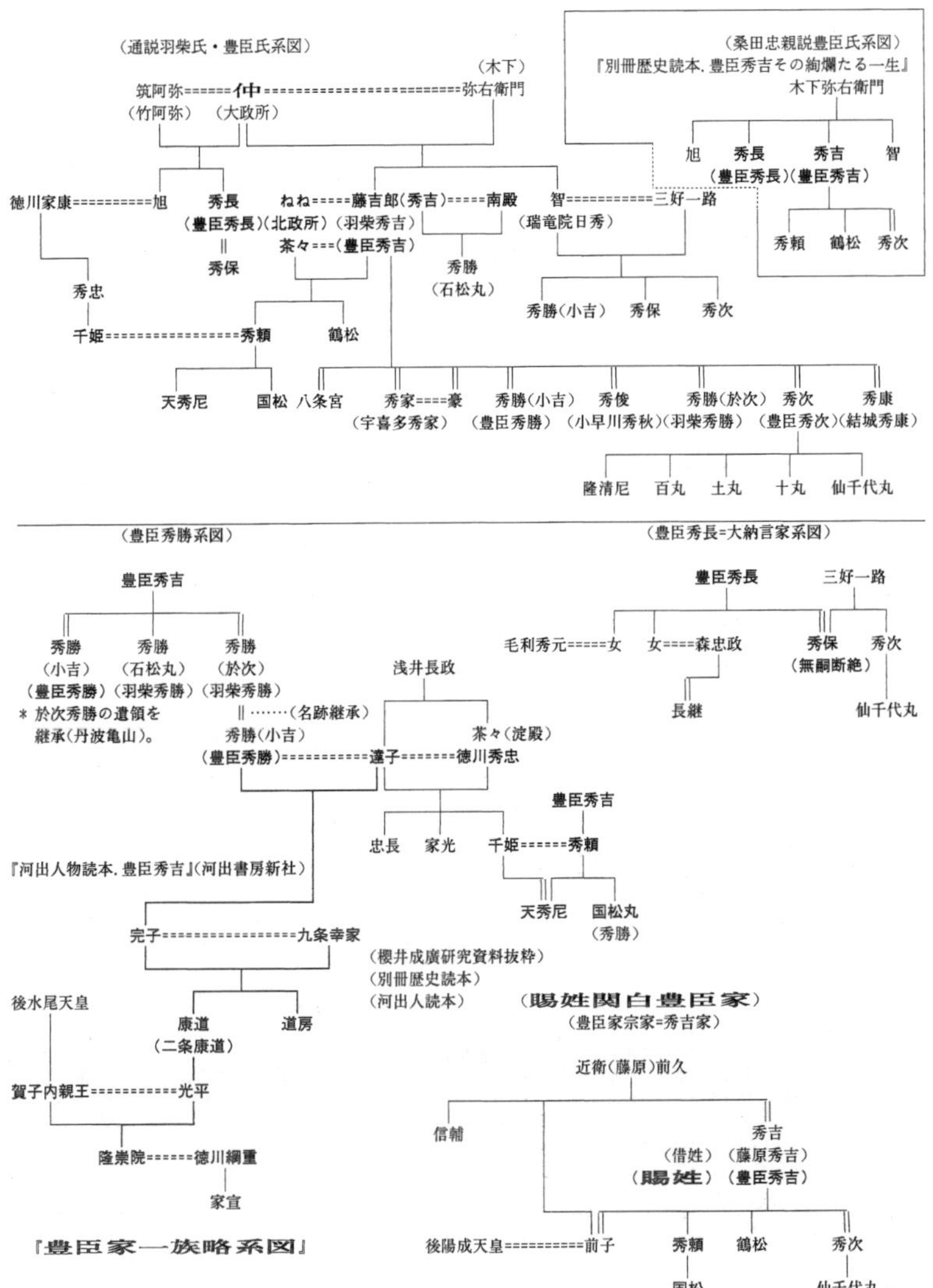

（通説羽柴氏・豊臣氏系図）
筑阿弥 仲 弥右衛門
（竹阿弥）（大政所）（木下）
徳川家康 旭 秀長（豊臣秀長） 秀保
ねね（北政所） 藤吉郎（秀吉）（羽柴秀吉）（豊臣秀吉） 南殿
茶々
智（瑞竜院日秀） 三好一路
秀勝（石松丸）
秀忠 千姫 秀頼 鶴松
天秀尼 国松
八条宮 秀家（宇喜多秀家） 豪 秀勝（小吉）（豊臣秀勝） 秀俊（小早川秀秋） 秀勝（於次）（羽柴秀勝） 秀次（豊臣秀次） 秀康（結城秀康）
隆清尼 百丸 土丸 十丸 仙千代丸
秀勝（小吉） 秀保 秀次
（桑田忠親説豊臣氏系図）
『別冊歴史読本. 豊臣秀吉その絢爛たる一生』
木下弥右衛門
旭 秀長（豊臣秀長） 秀吉（豊臣秀吉） 智
秀頼 鶴松 秀次
（豊臣秀勝系図）
豊臣秀吉
秀勝（小吉）（豊臣秀勝） 秀勝（石松丸）（羽柴秀勝） 秀勝（於次）（羽柴秀勝）
＊ 於次秀勝の遺領を継承（丹波亀山）。
‖ ……（名跡継承）
浅井長政
秀勝（小吉）（豊臣秀勝） 達子 徳川秀忠 茶々（淀殿）
忠長 家光 千姫 秀頼
豊臣秀吉
天秀尼 国松丸（秀勝）
『河出人物読本. 豊臣秀吉』（河出書房新社）
完子 九条幸家
（櫻井成廣研究資料抜粋）
（別冊歴史読本）
（河出人読本）
後水尾天皇
康道（二条康道） 道房
賀子内親王 光平
隆崇院 徳川綱重
家宣
『豊臣家一族略系図』
（豊臣秀長=大納言家系図）
豊臣秀長 三好一路
毛利秀元 女 女 森忠政 秀保（無嗣断絶） 秀次
長継 仙千代丸
（賜姓関白豊臣家）
（豊臣家宗家=秀吉家）
近衛（藤原）前久
信輔 秀吉（借姓）（藤原秀吉）（賜姓）（豊臣秀吉）
後陽成天皇 前子 秀頼 鶴松 秀次
国松 仙千代丸

豊臣秀次系図

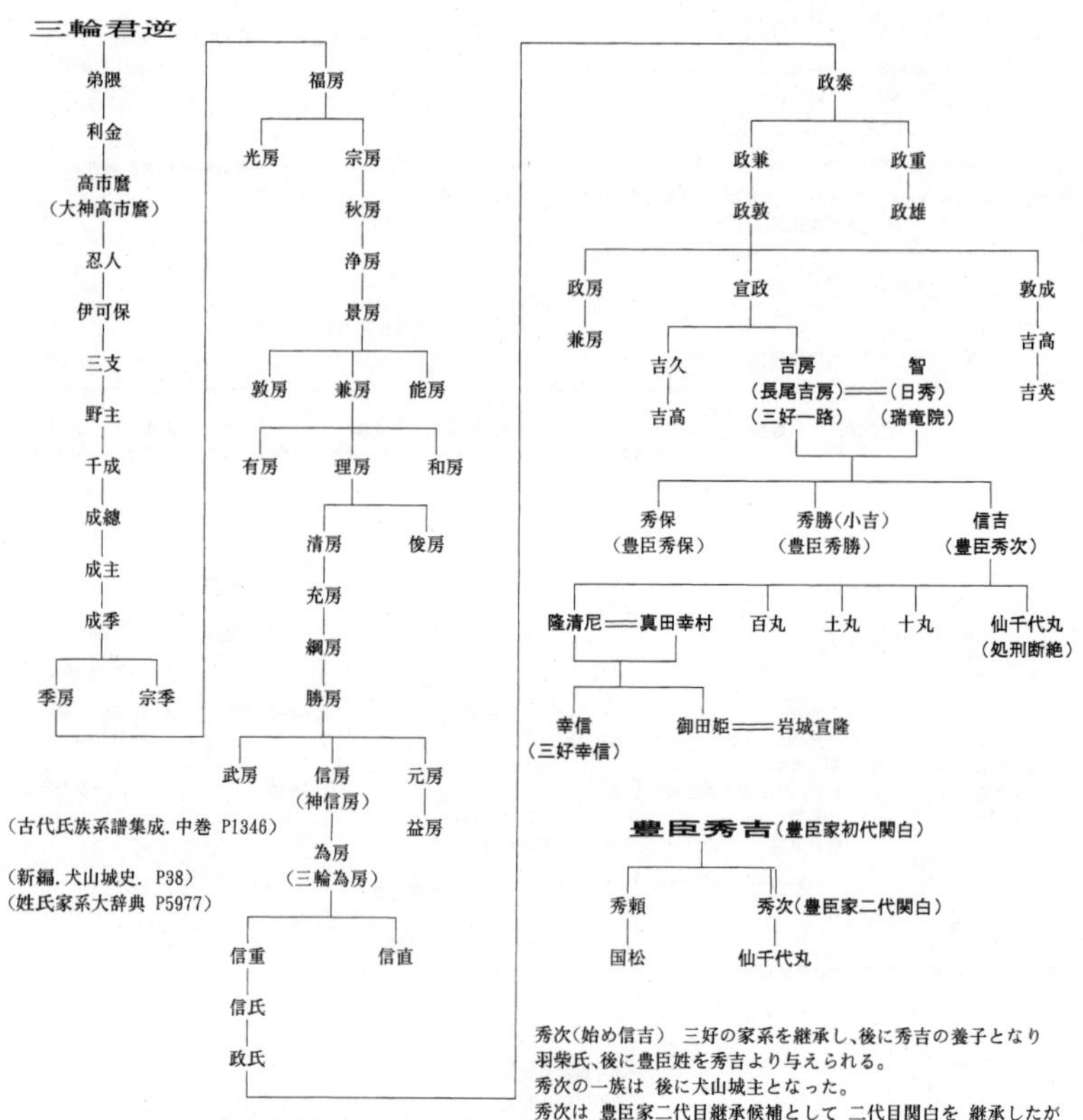
三輪君逆
弟隈
利金
高市麿
（大神高市麿）
忍人
伊可保
三支
野主
千成
成總
成主
成季
季房
宗季
福房
光房
宗房
秋房
浄房
景房
敦房
兼房
能房
有房
理房
和房
清房
俊房
充房
綱房
勝房
武房
信房
（神信房）
元房
益房
為房
（三輪為房）
信重
信直
信氏
政氏
（古代氏族系譜集成. 中巻 P1346）
（新編. 犬山城史. P38）
（姓氏家系大辞典 P5977）
政泰
政兼
政重
政敦
政雄
政房
宣政
敦成
兼房
吉高
吉久
吉房
（長尾吉房）
（三好一路）
智
（日秀）
（瑞竜院）
吉英
吉高
秀保
（豊臣秀保）
秀勝（小吉）
（豊臣秀勝）
信吉
（豊臣秀次）
隆清尼
真田幸村
百丸
土丸
十丸
仙千代丸
（処刑断絶）
幸信
（三好幸信）
御田姫
岩城宣隆
豊臣秀吉（豊臣家初代関白）
秀頼
秀次（豊臣家二代関白）
国松
仙千代丸

秀次（始め信吉） 三好の家系を継承し、後に秀吉の養子となり
羽柴氏、後に豊臣姓を秀吉より与えられる。
秀次の一族は 後に犬山城主となった。
秀次は 豊臣家二代目継承候補として 二代目関白を 継承したが
後に謀反の疑いをかけられ（石田三成の謀略か） 関白及び豊臣家の継承権を剥奪され、高野山へ追放、後に切腹に追い込まれた。

豊臣（羽柴）秀次⇒秀吉の甥（姉の智=瑞竜院日秀）の長子として永禄11年（1568）に生まれた。
天正19年（1591）豊臣家の後継候補となり（秀吉の子捨=棄=鶴松が早世、弟の大納言秀長病没のより）、同年12月27日に関白を譲られ、左大臣となる。（実権は 太閤と称した秀吉が引き続いて把握、形式上一部の 権限を 委譲されたにすぎない。文禄2年（1593）秀頼誕生により秀吉との関係が微妙になり、ついに 文禄4年7月8日 謀反の疑いで 関白職を剥奪され追放となり、15日には 高野山で自刃に追い込まれた。
秀次の妻、子供、側室は 秀吉の命令で虐殺され 秀次の男系は 断絶した。

奇跡的に助かった隆清尼が 真田幸村側室として 幸信を生み、幸信が 秀次の旧姓 三好氏の名跡を復活継承した。子孫は 真田姓となる。

（『織豊興亡史』より）

豊臣家大政所系図

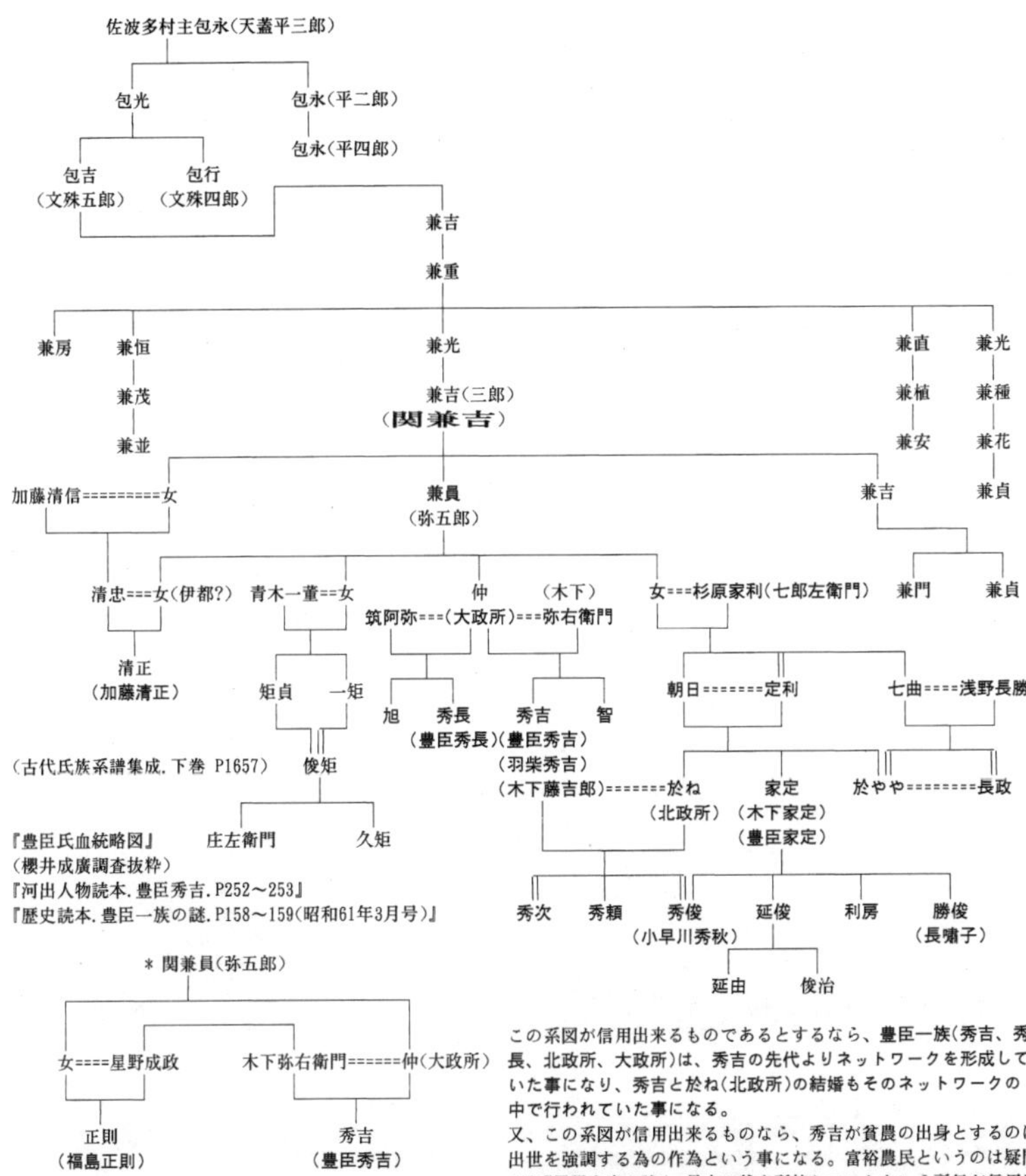

佐波多村主包永(天蓋平三郎)
包光
包永(平二郎)
包永(平四郎)
包吉
(文殊五郎)
包行
(文殊四郎)
兼吉
兼重
兼房
兼恒
兼茂
兼並
兼光
兼吉(三郎)
(関兼吉)
兼直
兼植
兼安
兼光
兼種
兼花
兼貞
加藤清信=========女
兼員
(弥五郎)
兼吉
清忠===女(伊都?)
青木一董==女
仲
(木下)
筑阿弥===(大政所)===弥右衛門
女===杉原家利(七郎左衛門)
兼門
兼貞
清正
(加藤清正)
矩貞
一矩
俊矩
旭
秀長
(豊臣秀長)
秀吉
(豊臣秀吉)
(羽柴秀吉)
(木下藤吉郎)=======於ね
(北政所)
智
朝日=======定利
七曲====浅野長勝
家定
(木下家定)
(豊臣家定)
於やや========長政
(古代氏族系譜集成.下巻 P1657)
庄左衛門
久矩
『豊臣氏血統略図』
(櫻井成廣調査抜粋)
『河出人物読本.豊臣秀吉.P252～253』
『歴史読本.豊臣一族の謎.P158～159(昭和61年3月号)』
秀次
秀頼
秀俊
(小早川秀秋)
延俊
利房
勝俊
(長嘯子)
延由
俊治
＊関兼員(弥五郎)
女====星野成政
木下弥右衛門======仲(大政所)
正則
(福島正則)
秀吉
(豊臣秀吉)

この系図が信用出来るものであるとするなら、豊臣一族(秀吉、秀長、北政所、大政所)は、秀吉の先代よりネットワークを形成していた事になり、秀吉と於ね(北政所)の結婚もそのネットワークの中で行われていた事になる。

又、この系図が信用出来るものなら、秀吉が貧農の出身とするのは出世を強調する為の作為という事になる。富裕農民というのは疑問だが「尾張を出る時」一貫文の銭を所持していたという所伝が信用出来るなら、普通クラス(自作、半小作農)とみるのが妥当か? 尚、仲が木下の名跡を継承し、弥右衛門、筑(竹)阿弥が入夫したとすると、両者の存在感の薄さも納得出来る(但し、断定するだけの 証拠は 無い)。＊ 仲を木下氏名跡とする証拠は無い。

＊ 大政所の実名は 不明、太閤記などにより おなか(仲)と されている(本系図も俗説に従い 仲と記す)。
＊ 木下氏は 関氏の隠姓か 或いは 仲が 木下の名跡を継承したか?

＊ 関兼員以下は 櫻井氏の調査系図(櫻井系図)で確認される。刀鍛治の一族(櫻井系図は 御器所村の禰宜としている)。
関氏の隠姓が木下氏なら 福嶋正則の 母は 秀吉叔母 木下氏となる(伯母は 誤り)。

(『織豊興亡史』より)

北政所系図（1）（杉原氏）

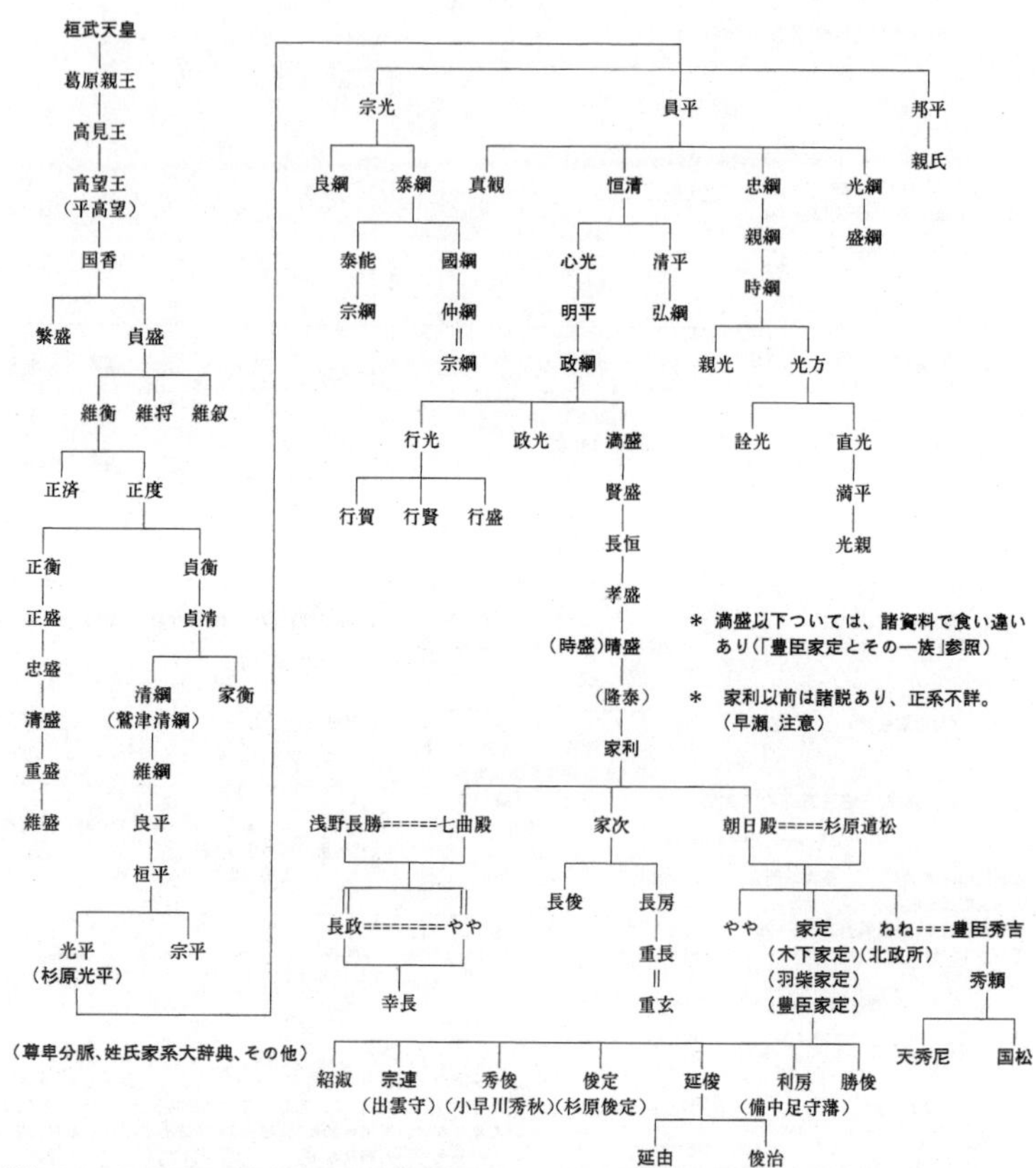

桓武天皇
葛原親王
高見王
高望王
（平高望）
国香
繁盛
貞盛
維衡
維将
維叙
正済
正度
正衡
正盛
忠盛
清盛
重盛
維盛
貞衡
貞清
清綱
（鷲津清綱）
家衡
維綱
良平
桓平
光平
（杉原光平）
宗平
宗光
員平
邦平
親氏
良綱
泰綱
真観
恒清
忠綱
光綱
泰能
宗綱
國綱
仲綱
宗綱
心光
明平
政綱
清平
弘綱
親綱
時綱
盛綱
親光
光方
行光
政光
満盛
行賀
行賢
行盛
賢盛
長恒
孝盛
（時盛）晴盛
（隆泰）
家利
詮光
直光
満平
光親
＊ 満盛以下ついては、諸資料で食い違いあり（「豊臣家定とその一族」参照）
＊ 家利以前は諸説あり、正系不詳。（早瀬．注意）
浅野長勝======七曲殿
家次
朝日殿=====杉原道松
長政=========やや
幸長
長俊
長房
重長
重玄
やや
家定
（木下家定）
（羽柴家定）
（豊臣家定）
ねね====豊臣秀吉
（北政所）
秀頼
天秀尼
国松
（尊卑分脈、姓氏家系大辞典、その他）
紹淑
宗連
（出雲守）
秀俊
（小早川秀秋）
俊定
（杉原俊定）
延俊
利房
（備中足守藩）
勝俊
延由
（羽柴延由）
（豊後立石藩五千石）
俊治
（豊後日出藩 二萬五千石）

＊ 通史においては 豊臣家は 秀吉系統が断絶した後は 杉原系木下氏が豊臣姓を称し、江戸幕府もこれを認め、寛政重修諸家譜に 於いても 豊臣姓に記している。（苗字は 木下、姓は 豊臣を称した。）

＊ 杉原晴盛までは『尊卑分脈』により確認される。杉原氏は 龍野の出身といわれるが 龍野時代の杉原氏が 木下姓を称した形跡は 無い（『尊卑分脈』記載なし）。木下姓は 秀吉より賜ったものか？ 家利以下は『寛政重修諸家譜』などで確認出来る。

＊ 豊後日出藩主木下家（杉原流豊臣家）には 分家立石木下家（羽柴家）の 初代 木下延由が「豊臣秀頼の子」国松丸（豊臣秀勝）とする一子相伝（口伝）がある。（前川和彦氏の『豊臣家存続の謎』で 紹介されている）

（『織豊興亡史』より）

＊ 詳細は、「豊臣家定の一族」の章の杉原氏の検証系図を参照。

北政所系図（２）（杉原氏・木下氏）

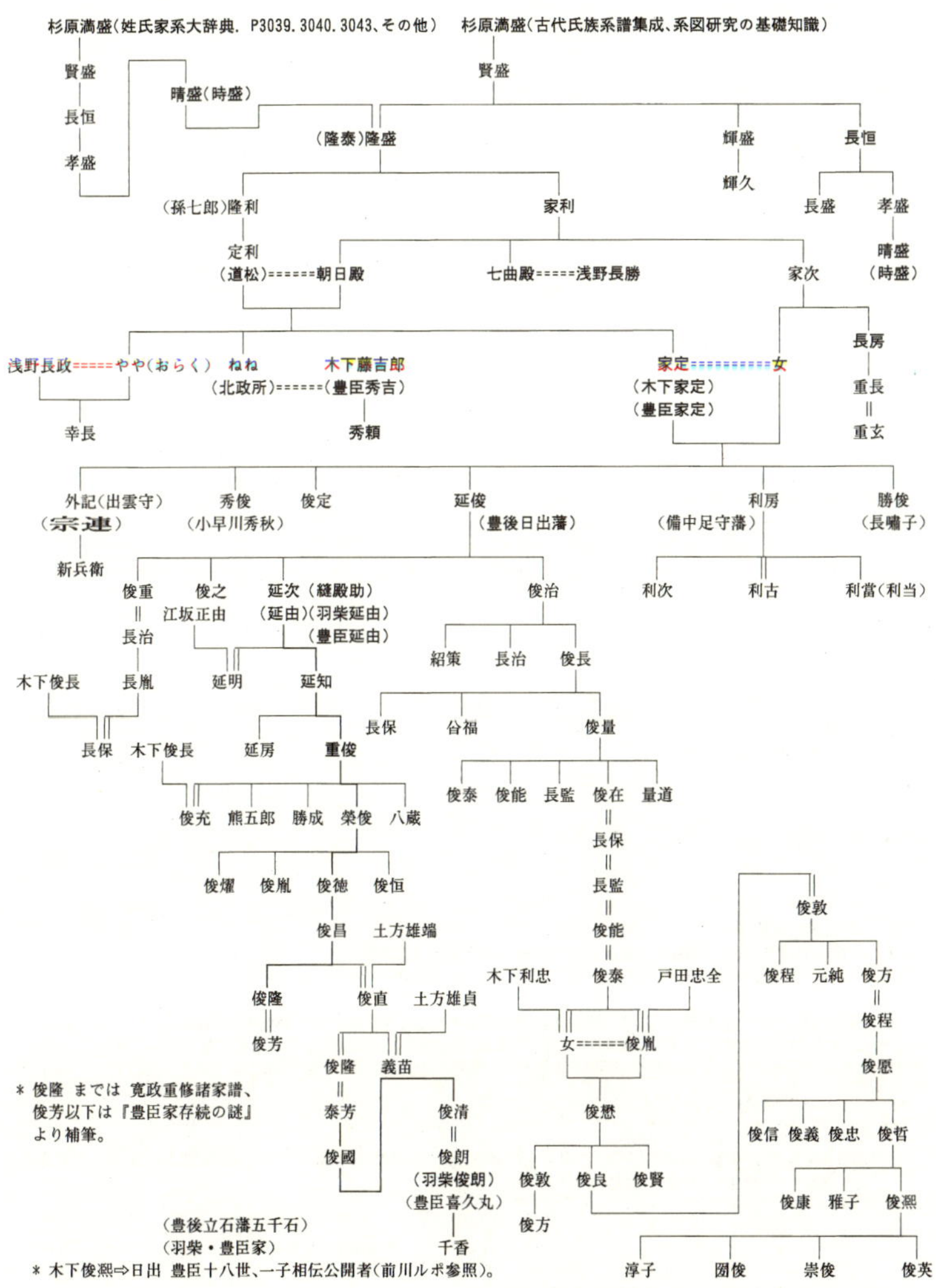

杉原満盛（姓氏家系大辞典．P3039.3040.3043、その他）
杉原満盛（古代氏族系譜集成、系図研究の基礎知識）
賢盛
長恒
孝盛
晴盛（時盛）
賢盛
（隆泰）隆盛
輝盛
輝久
長恒
長盛
孝盛
晴盛
（時盛）
（孫七郎）隆利
定利
（道松）======朝日殿
家利
七曲殿=====浅野長勝
家次
長房
重長
重玄
浅野長政=====やや（おらく）
幸長
ねね
（北政所）======（豊臣秀吉）
木下藤吉郎
秀頼
家定==========女
（木下家定）
（豊臣家定）
外記（出雲守）
（宗連）
新兵衛
秀俊
（小早川秀秋）
俊定
延俊
（豊後日出藩）
利房
（備中足守藩）
勝俊
（長嘯子）
利次
利古
利當（利当）
俊重
長治
長胤
木下俊長
長保
俊之
江坂正由
延明
延次（縫殿助）
（延由）（羽柴延由）
（豊臣延由）
延知
延房
重俊
木下俊長
俊充
熊五郎
勝成
榮俊
八蔵
俊燿
俊胤
俊徳
俊恒
俊昌
土方雄端
俊隆
俊芳
俊直
土方雄貞
俊隆
泰芳
俊國
義苗
俊清
俊朗
（羽柴俊朗）
（豊臣喜久丸）
千香
俊治
紹策
長治
俊長
長保
台福
俊量
俊泰
俊能
長監
俊在
量道
長保
長監
俊能
木下利忠
俊泰
戸田忠全
女======俊胤
俊懋
俊敦
俊方
俊良
俊賢
俊敦
俊程
元純
俊方
俊程
俊愿
俊信
俊義
俊忠
俊哲
俊康
雅子
俊熈
淳子
圀俊
崇俊
俊英
＊ 俊隆 までは 寛政重修諸家譜、
俊芳以下は『豊臣家存続の謎』
より補筆。
（豊後立石藩五千石）
（羽柴・豊臣家）
＊ 木下俊熈⇨日出 豊臣十八世、一子相伝公開者（前川ルポ参照）。

＊ 日出藩主木下家の一子相伝については 木下崇俊氏が 別冊歴史読本『豊臣一族のすべて』の『豊臣一族の後裔として』のコーナーで『ご先祖様たちからの贈り物』というタイトルで 寄稿し その中でも触れている。

（『織豊興亡史』より）

＊ 詳細系図は『豊臣家定とその一族』の章を参照。

北政所系図（3）（木下氏）

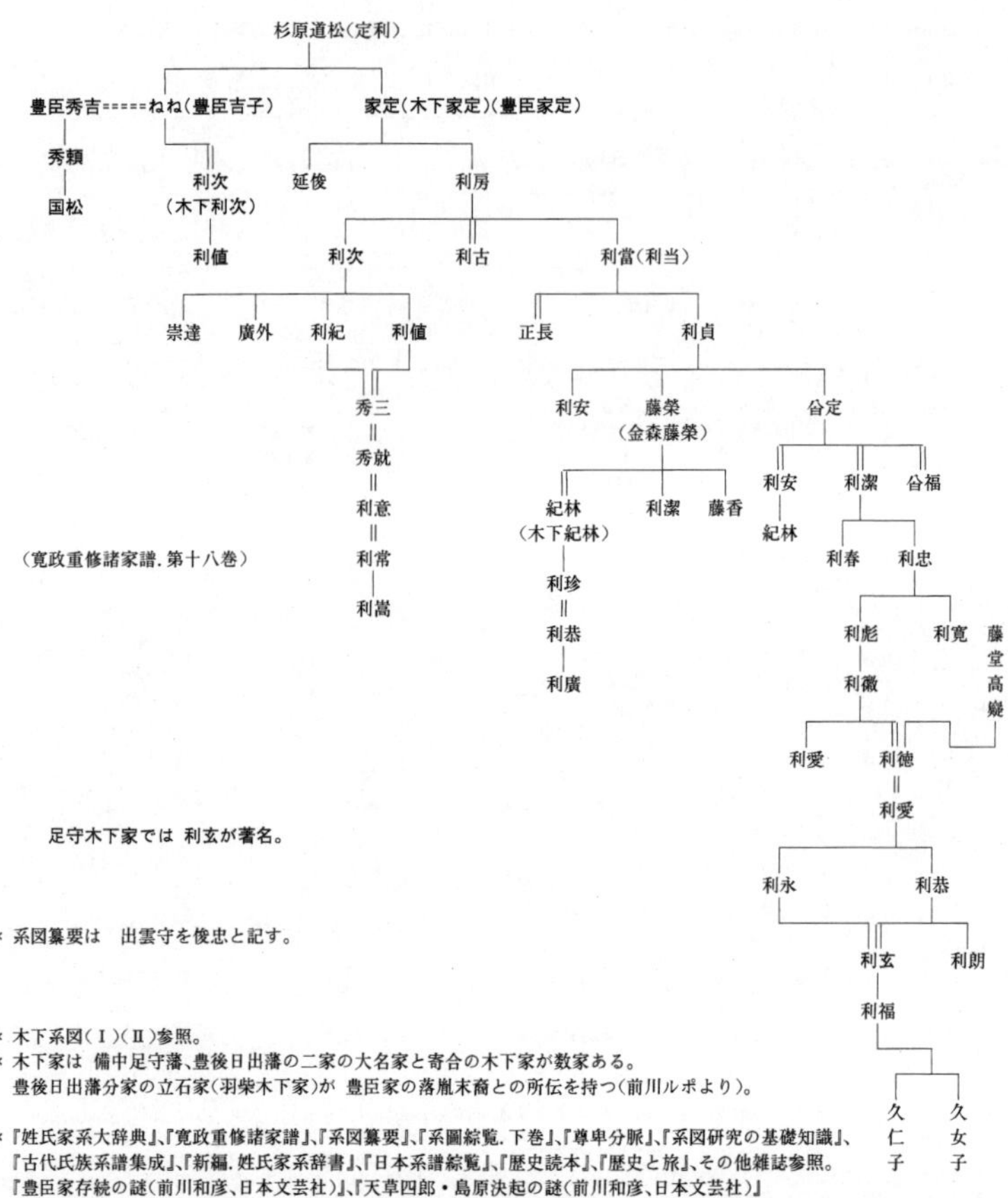

杉原道松(定利)
豊臣秀吉=====ねね(豊臣吉子)
家定(木下家定)(豊臣家定)
秀頼
国松
利次
(木下利次)
利値
延俊
利房
利次
利古
利當(利当)
崇達
廣外
利紀
利値
正長
利貞
秀三
秀就
利意
利常
利嵩
利安
藤榮
(金森藤榮)
俗定
紀林
(木下紀林)
利潔
藤香
利珍
利恭
利廣
利安
利潔
俗福
紀林
利春
利忠
利彪
利寛
藤堂高嶷
利徽
利愛
利徳
利愛
利永
利恭
利玄
利朗
利福
久仁子
久女子
(寛政重修諸家譜. 第十八巻)

足守木下家では 利玄が著名。

＊ 系図纂要は　出雲守を俊忠と記す。

＊ 木下系図(Ⅰ)(Ⅱ)参照。
＊ 木下家は 備中足守藩、豊後日出藩の二家の大名家と寄合の木下家が数家ある。
豊後日出藩分家の立石家(羽柴木下家)が 豊臣家の落胤末裔との所伝を持つ(前川ルポより)。

＊『姓氏家系大辞典』、『寛政重修諸家譜』、『系図纂要』、『系圖綜覧. 下巻』、『尊卑分脈』、『系図研究の基礎知識』、『古代氏族系譜集成』、『新編. 姓氏家系辞書』、『日本系譜綜覧』、『歴史読本』、『歴史と旅』、その他雑誌参照。
『豊臣家存続の謎(前川和彦、日本文芸社)』、『天草四郎・島原決起の謎(前川和彦、日本文芸社)』

＊ 木下利次⇨豊臣吉子(北政所・高台院)の養子となったが 幕府からは 遺領相続を認められず 高台院流豊臣家は 一代で消滅、
改めて 采地三千石を賜り 寄合となった。

(『織豊興亡史』より)

＊ 詳細系図は、『豊臣家定とその一族』の章を参照。

木場氏（薩摩豊臣家）系図

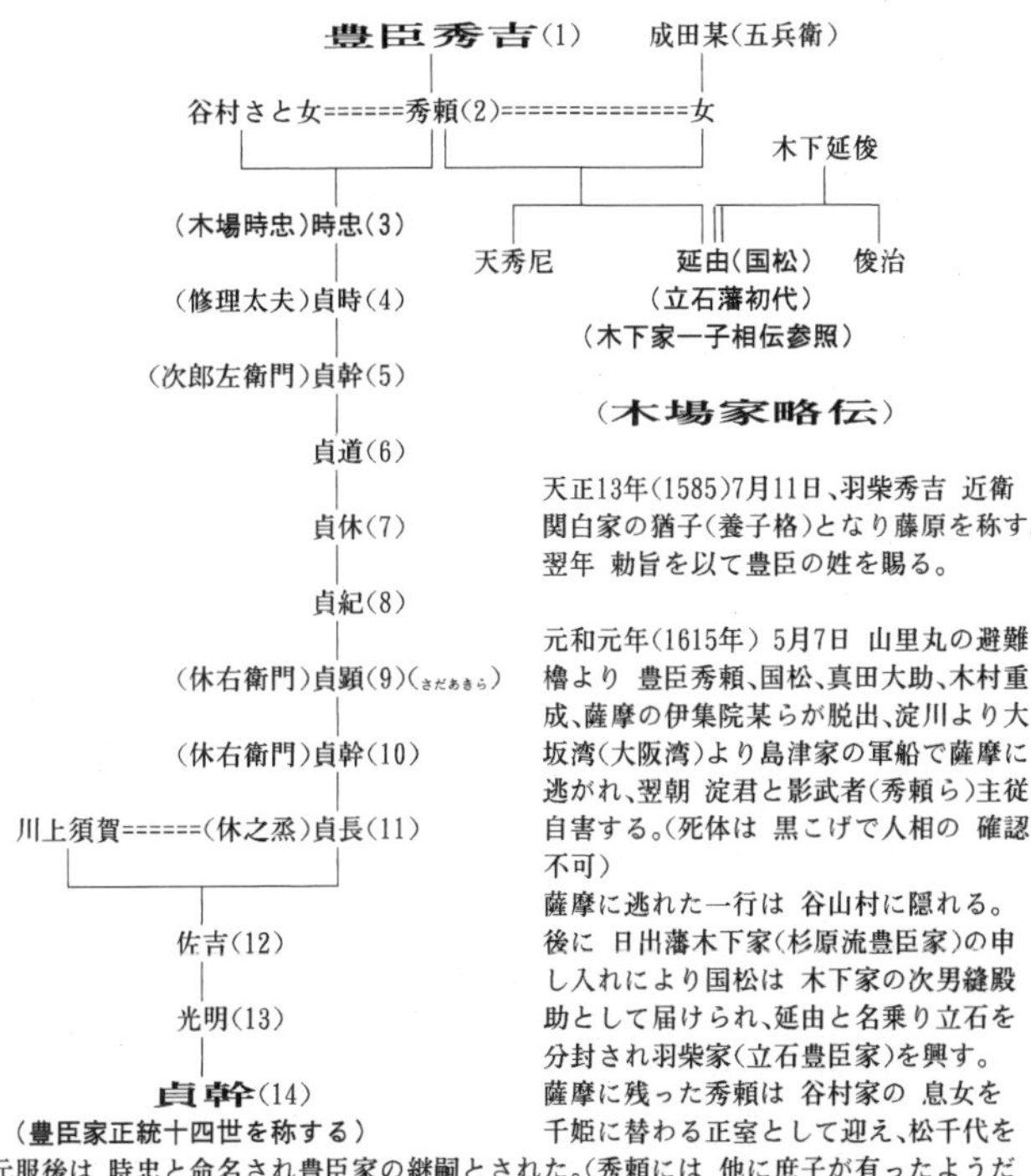
豊臣秀吉(1)
成田某(五兵衛)
谷村さと女======秀頼(2)==============女
木下延俊
(木場時忠)時忠(3)
天秀尼
延由(国松)
俊治
(立石藩初代)
(木下家一子相伝参照)
(修理太夫)貞時(4)
(次郎左衛門)貞幹(5)
貞道(6)
貞休(7)
貞紀(8)
(休右衛門)貞顕(9)(さだあきら)
(休右衛門)貞幹(10)
川上須賀======(休之烝)貞長(11)
佐吉(12)
光明(13)
貞幹(14)
(豊臣家正統十四世を称する)

（木場家略伝）

天正13年(1585)7月11日、羽柴秀吉 近衛関白家の猶子(養子格)となり藤原を称す。翌年 勅旨を以て豊臣の姓を賜る。

元和元年(1615年) 5月7日 山里丸の避難櫓より 豊臣秀頼、国松、真田大助、木村重成、薩摩の伊集院某らが脱出、淀川より大坂湾(大阪湾)より島津家の軍船で薩摩に逃がれ、翌朝 淀君と影武者(秀頼ら)主従自害する。(死体は 黒こげで人相の 確認不可)
薩摩に逃れた一行は 谷山村に隠れる。後に 日出藩木下家(杉原流豊臣家)の申し入れにより国松は 木下家の次男縫殿助として届けられ、延由と名乗り立石を分封され羽柴家(立石豊臣家)を興す。
薩摩に残った秀頼は 谷村家の 息女を千姫に替わる正室として迎え、松千代を儲け、元服後は 時忠と命名され豊臣家の継嗣とされた。(秀頼には 他に庶子が有ったようだが 木場家一子相伝は その名を伝えていない。前川ルポは 数人の庶子の名を挙げている。)
薩摩客分となった秀頼は 豊臣の旧苗木下と亡命の功労者馬場文次郎の名前より一文字を合わせ、仮の家名を木場とし、その由緒は 日向の伊東家の一族とした。
元和元年 8月 後水尾天皇の密勅により豊臣朝臣の称号と家格が保証され、内伝により現在に至る。(木場貞幹氏は 薩摩豊臣家十三代、正統豊臣家十四世を称す。)
*『歴史と旅』掲載の写真の位牌『木場家初代、豊臣秀頼之霊』
寛永14年(1637) 豊臣秀頼 谷山家の奥座敷で死す(45歳)。(前川ルポは 異説あり)

出典『太閤の後裔は亡びず…その後の豊臣家(木場貞幹)』(臨時増刊.歴史と旅.昭和58年8月号)
『天草四郎・島原決起の謎(続・豊臣家存続の謎)』(前川和彦、日本文芸社)

(『織豊興亡史』より)

豊臣一族参考系図（異説・虚説・異聞）

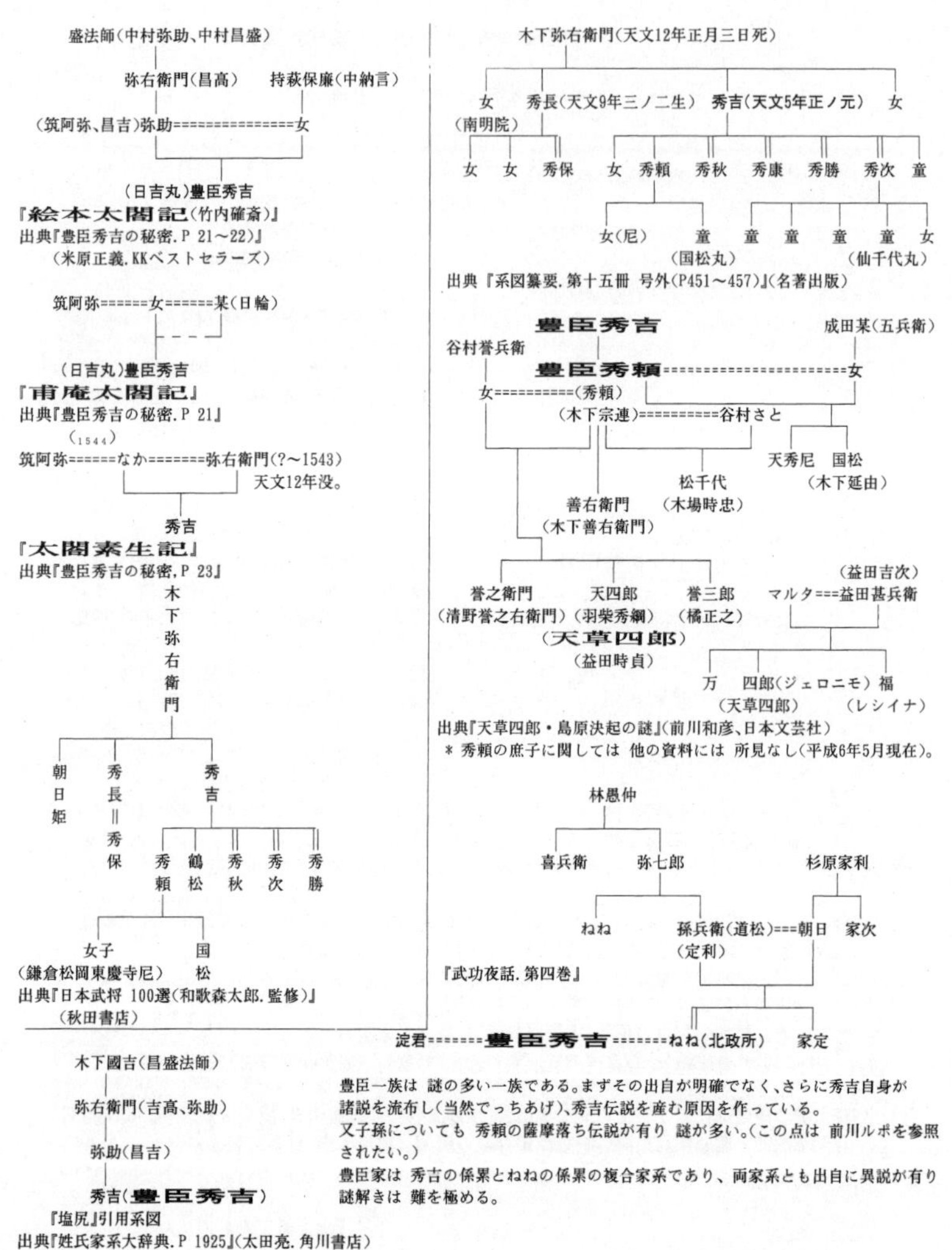

盛法師（中村弥助、中村昌盛）
弥右衛門（昌高）
持萩保廉（中納言）
（筑阿弥、昌吉）弥助===============女
（日吉丸）豊臣秀吉
『絵本太閤記（竹内確斎）』
出典『豊臣秀吉の秘密．P 21～22）』
（米原正義．KKベストセラーズ）
筑阿弥======女======某（日輪）
（日吉丸）豊臣秀吉
『甫庵太閤記』
出典『豊臣秀吉の秘密．P 21』
筑阿弥======なか=======弥右衛門（?～1543）（1544）
天文12年没。
秀吉
『太閤素生記』
出典『豊臣秀吉の秘密，P 23』
木下弥右衛門
朝日姫
秀長＝秀保
秀吉
秀頼
鶴松
秀秋
秀次
秀勝
女子
（鎌倉松岡東慶寺尼）
国松
出典『日本武将 100選（和歌森太郎．監修）』
（秋田書店）
木下弥右衛門（天文12年正月三日死）
女
（南明院）
秀長（天文9年三ノ二生）
秀吉（天文5年正ノ元）
女
女
女
秀保
女
秀頼
秀秋
秀康
秀勝
秀次
童
女（尼）
童
（国松丸）
童
童
童
童
女
（仙千代丸）
出典『系図纂要．第十五冊 号外（P451～457）』（名著出版）
豊臣秀吉
成田某（五兵衛）
谷村誉兵衛
豊臣秀頼======================女
女==========（秀頼）
（木下宗連）==========谷村さと
天秀尼
国松
（木下延由）
松千代
（木場時忠）
善右衛門
（木下善右衛門）
誉之衛門
（清野誉之右衛門）
天四郎
（羽柴秀綱）
（天草四郎）
（益田時貞）
誉三郎
（橘正之）
（益田吉次）
マルタ===益田甚兵衛
万
四郎（ジェロニモ）
（天草四郎）
福
（レシイナ）
出典『天草四郎・島原決起の謎』（前川和彦、日本文芸社）
＊ 秀頼の庶子に関しては 他の資料には 所見なし（平成6年5月現在）。
林愚仲
喜兵衛
弥七郎
杉原家利
ねね
孫兵衛（道松）===朝日
（定利）
家次
『武功夜話．第四巻』
淀君=======豊臣秀吉=======ねね（北政所）
家定
木下國吉（昌盛法師）
弥右衛門（吉高、弥助）
弥助（昌吉）
秀吉（豊臣秀吉）
『塩尻』引用系図
出典『姓氏家系大辞典．P 1925』（太田亮．角川書店）

豊臣一族は 謎の多い一族である。まずその出自が明確でなく、さらに秀吉自身が諸説を流布し（当然でっちあげ）、秀吉伝説を産む原因を作っている。

又子孫についても 秀頼の薩摩落ち伝説が有り 謎が多い。（この点は 前川ルポを参照されたい。）

豊臣家は 秀吉の係累とねねの係累の複合家系であり、両家系とも出自に異説が有り謎解きは 難を極める。

（『織豊興亡史』より）

豊臣秀勝系図（四人の秀勝）

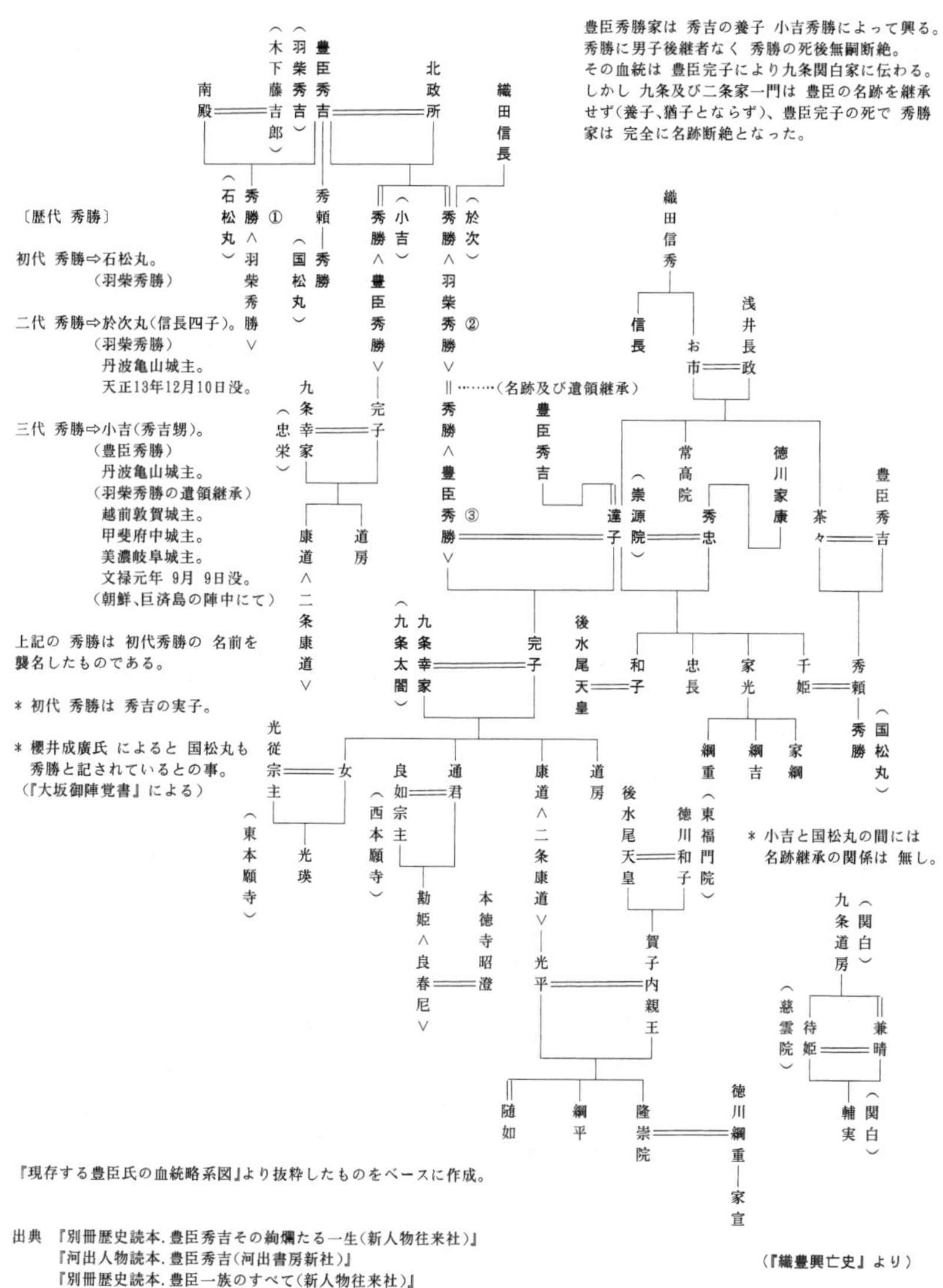

豊臣秀勝家は 秀吉の養子 小吉秀勝によって興る。
秀勝に男子後継者なく 秀勝の死後無嗣断絶。
その血統は 豊臣完子により九条関白家に伝わる。
しかし 九条及び二条家一門は 豊臣の名跡を継承せず(養子、猶子とならず)、豊臣完子の死で 秀勝家は 完全に名跡断絶となった。
南殿
豊臣秀吉（羽柴秀吉）（木下藤吉郎）
北政所
織田信長
秀勝①（石松丸）＜羽柴秀勝＞
秀頼—秀勝（国松丸）
秀勝（小吉）＜豊臣秀勝＞
秀勝②（於次）＜羽柴秀勝＞
秀勝③＜豊臣秀勝＞
……（名跡及び遺領継承）
〔歴代 秀勝〕
初代 秀勝⇨石松丸。
（羽柴秀勝）
二代 秀勝⇨於次丸(信長四子)。
（羽柴秀勝）
丹波亀山城主。
天正13年12月10日没。
三代 秀勝⇨小吉(秀吉甥)。
（豊臣秀勝）
丹波亀山城主。
（羽柴秀勝の遺領継承）
越前敦賀城主。
甲斐府中城主。
美濃岐阜城主。
文禄元年 9月 9日没。
（朝鮮、巨済島の陣中にて）
上記の 秀勝は 初代秀勝の 名前を襲名したものである。
＊ 初代 秀勝は 秀吉の実子。
＊ 櫻井成廣氏 によると 国松丸も 秀勝と記されているとの事。
（『大坂御陣覚書』による）
九条幸家（忠栄）
完子
康道＜二条康道＞
道房
織田信秀
信長
お市
浅井長政
豊臣秀吉
常高院
徳川家康
豊臣秀吉
達子
崇源院
秀忠
茶々
九条幸家（九条太閤）
完子
後水尾天皇
和子
忠長
家光
千姫
秀頼
秀勝（国松丸）
綱重
綱吉
家綱
光従宗主
女
良如宗主（西本願寺）
通君
康道＜二条康道＞
道房
後水尾天皇
徳川和子（東福門院）
光瑛
（東本願寺）
勧姫＜良春尼＞
本徳寺昭澄
光平
賀子内親王
＊ 小吉と国松丸の間には 名跡継承の関係は 無し。
九条道房（関白）
待姫（慈雲院）
兼晴
輔実（関白）
随如
綱平
隆崇院
徳川綱重
家宣
『現存する豊臣氏の血統略系図』より抜粋したものをベースに作成。
出典 『別冊歴史読本.豊臣秀吉その絢爛たる一生(新人物往来社)』
『河出人物読本.豊臣秀吉(河出書房新社)』
『別冊歴史読本.豊臣一族のすべて(新人物往来社)』
（『織豊興亡史』より）

＊ 櫻井成廣青山学院大学名誉教授の『現存する豊臣氏の血統』により女系血脈が明らかにされた。

豊臣秀勝家（女系）

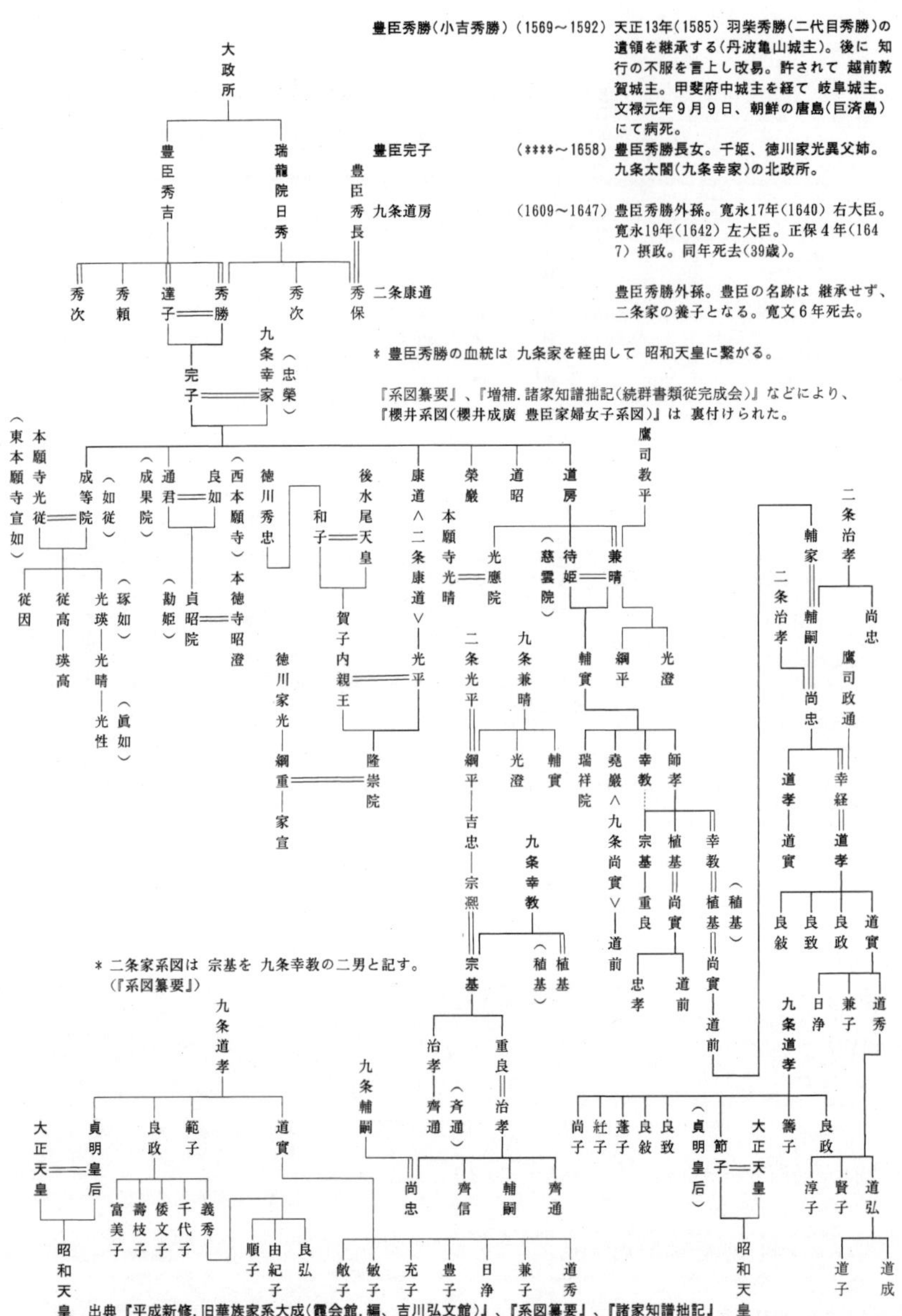
大政所
豊臣秀吉
瑞龍院日秀
豊臣秀長
秀次
秀頼
達子
秀勝
秀次
秀保
完子
九条幸家（忠栄）
本願寺光従（東本願寺宣如）
成等院（如従）
通君
良如
（成果院）
（西本願寺）
徳川秀忠
和子
後水尾天皇
康道〈二条康道〉
榮巌
道昭
道房
鷹司教平
従因
従高
光瑛（琢如）
瑛高
光晴
光性（眞如）
（勘姫）
貞昭院
本徳寺昭澄
賀子内親王
光平
本願寺光晴
光應院
待姫
（慈雲院）
兼晴
輔實
綱平
光澄
徳川家光
綱重
家宣
隆崇院
二条光平
九条兼晴
綱平
光澄
輔實
吉忠
宗熈
九条幸教
宗基
植基（稙基）
瑞祥院
堯巌〈九条尚實〉
道前
幸教
師孝
宗基
重良
植基
尚實
幸教
植基
尚實
道前
（稙基）
忠孝
道前
二条治孝
輔家
輔嗣
尚忠
二条治孝
鷹司政通
尚忠
道孝
幸経
道實
道孝
良叙
良致
良政
道實
日浄
兼子
道秀
九条道孝
九条道孝
大正天皇
貞明皇后
良政
範子
道實
富美子
壽枝子
倭文子
千代子
義秀
順子
由紀子
良弘
昭和天皇
治孝
齊通
重良
治孝
九条輔嗣
（斉通）
尚忠
齊信
輔嗣
齊通
敞子
敏子
充子
豊子
日浄
兼子
道秀
尚子
紝子
蓬子
良叙
良致
（貞明皇后）
節子
大正天皇
籌子
良政
淳子
賢子
道弘
道子
道成
昭和天皇

豊臣秀勝（小吉秀勝）（1569～1592）天正13年（1585）羽柴秀勝（二代目秀勝）の遺領を継承する（丹波亀山城主）。後に 知行の不服を言上し改易。許されて 越前敦賀城主。甲斐府中城主を経て 岐阜城主。文禄元年９月９日、朝鮮の唐島（巨済島）にて病死。

豊臣完子（＊＊＊＊～1658）豊臣秀勝長女。千姫、徳川家光異父姉。九条太閤（九条幸家）の北政所。

九条道房（1609～1647）豊臣秀勝外孫。寛永17年（1640）右大臣。寛永19年（1642）左大臣。正保４年（1647）摂政。同年死去（39歳）。

二条康道　豊臣秀勝外孫。豊臣の名跡は 継承せず、二条家の養子となる。寛文６年死去。

＊豊臣秀勝の血統は 九条家を経由して 昭和天皇に繋がる。

『系図纂要』、『増補.諸家知譜拙記（続群書類従完成会）』などにより、『櫻井系図（櫻井成廣 豊臣家婦女子系図）』は 裏付けられた。

＊二条家系図は 宗基を 九条幸教の二男と記す。（『系図纂要』）

出典『平成新修.旧華族家系大成（霞会館.編、吉川弘文館）』、『系図纂要』、『諸家知譜拙記』

豊臣秀次家（二代目関白家）

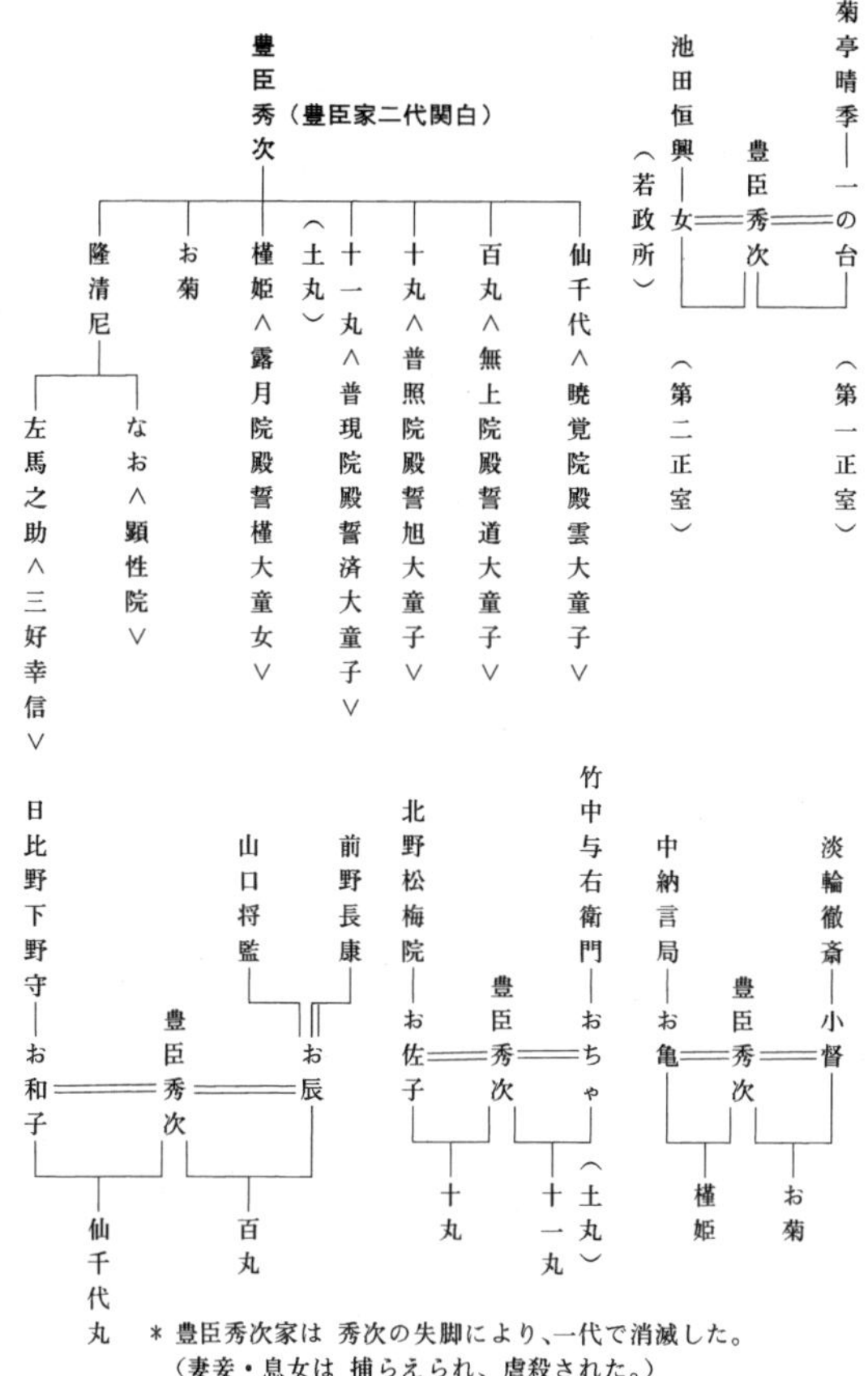

菊亭晴季
一の台（第一正室）
豊臣秀次
池田恒興
女（若政所）（第二正室）
豊臣秀次（豊臣家二代関白）
仙千代〈暁覚院殿雲大童子〉
百丸〈無上院殿誓道大童子〉
十丸〈普照院殿誓旭大童子〉
十一丸（土丸）〈普現院殿誓済大童子〉
槿姫〈露月院殿誓槿大童女〉
お菊
隆清尼
なお〈顕性院〉
左馬之助〈三好幸信〉
淡輪徹斎
小督
中納言局
お亀
お菊
槿姫
竹中与右衛門
おちゃ
北野松梅院
お佐子
十一丸（土丸）
十丸
前野長康
山口将監
お辰
日比野下野守
お和子
百丸
仙千代丸

＊豊臣秀次家は 秀次の失脚により、一代で消滅した。
（妻妾・息女は 捕らえられ、虐殺された。）

＊『系図纂要（真名本）』十一丸に相当する部分 土丸に読めるので併記した。
出典『系図纂要』、『「武功夜話」のすべて』、『豊臣一族のすべて』、他

豊臣秀吉家（豊臣宗家　秀吉・秀頼）

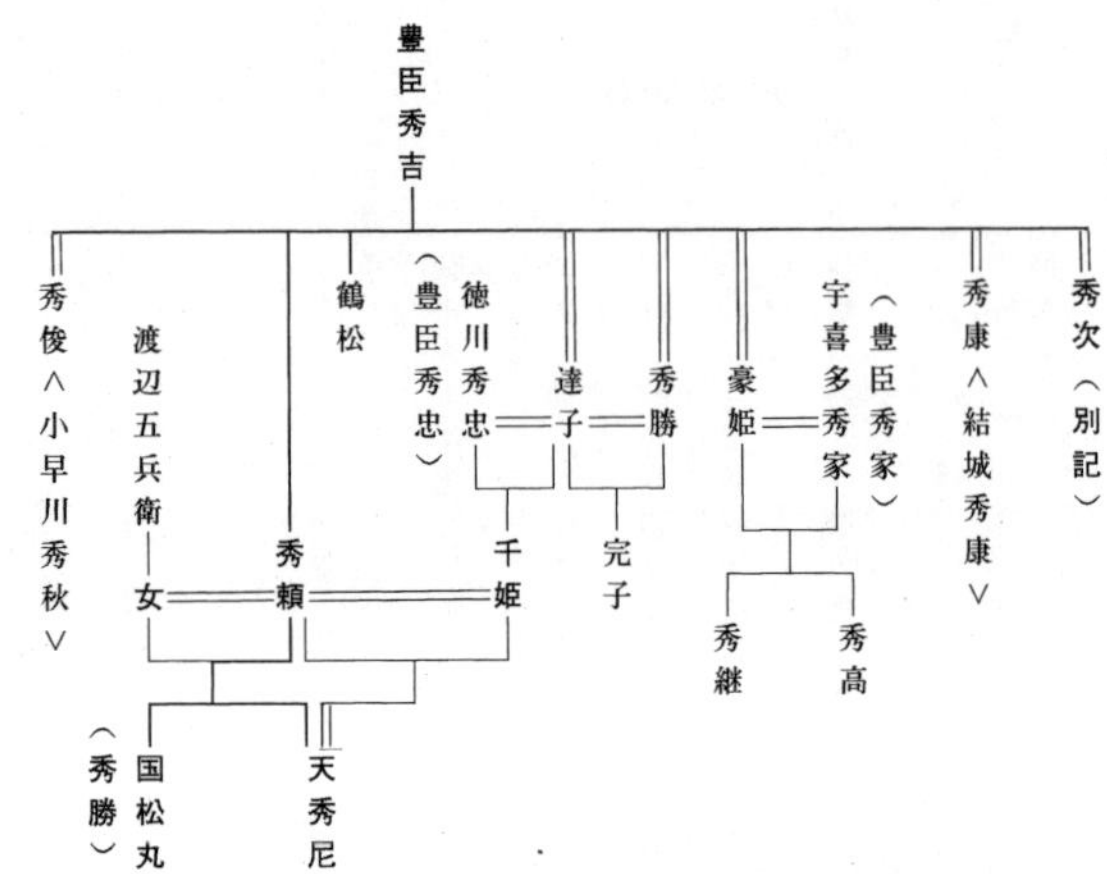
豊臣秀吉
秀俊〈小早川秀秋〉
渡辺五兵衛
女
秀頼
鶴松
徳川秀忠（豊臣秀忠）
達子
秀勝
千姫
完子
豪姫
宇喜多秀家（豊臣秀家）
秀継
秀高
秀康〈結城秀康〉
秀次（別記）
国松丸（秀勝）
天秀尼

豊臣秀俊（小早川秀秋）	（1582～1602）	天正12年（1584）3歳で 秀吉の養子となる。 天正16年（1588）7歳で 秀吉の代理人となる。 文禄 3年（1594）13歳で 小早川隆景の養子となる。 慶長 5年（1600）19歳の時 関ヶ原の合戦。 慶長 7年（1602）21歳の時 病死。
豊臣秀勝（小吉秀勝）	（1569～1592）	天正13年（1585）羽柴秀勝（二代目秀勝）の遺領を継承する（三代目秀勝）（三好信吉.弟）（秀吉養子）。 文禄元年（1592）出兵中の朝鮮で病死（24歳？）。
豊臣秀康（結城秀康）	（1574～1607）	天正12年（1584）小牧・長久手の合戦後 秀吉の養子となる（徳川家康次男）（羽柴秀康）。 天正18年（1590）結城晴朝の養子となる。 慶長12年（1607）34歳で 病死。
豊臣秀次（三好信吉）	（1569～1595）	天正11年（1583）賤ヶ岳の合戦に従軍。 天正12年（1584）小牧・長久手の合戦で敗走する。（秀吉より叱責を受け、謹慎処分を命じられる） 天正13年（1585）紀州平定で勘気を解かれる。 天正19年（1591）正式に 秀吉の後嗣となり、内大臣、次いで関白を譲られ、豊臣家二代目関白となる。文禄4年（1595）関白剥奪、高野山追放となり後に 切腹を命じられる。
豊臣秀頼	（1593～1615）	上記の各養子の除籍、追放、病死などにより豊臣宗家を継承する（豊臣家二代目、厳密には三代目）。

豊臣秀吉先祖系図（1）

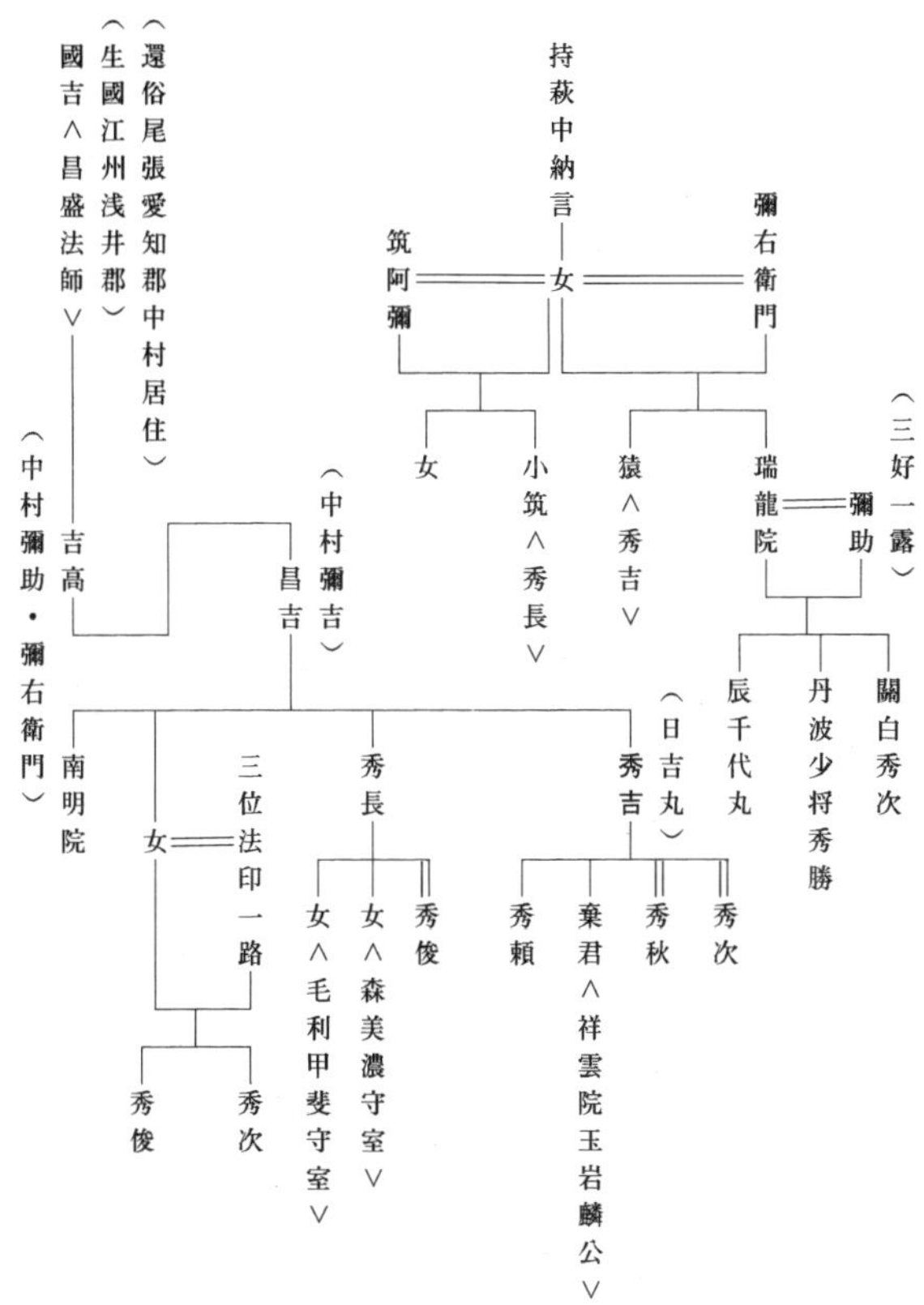

（還俗尾張愛知郡中村居住）
（生國江州浅井郡）
國吉〈昌盛法師〉
持萩中納言
女
筑阿彌
彌右衛門
女
小筑〈秀長〉
猿〈秀吉〉
瑞龍院
彌助
（三好一露）
辰千代丸
丹波少将秀勝
關白秀次
（中村彌助・彌右衛門）
吉高
（中村彌吉）
昌吉
南明院
女
三位法印一路
秀長
（日吉丸）
秀吉
女〈毛利甲斐守室〉
女〈森美濃守室〉
秀俊
秀頼
棄君〈祥雲院玉岩麟公〉
秀秋
秀次
秀俊
秀次

秀吉の先祖は 近江浅井郡の出身 比叡山の僧侶 昌盛法師(還俗名 國吉)。
近江より 尾張に移り 愛知郡中村に住す。
中村の國吉⇨中村國吉。吉を通字とする(國吉、吉高、昌吉、秀吉)。

出典『系譜と傳記 2（系譜學會)』（近藤出版社 復刻）
『塩尻 上巻(東海地方史学協会)』（名古屋市立鶴舞中央図書館.蔵）

豊臣秀吉先祖系図（2）

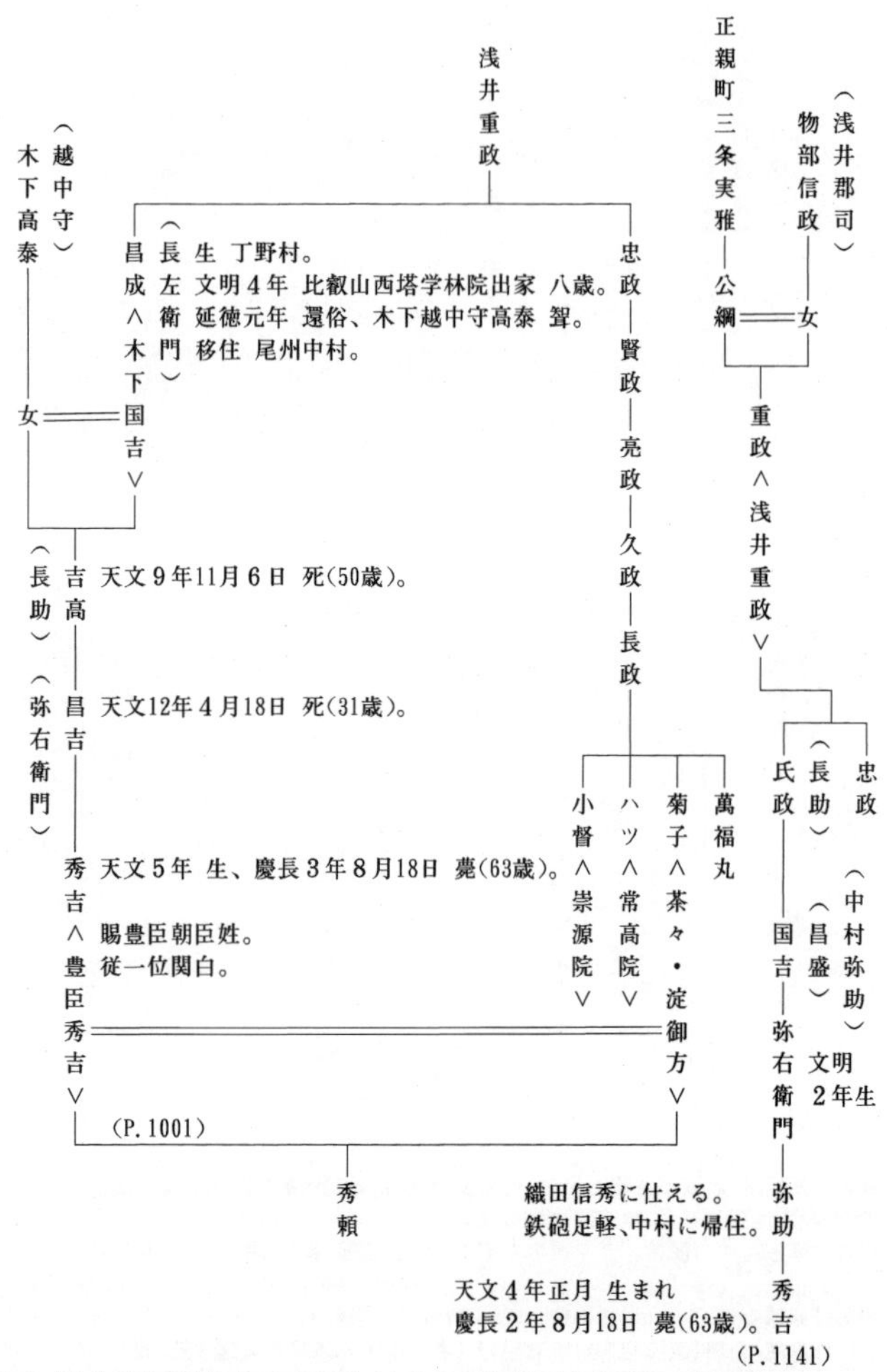

正親町三条実雅
（浅井郡司）物部信政
公綱
女
重政＜浅井重政＞
忠政
氏政（長助）
国吉（昌盛）
弥右衛門 文明2年生
（中村弥助）
弥助
織田信秀に仕える。
鉄砲足軽、中村に帰住。
秀吉
天文4年正月 生まれ
慶長2年8月18日 薨（63歳）。
(P.1141)
浅井重政
忠政
賢政
亮政
久政
長政
萬福丸
菊子＜茶々・淀御方＞
ハツ＜常高院＞
小督＜崇源院＞
昌成＜木下国吉＞
（長左衛門）
生 丁野村。
文明4年 比叡山西塔学林院出家 八歳。
延徳元年 還俗、木下越中守高泰 聟。
移住 尾州中村。
（越中守）木下高泰
女
吉高（長助） 天文9年11月6日 死（50歳）。
昌吉（弥右衛門） 天文12年4月18日 死（31歳）。
秀吉＜豊臣秀吉＞ 天文5年 生、慶長3年8月18日 薨（63歳）。
賜豊臣朝臣姓。
従一位関白。
(P.1001)
秀頼

出典『古代氏族系譜集成(宝賀寿男.編、古代氏族研究会)』(原典『諸系譜』)

異聞秀吉系図（1）

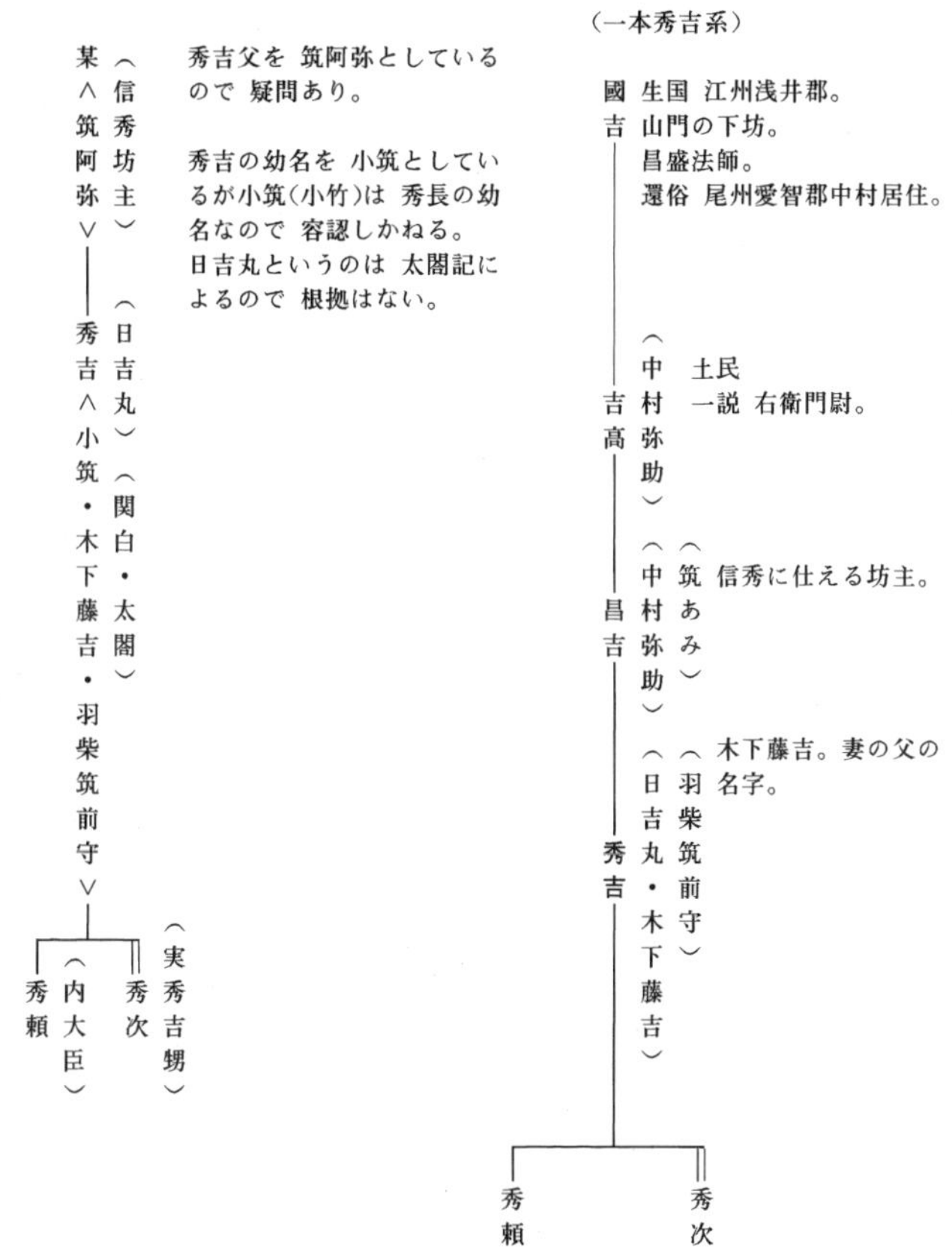
某〈筑阿弥〉
（信秀坊主）
秀吉〈小筑・木下藤吉・羽柴筑前守〉
（日吉丸）
（関白・太閤）
秀頼
（内大臣）
秀次
（実秀吉甥）
秀吉父を 筑阿弥としているので 疑問あり。
秀吉の幼名を 小筑としているが小筑（小竹）は 秀長の幼名なので 容認しかねる。
日吉丸というのは 太閤記によるので 根拠はない。
（一本秀吉系）
國吉
生国 江州浅井郡。
山門の下坊。
昌盛法師。
還俗 尾州愛智郡中村居住。
吉高
（中村弥助）
土民
一説 右衛門尉。
昌吉
（中村弥助）
（筑あみ）
信秀に仕える坊主。
秀吉
（日吉丸・木下藤吉）
（羽柴筑前守）
木下藤吉。妻の父の名字。
秀頼
秀次

出典『尾陽雑記（愛知縣教育會.編）』

同書の 一本秀吉系図は『塩尻』の 秀吉系図と通じる。
秀吉の前名は 中村藤吉、妻の縁で 木下藤吉（藤吉郎）と名乗る。
後に 羽柴と改姓する。

異聞秀吉系図（2）

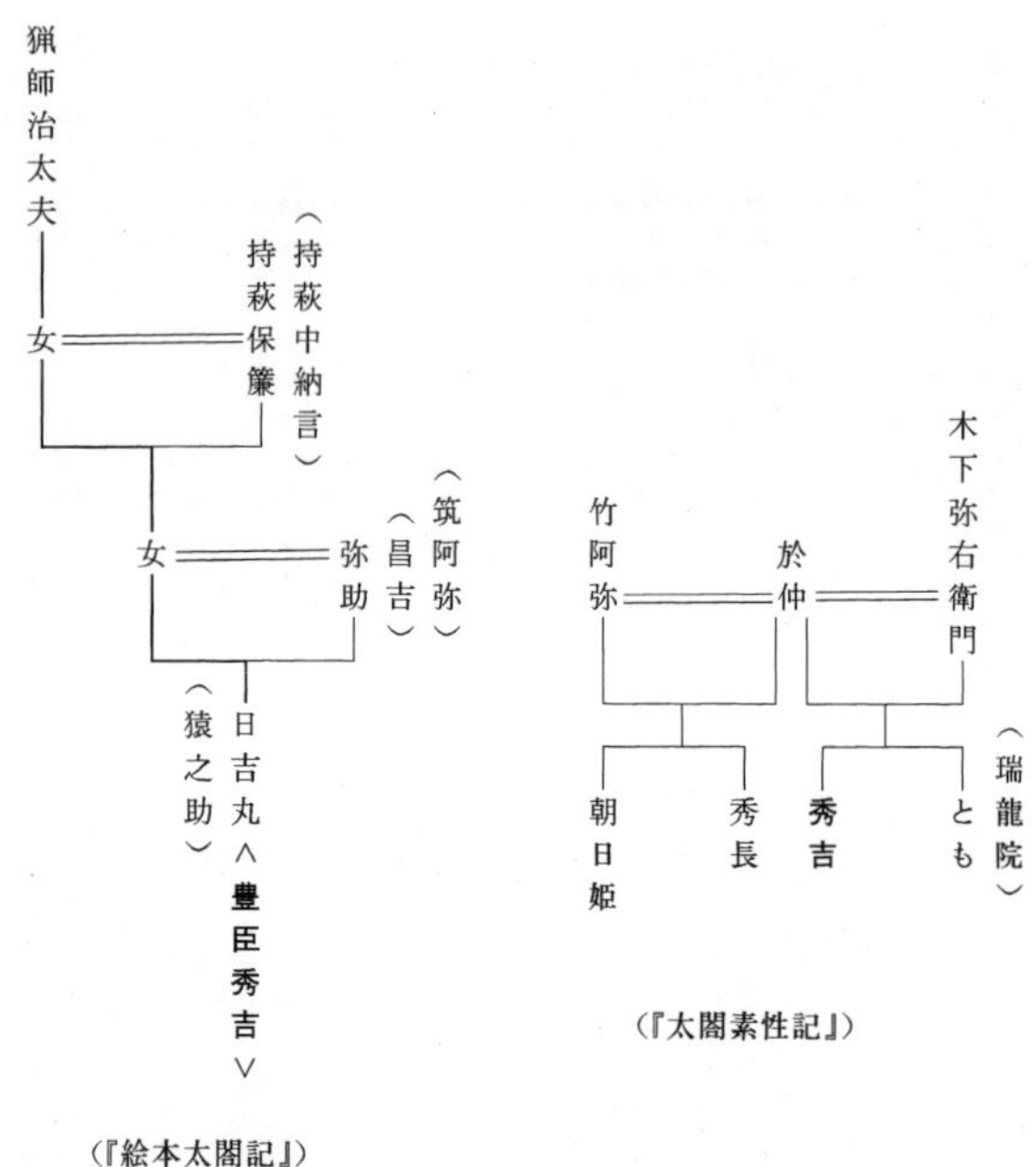
猟師治太夫
女
持萩保簾
（持萩中納言）
女
弥助
（筑阿弥）
（昌吉）
日吉丸
（猿之助）
〈豊臣秀吉〉
（『絵本太閤記』）
木下弥右衛門
於仲
竹阿弥
とも
（瑞龍院）
秀吉
秀長
朝日姫
（『太閤素性記』）

出典『豊臣秀吉（小和田哲男、中公新書）』

＊ 弥助（弥右衛門）と筑阿弥を同一人物とする説（筑阿弥実父説）と 別人説（継父説）がある。又 、秀吉の兄弟姉妹を 同父する説（弥右衛門の子供）と 異父とする説（秀吉、秀長異父兄弟説）がある。単純に弥右衛門の没年と 秀長の生年だけでみれば 同父兄弟という事になるが 大政所が 弥右衛門の生前に離婚していたか 不倫していれば 異父兄弟説が有力となる。秀長の幼名が 小筑であるなら 筑阿弥の 筑に 由来したものか？ 小和田氏は 異父弟妹とするのは『太閤素性記』の 誤伝であろうと思われると述べている（但し 筑阿弥が 秀吉の継父である事は 認めている）。
一方 弥右衛門は 村長として年貢の徴収に追われ、痴呆症となり 家を顧みず、妻女（大政所）は 二人の子供を抱え、家計に苦しみ 弥右衛門生前に 筑阿弥と 再婚したという 甚目寺の郷土史家 寺尾大蔵氏の説が『豊臣秀長のすべて（新人物往来社）』で 紹介されている。同書では『老人雑話』の一節を紹介し、秀長は 異父弟としている。生前再婚なら 異父弟説は 成立する余地がある。

豊臣秀吉出自系図（1）

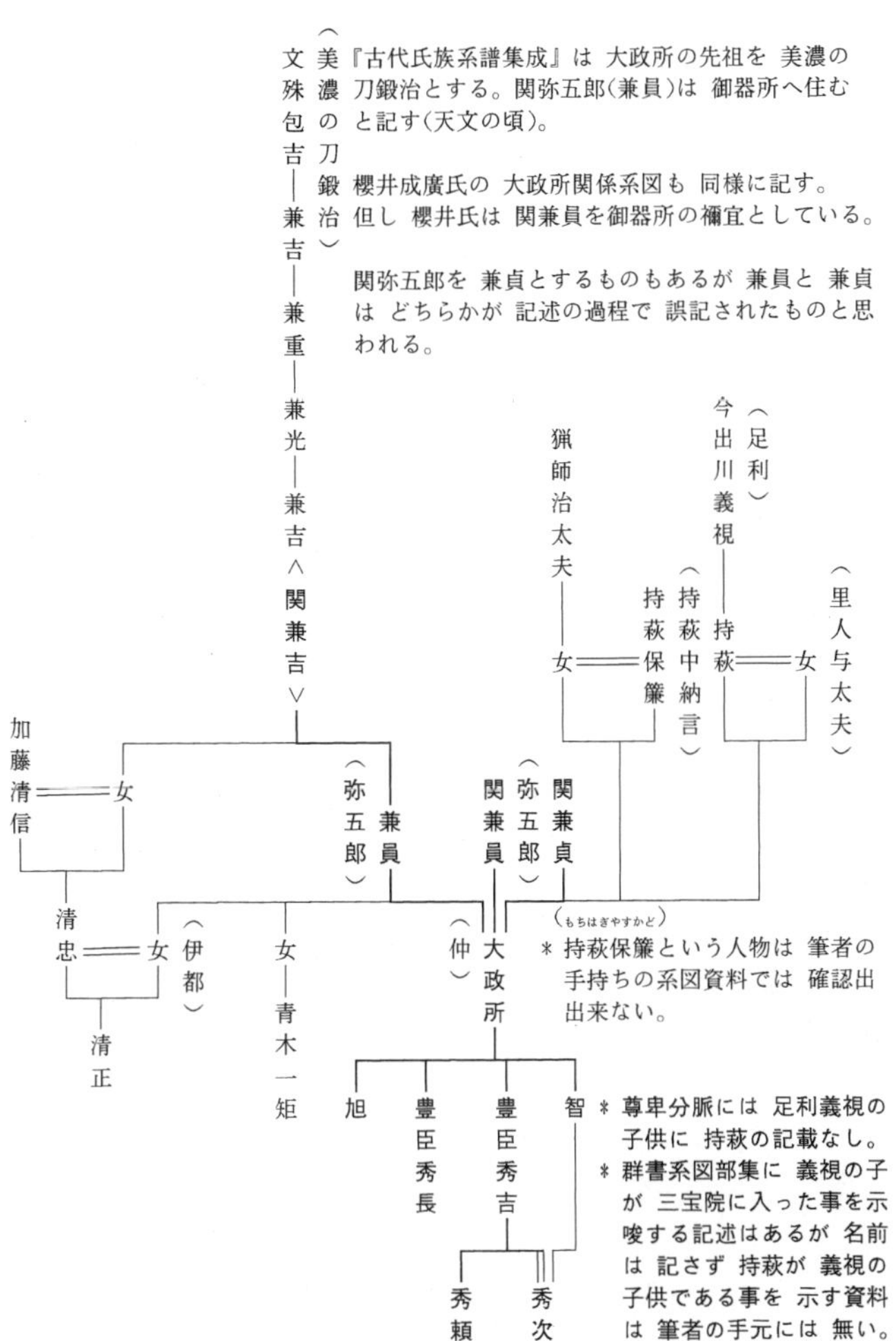

（美濃の刀鍛治）
文殊包吉—兼吉—兼重—兼光—兼吉〈関兼吉〉
『古代氏族系譜集成』は 大政所の先祖を 美濃の刀鍛治とする。関弥五郎（兼員）は 御器所へ住むと記す（天文の頃）。
櫻井成廣氏の 大政所関係系図も 同様に記す。但し 櫻井氏は 関兼員を御器所の禰宜としている。
関弥五郎を 兼貞とするものもあるが 兼員と 兼貞は どちらかが 記述の過程で 誤記されたものと思われる。
猟師治太夫
（足利）今出川義視
持萩
（持萩中納言）持萩保簾
（里人与太夫）
女
女
加藤清信
女
兼員（弥五郎）
関兼員
関兼貞（弥五郎）
清忠
女（伊都）
女—青木一矩
大政所（仲）
（もちはぎやすかど）
＊持萩保簾という人物は 筆者の手持ちの系図資料では 確認出来ない。
清正
旭
豊臣秀長
豊臣秀吉
智
秀頼
秀次
＊尊卑分脈には 足利義視の子供に 持萩の記載なし。
＊群書系図部集に 義視の子が 三宝院に入った事を示唆する記述はあるが 名前は 記さず 持萩が 義視の子供である事を 示す資料は 筆者の手元には 無い。

豊臣秀吉出自系図（2）

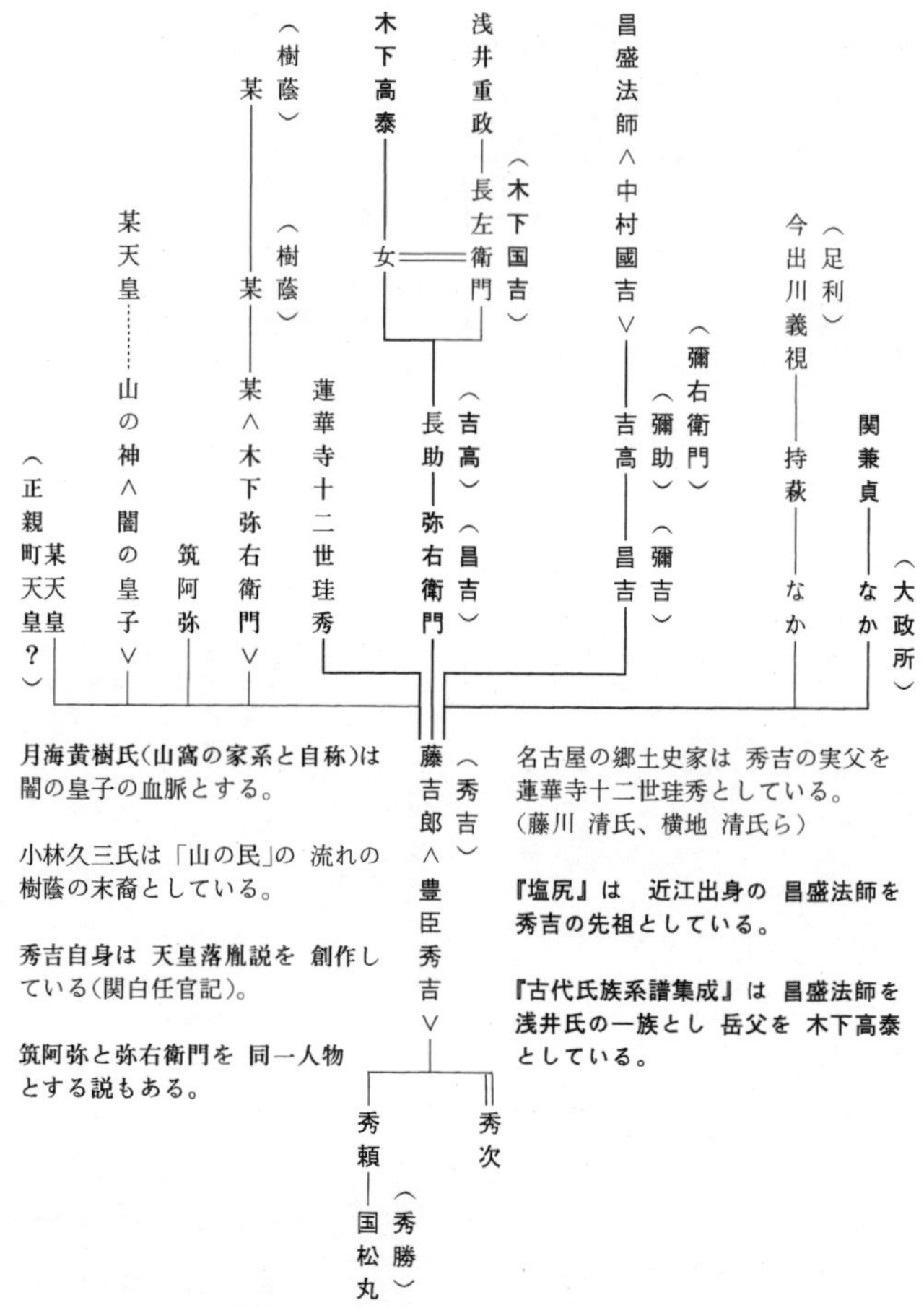

昌盛法師＜中村國吉＞
(彌右衛門)
(彌助)
吉高
(彌吉)
昌吉
浅井重政
(木下国吉)
長左衛門
木下高泰
女
(吉高)
長助
(昌吉)
弥右衛門
(樹蔭)
某
(樹蔭)
某
某＜木下弥右衛門＞
某天皇
山の神＜闇の皇子＞
(正親町天皇？)
某天皇
筑阿弥
蓮華寺十二世珪秀
(足利)
今出川義視
持萩
なか
関兼貞
なか
(大政所)
(秀吉)
藤吉郎＜豊臣秀吉＞
秀頼
(秀勝)
国松丸
秀次

月海黄樹氏（山窩の家系と自称）は闇の皇子の血脈とする。

小林久三氏は「山の民」の流れの樹蔭の末裔としている。

秀吉自身は天皇落胤説を創作している（関白任官記）。

筑阿弥と弥右衛門を同一人物とする説もある。

名古屋の郷土史家は秀吉の実父を蓮華寺十二世珪秀としている。（藤川清氏、横地清氏ら）

『塩尻』は近江出身の昌盛法師を秀吉の先祖としている。

『古代氏族系譜集成』は昌盛法師を浅井氏の一族とし岳父を木下高泰としている。

秀吉には日吉山王伝説との絡みもあり、先祖が比叡山と関係があったという所伝も無視出来ない。『塩尻』の秀吉系図は注目すべきである。

秀吉のルーツ

秀吉のルーツは、近江出身の昌盛法師であることは、『塩尻』『古代氏族系譜集成』『尾陽雑記』などにより既に確認済である。しかし、その前となると、『古代氏族系譜集成』しか、手持ちの資料では確認できない。昌盛法師は浅井一族で、木下高泰なる人物の女婿であるという記録である。では木下の姓の由来であろう木下高泰とは何者であろうか?

思案しているその時に、日本歴史研究所の木村信行氏から、近々出版される本の草稿資料が送られてきた(この項は平成十六年初頭より執筆したものであるが、その途中で木村氏より草稿を提示された。なお、木村氏の草稿は平成十六年八月に『南朝熊沢家と浅井・豊臣の謎』として日本歴史研究所より刊行された)。校正前ということで、参考程度にというものであったが、何とそこには木下越中守高泰の系図が記されていた。木村氏作成の系図によれば、宇多源氏佐々木氏傍系高島四郎範綱の玄孫が木下高泰というものであった(範綱―信顕―高顕―高頼―高泰)。これが事実なら、秀吉のルーツは、さらに溯れることとなる。

しかし、これをそのまま受け入れる訳にはいかない。木村氏にとっては、独自の調査と資料分析により出された結論であるが、私にとっては未確認のことであり、最低限手持ちの系譜資料の何れかで確認されなければ、同じく秀吉のルーツを追跡する者としては、簡単には容認できない。まずは、筆者の系譜研究のバイブルとも呼べる『姓氏家系大辞典』に当たることにした。同書によれば『尊卑分脈』の引用として、佐々木信綱、高信、泰信、泰氏、範綱(高島四郎)、信顕(左門尉・越中守)、高顕(左門尉)、高頼(左門尉)、高泰(越中守)と記す。

信綱―高信―泰信―泰氏―範綱（高島範綱）―信顕―高顕―高頼―高泰（越中守）

系譜としては、同じものと認められるが、一つ問題が残る。木村氏の系図では、越中守高泰は木下姓であるが、『姓氏家系大辞典』では、木下姓は記していないので、そのままなら、越中守高泰は、高島姓となる。さらに『系図纂要』でも確認してみた。佐々木信綱、高信（東佐々木近江二郎・左衛門尉・高嶋隠岐守）、泰信（東佐々木孫四郎左衛門尉）、泰氏（左衛門尉・越中守）、範綱（高嶋四郎）、信顕（高嶋左衛門尉・越中守）、高顕（左衛門尉）、高頼（左衛門尉）、高泰（左衛門尉）、こちらでは、高泰は越中守でなく左衛門尉である。

信綱―高信―泰信―泰氏―範綱（高嶋範綱）―信顕―高顕―高頼―高泰（左衛門尉）

『群書類従系譜部（正・続）』を合本刊行された『群書系図部集』第三に所収の佐々木系図は、信綱、高信（高嶋二郎右衛門・隠岐守）、泰信（四郎左衛門）、泰氏（八郎左衛門・越中権守）、範綱（高嶋四郎、弟は高嶋五郎泰則）、信顕（高嶋越中守・左衛門）、高顕（四郎左衛門）、高頼（四郎左衛門）、高泰（高嶋越中守）、高俊（近江守）と記す（二九四頁）。

信綱―高信―泰信―泰氏―範綱（高嶋範綱）―信顕―高顕―高頼―高泰（越中守）―高俊

『群書系図部集』には、別本の佐々木系図も掲載されていたので、そちらも紹介する。信綱、高信（高嶋次郎左衛門尉）、泰信（孫四郎左衛門尉）、泰氏（越中権守）、師綱と記されているが、泰氏の子供（師綱の弟）に、範綱は不記載（三三三頁）。

さらに別本があったので、そちらも確認した。信綱、高信（高嶋五郎左衛門尉・隠岐守）、泰信（左衛門尉）、泰氏（越中守・八郎左衛門）、師綱、時綱で、泰氏の子供（師綱の弟）に、範綱は不記載（三六二頁)。別本二本は不記載だが、泰氏は高嶋氏ということなので、高泰の系図が記載漏れであるなら、本編同様高嶋氏と推測される。

各種系図は、細部ではことなる部分もあるが、諱(実名)については問題はなさそうである。この段階で導き出される答えは、佐々木信綱末裔、越中守高泰は、木下姓を記したものが、基本系図・参考系図文献では確認できず、越中守高泰を木下氏とは断定できない。むしろ、高嶋氏とすべきという答えが導き出される。木下越中守高泰と、高嶋越中守高泰を同一人物とするためには、さらなる検証が必要であろうと考える。私の中では、現時点では、まだ結論は出せない。

越中守高泰系図（高嶋氏）（1）

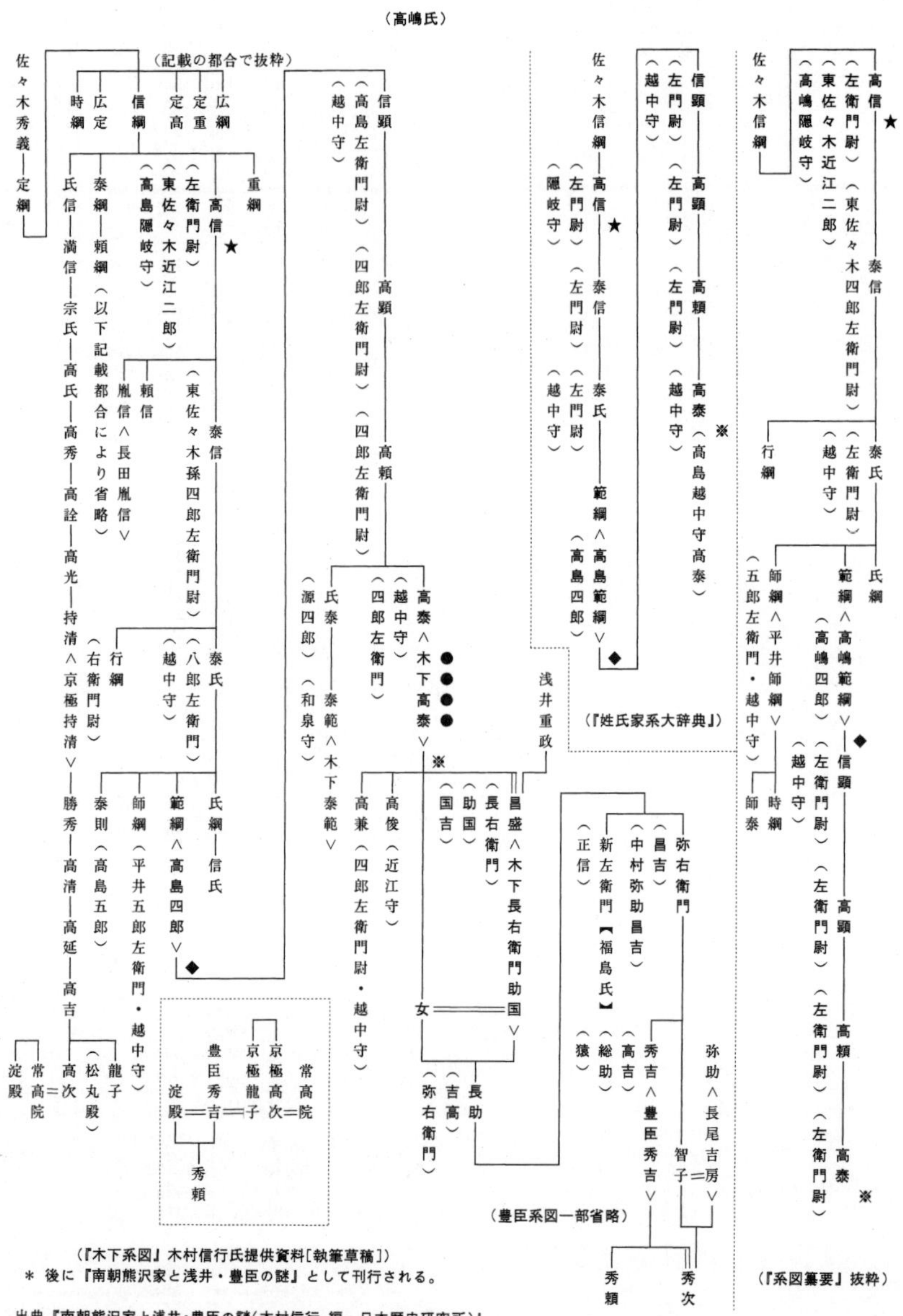

越中守高泰系図（高嶋氏）（2）

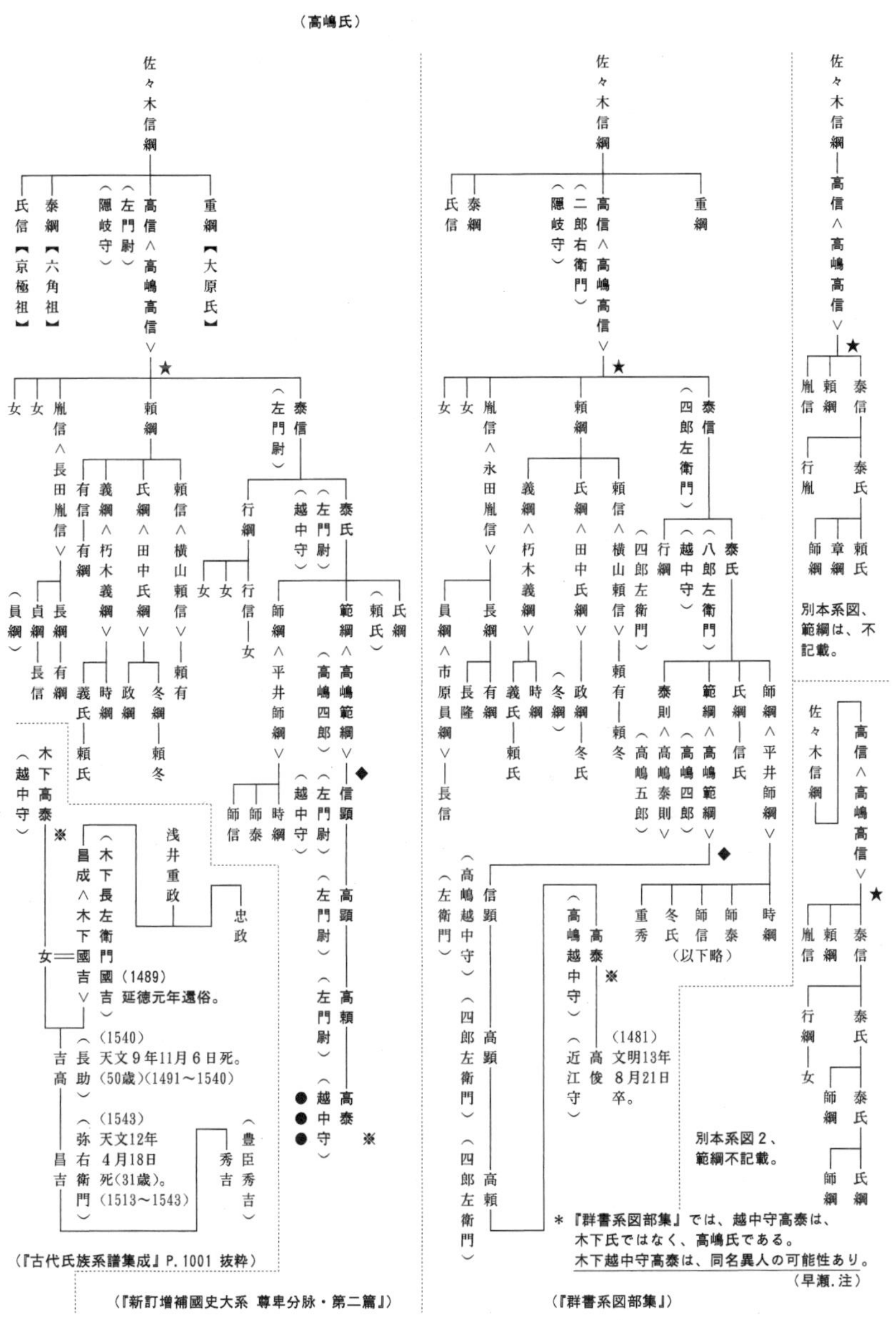

（高嶋氏）
佐々木信綱
氏信【京極祖】
泰綱【六角祖】
高信〈高嶋高信〉（左門尉）（隠岐守）
重綱【大原氏】
女　女　胤信〈長田胤信〉　頼綱　泰信（左門尉）
有信―有綱　義綱〈朽木義綱〉　氏綱〈田中氏綱〉　頼信〈横山頼信〉
貞綱―長信　長綱―有綱（員綱）
義氏―頼氏　時綱　政綱　冬綱―頼冬　頼有
行綱　泰氏（左門尉）（越中守）
女　女　行信―女
師綱〈平井師綱〉　範綱〈高嶋範綱〉（高嶋四郎）　頼氏　氏綱
師信　師泰　時綱
信顕（左門尉）（越中守）
高顕（左門尉）
高頼（左門尉）
高泰（越中守）※
木下高泰（越中守）※
浅井重政　忠政
昌成〈木下國吉〉（木下長左衛門國吉）（1489）延徳元年還俗。
女＝＝
吉高　長助（1540）天文9年11月6日死。（50歳）（1491～1540）
昌吉　弥右衛門（1543）天文12年4月18日死（31歳）。（1513～1543）
秀吉（豊臣秀吉）
（『古代氏族系譜集成』P.1001 抜粋）
（『新訂増補國史大系　尊卑分脈・第二篇』）
佐々木信綱
氏信　泰綱　高信〈高嶋高信〉（二郎右衛門）（隠岐守）　重綱
女　女　胤信〈永田胤信〉　頼綱　泰信（四郎左衛門）
義綱〈朽木義綱〉　氏綱〈田中氏綱〉　頼信〈横山頼信〉（四郎左衛門）
員綱〈市原員綱〉―長信　長綱
長隆　有綱　義氏―頼氏　時綱　政綱―冬氏（冬綱）　頼有―頼冬
行綱　泰氏（越中守）（八郎左衛門）
泰則〈高嶋泰則〉（高嶋五郎）　範綱〈高嶋範綱〉（高嶋四郎）　氏綱―信氏　師綱〈平井師綱〉
信顕（高嶋越中守）（左衛門）
高顕（四郎左衛門）
高頼（四郎左衛門）
高泰（高嶋越中守）※
高俊（近江守）（1481）文明13年8月21日卒。
重秀　冬氏　師信　師泰　時綱
（以下略）
＊『群書系図部集』では、越中守高泰は、木下氏ではなく、高嶋氏である。
木下越中守高泰は、同名異人の可能性あり。
（早瀬.注）
（『群書系図部集』）
佐々木信綱―高信〈高嶋高信〉
胤信　頼綱　泰信
行胤　泰氏
師綱　章綱　頼氏
別本系図、範綱は、不記載。
佐々木信綱　高信〈高嶋高信〉
胤信　頼綱　泰信
行綱―女　泰氏
師綱　泰氏
師綱　氏綱
別本系図2、範綱不記載。

豊臣秀吉系図（木村信行・編）

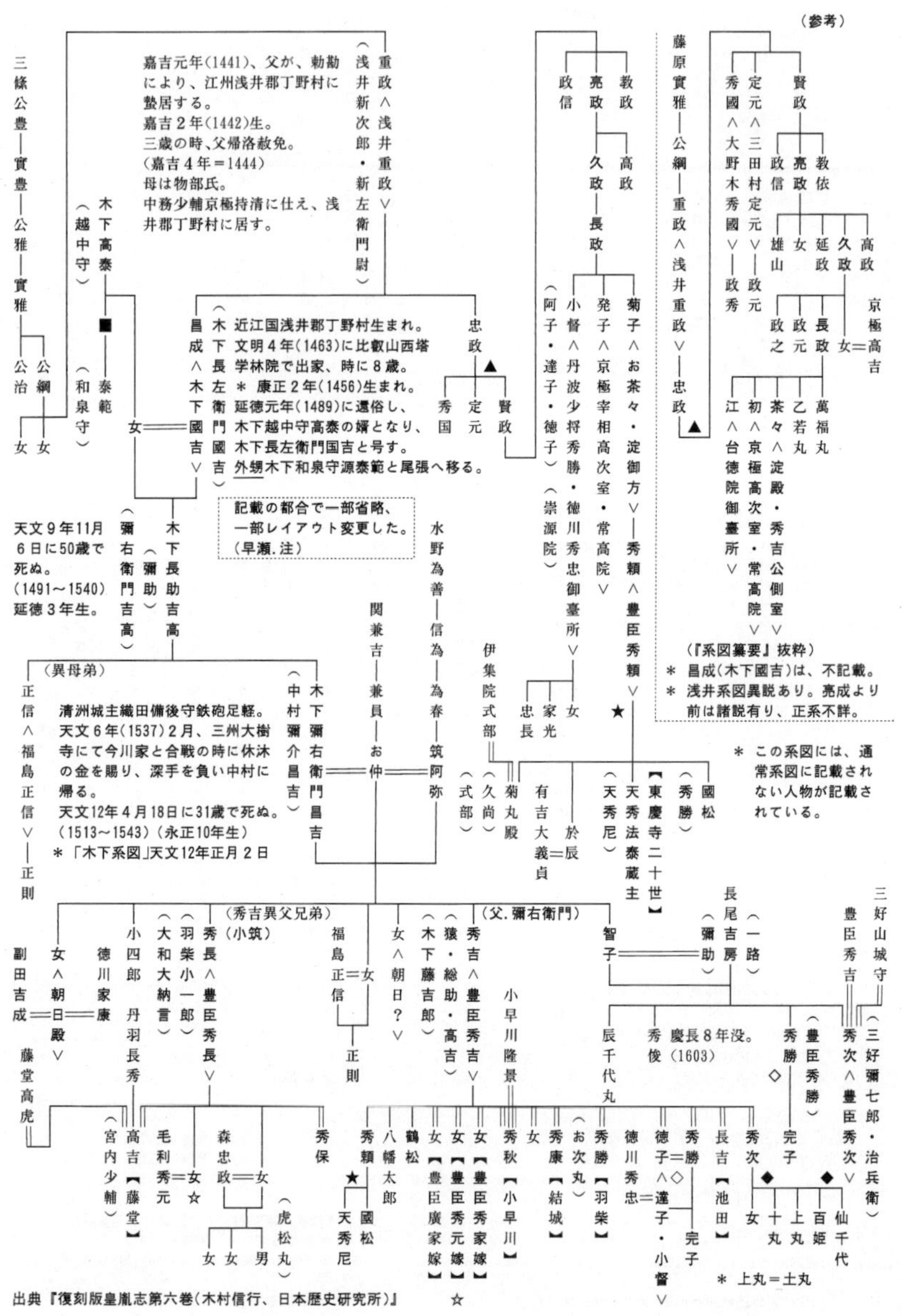
（参考）
三條公豊―實豊―公雅―實雅
公綱
公治
女
女
木下高泰（越中守）
■
泰範（和泉守）
嘉吉元年(1441)、父が、勅勘により、江州浅井郡丁野村に蟄居する。
嘉吉2年(1442)生。
三歳の時、父帰洛赦免。
（嘉吉4年＝1444）
母は物部氏。
中務少輔京極持清に仕え、浅井郡丁野村に居す。
重政（浅井重政）（浅井新次郎・新左衛門尉）
昌成（木下國吉）
（木下長左衛門國吉）
近江国浅井郡丁野村生まれ。
文明4年(1463)に比叡山西塔学林院で出家、時に8歳。
＊ 康正2年(1456)生まれ。
延徳元年(1489)に還俗し、木下越中守高泰の婿となり、木下長左衛門国吉と号す。

外甥木下和泉守源泰範と尾張へ移る。

忠政
▲
秀国
定元
賢政
記載の都合で一部省略、一部レイアウト変更した。（早瀬.注）
天文9年11月6日に50歳で死ぬ。（1491～1540）延徳3年生。
木下長助吉高
（彌右衛門吉高）
（彌助）
教政
亮政
政信
高政
久政
長政
菊子（お茶々・淀御方）―秀頼（豊臣秀頼）
発子（京極宰相高次室・常高院）
小督（丹波少将秀勝・徳川秀忠御臺所）
（阿子・達子・徳子）（崇源院）
★
藤原實雅―公綱―重政（浅井重政）―忠政
▲
賢政
定元（三田村定元）―政元
秀國（大野木秀國）―政秀
教依
亮政
政信
高政
久政
延政
女
雄山
女＝京極高吉
長政
政元
政之
萬福丸
乙若丸
茶々（淀殿・秀吉公側室）
初（京極高次室・常高院）
江（台徳院御臺所）
（『系図纂要』抜粋）
＊ 昌成（木下國吉）は、不記載。
＊ 浅井系図異説あり。亮成より前は諸説有り、正系不詳。
＊ この系図には、通常系図に記載されない人物が記載されている。
（異母弟）

正信（福島正信）―正則
清洲城主織田備後守鉄砲足軽。

天文6年(1537)2月、三州大樹寺にて今川家と合戦の時に休沐の金を賜り、深手を負い中村に帰る。

天文12年4月18日に31歳で死ぬ。

（1513～1543）（永正10年生）
＊「木下系図」天文12年正月2日
木下彌右衛門昌吉（中村彌介昌吉）
関兼吉―兼員―お仲
水野為善―信為―為春―筑阿弥
伊集院式部
忠長
家光
女
國松
秀勝
天秀法泰（東慶寺二十世）
（天秀尼）
菊丸殿（久尚）（式部）
有吉大義＝於辰
貞
（秀吉異父兄弟）
秀長（豊臣秀長）（小筑）
羽柴小一郎
大和大納言
小四郎
丹羽長秀
徳川家康
女（朝日殿）
副田吉成
藤堂高虎
福島正＝女
信
正則
女（朝日？）
木下藤吉郎
猿・総助・高吉
秀吉（豊臣秀吉）
（父.彌右衛門）
小早川隆景
智子＝＝彌助
長尾吉房（一路）
三好山城守
豊臣秀吉
秀次（豊臣秀次）
（三好彌七郎・治兵衛）
辰千代丸
秀俊 慶長8年没。（1603）
秀勝（豊臣秀勝）
◇
完子
高吉（藤堂）
（宮内少輔）
毛利秀元＝女
☆
森忠政＝女
女 女 男
（虎松丸）
秀保
秀頼
★
天秀尼
國松
八幡太郎
鶴松
女（豊臣廣家嫁）
女（豊臣秀元嫁）
☆
女（豊臣秀家嫁）
秀秋（小早川）
女
秀康（結城）
お次丸
秀勝（羽柴）
徳川秀忠＝
徳子（達子・小督）
秀勝＝◇
完子
長吉（池田）
秀次
◆
女
十丸
上丸
百姫
◆
仙千代
＊ 上丸＝土丸

出典『復刻版皇胤志第六巻（木村信行、日本歴史研究所）』

豊臣秀吉系図（秀吉の先祖は誰？）

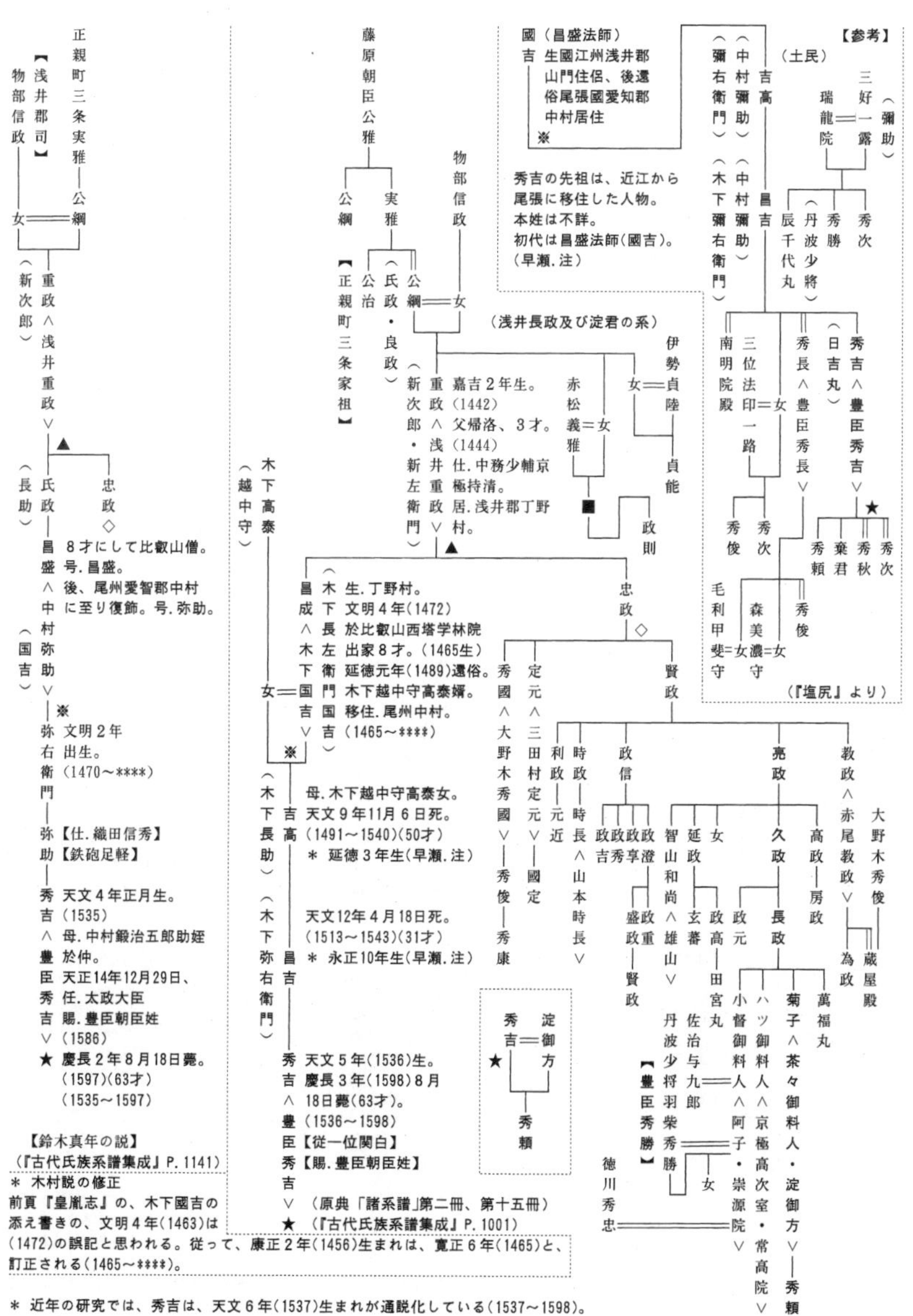

正親町三条実雅
【浅井郡司】物部信政
女
公綱
重政〈浅井重政〉
（新次郎）
氏政（長助）
忠政
昌盛〈中村弥助〉（国吉）
8才にして比叡山僧。号.昌盛。後、尾州愛智郡中村に至り復飾。号.弥助。
弥右衛門
文明2年出生。（1470～****）
弥助【仕.織田信秀】【鉄砲足軽】
秀吉〈豊臣秀吉〉
天文4年正月生。（1535）
母.中村鍛冶五郎助姪於仲。
天正14年12月29日、任.太政大臣
賜.豊臣朝臣姓（1586）
慶長2年8月18日薨。（1597）（63才）（1535～1597）
【鈴木真年の説】
（『古代氏族系譜集成』P.1141）
藤原朝臣公雅
公綱
実雅
【正親町三条家祖】
公治
氏政・良政（）
公綱
物部信政
女
重政〈浅井重政〉（新次郎・新左衛門）
嘉吉2年生。（1442）
父帰洛、3才。（1444）
仕.中務少輔京極持清。
居.浅井郡丁野村。
赤松義雅
女
伊勢貞陸
女
貞能
政則
（浅井長政及び淀君の系）
木下高泰（越中守）
女
昌成〈木下国吉〉（木下長左衛門国吉）
生.丁野村。
文明4年（1472）
於比叡山西塔学林院出家8才。（1465生）
延徳元年（1489）還俗。
木下越中守高泰婿。
移住.尾州中村。（1465～****）
吉高（木下長助）
母.木下越中守高泰女。
天文9年11月6日死。（1491～1540）（50才）
＊ 延徳3年生（早瀬.注）
昌吉（木下弥右衛門）
天文12年4月18日死。（1513～1543）（31才）
＊ 永正10年生（早瀬.注）
秀吉〈豊臣秀吉〉
天文5年（1536）生。
慶長3年（1598）8月18日薨（63才）。（1536～1598）
【従一位関白】
【賜.豊臣朝臣姓】
（原典「諸系譜」第二冊、第十五冊）
（『古代氏族系譜集成』P.1001）
忠政
秀國〈大野木秀國〉
秀俊
秀康
定元〈三田村定元〉
國定
賢政
利政
元近
時政
時長〈山本時長〉
政信
政吉
政秀
政享
政澄
盛政
政重
賢政
智山和尚〈雄山〉
延政
玄蕃
政高
田宮丸
女
亮政
久政
政元
長政
高政
房政
教政〈赤尾教政〉
為政
大野木秀俊
蔵屋殿
小督御料人〈阿子・崇源院〉
ハツ御料人〈京極高次室・常高院〉
菊子〈茶々御料人・淀御方〉
萬福丸
秀頼
丹波少将羽柴秀勝
佐治与九郎
【豊臣秀勝】
女
徳川秀忠
秀吉
淀御方
秀頼
國吉（昌盛法師）
生國江州浅井郡山門住侶、後還俗尾張國愛知郡中村居住
秀吉の先祖は、近江から尾張に移住した人物。
本姓は不詳。
初代は昌盛法師（國吉）。
（早瀬.注）
（彌右衛門）
（中村彌助）
吉高
（木下彌右衛門）
（中村彌助）
昌吉
【参考】
（土民）
三好一露（彌助）
瑞龍院
辰千代丸
秀勝
秀次
丹波少将
南明院殿
三位法印一路
女
秀長〈豊臣秀長〉
日吉丸
秀吉〈豊臣秀吉〉
秀俊
秀次
秀頼
棄君
秀秋
秀次
毛利甲斐守
女
森美濃守
女
秀俊
（『塩尻』より）

＊ 木村説の修正
前頁『皇胤志』の、木下國吉の添え書きの、文明4年（1463）は（1472）の誤記と思われる。従って、康正2年（1456）生まれは、寛正6年（1465）と、訂正される（1465～****）。

＊ 近年の研究では、秀吉は、天文6年（1537）生まれが通説化している（1537～1598）。

豊臣秀吉のルーツ（1）

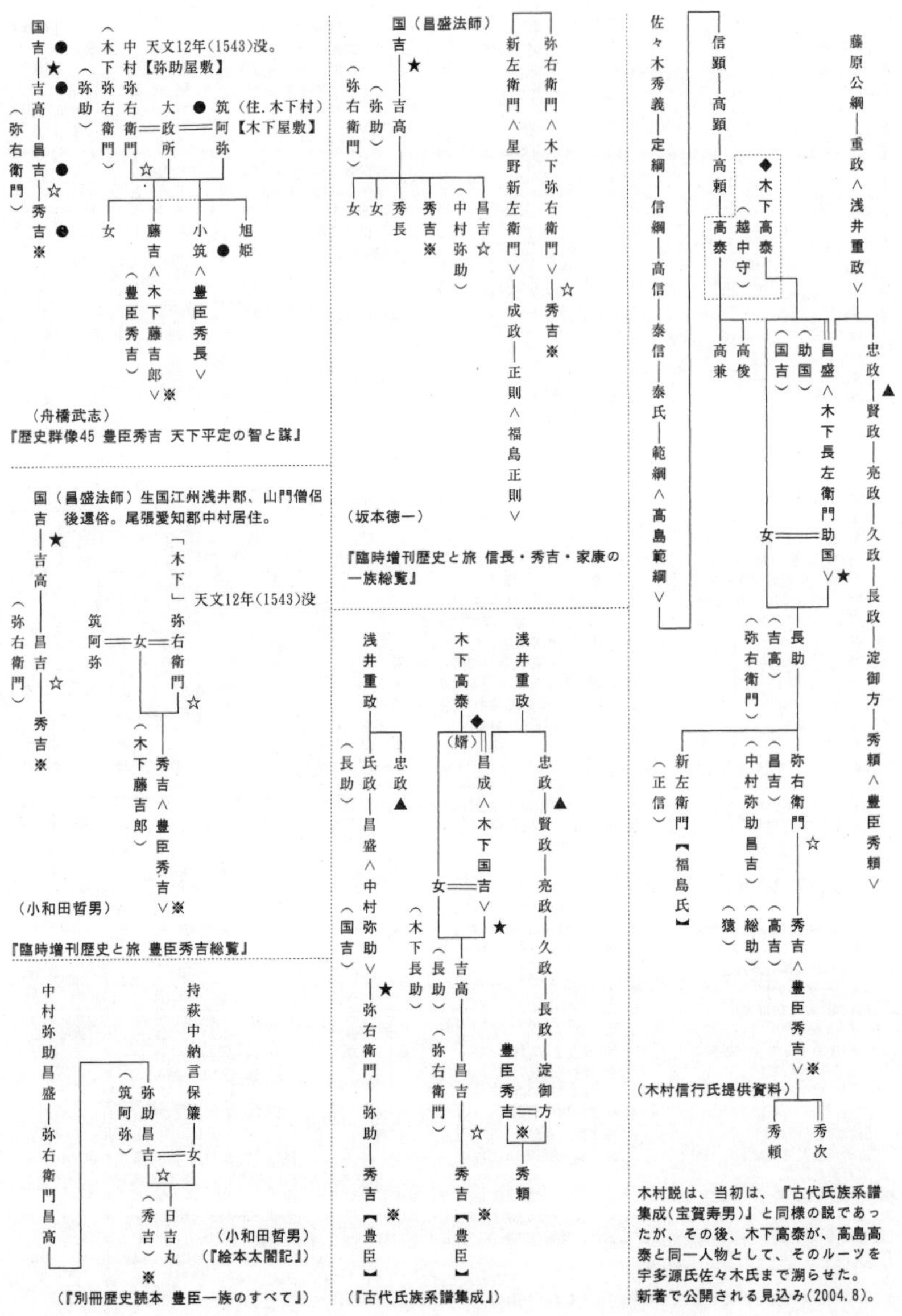
国吉
吉高（弥右衛門）
昌吉
秀吉
中村弥右衛門（木下弥助）
天文12年(1543)没。
【弥助屋敷】
大政所
筑阿弥
(住.木下村)【木下屋敷】
女
藤吉〈木下藤吉郎〉（豊臣秀吉）
小筑〈豊臣秀長〉
旭姫
（舟橋武志）
『歴史群像45 豊臣秀吉 天下平定の智と謀』
国（昌盛法師）生国江州浅井郡、山門僧侶
吉 後還俗。尾張愛知郡中村居住。
吉高（弥右衛門）
昌吉
秀吉
「木下」弥右衛門
天文12年(1543)没
筑阿弥
女
秀吉〈豊臣秀吉〉（木下藤吉郎）
（小和田哲男）
『臨時増刊歴史と旅 豊臣秀吉総覧』
中村弥助昌盛
弥右衛門昌高
持萩中納言保廉
女
弥助昌吉（筑阿弥）
日吉丸（秀吉）
（小和田哲男）
（『絵本太閤記』）
（『別冊歴史読本 豊臣一族のすべて』）
国吉（昌盛法師）
吉高（弥右衛門）（弥助）
女
女
秀長
秀吉
中村弥助
昌吉
弥右衛門〈木下弥右衛門〉
新左衛門〈星野新左衛門〉
成政
正則〈福島正則〉
秀吉
（坂本徳一）
『臨時増刊歴史と旅 信長・秀吉・家康の一族総覧』
浅井重政
氏政（長助）
忠政
昌盛〈中村弥助〉
弥右衛門
弥助
秀吉【豊臣】
木下高泰
（婿）
昌成〈木下国吉〉
女
木下長助
吉高（長助）（弥右衛門）
昌吉
秀吉【豊臣】
浅井重政
忠政
賢政
亮政
久政
長政
淀御方
豊臣秀吉
秀頼
（国吉）
（『古代氏族系譜集成』）
佐々木秀義
定綱
信綱
高信
泰信
泰氏
範綱〈高島範綱〉
信顕
高顕
高頼
高泰
木下高泰（越中守）
高兼
高俊
昌盛〈木下長左衛門助国〉（助国）（国吉）
女
長助（吉高）（弥右衛門）
新左衛門（正信）【福島氏】
弥右衛門（昌吉）（中村弥助昌吉）
秀吉〈豊臣秀吉〉（高吉）（総助）（猿）
秀頼
秀次
藤原公綱
重政〈浅井重政〉
忠政
賢政
亮政
久政
長政
淀御方
秀頼〈豊臣秀頼〉
（木村信行氏提供資料）
木村説は、当初は、『古代氏族系譜集成(宝賀寿男)』と同様の説であったが、その後、木下高泰が、高島高泰と同一人物として、そのルーツを宇多源氏佐々木氏まで溯らせた。
新著で公開される見込み(2004.8)。

秀吉の出自

秀吉の出自に関しては謎の部分もあるが、通史においては、尾張国の中中村の弥右衛門と御器所出身の仲の子供とされている。『塩尻』や『尾張雑記』などによると、秀吉の先祖は、近江の出身で、初代は昌盛法師こと木下国吉（長左衛門）、尾張国の中中村に移り土民（百姓）となり、長左衛門は弥助、中村の弥助（中村弥助）とも称した。その子の長助吉高は、弥右衛門とも称した。その子供の中村弥助昌吉こそ、通史における木下弥右衛門である。このことについては、系図も紹介して前述した。多少異伝もあるが、これが現在知り得る秀吉のルーツである。

初代の昌成（昌盛法師・木下国吉）は、宝賀寿男説（『古代氏族系譜集成』）や、木村信行説（『復刻版 皇胤志』）によれば、浅井重氏の子供で、木下越中守高泰の女婿ということになっている。これら資料によれば、木下姓の由来は、昌盛法師の岳父の木下越中守高泰の姓によることとなる。木下家のルーツは、家名では木下高泰、血統では浅井重政、さらには三条家から、藤原鎌足に至る。しかし、このルーツは、現時点では断定することはできない。なぜなら、近江浅井氏の系図が確定されていないからである。浅井氏は、亮政以前は諸説あり、正系は定かでない。物部末裔説、近江浅井郡の郡司末裔、土豪説など。したがって藤原氏三条家（正親町三条家）落胤説は、そういう説の一つにすぎない。浅井氏一族としても、藤原氏とは現状では断定できない。また、木下高泰については、『古代氏族系譜集成』には、そのルーツについては記されていない。

日本歴史研究所の木村信行氏は、筆者（早瀬）への提供資料において、その正体は、宇多源氏佐々木一族高島範綱末裔の高島越中守高泰とされていることは、先に紹介したが、手持ちの基本資料において、木下改姓について、確たる答えを見い出せなかったので保留扱いにしたことは前述した。ただし、受領名などから、高島越中守高泰が、木下越中守高泰の可能性があることまでは否定しない。

高島越中守高泰の実在については、『尊卑分脈』『系図纂要』『群書系図部集』（続群書類従完成会）、さらには、『宇多源氏佐々木氏系図・第二巻』（展望社）などの各種系図集で確認されるので、この人物が木下姓に改姓したことが確認されれば、秀吉のルーツは、佐々木氏から宇多天皇に至ることになる（近江佐々木氏の宇多天皇末裔説には異論もあるが通史に従う）。

秀吉のルーツは、当面は昌盛法師木下国吉を初代とする。この説は、『太閤記』などにも影響を与えているので、既に江戸時代には、そういう所伝が伝わっていて、他説の混同などもあり、弥助と筑阿弥を同一人物とする系図も登場したのであろう。ただし、秀吉の場合、普通の武将と異なり、表の系譜と裏の系譜が存在したのではないか？『織豊興亡史』でも触れたが、秀吉の家系は、比叡山西塔の僧侶というフィルターを通じて表の世界に登場した闇の家系、そういう印象がある。

もっとも、国吉が木下であっても、弥右衛門が木下を称したという確証はない。零落していた弥右衛門としては、中村の弥助（中村弥助）、あるいは、ただの弥右衛門、中村の弥右衛門で終わった可能性もある。また、木下姓は、仲の家系の姓という説があるが、関氏とした所伝以外確認できていないし、仲の実父を木下氏とした系図などは確認されていない。

木下姓は、秀吉の妻の於禰の実家の姓とする意見もあるが、於禰の実家が杉原氏であることは、各種系図で確認されるが、杉原一族で、於禰と家定以前に木下姓は、基本系図文献では確認されない。於禰の実家を木下とするのは、杉原道松（定利）と木下祐久を混同したもので、両者が別人であることは、川口素生氏が、『別冊歴史読本』「豊臣一族のすべて」にて指摘済である。杉原氏は、『尊卑分脈』などで確認しても、木下姓の人物は確認されない。ここでは、秀吉の木下姓は、先祖の姓への復姓と考えたい。

昌盛法師の岳父は、本当に木下越中守高泰か？

昌成法師（木下国吉・中村国吉）の岳父は、『古代氏族系譜集成』や、日本歴史研究所の木村信行氏の著書によれば、木下越中守高泰とされていた。これは、国会図書館所蔵の資料『諸家譜』による説である。

しかし、この説に対する疑問が、『古代氏族系譜集成』の編著者である宝賀寿男氏の、新たな論考により浮上した。秀吉の遠い先祖が、浅井郡司一族の同族である可能性までは否定できないが、弥助国吉が木下越中守高泰の娘を妻としたという所伝は疑問、「中興武家系図」に、「妻は中村住人弥五右衛門の娘鷹女と記載」とある記述が問題となる。昌盛法師が還俗後、妻の父の姓により木下を称したという根拠が失われる。弥五右衛門の本姓は不詳。昌盛法師が還俗後、流れて尾張中村に移り結婚、地名により中村を称したのなら、近江時代の氏姓（この場合は、苗字・家名）は何か？

昌盛法師こと木下長左衛門国吉（中村弥助）の岳父が木下越中守高泰でないとなると、木村信行氏の近江源氏佐々木氏流高嶋氏母系説は、一挙に崩壊する。だが、筆者（早瀬）には、確認する手段がない。図書館所蔵の資料なら、扶桑町図書館からのレファレンスも可能だが、それ以外の蔵書資料となると、現地調査のできない私には追跡不能となる。

また、男系についても曖昧な部分があり（『古代氏族系譜集成』でも二説掲載）、また、近江浅井一族としても、浅井系図そのものが混乱しており、戦国大名浅井一族の近い一族とは断定しかねる。秀吉の先祖は、比叡山の僧侶となって後に、表に現れた人物である。木下高泰と無関係となると、古い先祖の縁の姓（樹蔭あるいは、樹下）をアレンジして木下と称したとも考えられる。

尾張へ移ってからは、土地の名前により中村と称したものか？　その末裔の秀吉は、仕官の後、近江時代の木下姓を自称（復活？）したとも考えられる。

秀吉のルーツ

秀吉のルーツは、近江出身の国吉（元比叡山僧侶・昌盛法師）より始まるとするのが、各種資料の検討から妥当な線と考えられる。この所伝は、江戸時代の太閤秀吉を題材とした物語にも、少し形を変えて登場している（「豊臣一族参考系図（異説・虚説・異聞）」を参照）。問題はその前であるが、追跡は巨大な闇に遮られる。

以前、『織豊興亡史』執筆の時に感じたのは、秀吉という人物は、闇の血脈（鬼族・まつろわぬ民の末裔）の末裔ではないのかという感覚である。非農民階層で時の権力者の支配を受けない人々、それでいてその一部は、庶民階層や土豪・悪党の中に溶け込み、表の世界を渡り歩く人々。母の縁者も含めた秀吉周辺には、そういう人々の影を感じる。

秀吉が純然たる農民の末裔でないということは、諱が示している。

国吉—吉高—昌吉—秀吉

豊臣秀吉のルーツ（2）

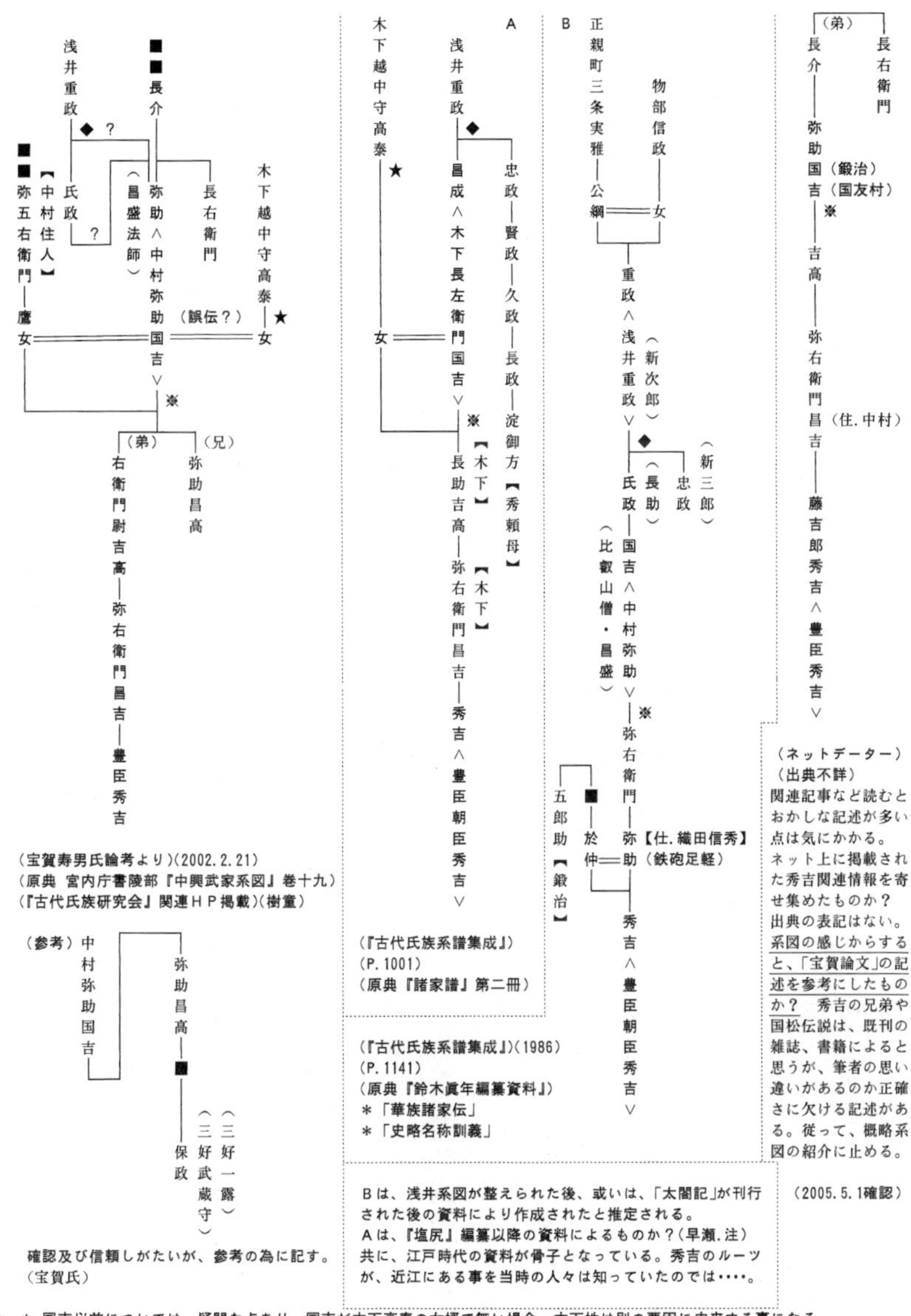

浅井重政
■■長介
◆？
■■弥五右衛門
【中村住人】
氏政
（昌盛法師）
弥助〈中村弥助国吉〉
長右衛門
木下越中守高泰
鷹女
（誤伝？）
★
女
※
（弟）
（兄）
右衛門尉吉高
弥助昌高
弥右衛門昌吉
豊臣秀吉
（宝賀寿男氏論考より）（2002.2.21）
（原典 宮内庁書陵部『中興武家系図』巻十九）
（『古代氏族研究会』関連ＨＰ掲載）（樹堂）
（参考）中村弥助国吉
弥助昌高
保政（三好武蔵守）
（三好一露）
確認及び信頼しがたいが、参考の為に記す。（宝賀氏）
A
木下越中守高泰
浅井重政
昌成〈木下長左衛門国吉〉
忠政
賢政
久政
長政
淀御方【秀頼母】
長助吉高【木下】
弥右衛門昌吉【木下】
秀吉〈豊臣朝臣秀吉〉
（『古代氏族系譜集成』）
（P.1001）
（原典『諸家譜』第二冊）
B
正親町三条実雅
物部信政
公綱
女
重政〈浅井重政〉（新次郎）
氏政（長助）
忠政（新三郎）
（比叡山僧・昌盛）
国吉〈中村弥助〉
弥右衛門
五郎助【鍛冶】
■
於仲
弥助【仕.織田信秀】（鉄砲足軽）
秀吉〈豊臣朝臣秀吉〉
（『古代氏族系譜集成』）（1986）
（P.1141）
（原典『鈴木眞年編纂資料』）
＊「華族諸家伝」
＊「史略名称訓義」
（弟）
長介
長右衛門
弥助国吉（鍛冶）（国友村）
吉高
弥右衛門昌吉（住.中村）
藤吉郎秀吉〈豊臣秀吉〉
（ネットデーター）
（出典不詳）
関連記事など読むとおかしな記述が多い点は気にかかる。ネット上に掲載された秀吉関連情報を寄せ集めたものか？出典の表記はない。系図の感じからすると、「宝賀論文」の記述を参考にしたものか？ 秀吉の兄弟や国松伝説は、既刊の雑誌、書籍によると思うが、筆者の思い違いがあるのか正確さに欠ける記述がある。従って、概略系図の紹介に止める。
（2005.5.1確認）
Bは、浅井系図が整えられた後、或いは、「太閤記」が刊行された後の資料により作成されたと推定される。
Aは、『塩尻』編纂以降の資料によるものか？（早瀬.注）
共に、江戸時代の資料が骨子となっている。秀吉のルーツが、近江にある事を当時の人々は知っていたのでは‥‥。

＊ 国吉以前については、疑問な点あり。国吉が木下高泰の女婿で無い場合、木下姓は別の要因に由来する事になる。

これらが金属師・鍛冶として内伝された名前と考えたらどうであろう。秀吉の祖父や曾祖父が、武士としてどこかの戦国大名に仕官したという記録はない。また、富農・土豪であったと証明される記録もない。また、一介の百姓ということも確認されない。

秀吉の父親は、織田信秀（信長の父）に仕えた鉄砲足軽で、戦場での傷が元で故郷に帰り、貧しい百姓暮らしをしたとされる人物である。しかしこれはおかしな話である。鉄砲足軽というのがまず問題である。鉄砲の伝来も鉄砲隊を組織されるのも後世の話である。また、当時の足軽の多くは、有姓農民で小作人をかかえるほどの人々で、ある程度の経済基盤を持っていた。負傷して帰国したとしても生活苦ということは考えにくい。

鍛冶であり、散所のある集団の長であった秀吉の父親は、信秀の要請で火器・兵器の開発途中で負傷したか、実際、戦場で開発した武器を使用中に負傷したか、その辺は定かでないが、とにかく負傷して故郷へ戻った。鍛冶として、長として再起不能となったのであろう。そこで闇の一族の上層部から、長の地位を剥奪されたものか、支配下の農民も部下も逃げ出し（あるいは、上級長の命令で、他の集団に移ったか）、家は没落、仲が、わずかに残った土地を耕し、百姓暮らしを続け、やがて父親は亡くなった。闇の一族は、元織田家の同朋衆の一人を仲の後夫とし、秀吉成長までの繋ぎ役とした。闇の一族は、金属師・鍛冶、木地師、能楽・猿楽師、勧進聖、茶坊主・同朋衆（〇阿弥と号す）、乱波・透波、呪術師・薬師などを翼下に収めていた。この間、秀吉の消息は不明となる。

尾張を出てから松下嘉兵衛に仕えるまでの足取りは定かではない。この間、弟の秀長は、周囲へのカモフラージュ（周囲には、秀吉の家は、没落した百姓と装っていた）のためか、仲の許に留め置かれた。

そして、秀吉が帰国、闇のネットワークの所縁で織田家に仕官することに成功する。数年後、そのネットワークにより、秀吉は、於祢を足軽組頭浅野長勝の養女として妻に迎える（この頃には、木下姓を復活自称している）。

秀吉は、草履取り・小者から、足軽・足軽組頭となり、やがて、信長の発給文書に添え書きが書ける地位へと登って行く。稲葉山攻略の頃には、中隊長クラスとなり、後に墨俣砦（墨俣城）も預けられる立場となる。足軽大将から、織田家武将の末席に列し、やがて、北近江で大名に取り立てられる。秀吉は、柴田勝家ら織田家重臣から見れば軽輩ではあるが、闇のネットワークより組織した陰の軍団を率い（表面上は、蜂須賀小六や、坪内氏らの土豪軍団連合）、情報収集や敵方武将の諜略、物資の調達から運搬まで掌握し、信長の陰の同盟者となっていた。

外見上のバランスを取るために、信長は急速に秀吉を引き上げたのである。北近江長浜の城主となり、柴田勝家の地位に迫る勢いである。この時、ライバルの明智光秀も出世街道を驀進中で、信長が安土を拠点にすると、坂本と長浜城主の両者は、織田政権の両翼となる。柴田勝家は、北陸方面司令官の地位に留め置かれ、信長の手足となることはできなかった。

秀吉の異常な出世の陰には、信長が秀吉のルーツを承知していたかとも思わせる側面がある。小谷城攻略に功績があったとしても、小谷城主に秀吉を据えなくても、柴田勝家、丹羽長秀、滝川一益、佐久間信盛などが控えていた。しかし、あえて秀吉を大名として配置したのは、この地に闇の一族のネットワークがあったからであろう。古来、近江と越前および美濃の西濃地区の隣接するエリアは、産鉄氏族の支配地であり、「越」の大王（後の継体天皇）の勢力圏であった。また、近江は、木地師・小倉伝説の発祥地でもあった。さらに、比叡山は鬼門封じであり、近江側は鬼族の勢力圏ということになる。信長の織田家も、近江津田一族の流れで、先祖は忌部氏とも産鉄氏族の流れともいわれる。平家末裔系図は改竄系図であり、正体を隠すために、信長や父祖は藤原姓も称していた。近江というのは、信長や秀吉には、重要なキーワードとなる。

さらに、秀吉は、丹波から因幡、播磨から備前・備中攻略と活躍するが、ここにも重要な鍵がある。丹波から因幡には、闇の勢力の鉢屋衆があり、尼子氏（近江佐々木氏の一族）に協力して毛利に抵抗していた。秀吉は、富田月山城の尼子氏と山中鹿之助を支援するが、信長の命令ということで撤収し、尼子氏は滅亡し、多くの鉢屋衆も犠牲となる。播磨攻略には、目薬売りから財をなし、小寺家の重臣武将となった黒田家（近江佐々木氏の一族と称す）の小寺官兵衛（黒田如水）の協力を得ている。官兵衛は、竹中半兵衛の没後、中国方面司令官となった秀吉の参謀となり、これを補佐支援して、毛利家東方進出を押さえ込んだ。この黒田家も前身は、薬師だが闇の一族の末裔の可能性が高い。

ところで、秀吉は信長が明智光秀の謀叛で自刃（爆死？）する直前には、重臣五人の一人に列していたが（実際には、信長から中国方面軍司令官に任命されてから）、どうしてそこまで出世できたのか？また、どうして明智の謀叛の情報を早々にキャッチして、毛利と和睦・反転できたのか？

それは、秀吉が、闇の一族の流れを汲む堺の商人を通じ、火薬（黒色火薬）のルートを押さえていたこと（鉄砲は、近江の国友村でも製造していたので、織田家の他の重臣でも調達可能）、明智軍の中に闇の一族を忍ばせていたことなどが考えられる。したがって、明智の行動は、明智軍に潜伏させた闇の一族か、直前まで本能寺に出入りしていた文化人か商人のルートで情報をキャッチしたものと想像される。また、反転のスピードに関しては、先発反転軍は、闇の一族の流れを汲む者を足軽隊などに組織して、俊足の法により姫路へ向かわせた。また、主力は、備前から姫路は、秀吉方が押さえていたので、海上ルートで移動することが可能。毛利水軍のほとんどは、小早川隆景の支配下にあり、安国寺恵瓊を通じて、毛利一族の中でも早くから誼みを通じていたので、講和が成ると、反対派を牽制していたし、高松城撤収の前には、堤を切って、周辺を泥田にして追撃を防止していたので（もちろん、少数の監視部隊は、ある程度の時間残している）撤収・反転に成功する。

＊小早川隆景が毛利水軍を押さえていなければ、村上水軍などが、海上移動を妨害した可能性は充分ある。この時、講和に奔走した安国寺恵瓊は、安芸武田氏の一族の遺児といわれるが、出家・修行の過程で、闇の一族出身の僧侶と知り合った可能性もある。本人は闇の一族でなくても、間接的に情報ルートを持っており、秀吉の出自も掌握していたのではないだろうか？　それでなければ、毛利家の使僧が、敵方の大将のために講和に奔走する理由が理解できない。通説のように全軍を陸上ルートで早駆けさせたら、いざ合戦という時に、歩兵部隊は使い物にならなくなる（特殊な修行をした行者とか乱波など以外は）。本能寺の変から明智討伐の過程には、いくつかの謎があり、その陰に闇の一族の影が垣間見られるということである。

疑似一門豊臣家

近江をルーツとする秀吉の家系は、尾張に移り零落し、男系一門を形成することはなかった。秀吉自身も弟（異父弟説あり）の秀長がいるのみであった。実子に恵まれなかった秀吉は、養子縁組や、姻族の杉原氏を取り込むことで、羽柴一門を形成し、これが豊臣一門の母体となる。養子縁組は、思わぬ効果があった。信長の四男於次丸を養子として、夭折した実子石松丸秀勝の名前を継承させ、羽柴秀勝を名乗らせたが、信長の信任を得るばかりでなく、織田政権継承演出の切り札の一つとなった。また、秀吉は、この養子秀勝を利用して、毛利との縁組を行い、同盟関係を強めた（その後も、養子やその関係者を利用して同盟強化を図る）。

この秀勝が没すると、甥の小吉に遺領を継承させ、羽柴秀勝、その後、豊臣秀勝を名乗らせる。また、北政所の甥を養子とし（秀俊）、一時は、自分の代理人とするが、その一方で、毛利家乗っ取りを企み、秀俊を毛利家の養子に送り込もうとしたが、小早川隆景に看破され、小早川家の養子にすることが内定する。その後、しばらく豊臣家に残されたが、実子誕生により、正式に豊臣家を出され、小早川隆景の養子となる（小早川秀秋）。

北政所の兄弟の杉原家定は、羽柴姓・木下氏豊臣朝臣姓を与えられ、木下家定（豊臣朝臣家定）を名乗る。この家定の系統は、豊臣一門となる。しかし、秀俊が正式に離籍してからは、一門から譜代へと転落、僅かに、北政所豊臣家一門として、その地位を保った。

秀吉は、鶴松が夭折すると、小吉秀勝の実兄の羽柴秀次（三好信吉）を正式な養子、豊臣家嗣子として迎え、関白職を秀次に譲り、自身は太閤として実権を維持した。この間、弟の秀長には、丹羽長秀（織田家重臣、秀吉の織田政権継承に協力）の子供を養子に迎え（一時、秀吉が養子にしたともいわれる）、羽柴高吉を名乗らせ、後に、甥の秀保（秀次実弟）を、秀長養子とし、高吉は、藤堂高虎に預ける（羽柴姓は許可）。この間、配下の譜代大名や有力大名に羽柴姓を授与（一部の例外を除き、豊臣朝臣姓も連動）、疑似一門を形成、文禄四年（一五九五）七月の秀頼への忠誠を誓う起請文でも三十一名が確認されるが、それ以外にも、授与されていた大名がいるので、もう少し増加する。

しかし、これらの大名らは関ヶ原合戦以後改易になったり、羽柴・豊臣姓を廃止し本姓や旧家名に復し、関ヶ原以降に残ったのは、豊臣秀頼家（大坂豊臣家）、北政所流豊臣家（京都豊臣家・豊臣吉子家）、杉原流木下家（第二豊臣家）のみである。その後、秀頼流は、大坂夏の陣で消滅、北政所流豊臣家は、遺領と豊臣家名の相続は認められず、木下別家（第二豊臣家一門）として存続し、杉原流木下家（第二豊臣家）は、備中足守藩主家、豊後日出藩主家が大名として存続、その分家が、陪臣旗本家（寄合）として存続（一部は本家に吸収）した。

秀吉による大豊臣家構想は、関ヶ原合戦での西軍敗北と、家康の豊臣家から離脱、征夷大将軍就任により崩壊したのである。この大構想では、丹羽家・池田家・前田家・細川家・織田家など旧織田政権の関係者、北政所の杉原家、松の丸殿の京極家、毛利家一門、徳川家、準一門の宇喜多家などとの連携を意図したことが見て取れる。しかも、これらは、直接・間接の縁戚、養子縁組などにより繋がっているのである。

他にも幾人かの大名を取り込んだ。注目すべきは、この系譜の中に、徳川家康・前田利家・毛利輝元・上杉景勝・宇喜多秀家の五大老が組み込まれている点である。家康が豊臣朝臣を拝受したかは不明だが、豊臣政権は、徳川・毛利・上杉・前田・宇喜多家をつなぎ止めて成立していたことは明白である。

前田と宇喜多は準一門的立場にあるが、毛利と徳川を取り込まなければ、天下統一が成ったか疑問であるし、両家を敵に回していたら、大幅に遅れていただろう。

また、秀吉の側室には、有力大名の婦女子もいるが、ここにも織田家やその関係者との同盟を意図

（服属させる）したものが見受けられる。淀殿は、信長の姪であるし、三の丸殿は、信長の娘である。姫路殿は、信長の弟の信包の娘だし、三条殿は、信長の女婿蒲生氏郷の妹。秀吉は、蒲生氏郷を評価しつつも警戒していた。加賀殿は、前田利家の娘で、秀吉養女豪姫の姉妹であった。南殿は出自不詳だが、一説に京極家の血縁という（羽生道央の仮説）。京極家は、秀吉が、初めて大名となった近江の元守護の流れを汲む。また、淀殿の実家浅井家と縁戚関係にあった。松の丸殿は、若狭の武田元明の妻で、淀殿の従姉妹に当たる。

また、側室と呼べるかは判らないが、宇喜多直家夫人の備前殿は、宇喜多秀家の実母である。甲斐姫は降伏した城主の娘である。別の角度で見れば、淀殿も、松の丸殿も敵将の娘や妻であった。松の丸の実家の京極家は、秀吉に臣従し、畿内の防衛ライン大津の城主となる。淀殿の妹は、紆余曲折を経て、京極家・徳川家に嫁ぐ。蒲生家は、東北・関東・越後の押さえとして、会津領主となる。側室の全てとはいわないが、大豊臣家構想に幾人かは貢献したということである。

しかし、この大豊臣家構想は、関ヶ原合戦（反家康派による謀叛）による西軍敗北で瓦解する。もっとも、豊臣家一門崩壊は、既に進行していたわけであるから、秀吉没後、大豊臣家構想が瓦解したのも当然である。その原因は秀吉にあるが、それを加速したのは、石田三成と奉行衆である。家康封じ込めに失敗（西軍は挙兵のタイミングを誤った）した責任は、三成にある。しかし、西軍敗北の責任は、秀頼出馬を拒否した淀殿一派と、本戦に出馬しなかった毛利輝元にある。疑似一門豊臣家は、秀吉が没し、徳川と毛利が離脱した時点で崩壊することは決したのである。前田利家が家康より長生きしていたら、違った展開になったかもしれない。本当の一門を持たなかった豊臣家の悲劇である。

なぜ秀吉は関白政権を樹立できたか?

秀吉が天下人になれたのは、本能寺の変で織田信長と嫡男の信忠が、明智軍に討ち取られ、山崎の合戦で、秀吉が明智軍を敗走させたから、織田家内部での発言力を増し、織田家の家督争いに主導権を発揮、その後、賤ヶ岳と北庄の戦いで、柴田勝家を葬り、この間に神戸信孝(織田信長三男・庶子)を織田信雄に処分させ、織田家重臣も味方に引き入れ、織田政権の後継者に収まったというのが、大筋の見方である。また、それは史実ではあるが、いくつかの謎がある。

なぜ、織田家の一武将であった秀吉が、信長の実子を押さえて織田政権の後継者になれたのか? なぜ中央政権(畿内政権)の天下人になれたのか? その鍵は天正十年(一五八二)六月十四日、上鳥羽の**「塔の森」における勅使面談**である。勧修寺晴豊が、正親町天皇の勅使として、権中納言広橋兼勝が、誠仁(さねひと)親王(しんのう)の使者として、秀吉と信孝を待ち受け、太刀を下賜したのである。朝廷が太刀を下賜するのは、朝敵討伐の証しである。明智光秀が小栗栖で土民に殺されたのが、十四日未明と伝えられるので、この時点では、光秀の生死は明らかでなかった。随分手回しのいい話である。何か朝廷に、光秀を朝敵とせねば困る事情があったのであろうか?

意外な事実が明らかになってくる。桐野作人氏の論考を参考に話を進める(『歴史群像45 豊臣秀吉』)。秀吉と信孝が太刀を下賜されたことは、朝廷が二人を中央政権の武家の棟梁と認めたことを意味する。二人とも山崎の合戦で明智軍を敗走させている。信孝は、兄信雄を差し置いて織田家後継候補に浮上する。秀吉は、織田家の諸将を抜き、信孝に肩を並べることとなる。

併せて秀吉には隠し球がある。信孝の弟が秀吉の養子で従軍していたのである。しかし、この朝廷の動きは不審である。秀吉が何か情報を掴んで演出した可能性が浮上するのである。二人が武家の棟梁と認知されて得をするのはどちらか？　信孝は父信長の仇を討った訳だから、織田政権の継承権を主張する立場を手に入れる。別にどうということはない。長兄は死亡しているし、次兄は何の実績も挙げていない。安土城を灰燼に帰したという汚点もある。庶子であっても武将としては、兄信雄を凌駕している。

一方秀吉はどうか？　信孝と並ぶ棟梁になるとは、一織田家の宿老の柴田勝家や先輩・同僚より一段高みに昇るということを意味する。表面的には織田家重臣の一人だが、信孝のライバルに浮上していたのである。清洲会議の前に、朝廷に信長後継者の一人と認めさせていたとすると、秀吉はどういう切り札を使ったか？

考えられることは、秀吉が本能寺の変の黒幕を知っていたということである。

その犯人は、後述する公家豊臣家系図の中に登場する。本能寺の変は、明智光秀の怨恨による単独犯行、光秀野望説、秀吉黒幕説、家康黒幕説、朝廷黒幕説などがあるが、真相は藪の中である。しかし、秀吉黒幕説は成立しない。秀吉が中国から迅速に戻り、光秀軍を敗走させたことから連想されるが、秀吉軍の迅速な行動は、賤ヶ岳の時、大垣からの反転でも実証されているので、根拠とはならない。毛利との和睦に失敗したら、光秀討伐のための大返しどころでない。

また、秀吉が後継者となるには、ハードルが多すぎた。信長の息子も健在、柴田勝家も丹羽秀長もいる。信長の同盟者家康の存在も不気味だ。それに、光秀と秀吉では、四国征伐の構想でも対立関係にある（秀吉は、三好康長、光秀は、長宗我部元親に肩入れ）。ちなみに、三好康長は、秀吉甥の信吉（後の豊臣秀次）の養父になる人物である。さらに、光秀は秀吉の操り人形になるほどお人好しではない。両者の関係から謀議密約のできる関係ではなかったし、意志の疎通にも問題がある（地理的に離れ過ぎ）。

これらを勘案すると、秀吉黒幕説は成立しがたいということになる。光秀野望説については、そういう意図があるなら、縁戚の細川家や幕下の与力大名への根回し、反信長派の大名への根回しも必要だが、秀吉軍の迎撃にも万全の体勢は取れなかった点からも、その可能性は低い。怨恨説は、その可能性が高いが、信長を恐れ、恨みを抱く武将は光秀ばかりではない。家康黒幕説は、家康自身にも危機的状況があったという点（穴山梅雪のように、畿内脱出の途中で死ぬこともあり得たし、軍勢がいなかったので、織田軍団に殺されるか、光秀に謀殺される危険性もあった）から、考えにくい。

次に浮上するのは朝廷黒幕説である。右大臣を辞任した後の信長は、超越的存在で、畿内においては絶対的権力を有していた。信長の存在は、皇位継承に介入する危険性も含んでいた。それは、朝廷のわずかばかりの権威すら否定するものである。信長が、誠仁親王の次の継承者に一宮（後の後陽成天皇）を廃して、猶子の「五の宮」を擁立したら、信長の権威はさらに高まり、天皇家と朝廷の権威は凋落する事態に追い込まれる。正親町天皇にとっては由々しき問題である。また、誠仁親王にとっても同感であった。

この時、信長軍団は、各地に遠征していた。滝川一益は関東、柴田勝家は北陸、丹羽長秀と神戸信孝は、四国征伐の準備のため京都を離れ、秀吉は毛利家と対峙するために中国に遠征に出ていた。京に残ったのは、信長と信忠の父子、軍勢は少数であったので、葬り去るなら今がチャンス。白羽の矢が立てられたのは、所領を没収され、秀吉支援を命じられた明智光秀である。誠仁親王の側近の吉田兼和（の

ち の兼見)とは、以前からの知り合いであり、事件後も数回会見している。この人物が朝廷と光秀の橋渡し役となった可能性が極めて高い。誠仁親王の背後には、正親町天皇が存在し、元関白で太政大臣の近衛前久も関係していたものと思われる。

そういう事実を掴んだ秀吉は、光秀敗走直後から脅しをかけていたのかもしれない。とりあえず勅使下向を実現させ、朝廷には、次期畿内政権の武家の棟梁の一人と認めさせた。本来は自分一人といきたいが、それでは色々勘ぐられるので、信孝と二人で太刀の下賜を受けたのである。しかし、この後、秀吉は意外な行動にでる。信孝が光秀と関係ありそうな吉田兼和や近衛前久を追求しはじめ、逃亡した近衛前久の追及にやっきになった。その信孝を丸め込み、光秀に関係ある人物の追及を沙汰止みにさせたのである。

皇室に波及する恐れもある今回の件を穏便に処理して恩を売ることも当然考えたが、織田家の家督相続問題の前に、信孝が、本能寺の変の黒幕の正体を暴き、事件の決着を図れば、事は、秀吉の意図とは違う方向に進む恐れがあったからである。秀吉が信長の仇を討ったことなど霞んでしまう。信孝の評価が高まれば、織田家の家督継承問題と、織田政権の継承問題で秀吉が先輩諸将を差し置いて主導権を握ることも難しくなる。

信雄と信孝が家督を争った場合、秀吉と共に明智を破ったという実績は大きくものをいう。山崎の合戦に参加しなかった勝家は、信孝を支持して、その尻馬に乗り宿老の地位を保とうとする。しかし、秀吉が反対したらどうなるか、秀吉の養子の秀勝は、信長の息子で、今回の合戦に従軍している。したがって、実績のない信雄を差し置いて、信孝に対抗することは充分に可能である。実績があれは、庶子でも家督を請求できるなら、秀勝は信孝と同格である。さらにバックに秀吉がいる分優位となる。ここで、信孝の動きを止めるために黒幕追及より、家督相続が優先ではないか、そのために協力するとでも言って丸め込んだのであろう。

　とりあえず、信孝の追及を止めた秀吉は、朝廷に恩を売った形となる。そして秀吉自身も、織田家の家督相続に介入できる立場を確保したのである。清洲会議においては、宿老としての復権を狙う勝家は、織田の家督は信孝という空気に流され信孝支持を打ち出す。信雄を支持する重臣は皆無なので、信孝が家督を継承して、勝家が織田家の実権を握るかに思われたが、丹羽長秀や池田恒興らの支持を取り付けた上で、意外な隠し玉を披露する。秀吉は、信長の嫡孫、つまり嫡男信忠の子の三法師（後の織田秀信）こそが、織田家の正統な家督と主張した。秀吉の狙いは、織田家家督と織田政権首班の分離である。幼い嫡流を奉戴し、その後見人になることで織田政権の事実上の継承者となることであった。

　嫡流が存続している以上、それを無視することは道理に反する。既に朝廷より畿内政権の武家棟梁と認められた秀吉の主張は、筋論からも、丹羽長秀や池田恒興らの支持を得た。これには、さすがに柴田も抵抗できず、織田家家督は三法師が継承した。十月には、養子の秀勝を喪主に信長の葬儀を主催し、三法師、秀勝と共に最初に焼香を行い、信長の後継者であることを宣伝した。ここでも柴田と信孝は、秀吉に遅れをとったのである。

　正親町天皇は、天正十年（一五八二）十月三日、秀吉に綸旨を与え従五位下・左近衛権少将に叙任する。秀吉は、三法師を織田家家督とした後、織田信雄を形式上の後見人とし、事実上織田政権の後継者となり、丹羽長秀（惟住長秀）と連署して近江・美濃の各地に禁制を下す。この頃より上杉景勝とも提携を図る。天正十一年（一五八三）四月、賤ヶ岳で柴田方の佐久間盛政軍を撃破、北庄城を攻撃、柴田勝家を自刃に追い込む。六月に信長の一周忌の法要を大徳寺で行う。

既に清洲会議を終えて帰洛した時に、伏見宮邦房親王や諸家が使者を秀吉の許に送り、秀吉は朝廷や洛内の人々からは、賤ヶ岳以前に天下人と認められていたようで、賤ヶ岳の勝利によって決定的になった。天正十二年（一五八四）三月、織田信雄が秀吉と義絶、徳川家康と同盟を結ぶ。四月に小牧・長久手の合戦が勃発。局地戦で秀吉軍が徳川軍に敗れるが、その後膠着状態となる。秀吉は信雄と単独講和に成功し、家康は大義名分を失う。十一月に正式講和が成立する。秀吉は従三位・権大納言に叙任。養子秀勝と毛利家の娘との縁組を図り、毛利との連携を強化する。

天正十三年（一五八五）三月十日、正二位・内大臣に叙任。秀吉は、朝廷との連携により公卿として己の地位を高め、一大名（畿内と毛利領以外、服属していない大名がおり、武家の棟梁としての地位は確立していなかった。その点では、戦国大名の一人に過ぎない）の位置からの脱却を図った。

出自の卑しい秀吉は、形式的には、足利将軍は健在であり、武家の棟梁（将軍）にはなれない。ここで、明智討伐後の勅使下向、その後の本能寺の変の黒幕追及の差し止めが効いてくる。秀吉は、菊亭大納言の協力を得て、五摂家筆頭・藤原氏嫡流の近衛前久（前関白・太政大臣）の猶子となることに成功、自称平氏から藤原姓となり、藤原朝臣秀吉（藤原秀吉）となり、二条昭実と近衛信輔の関白継承争いに介入し、関白職を横取りした。

天正十三年七月十一日、秀吉は従一位・関白に叙任、正式に藤原氏と改める。ついに秀吉は、臣下として最高位に到達（副天皇）し、服属していない大名を臣従させる切り札を手に入れたのである。ここに正式に秀吉政権が樹立されたのである。秀吉はその地位において、家康をはじめとする全国の大名を凌駕したのである。ここからは硬軟両面による天下統一がはじまる。四国を平定して、長宗我部盛親を臣従させ、越中の佐々成政も降伏した。九月には、豊臣姓を創姓し、朝廷より下賜。賜姓関白豊臣家初代となった（翌年説もあるが、この年に創姓されている〔『押小路文書』〕）。

天正十四年（一五八六）五月、妹の旭を家康に嫁し、徳川との提携を図る。七月、誠仁親王逝去（病死といわれるが、自刃説あり）。十月、家康上洛、大坂城で秀吉に謁見臣従する（徳川を加えた豊臣・徳川・毛利の連立が完成）。十一月、正親町天皇、和仁（周仁）親王に譲位（後陽成天皇）。十二月、養女前子（近衛前久の娘）、女御に入内する。秀吉、太政大臣に任じられる（関白太政大臣）。この後、九州平定、小田原征伐、東北仕置きにより天下を統一するが、秀吉の関白就任、豊臣家創設には、本能寺の変の黒幕と思しき人物が深く拘わっていたということである。

秀吉が近衛家を狙ったのは偶然ではない。また、後陽成天皇即位の前に、誠仁親王が逝去したのも、偶然でない可能性が高まる。別記「公家豊臣家系図」は、それを裏付けている。本能寺の変は、五の宮を擁立する可能性の高まった信長の謀殺を意図して仕掛けられ（光秀を利用）、何らかの形で情報を掴んだ秀吉が、神戸信孝の黒幕追及を押さえて朝廷に恩を売り、自身の官位を高めさせ、最後は、近衛家を脅迫して、藤原一族となり関白職を手中にし、天皇を奉戴する臣下の最高位者となり、自己の権力の正当性を図り、全国の大名を天皇の名の下に支配しようとしたのである。この間、秀吉は、源、平、藤原、橘に次ぐ第五の姓の豊臣朝臣（豊臣氏）を創始・下賜され、豊臣家は、近衛・鷹司・九条・二条・一条の五摂家に次ぐ第六の摂政・関白家となった。ここに武力を備えた摂関家、賜姓豊臣家・豊臣氏が誕生したのである。

なぜ秀吉は、関白豊臣政権を樹立できたのか？　秀吉の実力のみではなく、本能寺の変の裏事情と近衛家の秘密を握っていたからである。山崎の合戦後の、秀吉への急接近は、仕組まれたものであった。それを仕組んだのは秀吉自身かもしれない。結果的に、秀吉は関白となり、正式に豊臣政権を樹立した。

ここに一つの落とし穴がある。豊臣家が関白職を手放したら、豊臣政権は、全国の大名を支配する正当性を失うのである。やがてそのことは現実となる。秀次を処分して関白職を返上すると、豊臣家は天下家としての正当性を失うのである。豊臣政権は、秀吉のカリスマにより維持されたが、秀吉が亡くなった時点では、豊臣一門も崩壊しており、秀頼と準一門の宇喜多夫妻が残るのみ、秀次の後に関白職を継承する人材にも恵まれず、秀頼も幼く継承の資格はなかった。

豊臣政権は、五大老・三中老・五奉行による暫定政権となるが、次第に家臣団内の亀裂が深まり、豊臣家自体も大坂豊臣家と京都豊臣家に分裂する。前田利家が死去すると、亀裂はますます加速された。慶長五年（一六〇〇）、上杉景勝が上洛拒否し、謀反の嫌疑で討伐軍が編成され、徳川家康に率いられて東上すると、石田三成ら反家康派が謀叛を起こし挙兵、近隣や西国大名を巻き込み西軍を編成、伏見城などを攻撃した。ここに至り豊臣政権は瓦解した。上杉討伐軍に従軍した大名のほとんどは、家康に従い、三成討伐軍に衣替えしたのである。関ヶ原とそれに続く結末は知られているので深入りはしない。ここでは、なぜ秀吉が豊臣政権を樹立できたかがメインテーマであるので、なぜ崩壊したかの説明は省略する。

関ヶ原での西軍の敗北は、三十人以上いた大豊臣家疑似一門の消滅と、豊臣政権の事実上の崩壊で幕を閉じた。実際には、家康の将軍就任・幕府開設まで形式的に継続する（家康は豊臣家大老という立場で政務を処理した。その一方で、江戸で新しい組織作りも進めていた）。

豊臣家は武家の棟梁の地位も失い、臣下として最高の地位も失う。関ヶ原合戦の後、それまで空位だった関白職は、藤原氏が奪還し、九条兼孝が関白に就任する。これは、旧豊臣家奉行衆の大チョンボである。石田三成は、小早川秀秋に、西軍勝利後関白に就任させるといったと伝えられるが、それなら、秀吉が没する前に、小早川家から呼び戻し、豊臣家復帰の後、直ちに就任させるべきであった。豊臣家が関白職を保持している限り、豊臣家の統治権は正当化される。家康もおいそれとは、豊臣に反旗をひるがえすことはできなかったであろう。それが駄目なら、秀吉の猶子の宇喜多秀家を正式な養子として、暫定関白に据えればいい。毛利と前田と連携し、上杉景勝を与党とすれば、家康はどう動いたであろうか？　秀吉や利家が健在なうちに手を打てば違った歴史になったかも……。

豊臣家存続の可能性はあったか？

可能性はあった。秀頼が天下人の地位を放棄し、一大名として徳川家に臣従していればその可能性は充分にあった。また、武家を放棄して公家になっていれば、充分に存続できたと考えられる。なぜなら豊臣家は、第六の摂政・関白家（六摂家）であり、賜姓の家柄でもあったからである。家康も慶長十二年（一六〇七）までは、そう考えていた。慶長三年（一六〇三）征夷大将軍の宣下を受け、内大臣から右大臣に任じられると、秀頼を内大臣とするよう朝廷に働きかけている。つまり武家の棟梁の地位は獲得したが、公家としての豊臣家の立場までは否定していないのである。この年、孫娘千姫を秀頼に嫁し、秀吉との約束も履行している（徳川・豊臣の同盟関係の継続、ただし、主従の立場は逆転）。

慶長十年（一六〇五）に征夷大将軍を秀忠に譲ると、右大臣を辞任し、その後任に秀頼を据えている。内大臣の後任は、息子の秀忠で、宮廷内の官職では、秀頼の下位としている。つまり、豊臣家が、大坂城を出て、公家に転じるなら、将軍家女婿として、摂家の立場を維持し、将来摂政あるいは関白への就任への道も残していたのである。また、転封を受け入れるなら、徳川縁戚の大名として生き残る道も残されていた。

しかし、豊臣家は、一大名として臣従することも、武家をやめて公家に転じることもしなかった。いつまでも制外の家という特殊な地位を容認することは、幕府の権威を落とし、謀叛が起きた場合には、かつぎ出される危険性もあった。豊臣恩顧の大名は健在だったから、いつまでも引き伸ばしはできない。慶長十二年（一六〇七）、ついに家康は、秀頼の右大臣職を罷免させ、九条忠栄（幸家）を右大臣に任じて、秀頼は左大臣に任命せず、前の右大臣に貶めた。次に、一大名として臣従するように働きかけるが拒否、二条城での会見後、豊臣家処分を決断するのである。

豊臣家大系図（1）

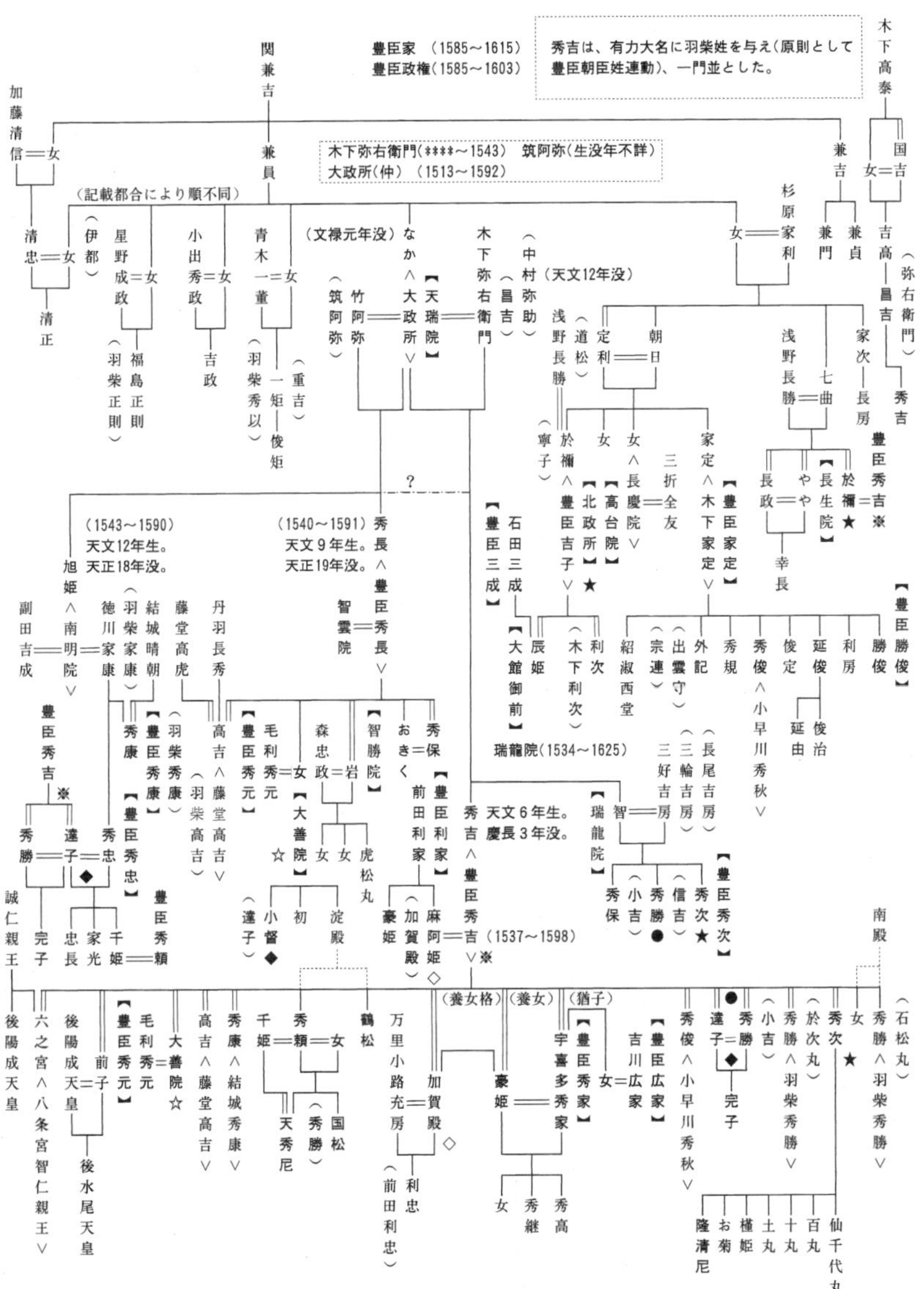
豊臣家　（1585～1615）
豊臣政権（1585～1603）
秀吉は、有力大名に羽柴姓を与え（原則として豊臣朝臣姓連動）、一門並とした。
木下弥右衛門（????～1543）　筑阿弥（生没年不詳）
大政所（仲）（1513～1592）
（記載都合により順不同）
木下高泰
関兼吉
加藤清信
兼員
兼吉
国吉
杉原家利
兼門
兼貞
吉高
昌吉
（弥右衛門）
秀吉
清忠
清正
（伊都）
星野成政
福島正則
（羽柴正則）
小出秀政
吉政
青木一董
一矩
（重吉）
俊矩
（羽柴秀以）
（文禄元年没）
なか（大政所）
竹阿弥
（筑阿弥）
【天瑞院】
木下弥右衛門
（昌吉）
（中村弥助）
（天文12年没）
浅野長勝
（道松）
定利
朝日
家次
長房
七曲
（寧子）
於禰（豊臣吉子）
【北政所】★
【高台院】
女（長慶院）
三折全友
家定（木下家定）
【豊臣家定】
長政
やや
【長生院】
於禰★
豊臣秀吉※
幸長
石田三成
【豊臣三成】
（1543～1590）
天文12年生。
天正18年没。
旭姫（南明院）
副田吉成
徳川家康
（羽柴家康）
結城晴朝
藤堂高虎
丹羽長秀
（1540～1591）
天文9年生。
天正19年没。
秀長（豊臣秀長）
智雲院
【大館御前】
辰姫
利次
（木下利次）
紹淑西堂
（宗連）
（出雲守）
外記
秀規
秀俊（小早川秀秋）
俊定
延俊
利房
勝俊
【豊臣勝俊】
延由
俊治
秀康
【豊臣秀康】
（羽柴秀康）
高吉（藤堂高吉）
（羽柴高吉）
【豊臣秀元】
毛利秀元
森忠政
岩
【大善院】
【智勝院】
おきく
秀保
【豊臣利家】
前田利家
瑞龍院（1534～1625）
三好吉房
（三輪吉房）
（長尾吉房）
【瑞龍院】
智
豊臣秀吉
※
秀勝
達子
秀忠
【豊臣秀忠】
◆
虎松丸
秀吉（豊臣秀吉）
天文6年生。
慶長3年没。
秀保
（小吉）
秀勝●
（信吉）
秀次★
【豊臣秀次】
誠仁親王
完子
忠長
家光
千姫
豊臣秀頼
（達子）
小督◆
初
淀殿
豪姫
（加賀殿）
麻阿姫◇
（1537～1598）
南殿
（養女格）
（養女）
（猶子）
後陽成天皇
六之宮（八条宮智仁親王）
後陽成天皇
前子
後水尾天皇
【豊臣秀元】
毛利秀元
大善院☆
高吉（藤堂高吉）
秀康（結城秀康）
千姫
秀頼
女
鶴松
天秀尼
秀勝
国松
万里小路充房
加賀殿◇
利忠
（前田利忠）
豪姫
宇喜多秀家
【豊臣秀家】
女
吉川広家
【豊臣広家】
秀継
秀高
秀俊（小早川秀秋）
達子
秀勝●
◆
完子
（小吉）
秀勝（羽柴秀勝）
（於次丸）
秀次★
女
秀勝（羽柴秀勝）
（石松丸）
隆清尼
お菊
権姫
土丸
十丸
百丸
仙千代丸

出典『別冊歴史読本 豊臣秀吉その絢爛たる一生（新人物往来社）』、『織豊興亡史（早瀬晴夫、今日の話題社）』、『復刻版皇胤志・第六巻（木村信行、日本歴史研究所）』、『別冊歴史読本 豊臣一族のすべて（新人物往来社）』、他。

豊臣家大系図（2）（羽柴家含む）

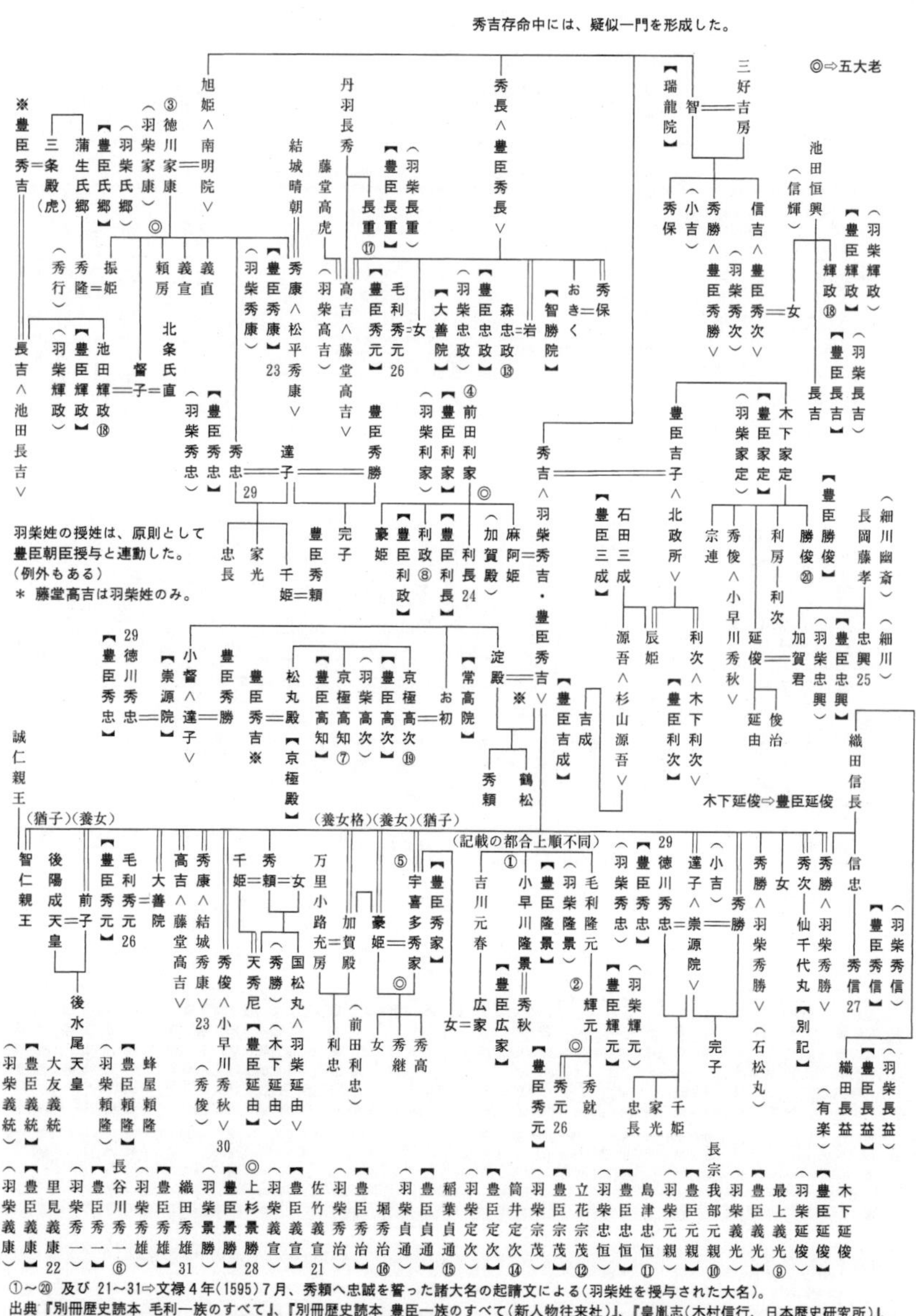
秀吉存命中には、疑似一門を形成した。
◎⇨五大老
羽柴姓の授姓は、原則として豊臣朝臣授与と連動した。（例外もある）
＊ 藤堂高吉は羽柴姓のみ。
木下延俊⇨豊臣延俊
（記載の都合上順不同）
木下延俊【豊臣延俊（羽柴延俊）】
最上義光【豊臣義光（羽柴義光）】⑨
長宗我部元親【豊臣元親（羽柴元親）】⑩
島津忠恒【豊臣忠恒（羽柴忠恒）】⑪
立花宗茂【豊臣宗茂（羽柴宗茂）】⑫
筒井定次【豊臣定次（羽柴定次）】
稲葉貞通【豊臣貞通（羽柴貞通）】⑮
堀秀治【豊臣秀治（羽柴秀治）】⑯
佐竹義宣【豊臣義宣（羽柴義宣）】21
上杉景勝【豊臣景勝（羽柴景勝）】28
織田秀雄【豊臣秀雄（羽柴秀雄）】31
長谷川秀一【豊臣秀一（羽柴秀一）】⑥
里見義康【豊臣義康（羽柴義康）】22

①〜⑳ 及び 21〜31⇨文禄４年（1595）７月、秀頼へ忠誠を誓った諸大名の起請文による（羽柴姓を授与された大名）。

出典『別冊歴史読本 毛利一族のすべて』、『別冊歴史読本 豊臣一族のすべて（新人物往来社）』、『皇胤志（木村信行、日本歴史研究所）』、『織豊興亡史（早瀬晴夫、今日の話題社）』、『歴史群像45 豊臣秀吉（学習研究社）』、『歴史群像戦国セレクション（学研）』、他。

豊臣家大系図（３）（正室・側室から見た豊臣家）

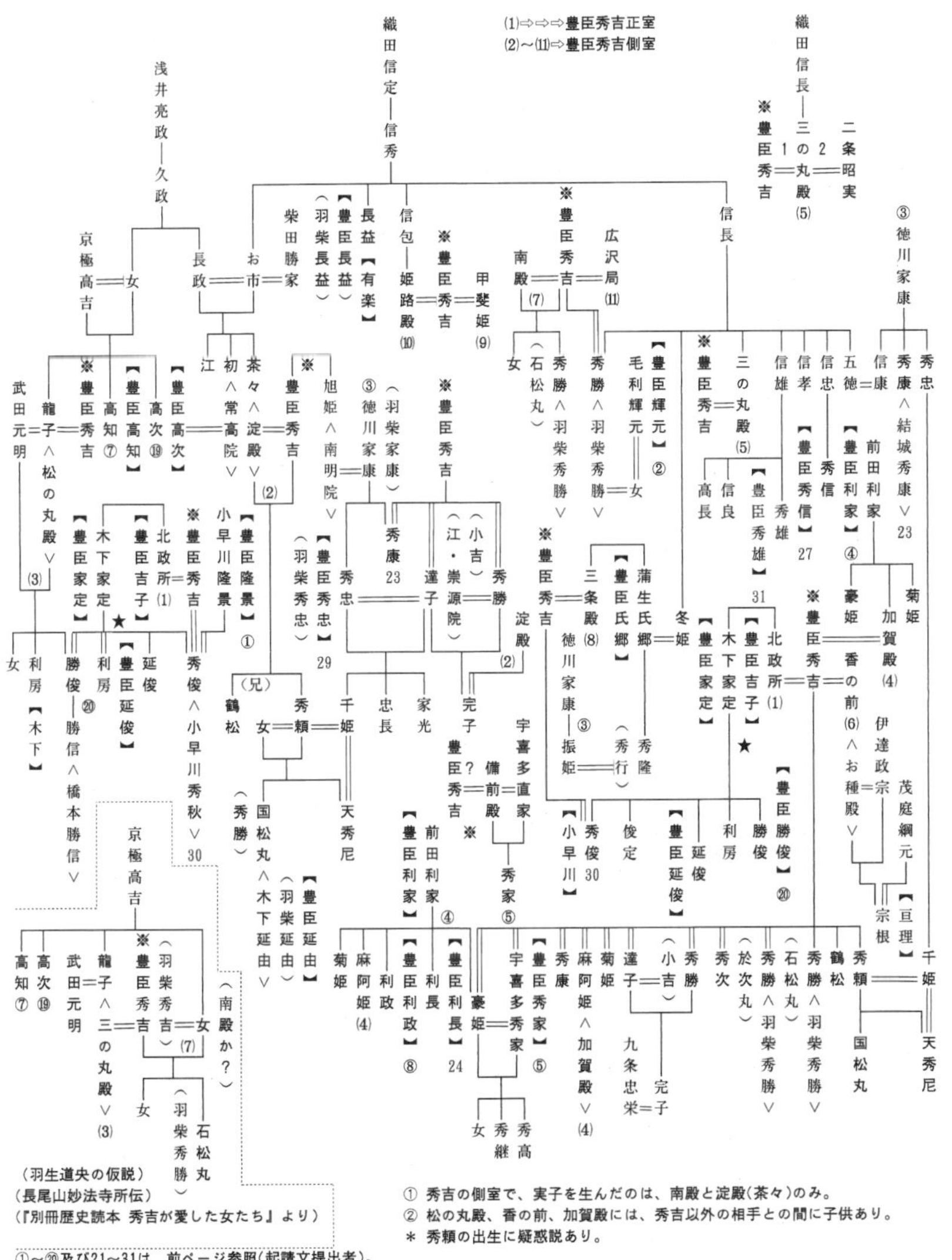
(1)⇨⇨⇨豊臣秀吉正室
(2)～(11)⇨豊臣秀吉側室
（羽生道央の仮説）
（長尾山妙法寺所伝）
（『別冊歴史読本 秀吉が愛した女たち』より）
① 秀吉の側室で、実子を生んだのは、南殿と淀殿（茶々）のみ。
② 松の丸殿、香の前、加賀殿には、秀吉以外の相手との間に子供あり。
＊ 秀頼の出生に疑惑説あり。
①～⑳及び21～31は、前ページ参照（起請文提出者）。

出典『別冊歴史読本 豊臣一族のすべて』、『別冊歴史読本 秀吉が愛した女たち（新人物往来社）』、『歴史群像戦国セレクション 驀進 豊臣秀吉（学習研究社）』、『臨時増刊歴史と旅 信長・秀吉・家康の一族総覧（秋田書店）』、『歴史群像45 豊臣秀吉（学習研究社）』、『織田信長総合事典（岡本正人、雄山閣）』、『織豊興亡史（早瀬晴夫、今日の話題社）』、他。

公家豊臣家（第六摂政関白家）

（秀吉天下取りのカラクリ）

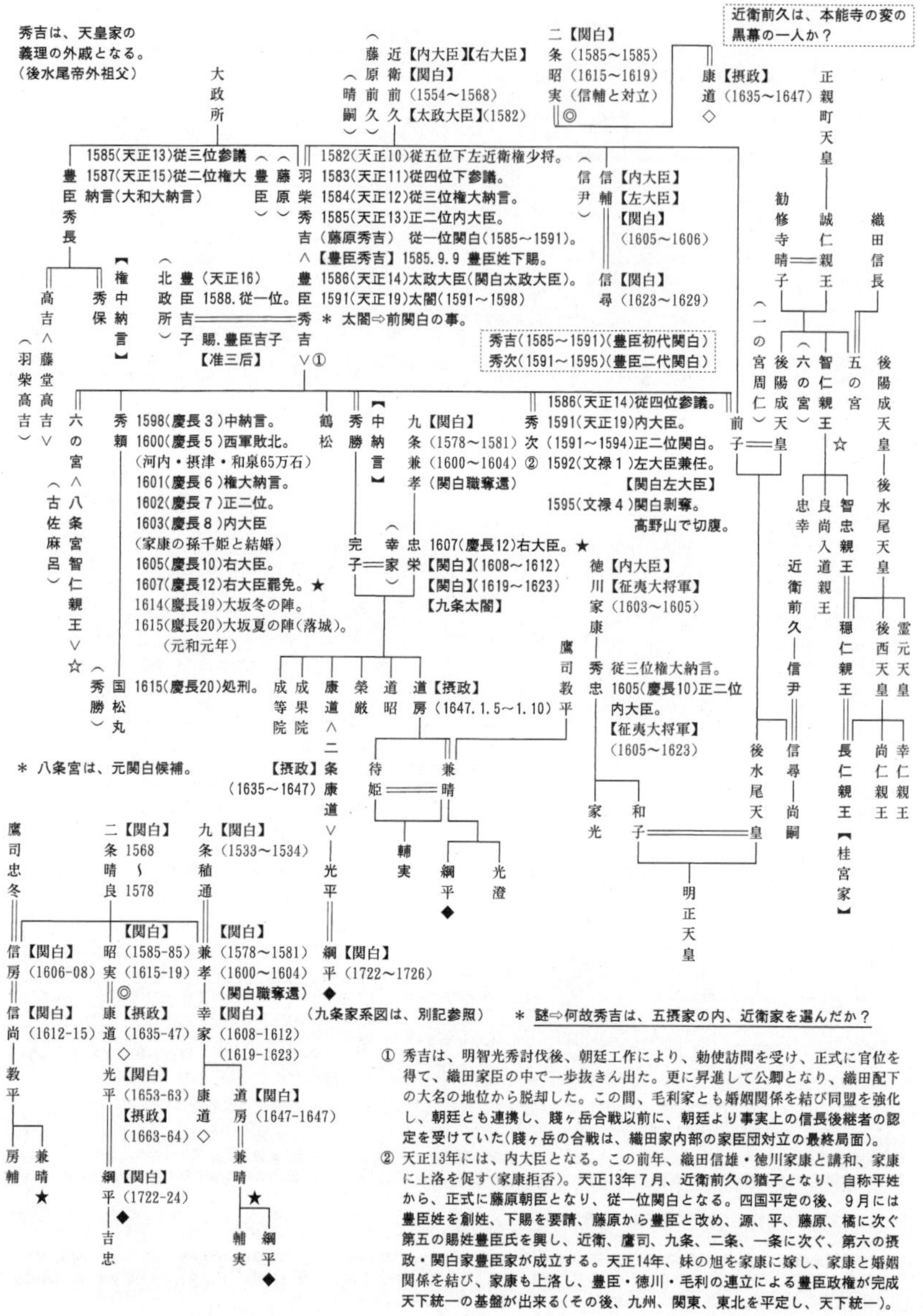
近衛前久は、本能寺の変の黒幕の一人か？
秀吉は、天皇家の義理の外戚となる。（後水尾帝外祖父）
大政所
近衛前久【内大臣】【右大臣】【関白】（1554～1568）【太政大臣】（1582）
（藤原前久）
（晴嗣）
二条昭実【関白】（1585～1585）（1615～1619）（信輔と対立）◎
康道【摂政】（1635～1647）◇
正親町天皇
1585（天正13）従三位参議
1587（天正15）従二位権大納言（大和大納言）
豊臣秀長
（豊臣）（藤原）
羽柴秀吉（藤原秀吉）＜豊臣秀吉＞①
1582（天正10）従五位下左近衛権少将。
1583（天正11）従四位下参議。
1584（天正12）従三位権大納言。
1585（天正13）正二位内大臣。
（藤原秀吉） 従一位関白（1585～1591）。
【豊臣秀吉】1585.9.9 豊臣姓下賜。
1586（天正14）太政大臣（関白太政大臣）。
1591（天正19）太閤（1591～1598）
＊ 太閤⇨前関白の事。
信輔【内大臣】【左大臣】【関白】（1605～1606）
（信尹）
信尋【関白】（1623～1629）
勧修寺晴子
誠仁親王
織田信長
高吉＜藤堂高吉＞
（羽柴高吉）
秀保
【権中納言】
北政所
豊臣吉子（天正16）1588.従一位。賜.豊臣吉子【准三后】
秀吉（1585～1591）（豊臣初代関白）
秀次（1591～1595）（豊臣二代関白）
（一の宮周仁）
後陽成天皇
（六の宮）
智仁親王☆
五の宮
後陽成天皇
前子
後水尾天皇
六の宮＜八条宮智仁親王＞☆
（古佐麻呂）
秀頼
1598（慶長3）中納言。
1600（慶長5）西軍敗北。（河内・摂津・和泉65万石）
1601（慶長6）権大納言。
1602（慶長7）正二位。
1603（慶長8）内大臣（家康の孫千姫と結婚）
1605（慶長10）右大臣。
1607（慶長12）右大臣罷免。★
1614（慶長19）大坂冬の陣。
1615（慶長20）大坂夏の陣（落城）。（元和元年）
鶴松
秀勝
【中納言】
九条兼孝【関白】（1578～1581）（1600～1604）（関白職奪還）
秀次②
1586（天正14）従四位参議。
1591（天正19）内大臣。
（1591～1594）正二位関白。
1592（文禄1）左大臣兼任。【関白左大臣】
1595（文禄4）関白剥奪。高野山で切腹。
忠幸
良尚入道親王
智忠親王
近衛前久
信尹
信尋
尚嗣
完子
（幸家）
忠栄 1607（慶長12）右大臣。★【関白】（1608～1612）【関白】（1619～1623）【九条太閤】
徳川家康【内大臣】【征夷大将軍】（1603～1605）
秀忠 従三位権大納言。1605（慶長10）正二位内大臣。【征夷大将軍】（1605～1623）
鷹司教平
穏仁親王
後西天皇
霊元天皇
長仁親王【桂宮家】
尚仁親王
幸仁親王
（秀勝）
国松丸 1615（慶長20）処刑。
成等院
成果院
康道＜二条康道＞
栄厳
道昭
道房【摂政】（1647.1.5～1.10）
＊ 八条宮は、元関白候補。
【摂政】（1635～1647）
待姫
兼晴
輔実
綱平◆
光澄
光平
家光
和子
後水尾天皇
明正天皇
鷹司忠冬
信房【関白】（1606-08）
信尚【関白】（1612-15）
教平
房輔
兼晴★
二条晴良【関白】1568～1578
昭実【関白】（1585-85）（1615-19）◎
康道【摂政】（1635-47）◇
光平【関白】（1653-63）【摂政】（1663-64）
綱平【関白】（1722-24）◆
吉忠
九条稙通【関白】（1533～1534）
兼孝【関白】（1578～1581）（1600～1604）（関白職奪還）
幸家【関白】（1608-1612）（1619-1623）
康道◇
道房【関白】（1647-1647）
兼晴★
輔実
綱平◆
光平
綱平【関白】（1722～1726）◆
（九条家系図は、別記参照）
＊ 謎⇨何故秀吉は、五摂家の内、近衛家を選んだか？

① 秀吉は、明智光秀討伐後、朝廷工作により、勅使訪問を受け、正式に官位を得て、織田家臣の中で一歩抜きん出た。更に昇進して公卿となり、織田配下の大名の地位から脱却した。この間、毛利家とも婚姻関係を結び同盟を強化し、朝廷とも連携し、賤ヶ岳合戦以前に、朝廷より事実上の信長後継者の認定を受けていた（賤ヶ岳の合戦は、織田家内部の家臣団対立の最終局面）。

② 天正13年には、内大臣となる。この前年、織田信雄・徳川家康と講和、家康に上洛を促す（家康拒否）。天正13年7月、近衛前久の猶子となり、自称平姓から、正式に藤原朝臣となり、従一位関白となる。四国平定の後、9月には豊臣姓を創姓、下賜を要請、藤原から豊臣と改め、源、平、藤原、橘に次ぐ第五の賜姓豊臣氏を興し、近衛、鷹司、九条、二条、一条に次ぐ、第六の摂政・関白家豊臣家が成立する。天正14年、妹の旭を家康に嫁し、家康と婚姻関係を結び、家康も上洛し、豊臣・徳川・毛利の連立による豊臣政権が完成天下統一の基盤が出来る（その後、九州、関東、東北を平定し、天下統一）。

豊臣家興亡史・豊臣家存続の史実と伝承

豊臣家は、近江出身の昌盛法師（木下国吉）の子孫の秀吉が、織田信長に仕えて織田政権下の有力大名となり、本能寺の変の後、明智光秀を破り、織田政権の後継者となり、近衛前久の猶子となり藤原氏となり、関白（副天皇）に就任、全国の大名の官位・官職を凌駕して、支配する正当性を確保、縁戚や養子縁組により中核となる豊臣一門を形成（混成家系）し、さらには支配下の大名・武将に羽柴授姓を行い（大部分は豊臣朝臣姓も連動）、疑似一門大豊臣家を創り出した（五大老も組み込まれている）。

しかし、中核となる混成家系豊臣一門は、鶴松誕生直後から瓦解がはじまった。秀吉の実子に対する盲愛・溺愛が、養子の排除に転換された。しかし、鶴松が夭折すると、実子を諦め、再び養子政策を再開、秀次を養子として、豊臣家二代目関白に就任させる。しかし、その後、皮肉なことに秀頼が誕生するのである。

秀頼を後継者としたい秀吉と側近衆は、秀次を精神的に追い詰め、凶行・乱行に追い込み、それを口実に自刃させた。暫定的な後継者も立てずに強行したので、太閤秀吉のカリスマで政権を維持した。しかし、側近奉行衆の台頭は、豊臣家家臣団内部に亀裂を深めることとなる。

秀吉没後、豊臣家は大坂豊臣家（淀殿・秀頼）と京都豊臣家（北政所豊臣家および杉原流豊臣家）に分裂した。一方豊臣政権は、五人老・三中老・五奉行による暫定政権となる。しかし、前田利家没後、奉行衆を中心とする勢力と、武功により出世した勢力や外様大名らとの対立は加速されて行く。慶長五年（一六〇〇）、上杉景勝が領国経営を理由に上洛を拒否すると、謀叛の嫌疑ありということで、討伐軍が家康を中心に編成された。その間隙を狙って、奉行衆や西国大名ら反家康派が挙兵、謀叛を起こす

（宇喜多秀家が、石田三成より先に軍事行動を起こしているので、北政所が陰の仕掛け人とする説もある）。

伏見城攻略により、東西対決の幕は切って落とされた。西軍は美濃への進出を図り、上杉討伐軍は反転し、三成討伐軍へと切り替わる。東軍先鋒隊は、東海道の大名が帰順しているので妨害もなく、尾張清洲まで到達した。東軍は岐阜城を攻略、大垣城を無視して関ヶ原へ向かう。東軍は、三成の居城佐和山城の攻略を装った。三成は、大垣城での籠城戦を諦めて関ヶ原へ移動し、西国からの応援部隊と合流した。九月十五日、ついに運命の関ヶ原合戦の幕が切って落とされた。結果は衆知のように西軍の敗北で終わった。

この結果、豊臣政権は完全に崩壊したが、家康は、豊臣家大老として形式的に政権を存続させ、戦後処理も豊臣家大老として挙行した。上杉家は減封、毛利家は一旦は所領没収としたが、東軍に加担した吉川広家の要請を受け入れ、防長二カ国への減封となった。安国寺恵瓊は、謀叛の黒幕として、石田三成は首謀者として、小西行長は、加藤清正ら朝鮮遠征で小西らと対立した武将の心を慰撫するために処刑された。所在不明となった宇喜多秀家の所領は没収され、小早川秀秋に与えられた。宇喜多秀家は、各地に潜伏後薩摩に逃れたが、島津家の立場も考慮、出頭して監禁されるが、処刑はされず、息子や側近と八丈島へ流罪となった。前田家は、徳川宗家を別格とすると、最大の大名となった。

関ヶ原合戦の前から不可解な動きのあった京都豊臣家と杉原流豊臣家（木下家）だが、伏見城の守備を放棄した豊臣勝俊（木下長嘯子）は、六万五千石あまりの所領を没収されたが、処刑は免れたし、弟の利房は、西軍と見做されて所領二万石を没収されたが、同じく助命された。

その父の家定は、北政所守護の名目で中立の立場を堅持、所領は減封されず、備中足守に所領を移される。後にその所領は勝俊に継承されるが、家康の意向は、利房との分割相続だったので改易される。勝俊は隠遁し歌人として生きる。利房は、豊臣宗家滅亡後、足守藩主に復帰する。延俊は、父の代わりに姫路城を堅持し、細川家の助力で西軍の福知山城攻撃に加わり、戦後、豊後日出三万石を与えられる。前川ルポによると、そこに至る秘史があるが、ここでは触れない。小早川秀秋は、五十万石（四十七万石とも）の大大名となり杉原流豊臣家は生き残った。また、京都豊臣家は、一万六千石の領有を追認され（家康が与えたとされるが、秀吉の生前に与えられたものである）、準大名として存続した。後に養子を迎えたが、豊臣家名と遺領相続は認められず、三千石の寄合旗本、木下別家として存続した。また、日出藩からは、立石羽柴家（家名木下）五千石の陪臣旗本家が分知創設されたのである。通史においては、豊臣家・豊臣氏は、慶長二一年・元和元年（一六一五）、大坂夏の陣で滅亡したことになっている。本当に豊臣家・豊臣氏は滅亡したのか？

本章の前書きに紹介した系図を思い出してもらいたい。現在豊臣家末裔と称する家系が数家ある。史実か、伝説か、全くの捏造か？　簡単には答えは出せない。なぜなら、落城跡から、秀頼の遺体は確認されていないからである。また、その子の国松についても、生存の可能性が残るからだ。外に、秀頼の子供と称する人物の伝承もあり、どうやら、事実は史実と少し異なるようだ。ここからは、伝説と史実が混在した「豊臣家存続の謎」にせまってみたい。

（1）国松生存伝説

其の一　京都で捕らえられ、六条河原で斬られたのは替え玉で、本物は難を逃れ、豊後日出藩主の次男とされて生き残り、後に立石郷を分知され、立石藩（正式には藩ではない）五千石羽柴家（羽柴木下家）の初代の木下縫殿助延由（『寛政重修諸家譜』は延次）になったという説（前川ルポ『豊臣家存続の謎』）。

其の二　駿河国華陽院（静岡市）の三世住職了的が、家康に従い大坂の陣に供奉した時、国松丸処刑の決定を耳にすると、家康に働きかけて貰い受け、弟子にしたという。しかし、子孫の有無は不明という（『別冊歴史読本』「豊臣秀吉 その絢爛たる生涯」掲載）。国松の亡骸は、松の丸殿（京極龍子）が貰い受け弔ったと伝えられる。そうなると、どちらの説でも国松丸は別人（影武者？）ということになるが、それも残酷な話である。

（2）秀頼次男生存伝説

其の一　大坂落城の後、秀頼次男は近臣に守られ脱出（三歳）、江戸に隠れ、長じて増上寺に学ぶ。増上寺十四世は、前記の了的である。求厭と号し、元禄元年（一六八八）に八十歳で死去したと伝えられる（『別冊歴史読本』「豊臣家崩壊」掲載）。先の国松生存伝説の其の二は、この説（求厭）との混同かも知れない。求厭上人は、没年から計算すると、慶長十四年（一六〇九）頃の誕生となる。しかし、これだと元和元年には、七歳ぐらいで、脱出時点で三歳とする説とは整合しない。

其の二　大坂城落城後、秀頼らは薩摩に逃れ、谷村家の息女さと（「さよ」とも伝えられる）を側室とし、国松の異母弟（木場時忠・豊臣時忠）をもうけた。成人して薩摩島津家の客分となり、島津家は藩主の息女早百合姫を時忠に嫁したという。島津家に庇護され家系を伝え、その子孫が木場貞幹氏という（臨時増刊『歴史と旅』「苗字総覧」所収「太閤の後裔は滅びず……その後の豊臣家」、前川ルポ『続・豊臣家存続の謎』『秀頼脱出』）。木場貞幹氏は、豊臣家正統十四世という。前川ルポによると、秀頼は、木下家の用意した六男の出雲守宗連に変身したという。木場家のことと立石羽柴家のことは、拙著『織豊興亡史』（今日の話題社）でも紹介した。立石羽柴家と木場家については、別途検討する。この両家は一子相伝により家系と歴史を伝えたという。

（3）江戸山王神社神主は秀頼の子孫？

これは、中田憲信の収集資料より、中田憲信とその収集系譜の研究家である、日本歴史研究所所長の木村信行氏が公開したもので、国松の異母弟の菊丸殿が、薩摩の伊集院式部なる人物の養子となり伊集院式部久尚を名乗り、その子孫が樹下氏を称し、江戸山王神社の神主になったという説である。木村氏が『皇胤志』で紹介し、新著『南朝熊沢家と浅井・豊臣の謎』（平成十六年八月末刊行）でも紹介している。ただし、中田は詳しい解説を残さなかったので詳細は不明。近江に神職で樹下家が存在するので、系図で比較紹介することにする（後述別記系図参照）。なお、樹下家系図は、『系図纂要』に近江の樹下家がある。

（4）越州沙門良寛と越後桂家が秀頼の子孫？

これは、『豊臣秀吉の子孫 良寛と桂家』『良寛の出家と木下俊昌』（共に著者は、桂尚樹氏である）に紹介されたもので、その系譜は、豊臣秀頼が能登に逃れ、時国時保となり、その孫が越後に移り葛原誉秀と名乗り、葛原家二代目の誉智が、桂を称したという。秀頼（時国時保）の息子の時広（下時国家十四代）は、立石領主木下延由の異母弟という。この系譜については、木村信行氏も『南朝熊沢家と浅井・豊臣の謎』で紹介し、検証批判している。系図は後述紹介するが、比較系譜学の観点からは、桂系図は問題のある系図である。

刊行された時国家の系図は未見だが、時国家保存会発行のパンフレット掲載の「上時国家略系図」と、論文に紹介された家譜から系図を復元してみたが、時国家と豊臣家の間には養子縁組とか婚姻関係などは、入手の資料の範疇では、一切確認されない。『系図纂要』の豊臣系図でもそういう事実は確認されないし、『皇胤志』の豊臣系図、『古代氏族系譜集成』の豊臣系図でもそういう記載は一切確認されない。

また、時国時広を、立石領主木下延由の異母弟とするが、国立国会図書館蔵の『木下氏系図附言纂』、日出町立万里図書館蔵の『平姓杉原氏御系図附言』『寛政重修諸家譜』の木下系図などでも、そのような記載はない。また、前川和彦氏の『豊臣家存続の謎』『続・豊臣家存続の謎』や、『秀頼脱出』にも、秀頼が時国家に養子に入ったとか、木下延由の異母弟が時国時広であるとするような記述は確認されない。

また、越後桂家の本家とされる能登の葛原家は、時国家の子孫ではなく、桓武平氏の平親輔の子孫であることは、系図研究の大家である太田亮氏の大著『姓氏家系大辞典』にも紹介されているが、豊臣家や時国家に繋がるというような記述はない。通常系図研究に活用される基本図書においては、桂尚樹氏の主張は、一切裏付けされないのである。桂家が豊臣・時国両家と系譜が繋がらないことは、木村信行氏も指摘されているところである。

先祖を飾るということは、地方の名家を自称する家系では起こり得ることであるが、好ましいことではない。桂家が豊臣末裔でないとなれば越州沙門良寛も豊臣家末裔にあらずということになる。また、仮に桂家が豊臣家末裔として、良寛は山本氏の息子とする説もあるので、豊臣家末裔とは断定できない。木村氏の検証と系譜資料の比較分析から、桂家と良寛が豊臣家末裔とする桂説は、私は採用しないこととする。参考系図を紹介するので、読者の判断に委ねたい。

（5）天草四郎は、秀頼の庶子？

九州に逃れた秀頼には、複数の庶子があり、その一人が、羽柴天四郎秀綱、すなわち、天草四郎であるとするもので、前川和彦氏の、『続・豊臣家存続の謎』や『秀頼脱出』に紹介されている。原典は、前川氏が九州で入手した『野史』らしい（正式タイトル、著者不詳）。『系図纂要』の豊臣系図には不記載の人物で、私の所持する他の系図資料（『群書系図部集』や『姓氏家系大辞典』など）には登場せず、系図文献で確認できない伝説上の人物である。天草四郎は、益田時貞といわれるが、実のところその正体は不明である。島原の乱の指導者らにより、それらしい少年を天草四郎に仕立てた可能性も考えられる。

天草四郎が、秀吉の孫の羽柴天四郎秀綱なら、小西遺臣といわれる人々が擁立するのも頷ける。豊臣家再興をかけた最後の抵抗運動ならば豊臣家血縁を首領とすることも理解できる。ただ秀頼が加わったかといえば疑問である。農民や浪人に擁立されて豊臣再興を図ることは、果たして秀頼のプライドが許したか？　歌人の木下宗連として生きることを選択した秀頼が、一揆同列の『島原の乱』に参加するとは考えにくい。羽柴天四郎秀綱は、『野史』の中に生きる伝承上の人物としておく。

(6) 高台院(北政所)流豊臣家(京都豊臣家、後に旗本木下家)

豊臣吉子(秀吉正室北政所・高台院)を初代とし、吉子の独自養子(秀吉没後、単独で養子・養女を迎えた)の利次が名跡を継承した。ただし、豊臣家名と遺領一万六千石の相続は許されず、木下家名・本姓豊臣朝臣で、三千石を与えられた。木下左近、あるいは、木下民部豊臣朝臣利次(木下利次)と名乗る(木下利三とするものあり)。この家系は、『寛政重修諸家譜』で確認され、『系図纂要』でもその一部が確認される(系図後述)。公式には、第二豊臣家(足守木下家)別家という位置付けである。

(7) 第二豊臣家(杉原流豊臣朝臣木下家)

北政所一門杉原流木下家。木下家定を初代とする。備中足守藩主家とその分家。足守木下別家(高台院流木下家)、豊後日出藩主家、その分家立石木下家(羽柴家)(陪臣旗本)などがある。この家系は、『寛政重修諸家譜』『系図纂要』『平姓杉原氏御系図附言』『木下氏系図附言纂』、各種歴史雑誌などで確認される。家名は木下、本姓は豊臣朝臣(豊臣氏)で江戸時代に幕府も認めた唯一の豊臣氏である。

明治になり戸籍に登録される氏・家名が統一されると、木下氏を家名・本氏とする。現在、羽柴とか豊臣とか称する家があるが、それらは、第一豊臣家とも第二豊臣家とも直接の関係はない、木下一門の認知せざる豊臣氏である。

なお、旧足守藩主木下家と、旧日出藩主木下家は、『華族譜要』(維新資料編纂会編・大原新生社）、『平成新修 旧華族家系大成』（霞会館編纂、吉川弘文館刊行）に系譜が掲載され、現代まで家系が確認できるのである。立石木下家（羽柴家 伝・豊臣国松末裔家）は、（1）の国松生存伝説其の一の家系で、日出木下家一子相伝が事実とすると、第一豊臣家は、第二豊臣家の中に潜んで存続したということである。この家系は、大正の初期に断絶した。

なお、この傍系で豊臣を名乗る人物がいるが、電話で連絡後、正式に書面で問い合わせたが、三年以上経過しても、いまだ回答せずという状況である。ちなみに、インターネットに立石木下家の家系を詳しく紹介した人がいるが、その系譜にも、自称豊臣を名乗る人物は記載されていない。所詮偽者ということである。私が問い合わせする以前に、私の所属する日本家系図学会の会員が取材しているが、日出に関係するといいつつも、その系譜は明らかにしていない。普通は偽系図でも提示するが、それすらないということであろうか？

系図を公開すれば、それが歴史上の人物の末裔なら当然検証の対象となる。立石木下家断絶は、豊臣家存続伝承を追究している前川氏が、「旧日出藩主木下家当主」にも取材し、現地（立石郷周辺）も取材して確認しているのである。傍系存続が事実なら、取材の過程で、前川氏も情報を掴んだはずであるが、続編でも何のフォローもされていないことから見てその可能性は低い。何よりいまだ回答が出せないということが、事実を物語っていると考える次第である。

豊臣氏（正式には豊臣朝臣）は、大坂夏の陣で滅亡したといわれているが、それは第一豊臣家のことである。しかし、それにも、国松生存伝説とか、秀頼生存伝説があり、本当に消滅したかは疑問である。また、第一豊臣家に関していえば、男系こそ断絶したことになっているが、女系は、豊臣秀次の系統と、実弟で秀吉の養子であった豊臣秀勝の系統が存続しているのである（桜井成廣氏の研究で紹介されている）。

さらにいえば、宇喜多秀家も、秀吉の義理婿（養女豪姫の夫）で猶子であったので、豊臣家といえなくもない。秀家は処刑を免れ、八丈島へ息子と共に流罪となったので、家系は存続している。この家系が、豊臣朝臣を継承していたら、宇喜多家も豊臣氏ということになる。しかし、宇喜多家は、幕府の公式系譜である『寛政重修諸家譜』には記載がないので、その事実は確認できない。幕府公認の豊臣氏は、第二豊臣家（杉原流豊臣朝臣木下家）のみということである。しかし、この家系が存続したということは、江戸時代も豊臣氏（豊臣朝臣）は、家名こそ木下と称したが存続したということである。

豊臣は姓（氏）であって、家名・苗字ではない。織田氏は、事実はともかく、本姓は平朝臣、つまり信長は平信長である。徳川氏は、同様に源朝臣、つまり家康は源家康である。しかし、豊臣秀吉は、豊臣朝臣秀吉、木下家定は、豊臣朝臣家定、北政所寧子（於禰）は、豊臣朝臣吉子ということになる。秀吉に家名を冠するなら、羽柴関白豊臣秀吉ということになろう。その後は、豊臣が家名のように扱われ、豊臣秀吉となる。

これらのことから、豊臣家の血統は消滅（断絶）とか、豊臣家は滅亡したという従来の説は、正確ではないということである。豊臣女系は、桜井氏の研究で主な所は明らかとなり、豊臣氏も第二豊臣氏という形で存続しており、そこには国松末裔伝承も含まれている。

これ以外にも、豊臣家存続伝説があるが、多少検討の余地を残すものから、全くの虚説までさまざまである。その中でも、桂家豊臣末裔説は、最初に排除されるものである。第二豊臣家の系譜からもまったく確認されないことは、前述した。伝説を伝説のままにしておくのなら、それはあくまで伝説で史実ではないから、さほど目くじらをたてるものでもないが、しかし、史実となると、おいそれとは認められない。天草四郎を羽柴天四郎秀綱とすることに関しては原典が野史であり、伝説の一つと捉えたい。

木場家に関しては、後で系図の検証を行うが主張の一部におかしな点もあるので、木下家に習って一子相伝としているが、そのままには信用できない（『織豊興亡史』でも、それとなく指摘済）。立石木下家については、一時は対立関係にあった日出藩主木下家の一子相伝による点、立石初代当主の名前の謎、立石藩（正式には藩ではないが便宜上）成立と不可解な家老の死などから、そういう可能性が否定しきれない点からも、木場家より信憑性が高い。また、第一豊臣家末裔でなくても、第二豊臣家の歴とした末裔であり、豊臣氏であることは否定されない。豊臣氏は、江戸時代も存続し、それは、幕府の認めるところであった。歴史から消え去った豊臣家とは、第六摂家（摂政・関白家）豊臣家であり、摂津・和泉藩六十五万豊臣家であって、豊臣氏ではない。

豊臣氏滅亡とは、おおいなる誤解なのである。また、豊臣家血統も第一豊臣家としては、九条家・二条家を通じて、豊臣秀勝の女系が伝わり、本願寺や皇室に至るという。秀次の女系は、真田氏を経由して、岩城氏や三好（後に真田）氏に繋がる。秀吉の血統は、国松が処刑され、女は、出家して天秀尼となり断絶したと通史は述べるが、国松が木下縫殿助豊臣朝臣延由に変身していれば、大正初期まで家系は存続したということになる。杉原流豊臣氏は、杉原一族の内、木下家定と北政所の系統のみで、他は杉原姓（平朝臣）を称した。

豊臣家存続の史実と伝承　系図が語る史実

豊臣家存続伝承に関しては、既に述べてきているが、保留部分（木場家のこと）などについて私見を述べて、本章のまとめとしたい。

木下家の一子相伝に関しては、日出藩主木下家が、北政所一門杉原流豊臣家であることは歴史的事実で、本姓豊臣朝臣（豊臣家）であることは、徳川幕府も承知していることである。しかし、その日出木下家が、豊臣家の血統者を匿うことは、謀叛の嫌疑や、要らぬ詮索を招くこととなる。書き付けや、文書などは、幕府隠密に探り出されたら、改易断絶に至る危険性もある。したがって、その秘事は口伝により当主のみに伝えられたのである。

日出藩主木下家初代当主の兄弟に関しては、曖昧な部分もあり、秀頼をその兄弟に紛れ込ませることは充分可能であるし、実在の人物も影武者にしておけば、幕府の隠密を撹乱させることにも繋がる。木下宗連は複数いた痕跡があるし、系図も混乱している。また、国松に関しては、ほとんど知られていない人物であり、藩主の庶子の一人に紛れ込ませれば判らないのである。

秀頼は、日出で匿った形跡はない。系図に紛れ込ませて、木下一族にしたのである。系図を見ると判るが、初期の木下系図は、資料により食い違い、混乱している。小早川秀秋の弟については、氏名や人数が諸説あり一致していないのも、木下家の情報操作によるものなのであろう。日出木下家の系図も、秀頼を宗連に、国松を延由（寛政系譜は延次）に合成改竄して取り込み、国松（延由）は、藩主木下延俊の庶子として保護したのである。

木下延俊は、その死にあたり、延由に一万石を分知ように遺言したが、三万石の小藩が、一万石を分知したら、幕府の疑惑を招く恐れありと判断した家老の英断で、立石領五千石の分知と言い張り、一万石分知は阻止したという。後にこの家老は、全てを見届けた数年後に切腹したという。立石領の分知は、後に正式に幕府に認められ、旗本立石木下家（羽柴家）が成立した。本姓羽柴だが、幕府の記録は、家名木下、本姓豊臣朝臣（豊臣氏）である（『寛政重修諸家譜』）。この家系は、基本系図集にも掲載されているので、嫡流に関しては、特に問題はない。近年この家系の傍系（嫡流は断絶している）を称する人物が、山口県にいるが何の根拠も提示できていないので同列には扱わない。

一子相伝といえば、臨時増刊『歴史と旅』および『続・豊臣家存続の謎』に紹介された木場家があるが、その先祖とされる松千代（豊臣時忠・木場時忠）は、『系図纂要』にも掲載されず、歴史雑誌、豊臣関係書籍にも登場しない人物である。秀頼が薩摩に逃れ、土地の女との間に誕生したという。秀頼の薩摩落は、古くから伝承もある様で、その可能性は否定されない。しかし、その子供となると、基本系図文献などには登場せず、伝説・伝承の類いということになる。

木場家の一子相伝によると、松千代、すなわち木場時忠は、島津家息女のさゆり姫を室にしたという。以下連綿と系を伝え、明治初期の当主の木場貞長は、西南戦争に従軍戦死。その妻は、川上須賀で、姉の常子は、樺山資紀の夫人で、貞長の子供は一時庇護されたという。

しかし、この所伝は、額面通りは受け取れない。島津家息女といいながら、誰の娘か明らかにしていないこと。また、島津家に関する資料である『島津氏正統系図』（島津家資料刊行会）や『寛政重修諸家譜』『系図纂要』『「さつま」の姓氏』（川崎大十・高城書房）などの島津氏関係部分に、さゆり姫という人物は確認されないという点で疑問、さらに、樺山資紀の妻は、『華族譜要』『平成新修 旧華族家系大成』などによると、山本十太郎の三女「とも」で、川上常子ではない。息子の愛輔の夫人は、常子だが、川上氏ではなく、川村純義の長女である。その妹の「ハナ」（花）は、柳原義光伯爵の夫人であり、その妹に須賀という名前は確認されない。要するに史実に基づく資料と確認できそうな人物も、姻族側の資料からは、木場貞幹氏の主張は立証されないということである。

また、この木場家であるが、薩摩島津家客分といいながら、地元の研究家の川崎大十氏の大著『「さつま」の姓氏』（高城書房）でも、貞幹氏の家系の木場家は掲載していない。同著には、複数の木場家が掲載されているが、藤原を本姓と称するものの、出自は不詳である。また、桓武平氏末裔を称する家系も掲載されているが、通字からみて、この家系とは関係なさそうである。可能性があるとすれば、隈之城流の木場氏で末裔は、川内市などに現存する。こちらが、「貞」という字を通字としているようだが、自称豊臣の木場家も、途中の人物は、貞を通字としているので、隈之城流の同族の可能性は否定できない。

木場家も一子相伝を主張しているが、木下家の一子相伝に触発された可能性は否定できない。臨時増刊『歴史と旅』に発表する一方で、『豊臣家存続の謎』の著者の前川和彦氏に資料を送付、前川氏は、『続・豊臣家存続の謎』『秀頼脱出』などで紹介している。系譜研究の立場では、木場貞幹氏の主張は、何ら立証されず、史実と認めるには、まだ資料不足である。何より基本資料との食い違い（島津家や樺山家との関係）を、どう説明するかが鍵である。

次に、江戸山王神主の樹下家が、秀頼の子孫という中田憲信の系図（日本歴史研究所の木村信行氏が、『皇胤志』『南朝熊沢家と浅井・豊臣の謎』において紹介）であるが、『系図纂要』豊臣系図には、秀頼の子供に久尚という人物は確認されない。伊集院式部についても、川崎氏の『「さつま」の姓氏』や『鹿児島県姓氏家系大辞典』（角川書店）の伊集院系図においては、伊集院式部とか、伊集院式部久尚という人物は、確認できない。中田の系図によれば、伊集院久尚（秀頼の息子）の子孫が、樹下を称し、神主樹下家とも養子縁組により同族化したようだが、ここに登場する何人か（樹下姓の人物）が、『古代豪族系図集覧』（近藤敏喬、東京堂出版）や、『系図纂要』などで確認できるので、少なくとも伊集院氏と樹下の間には、何か関係があったかもしれない。

『古代豪族系図集覧』では、樹下成真の父親の名前が不明で某と記している点からも謎めいたものがある。『系図纂要』では、添え書きに成真の名は確認されるが、その祖系は掲載されていない。ただし、秀頼などの薩摩落ち伝承には、伊集院某とか伊知地某とかいう人物（その正体は、薩摩の隠密、虚無僧集団か？）が登場するので、排除するには検討の余地を残すが、史実とするには裏付けに欠ける点で問題を残す。薩摩の伊集院と江戸山王神職の樹下家の繋がりもよく判らない。

もっとも、樹下家そのものは歴史のある家系で、祝部氏の末裔で日枝神社の神職の樹下家の流れを汲む家系であり、『古代豪族系図集覧』『系図纂要』に紹介されていることは、前述した。さらにこの一族出身の樹下茂国は、明治になり、豊国社再興に尽力した一人らしいことが、洋泉社の『逆転の日本史つくられた「秀吉神話」』で紹介されているので、樹下家と豊臣家の間には、何らかの縁があったかもしれないが、私は確認する術を持ち合わせてはいない。

次に検討するのは、桂尚樹氏による、桂家・沙門良寛豊臣家末裔説である。桂氏の著書で紹介された。『織豊興亡史』（今日の話題社）執筆時点では、私は知らなかった。日本歴史研究所の木村信行氏からの連絡で、桂尚樹による豊臣末裔桂家系図を知り、木村氏から系図のコピーも送られてきた。連絡をもった時点では随分期待したが、送られた系図のコピーを見てがっかりした。荒唐無稽の改竄系図であったからだ。一つは、秀吉からそのまま、時国・葛原・桂に至る系図であり、もう一つは、日出藩木下家分家の延由の弟に時国時広を記し、そこから桂家に至る系図である。これは、前川氏の『豊臣家存続の謎』を意識し、豊臣秀頼の息子に木下延由を記し、その兄弟に時国時広を繋げたものである。

時国家の活字化された系図は、時国保存会のパンフレットの上時国家系図以外知らないが家譜として書かれたものが『奥能登と時国家 研究編』にある。ここから復元した系図と時国家のパンフレットと照合すると、桂説には疑問が生じる。時国家の資料には、時国家から葛原家が分家したという記録が確認されないのである。また、時国時保が、豊臣家のことは差し置き、他家から養子に入ったということも確認できないのである。また、上時国家の時安を、時国家十一代時則の女婿としたり、女婿となった人物が真田大助とする点についても、その事実を確認することはできない（『奥能登と時国家』）。

葛原氏については、『姓氏家系大辞典』『石川県姓氏家系大辞典』でも確認されるが、同家と時国家の関係も、桂家との関係も、何ら示唆する記述はない。ただし、桂家の先祖は能登の出身といわれているのでそういう可能性はあるが、桂尚樹説の系図は、葛原氏の系図とは忠秀の位置付けに食い違いがある。

木村氏は、桂家の祖の誉秀を、吉政の子供、すなわち、忠秀の兄弟と位置付けて、自著（『南朝熊沢家と浅井・豊臣の謎』）で紹介している。木村氏の資料分析でも、葛原氏は時国家とは、平家同族という以外繋がりは確認されず、豊臣とも時国とも繋がらないことを明らかにされている。これは系図の比較検証でも立証される。木村氏による追跡でも、葛原氏の分家が桂家という程度しか推測できないわけである。自称豊臣という主張が空しく聞こえるのである。

系図の嘘は、系図が暴く。木場家にしても、桂家にしても、その疑惑は系図が証明しているのである。次頁の系図は、その史実を明らかにしている。系図を捏造して名家の末裔といっても空しいし、先祖への冒涜である。

木下宗連・延俊と秀頼・国松（1）

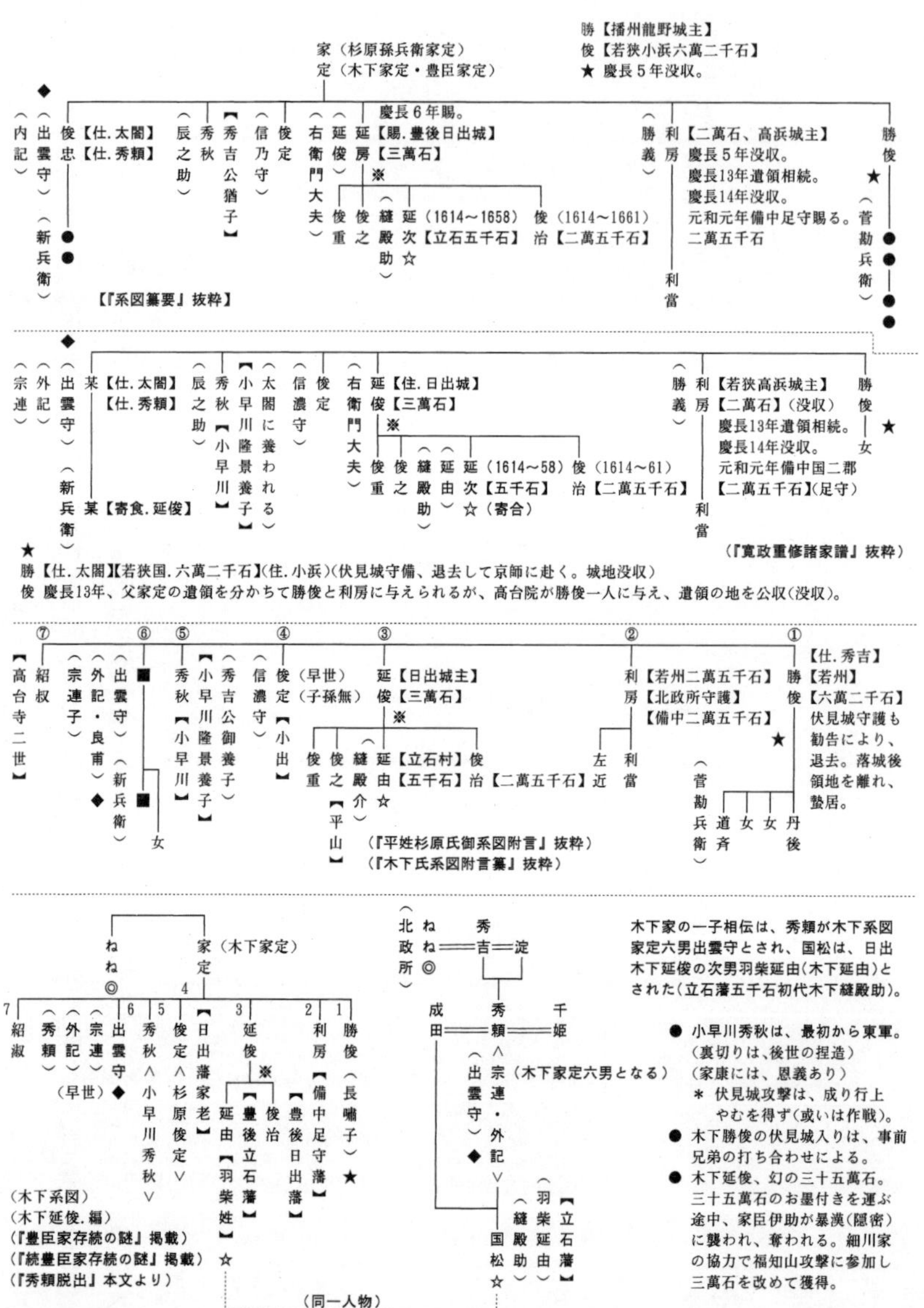

勝【播州龍野城主】
俊【若狭小浜六萬二千石】
★ 慶長5年没収。
家（杉原孫兵衛家定）
定（木下家定・豊臣家定）
慶長6年賜。
延房【賜.豊後日出城】【三萬石】
延俊
俊忠【仕.太閤】【仕.秀頼】
利房【二萬石、高浜城主】
慶長5年没収。
慶長13年遺領相続。
慶長14年没収。
元和元年備中足守賜る。
二萬五千石
延次☆（1614～1658）【立石五千石】
俊治（1614～1661）【二萬五千石】
【『系図纂要』抜粋】
某【仕.太閤】【仕.秀頼】
某【寄食.延俊】
延俊【住.日出城】【三萬石】
利房【若狭高浜城主】【二萬石】（没収）
慶長13年遺領相続。
慶長14年没収。
元和元年備中国二郡
【二萬五千石】（足守）
延次（1614～58）【五千石】☆（寄合）
俊治（1614～61）【二萬五千石】
（『寛政重修諸家譜』抜粋）
★
勝【仕.太閤】【若狭国.六萬二千石】（住.小浜）（伏見城守備、退去して京師に赴く。城地没収）
俊 慶長13年、父家定の遺領を分かちて勝俊と利房に与えられるが、高台院が勝俊一人に与え、遺領の地を公収（没収）。
勝俊【仕.秀吉】【若州】【六萬二千石】伏見城守護も勧告により、退去。落城後領地を離れ、蟄居。
丹後／女／女／道斉／菅勘兵衛
② 利房【若州二萬五千石】【北政所守護】【備中二萬五千石】
延俊【日出城主】【三萬石】
延由【立石村】【五千石】☆
俊治【二萬五千石】
（『平姓杉原氏御系図附言』抜粋）
（『木下氏系図附言纂』抜粋）
ねね◎
家定（木下家定）
北政所 ねね◎ 秀吉 淀
成田 秀頼 千姫
宗連・外記（木下家定六男となる）
国松☆
羽柴延由【立石藩】
（木下系図）
（木下延俊.編）
（『豊臣家存続の謎』掲載）
（『続豊臣家存続の謎』掲載）
（『秀頼脱出』本文より）
（同一人物）
木下家の一子相伝は、秀頼が木下系図家定六男出雲守とされ、国松は、日出木下延俊の次男羽柴延由（木下延由）とされた（立石藩五千石初代木下縫殿助）。
● 小早川秀秋は、最初から東軍。
（裏切りは、後世の捏造）
（家康には、恩義あり）
＊ 伏見城攻撃は、成り行上やむを得ず（或いは作戦）。
● 木下勝俊の伏見城入りは、事前兄弟の打ち合わせによる。
● 木下延俊、幻の三十五萬石。
三十五萬石のお墨付きを運ぶ途中、家臣伊助が暴漢（隠密）に襲われ、奪われる。細川家の協力で福知山攻撃に参加し三萬石を改めて獲得。

木下宗連・延俊と秀頼・国松（2）

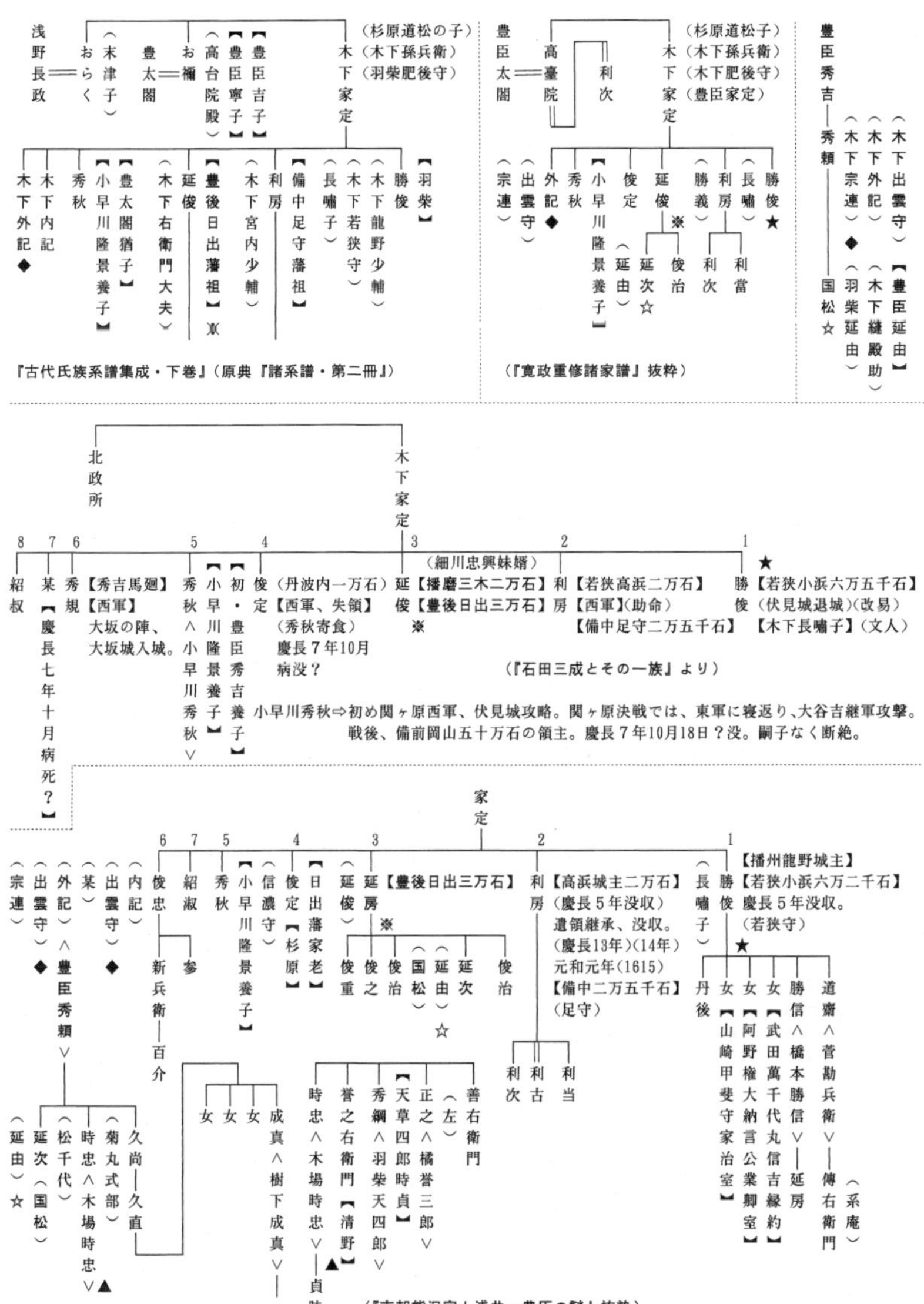

（杉原道松の子）（木下孫兵衛）（羽柴肥後守）
木下家定
浅野長政
おらく
（木津子）
豊太閤
お禰
（高台院殿）
【豊臣寧子】
【豊臣吉子】
木下外記◆
木下内記
秀秋
【小早川隆景養子】
【豊太閤猶子】
（木下右衛門大夫）
延俊
【豊後日出藩祖】
（木下宮内少輔）
利房
【備中足守藩祖】
（長嘯子）
（木下若狭守）
（木下龍野少輔）
勝俊
【羽柴】
『古代氏族系譜集成・下巻』（原典『諸系譜・第二冊』）
（杉原道松子）（木下孫兵衛）（木下肥後守）（豊臣家定）
豊臣太閤
高臺院
利次
木下家定
（宗連）
（出雲守）
外記◆
秀秋
【小早川隆景養子】
俊定
延俊※
（延由）
延次☆
俊治
（勝義）
利房
利次
利當
（長嘯）
勝俊★
（『寛政重修諸家譜』抜粋）
豊臣秀吉―秀頼―国松☆
（木下宗連）◆
（羽柴延由）
（木下外記）
（木下縫殿助）
（木下出雲守）
【豊臣延由】
北政所
木下家定
8 紹叔
7 某【慶長七年十月病死？】
6 秀規【秀吉馬廻】【西軍】大坂の陣、大坂城入城。
5 秀秋〈小早川秀秋〉【小早川隆景養子】
【初・豊臣秀吉養子】
4 俊定（丹波内一万石）【西軍、失領】（秀秋寄食）慶長7年10月病没？
3 延俊※（細川忠興妹婿）【播磨三木二万石】【豊後日出三万石】
2 利房【若狭高浜二万石】【西軍】（助命）【備中足守二万五千石】
1 勝俊★【若狭小浜六万五千石】（伏見城退城）（改易）【木下長嘯子】（文人）
（『石田三成とその一族』より）
小早川秀秋⇨初め関ヶ原西軍、伏見城攻略。関ヶ原決戦では、東軍に寝返り、大谷吉継軍攻撃。戦後、備前岡山五十万石の領主。慶長7年10月18日？没。嗣子なく断絶。
家定
（宗連）
（出雲守）◆
（外記）〈豊臣秀頼〉
（某）
（出雲守）◆
（内記）
6 俊忠
新兵衛―百介
参
7 紹叔
5 秀秋【小早川隆景養子】
（信濃守）
4 俊定【杉原】
【日出藩家老】
（延俊）
3 延房【豊後日出三万石】※
俊重
俊之
俊治
国松（延由）☆
延次
俊治
2 利房【高浜城主二万石】（慶長5年没収）遺領継承、没収。（慶長13年）（14年）元和元年(1615)【備中二万五千石】（足守）
利次
利古
利当
（長嘯子）
1 勝俊★【播州龍野城主】【若狭小浜六万二千石】慶長5年没収。（若狭守）
丹後
女【山崎甲斐守家治室】
女【阿野権大納言公業卿室】
女【武田萬千代丸信吉縁約】
勝信〈橋本勝信〉―延房
道齋〈菅勘兵衛〉―傳右衛門（系庵）
（延由）☆
延次（国松）
（松千代）
時忠〈木場時忠〉▲
（菊丸式部）
久尚―久直
女
女
女
成真〈樹下成真〉
時忠〈木場時忠〉―貞時
誉之右衛門【清野】▲
秀綱〈羽柴天四郎〉
【天草四郎時貞】
正之〈橘誉三郎〉
（左）
善右衛門
（『南朝熊沢家と浅井・豊臣の謎』抜粋）

高台院流豊臣家

＊ 宗連は豊臣秀頼、延由は国松とする異説がある（前川ルポ）。

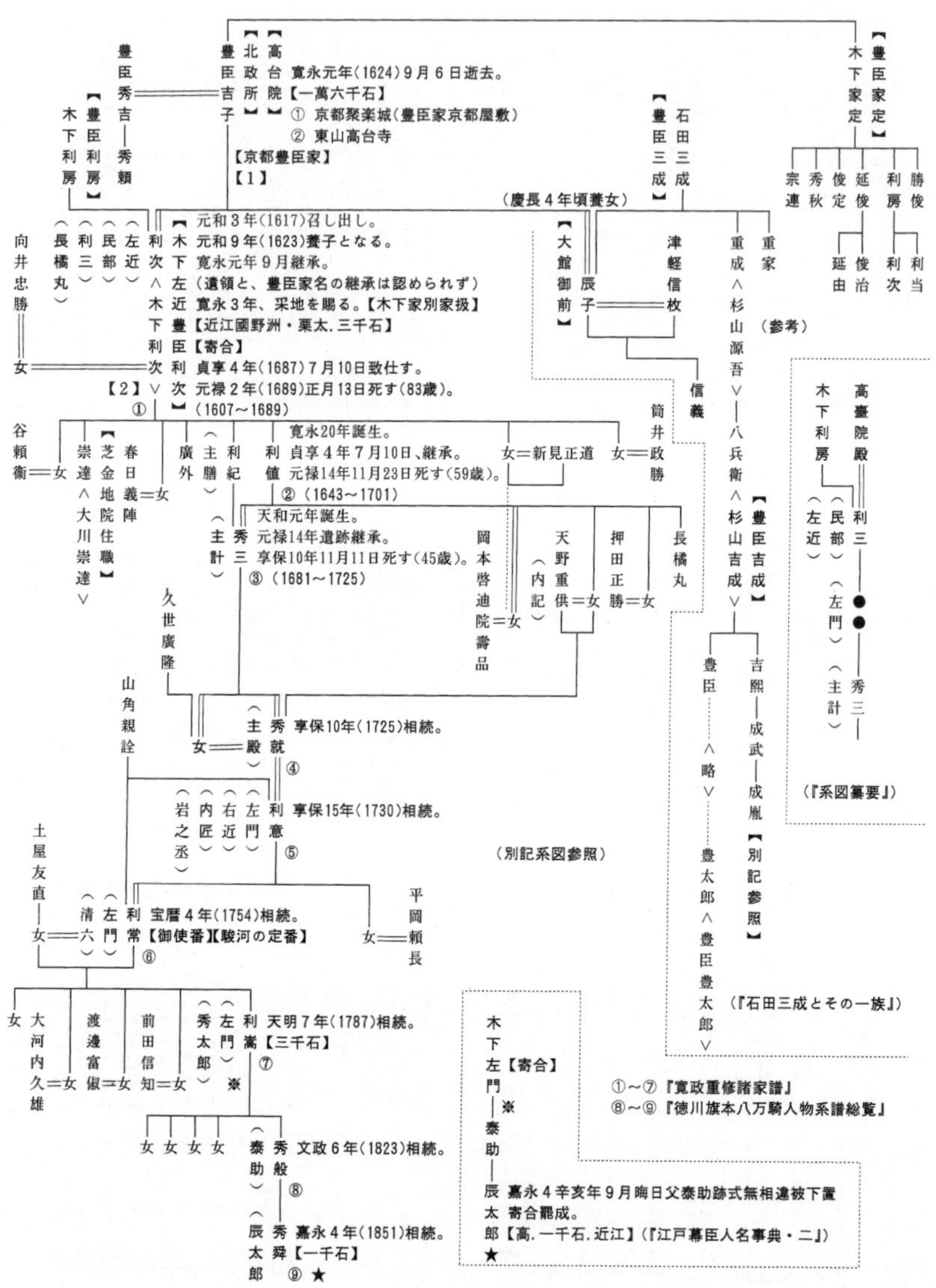

【高台院】【北政所】豊臣吉子
寛永元年（1624）9月6日逝去。
【一萬六千石】
① 京都聚楽城（豊臣家京都屋敷）
② 東山高台寺
【京都豊臣家】
【1】
豊臣秀吉
秀頼
【豊臣利房】木下利房
【豊臣家定】木下家定
宗連　秀秋　俊定　延俊　利房　勝俊
延由　俊治　利次　利当
石田三成
【豊臣三成】
（慶長4年頃養女）
【大館御前】辰子
津軽信枚
信義
重成〈杉山源吾〉
重家
八兵衛〈杉山吉成〉
【豊臣吉成】
（参考）
向井忠勝
女
長橘丸　利三　民部　左近
利次〈木下利次〉
【木下左近豊臣利次】
元和3年（1617）召し出し。
元和9年（1623）養子となる。
寛永元年9月継承。
（遺領と、豊臣家名の継承は認められず）
寛永3年、采地を賜る。【木下家別家扱】
【近江國野洲・栗太．三千石】
【寄合】
貞享4年（1687）7月10日致仕す。
元禄2年（1689）正月13日死す（83歳）。
（1607～1689）
【2】
①
谷頼衛＝女
崇達〈大川崇達〉
【芝金地院住職】
春日義陣＝女
廣外　主膳　利紀
利値
寛永20年誕生。
貞享4年7月10日、継承。
元禄14年11月23日死す（59歳）。
②（1643～1701）
女＝新見正道
女＝筒井政勝
主計　秀三
天和元年誕生。
元禄14年遺跡継承。
享保10年11月11日死す（45歳）。
③（1681～1725）
岡本啓迪院壽品＝女
天野重供（内記）＝女
押田正勝＝女
長橘丸
久世廣隆
山角親詮
女＝＝主殿
秀就　享保10年（1725）相続。
④
岩之丞　内匠　右近　左門
利意　享保15年（1730）相続。
⑤
（別記系図参照）
土屋友直
女＝＝清六
左門
利常　宝暦4年（1754）相続。
【御使番】【駿河の定番】
⑥
平岡頼長
女＝＝
女　大河内久雄＝女　渡邊富假＝女　前田信知＝女
秀太郎　左門　※
利嵩　天明7年（1787）相続。
【三千石】
⑦
女　女　女　女
泰助
秀般　文政6年（1823）相続。
⑧
辰太郎
秀舜　嘉永4年（1851）相続。
【一千石】
⑨ ★
木下左門【寄合】
※
泰助
辰太郎　嘉永4辛亥年9月晦日父泰助跡式無相違被下置寄合罷成。
【高．一千石．近江】（『江戸幕臣人名事典・二』）
★
豊臣……〈略〉……豊太郎〈豊臣豊太郎〉
吉熙―成武―成胤
【別記参照】
（『石田三成とその一族』）
高臺院殿
木下利房
利三
民部　左近
●
●
左門
主計
秀三
（『系図纂要』）
①～⑦『寛政重修諸家譜』
⑧～⑨『徳川旗本八万騎人物系譜総覧』

出典『寛政重修諸家譜（続群書類従完成会）』、『徳川旗本八万騎人物系譜総覧（別冊歴史読本、新人物往来社）』、『江戸幕臣人名事典・二（小西四郎．監修、新人物往来社）』、『歴史群像 1994年6月号（学習研究社）』、『歴史群像55石田三成（学習研究社）』、他。

豊臣家存続の謎（1）（木下系図改竄のプロセス）

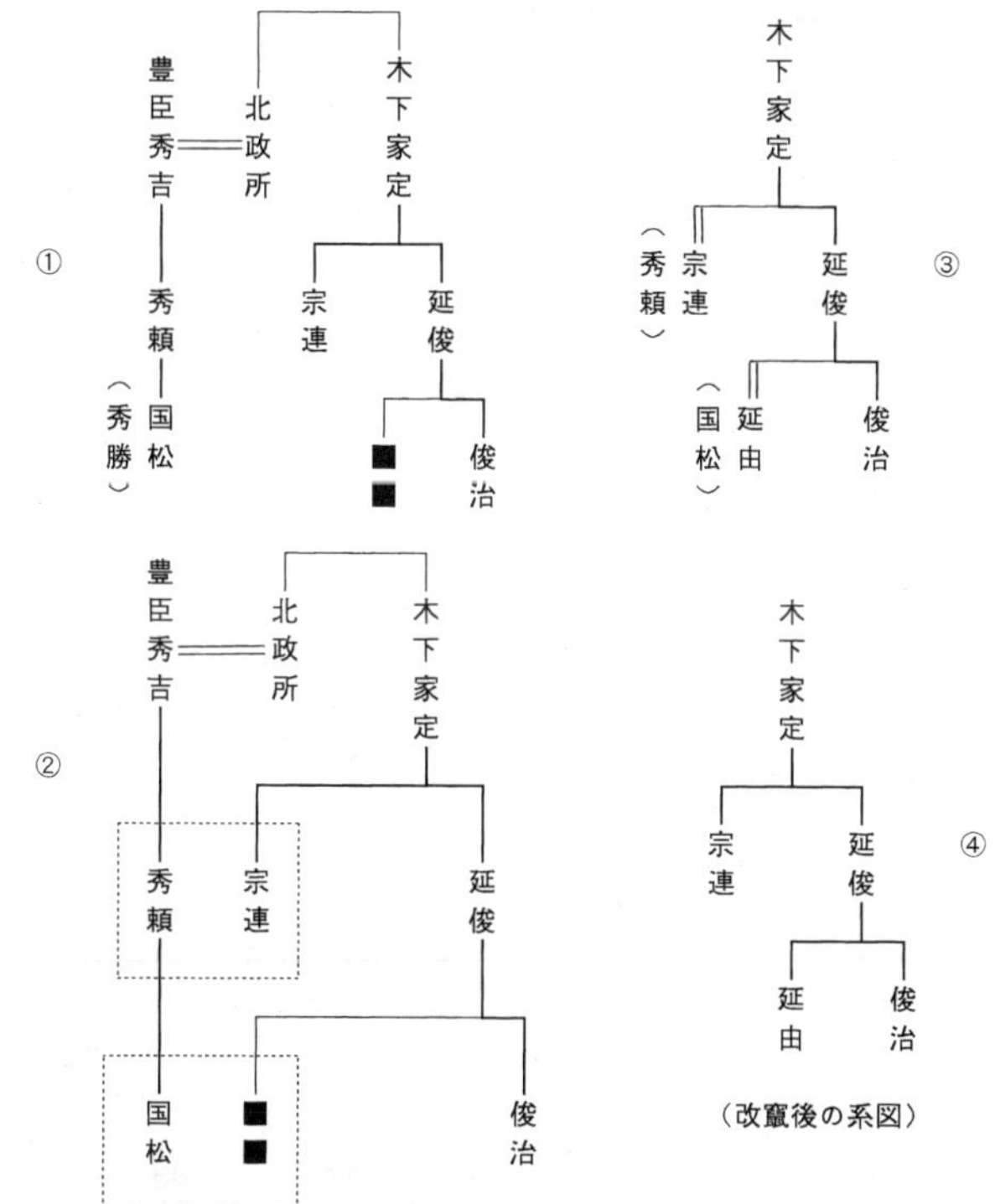
①
豊臣秀吉
北政所
木下家定
秀頼
宗連
延俊
国松
（秀勝）
■■
俊治
②
豊臣秀吉
北政所
木下家定
秀頼
宗連
延俊
国松
■■
俊治
③
木下家定
宗連
（秀頼）
延俊
延由
（国松）
俊治
④
木下家定
宗連
延俊
延由
俊治
（改竄後の系図）

豊臣家は 歴史上消滅し、①から④のプロセスで 木下家の系譜に融合した。
秀頼は 系譜上早死にした木下宗連に合体した。•
国松は 日出藩主木下延俊の養子となり、日出藩二代俊治の義弟となった。
系譜上は 実子とされ 豊臣家の痕跡は消滅した。
国松（秀勝）は 延由（延次）と名乗る。子孫は『寛政重修諸譜』、『系図纂要』などで紹介されている。前川氏が紹介した秀頼の落胤伝説（木下家一子相伝、木場家一子相伝、天草四郎落胤伝説）の中では 最も信憑性が高い。
（前記『豊臣家存続の謎』木下系図参照）
延由は 再興羽柴家初代。系譜上は 木下姓・豊臣朝臣（『寛政重修諸家譜』）。
その家系は 大正時代に断絶する（『豊臣家存続の謎』）。

豊臣家存続の謎（2）（木場家一子相伝を検討する）

木場家については 比較考証するべき系図資料が筆者の手元にないので 先祖の部分に関しては 木場家の伝承と『鹿児島県姓氏家系大辞典』の 木場家の項目を比較する。近代の部分に関しては 姻族系図によりその信憑性を検討する。

<table>
<tr><th>鹿児島県姓氏家系大辞典</th><th>木場家一子相伝</th></tr>
<tr><td>原田一族木場氏(称蒲生氏庶流)
大隅郡佐多村木場山麓出身。
木場貞重を始祖とし 貞久、貞頼、貞綱、貞則以下 連綿と続き 子孫 川内市内に在住。その一系が 元小学校長木場柳一氏。</td><td rowspan="5">日向伊東氏一族の少年が 島津氏との戦いに敗れた後 拉致され人質同然となっていたが 後に客分待遇となった。この時 藩主から木場姓を与えられた(実は薩摩に逃れた豊臣秀頼が 谷村さとを第二の正室として迎え松千代を儲け 国松に代わる嫡子とした。藩主 島津家久と相談した秀頼は 仮の家名を豊臣家の旧家名 木下と 薩摩入国の 陰の功労者 馬場文次郎より一文字づつ取り木場とした)。木場時忠は賜姓関白豊臣家三代を継承し、貞時、貞幹、貞道、貞休、貞紀、貞顕、貞幹、貞長、佐吉、光明を経て 木場貞幹氏(自称豊臣家正統十四世)に至る。</td></tr>
<tr><td>桓武平氏渋谷氏流入来院氏庶流。
入来院静重の子 木場重安を祖とする。
木場重安、重是、重定以下 東郷に住む。</td></tr>
<tr><td>大隅郡佐多村 高木城主 木場氏。
(詳細不詳)</td></tr>
<tr><td>鹿児島衆 木場氏
木場猪右衛門
木場源左衛門
木場清左衛門</td></tr>
<tr><td>出水郡野田郷地頭 木場氏
木場次郎兵衛</td></tr>
<tr><td colspan="2">『鹿児島県姓氏家系大辞典(角川書店)』には 島津家客分の木場家は 紹介されていない。鹿児島には 木場姓の家系が幾つか存在しているが 自称豊臣家の 木場氏もその中の一流で 秀頼の薩摩落ち伝説を取り込んだものなのであろうか？</td></tr>
</table>

先祖系譜においては 木場家伝承を証明する事は出来なかったが 近代の姻族系図はどうであろうか？

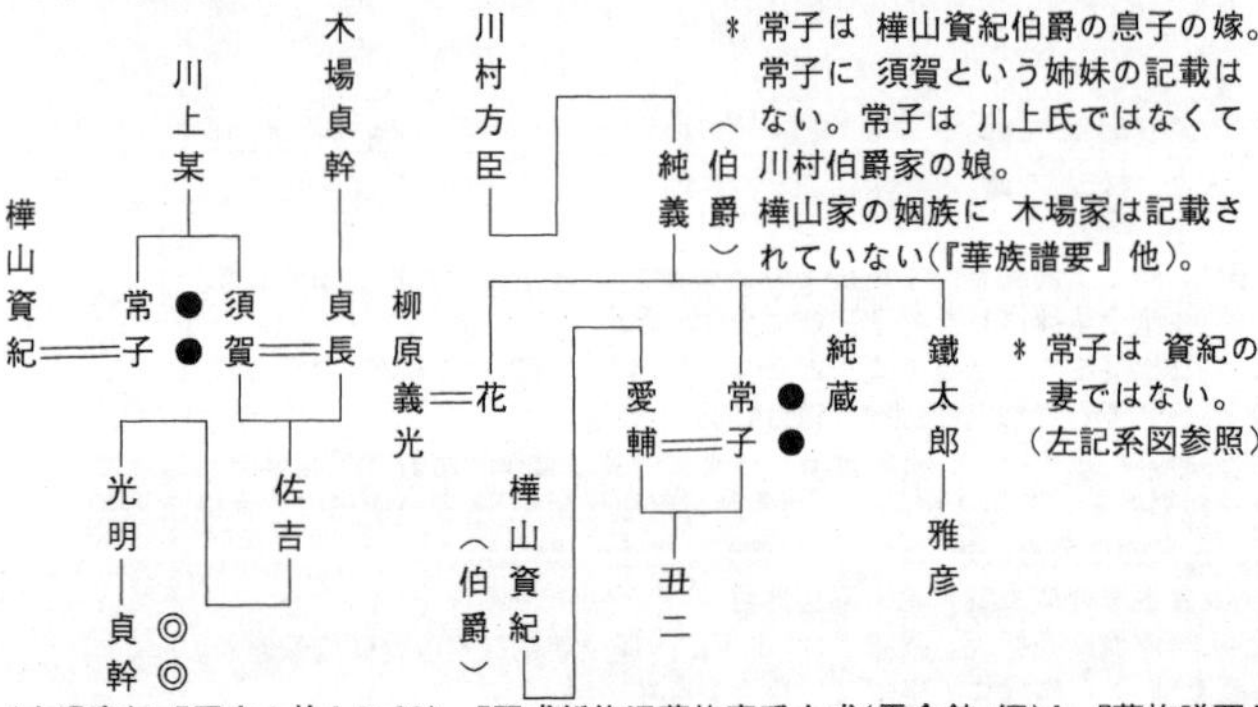
木場貞幹
川上某
樺山資紀
常子●
須賀
貞長
光明
佐吉
貞幹◎
川村方臣
純義（伯爵）
柳原義光
花
愛輔
常子●
純蔵
鐵太郎
樺山資紀（伯爵）
丑二
雅彦
＊常子は 樺山資紀伯爵の息子の嫁。常子に 須賀という姉妹の記載はない。常子は 川上氏ではなくて川村伯爵家の娘。樺山家の姻族に 木場家は記載されていない(『華族譜要』他)。
＊常子は 資紀の妻ではない。（左記系図参照）
(木場家伝『歴史と旅』P.96)『平成新修旧華族家系大成(霞会館.編)』、『華族譜要』

薩摩木場氏系図（1）

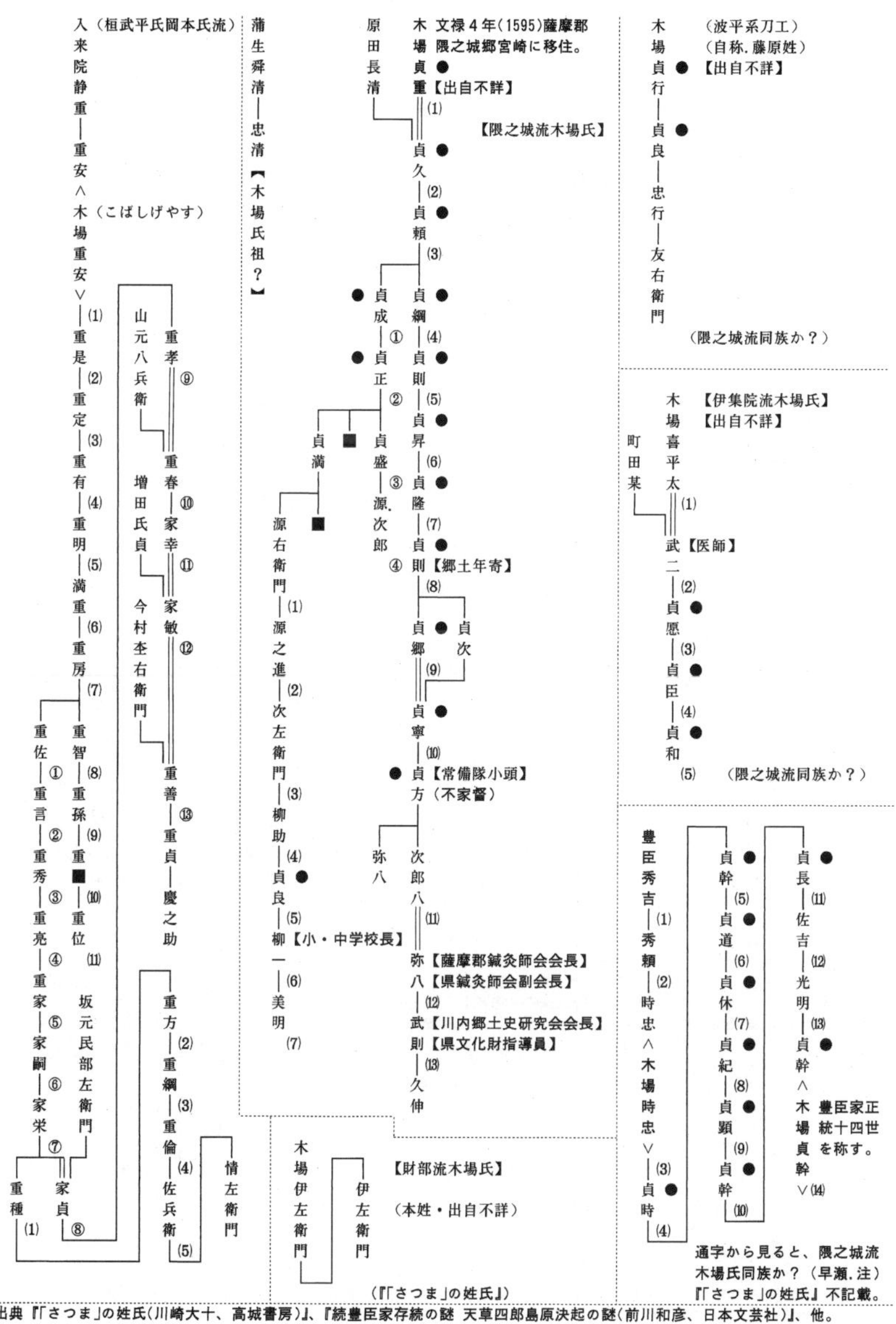
入来院静重（桓武平氏岡本氏流）
重安
木場重安（こばしげやす）
重是
重定
重有
重明
満重
重房
重佐
重言
重秀
重亮
重家
家嗣
家栄
重種
重智
重孫
重■
重位
坂元民部左衛門
家貞
山元八兵衛
重孝
重春
増田氏貞
家幸
今村杢右衛門
家敏
重善
重貞
慶之助
重方
重綱
重倫
佐兵衛
情左衛門
蒲生舜清
忠清
【木場氏祖？】
原田長清
木場貞重
文禄４年（1595）薩摩郡隈之城郷宮崎に移住。
【出自不詳】
【隈之城流木場氏】
貞久
貞頼
貞成
貞綱
貞正
貞則
貞満
貞盛
貞昇
源次郎
貞隆
源右衛門
貞則【郷土年寄】
源之進
貞郷
貞次
次左衛門
貞寧
柳助
貞方【常備隊小頭】（不家督）
貞良
弥八
次郎八
柳一【小・中学校長】
美明
弥八【薩摩郡鍼灸師会会長】【県鍼灸師会副会長】
武則【川内郷土史研究会会長】【県文化財指導員】
久伸
木場伊左衛門
伊左衛門
【財部流木場氏】
（本姓・出自不詳）
（『「さつま」の姓氏』）
木場貞行
（波平系刀工）
（自称．藤原姓）
【出自不詳】
貞良
忠行
友右衛門
（隈之城流同族か？）
木場喜平太
【伊集院流木場氏】
【出自不詳】
町田某
武二【医師】
貞愿
貞臣
貞和
（隈之城流同族か？）
豊臣秀吉
秀頼
時忠
木場時忠
貞時
貞幹
貞道
貞休
貞紀
貞顕
貞幹
貞長
佐吉
光明
貞幹
木場貞幹
豊臣家正統十四世を称す。
通字から見ると、隈之城流木場氏同族か？（早瀬．注）
『「さつま」の姓氏』不記載。

出典『「さつま」の姓氏（川崎大十、高城書房）』、『続豊臣家存続の謎 天草四郎島原決起の謎（前川和彦、日本文芸社）』、他。

薩摩木場氏系図（2）

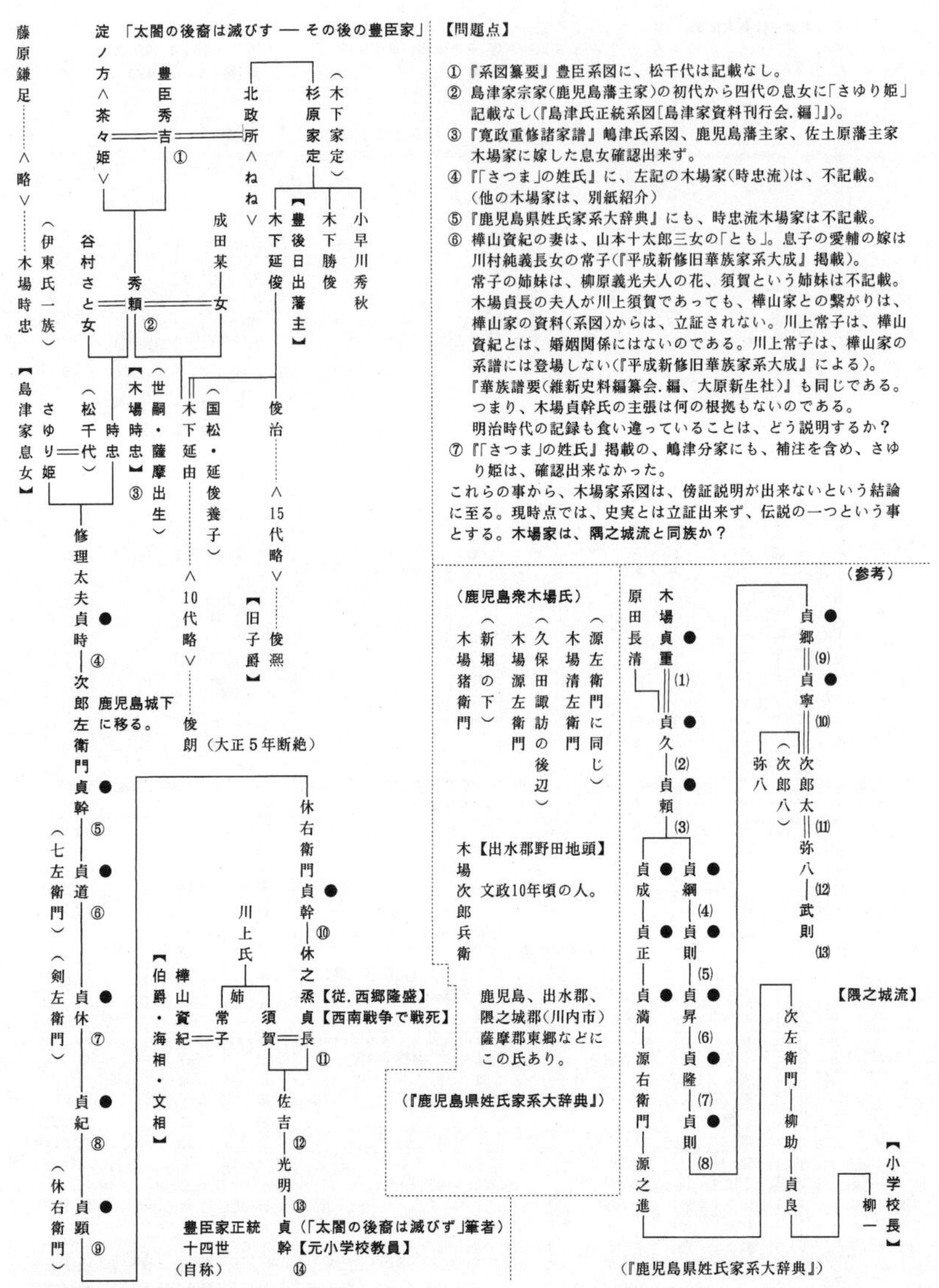

藤原鎌足……〈略〉……木場時忠
淀ノ方〈茶々姫〉
「太閤の後裔は滅びす ― その後の豊臣家」
豊臣秀吉 ①
北政所〈ねね〉
杉原家定（木下家定）
【豊後日出藩主】木下延俊
木下勝俊
小早川秀秋
谷村さと女（伊東氏一族）
秀頼 ②
成田某―女
（世嗣・薩摩出生）
【木場時忠】③
（国松・延俊養子）
木下延由
〈10代略〉
俊治
〈15代略〉
【旧子爵】俊熈
俊朗（大正5年断絶）
【島津家息女】さゆり姫
時忠（松千代）
修理太夫貞時 ④
次郎左衛門貞幹 ⑤
鹿児島城下に移る。
（七左衛門）貞道 ⑥
（剣左衛門）貞休 ⑦
貞紀 ⑧
（休右衛門）貞顕 ⑨
休右衛門貞幹 ⑩
休之烝貞長 ⑪
【従.西郷隆盛】
【西南戦争で戦死】
川上氏
姉
常子
須賀
【伯爵・海相・文相】樺山資紀
佐吉 ⑫
光明 ⑬
貞幹 ⑭
（「太閤の後裔は滅びず」筆者）
【元小学校教員】
豊臣家正統十四世（自称）
（鹿児島衆木場氏）
（源左衛門に同じ）木場清左衛門
（久保田諏訪の後辺）木場源左衛門
（新堀の下）木場猪衛門
木場次郎兵衛
【出水郡野田地頭】
文政10年頃の人。
鹿児島、出水郡、隈之城郡(川内市)薩摩郡東郷などにこの氏あり。
（『鹿児島県姓氏家系大辞典』）
（参考）
原田長清
木場貞重 (1)
貞久 (2)
貞頼 (3)
貞成
貞正
貞満
源右衛門
源之進
貞綱 (4)
貞則 (5)
貞昇 (6)
貞隆 (7)
貞則 (8)
貞郷 (9)
貞寧 (10)
次郎太 (11)
（次郎八）
弥八
弥八 (12)
武則 (13)
【隈之城流】
次左衛門
柳助
貞良
柳一
【小学校長】
（『鹿児島県姓氏家系大辞典』）

【問題点】

① 『系図纂要』豊臣系図に、松千代は記載なし。
② 島津家宗家(鹿児島藩主家)の初代から四代の息女に「さゆり姫」記載なし(『島津氏正統系図[島津家資料刊行会.編]』)。
③ 『寛政重修諸家譜』嶋津氏系図、鹿児島藩主家、佐土原藩主家木場家に嫁した息女確認出来ず。
④ 『「さつま」の姓氏』に、左記の木場家(時忠流)は、不記載。（他の木場家は、別紙紹介）
⑤ 『鹿児島県姓氏家系大辞典』にも、時忠流木場家は不記載。
⑥ 樺山資紀の妻は、山本十太郎三女の「とも」。息子の愛輔の嫁は川村純義長女の常子(『平成新修旧華族家系大成』掲載)。
常子の姉妹は、柳原義光夫人の花、須賀という姉妹は不記載。木場貞長の夫人が川上須賀であっても、樺山家との繋がりは、樺山家の資料(系図)からは、立証されない。川上常子は、樺山資紀とは、婚姻関係にはないのである。川上常子は、樺山家の系譜には登場しない(『平成新修旧華族家系大成』による)。
『華族譜要(維新史料編纂会.編、大原新生社)』も同じである。つまり、木場貞幹氏の主張は何の根拠もないのである。
明治時代の記録も食い違っていることは、どう説明するか？
⑦ 『「さつま」の姓氏』掲載の、嶋津分家にも、補注を含め、さゆり姫は、確認出来なかった。

これらの事から、木場家系図は、傍証説明が出来ないという結論に至る。現時点では、史実とは立証出来ず、伝説の一つという事とする。木場家は、隈之城流と同族か？

出典『58/8 臨時増刊歴史と旅 苗字総覧(秋田書店)』、『続豊臣家存続の謎 天草四郎島原決起の謎(前川和彦、日本文芸社)』『鹿児島県姓氏家系大辞典(角川書店)』、他。

豊臣家存続の謎（3）

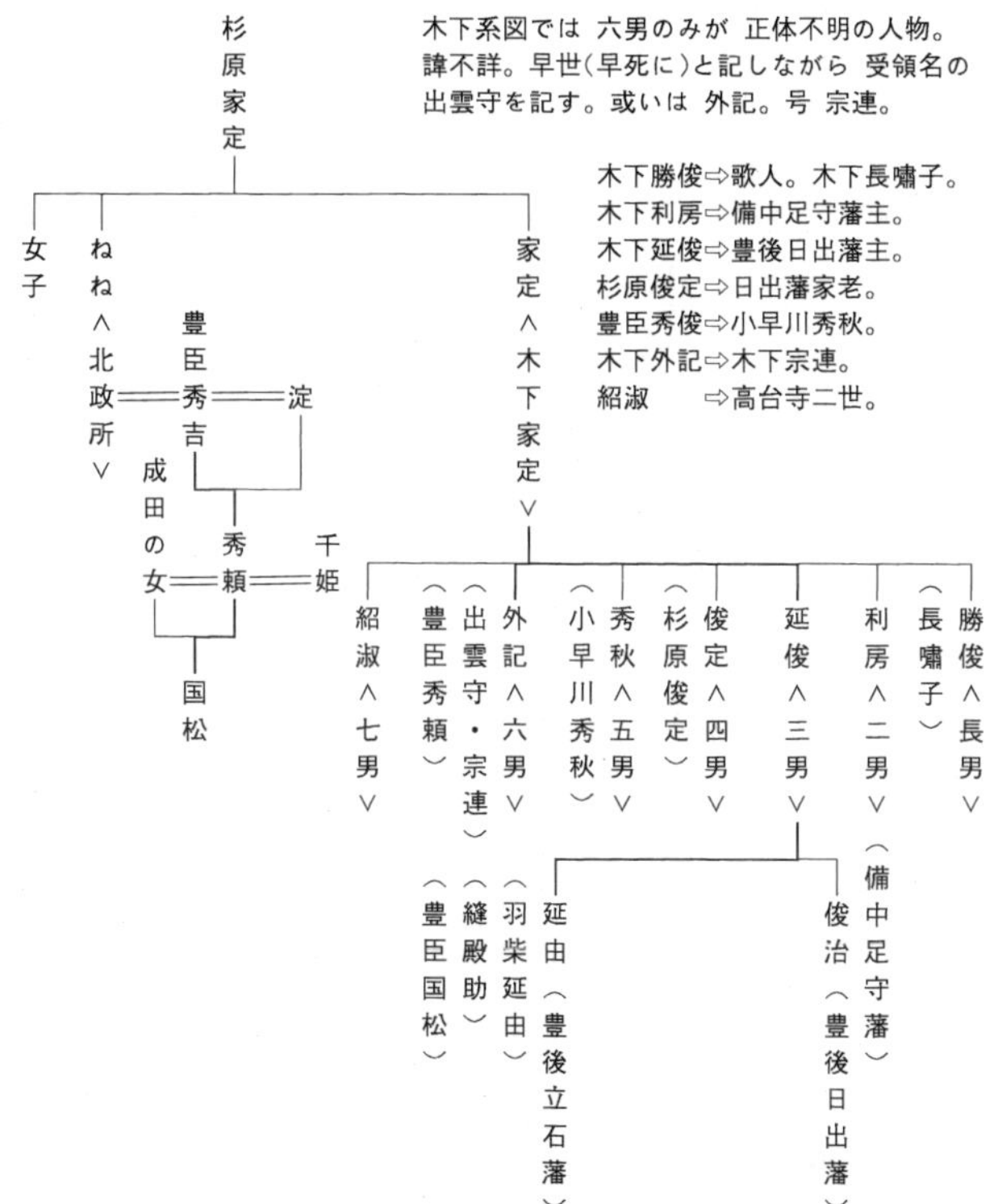

杉原家定
木下系図では 六男のみが 正体不明の人物。
諱不詳。早世(早死に)と記しながら 受領名の
出雲守を記す。或いは 外記。号 宗連。
木下勝俊⇨歌人。木下長嘯子。
木下利房⇨備中足守藩主。
木下延俊⇨豊後日出藩主。
杉原俊定⇨日出藩家老。
豊臣秀俊⇨小早川秀秋。
木下外記⇨木下宗連。
紹淑　⇨高台寺二世。
女子
ねね〈北政所〉
豊臣秀吉
淀
家定〈木下家定〉
成田の女
秀頼
千姫
国松
紹淑〈七男〉
(豊臣秀頼)
(出雲守・宗連)
外記〈六男〉
(小早川秀秋)
秀秋〈五男〉
(杉原俊定)
俊定〈四男〉
延俊〈三男〉
利房〈二男〉
(長嘯子)
勝俊〈長男〉
(備中足守藩)
(豊臣国松)
(縫殿助)
(羽柴延由)
延由(豊後立石藩)
俊治(豊後日出藩)

出典『豊臣家存続の謎(前川和彦、日本文芸社)』
(原典『木下延俊作成 木下家系図<資料提供 木下俊凞>』)
＊ 木下俊凞氏は 前川氏の取材に対し『一子相伝』及び関係資料を提示した。
(『豊臣家存続の謎』本文参照)

木下家は 系譜上 秀頼を 六男で早死にした宗連に取り込み、国松は 日出藩初代の木下延俊の養子と成し、幕府へは 木下延俊の次男(実子)として届け出た。
国松は 羽柴延由(寛政系譜では 木下延次)と名乗り 秀吉の旧家名 羽柴家を再興し、豊後立石で五千石を領した。

豊臣家存続の謎（4）（歌人木下宗連の系譜）

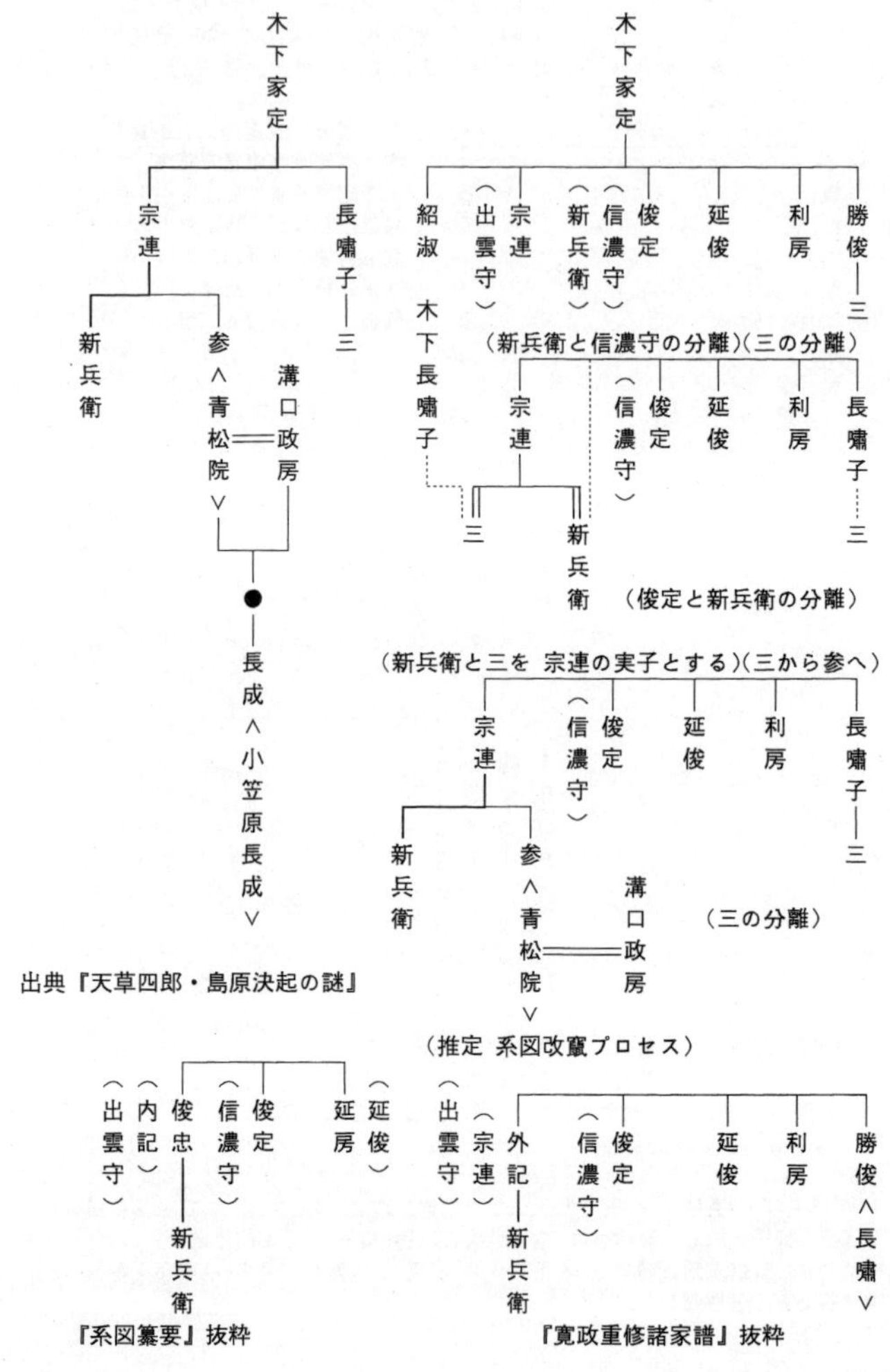
木下家定
宗連
長嘯子
三
新兵衛
参〈青松院〉
溝口政房
●
長成〈小笠原長成〉
出典『天草四郎・島原決起の謎』
木下家定
紹淑
（出雲守）宗連
（新兵衛）
（信濃守）俊定
延俊
利房
勝俊
三
木下長嘯子
（新兵衛と信濃守の分離）（三の分離）
宗連
（信濃守）
俊定
延俊
利房
長嘯子
三
新兵衛
三
（俊定と新兵衛の分離）
（新兵衛と三を 宗連の実子とする）（三から参へ）
宗連
（信濃守）
俊定
延俊
利房
長嘯子
三
新兵衛
参〈青松院〉
溝口政房
（三の分離）
（推定 系図改竄プロセス）
（出雲守）
（内記）
俊忠
（信濃守）
俊定
延房
（延俊）
新兵衛
『系図纂要』抜粋
（出雲守）
（宗連）
外記
新兵衛
（信濃守）
俊定
延俊
利房
勝俊〈長嘯〉
『寛政重修諸家譜』抜粋

豊臣家存続の謎（5）（二つの一子相伝）

	通史	木下家一子相伝	木場家一子相伝
氏名	豊臣秀頼	木下宗連(出雲守)	木下宗連(豊臣秀頼)
生没年	1593～1615	****～1637	****～1637
死亡場所	大坂城(自刃)	薩摩 谷山郷	薩摩 谷山郷
死亡年齢	23歳	45歳(1593生？)	45歳
木下宗連	木下出雲守(外記) 木下家定六男	木下出雲守(外記) 豊臣秀頼・木下是人	木下是人・豊臣秀頼 仮家名 木場氏
氏名	豊臣国松	木下縫殿助豊臣延由 (羽柴延由・豊臣国松)	(豊臣国松) 日出木下家に移る。
生没年	1608～1615	1614.11.9～1658.7.6	
死亡年齢	8歳	45歳	
死亡場所	京都六条河原	江戸藩邸	
戒名	漏世院雲山智西大童	江岸寺殿前掖庭月渕良照大居士	
歴代	豊臣秀吉(初代)	(豊臣秀吉)	豊臣秀吉(初代)
	豊臣秀頼(二代)	(豊臣秀頼)	豊臣秀頼(二代)
	豊臣国松(三代) (豊臣秀勝) * 処刑・断絶	(豊臣国松)(羽柴延由) 木下延由(豊臣延由) 立石藩羽柴家初代	豊臣時忠(三代) 木場時忠(国松異母弟) 薩摩豊臣家・木場家
		木下延知(豊臣延知) 立石藩羽柴家二代	木場貞時(四代) 薩摩藩客分
		木下重俊(豊臣重俊) 立石藩羽柴家三代	木場貞幹(五代) 薩摩藩客分
		木下榮俊(豊臣榮俊) 立石藩羽柴家四代	木場貞道(六代) 薩摩藩客分
		木下俊徳(豊臣俊徳) 立石藩羽柴家五代	木場貞休(七代) 薩摩藩客分
		木下俊昌(豊臣俊昌) 立石藩羽柴家六代	木場貞紀(八代) 薩摩藩客分
		木下俊直(豊臣俊直) 立石藩羽柴家七代	木場貞顕(九代) 薩摩藩客分
		木下俊隆(豊臣俊隆) 立石藩羽柴家八代	木場貞幹(十代) 薩摩藩客分
		木下俊芳(豊臣俊芳) 立石藩羽柴家九代	木場貞長(十一代) 明治十年西郷軍に属。
		木下俊國(豊臣俊國) 立石藩羽柴家十代	木場佐吉(十二代)
		木下俊清(豊臣俊清) 立石羽柴家十一代	木場光明(十三代)
		羽柴俊朗(豊臣喜久丸) 立石羽柴家十二代	木場貞幹(十四代) 自称豊臣家正統十四世
		羽柴千香（無嗣断絶） (立石羽柴家)	『歴史と旅』に『太閤の 後裔は滅びず』を発表。

『豊臣家存続の謎(前川和彦)』、『太閤の後裔は滅びず…その後の豊臣家(木場貞幹)』

豊臣家存続の謎（6）（謎の人物　木下宗連）

木下宗連(A)	木下宗連(B)	木下宗連(C)
木下出雲守(外記) 木下家系図(木下俊凞 語) 豊臣秀頼同一人物 (1593～1637)(45歳) 大坂城落城直前脱出して 薩摩に入り 谷山に隠棲。 寛永14年(1637) 薩摩藩領 谷山郷で自刃。 寛永14年 島原の乱。 嫡子国松は 日出藩に引き取られ 木下縫殿助延由(羽柴延由・豊臣延由)と名乗る(立石羽柴家初代)。 (『豊臣家存続の謎』)	木下出雲守(外記) 木下是人 豊臣秀頼同一人物 (1593～1637) 馬場文次郎らの協力で 大坂城を脱出、薩摩に入る。谷村さとを妻に迎え木場時忠を儲ける。 寛永14年 谷山で自刃。 国松に代わり、時忠を豊臣家の後嗣とする。 時忠 木場を家名として 豊臣姓を内伝。 (『太閤の後裔は滅びず』)	木下宗連(宇佐の宗連) 木下家定四男(六男の誤り) 号 了玄院詠誉宗連大居士。 寛永6年 3月15日 木下長嘯子に 和歌を送る。 寛永7年 中津来訪。 寛永14年 出雲大社奉納の和歌を作る。 寛永21年(正保元年と同年) 宇佐清水寺に 和歌三十一首を奉じる。 寛文5年 6月10日没 83歳。 (1583～1665) (『天草四郎・島原決起の謎』)

前川氏は 歌人 木下宗連は 木下長嘯子の一人二役 若しくは 長嘯子の信頼出来る弟子が 替え玉を演じたと推理、本物の宗連(豊臣秀頼)は 死を装って 谷山より出て 島原の乱に密かに参加し 死亡(『天草四郎・島原決起の謎』P. 84) 或いは 脱出して 影武者の宗連と入れ替わったと推定(谷山を脱出した宗連は島原の乱には 参加せず 京や宇佐を訪れ、後に宇佐に定住⇨『天草四郎・島原決起の謎』P. 133)。寛永14年の 自刃は 薩摩に逃れた豊臣秀頼・木下宗連の存在を抹殺する為の 偽装工作であり、以後の宗連は 立石の羽柴延由(豊臣国松)を 宇佐から 密かに見守ったと云う事であろうか？『天草四郎・島原決起の謎(前川和彦、日本文芸社)』

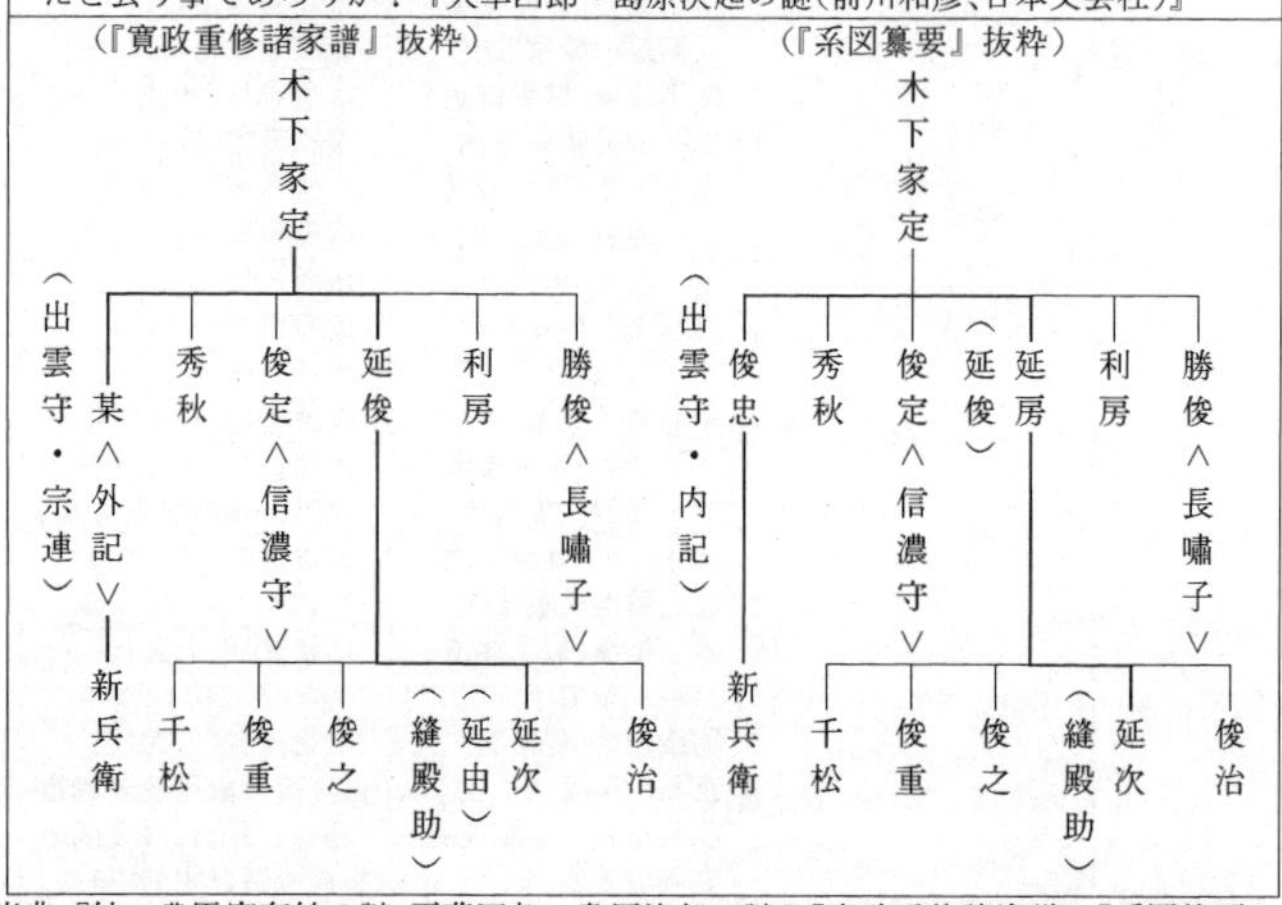

(『寛政重修諸家譜』抜粋)
木下家定
某〈外記〉
(出雲守・宗連)
新兵衛
秀秋
俊定〈信濃守〉
延俊
千松
俊重
俊之
延次
(延由)
(縫殿助)
俊治
利房
勝俊〈長嘯子〉
(『系図纂要』抜粋)
木下家定
俊忠
(出雲守・内記)
新兵衛
秀秋
俊定〈信濃守〉
延房
(延俊)
千松
俊重
俊之
延次
(縫殿助)
俊治
利房
勝俊〈長嘯子〉

出典『続・豊臣家存続の謎 天草四郎・島原決起の謎』、『寛政重修諸家譜』、『系図纂要』

豊臣家存続の謎（7）（天草四郎は豊臣家落胤か？）

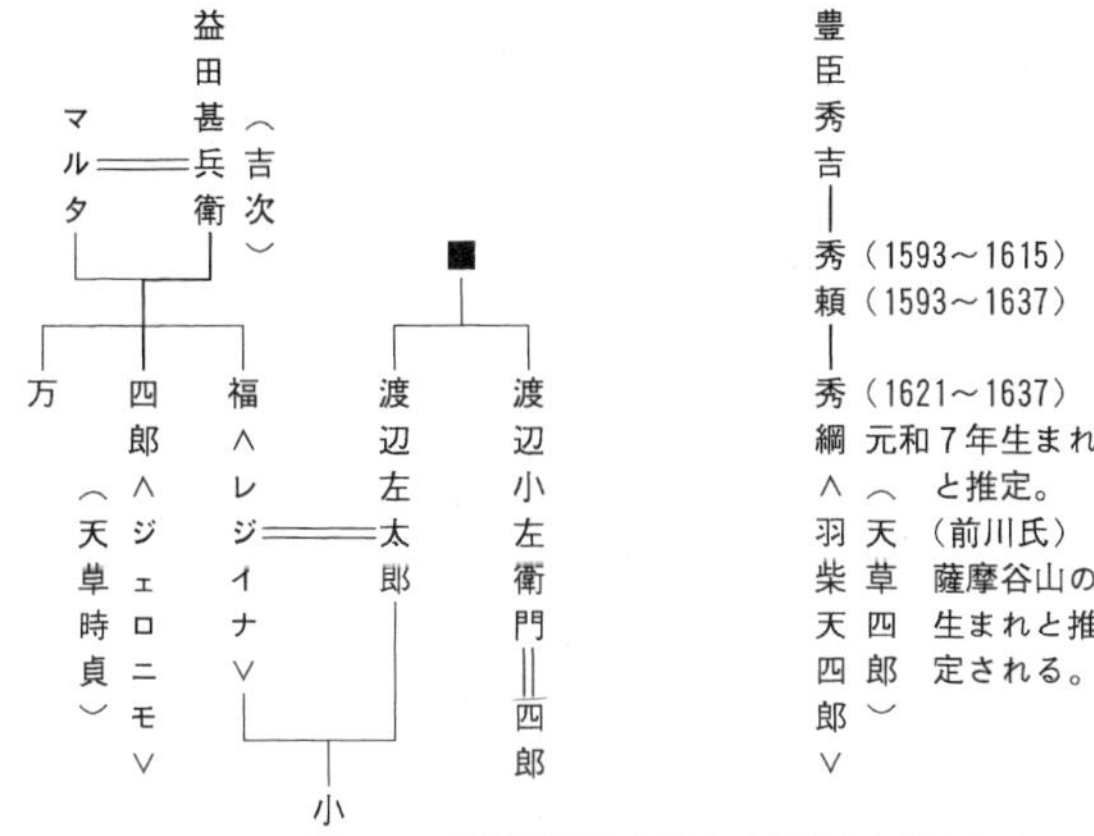

益田甚兵衛
（吉次）
マルタ
万
四郎〈ジェロニモ〉
（天草時貞）
福〈レジイナ〉
渡辺左太郎
渡辺小左衛門
四郎
小平
豊臣秀吉
秀頼
（1593～1615）
（1593～1637）
秀綱〈羽柴天四郎〉
（天草四郎）
（1621～1637）
元和7年生まれと推定。
（前川氏）
薩摩谷山の生まれと推定される。
＊天草四郎は 16歳とも18歳とも云われる。

	通史	野史（前川氏による）
父	益田甚兵衛吉次 （1578?～1637?） 小西行長遺臣	木下宗連（豊臣秀頼） （1593～1615）（1593～1637） 豊臣秀吉嫡子
本名	益田四郎時貞 （1622?～1637?）	羽柴天四郎秀綱（秀頼四男） （1621?～1637?） 元和7年（1621） 一説 元和9年（1623）生まれ。 ＊ 秀頼落胤説『耶蘇天誅記』などによる。
出生地	肥後国宇戸郡	薩摩国 谷山郷
＊ 天草四郎を 秀頼の庶子 或いは 落胤とする為には 秀頼が大坂では死なず、九州に逃れたという事が前提となる。 ＊ 系図の整合性を考えた場合 益田時貞は 益田吉次の実子ではなく養子若しくは系図上の仮の子供という事になる。		
出典『続・豊臣家存続の謎　天草四郎・島原決起の謎（前川和彦、日本文芸社）』 『日本武将列伝 5 東西決戦編（桑田忠親、秋田書店）』		

豊臣家の系図は『系図纂要』に 掲載されているが 羽柴秀綱は 記載されていない。仮に 天草四郎が秀頼の落胤であるとして 四男とは 断定出来ない。木場家一子相伝を 加味すると 五男の可能性も出てくる。

若し 天草四郎が秀頼の落胤なら 島原の乱は キリシタン一揆ではなく、豊臣家再興戦という事になる。但し これを公式に証明する事は出来ない。唯、知恵伊豆といわれた松平信綱が 子女まで皆殺にした事実が真実を教えているのではないのか？

豊臣家存続の謎（8）（野史にみる秀頼系図）

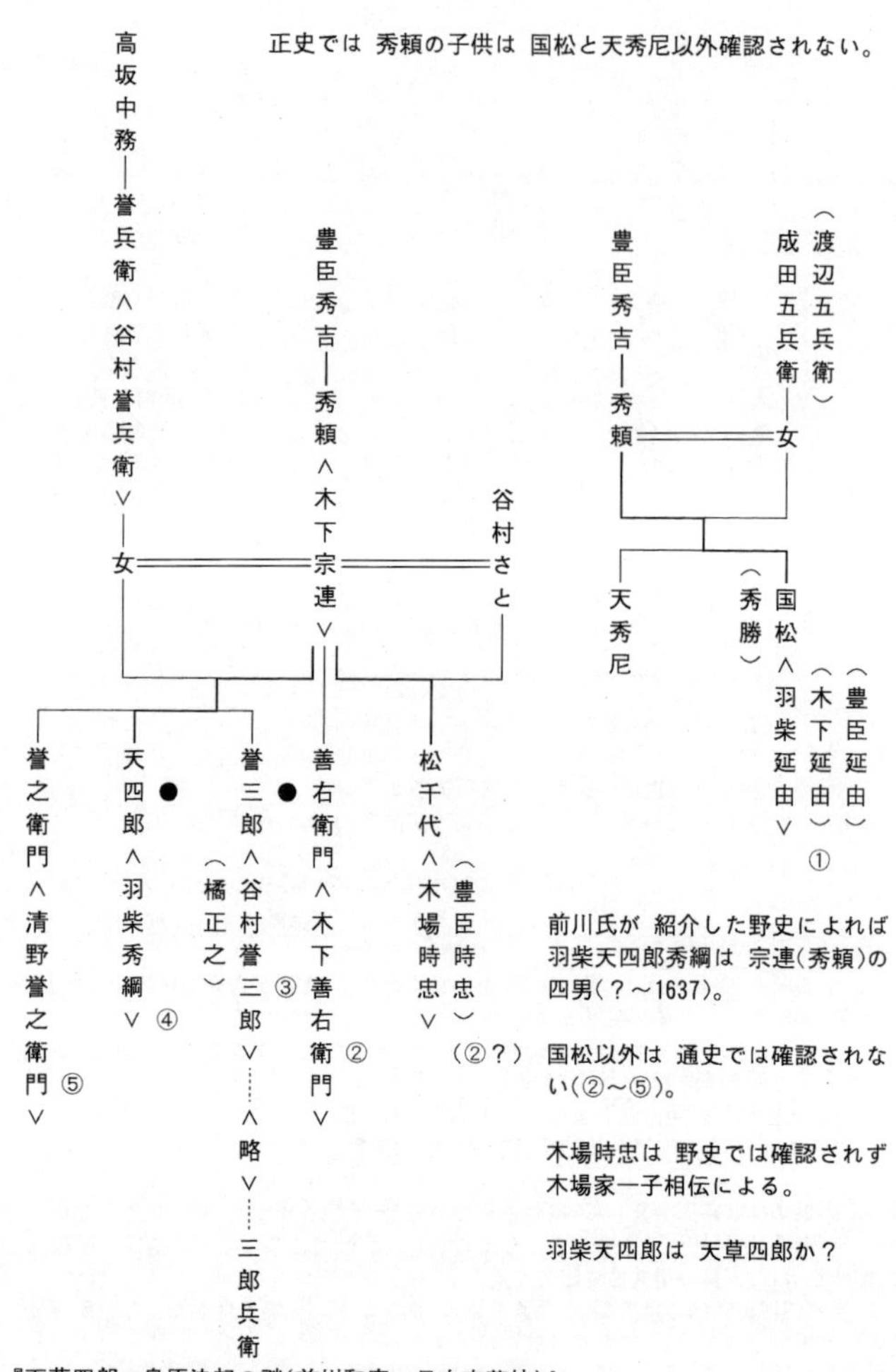
正史では 秀頼の子供は 国松と天秀尼以外確認されない。
（渡辺五兵衛）
成田五兵衛―女
豊臣秀吉―秀頼
国松〈羽柴延由〉（木下延由）（豊臣延由）①
（秀勝）
天秀尼
豊臣秀吉―秀頼〈木下宗連〉
高坂中務―誉兵衛〈谷村誉兵衛〉―女
谷村さと
松千代〈木場時忠〉（豊臣時忠）（②？）
善右衛門〈木下善右衛門〉②
誉三郎〈谷村誉三郎〉……〈略〉……三郎兵衛（橘正之）③
天四郎〈羽柴秀綱〉④
誉之衛門〈清野誉之衛門〉⑤
前川氏が 紹介した野史によれば
羽柴天四郎秀綱は 宗連（秀頼）の
四男（？～1637）。
国松以外は 通史では確認されない（②～⑤）。
木場時忠は 野史では確認されず
木場家一子相伝による。
羽柴天四郎は 天草四郎か？

『天草四郎・島原決起の謎（前川和彦、日本文芸社）』

豊臣秀頼参考系図（伊集院式部と樹下家）

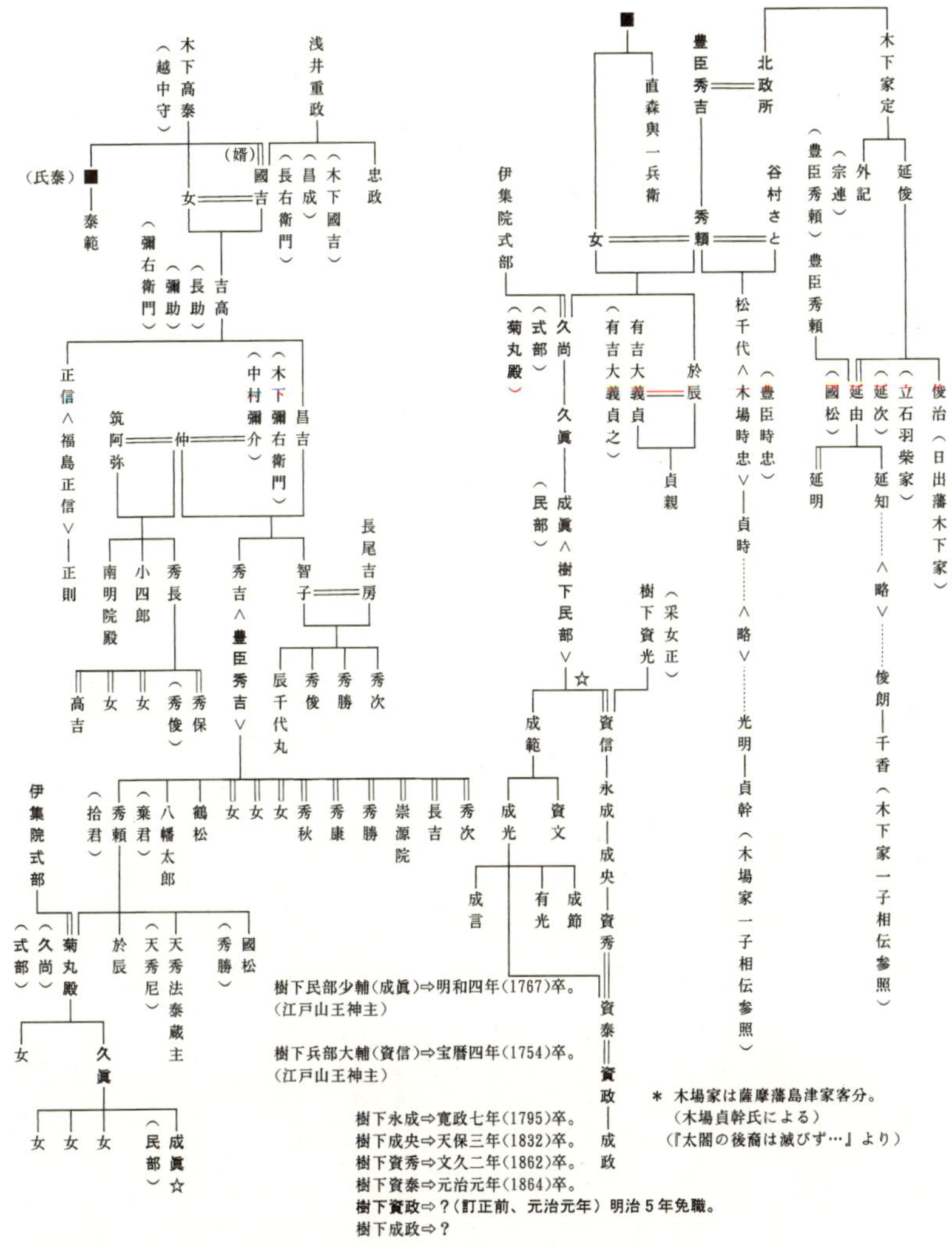

浅井重政
木下高泰（越中守）
（氏泰）
泰範
（婿）
國吉
忠政
（木下國吉）
（昌成）
（長右衛門）
女
吉高
（長助）
（彌助）
（彌右衛門）
正信＜福島正信＞
正則
昌吉
（木下彌右衛門）
（中村彌介）
仲
筑阿弥
南明院殿
小四郎
秀長
高吉
女
女
（秀俊）
秀保
秀吉＜豊臣秀吉＞
智子
長尾吉房
辰千代丸
秀俊
秀勝
秀次
伊集院式部
（拾君）
秀頼
（棄君）
八幡太郎
鶴松
女
女
女
秀秋
秀康
秀勝
崇源院
長吉
秀次
（式部）
（久尚）
菊丸殿
於辰
（天秀尼）
天秀法泰蔵主
（秀勝）
國松
女
久眞
女
女
女
（民部）
成眞☆
木下家定
北政所
豊臣秀吉
直森與一兵衛
延俊
外記
（宗連）
（豊臣秀頼）
谷村さと
秀頼
女
伊集院式部
（菊丸殿）
（式部）
久尚
久眞
（民部）
成眞＜樹下民部＞
☆
有吉大義貞
（有吉大義貞之）
於辰
貞親
松千代＜木場時忠＞
（豊臣時忠）
貞時
＜略＞
光明
貞幹
（木場家一子相伝参照）
豊臣秀頼
（國松）
延由
延明
（延次）
延知
＜略＞
俊朗
千香
（木下家一子相伝参照）
（立石羽柴家）
俊治
（日出藩木下家）
樹下資光
（采女正）
成範
資信
成光
資文
成言
有光
成節
永成
成央
資秀
資泰
資政
成政
樹下民部少輔（成眞）⇨明和四年（1767）卒。
（江戸山王神主）
樹下兵部大輔（資信）⇨宝暦四年（1754）卒。
（江戸山王神主）
樹下永成⇨寛政七年（1795）卒。
樹下成央⇨天保三年（1832）卒。
樹下資秀⇨文久二年（1862）卒。
樹下資泰⇨元治元年（1864）卒。
樹下資政⇨？（訂正前、元治元年）明治５年免職。
樹下成政⇨？
＊ 木場家は薩摩藩島津家客分。
（木場貞幹氏による）
（『太閤の後裔は滅びず…』より）

＊ 伊集院・樹下系図⇨『復刻版．皇胤志（木村信行、日本歴史研究所）（国立国会図書館．蔵）』より補筆。
原典は『諸系譜．第二冊（中田憲信．編？）』
＊ 先祖の部分は『古代氏族系譜集成（宝賀寿男．編著、古代氏族研究会）』と『復刻版．皇胤志』による。

出典『復刻版．皇胤志（日本歴史研究所）』、『古代氏族系譜集成（古代氏族研究会）』、『臨時増刊．歴史と旅．昭和58年8月号（秋田書店）』、『豊臣家存続の謎（日本文芸社）』、『天草四郎・島原決起の謎（続．豊臣家存続の謎）（日本文芸社）』
『南朝熊沢家と浅井・豊臣の謎（木村信行、日本歴史研究所）』

樹下氏（日吉社司家）（祝部氏・樹下家・生源寺家）

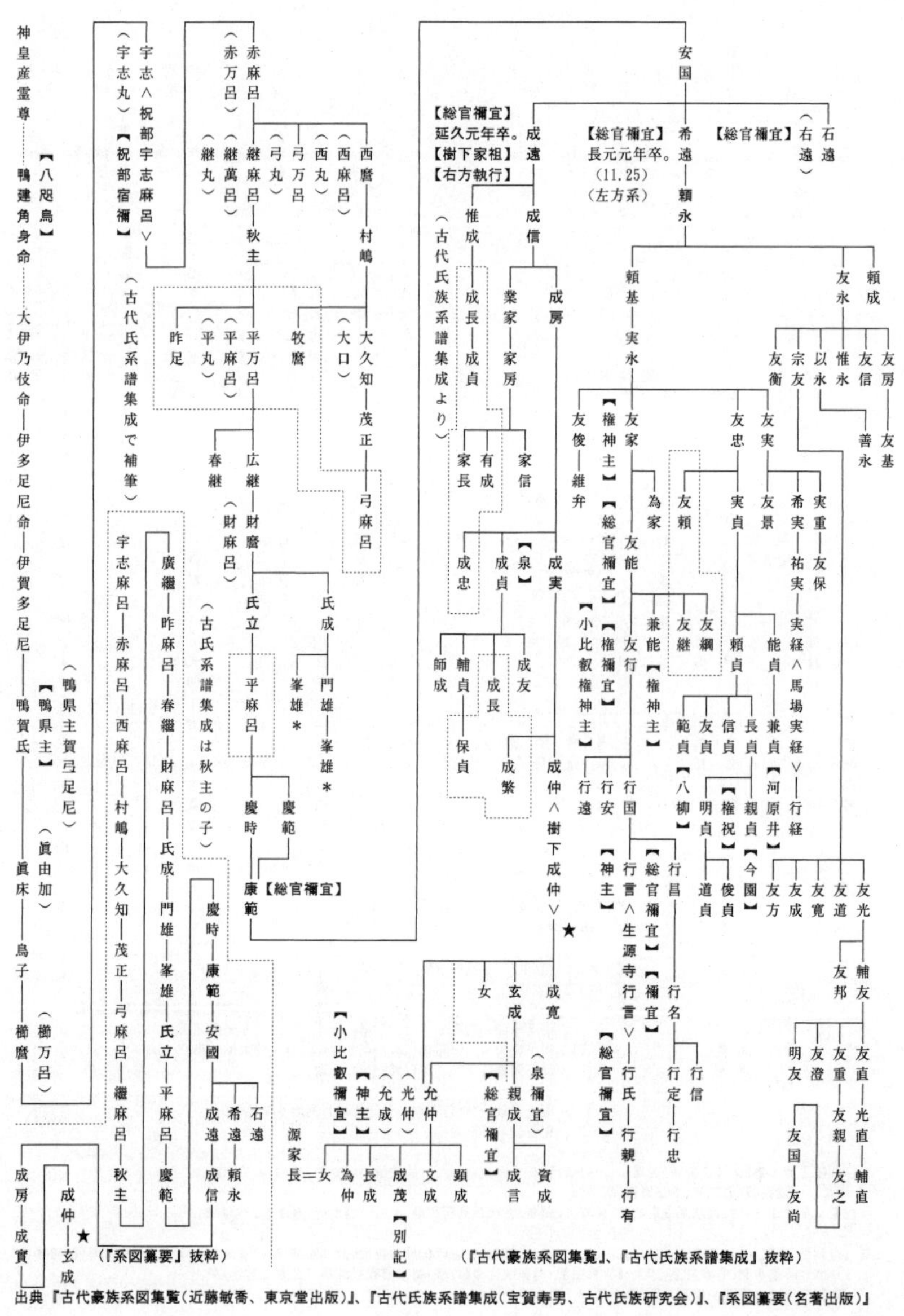

出典『古代豪族系図集覧（近藤敏喬、東京堂出版）』、『古代氏族系譜集成（宝賀寿男、古代氏族研究会）』、『系図纂要（名著出版）』

祝部氏（日吉社司家）（樹下家）

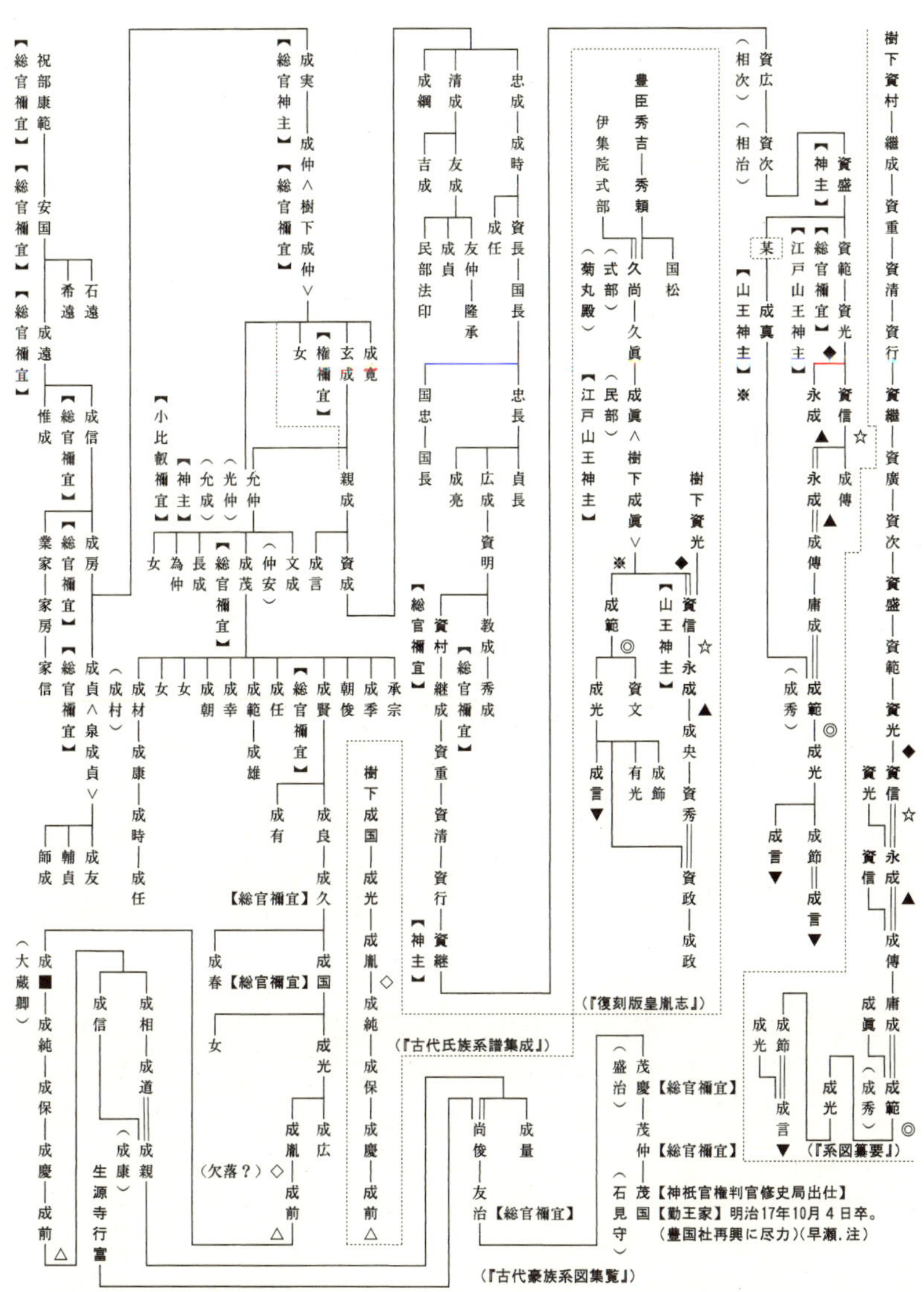

出典『古代豪族系図集覧（近藤敏喬、東京堂出版）』、『古代豪族系譜集成（宝賀寿男、古代氏族研究会）』、『系図纂要（名著出版）』、『復刻版.皇胤志（木村信行、日本歴史研究所）』、他。

祝部氏（生源寺家）

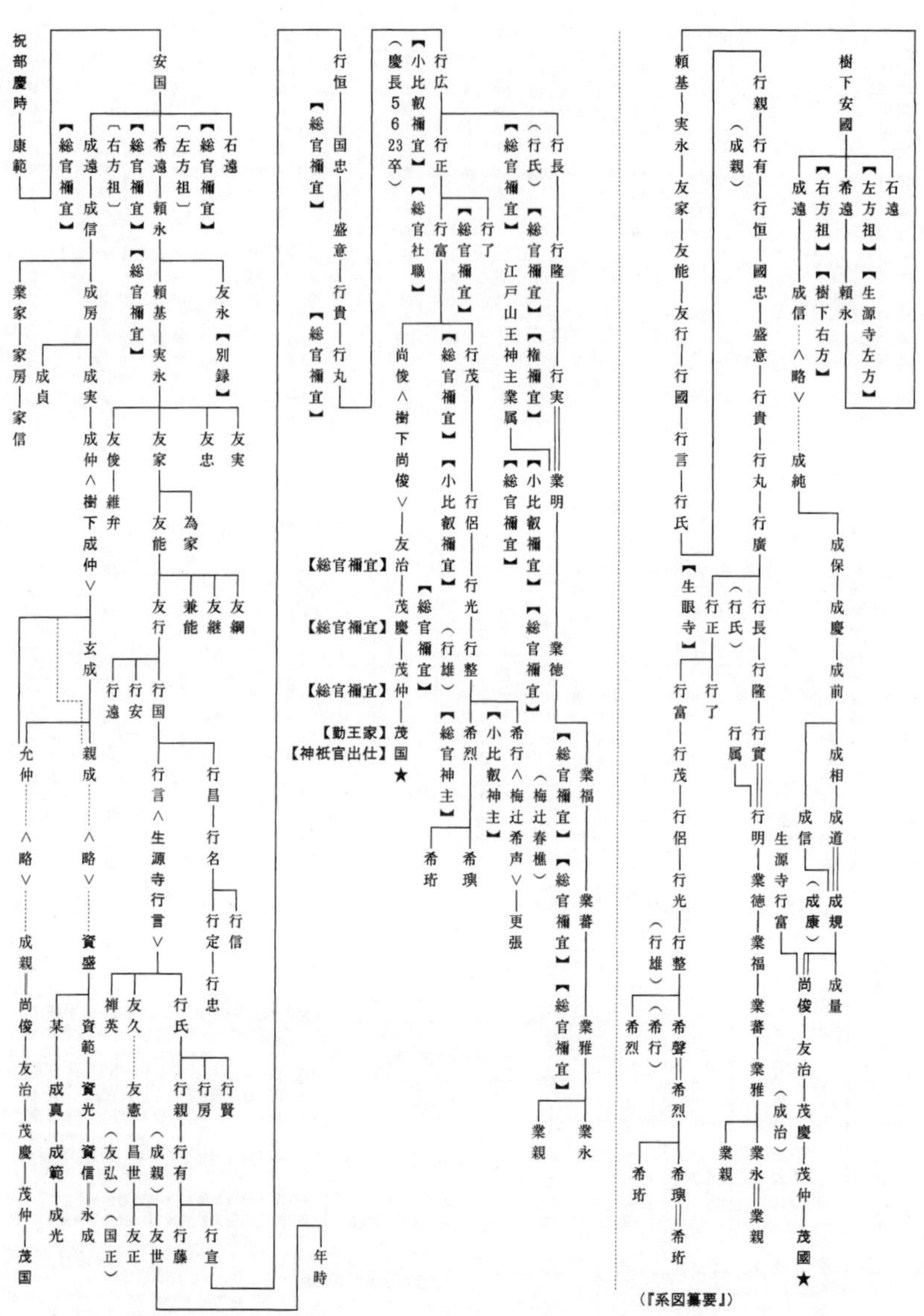
樹下安國
石遠
希遠【左方祖】—頼永【生源寺左方】
成遠【右方祖】—成信【樹下右方】……＜略＞……成純—成保—成慶—成前—成相—成道‖成規—成量
成信（成康）
生源寺行富
尚俊—友治—茂慶—茂仲—茂國★
行親（成親）—行有—行恒—國忠—盛意—行貴—行丸—行廣—行長—行隆—行實‖行明—業徳—業福—業蕃—業雅（成治）—業永‖業親
業親
行正（行氏）—行了
行属
頼基—実永—友家—友能—友行—行國—行言—行氏【生眼寺】—行富—行茂—行侶—行光—行整—希聲‖希烈—希璵‖希珩
（行雄）希烈
（希行）
希珩
（『系図纂要』）
行広【小比叡禰宜】（慶長5 6 23卒）
行長（行氏）【総官禰宜】—行隆【総官禰宜】【権禰宜】—行実‖業明【小比叡禰宜】【総官禰宜】—業徳【総官禰宜】—業福【総官禰宜】—業蕃【総官禰宜】—業雅【総官禰宜】—業永
業親
江戸山王神主業属【総官禰宜】
行正【総官社職】
行了
行富【総官禰宜】—行茂【総官禰宜】【小比叡禰宜】—行侶—行光—行整
（行雄）【総官禰宜】
希行＜梅辻希声＞—更張（梅辻春樵）【小比叡神主】
希烈【総官神主】—希璵
希珩
尚俊＜樹下尚俊＞—友治—茂慶—茂仲—茂国★
【総官禰宜】【総官禰宜】【総官禰宜】【勤王家】【神祇官出仕】
行恒【総官禰宜】—国忠—盛意—行貴【総官禰宜】—行丸
祝部慶時—康範
安国
石遠【総官禰宜】
希遠（左方祖）【総官禰宜】—頼永【総官禰宜】
友永【別録】
頼基—実永
友実
友忠
友家—為家
友俊—継弁
友能—友綱
友継
兼能
友行—行遠
行安
行国—行昌—行名—行信
行定—行忠
行言＜生源寺行言＞—行氏—行賢
行房
行親—行有—行宣
行藤
友久……友憲—昌世（成親）—友世
友正
禅英（友弘）（国正）
成遠（右方祖）【総官禰宜】—成信—成房—成実—成仲＜樹下成仲＞—玄成—親成……＜略＞……資盛—資範—資光—資信‖永成
某—成真—成範—成光
允仲……＜略＞……成親‖尚俊—友治—茂慶—茂仲—茂国
成貞
業家—家房—家信
年時

出典『古代豪族系図集覧（近藤敏喬、東京堂出版）』、『古代氏族系譜集成（宝賀寿男、古代氏族研究会）』、『系図纂要（名著出版）』

桂家一族系図

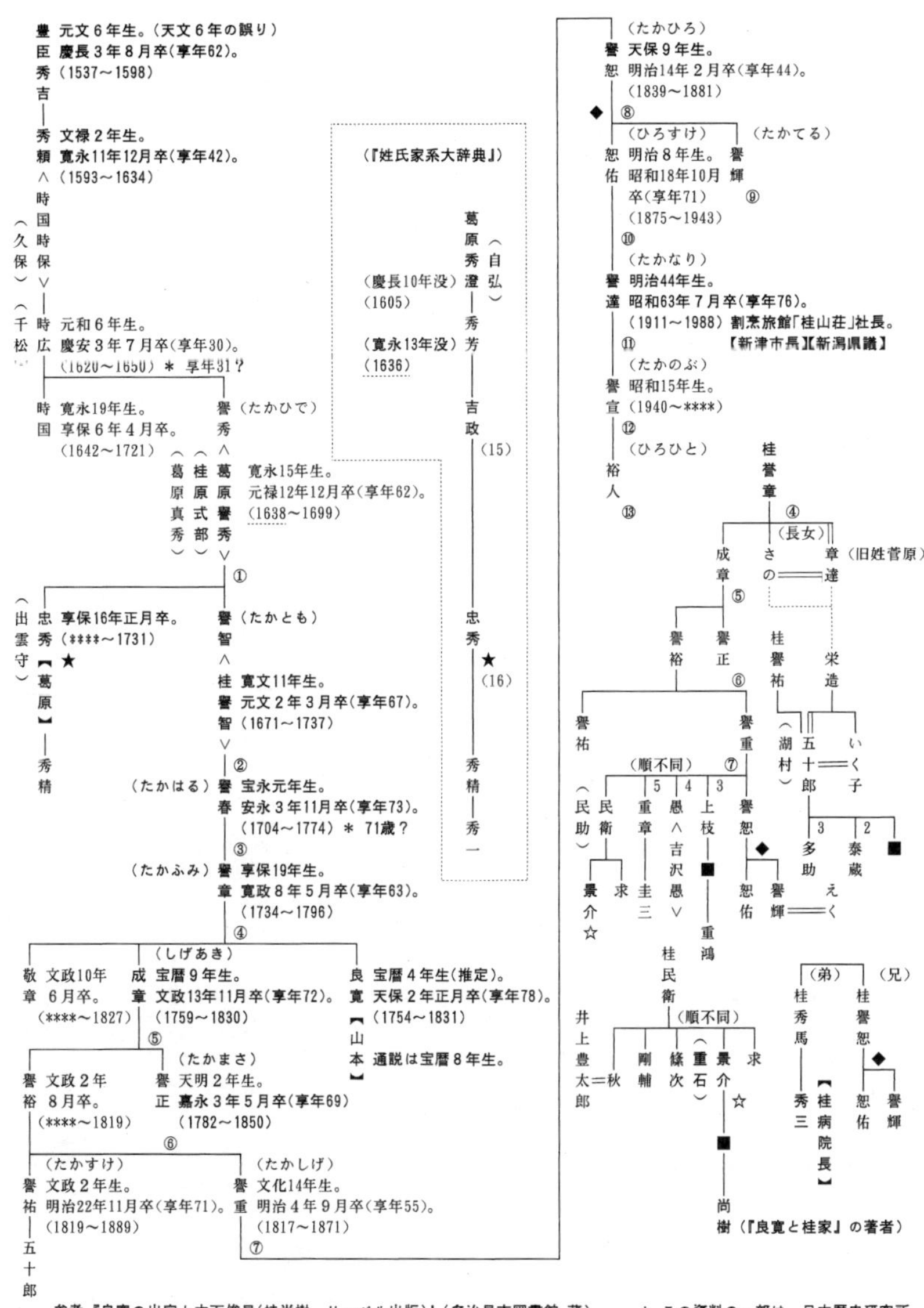

豊臣秀吉 元文6年生。（天文6年の誤り） 慶長3年8月卒（享年62）。（1537～1598）
秀頼 文禄2年生。 寛永11年12月卒（享年42）。（1593～1634）
〈時国時保〉（久保）
（千松）時広 元和6年生。 慶安3年7月卒（享年30）。（1620～1650） ＊ 享年31？
時国 寛永19年生。 享保6年4月卒。（1642～1721）
譽秀（たかひで）
〈葛原譽秀〉 寛永15年生。 元禄12年12月卒（享年62）。（1638～1699）
（桂原式部）
（葛原真秀）
①
（出雲守）忠秀 享保16年正月卒。（****～1731） ★ 【葛原】
秀精
譽智（たかとも）〈桂譽智〉 寛文11年生。 元文2年3月卒（享年67）。（1671～1737）
②
（たかはる）譽春 宝永元年生。 安永3年11月卒（享年73）。（1704～1774） ＊ 71歳？
③
（たかふみ）譽章 享保19年生。 寛政8年5月卒（享年63）。（1734～1796）
④
敬章 文政10年 6月卒。（****～1827）
成章（しげあき） 宝暦9年生。 文政13年11月卒（享年72）。（1759～1830）
良寛 宝暦4年生（推定）。 天保2年正月卒（享年78）。（1754～1831） 【山本】 通説は宝暦8年生。
⑤
譽裕 文政2年 8月卒。（****～1819）
譽正（たかまさ） 天明2年生。 嘉永3年5月卒（享年69）（1782～1850）
⑥
譽祐（たかすけ） 文政2年生。 明治22年11月卒（享年71）。（1819～1889）
五十郎
譽重（たかしげ） 文化14年生。 明治4年9月卒（享年55）。（1817～1871）
⑦
（『姓氏家系大辞典』）
葛原秀澄（自弘） （慶長10年没）（1605）
秀芳 （寛永13年没）（1636）
吉政 （15）
忠秀 ★ （16）
秀精
秀一
譽恕（たかひろ） 天保9年生。 明治14年2月卒（享年44）。（1839～1881）
◆ ⑧
恕佑（ひろすけ） 明治8年生。 昭和18年10月卒（享年71）（1875～1943）
譽輝（たかてる） ⑨
⑩
譽達（たかなり） 明治44年生。 昭和63年7月卒（享年76）。（1911～1988） 割烹旅館「桂山荘」社長。 【新津市長】【新潟県議】
⑪
譽宣（たかのぶ） 昭和15年生。（1940～****）
⑫
裕人（ひろひと）
⑬
桂譽章
④
成章
さの（長女）
章達（旧姓菅原）
⑤
譽裕
譽正
桂譽祐
栄造
⑥
譽祐
譽重
（湖村）
五十郎
いく子
（順不同） ⑦
（民助）民衛
5 重章
4 愚〈吉沢愚〉
3 上枝
譽恕
3 多助
2 泰蔵
■
■
◆
景介 ☆
求
圭三
重鴻
恕佑
譽輝
えく
桂民衛
（順不同）
井上豊太郎＝秋
剛輔
絛次
（重石）
景介 ☆
求
■
尚樹（『良寛と桂家』の著者）
（弟） （兄）
桂秀馬
桂譽恕
◆
秀三
【桂病院長】
恕佑
譽輝

参考『良寛の出家と木下俊昌（桂尚樹、リーベル出版）』（多治見市図書館．蔵）　＊ この資料の一部は、日本歴史研究所より提供を受けた。

出典『豊臣秀吉の子孫 良寛と桂家（桂尚樹、新人物往来社）』（三重県立図書館．蔵）

木下・葛原・桂家関係略系図

（桂尚樹.説）

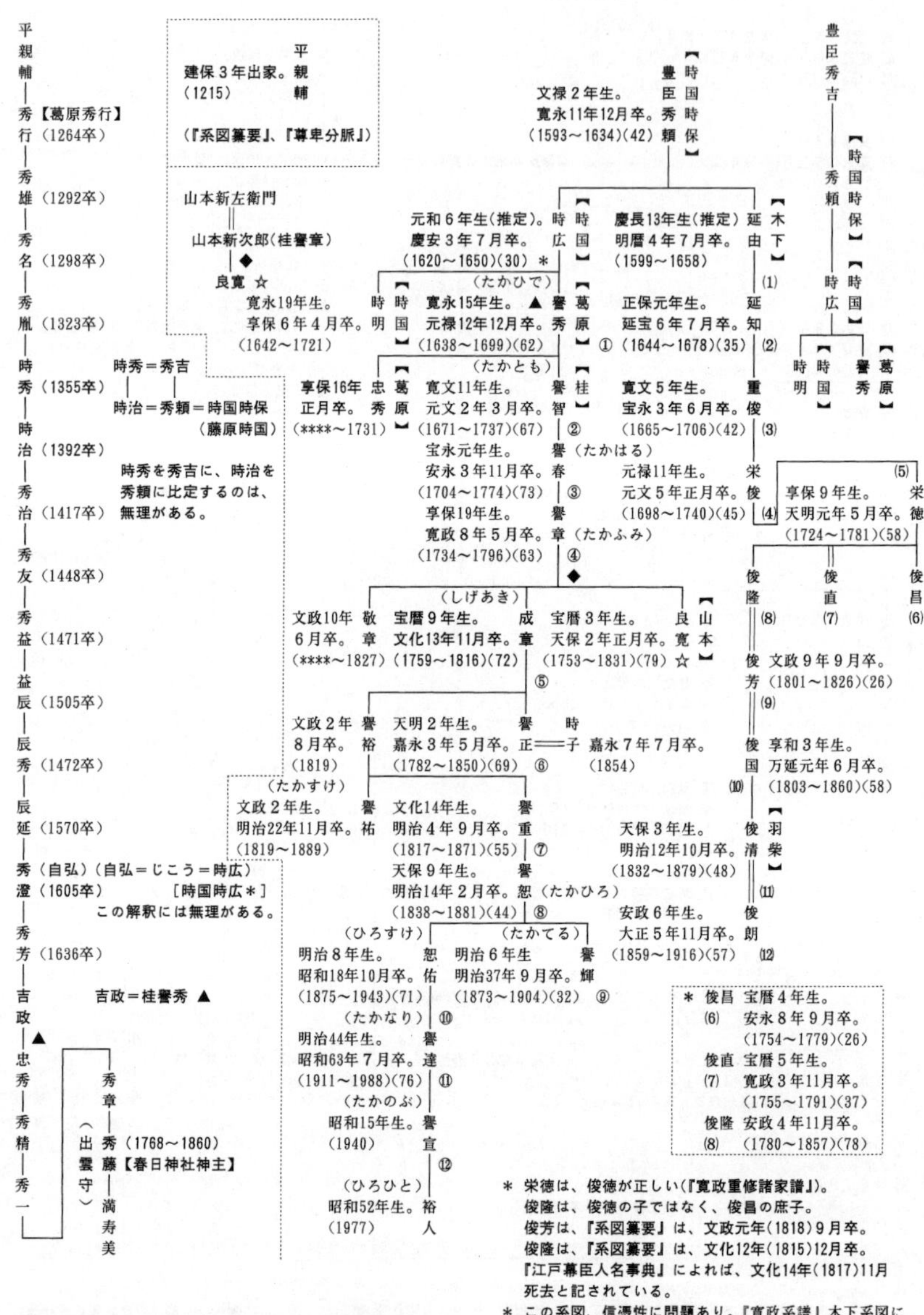

平親輔―秀行【葛原秀行】（1264卒）―秀雄（1292卒）―秀名（1298卒）―秀胤（1323卒）―時秀（1355卒）―時治（1392卒）―秀治（1417卒）―秀友（1448卒）―秀益（1471卒）―益辰（1505卒）―辰秀（1472卒）―辰延（1570卒）―秀澄（自弘）（1605卒）―秀芳（1636卒）―吉政 ▲―忠秀―秀精―秀一
平親輔 建保3年出家。（1215）（『系図纂要』、『尊卑分脈』）
時秀＝秀吉
時治＝秀頼＝時国時保（藤原時国）
時秀を秀吉に、時治を秀頼に比定するのは、無理がある。
（自弘＝じこう＝時広）［時国時広＊］この解釈には無理がある。
吉政＝桂譽秀 ▲
秀章―秀藤（出雲守）（1768～1860）【春日神社神主】―満寿美
山本新左衛門＝山本新次郎（桂譽章）◆―良寛 ☆
豊臣秀頼【時国時保】文禄2年生。寛永11年12月卒。（1593～1634）（42）
時広【時国】元和6年生(推定)。慶安3年7月卒。（1620～1650）（30）＊
延由【木下】慶長13年生(推定)。明暦4年7月卒。（1599～1658）
時明【時国】寛永19年生。享保6年4月卒。（1642～1721）
譽秀（たかひで）【葛原】寛永15年生。▲ 元禄12年12月卒。（1638～1699）（62）①
延知 (1) 正保元年生。延宝6年7月卒。（1644～1678）（35）(2)
忠秀【葛原】享保16年正月卒。（****～1731）
譽智（たかとも）【桂】寛文11年生。元文2年3月卒。（1671～1737）（67）②
重俊 寛文5年生。宝永3年6月卒。（1665～1706）（42）(3)
譽春（たかはる）宝永元年生。安永3年11月卒。（1704～1774）（73）③
栄俊 元禄11年生。元文5年正月卒。（1698～1740）（45）(4)
栄徳 (5) 享保9年生。天明元年5月卒。（1724～1781）（58）
譽章（たかふみ）享保19年生。寛政8年5月卒。（1734～1796）（63）④ ◆
俊隆 (8)　俊直 (7)　俊昌 (6)
敬章 文政10年6月卒。（****～1827）
成章（しげあき）宝暦9年生。文化13年11月卒。（1759～1816）（72）⑤
良寛【山本】宝暦3年生。天保2年正月卒。（1753～1831）（79）☆
俊芳 文政9年9月卒。（1801～1826）（26）(9)
譽裕 文政2年8月卒。（1819）
譽正 天明2年生。嘉永3年5月卒。（1782～1850）（69）⑥＝時子 嘉永7年7月卒。（1854）
俊国 享和3年生。万延元年6月卒。（1803～1860）（58）(10)
譽祐（たかすけ）文政2年生。明治22年11月卒。（1819～1889）
譽重 文化14年生。明治4年9月卒。（1817～1871）（55）⑦
俊清【羽柴】天保3年生。明治12年10月卒。（1832～1879）（48）(11)
譽恕（たかひろ）天保9年生。明治14年2月卒。（1838～1881）（44）⑧
俊朗 安政6年生。大正5年11月卒。（1859～1916）（57）(12)
恕佑（ひろすけ）明治8年生。昭和18年10月卒。（1875～1943）（71）⑩
譽輝（たかてる）明治6年生 明治37年9月卒。（1873～1904）（32）⑨
譽達（たかなり）明治44年生。昭和63年7月卒。（1911～1988）（76）⑪
譽宣（たかのぶ）昭和15年生。（1940）⑫
裕人（ひろひと）昭和52年生。（1977）
豊臣秀吉―秀頼【時国時保】―時広【時国】―時明・時国・譽秀【葛原】
＊ 俊昌 (6) 宝暦4年生。安永8年9月卒。（1754～1779）（26）
俊直 (7) 宝暦5年生。寛政3年11月卒。（1755～1791）（37）
俊隆 (8) 安政4年11月卒。（1780～1857）（78）

＊ 栄徳は、俊徳が正しい（『寛政重修諸家譜』）。
俊隆は、俊徳の子ではなく、俊昌の庶子。
俊芳は、『系図纂要』は、文政元年（1818）9月卒。
俊隆は、『系図纂要』は、文化12年（1815）12月卒。
『江戸幕臣人名事典』によれば、文化14年（1817）11月死去と記されている。

＊ この系図、信憑性に問題あり。『寛政系譜』木下系図に時国姓や葛原姓、桂姓記載なし。

出典『木下・桂両家略系図』（資料提供.日本歴史研究所）

時国家（1）

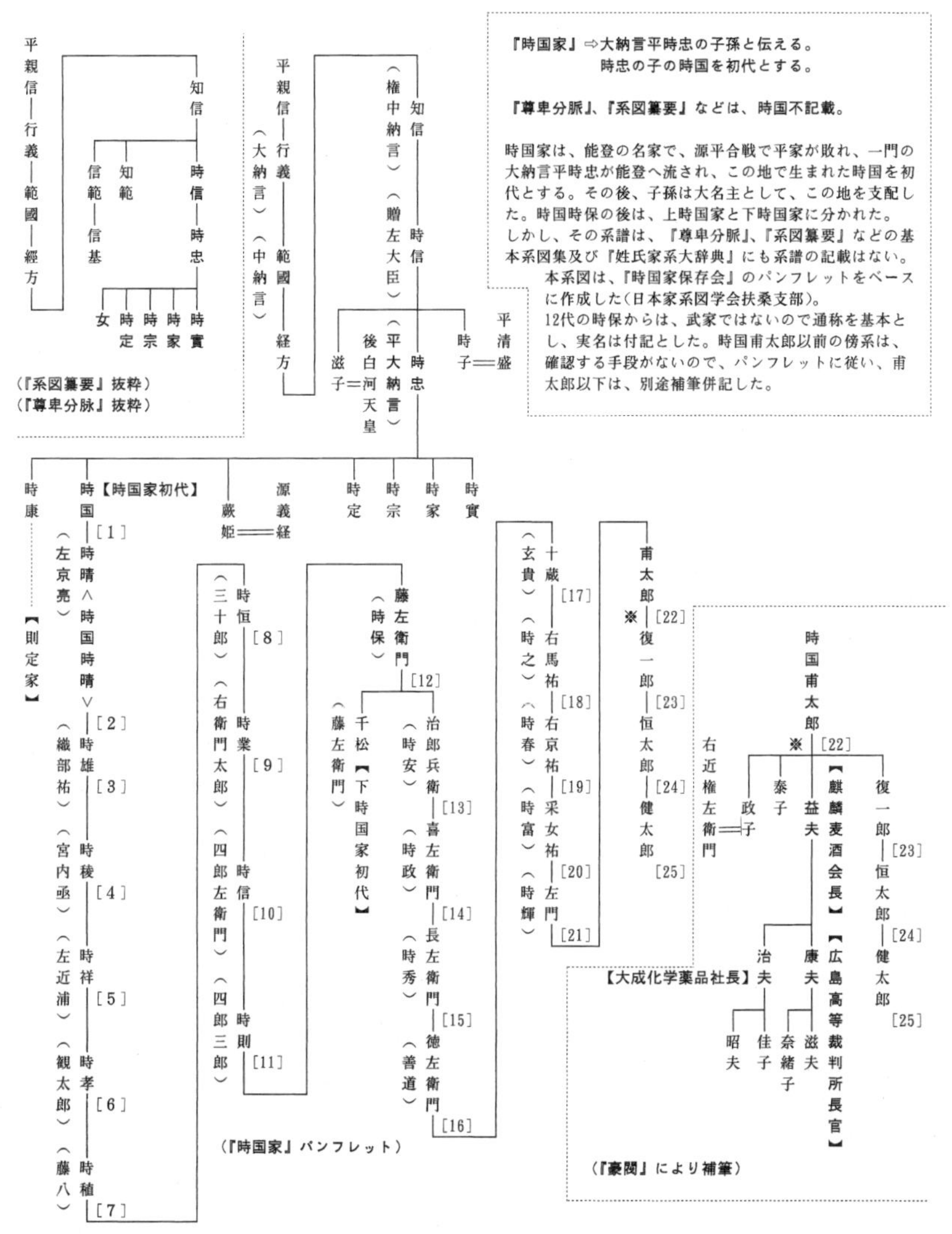

『時国家』⇨大納言平時忠の子孫と伝える。

時忠の子の時国を初代とする。

『尊卑分脈』、『系図纂要』などは、時国不記載。

時国家は、能登の名家で、源平合戦で平家が敗れ、一門の大納言平時忠が能登へ流され、この地で生まれた時国を初代とする。その後、子孫は大名主として、この地を支配した。時国時保の後は、上時国家と下時国家に分かれた。

しかし、その系譜は、『尊卑分脈』、『系図纂要』などの基本系図集及び『姓氏家系大辞典』にも系譜の記載はない。

本系図は、『時国家保存会』のパンフレットをベースに作成した（日本家系図学会扶桑支部）。

12代の時保からは、武家ではないので通称を基本とし、実名は付記とした。時国甫太郎以前の傍系は、確認する手段がないので、パンフレットに従い、甫太郎以下は、別途補筆併記した。

（『系図纂要』抜粋）

（『尊卑分脈』抜粋）

（『時国家』パンフレット）

（『豪閥』により補筆）

参考『新訂増補国史大系・尊卑分脈・四篇（吉川弘文館）』、『系図纂要・第7冊（名著出版）』
出典『能登半島 時国家 パンフレット（時国家保存会）』、『角川選書139.落人伝説の里（松永伍一、角川書店）』
『豪閥・地方豪族のネットワーク（佐藤朝泰、立風書房）』

時国家（２）

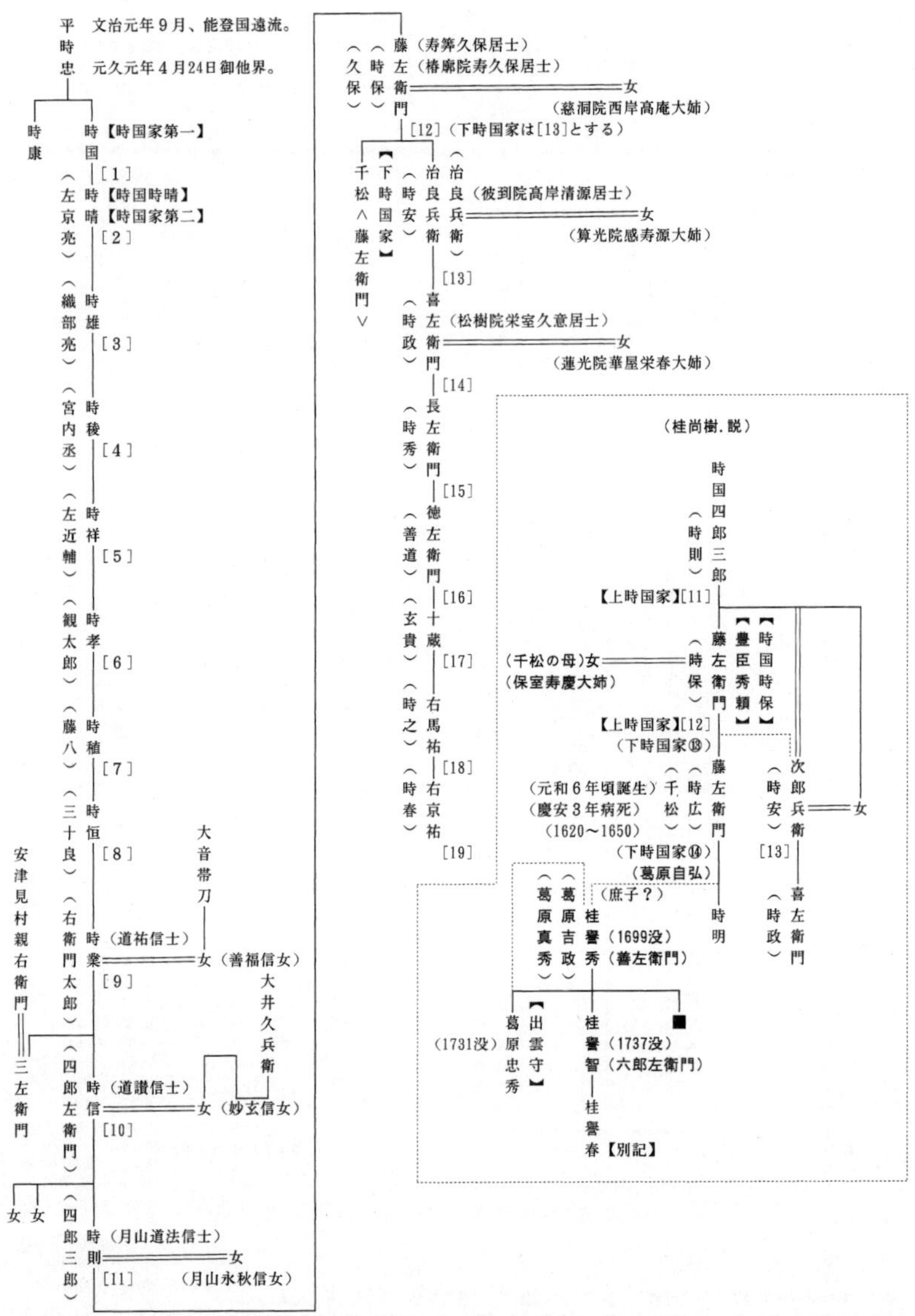

平時忠　文治元年９月、能登国遠流。元久元年４月24日御他界。
時康
時国【時国家第一】
［１］
時晴（左京亮）【時国時晴】【時国家第二】
［２］
時雄（織部亮）
［３］
時稜（宮内丞）
［４］
時祥（左近輔）
［５］
時孝（観太郎）
［６］
時穐（藤八）
［７］
時恒（三十良）
［８］
時業（右衛門太郎）（道祐信士）
女（善福信女）
大音帯刀
［９］
安津見村親右衛門
三左衛門
大井久兵衛
時信（四郎左衛門）（道讃信士）
女（妙玄信女）
［10］
女　女
時則（四郎三郎）（月山道法信士）
女（月山永秋信女）
［11］
藤左衛門（久保）（時保）（寿筭久保居士）（椿廓院寿久保居士）
女（慈洞院西岸高庵大姉）
［12］（下時国家は［13］とする）
千松〈藤左衛門〉
【下時国家】（時安）
治良兵衛（治良兵衛）（彼到院高岸清源居士）
女（算光院感寿源大姉）
［13］
喜左衛門（時政）（松樹院栄室久意居士）
女（蓮光院華屋栄春大姉）
［14］
長左衛門（時秀）
［15］
徳左衛門（善道）
［16］
十蔵（玄貴）
［17］
右馬祐（時之）
［18］
右京祐（時春）
［19］
（桂尚樹.説）
時国四郎三郎（時則）
【上時国家】［11］
藤左衛門（時保）
【豊臣秀頼】
【時国時保】
（千松の母）女
（保室寿慶大姉）
【上時国家】［12］
（下時国家⑬）
藤左衛門（時広）
千松
（元和６年頃誕生）
（慶安３年病死）
（1620～1650）
（下時国家⑭）
（葛原自弘）
次郎兵衛（時安）
女
［13］
喜左衛門（時政）
時明
（庶子？）
葛原真秀
葛原吉政
桂譽秀（1699没）（善左衛門）
葛原忠秀（1731没）
【出雲守】
桂譽智（1737没）（六郎左衛門）
■
桂譽春【別記】

出典『葛木・桂・時国家関係資料(提供．日本歴史研究所)』［原典．「豊臣秀吉の子孫 良寛と桂家(桂尚樹、新人物往来社)」］

時国家一族

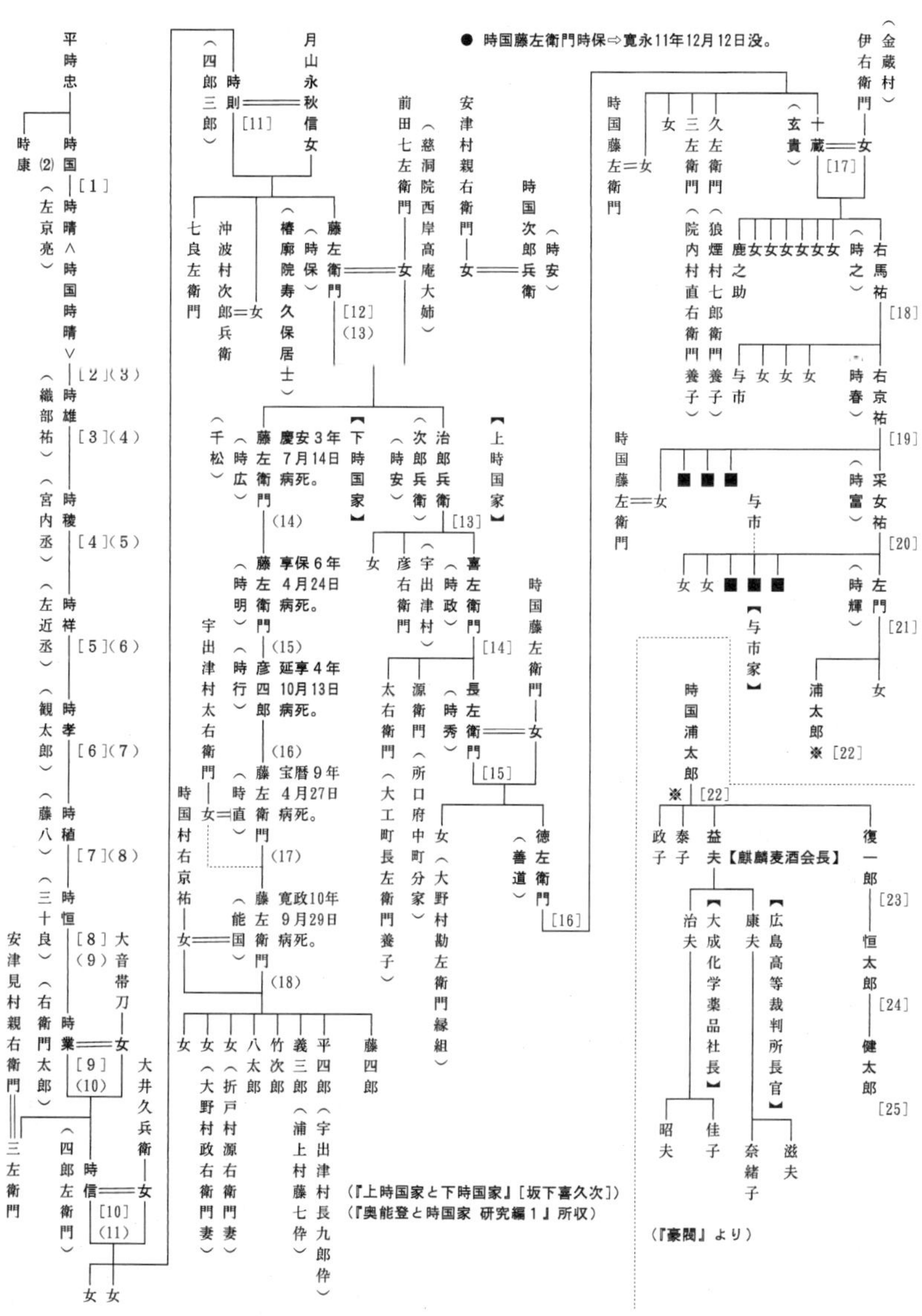

平時忠
時康
(2)
時国
[1]
時晴
（左京亮）
〈時国時晴〉
[2](3)
時雄
（織部祐）
[3](4)
時稜
（宮内丞）
[4](5)
時祥
（左近丞）
[5](6)
時孝
（観太郎）
[6](7)
時稙
（藤八）
[7](8)
時恒
（三十良）
[8]
(9)
大音帯刀
女
時業
（右衛門太郎）
[9]
(10)
安津見村親右衛門
三左衛門
時信
（四郎左衛門）
[10]
(11)
大井久兵衛
女
女
女
時則
（四郎三郎）
[11]
月山永秋信女
七良左衛門
沖波村次郎兵衛
女
藤左衛門
（時保）
（椿廓院寿久保居士）
[12]
(13)
前田七左衛門
（慈洞院西岸高庵大姉）
女
安津村親右衛門
女
時国次郎兵衛
（時安）
● 時国藤左衛門時保⇨寛永11年12月12日没。
藤左衛門
（時広）
（千松）
慶安3年7月14日病死。
【下時国家】
治郎兵衛
（次郎兵衛）
（時安）
【上時国家】
[13]
(14)
藤左衛門
（時明）
享保6年4月24日病死。
(15)
彦四郎
（時行）
延享4年10月13日病死。
(16)
藤左衛門
（時直）
宝暦9年4月27日病死。
(17)
藤左衛門
（能国）
寛政10年9月29日病死。
(18)
宇出津村太右衛門
女
時国村右京祐
女
女
女
（大野村政右衛門妻）
女
（折戸村源右衛門妻）
八太郎
竹次郎
義三郎
（浦上村藤七倅）
平四郎
（宇出津村長九郎倅）
藤四郎
女
彦右衛門
（宇出津村）
喜左衛門
（時政）
[14]
太右衛門
（大工町長左衛門養子）
源衛門
（所口府中町分家）
長左衛門
（時秀）
時国藤左衛門
女
[15]
女
（大野村勘左衛門縁組）
徳左衛門
（善道）
[16]
（『上時国家と下時国家』［坂下喜久次］）
（『奥能登と時国家 研究編1』所収）
（金蔵村）
伊右衛門
女
十蔵
（玄貴）
[17]
時国藤左衛門
女
女
三左衛門
（院内村直右衛門養子）
久左衛門
（狼煙村七郎衛門養子）
鹿之助
女
女
女
女
女
女
時之
右馬祐
[18]
与市
女
女
女
時春
右京祐
[19]
時国藤左衛門
女
■
■
■
与市
時富
采女祐
[20]
女
女
■
■
■
【与市家】
時輝
左門
[21]
浦太郎
※[22]
女
時国浦太郎
※[22]
政子
泰子
益夫【麒麟麦酒会長】
復一郎
[23]
恒太郎
[24]
健太郎
[25]
治夫
【大成化学薬品社長】
康夫
【広島高等裁判所長官】
昭夫
佳子
奈緒子
滋夫
（『豪閥』より）

出典『奥能登と時国家 研究編1』（日本歴史研究所提供）、『豪閥 地方豪族のネットワーク（佐藤朝泰、立風書房）』

葛原氏

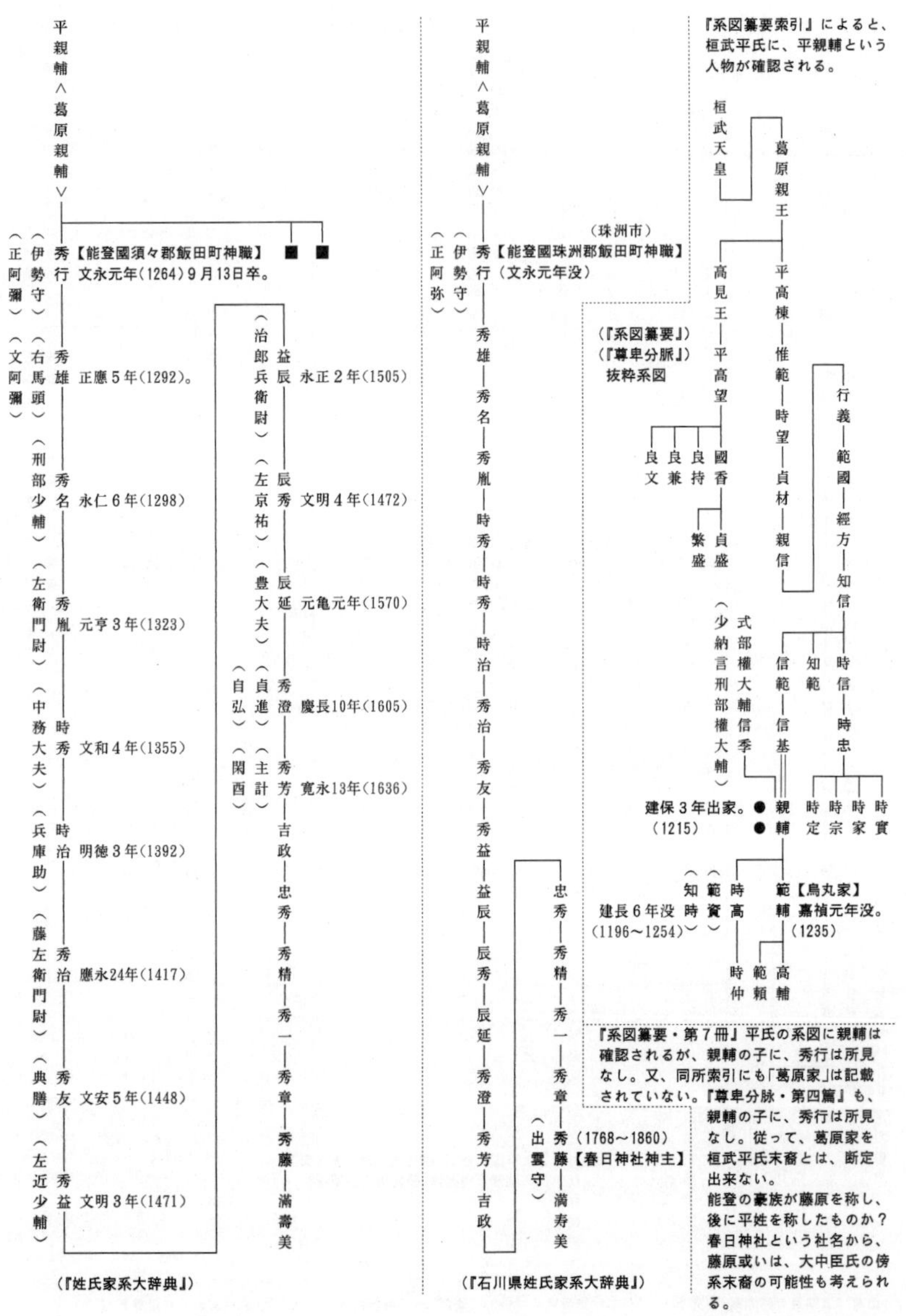

『系図纂要索引』によると、桓武平氏に、平親輔という人物が確認される。
桓武天皇
葛原親王
高見王
平高棟
平高望
惟範
時望
貞材
親信
國香
良持
良兼
良文
貞盛
繁盛
行義
範國
經方
知信
時信
知範
信範
時忠
信基
式部権大輔信季（少納言刑部権大輔）
建保3年出家。（1215）
親輔
時定
時宗
時家
時實
時高
範資（）
知時（）
建長6年没（1196～1254）
範輔【烏丸家】嘉禎元年没。（1235）
時仲
範頼
高輔
（『系図纂要』）（『尊卑分脈』）抜粋系図
『系図纂要・第7冊』平氏の系図に親輔は確認されるが、親輔の子に、秀行は所見なし。又、同所索引にも「葛原家」は記載されていない。『尊卑分脈・第四篇』も、親輔の子に、秀行は所見なし。従って、葛原家を桓武平氏末裔とは、断定出来ない。
能登の豪族が藤原を称し、後に平姓を称したものか？春日神社という社名から、藤原或いは、大中臣氏の傍系末裔の可能性も考えられる。
平親輔＜葛原親輔＞
（珠洲市）
秀行（伊勢守）（正阿弥）【能登國珠洲郡飯田町神職】（文永元年没）
秀雄
秀名
秀胤
時秀
時秀
時治
秀治
秀友
秀益
益辰
辰秀
辰延
秀澄
秀芳
吉政
忠秀
秀精
秀一
秀章
秀藤（出雲守）（1768～1860）【春日神社神主】
満寿美
（『石川県姓氏家系大辞典』）
平親輔＜葛原親輔＞
秀行（伊勢守）（正阿彌）【能登國須々郡飯田町神職】文永元年(1264) 9月13日卒。
秀雄（右馬頭）（文阿彌）正應5年(1292)。
秀名（刑部少輔）永仁6年(1298)
秀胤（左衛門尉）元亨3年(1323)
時秀（中務大夫）文和4年(1355)
時治（兵庫助）明徳3年(1392)
秀治（藤左衛門尉）應永24年(1417)
秀友（典膳）文安5年(1448)
秀益（左近少輔）文明3年(1471)
益辰（治郎兵衛尉）永正2年(1505)
辰秀（左京祐）文明4年(1472)
辰延（豊大夫）元亀元年(1570)
秀澄（貞進）（自弘）慶長10年(1605)
秀芳（主計）（閑酉）寛永13年(1636)
吉政
忠秀
秀精
秀一
秀章
秀藤
滿壽美
（『姓氏家系大辞典』）

桂氏系図の疑問

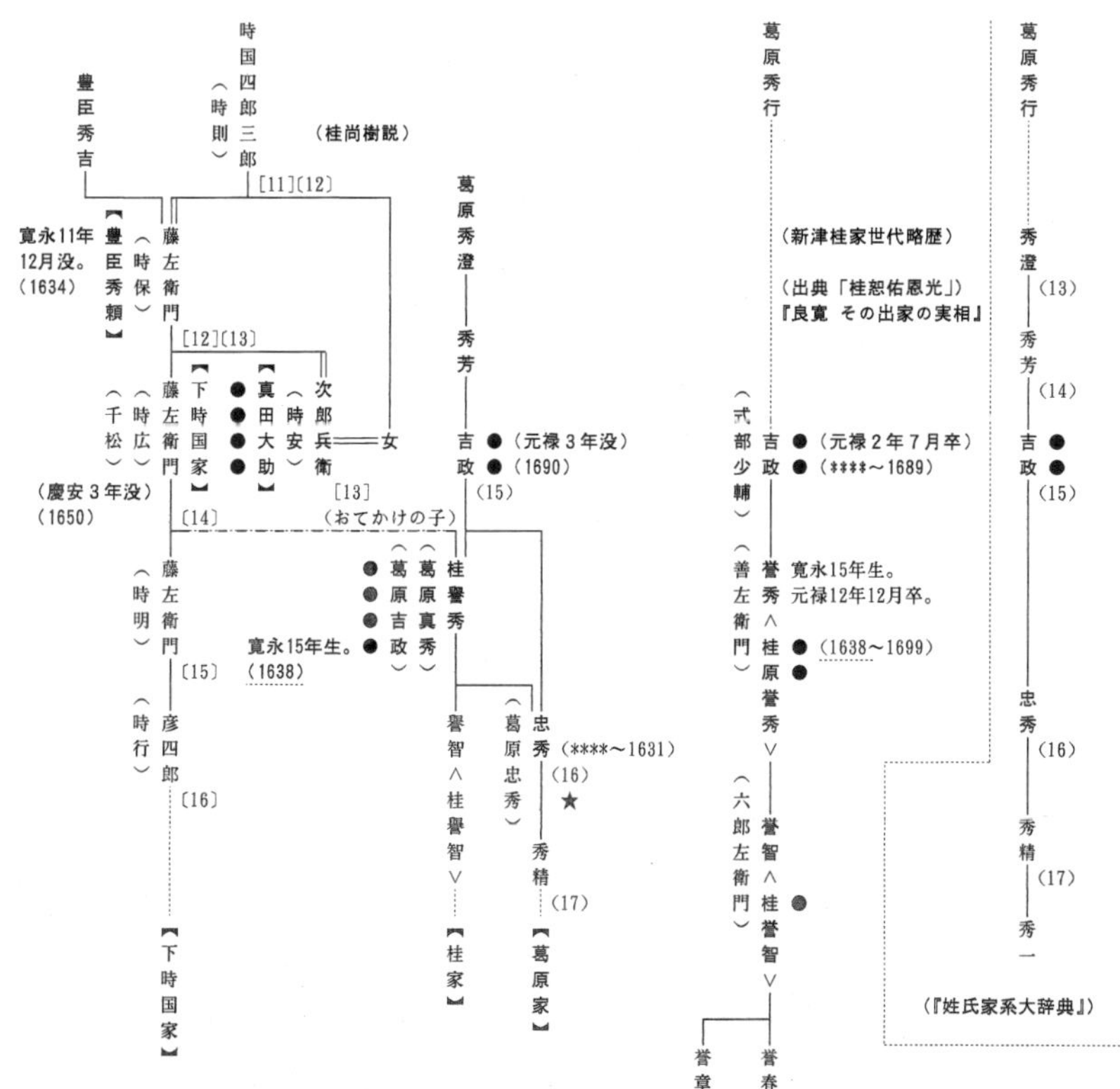
豊臣秀吉
時国四郎三郎（時則）
（桂尚樹説）
[11][12]
藤左衛門（時保）【豊臣秀頼】
寛永11年12月没。（1634）
藤左衛門（時広）
（千松）
【下時国家】
●●●●
【真田大助】
次郎兵衛（時安）
女
（慶安3年没）（1650）
[12][13]
[13]
[14]
（おてかけの子）
藤左衛門（時明）
[15]
彦四郎（時行）
[16]
【下時国家】
葛原秀澄
秀芳
吉政●●（元禄3年没）（1690）
(15)
桂誉秀
（葛原真秀）
（葛原吉政）
●●●●
寛永15年生。（1638）
誉智＜桂誉智＞
【桂家】
（葛原忠秀）
忠秀（****～1631）
(16)
★
秀精
(17)
【葛原家】
葛原秀行
（新津桂家世代略歴）
（出典「桂恕佑恩光」）
『良寛 その出家の実相』
吉政●●（元禄2年7月卒）（****～1689）
（式部少輔）
誉秀＜桂原誉秀＞
寛永15年生。
元禄12年12月卒。
●●（1638～1699）
（善左衛門）
誉智＜桂誉智＞●
（六郎左衛門）
誉章
誉春
葛原秀行
秀澄
(13)
秀芳
(14)
吉政●●
(15)
忠秀
(16)
秀精
(17)
秀一
（『姓氏家系大辞典』）

● 桂系図は、豊臣秀頼が時国家の養子となり、時国時保に変身したとするが、時国系図には、豊臣秀頼が時国家に養子に入ったと証明する記述は無し。

● 時国系図には、上時国家に真田大助が養子に入ったとする記述無し。

● 葛原系図には、時国家との関連を実証する記述なし（『姓氏家系大辞典』）。

● 時国系図では、桂家との関係は確認出来ない（時国家保存会パンフレット、他）。

● 桂家は、葛原家の別れで、能登から越後へ移り、桂原と改め、更には桂と改める。

● 桂尚樹氏は、桂誉秀がおてかけの子だから時国系図に不記載と述べるが、おてかけでも子供と認知されれば、庶子として記される。桂家でも桂誉章がおてかけの子だが、家督継承し系図にも記載されている。認められていれば、庶子でも系図に記載されるが、記載されていないという事は、血縁と認められなかったか、桂家の主張に根拠がなかったからではないのか？

＊ これらの事から、桂家が豊臣家末裔とするには、系譜資料による裏付けがない点から、これを排除する。

＊ 木下系図には、延由（立石初代）の庶弟に時保と言う人物は記載されず（『寛政重修諸家譜』、『系図纂要』など）。

桂氏一族系図

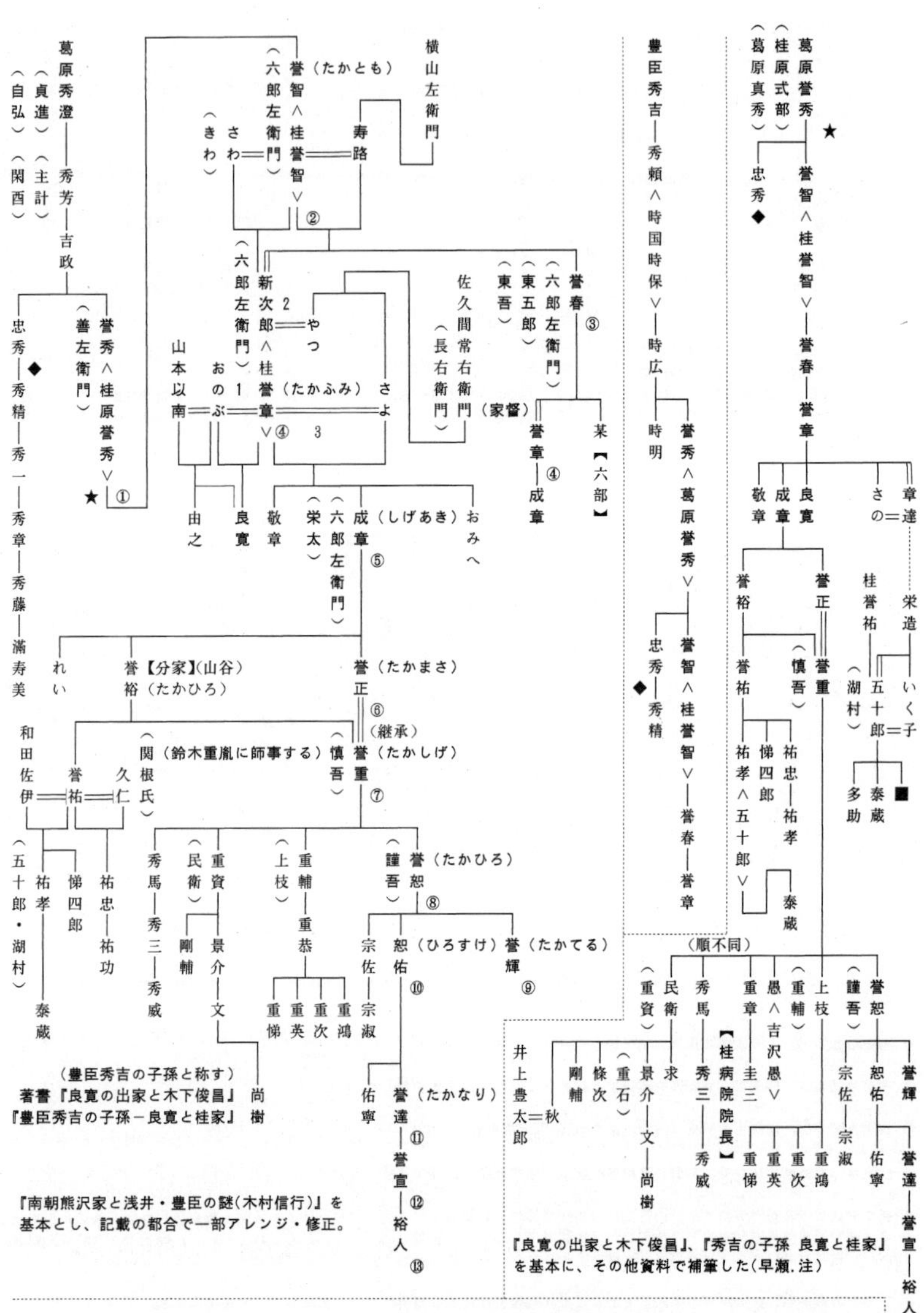

葛原誉秀（桂原式部）★
（葛原真秀）忠秀◆
誉智〈桂誉智〉
誉春
誉章
敬章
成章
良寛
さの＝章達
誉裕
誉正
（慎吾）誉重
誉祐
桂誉祐（湖村）
栄造
五十郎＝いく子
祐孝〈五十郎〉
悌四郎
祐忠
祐孝
泰蔵
多助
泰蔵
■
豊臣秀吉―秀頼〈時国時保〉―時広
時明
誉秀〈葛原誉秀〉
忠秀◆―秀精
誉智〈桂誉智〉
誉春
誉章
（順不同）
（重資）民衛
秀馬
重章
愚〈吉沢愚〉
（重輔）上枝
（謹吾）誉恕
井上豊太郎＝秋
剛輔
條次
（重石）
景介―文―尚樹
求
秀三―秀威
【桂病院院長】
圭三
重悌
重英
重次
重鴻
宗佐―宗淑
恕佑
誉輝
佑寧
誉達―誉宣―裕人
『良寛の出家と木下俊昌』、『秀吉の子孫 良寛と桂家』を基本に、その他資料で補筆した（早瀬.注）
横山左衛門
寿路
誉智（たかとも）（六郎左衛門）〈桂誉智〉②
さわ
（きわ）
新次郎〈桂誉章〉（六郎左衛門）
やつ
誉春③（六郎左衛門）
（東五郎）
（東吾）
佐久間常右衛門（長右衛門）（家督）
誉章④
成章
某【六部】
山本以南
おのぶ
誉章（たかふみ）④
さよ
由之
良寛
敬章
（栄太）
成章（しげあき）（六郎左衛門）⑤
おみへ
葛原秀澄（貞進）（自弘）
秀芳（主計）（関西）
吉政
誉秀〈桂原誉秀〉（善左衛門）★①
忠秀◆―秀精―秀一―秀章―秀藤―満寿美
れい
誉裕【分家】（山谷）（たかひろ）
誉正（たかまさ）⑥
（継承）
誉重（たかしげ）（慎吾）⑦
和田佐伊
誉祐
久仁
関根氏（鈴木重胤に師事する）
祐孝（五十郎・湖村）
悌四郎
祐忠―祐功
泰蔵
秀馬―秀三―秀威
重資（民衛）
剛輔
景介―文―尚樹
重輔（上枝）―重恭
重悌
重英
重次
重鴻
誉恕（たかひろ）（謹吾）⑧
宗佐―宗淑
恕佑（ひろすけ）⑩
誉輝（たかてる）⑨
佑寧
誉達（たかなり）⑪
誉宣⑫
裕人⑬
（豊臣秀吉の子孫と称す）
著書『良寛の出家と木下俊昌』
『豊臣秀吉の子孫―良寛と桂家』
『南朝熊沢家と浅井・豊臣の謎（木村信行）』を基本とし、記載の都合で一部アレンジ・修正。

出典『南朝熊沢家と浅井・豊臣の謎（木村信行、日本歴史研究所）』、『良寛 その出家の実相（田中圭一、三一書房）』、『良寛辞典』、『良寛の出家と木下俊昌（桂尚樹、リーベル出版）』、『豊臣秀吉の子孫 良寛と桂家（桂尚樹、新人物往来社）』、他。

豊臣家存続伝承に関して

豊臣家の存続伝承に関しては、荒唐無稽なもの（桂尚樹説）もあるが、基本的には伝承であり、これがすべて史実とは断定されない。その大部分は、秀頼の九州落ち（薩摩落ち）が前提となる。唯一の例外は、豊臣国松の九州落ちである。国松は、大坂城落城前に誕生している。したがって、秀頼が大坂城を脱出しようが、できまいが関係ない。おそらく目立たないように、小人数で脱出したのであろう。国松は伏見で見つけられたというが、どうにもスッキリしない。なぜなら、国松は、豊臣家側の人間もほとんど知らなかったという。

そんな人物を、徳川方が特定することができたのであろうか？　八歳になるかならないかという少年（一説、一二歳あるいは三歳程度とも）を特定などできない。写真もない当時、正体不明の少年をどうやって特定できたか？　不自然な部分もある。処刑された国松とされる遺骸を、松の丸殿が引き取り、供養したというのも、何か仕組まれたような気がする。

これとは別に、処刑される直前の国松を駿河の僧侶が引き取ったという伝説もあり、そうなると、処刑された国松は、豊臣家が仕立てたか、徳川家が仕立てたかは別として、影武者である可能性も高まる。生き残った国松は、薩摩に渡り、そこから日出へ渡ったということであろう。日出藩に庇護された国松は、初代藩主の庶子の系譜に潜り込んだのである。

秀頼の九州落ちのうわさは、当時滞在していた宣教師たちも承知していたようであるので、無視はできない。これは、大坂の陣で、本物の秀頼の遺体が確認されなかったこととも無縁ではなかろう（『豊臣家存続の謎』）。天草四郎が秀頼の庶子の一人なら、島原の乱は、豊臣家の徳川家に対する最後の抵抗ということにもなるが、真実は、史実の闇の中である。
豊臣家は、国松を介して第二豊臣家と合体し、辛うじて、家系を伝えることに成功するのである。

豊臣家存続と第二豊臣家

豊臣氏は、秀吉により創設され、一時は養子なども含め複数存在した。しかし、秀吉に実子が生まれると、他家に養子に出したり、断絶に追い込んだりして、関ヶ原前後には、秀頼と養女豪姫の夫婦（宇喜多秀家、秀吉の猶子・豊臣秀家）を残すのみとなった。

北政所は、秀吉没後、大坂城を出て京都に移り、秀吉からの化粧料（正式な名目は不明）一万六千石で、京都豊臣家を創設する（領地は、関ヶ原合戦後、家康により追認）。北政所の兄弟の木下家定は、元杉原氏で、秀吉より家名木下・本姓豊臣朝臣（豊臣氏）を許されて、本姓平朝臣杉原氏から改姓し、杉原流豊臣家（第二豊臣家）を創設する（家名は木下）。豊臣家の系譜を簡単に記す。

〈賜姓豊臣家〉〈関白・太閤家〉 **豊臣秀吉――秀頼――国松（秀勝）（豊臣宗家）**

〈豊臣秀次家〉 **豊臣秀吉＝秀次――仙千代丸（関白家）**

〈豊臣秀勝家〉 **豊臣秀吉＝秀勝**（小吉）――**完子（九条幸家室）　道房**

〈豊臣秀長家〉**豊臣秀長＝＝秀保（大納言家）**

〈豊臣吉子家〉**豊臣吉子＝＝利次（木下利次）——利値＝秀三**

豊臣吉子（高台院）＝利次（木下利次・豊臣朝臣利次）—利値—秀三—秀就—利意

〈豊臣秀吉家 養子・猶子〉**豊臣秀吉＝豪姫（宇喜多秀家室）——秀高（宇喜多秀高）**

豊臣秀吉＝宇喜多秀家（豊臣朝臣秀家）——秀高（宇喜多秀髙）

豊臣秀吉＝秀俊（小早川秀秋）

豊臣秀吉＝秀保（結城秀康・松平秀康）——忠直（松平忠直）

〈第二豊臣家〉**杉原家定（木下家定・豊臣朝臣）——勝俊**

木下家定（豊臣家定）——延俊——俊治

木下家定（豊臣家定）——利房

豊臣家は、大坂城落城滅亡したことになっているが、女系は秀勝流と秀次流が存続した。このことは、桜井成廣氏の研究で紹介されている（系図参照）。

豊臣家は、大坂の陣で、大坂城が陥落すると、表舞台から消え去った。しかし、京都豊臣家（北政所豊臣家）と杉原流豊臣家（第二豊臣家）は健在であった。しかし、この家系も、家名としての豊臣は維持できなかった。京都豊臣家は、養子の利次の時、高台院の所領一万六千石と豊臣家名の相続は許されず、新たに近江で三千石を賜り、家名は木下、本姓は豊臣朝臣、足守藩木下家別家の旗本家として家系を維持した。

一方、杉原流木下家（第二豊臣家）は、勝俊が、伏見城の守備に入ったものの、西軍攻撃の時に退去、戦後、家康の逆鱗に触れ改易された。家定は、北政所を守護して、所領を維持したが、姫路から備中へ移された。その子の利房は西軍と見なされ、所領没収となるが、父の遺領継承を許されたが、兄勝俊が単独相続（家康の指示は、兄弟分割相続）、家康の再度の怒りに触れ没収されるが、大坂の陣後、父の旧領の足守藩主に復帰する。

延俊は、姫路城を堅持、細川忠興の助力で福知山城を攻撃、東軍方をアピールし、豊後日出で三万石を与えられ、日出藩祖となった。この分家は、立石五千石領主木下（羽柴）家である。木下家には、この初代が、豊臣国松であるという伝承がある（『豊臣家存続の謎』）。第二豊臣家である木下一門は、江戸時代も豊臣朝臣姓（豊臣氏）を維持し、幕府も公認した。足守・日出の両藩主家は、明治に至り、華族に列する。意外な形で、豊臣氏は存続したのである。

第二豊臣家は、本来の姓は、平朝臣で家名は杉原氏と伝えられている。すなわち、桓武平氏平貞衡の末裔の杉原光平の流れを汲むといわれる。尾張杉原氏はこの末裔とするが、系図には若干不確定な要素もある。多くは、杉原家利から系を興すが、『古代氏族系譜集成』では、尾張杉原氏は、桓武平氏杉原氏に繋がっている（推定系図）。

この杉原氏は、北政所と秀吉の結婚に難色を示し、浅野家が、北政所を養女として結婚させた経緯から、浅野家に比べて、所領は少なかった。その後、秀吉が天下人となると一門に羽柴姓、さらには豊臣朝臣を許すが、杉原氏の本家は豊臣朝臣を許されず、北政所の兄弟の家定にのみ、羽柴姓、木下氏・豊臣朝臣が許され、家定は、本姓を平朝臣から豊臣朝臣に改め、家名も杉原から木下に改め、ここに第二豊臣家が誕生した。しかし、豊臣の準一族の扱いで、豊臣政権の武将というより、豊臣家個人の家宰的立場で、所領は低めに押さえられた。譜代筆頭、五奉行になった浅野家とは、格段の差である。それでも、当初は延俊が養子に予定され、その後秀秋が誕生して養子に迎えられると、一門並となる（力量は評価されず大大名にはなれなかった）。秀秋が豊臣家の後継者になっていたら違った展開もあったかもしれないが、秀秋（当時は豊臣秀俊）が離籍されると、北政所との繋がりのみとなる。

北政所が、豊臣宗家より出て、京都豊臣家を興すと、家定は北政所の守護に努める。関ヶ原前後には、第二豊臣家一門は不可解な動きをするが、結果的には、東軍勝利となるのである。京都豊臣家は、西軍との提携も疑われていたようで、西軍敗北時点では、バタバタしているが、秀秋が東軍に加担したことで、西軍とみなされた一族も助命され、一門としては、家系存続に成功した。

京都豊臣家は、豊臣家名存続のために養子を迎えるが、そちらは、養子が豊臣家名は許されず、目論みは、外れた。

最後に関連系譜を紹介、さらに豊臣姓を伝えたという石田三成の子孫（杉山家一族）の系譜を紹介して、本書の終わりとする。杉山家は、さしづめ「第三豊臣家」ということになろうか？

三好・岩城氏系図（豊臣秀次女系系図）

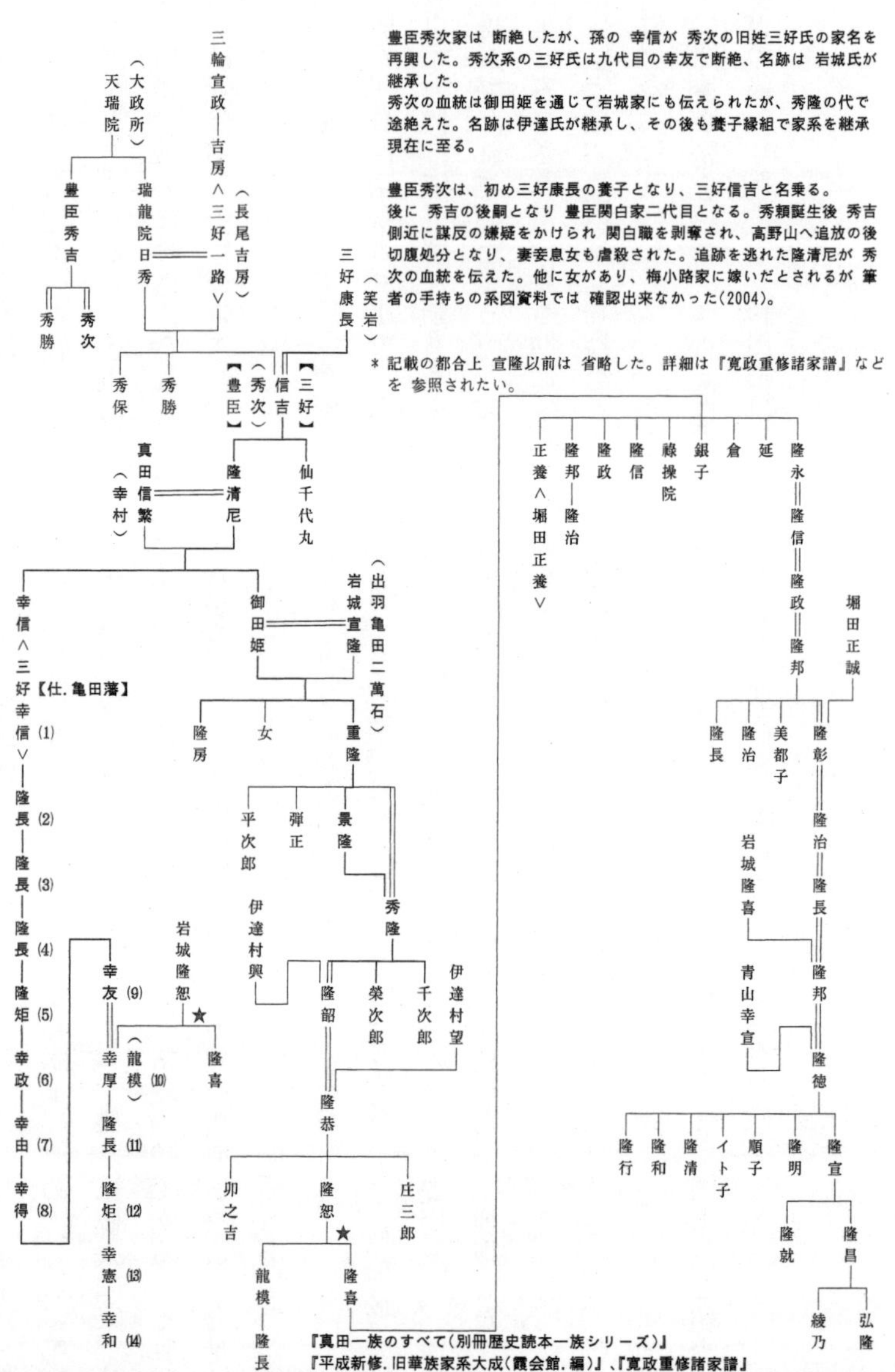

三輪宣政―吉房〈三好一路〉（長尾吉房）
天瑞院（大政所）
豊臣秀吉
瑞龍院日秀
秀勝
秀次
三好康長（笑岩）
秀保
秀勝
【豊臣】（秀次）信吉【三好】
真田信繁（幸村）
隆清尼
仙千代丸
幸信〈三好幸信〉【仕.亀田藩】(1)
隆長(2)
隆長(3)
隆長(4)
隆矩(5)
幸政(6)
幸由(7)
幸得(8)
幸友(9)
幸厚（龍模）(10)
隆長(11)
隆矩(12)
幸憲(13)
幸和(14)
岩城隆恕
隆喜
御田姫
岩城宣隆（出羽亀田二萬石）
隆房
女
重隆
平次郎
弾正
景隆
伊達村興
秀隆
隆韶
榮次郎
千次郎
伊達村望
隆恭
卯之吉
隆恕
庄三郎
龍模
隆喜
隆長
正養〈堀田正養〉
隆邦
隆治
隆政
隆信
線操院
銀子
倉
延
隆永
隆信
隆政
隆邦
堀田正誠
隆長
隆治
美都子
隆彰
隆治
岩城隆喜
隆長
青山幸宣
隆邦
隆徳
隆行
隆和
隆清
イト子
順子
隆明
隆宣
隆就
隆昌
綾乃
弘隆

豊臣秀次家は 断絶したが、孫の 幸信が 秀次の旧姓三好氏の家名を再興した。秀次系の三好氏は九代目の幸友で断絶、名跡は 岩城氏が継承した。
秀次の血統は御田姫を通じて岩城家にも伝えられたが、秀隆の代で途絶えた。名跡は伊達氏が継承し、その後も養子縁組で家系を継承現在に至る。

豊臣秀次は、初め三好康長の養子となり、三好信吉と名乗る。後に 秀吉の後嗣となり 豊臣関白家二代目となる。秀頼誕生後 秀吉側近に謀反の嫌疑をかけられ 関白職を剥奪され、高野山へ追放の後切腹処分となり、妻妾息女も虐殺された。追跡を逃れた隆清尼が 秀次の血統を伝えた。他に女があり、梅小路家に嫁いだとされるが 筆者の手持ちの系図資料では 確認出来なかった(2004)。

＊ 記載の都合上 宣隆以前は 省略した。詳細は『寛政重修諸家譜』などを 参照されたい。

出典『特集.戦国真田太平記(昭和60年5月号歴史読本)』、『真田一族と家臣団・その系譜を探る(田中誠三郎、信濃路)』、『華族譜要』、『真田一族のすべて(別冊歴史読本一族シリーズ)』、『平成新修.旧華族家系大成(霞会館.編)』、『寛政重修諸家譜』

豊臣・三好・真田関係系図

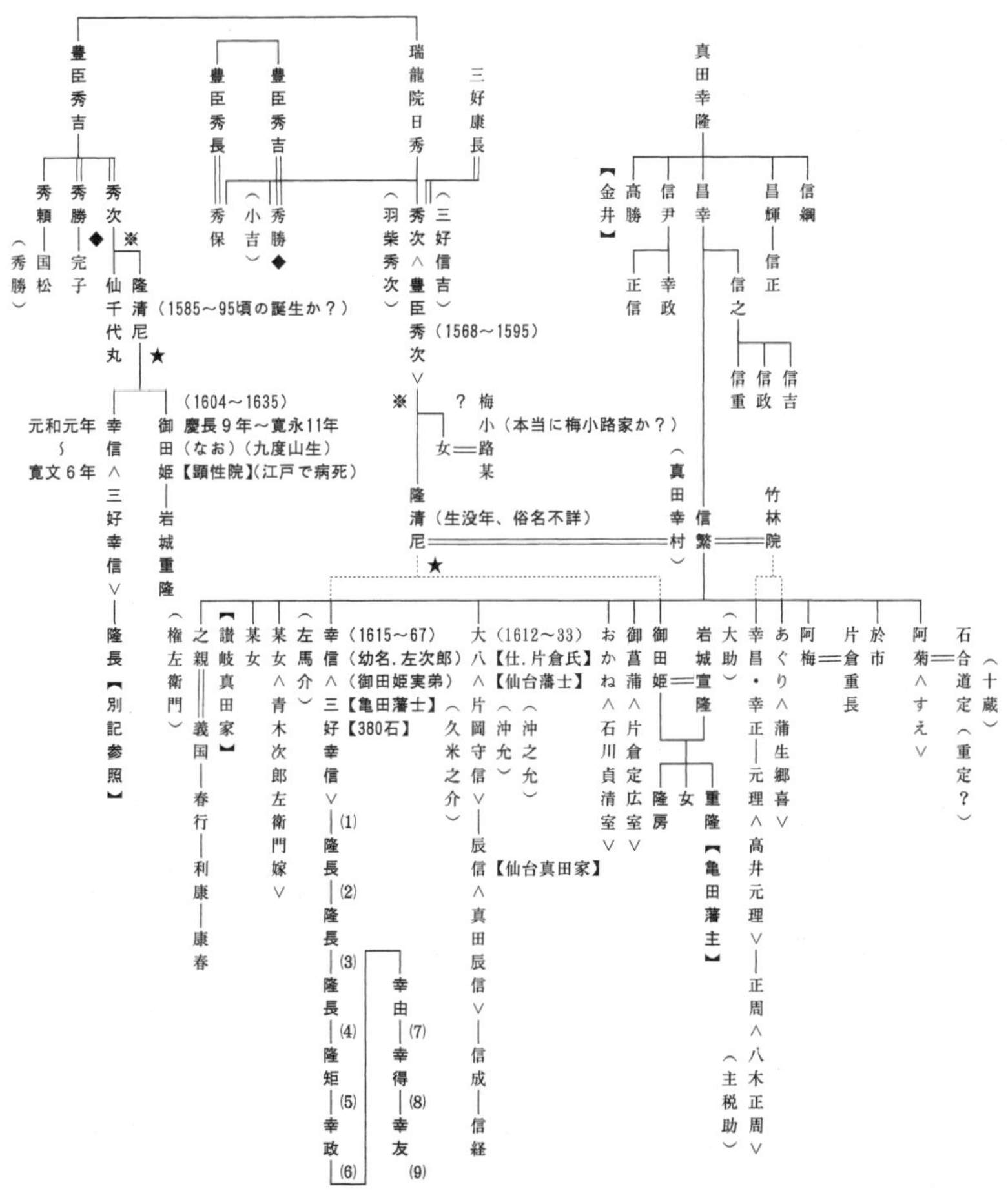

豊臣秀吉
豊臣秀長
豊臣秀吉
瑞龍院日秀
三好康長
真田幸隆
秀頼
秀勝
秀次
（秀勝）
国松
完子
◆
※
仙千代丸
隆清尼（1585～95頃の誕生か？）
★
秀保
（小吉）
秀勝
◆
（羽柴秀次）
秀次〈豊臣秀次〉（1568～1595）
（三好信吉）
【金井】
高勝
信尹
昌幸
昌輝
信綱
正信
幸政
信正
信之
信重
信政
信吉
元和元年～寛文6年
幸信〈三好幸信〉
隆長【別記参照】
御田姫（1604～1635）慶長9年～寛永11年（なお）（九度山生）【顕性院】（江戸で病死）
岩城重隆
（権左衛門）
※
？
梅小路某（本当に梅小路家か？）
女
隆清尼（生没年、俗名不詳）
★
（真田幸村）
信繁
竹林院
之親
義国
春行
利康
康春
【讃岐真田家】
某女
某女〈青木次郎左衛門嫁〉
（左馬介）
幸信（1615～67）（幼名.左次郎）（御田姫実弟）【亀田藩士】【380石】〈三好幸信〉
(1) 隆長
(2) 隆長
(3) 隆長
(4) 隆矩
(5) 幸政
(6)
幸由
(7) 幸得
(8) 幸友
(9)
大八（1612～33）【仕.片倉氏】【仙台藩士】〈片岡守信〉
（久米之介）
（沖允）
（沖之允）
辰信〈真田辰信〉
信成
信経
【仙台真田家】
おかね〈石川貞清室〉
御菖蒲〈片倉定広室〉
御田姫
岩城宣隆
隆房
女
重隆【亀田藩主】
（大助）
（主税助）
幸昌・幸正
元理〈高井元理〉
正周〈八木正周〉
あぐり〈蒲生郷喜〉
阿梅
片倉重長
於市
阿菊〈すえ〉
石合道定（重定？）
（十蔵）

豊臣秀次（三好信吉）の旧名跡（三好姓）は、外孫に当たる真田左次郎が復活継承し、三好左馬介幸信と名乗る。姉の御田姫（顕性院）の嫁した亀田藩（岩城家）に仕えた（380石）。三好家は、九代の幸友で血脈は絶える。その跡は、岩城家より養子が入り継承している。尚、岩城家（亀田藩主）の秀次血脈は、秀隆の子供が早世し、途絶えた。岩城家は、その後、伊達家より養子を迎える（別記系図参照）。
梅小路家については、旧華族（公家）の家系は、『系図纂要』、『公卿諸家系図（増補諸家知譜拙記）』などで確認したが、豊臣秀次との姻族関係は立証されなかった（清閑家分家・初代は定矩・元和5年[]1619]生まれ。）。
＊ 1604年（慶長9年、御田姫誕生）当時、清閑家流の梅小路家（明治に子爵となる）は、創設されていない。

出典『真田一族と家臣団・その系譜を探る（田中誠三郎、信濃路）』、『別冊歴史読本・一族シリーズ・真田一族のすべて（新人物往来社）』、『別冊歴史読本・闘将幸村と真田一族（新人物往来社）』、『歴史群像シリーズ・戦国セレクション・奮迅 真田幸村の生涯【戦国で最も強い漢】（学習研究社）』、『別冊歴史読本 戦国・江戸真田一族（新人物往来社）』、『別冊歴史読本・一族シリーズ・豊臣一族のすべて（新人物往来社）』、『系図纂要（名著出版）』、他。

豊臣秀勝女系系図（1）（九条家・二条家・大谷家）

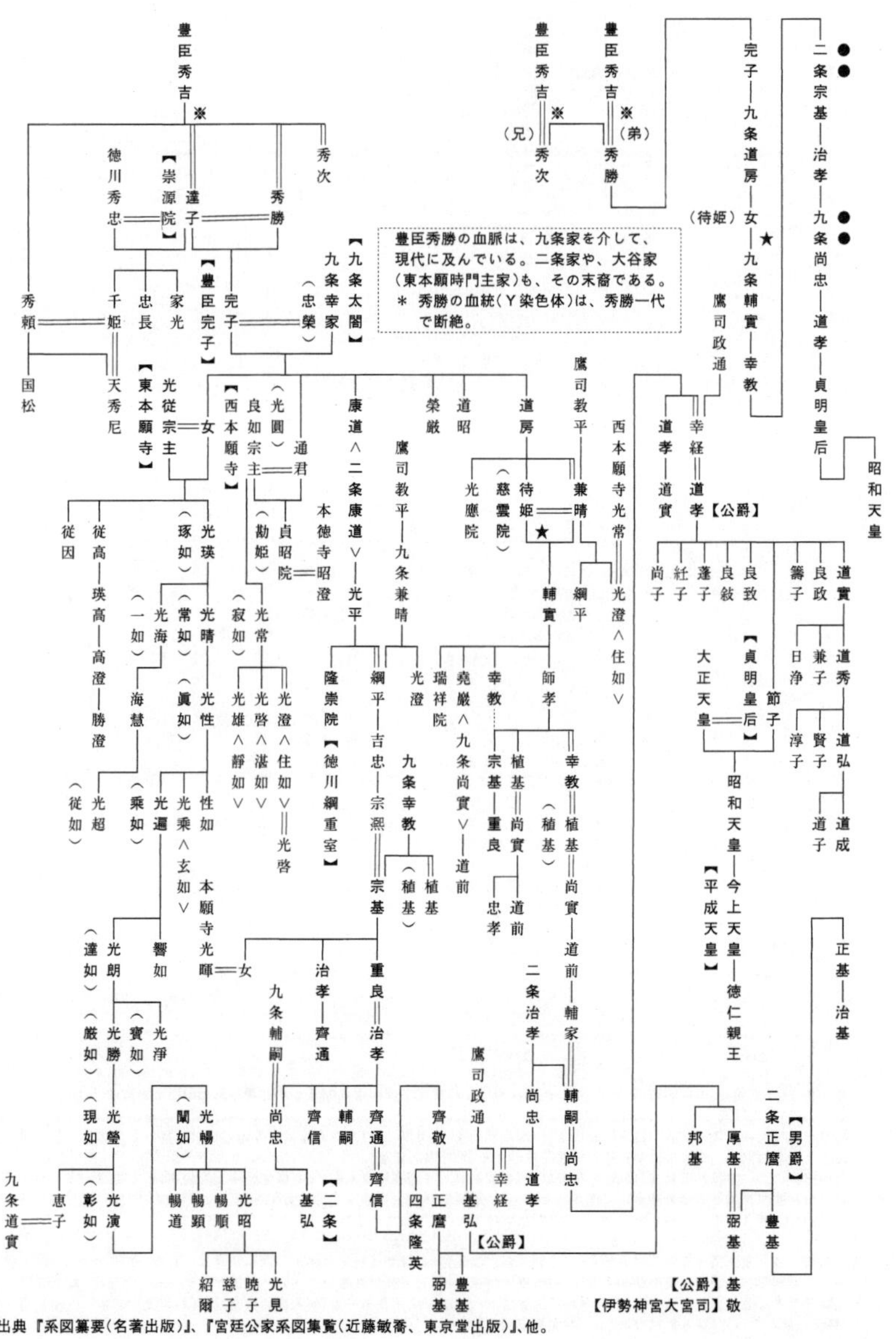
豊臣秀勝の血脈は、九条家を介して、
現代に及んでいる。二条家や、大谷家
（東本願時門主家）も、その末裔である。
＊ 秀勝の血統（Y染色体）は、秀勝一代
で断絶。

出典『系図纂要（名著出版）』、『宮廷公家系図集覧（近藤敏喬、東京堂出版）』、他。

豊臣秀勝女系系図（2）（浅野家）

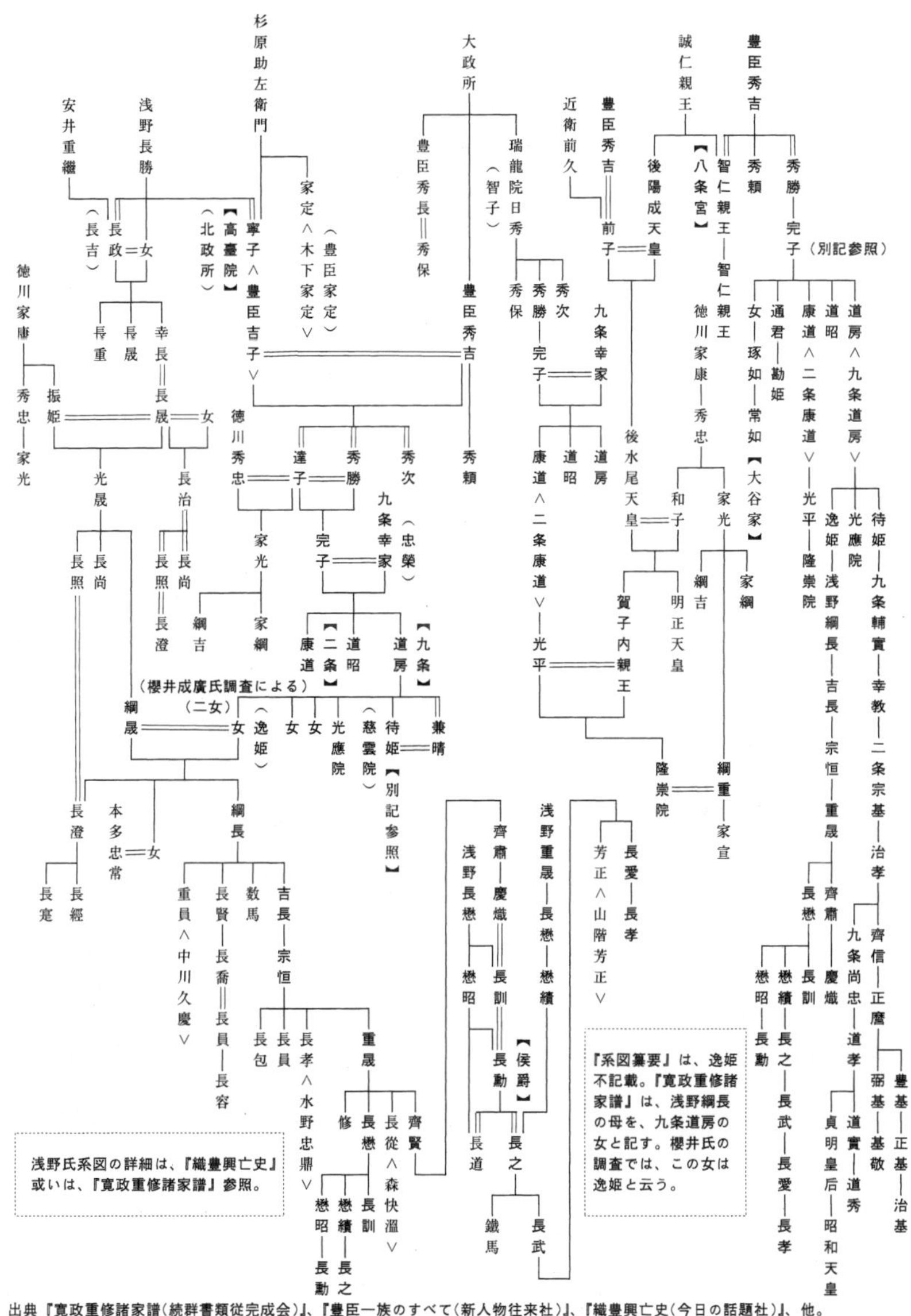

（櫻井成廣氏調査による）
浅野氏系図の詳細は、『織豊興亡史』或いは、『寛政重修諸家譜』参照。
『系図纂要』は、逸姫不記載。『寛政重修諸家譜』は、浅野綱長の母を、九条道房の女と記す。櫻井氏の調査では、この女は逸姫と云う。

出典『寛政重修諸家譜（続群書類従完成会）』、『豊臣一族のすべて（新人物往来社）』、『織豊興亡史（今日の話題社）』、他。

豊臣秀長女系系図（羽柴金山侍従豊臣朝臣忠政関係系図）

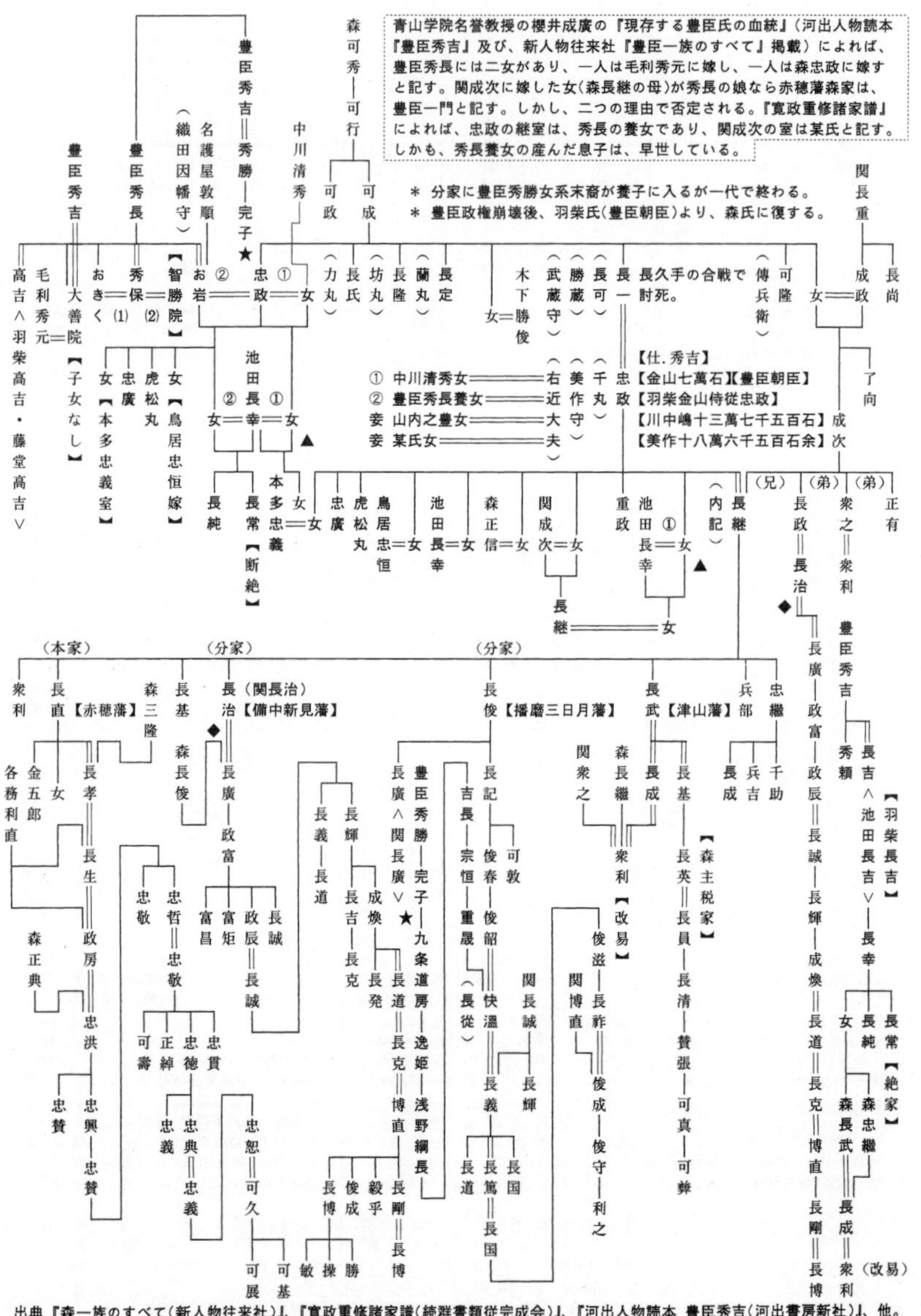

青山学院名誉教授の櫻井成廣の『現存する豊臣氏の血統』（河出人物読本『豊臣秀吉』及び、新人物往来社『豊臣一族のすべて』掲載）によれば、豊臣秀長には二女があり、一人は毛利秀元に嫁し、一人は森忠政に嫁すと記す。関成次に嫁した女（森長継の母）が秀長の娘なら赤穂藩森家は、豊臣一門と記す。しかし、二つの理由で否定される。『寛政重修諸家譜』によれば、忠政の継室は、秀長の養女であり、関成次の室は某氏と記す。しかも、秀長養女の産んだ息子は、早世している。
＊ 分家に豊臣秀勝女系末裔が養子に入るが一代で終わる。
＊ 豊臣政権崩壊後、羽柴氏（豊臣朝臣）より、森氏に復する。
長久手の合戦で討死。
【仕. 秀吉】
【金山七萬石】【豊臣朝臣】
【羽柴金山侍従忠政】
【川中嶋十三萬七千五百石】
【美作十八萬六千五百石余】
① 中川清秀女
② 豊臣秀長養女
妾 山内之豊女
妾 某氏女
（本家）
（分家）
【赤穂藩】
【備中新見藩】
【播磨三日月藩】
【津山藩】

出典『森一族のすべて（新人物往来社）』、『寛政重修諸家譜（続群書類従完成会）』、『河出人物読本 豊臣秀吉（河出書房新社）』、他。

豊臣氏一族系図（羽柴吉田侍従豊臣朝臣輝政関係系図）

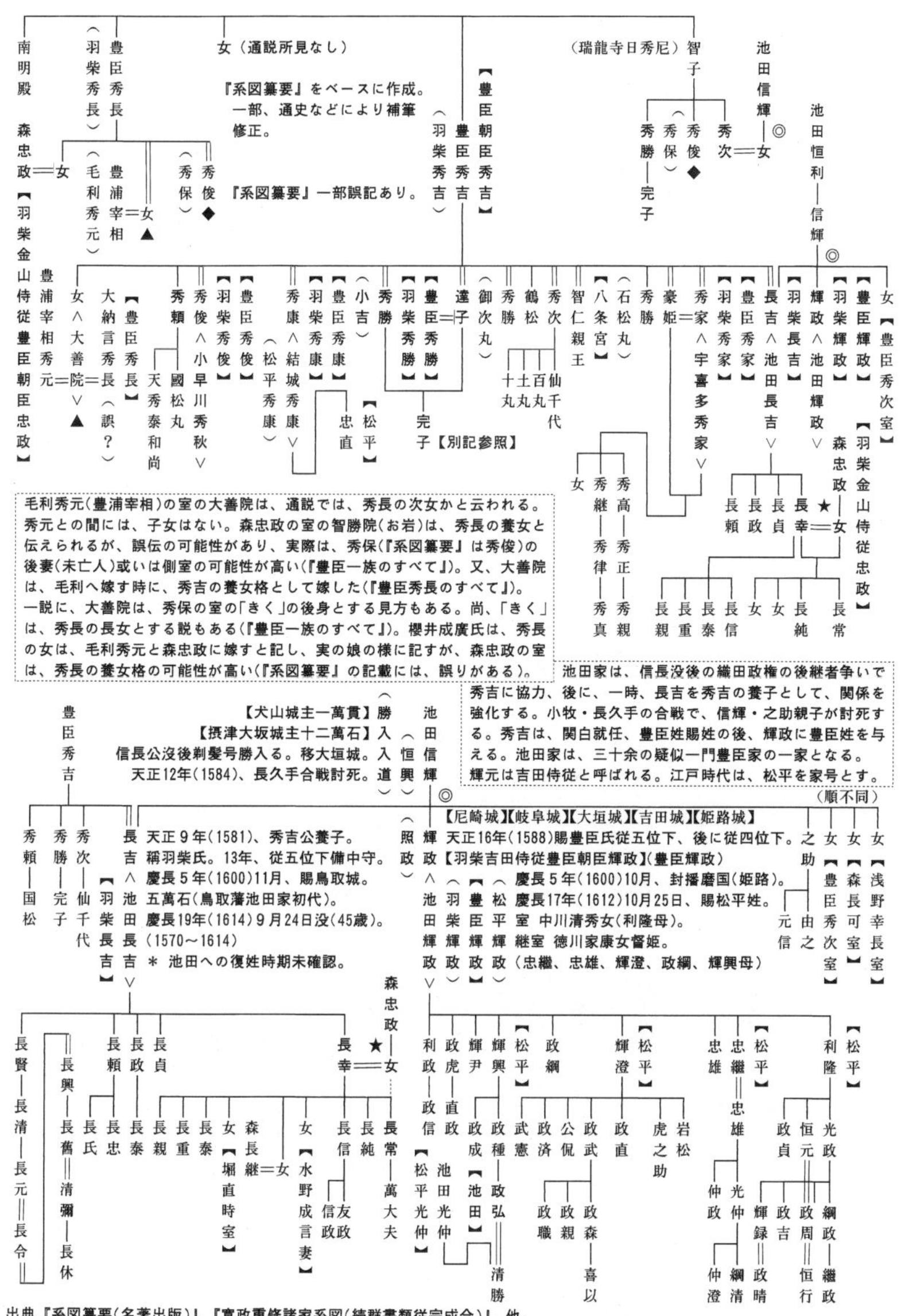

『系図纂要』をベースに作成。

一部、通史などにより補筆修正。

『系図纂要』一部誤記あり。

毛利秀元（豊浦宰相）の室の大善院は、通説では、秀長の次女かと云われる。秀元との間には、子女はない。森忠政の室の智勝院（お岩）は、秀長の養女と伝えられるが、誤伝の可能性があり、実際は、秀保（『系図纂要』は秀俊）の後妻（未亡人）或いは側室の可能性が高い（『豊臣一族のすべて』）。又、大善院は、毛利へ嫁す時に、秀吉の養女格として嫁した（『豊臣秀長のすべて』）。一説に、大善院は、秀保の室の「きく」の後身とする見方もある。尚、「きく」は、秀長の長女とする説もある（『豊臣一族のすべて』）。櫻井成廣氏は、秀長の女は、毛利秀元と森忠政に嫁すと記し、実の娘の様に記すが、森忠政の室は、秀長の養女格の可能性が高い（『系図纂要』の記載には、誤りがある）。

池田家は、信長没後の織田政権の後継者争いで秀吉に協力、後に、一時、長吉を秀吉の養子として、関係を強化する。小牧・長久手の合戦で、信輝・之助親子が討死する。秀吉は、関白就任、豊臣姓賜姓の後、輝政に豊臣姓を与える。池田家は、三十余の疑似一門豊臣家の一家となる。輝元は吉田侍従と呼ばれる。江戸時代は、松平を家号とす。

【犬山城主一萬貫】

【摂津大坂城主十二萬石】

信長公没後剃髪号勝入る。移大垣城。

天正12年（1584）、長久手合戦討死。

天正9年（1581）、秀吉公養子。

稱羽柴氏。13年、従五位下備中守。

慶長5年（1600）11月、賜鳥取城。

五萬石（鳥取藩池田家初代）。

慶長19年（1614）9月24日没（45歳）。

（1570～1614）
＊ 池田への復姓時期未確認。
【尼崎城】【岐阜城】【大垣城】【吉田城】【姫路城】
天正16年（1588）賜豊臣氏従五位下、後に従四位下。
【羽柴吉田侍従豊臣朝臣輝政】（豊臣輝政）
慶長5年（1600）10月、封播磨国（姫路）。
慶長17年（1612）10月25日、賜松平姓。
室 中川清秀女（利隆母）。
継室 徳川家康女督姫。
（忠継、忠雄、輝澄、政綱、輝興母）
（順不同）

出典『系図纂要（名著出版）』、『寛政重修諸家系図（続群書類従完成会）』、他。

宇喜多氏一族（豊臣家準一門）

【八丈島宇喜多氏】
本国 備前美作。
姓 初.三宅、後.豊臣(豊臣朝臣)。
氏 初.児島、後.宇喜多。
本姓 豊臣氏、氏(家名)宇喜多氏

秀家の子孫系図は、『戦国宇喜多一族』による。

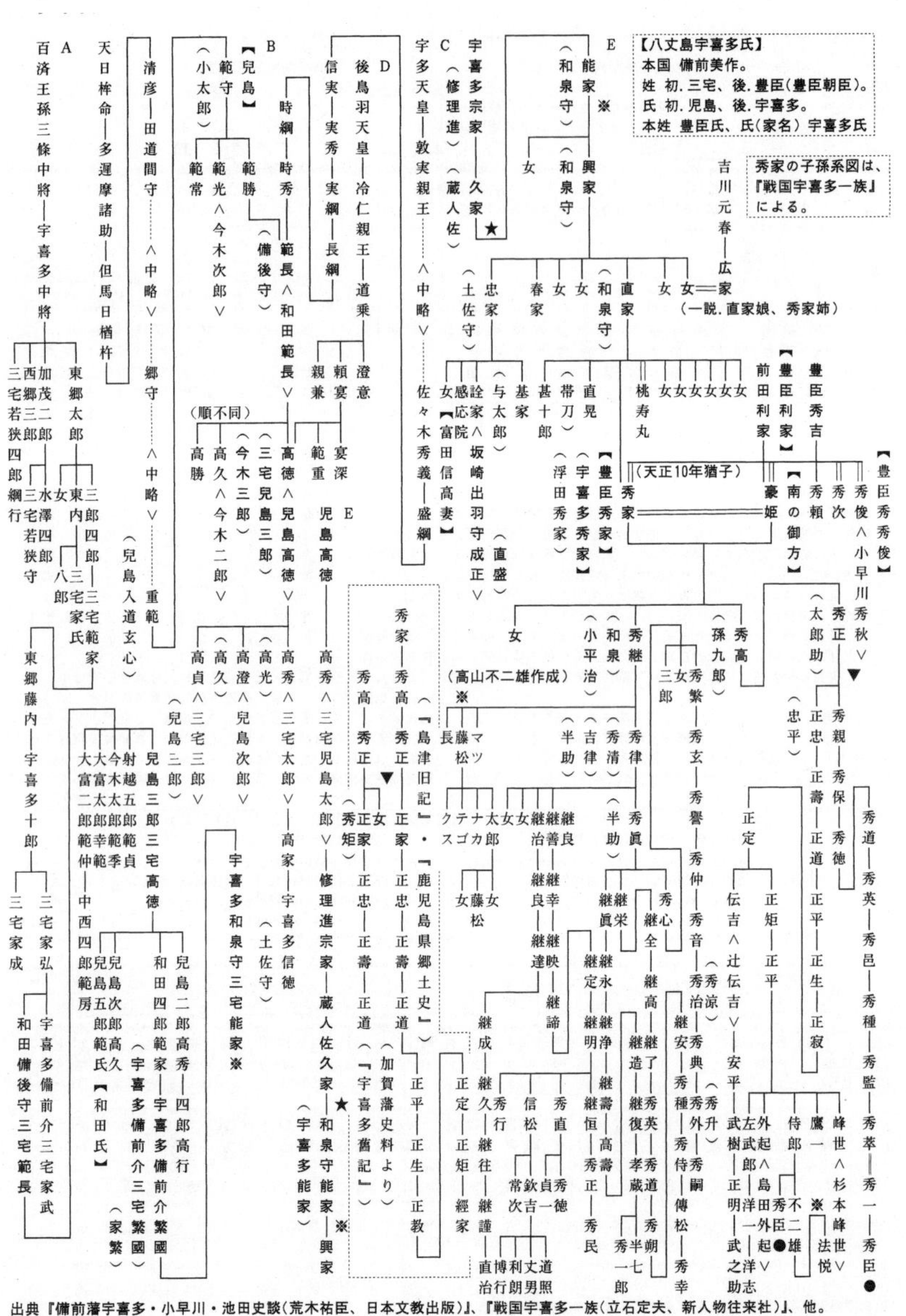

出典『備前藩宇喜多・小早川・池田史談(荒木祐臣、日本文教出版)』、『戦国宇喜多一族(立石定夫、新人物往来社)』、他。

豊臣家女系と疑似一門豊臣氏

豊臣氏（第一豊臣氏羽柴家）は、大坂夏の陣で滅亡したとされる。しかし、秀吉直系の天秀尼は、助命され、千姫（豊臣秀頼正室）の養女格として、鎌倉東慶寺に入れられ、後に同寺の住持となっている。彼女の死去により豊臣宗家の血脈は絶えた。しかし、豊臣家は、養子・猶子などによって形成されており、その血脈（女系）は存続した。これらの血統は、男系は断絶しているが、秀次系も秀勝系も、すなわち、秀吉の姉の瑞龍院日秀の女系血脈が存続したのである。

秀次系では、櫻井成廣氏の研究によれば、二女が処刑を免れ、その内の一人は、九度山に蟄居している真田信繁（幸村）の側室となり、一男一女を出産。一女（御田姫・顕性院）は出羽亀田藩主となる岩城宣隆の室となり、藩主重隆の母となる。他に一男一女を産む。

御田姫の弟の左次郎は、祖父の旧姓を復活継承し、三好左馬介幸信と名乗り、岩城家に仕える。九代幸友で血脈は断絶するが、名跡は岩城家より幸厚が継承、子孫は明治になり真田姓に復する。藩主の岩城家は、秀隆で血脈が断絶、伊達氏一門より養子を迎えた。なお、秀次の血脈が生き残ったのは、瑞龍院日秀の庇護があったからである。

秀勝系は、一女の完子（豊臣家最後の人物・徳川家光の異父姉）が、九条幸家（忠榮）に嫁し、複数の男女を産んだ。その血脈である。九条家・二条家・大谷家（東本願寺）などがその末裔である。九条家と二条家は養子縁組を繰り返して、その血脈を現代に伝えた。その結果、現在の皇室（昭和天皇・平成天皇の血脈）は、貞明皇后を介して、秀勝の女系血脈となる。さらに、高台院（豊臣吉子）の養家の浅野家（広島藩主）の綱長も、母の九条逸姫を介して秀勝の女系血脈となる。この二家は、日秀尼を介して秀吉に繋がる（大政所女系）。

さらに、血脈は繋がらないが、義理の関係というか、系譜上の関係なら、豊臣分家である豊臣秀長の義理の女系ある。羽柴金山侍従豊臣朝臣忠政（森忠政）の家系である。ただし、その血脈の忠廣は、後嗣なく死去している。この血脈は、一時秀吉の養子であった池田長吉の系譜に繋がる。この池田氏の血脈を介して、再度森家に戻るが、豊臣の血脈は、忠継の子供の長成で断絶する。他の森一族に豊臣秀長の養女の血脈はない。後に、三日月藩主の森家に、豊臣秀勝の女系血脈が入る（浅野重晟の息子）が、実子がなく、森家一門の関氏から養子を迎え、豊臣の血脈は絶える。＊本多家と鳥居家は未調査。

森家と姻族の池田家は、長吉が豊臣賜姓前の秀吉（羽柴秀吉）の養子となるが、いつ離籍したか未確認。この長吉の兄が、羽柴吉田侍従豊臣朝臣輝政（豊臣輝政・池田輝政）で、二人は、秀吉が織田政権の後継者となるのに協力した池田信輝（恒興）（織田信長の乳兄弟）の息子である。この池田家からは、二代関白豊臣秀次の室が出ている。若政所（第二正室）と呼ばれたが、秀次子女処刑の時に、池田信輝の豊臣家への功績などにより処刑を免れ、兄の池田輝政（当時は三河吉田城主）の許に帰された。池田輝政は、徳川家康の女婿となり、関ヶ原では東軍に属し、本姓豊臣、家名羽柴の公称を停止、源姓池田氏に復し、後に家康から松平の家名を許され、以後松平氏を公称する。

義理の関係といえば、秀吉の養女豪姫（前田利家の娘）の婿で、秀吉の猶子の宇喜多秀家も豊臣姓を許された。大名としての豊臣姓宇喜多家は、秀家で断絶したが、処刑を免れ、八丈島へ息子二人と遠島配流となった。『戦国宇喜多一族』によると、八丈島の宇喜多一族は、三宅姓（本姓）小島・宇喜多氏から、豊臣姓宇喜多氏に改めたとあり、本姓豊臣朝臣を内伝した可能性がある。歴史から消え去っても豊臣氏一門ということであろうか。秀吉没後も豊臣政権が継続していれば、宇喜多流豊臣家となったかもしれない。秀家の妻の豪姫は、秀吉に大変可愛がられ、男なら家督を譲りたいともいわしめた（秀頼誕生前の話）。

豪姫が病気に伏した時には、秀吉は病気回復の祈祷を社寺に命じたという。幼い時から養育しているので、実子並の愛情を注いでいたのである。秀家も幼い時より秀吉の許で養育され、やがて猶子（家督相続権のない準養子）となる。その二人を秀吉は夫婦とした。血脈の養子とは異なる位置付けで目をかけていたのである。秀頼が誕生すると、血縁の養子は他家の養子に出したり、自刃に追い込んだりしており、最後まで豊臣家に残ったのは、宇喜多秀家夫婦のみである。

結果として秀家は、関ヶ原で西軍副総帥（現場では、事実上の総帥）となり、敗北後は追跡を逃れ薩摩に潜伏、その後、関係者への迷惑を考え出頭、幽閉の後、八丈島へ流された。豊臣政権が存続していれば、系譜文献にも、「豊臣朝臣」と記録されたかもしれない。幻の豊臣氏は、八丈島で存続したということである。

豊臣氏は歴史の片隅で密かに存続したが、秀吉政権の晩年には、三十余家の豊臣氏が存在したことは前記した（「擬制集団豊臣家」「羽柴姓の大名たち」参照）。これらは、豊臣政権が崩壊し、徳川幕府が成立すると、暫時、豊臣朝臣羽柴氏の公称を停止し、旧に復した。

『新訂 寛政重修諸家譜』の索引によると、第二豊臣家たる木下氏（豊臣朝臣）以外に、元豊臣氏ということであろうか数家の名前がある（羽柴授姓は、原則として豊臣朝臣連動）。

豊臣（池田）　池田（備前岡山）　羽柴吉田侍従豊臣朝臣輝政（池田輝政）の末裔。（※）

豊臣（稲葉）　稲葉（豊後臼杵）　羽柴郡上侍従豊臣朝臣貞通（稲葉貞通）の末裔。（※）
豊臣（上杉）　上杉（出羽米澤）　羽柴越後中納言豊臣朝臣景勝（上杉景勝）の末裔。（※）
豊臣（上田）　上田（清和源氏）　羽柴主水正豊臣朝臣重安（上田重安）の末裔。
豊臣（片桐）　片桐　羽柴東市正豊臣朝臣且元（片桐且元）末裔。（絶家）
豊臣（小早川）　小早川　羽柴筑前宰相豊臣朝臣隆景（子孫絶家）（※）
羽柴筑前中納言豊臣朝臣秀俊（小早川秀秋）（※）
豊臣（佐久間）　佐久間（平）　羽柴河内守豊臣朝臣政實（佐久間政實）（子孫不詳）
豊臣（嶋津）　嶋津（薩摩鹿兒島）　羽柴侍従豊臣朝臣義弘（嶋津島義弘）の末裔。（源）
豊臣（福嶋）　福嶋（藤原）　羽柴左衛門大夫豊臣朝臣正則（福嶋正則）の末裔。
豊臣（堀）　堀（信濃飯田）　羽柴北庄侍従豊臣朝臣秀治（堀秀治）の末裔（※）
豊臣（水野）　水野（清和源氏）　羽柴和泉守豊臣朝臣忠重（水野忠重）の末裔。（源）
豊臣（溝口）　溝口（越後新發田）　羽柴伯耆守豊臣朝臣秀勝（溝口秀勝）の末裔。（源）
豊臣（毛利）　毛利（長門萩）　羽柴安芸中納言豊臣朝臣輝元（毛利輝元）の末裔。（※）
羽柴安芸宰相豊臣朝臣秀元（毛利秀元）（大江）（※）
豊臣（龍造寺）　鍋嶋（肥前佐賀）　羽柴侍従豊臣朝臣政家（龍造寺政家）（子孫絶家）
羽柴加賀守豊臣朝臣直茂（鍋島直茂）（龍造寺家督）
羽柴藤八郎高房（龍造寺高房）（直茂養子・龍造寺氏）

＊鍋島直茂は、龍造寺家の領主権を継承したが、豊臣政権では、準大名（陪臣）であり、一時、秀吉の直

轄領の代官となる（龍造寺家家臣のままで）。豊臣姓は、龍造寺家より継承するも直茂一代限りで、政家の実子が羽柴家名を称するが、後に龍造寺に復す。『寛政重修諸家譜』は、鍋島直茂の子の勝茂が、豊臣姓羽柴氏を称した記述なし。江戸時代には、龍造寺・鍋島両家とも旧姓（龍造寺・鍋島）を称す。

表中（※）は豊臣家疑似一門リストで紹介（豊臣家大系図も参照）。

これらの家系は、豊臣政権時代は、豊臣姓を本姓とするが、江戸時代には、旧姓・旧家名に復した。これらの家系のすべてが、豊臣政権の重職に就任したわけではないので、先のリストから漏れている者もいる。その後、数代で絶家した家系、大名・旗本として存続した家系など様々だが、一応、江戸幕府が、元豊臣朝臣（豊臣氏）と認めた家系である。

逆に、元豊臣朝臣でありながら、索引に表記されなかった家系もある。色々な事情があるのだろう。江戸時代も豊臣氏であり続けたのは、第二豊臣家の木下家一門のみである。

秀吉は、大名以外の者にも、豊臣朝臣を与えているので、豊臣氏のピーク時点では、三十以上の豊臣氏が存在し、その頂点に秀吉が立ったということである。秀吉は、有力大名の家臣にも豊臣姓を許し、国人衆の一部にも認めている。そこまでは詳細に追跡できないが一応雑誌などで確認できたものを参考に紹介する。

・出羽庄内の国人衆の、尾浦城主の武藤義興の養子の千勝丸（越後村上城主本庄繁長の二男、後の義勝）に、天正十七年（一五八九）庄内の領有を認め、従五位下出羽守に任じ、豊臣姓と義勝の名乗りを与える（羽柴出羽守豊臣朝臣義勝）。これには、山形城主の最上義光を牽制する意味合いもあった。しかし、天正十八年の小田原征伐の後の知行安堵では、沙汰がなく、庄内一揆の煽動者との疑惑も持たれ、父と共に改易となる。

・上杉景勝が、天正十六年に再上洛し、従三位・参議に叙されたが、この時、景勝に同道して上洛した直江兼続・色部長真・須田満親に、八月に豊臣姓が授けられた（臨時増刊『歴史と旅』「秀吉をめぐる88人」秋田書店）。

・龍造寺政家の重臣の鍋島直茂にも豊臣姓を許し、ある時期には秀吉の代官に任じる。

これ以外に、埋もれた豊臣氏がいるかもしれないが、手持ちの資料では判らない。

石田三成も豊臣氏？

青森県の郷土史家や、三成研究家によると、石田三成の子孫杉山家は、豊臣姓を伝承したという。石田三成が豊臣姓をいつ許されたかは定かでない。

文禄四年、秀頼へ提出された起請文の署名リスト（『歴史群像シリーズ』等で紹介）に、石田三成の名前は、羽柴・豊臣としては確認されていないからである。

また、大名石田家は幕府開設前に廃絶となっているので、江戸時代に編纂の『寛政重修諸家譜』『断家譜』でも不記載で確認できないからである。

しかし側近中の側近なので、豊臣姓を許された可能性は否定されない。ただし本書執筆過程においては、入手資料・手持ち資料では確認していない。杉山家の豊臣姓は幕府未公認のもので、第二豊臣家のように公式のものではない。それは当然と言えば当然だが（匿われている三成子孫は石田姓すら改めている）、正式に認められていたら「第三の豊臣家」である。

豊臣氏（豊臣朝臣）諸家

（毛利・吉川・小早川・上杉・稲葉・堀・上田・直江・水野など）

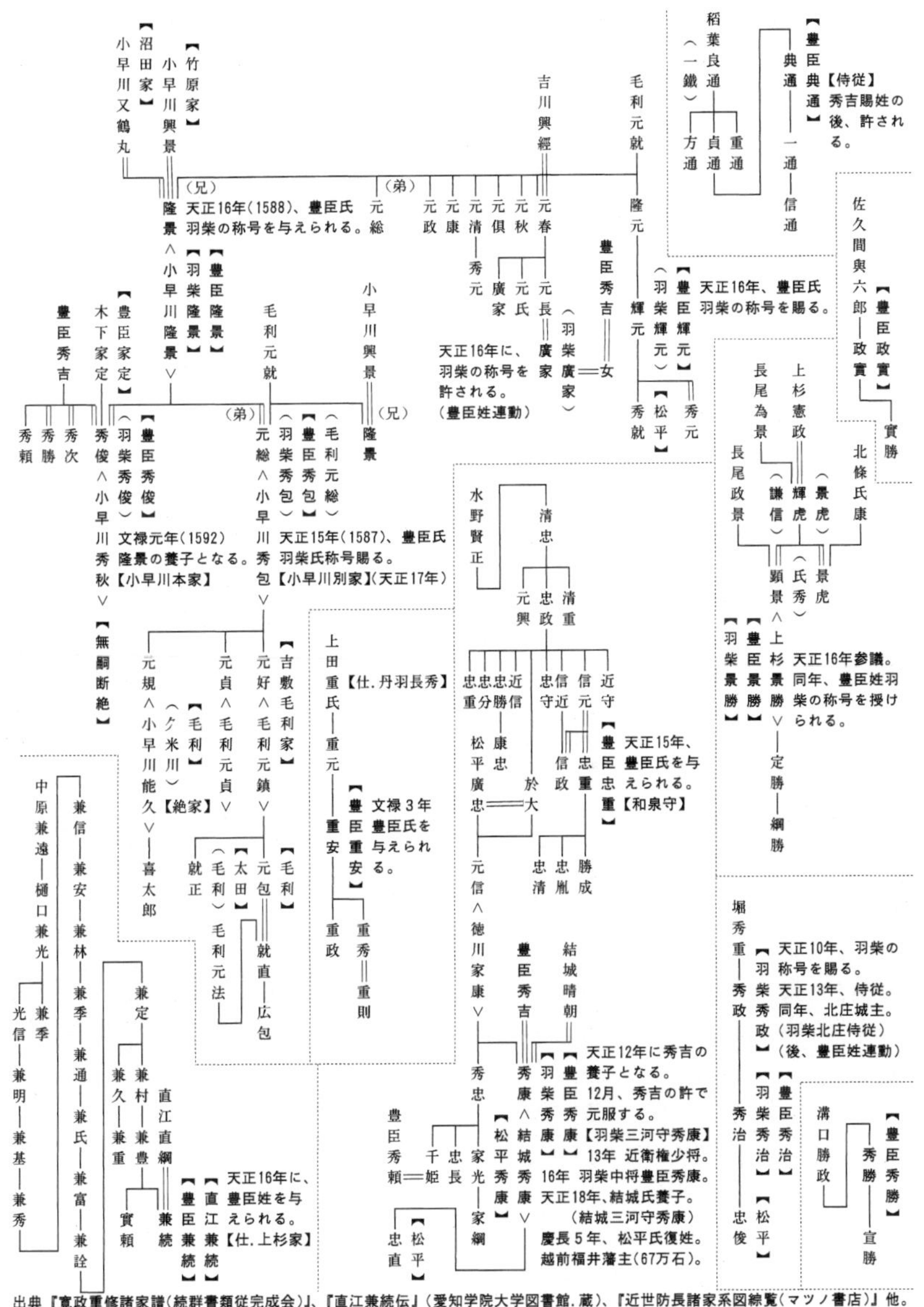
【豊臣典通】【侍従】秀吉賜姓の後、許される。
天正16年（1588）、豊臣氏羽柴の称号を与えられる。
天正16年、豊臣氏羽柴の称号を賜る。
天正16年に、羽柴の称号を許される。（豊臣姓連動）
文禄元年（1592）隆景の養子となる。【小早川本家】
天正15年（1587）、豊臣氏羽柴氏称号賜る。【小早川別家】（天正17年）
【仕.丹羽長秀】
文禄3年豊臣氏を与えられる。
天正15年、豊臣氏を与えられる。【和泉守】
天正16年参議。同年、豊臣姓羽柴の称号を授けられる。
天正10年、羽柴の称号を賜る。天正13年、侍従。同年、北庄城主。（羽柴北庄侍従）（後、豊臣姓連動）
天正12年に秀吉の養子となる。12月、秀吉の許で元服する。【羽柴三河守秀康】13年 近衛権少将。16年 羽柴中将豊臣秀康。天正18年、結城氏養子。（結城三河守秀康）慶長5年、松平氏復姓。越前福井藩主（67万石）。
天正16年に、豊臣姓を与えられる。【仕.上杉家】

出典『寛政重修諸家譜（続群書類従完成会）』、『直江兼続伝』（愛知学院大学図書館.蔵）、『近世防長諸家系図綜覧（マツノ書店）』他。

秀吉存命中は多くの豊臣家が存在したが（正確には豊臣氏）、関ヶ原以降も豊臣朝臣（豊臣氏）を守ったのは、第二豊臣家（杉原流木下家）のみである。他は本姓・旧家名に復し、後には、徳川家から松平姓を授与されている大名も少なくない。関ヶ原以降、大名としての石田家は断絶したので、三成が豊臣姓であったとしても、江戸時代の系譜集に記録が残らなかったということであろうか？

ところで三成とその子孫の杉山家の系図には、意外な人物たちが登場する。北政所、孝蔵主、松の丸殿・京極龍子、真田幸村、そして徳川一門である。さらには、旧上杉家・蒲生家家臣も登場する。偶然そうなったものか、意図的に形成されたものか、その裏事情は、筆者（早瀬）は知らない。それにしても、津軽の地で、豊臣姓が密かに伝承されていたのは意外であった。いずれにせよ豊臣氏が、大阪城の落城で消滅したというのは、おおいなる誤解であったということである。

豊臣家が消滅したと思われているから、存続伝承が登場するのである。当の本家が消滅したから、何をいっても肯定する材料がない代わりに、否定するだけの絶対的根拠もないということで、都合のいい伝承も作り上げることが可能となる。豊臣家存続伝承には、眉唾なものもあるが、闇の歴史も考えさせられるものである。

豊臣家存続の証拠としては、日出の神社には、豊臣を刻した鳥居がある（写真は、前川和彦氏の『豊臣家存続の謎』に掲載されている）し、立石長流寺の位牌には豊臣姓が記されている（同書）。また、津軽の杉山家の墓にも豊臣が刻されている（『歴史群像』一九九四年六月号に写真掲載）。また、豊臣朝臣木下家（備中足守藩主、豊後日出藩主、豊後立石領主、旗本近江木下家など）は、幕府編纂の系譜集の『寛政重修諸家譜』において、本姓豊臣氏として公式に記録されている。

その一方で、木場家は、一子相伝を持ち出して、豊臣末裔と主張している（木下家一子相伝による立石領主豊臣末裔説に習ったものか？）が、薩摩には木場家は数家あり、『「さつま」の姓氏』や『鹿児島県姓氏家系大辞典』などに紹介されているにもかかわらず、この木場家は、島津家と婚姻関係があるといいながら、両書には記載がなく、島津家の姫というのも、『島津氏正統系図』（尚古集成館・島津家資料刊行会）には記載なく、その外にも、基本系図集と不整合を露呈している。その他の末裔説は、推して知るべしである。

豊臣政権の崩壊と、大坂城豊臣家の滅亡には、知られざる史実があるのだろう。石田三成も豊臣氏かという点も、そういう隠れた史実なのかも知れない。

では、参考に、石田三成に関する系図を紹介しよう。詳細は、各出典を参照されたい。

石田三成の系譜

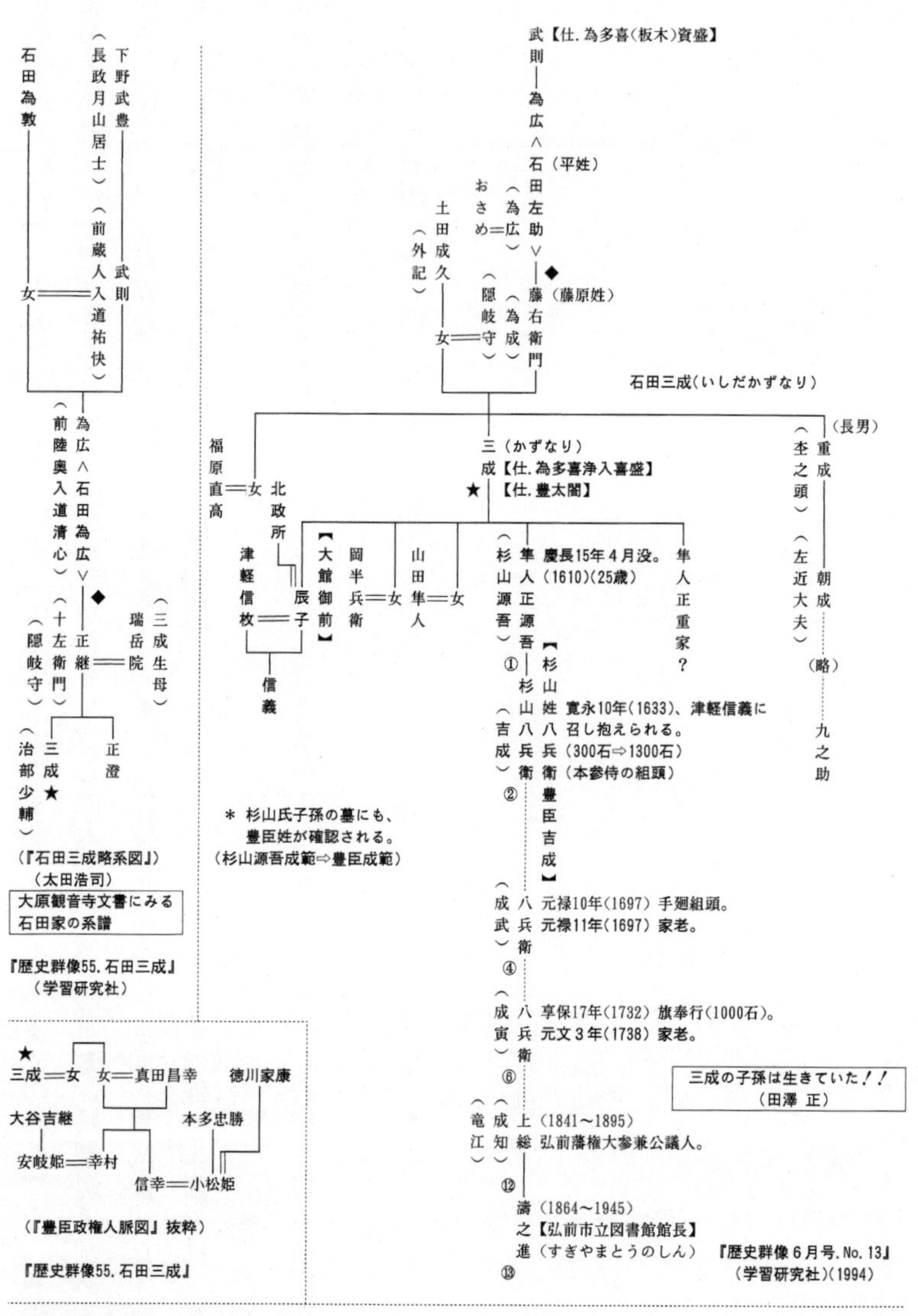

下野武豊（長政月山居士）
武則（前蔵人入道祐快）
石田為敷
女
為広〈石田為広〉（前陸奥入道清心）
正継（十左衛門）
瑞岳院（三成生母）
（隠岐守）
三成★（治部少輔）
正澄
（『石田三成略系図』）（太田浩司）
大原観音寺文書にみる石田家の系譜
『歴史群像55. 石田三成』（学習研究社）
武則【仕. 為多喜（板木）資盛】
為広〈石田左助〉（平姓）
おさめ＝＝（為広）
土田成久（外記）
女＝＝（隠岐守）
◆藤右衛門（為成）（藤原姓）
石田三成（いしだかずなり）
三成（かずなり）【仕. 為多喜浄入喜盛】【仕. 豊太閤】★
福原直高
北政所
重成（長男）（杢之頭）
朝成（左近大夫）
（略）
九之助
津軽信枚
辰子【大館御前】
岡半兵衛
山田隼人
信義
隼人正源吾（杉山源吾）①
慶長15年4月没。（1610）（25歳）
隼人正重家？
【杉山姓豊臣吉成】
杉山八兵衛（吉成）②
寛永10年（1633）、津軽信義に召し抱えられる。（300石⇨1300石）（本参侍の組頭）
＊ 杉山氏子孫の墓にも、豊臣姓が確認される。（杉山源吾成範⇨豊臣成範）
八兵衛（成武）④
元禄10年（1697）手廻組頭。元禄11年（1697）家老。
八兵衛（成寅）⑥
享保17年（1732）旗奉行（1000石）。元文3年（1738）家老。
三成の子孫は生きていた！！（田澤 正）
上総（成知）（竜江）⑫
（1841～1895）弘前藩権大参兼公議人。
濤之進⑬
（1864～1945）【弘前市立図書館館長】（すぎやまとうのしん）
『歴史群像6月号. No. 13』（学習研究社）（1994）
★
三成＝＝女
女＝＝真田昌幸
徳川家康
大谷吉継
本多忠勝
安岐姫＝＝幸村
信幸＝＝小松姫
（『豊臣政権人脈図』抜粋）
『歴史群像55. 石田三成』

出典『歴史群像6月号. No. 13（1994）（学習研究社）』
『歴史群像シリーズ55. 石田三成（1998）（学習研究社）』

石田氏（石田三成一族）

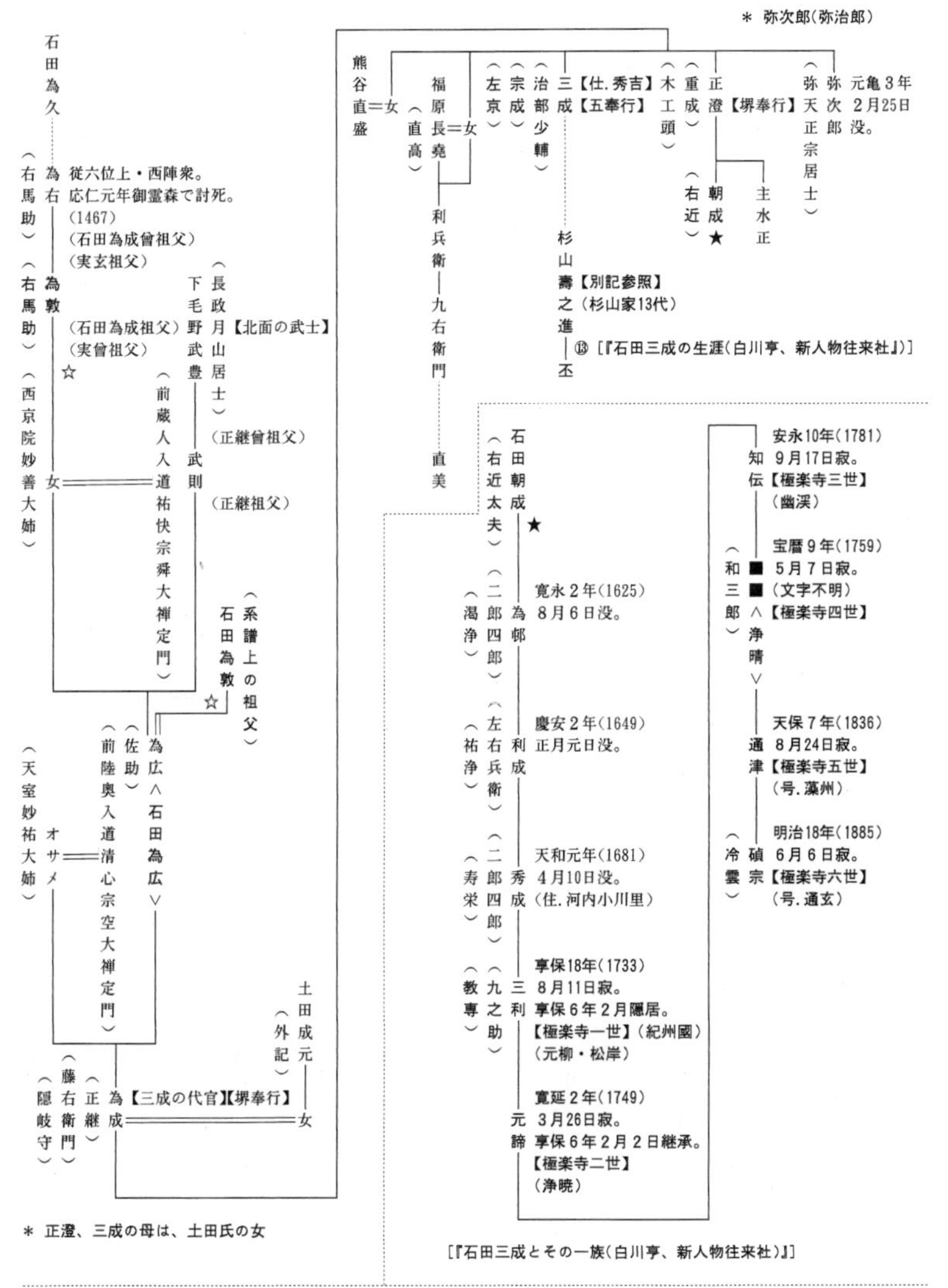

＊ 弥次郎(弥治郎)
石田為久
為右（右馬助） 従六位上・西陣衆。応仁元年御霊森で討死。(1467)（石田為成曾祖父）（実玄祖父）
為敦（右馬助） （石田為成祖父）（実曾祖父） ☆
女（西京院妙善大姉）
前蔵人入道祐快宗舜大禅定門
下野武豊
長政 月山居士 【北面の武士】
（正継曾祖父）
武則
（正継祖父）
石田為敦（系譜上の祖父） ☆
為広〈石田為広〉
佐助
前陸奥入道清心宗空大禅定門
オサメ（天室妙祐大姉）
土田成元（外記）
女
為成【三成の代官】【堺奉行】
正継（藤右衛門）（隠岐守）
＊ 正澄、三成の母は、土田氏の女
熊谷直盛＝女
福原長堯＝女
（直高）
利兵衛
九右衛門
直美
（左京）
（宗成）
（治部少輔）
三成【仕.秀吉】【五奉行】
杉山壽之進【別記参照】（杉山家13代）
⑬［『石田三成の生涯(白川亨、新人物往来社』)］
丕
（木工頭）
重成
正澄【堺奉行】
朝成（右近）★
主水正
（弥天正宗居士）
弥次郎 元亀3年 2月25日没。
石田朝成（右近太夫）★
為郎（二郎四郎）（渇浄） 寛永2年(1625) 8月6日没。
利成（左右兵衛）（祐浄） 慶安2年(1649) 正月元日没。
秀成（二郎四郎）（寿栄） 天和元年(1681) 4月10日没。（住.河内小川里）
三利（九之助）（教専） 享保18年(1733) 8月11日寂。 享保6年2月隠居。 【極楽寺一世】（紀州國）（元柳・松岸）
元諦 寛延2年(1749) 3月26日寂。 享保6年2月2日継承。 【極楽寺二世】（浄暁）
知伝 安永10年(1781) 9月17日寂。 【極楽寺三世】（幽渓）
■■〈浄晴〉（和三郎） 宝暦9年(1759) 5月7日寂。（文字不明）【極楽寺四世】
通津 天保7年(1836) 8月24日寂。 【極楽寺五世】（号.藻州）
碩宗（冷雲） 明治18年(1885) 6月6日寂。 【極楽寺六世】（号.通玄）
［『石田三成とその一族(白川亨、新人物往来社)』］

出典『石田三成の生涯(白川亨、新人物往来社)』
　　『石田三成とその一族(白川亨、新人物往来社)』

石田三成末裔系図（杉山氏）

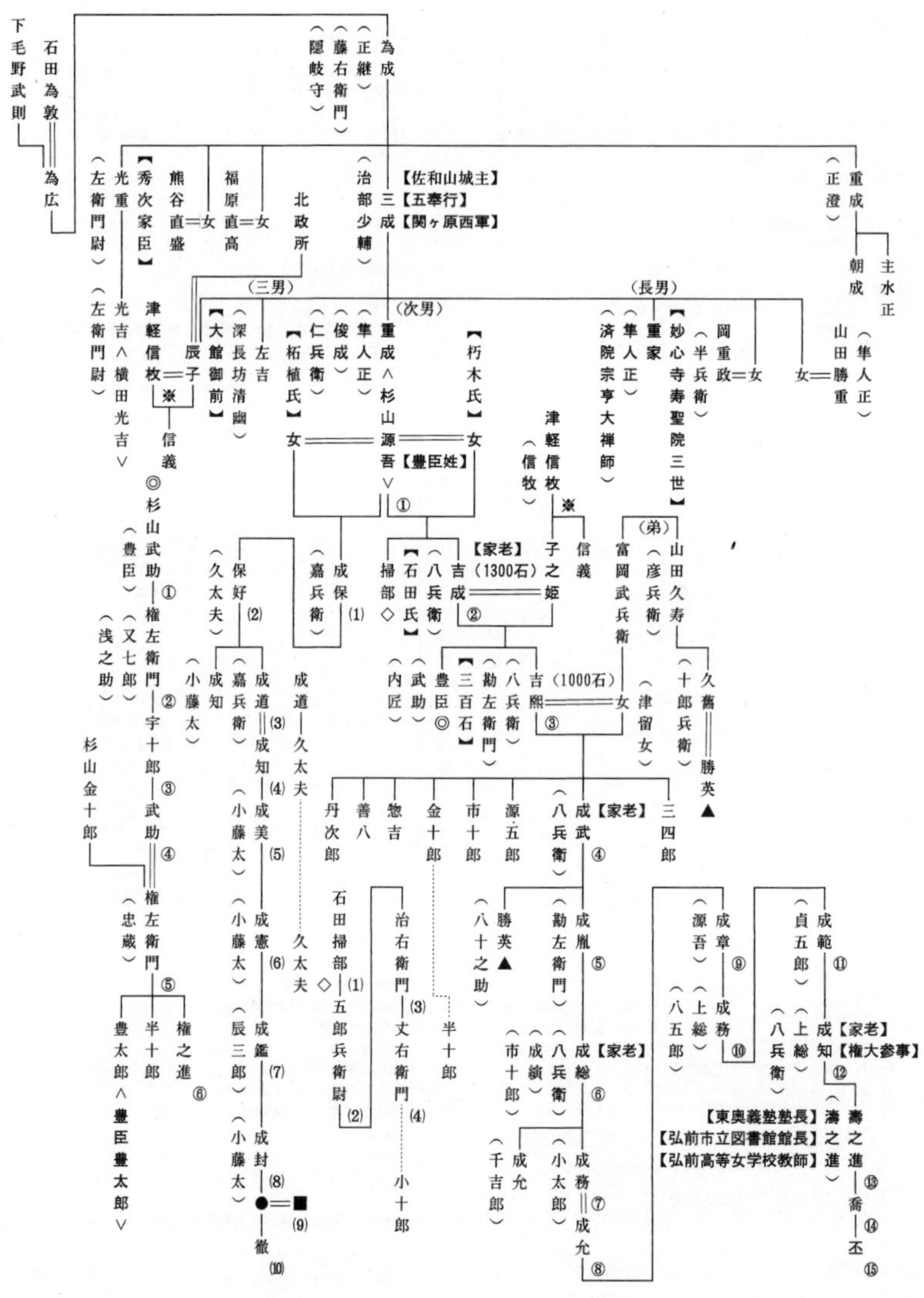

為成（正継）（藤右衛門）（隠岐守）
石田為敦＝為広
下毛野武則
重成（正澄）
主水正
朝成
山田勝重（隼人正）
女
岡重政＝女
三成（治部少輔）【佐和山城主】【五奉行】【関ヶ原西軍】
北政所
福原直高＝女
熊谷直盛＝女
【秀次家臣】
光重（左衛門尉）
（長男）
重家（隼人正）（済院宗亨大禅師）【妙心寺寿聖院三世】
（半兵衛）
（次男）
重成＜杉山源吾＞（隼人正）【豊臣姓】①
【朽木氏】女
【柘植氏】女
（俊成）
（仁兵衛）
（三男）
左吉（深長坊清幽）
【大館御前】
辰子
津軽信枚※
信義
光吉＜横田光吉＞（左衛門尉）
◎杉山武助①（豊臣）
津軽信枚（信牧）※
信義
子之姫
吉成②【家老】（1300石）（八兵衛）
【石田氏】
掃部◇
山田久寿
（弟）
（彦兵衛）
富岡武兵衛
成保(1)（嘉兵衛）
保好(2)（久太夫）
権左衛門②（又七郎）
（浅之助）
吉熙③（1000石）（八兵衛）
勘左衛門
【三百石】
豊臣◎
武助
（内匠）
女
（津留女）
（十郎兵衛）
久舊＝勝英▲
成道(3)（嘉兵衛）
成知（小藤太）
成道＝久太夫
宇十郎③
武助④
杉山金十郎
成知(4)（小藤太）
成美(5)
丹次郎
善八
惣吉
金十郎
市十郎
源五郎
成武④【家老】（八兵衛）
三四郎
権左衛門⑤（忠蔵）
成憲(6)（小藤太）
久太夫
石田掃部◇(1)
五郎兵衛尉(2)
治右衛門(3)
丈右衛門(4)
半十郎
勝英▲（八十之助）
成胤⑤（勘左衛門）
成章⑨（源吾）
成範⑪（貞五郎）
豊太郎＜豊臣豊太郎＞
半十郎
権之進⑥
成鑑(7)（辰三郎）
成封(8)（小藤太）
●＝■(9)
徹(10)
小十郎
成総⑥【家老】（八兵衛）
成績
市十郎
成務⑩（上総）
（八五郎）
成知⑫【家老】【権大参事】（上総）
（八兵衛）
成允
（千吉郎）
成務⑦（小太郎）
成允⑧
濤之進【東奥義塾塾長】【弘前市立図書館館長】【弘前高等女学校教師】
壽之進⑬
喬⑭
丕⑮

出典『石田三成とその一族（白川亨、新人物往来社）』
『津軽藩旧記伝類』（昭和49年度愛知県立尾北高等学校郷土研究部手書き書写資料）

石田三成の末裔（1）（岡氏姻族略系図）

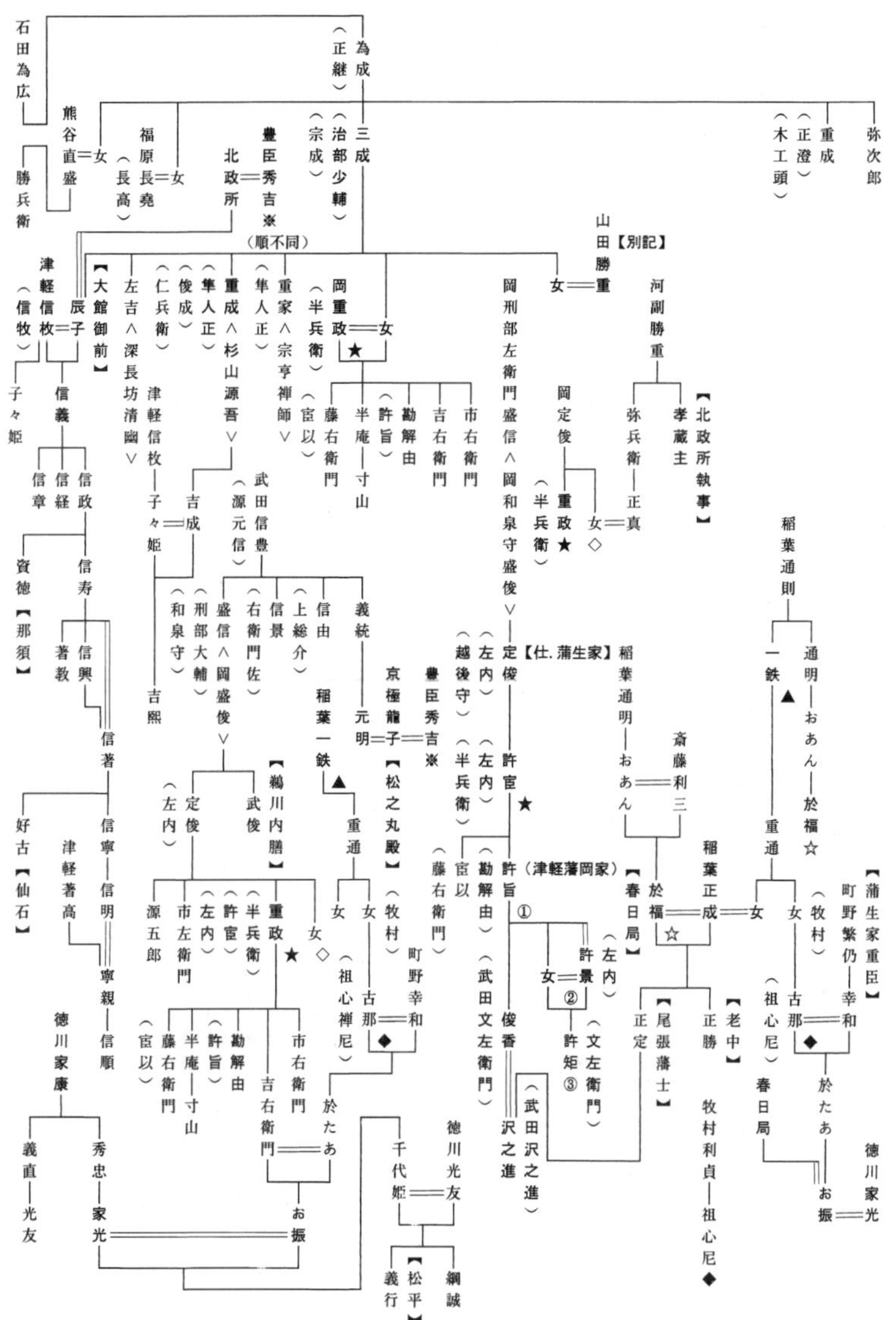

石田為広
為成（正継）
三成（治部少輔）（宗成）
重成（正澄）（木工頭）
弥次郎
熊谷直盛＝女
勝兵衛
福原長堯（長高）＝女
豊臣秀吉※＝北政所
（順不同）
山田勝重【別記】
女＝重
津軽信枚（信牧）＝辰子
【大館御前】
左吉〈深長坊清幽〉
（仁兵衛）
（俊成）
（隼人正）
重成〈杉山源吾〉
（隼人正）
重家〈宗亨禅師〉
岡重政（半兵衛）★＝女
河副勝重
岡刑部左衛門盛信〈岡和泉守盛俊〉
子々姫
信義
津軽信枚
子々姫
吉成
藤右衛門（宦以）
半庵─寸山
勘解由（許旨）
吉右衛門
市右衛門
岡定俊
重政★（半兵衛）
女◇＝真
弥兵衛─正
孝蔵主
【北政所執事】
信章
信経
信政
武田信豊（源元信）
吉熈
盛信〈岡盛俊〉（刑部大輔）（和泉守）
信景（右衛門佐）
信由（上総介）
義統
資徳【那須】
信寿
著教
信興
稲葉通則
定俊【仕. 蒲生家】
（左内）（越後守）
稲葉通明─おあん
一鉄▲
通明─おあん─於福☆
京極龍子＝豊臣秀吉※
元明＝
【松之丸殿】
稲葉一鉄▲
許宦★
（左内）（半兵衛）
斎藤利三＝おあん
信著
定俊（左内）
武俊
【鵜川内膳】
重通
好古【仙石】
信寧─信明
津軽著高
寧親─信順
源五郎
市左衛門
（左内）
（許宦）
（半兵衛）
重政★
女◇
女
女（牧村）
（藤右衛門）
宦以
勘解由
許旨（津軽藩岡家）①
【春日局】
於福☆＝稲葉正成＝女
重通
女（牧村）
町野繁仍【蒲生家重臣】
許景（左内）②
女＝
許矩③（文左衛門）
（武田文左衛門）
俊香─沢之進（武田沢之進）
古那＝町野幸和◆
（祖心禅尼）
正定【尾張藩士】
正勝【老中】
古那＝幸和◆
（祖心尼）
春日局
於たあ
徳川家康
義直─光友
秀忠─家光
（宦以）
藤右衛門
半庵─寸山
（許旨）
勘解由
吉右衛門
市右衛門
於たあ
吉右衛門＝於たあ
徳川光友＝千代姫
綱誠
義行【松平】
お振
家光＝お振
牧村利貞─祖心尼◆
徳川家光＝お振

出典『石田三成とその一族（白川亨、新人物往来社）』

石田三成の末裔（２）（山田氏姻族略系図）

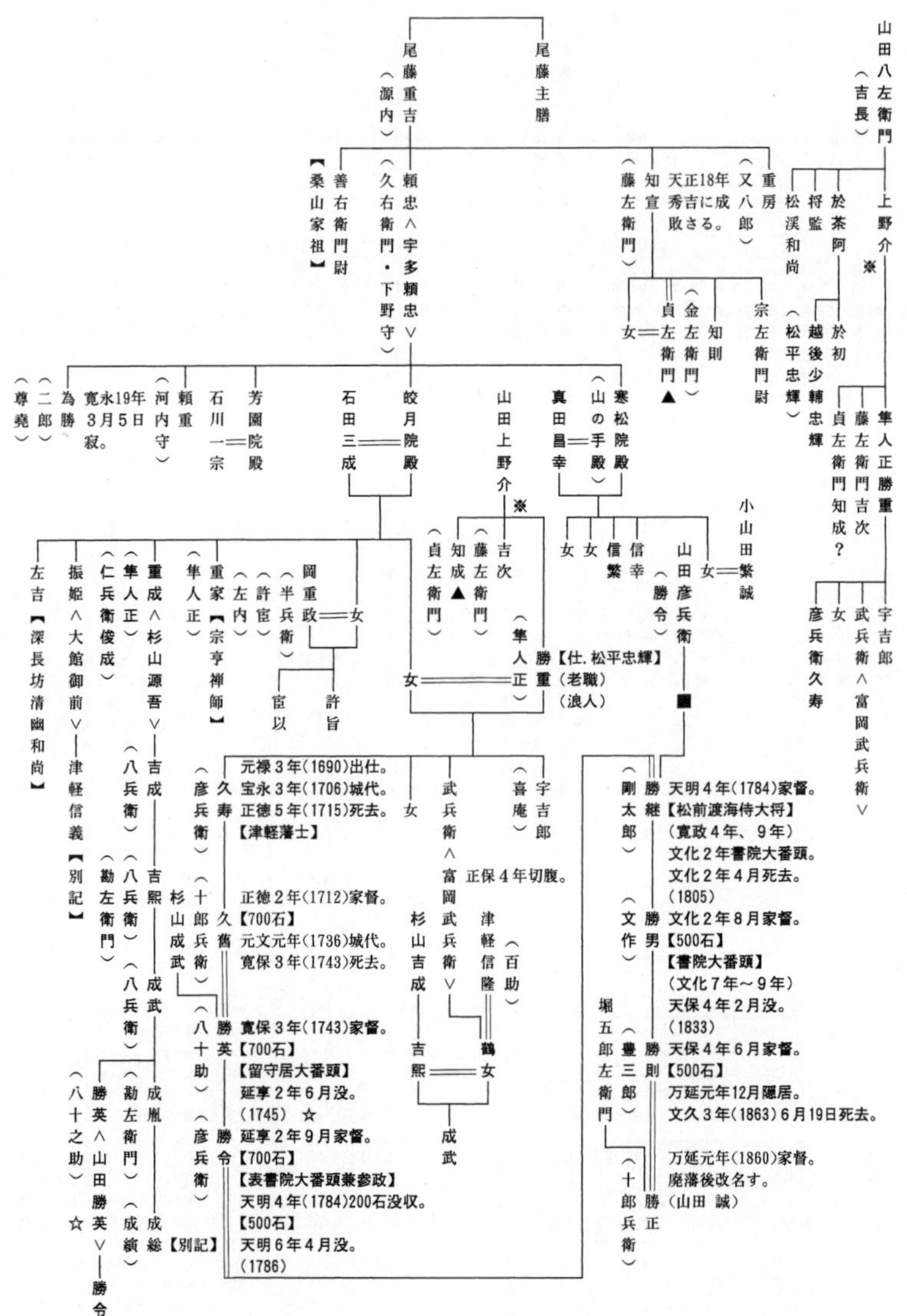

山田八左衛門（吉長）
尾藤主膳
尾藤重吉（源内）
重房（又八郎）
天正18年秀吉に成敗さる。
知宣（藤左衛門）
頼忠〈宇多頼忠・下野守〉（久右衛門）
善右衛門尉【桑山家祖】
上野介※
於茶阿
将監
松渓和尚
宗左衛門尉
知則（金左衛門）
貞左衛門▲
女
於初
越後少輔忠輝（松平忠輝）
隼人正勝重
藤左衛門吉次
貞左衛門知成？
寒松院殿（山の手殿）
真田昌幸
山田上野介※
皎月院殿
石田三成
芳園院殿
石川一宗
頼重（河内守）
寛永19年3月5日寂。
為勝（二郎）（尊堯）
小山田繁誠
女
山田彦兵衛（勝令）
信幸
信繁
女
女
吉次
知成▲（藤左衛門）
（貞左衛門）
宇吉郎
武兵衛〈富岡武兵衛〉
女
彦兵衛久寿
勝重【仕. 松平忠輝】（老職）（浪人）（隼人正）
女
岡重政
女
（半兵衛）
許宦
（左内）
許旨
宦以
重家【宗亨禅師】
（隼人正）
重成〈杉山源吾〉
（隼人正）
（仁兵衛俊成）
振姫〈大館御前〉
津軽信義【別記】
左吉【深長坊清幽和尚】
■
勝継（剛太郎）
天明4年(1784)家督。
【松前渡海侍大将】
(寛政4年、9年)
文化2年書院大番頭。
文化2年4月死去。
(1805)
宇吉郎（喜庵）
武兵衛〈富岡武兵衛〉
正保4年切腹。
女
久寿（彦兵衛）
元禄3年(1690)出仕。
宝永3年(1706)城代。
正徳5年(1715)死去。
【津軽藩士】
吉成（八兵衛）
吉熙（八兵衛）（勘左衛門）
勝男（文作）
文化2年8月家督。
【500石】
【書院大番頭】
(文化7年～9年)
天保4年2月没。
(1833)
津軽信隆（百助）
杉山吉成
久舊（十郎兵衛）
正徳2年(1712)家督。
【700石】
元文元年(1736)城代。
寛保3年(1743)死去。
杉山成武
成武（八兵衛）
鶴女
吉熙
成武
勝英（八十助）
寛保3年(1743)家督。
【700石】
【留守居大番頭】
延享2年6月没。
(1745) ☆
勝則（豊三郎）
天保4年6月家督。
【500石】
万延元年12月隠居。
文久3年(1863)6月19日死去。
堀五郎左衛門
勝令（彦兵衛）
延享2年9月家督。
【700石】
【表書院大番頭兼参政】
天明4年(1784)200石没収。
【500石】
天明6年4月没。
(1786)
成胤（勘左衛門）
成総【別記】
成績
勝英〈山田勝英〉
勝令
（八十之助）☆
勝正（十郎兵衛）
万延元年(1860)家督。
廃藩後改名す。
(山田 誠)

出典『石田三成とその一族(白川亨、新人物往来社)』

杉山氏略系図

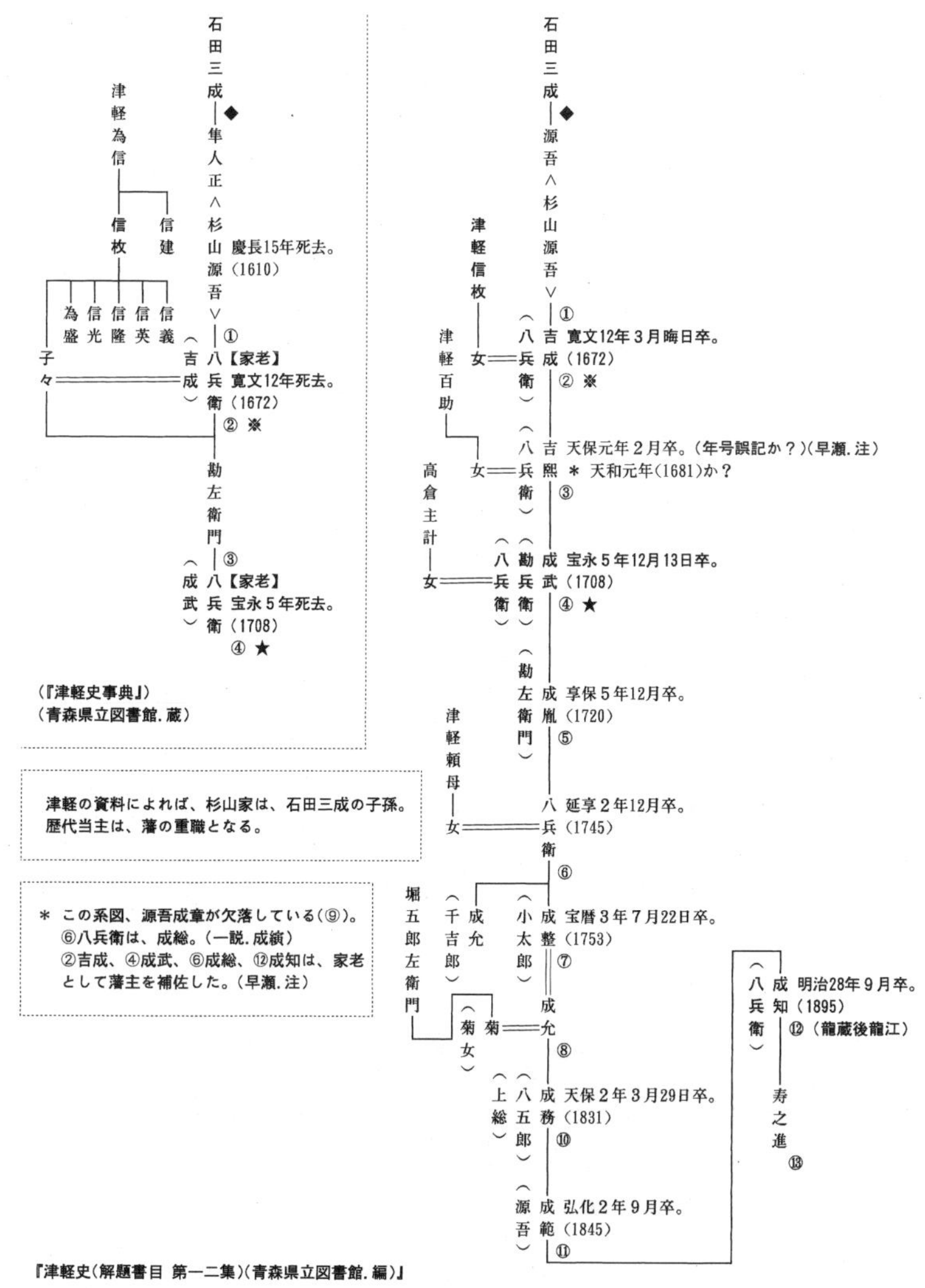

石田三成─◆
津軽為信
信枚
信建
為盛
信光
信隆
信英
信義
子々
隼人正〈杉山源吾〉
慶長15年死去。(1610)
①
八兵衛(吉成)【家老】寛文12年死去。(1672)
② ※
勘左衛門
③
八兵衛(成武)【家老】宝永5年死去。(1708)
④ ★
(『津軽史事典』)
(青森県立図書館. 蔵)
石田三成─◆
源吾〈杉山源吾〉
津軽信枚
女
①
吉成(八兵衛) 寛文12年3月晦日卒。(1672)
② ※
津軽百助
女
吉熙(八兵衛) 天保元年2月卒。(年号誤記か?)(早瀬. 注)
＊ 天和元年(1681)か?
③
高倉主計
女(八兵衛)
成武(勘兵衛) 宝永5年12月13日卒。(1708)
④ ★
成胤(勘左衛門) 享保5年12月卒。(1720)
⑤
津軽頼母
女
八兵衛 延享2年12月卒。(1745)
⑥
堀五郎左衛門
成允(千吉郎)
成整(小太郎) 宝暦3年7月22日卒。(1753)
⑦
菊(菊女)
成允
⑧
成務(八五郎)(上総) 天保2年3月29日卒。(1831)
⑩
成範(源吾) 弘化2年9月卒。(1845)
⑪
成知(八兵衛) 明治28年9月卒。(1895)
⑫(龍蔵後龍江)
寿之進
⑬
津軽の資料によれば、杉山家は、石田三成の子孫。
歴代当主は、藩の重職となる。
＊ この系図、源吾成章が欠落している(⑨)。
⑥八兵衛は、成総。(一説. 成績)
②吉成、④成武、⑥成総、⑫成知は、家老として藩主を補佐した。(早瀬. 注)
『津軽史(解題書目 第一二集)(青森県立図書館. 編)』

出典『津軽史事典(弘前大学国史研究会. 編、名著出版)』(青森県立図書館. 蔵)
『津軽史 解説目次抄 三(解題書目 第一二集)(青森県立図書館. 編)』(青森県立図書館. 蔵)

石田家一族略系図（石田三成略系図）

（安藤英男説）

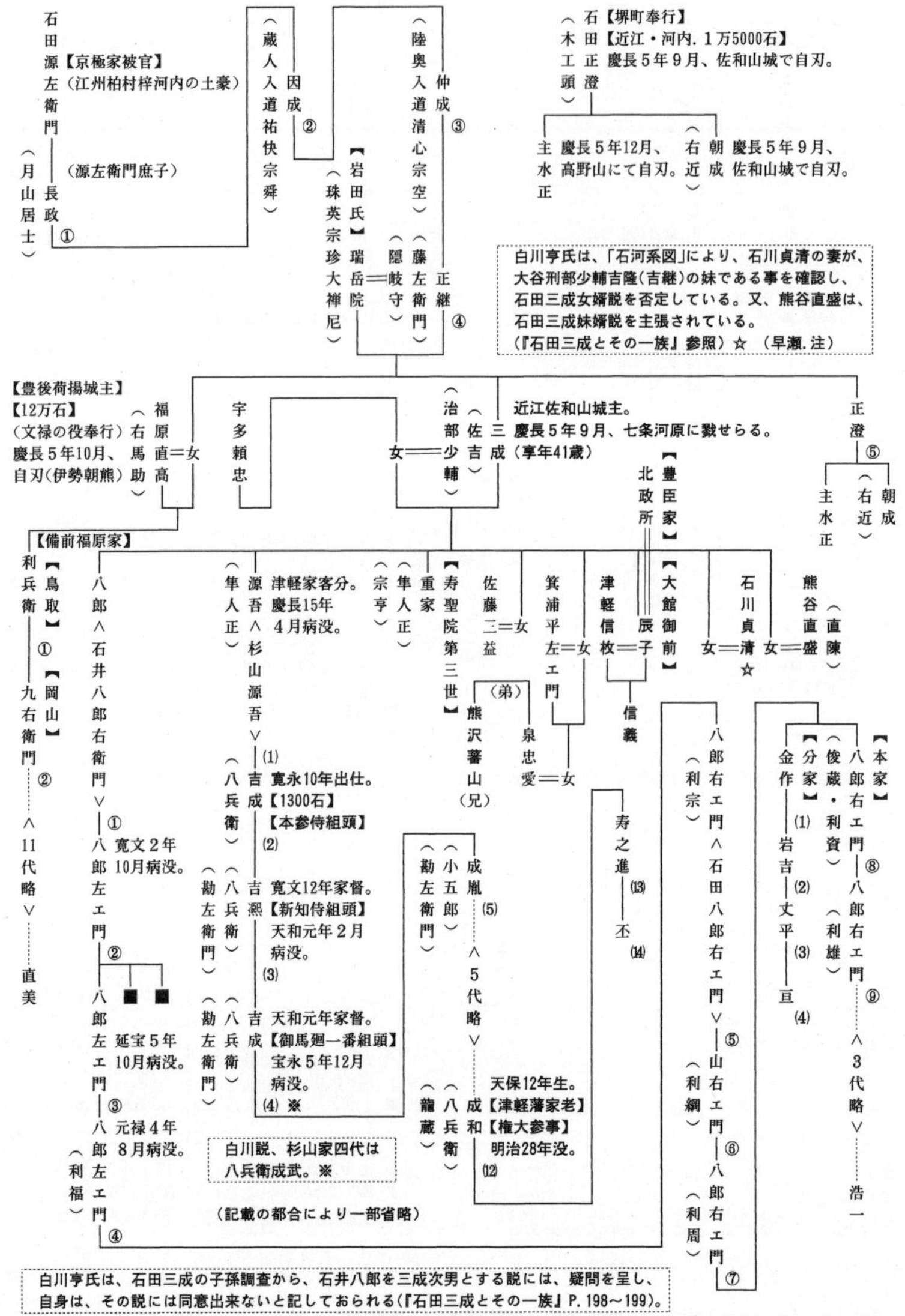
石田源左衛門【京極家被官】（江州柏村梓河内の土豪）
長政（月山居士）①
（源左衛門庶子）
因成（蔵人入道祐快宗舜）②
仲成（陸奥入道清心宗空）③
正継（藤左衛門）④
瑞岳院【岩田氏】（珠英宗珍大禅尼）
（隠岐守）
石田正澄（木工頭）【堺町奉行】【近江・河内. 1万5000石】慶長5年9月、佐和山城で自刃。
主水正 慶長5年12月、高野山にて自刃。
朝成（右近）慶長5年9月、佐和山城で自刃。
白川亨氏は、「石河系図」により、石川貞清の妻が、大谷刑部少輔吉隆（吉継）の妹である事を確認し、石田三成女婿説を否定している。又、熊谷直盛は、石田三成妹婿説を主張されている。（『石田三成とその一族』参照）☆（早瀬. 注）
【豊後荷揚城主】【12万石】（文禄の役奉行）慶長5年10月、自刃（伊勢朝熊）
福原直高（右馬助）＝女
宇多頼忠
女＝＝三成（佐吉）（治部少輔）
近江佐和山城主。慶長5年9月、七条河原に斬せらる。（享年41歳）
北政所【豊臣家】
正澄⑤
主水正
朝成（右近）
【備前福原家】
利兵衛【鳥取】①
九右衛門【岡山】②
〈11代略〉
直美
八郎〈石井八郎右衛門〉①
八郎左エ門 寛文2年10月病没。②
八郎左エ門 延宝5年10月病没。③
八郎左エ門（利福）元禄4年8月病没。④
■ ■
源吾〈杉山源吾〉（隼人正）津軽家客分。慶長15年4月病没。
(1) 吉成（八兵衛）寛永10年出仕。【1300石】【本参侍組頭】
(2) 吉煕（八兵衛）（勘左衛門）寛文12年家督。【新知侍組頭】天和元年2月病没。
(3) 吉成（八兵衛）（勘左衛門）天和元年家督。【御馬廻一番組頭】宝永5年12月病没。
(4) ※
白川説、杉山家四代は八兵衛成武。※
（宗亨）
重家（隼人正）
【寿聖院第三世】
佐藤三益＝女
熊沢蕃山（兄）
（弟）泉忠愛＝女
箕浦平左エ門＝女
津軽信枚＝辰子【大館御前】
信義
成胤（小五郎）（勘左衛門）(5)
〈5代略〉
成和（八兵衛）（龍蔵）天保12年生。【津軽藩家老】【権大参事】明治28年没。(12)
寿之進(13)
丕(14)
女＝＝石川貞清☆
女＝＝熊谷直盛（直陳）
八郎右エ門（利宗）〈石田八郎右エ門〉⑤
山右エ門（利綱）⑥
八郎右エ門（利周）⑦
【分家】金作 (1)
岩吉 (2)
丈平 (3)
亘 (4)
（俊蔵・利資）
（利雄）
【本家】八郎右エ門⑧
八郎右エ門⑨
〈3代略〉
浩一
（記載の都合により一部省略）
白川亨氏は、石田三成の子孫調査から、石井八郎を三成次男とする説には、疑問を呈し、自身は、その説には同意出来ないと記しておられる（『石田三成とその一族』P. 198～199）。

出典『石田三成のすべて（安藤英男、新人物往来社）』

石田氏（石田三成の系）

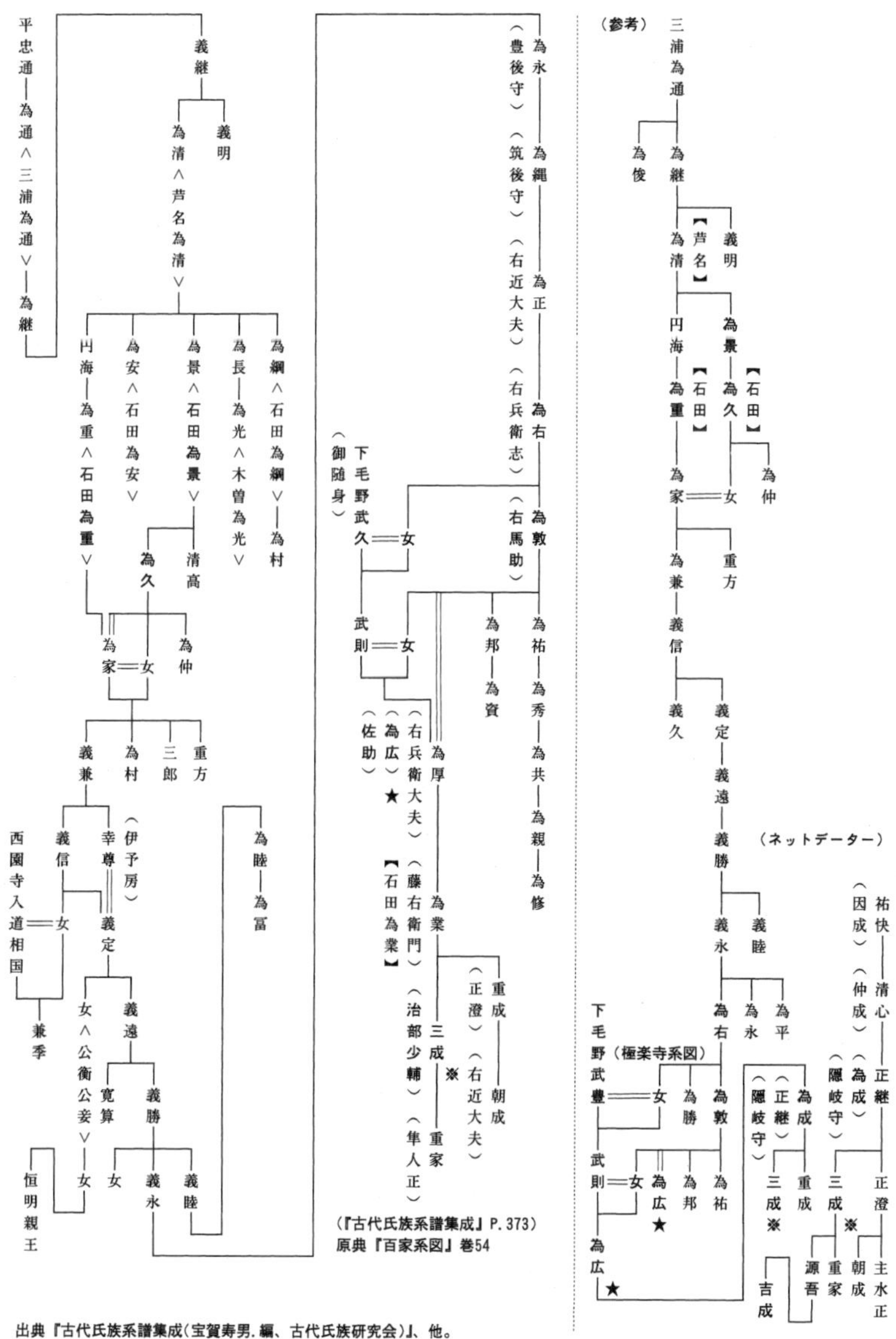

平忠通—為通〈三浦為通〉—為継
義継
義明
為清〈芦名為清〉
円海—為重〈石田為重〉
為安〈石田為安〉
為景〈石田為景〉
為長—為光〈木曽為光〉
為綱〈石田為綱〉—為村
為久
清高
為家
女
為仲
義兼
為村
三郎
重方
義信
幸尊（伊予房）
西園寺入道相国
女
義定
兼季
女〈公衡公妾〉
義遠
寛算
義勝
恒明親王
女
女
義永
義睦
為睦—為冨
為永（豊後守）
為縄（筑後守）
為正（右近大夫）
為右（右兵衛志）
為敦（右馬助）
下毛野武久（御随身）
女
武則
女
為邦—為資
為祐—為秀—為共—為親—為修
為厚（右兵衛大夫）
為業（藤右衛門）
三成（治部少輔）（隼人正）※
（為広）★
【石田為業】
（佐助）
重成（正澄）（右近大夫）
朝成
重家
（『古代氏族系譜集成』P. 373）
原典『百家系図』巻54
（参考）
三浦為通
為俊
為継
義明
為清【芦名】
円海—為重【石田】
為景—為久【石田】
為仲
為家
女
為兼
重方
義信
義久
義定—義遠—義勝
義永
義睦
為右
為永
為平
下毛野（極楽寺系図）武豊
女
為勝
為敦
武則
女
為広★
為邦
為祐
為広★
為成（正継）（隠岐守）
重成
三成※
吉成
（ネットデーター）
祐快（因成）—清心（仲成）—正継（為成）（隠岐守）
正澄
主水正
三成※
重家
朝成
源吾

出典『古代氏族系譜集成（宝賀寿男.編、古代氏族研究会）』、他。

『豊臣氏存続』出典・参考文献一覧

＊本文および基礎系図で出典を明示したもの以外の参考出典も含む。
＊小説でもある程度資料となり得るものは参考資料とした。
＊読者の便を考え、入手困難な資料については所蔵図書館を明記したので活用されたい。

『織豊興亡史――三英傑家系譜考』（早瀬晴夫・今日の話題社）
『系図研究の基礎知識』（近藤安太郎・近藤出版社）
『平成新修 旧華族家系大成』（霞会館・吉川弘文館）
『華族譜要』（維新資料編纂会編・大原新生社）
『新訂 寛政重修諸家譜』（続群書類従完成会）
『江戸幕臣人名事典』（小西四郎監修・新人物往来社）
『三百藩家臣人名事典』（新人物往来社）
『系図纂要』（名著出版）
『新訂 増補國史大系・尊卑分脈』（吉川弘文館）
『群書系図部集』（続群書類従完成会）
『尾張群書系図部集』（加藤國光・続群書類従完成会）
『古代氏族系譜集成』（宝賀寿男編・古代氏族研究会）
『古代豪族系図集覧』（近藤敏喬・東京堂出版）
『宮廷公家系図集覧』（近藤敏喬・東京堂出版）
『系圖綜覧』（名著刊行会）
『断家譜』（続群書類従完成会）
『公卿諸家系図〔増補諸家知譜拙記〕』（続群書類従完成会）
『徳川諸家系譜』（続群書類従完成会）
『尾張國諸家系図』（加藤國光・展望社）
『桓武平氏國香流系図』（千葉琢穂・展望社）

『姓氏家系大辞典』（太田亮・角川書店）
『新編 姓氏家系辞書』（太田亮著・丹羽基二編・秋田書店）
『「さつま」の姓氏』（川崎大十・高城書房）
『日本史小百科7 家系』（豊田武・近藤出版社）
『日本系譜綜覧』（日置昌一・名著刊行会）
『木下氏系図附言纂』（佐藤暁・日出藩史料刊行会・麻生書店）（国立国会図書館蔵）
『平姓杉原氏御系図附言』（菅沼政常・大竹義則・万里図書館）（日出町立万里図書館蔵）
『南朝熊沢家と浅井・豊臣の謎』（木村信行・日本歴史研究所）
『復刻版 皇胤志』（木村信行・日本歴史研究所）
『豊臣秀頼』（籔景三・新人物往来社）（扶桑町図書館蔵）
『戦国秘史・豊臣家存続の謎』（前川和彦・日本文芸社）
『続・豊臣家存続の謎 天草四郎・島原決起の謎』（前川和彦・日本文芸社）
『秀頼脱出 豊臣秀頼は九州で生存した』（前川和彦・国書刊行会）
『戦国大名系譜人名事典・西国編』（山本大・小和田哲男・新人物往来社）
『國史叢書 美濃國諸舊記』（國史研究會藏版）（愛知県図書館蔵）
『杉原家の人々・全国版』（杉原尚示）（岡山県総合文化センター・岡山県図書館蔵）
『杉原一族』（武田光弘・日本家系協会出版部）（国立国会図書館蔵）
『萩藩諸家系譜』（岡部忠夫・琵琶書房）（愛知県図書館蔵）
『近世防長諸家系図綜覧』（防長新聞社・マツノ書店）
『改訂増補 大武鑑』（橋本博・名著刊行会）
『尾陽雑記』（愛知縣教育會編・愛知縣教育會）
『塩尻 上巻』（東海地方史学協会）（名古屋市立鶴舞中央図書館蔵）
『系譜と伝記 2』（系譜学會）（近藤出版社復刻）
『ねねと木下家文書』（山陽新聞社）（愛知県図書館蔵）
『豊臣秀吉』（小和田哲男・中公新書）
『北政所――秀吉歿後の波乱の半生』（津田三郎・中公新書）（扶桑町図書館蔵）

『特集 北政所の謎』（『歴史研究』平成十一年五月号・歴史研究会・新人物往来社）
『特集 豊臣秀吉の謎』（『歴史研究』平成八年一月号・歴史研究会・新人物往来社）
『吉備郡史 中巻』（永山卯三郎・名著出版）（岡山市立図書館蔵）
『豊臣秀吉大事典』（新人物往来社）（春日井市立図書館蔵）
『木下延俊慶長日記』（二木謙一・荘美智子校訂・新人物往来社）（愛知県図書館蔵）
『日出町誌 史料編』（日出町役場・日出町長伊藤政雄）（大分県立大分図書館蔵）
『豊後立石史談』（胡麻鶴岩八・歴史図書社）（大分県立大分図書館蔵）
『織田信長総合事典』（岡本正人・雄山閣）
『姓氏』（丹羽基二著・樋口清之監修・秋田書店）
『石川県姓氏家系大辞典』（角川書店）
『鹿児島県姓氏家系大辞典』（角川書店）
『日本武将列伝4 天下統一編』（桑田忠親・秋田書店）
『日本武将列伝5 東西決戦編』（桑田忠親・秋田書店）
『日本大名一〇〇選』（桑田忠親監修・秋田書店）
『日本武将一〇〇選』（和歌森太郎監修・秋田書店）
『太閤の後裔は滅びず……その後の豊臣家』（木場貞幹・臨時増刊『歴史と旅』昭和五十八年八月所収）
『特集 豊臣一族の謎』（『歴史読本』昭和六十一年三月号・新人物往来社）
『特集 戦国真田太平記』（『歴史読本』昭和六十年五月号・新人物往来社）
『特集 女たちの関ヶ原』（『歴史読本』昭和五十九年十月号・新人物往来社）
『特集 豊臣VS徳川30年戦争』（『歴史読本』二〇〇二年七月号・新人物往来社）
『特集 織田・豊臣・徳川家』（『歴史読本』二〇〇五年八月号・新人物往来社）
『特集 家康天下取りの関ヶ原』（『歴史と旅』昭和五十八年五月号・秋田書店）
『特集 関ヶ原戦国武将 命運を分けた選択』（『歴史と旅』一九九九年十月号・秋田書店）
『特集 関ヶ原合戦の謎と新事実』（『歴史読本』二〇〇三年二月号・新人物往来社）
『決断！ 運命の関ヶ原』（『別冊歴史読本』伝記シリーズ21・新人物往来社）
『豊臣秀吉 天下統一への道』（『別冊歴史読本』一九八九年・新人物往来社）

『豊臣秀吉 その絢爛たる生涯』（『別冊歴史読本』伝記シリーズ8・新人物往来社）
『秀吉軍団 戦国を駆け抜けた夢の軍兵たち』（『ビッグマンスペシャル』歴史クローズアップ人物・世界文化社）
『豊臣秀吉 その傑出した奇略の研究』（『ビッグマンスペシャル』歴史人物シリーズ・世界文化社）
『驀進 豊臣秀吉〔日本一の出世人〕』（歴史群像シリーズ・戦国セレクション・学習研究社）
『豊臣秀吉・天下平定への智と謀』（歴史群像シリーズ45・学習研究社）
『河出人物読本 豊臣秀吉』（河出書房新社）
『姓氏家系総覧』（臨時増刊『歴史と旅』・秋田書店）
『日本姓氏家系総覧』（『歴史読本』特別増刊・事典シリーズⅡ・新人物往来社）
『大名家総覧』（臨時増刊『歴史と旅』昭和五十八年・秋田書店）
『戦国大名家三七〇出自総覧』（臨時増刊『歴史読本』・新人物往来社）
『戦国大名家総覧』（臨時増刊『歴史と旅』平成二年・秋田書店）
『戦国大名系譜総覧』（臨時増刊『歴史読本』一九七七年・新人物往来社）
『秀吉をめぐる88人』（臨時増刊『歴史と旅』平成八年・秋田書店）
『豊臣一族のすべて』（『別冊歴史読本』一族シリーズ・新人物往来社）
『真田一族のすべて』（『別冊歴史読本』一族シリーズ・新人物往来社）
『毛利一族のすべて』（『別冊歴史読本』一族シリーズ・新人物往来社）
『豊臣秀長のすべて』（新人物往来社）
『秀吉が愛した女たち』（『別冊歴史読本』一九九六年・新人物往来社）
『豊臣家崩壊』（臨時増刊『歴史読本』一九九六年・新人物往来社）
『信長・秀吉・家康の一族総覧』（臨時増刊『歴史と旅』平成六年・秋田書店）
『徳川旗本八万騎人物系譜総覧』（『別冊歴史読本』二〇〇四年・新人物往来社）
『豊臣秀吉総覧』（臨時増刊『歴史と旅』昭和六十一年・秋田書店）
『逆転の日本史 つくられた「秀吉神話」』（洋泉社）
『森一族のすべて』（新人物往来社）
『真田一族と家臣団・その系譜を探る』（田中誠三郎・信濃路）
『仙台真田代々記』（小西幸雄・宝文堂）

『闘将幸村と真田一族』（『別冊歴史読本』二〇〇三年・新人物往来社）
『戦国・江戸真田一族』（『別冊歴史読本』一九九九年・新人物往来社）
『奮迅 真田幸村の生涯〈戦国で最も強い漢〉』（歴史群像シリーズ戦国セレクション・学習研究社）
『真田戦記幸隆・昌幸・幸村の血戦と大坂の陣』（歴史群像シリーズ7・学習研究社）
『戦国宇喜多一族』（立石定夫・新人物往来社）
『備前藩宇喜多・小早川・池田史談』（荒木祐臣・日本文教出版）
『武功夜話のすべて』（瀧喜義・新人物往来社）
『現代語訳 武功夜話 秀吉編』（加来耕三訳・新人物往来社）
『武功夜話 四』（吉田蒼生雄全訳・新人物往来社）
『石田三成のすべて』（安藤英男・新人物往来社）
『石田三成の生涯』（白川亨・新人物往来社）
『石田三成とその一族』（白川亨・新人物往来社）
『奥州・津軽一族』（白川亨・新人物往来社）
『石田三成・戦国を差配した才知と矜持』（歴史群像シリーズ55・学習研究社）
『石田三成「知の参謀」の実像』（小和田哲男・PHP新書）
『歴史群像』（一九九四年六月号№13・学習研究社）
『津軽史事典』（弘前大学国史研究会・名著出版）（青森県立図書館蔵）
『解題書目 第12集 津軽史 解説目次抄三』（青森県立図書館編集・青森県立図書館蔵）
『直江兼続伝』（木村徳衛・私家版・愛知学院大学図書館蔵）
『能登半島時国家パンフレット』（時国家保存会）
『落人伝説の里』（松永伍一・角川選書）
『豪閥・地方豪族のネットワーク』（佐藤朝泰・立風書房）
『奥能登と時国家 研究編1』（日本歴史研究所提供資料）
『豊臣秀吉の子孫 良寛と桂家』（桂尚樹・新人物往来社）（三重県立図書館蔵）
『良寛の出家と木下俊昌』（桂尚樹・リーベル出版）（多治見市図書館蔵）
『良寛 その出家の実相』（田中圭一・三一書房）（扶桑町図書館蔵）

『良寛の母おのぶ』（磯辺欣三・恒文社）（扶桑町図書館蔵）
『北越偉人沙門良寛全伝』（西郡久吾・思文閣）（愛知県図書館蔵）
『良寛　悟りの道』（武田鏡村・国書刊行会）（扶桑町図書館蔵）
『良寛の実像』（田中圭一・ゾーオン社・刀水書房）（愛知県図書館蔵）
『良寛の道』（平沢一郎・東京書籍）（扶桑町図書館蔵）
『良寛の書簡集』（谷川敏朗・恒文社）（扶桑町図書館蔵）
『良寛のすべて』（武田鏡村・新人物往来社）（扶桑町図書館蔵）
『日本詩人選20良寛』（唐木順三・筑摩書房）（扶桑町図書館蔵）
『豊臣家の人々』（司馬遼太郎・中公文庫）
その他、多数の書籍・雑誌・資料を参照した。

あとがき

歴史には平穏な時代と、大きなうねりの時代がある。応仁の乱から島原の乱までの時代は、日本国内は騒乱の時代であった。この間に秀吉による天下統一、家康による幕府開設と天下再統一（武家政権の完成）があったが、安定政権とはいえなかった。大坂には豊臣家が存在しており、いつ反徳川勢力が結集するか分からない。元和元年の大坂の陣で豊臣家は葬られたが、残党を殲滅したわけではない。

島原の乱は、キリシタンや農民による反乱ということになっているが、実は豊臣残党による反乱だとする説（『続・豊臣家存続の謎』）もあり、知恵伊豆こと松平信綱は、皆殺し作戦を展開した。島原の乱の平定により、幕府が大軍を動員して行う戦は、最後となった。長州征伐まで、幕府が大軍を動員することはなくなった。すなわち、島原の乱の終結により、ようやく幕府の体制も安定してきたのである。

秀吉が創始した豊臣家は、秀吉が亡くなると政権崩壊がはじまり、豊臣官僚と有力大名や武功派大名との間の対立が激化し、前田利家が没すると、完全にバランスを失い、崩壊は加速した。石田三成の謀叛（挙兵）、関ヶ原の合戦により、豊臣政権は完全に崩壊した。しかし、家康の演出により、なお、数年間は豊臣政権は継続した（その実態は徳川政権）。

しかし、徳川家が正式に武家の棟梁に就任すると事情は変わってくる。豊臣宗家は、徳川支配下の一大名となるか、武家を放棄して、第六の摂政・関白家として公家に転出するか選択を迫られることとなる。武家関白としての道は既に閉じられている。しかし、そのことが理解できなかったのが、淀君と側近グループである。結局、大坂豊臣家は滅亡することになるのである。

豊臣家は幕府にとっての時限爆弾であった。いつ暴発するか分からない危険性を秘めていたのである。関ヶ原から十五年の間に、大坂城の住人は、世の中の流れが理解できていなかったのである。結局生き残ったのは、事実上大坂城を追い出された高台院流豊臣家一門（第二豊臣家杉原流木下家）である。足守木下家は、大坂の陣の働きにより、足守木下家を再興したし、日出木下家は、既に三万石の大名となっていた。北政所は、高台院と号し、一万六千石の大名並であった。

豊臣家は、大坂の陣で滅びた。血統も断絶したと思われていた。しかし、本書執筆にあたり、各種資料、雑誌、文献を見直すと、第一豊臣家も女系血統は現代に至り、豊臣朝臣も第二豊臣家（杉原流豊臣朝臣木下家）として存続したことが確認された。これは、従来、秀吉の血統のみを豊臣家と誤解していた結果であり、豊臣家（正確には、豊臣氏）とは、秀吉により創設された、賜姓関白豊臣家を中核とする混成家系であることを見落としていた結果と判明した。一つの謎が解明できたことは、多くの先達の研究の結果である。

豊臣朝臣（豊臣氏）は、最盛期には、三十家を越えたが、秀吉の病没、豊臣政権の崩壊、関ヶ原での西軍の敗走、徳川幕府の成立により、暫時公称を停止し、旧姓・旧家名に復して歴史上から消えて行った。元和元年頃までに疑似一門豊臣氏は消滅する。残るは、豊臣吉子（賜姓豊臣氏）とその一門の杉原流豊臣氏（第二豊臣氏・木下家）の流れのみとなる。

ところが、青森県の郷土史家や研究者によると、第三の豊臣家が密かに存続したという。それが、石田三成末裔の杉山家という。青森県の郷土史家が雑誌に発表した写真には、杉山家の墓石が撮影された写真があり、確かに「豊臣」という文字が刻まれている。いつ三成が豊臣姓を許されたか定かでないが、豊臣姓は、賜姓豊臣家（豊臣秀吉家・豊臣吉子家）以外は、秀吉から許された家（一族および大大名・側近大名〔譜代格〕、有力陪臣）しか、豊臣姓は公称できなかった。

子飼いの大名でも、加藤清正には、朝鮮出兵当時、豊臣姓を許された記録は未確認で、朝鮮半島滞在中の清正が、豊臣姓を私称したことが問題となり、外の要因も加わり、帰国後蟄居を命じられている（蟄居中に地震があり、すぐに秀吉の許に馳せ参じたので、命令違反にもかかわらず蟄居が解かれた）。また、北政所の義弟となる浅野長政も、『寛政重修諸家譜』によれば、羽柴氏豊臣姓を称した記述は確認できなかった。したがって、杉山家が豊臣姓を内伝したのは、三成が豊臣姓を許されていたということである。

石田・杉山家が第三の豊臣氏の可能性があるなら、もう一家第三の豊臣氏の可能性がある家系が存在する。それは、豊臣秀吉養女豪姫の夫にして、豊臣秀吉の猶子であった宇喜多秀家（豊臣秀家）の家系である。豊臣政権が長期政権なら、豊臣家準一門として、表舞台で存続したかもしれない。宇喜多秀家は、処刑されずに八丈島へ流され、息子も同道したので、血脈断絶せず現代に至っている。しかし、豊臣姓を内伝したかは、私は未確認である。

豊臣姓が宇喜多秀家一代限りのものなら、第三の豊臣氏とはならないが、宇喜多家に許され、子孫が内伝した記録（墓石・家伝・過去帳の覚書など）を残していれば、杉山家同様、歴史に埋もれた第三の豊臣氏ということになる。これについては、次代の研究者に委ねたい。江戸時代に生き残った大名・旗本は、第二豊臣家以外豊臣姓を放棄したが、それ以外に豊臣姓を許された家系が、歴史の闇の中で存続したかもしれない。

豊臣家（第一豊臣氏・大坂豊臣家・豊臣朝臣羽柴家）は、事実上、秀吉一代（血脈上は、秀吉・秀頼の二代、当主としては、秀吉・秀次・秀頼の三代）で消滅した。大坂城落城後秀頼の死亡が正式に確認されなかった（推定死亡）ので、秀頼生存伝説が生まれる。その結果、秀頼の末裔と称する人々が登場する。あるいは、そういう家系が雑誌などで紹介されている。ほとんどは系譜文献の裏付けもなく、伝説・伝承の類いであることは、拙著『織豊興亡史――三英傑家系譜考』（今日の話題社）で指摘済みである。しかし、その後も、桂家とか良寛が秀吉の末裔などとする説が登場する（こちらは、日本歴史研究所の木村信行氏が、『南朝熊沢家と浅井・豊臣の謎』で疑問を呈している）。本書でもそれらについては、簡単にではあるが疑問を指摘した。

結局残るのは、『寛政重修諸家譜』などで確認される立石木下家（羽柴家）が、秀頼の血脈か否かということである。可能性がないとは言えない。かつては混成家系豊臣一門を形成した第二豊臣家である。系譜上の操作も可能である。何らかの工作があるかもしれない。この立石木下家（羽柴家）は、大正五年に絶家となった。現在、羽柴とか豊臣と称する家があるが、単なる名字・苗字（自称）であり、本書の羽柴・豊臣氏との血縁は、主要文献・資料・雑誌などでは確認されない。今現在も豊臣氏の末裔と認められるのは、豊臣吉子と豊臣家定の家系の末裔たる木下家一門のみということになる。

三十年余りで歴史の表舞台から消え去った豊臣家であるが、女系や、第二豊臣氏とその一門は、現代まで家系を伝え、その一流は、天皇家にもおよんでいる（貞明皇后は、大政所の末裔）。広義においては、豊臣家は滅びずということである。

末尾になりましたが、本書執筆に当たり引用させていただいた文献の著者各位、レファレンスに協力していただいた各図書館、および、扶桑町図書館の波多野係長、および本書出版にご協力いただいた今日の話題社社長の武田崇元社長、編集担当の高橋秀和氏に、この場を借りて厚く御礼を申し上げる次第である。

平成十七年十二月八日

扶桑家系研究所（日本家系図学会扶桑支部）早瀬晴夫

［著者略歴］

早瀬 晴夫（はやせ はるお）

昭和30年5月2日愛知県生まれ。愛知県立尾北高等学校卒業後、系図資料・書籍を収集し独学で比較研究を行う。

論文「前野長康一族と前野氏系図」（『旅とルーツ』日本家系図学会・芳文館）、「前野長康と坪内・前野氏系図」（『在野史論』歴史研究会・新人物往来社）などで、家系研究家としての地歩を確立しつつある。『歴史群像シリーズ・戦国セレクション』「驀進豊臣秀吉」（学習研究社）に「豊臣家崩壊への序曲」で執筆参加。

学と文芸会同人会員と共に『学と文芸95集』を共同出版、「大名になれなかった将軍指南役・小野次郎右衛門」を執筆掲載。『歴史群像69 歴代天皇全史』（学習研究社）に「知られざる〔後南朝〕の系譜・応仁の乱に推戴された〔南帝王〕」で執筆参加。

著書に『南朝興亡史』（近代文芸社）、『織豊興亡史』『消された皇統』（共に今日の話題社）、『肥前の龍と遠山桜』（新風舎）がある。また、『私たちの夢物語きっとだいじょうぶ』（新風舎）には、祖山晴雲の筆名で、「私の〈夢〉成功を目指して」で執筆参加。

平成17年9月、情報発信（平成18年5月サイト正式公開）のため、扶桑家系研究所を設立。（http://www.kakeiken.com『異聞歴史館』平成17年12月より仮オープン中）

日本家系図学会理事・扶桑支部長、歴史研究会会員、扶桑家系研究所所長。

〒480-0103 愛知県丹羽郡扶桑町大字柏森字寺裏206番地

豊臣氏存続 ——豊臣家定とその一族——

2006年6月14日　初版発行

著　　者　早瀬　晴夫
企画・構成　扶桑家系研究所／晴雲企画
装　　幀　谷元　将泰

発 行 者　高橋　秀和
発 行 所　今日の話題社
　東京都品川区上大崎2-13-35　ニューフジビル2F
　TEL 03-3442-9205　FAX 03-3444-9439
印　　刷　株式会社暁印刷
製　　本　難波製本

ISBN4-87565-567-3 C1021